클라스 스킬더 설교집 1

수난 당하시는 그리스도

XR
크리스천
르네상스

1
클라스 스킬더
설교집

Christ in His Suffering

수난 당하시는 그리스도

저자 **클라스 스킬더**
역자 손성은

크리스천
르네상스

| 추천사 |

　개혁교회 전체가 기뻐해야 할 대(大)경사가 일어났다. 그것은 손성은 목사가 화란의 클라스 스킬더 박사의 『그리스도의 수난』 3부작 (총 79편)을 번역 출판하였기 때문이다. 그리스도의 수난 설교는 1930년에 화란어로 출판되었고, 1938년에 영문으로 출판되어 영어권의 복음주의 교회들에게 커다란 영향을 끼쳐오고 있다. 이 대작이 『수난 당하시는 그리스도(26편)』, 『재판받으시는 그리스도(29편)』, 『십자가에 달리신 그리스도(25편)』라고 명명되었다. 필자는 미국 유학 시절 이전부터 개혁주의를 신학 수련의 근간으로 삼기 시작하였다. 그 후 이 책을 읽고 "오, 주여! 저에게도 스킬더 박사와 같은 성경 및 신학적 통찰력을 주옵소서!" 라고 써 둔 적도 있다. 신학적 통찰력을 키우고자 하는 모든 분에게 강력히 추천한다.

　영국 런던에서 약 10여 년간의 목회 경험에다, 여러 신학 서적을 번역해 온, 손 목사가 이번에도 주님께서 기뻐하실 큰일을 해내었다. 그것은 본서를 번역하여 한국교회의 개혁신앙 및 신학의 토대를 다지고자 하였으니 교회사적 경사가 아닐 수 없기 때문이다! 손 목사는 번역 의도를 이렇게 말한다. "조직신학자인 스킬더 박사가 그리스도의 수난을 성경신학적으로 어떻게 융합시키는가에 대한 흥미진진한 탐구입니다." 따라서 항상 설교해야 하는 목회자를 비롯하여 개혁신학의 기초를 다지고자 하는 신학생은 물론, 그리고 성경을 깊이 이해하고자 하는 모든 성도들에게 본서를 강력히 추천하는 바이다.

황창기 박사
(고신대학교 전임 총장, 前 신약신학 교수)

클라스 스킬더는 카이퍼와 바빙크의 소천 후에 혜성같이 나타나 독창적인 개혁신학자로 명성을 떨쳤고, 현재도 그가 세운 캄펀 브루더벡 소재 신학대학교는 존재하고 있다. 스킬더는 신학자로서 명성을 날리기 전에 이미 유명한 목회자요 설교자로서 개혁교회 안에 명성을 얻었다. 그가 1933년 캄펀 신학교 교수로 임명받기 전에는 19년 동안 여섯 개의 개혁교회에서 연이어 목회를 했었다. 목회 기간에도 수많은 저술을 출간했는데, 그중에 마지막 목회지인 로테르담 시절에 나온 가장 대중적이고 명성을 얻은 책은 『그리스도의 수난(Christus in zijn Lijden)』 3부작(1930)이었다. 꼬끄(Kok) 출판사 사장의 권유에 따라 시작된 이 방대한 대작의 준비는 속기사에게 구술하는 방식으로 이루어졌다. 그리고 이 대작 속에서 스킬더는 "개혁파적인 주석과 개혁파적인 교의학을 융합하는 모범"을 보여주었을 뿐 아니라, 당시 유행하던 예증적 설교를 반대하여 구속사적 설교의 전형을 보여주기도 했다(흐레이다누스나 트림프의 책을 보라). 이 대작은 1938년에 영어로 번역되어 지금까지 많이 보급되어졌다(화란어로는 1949-1952어간에 2권까지 증보판이 출간됨). 스킬더의 '그리스도의 수난에 대한 삼부작은 소속된 개혁파 교회에서 뿐 아니라 국교회에 속한 신학자들과 목회자들에게도 읽혀지기도 했다. 일례로 국교회 신학자 판 니프트릭(G. C. van Niftrik, 1902-1972)은 자신의 목회 기간(1930-1946) 동안 스킬더의 3부작을 "많이 활용했으며" 또한 "독창적인 작품"이라고 평가하였다. 손성은 목사는 그간에 스킬더의 후기작인 『그리스도와 문화』와 스킬더 입문서인 『항상 순종』을 역간하였는데, 이번에는 스킬더의 3부작을 역간하는 큰 수고를 해주어서 감사하게 생각하며, 모든 그리스도인 독자의 일독을 권하는 바이다.

이상웅 교수
(총신대학교 신학대학원 조직신학)

클라스 스킬더의 삼부작, 『그리스도의 수난』은 '구속사적 설교'의 고전이다. 구속사적 설교의 '선구자'로 일컬어지는 스킬더는 '오직 말씀'의 신학자로 하나님의 말씀의 꿀로 성도들의 영혼을 살찌우게 한다. 그는 신구약 특별계시의 내적인 통일성 안에 있는 점진적 관점에서 본문을 해석한다. 특히 그는 그리스도의 수난을 중심으로 하나님의 구속 사역의 주도권을 강조하며 드높인다. 이것은 영원 전 삼위일체 하나님의 평화협정의 시행으로서 이 땅에 친히 임하신 그리스도의 성육신, 십자가 수난과 죽음을 통해 구약 예언을 성취한다. 복음서에 기록된 선지자, 제사장, 그리고 왕이신 그리스도께서 걸어가신 십자가의 길, 하나의 점진적 구속사역은 옛 언약의 성취와 완성의 역사다. "복음서는…… 그리스도 예수 안에서 이루신 하나님의 구속 역사의 기록이며, 특별계시에 의해서 주어진 기록입니다." 무엇보다도 스킬더는 '성경의 빛으로 성경을 해석한다'는 개혁주의 성경 해석의 원리에 충실한 신학자요 설교자다. 따라서 스킬더는 인물 설교의 기반을 이루는 심리학적 해석을 거부하며, 역사적이며 객관적 사실에 대한 비역사적 영해(spiritualized interpretation)를 거부한다. 그리스도의 수난은 그리스도와 사탄, 빛과 어둠, 하늘과 땅 사이의 영적 전쟁으로 묘사되며, 그리스도의 구속 사역은 오히려 사탄의 방해와 모략 가운데서 완성의 빛을 본다. 약 80여 년 전, 네덜란드 개혁교회의 영성이 꽃피우던 시절, 개혁신학의 진수를 보여주는 스킬더의 설교집이 최초로 우리말로 번역되어 읽는 기쁨은 실로 감격스럽다. 구원이 우리 사람의 손에 놓여 있지 않고 하나님의 주권적인 손에 놓여 있음을 찬양하며, 우리를 위해 행하신 '하나님의 큰 일'(Magnalia Dei)을 탐구하는 모든 독자에게 일독을 추천한다.

박태현 교수

(총신대학교 신학대학원 설교학)

| 역자의 글 |

　이 놀라운 책을 번역할 수 있다는 자체만으로도 감당하기 어려운 영광스러움을 금하지 않을 수가 없습니다. 비록 화란어로 된 것이 아니고 영문으로 된 것이라고 하더라도, 그리고 전3권 중 1권과 2권은 저자 본인이 직접 개정작업까지 하다가 급서하게 되어 3권은 개정작업을 하지 못한 채였다는 얘기를 들었는데도, 번역작업을 시작하기를 너무나도 잘했다고 생각하게 됩니다. 영역본도 개정작 못지 않게 수려한 문체와 그 신앙과 신학의 일면을 볼 수 있겠다고 생각했기 때문입니다. 화란어를 잘 아시는 분들이 이런 작업을 시도해 보았으면 하는 마음이 간절합니다. 제일 먼저 강조하고 싶은 점은, 저자의 사상이 개정작업을 통해서 어떻게 변화되어갔는지를 추적하는 것은 요원한 일이었을지라도, 그가 한때 가지고 있었던 그리스도의 수난에 대한 묵상을 한 줄 한 줄 번역해 가면서 그 깊이에 감탄하고 때로는 전율하기도 하였음을 고백하지 않을 수 없습니다. 그리스도가 당하시는 고통과 고독과 수치를 묵상하는 중에 제 자신의 심령의 아픔들이 그리스도의 수난 속에서 용해되어 사라지는 것을 체험할 수도 있었던 것입니다.

　이제 그 은혜의 한 부분을 이렇게 번역된 글로나마 함께 공유할 수 있게 되니, 얼마나 감사한지, 할 수만 있는 대로 제가 느꼈던 그 감격과 전율을 함께 느꼈으면 좋겠는데, 졸역으로 인해서 그것이 가능할지 두렵기만 합니다.

　졸역으로만 아니라 이 설교집에 대한 편견으로 이 놀라운 은혜들을 누리지 못하게 되는 일이 있을까 하는 생각으로 몇 가지를 언급하고 그 편견을 해소하는 것이 좋겠다고 생각합니다. 그것은 시드니 흐레이다누스 교수가 『Sola Scriptura』(한글: 『구속사적 설교의 원리』, SFC: 1989년)라는 제목으로 구속사적 설교와 모범론적 설교간에 있었던 논쟁의 역사를 소개하면서 스킬더 박사 중심의 '구속사적 설교'에 대하여 비판한 것에 관한 것입니다. 그는 본서를 언급하면서, 스킬더 박사가 그리스도의 수난의 역사를 '연대기적 순서'로 제시한다는 것을 의식하면서도 그 "순서를 대단히 자주 바꾸고 있다"고 비판합니다(한역본, p.319, 각주64). 하지만, 그 연대기적 순서를 '바꾸고' 있는 것처럼 보이는 곳은 결코 '자주' 그렇게 하는 것이 아니라, 꼭 필요한 경우에 그렇게 하고 있고 또한 그 수도 극히 제한되어 있습니다. 흐레이다누스 교수가, 예를 드는 것은, 이 설교집 1권의 세 번째 설교에서 요한복음 12장을 다루었는데, 네 번째 설교에서는 연대기적 순서를 바꾸어서 요한복음 11장을 다룬다고 하는 것입니다. 언뜻 그렇게 연대기적 순서가 바뀐 것 같은 인상을 주지만, 요한복음 12장에서 11장으로 설교의 본문의 '연대기적'(?) 순서를 검토해 보면 스킬더박사가 그 순서를 바꾼 것은 충분히 이해가 됩니다. 요한복음 12장에서 마리아가 예수님께 향유를 붓는 사건은 요한복음 11장에 이미 언급되어 있고(요 11:1-2), 그 후에 네 번째 설교의 본문인 요한복음 11장49-52절에서 예수님을 죽이고자 하는 대제사장 가야바의 음모가 나옵니다. 이 사건들의 앞뒤 추이를 살펴보면, 세 번째 설교에서 네번째 설교로 넘어가는 중에, 연대기적 순서가 바뀐 것이 결코 아니라는 것을 알 수 있습니다. 이 설교집을 읽으시면서 그리스도의 수난의 과정이 연대기가 무시되어서 뒤죽박죽되어 있다는 식의 인상을 갖는 것은, 전혀 잘못된 것이라는 것입니다.

또한 흐레이다누스 교수의 『Sola Scriptura』의 한글역본(권수경 역)에는 고재수교수가 "책을 소개하며"라는 제목으로 흐레이다누스의 관점에 대한 아주 훌륭한 소개글이 실려 있는데, 그 책에서는 이 설교집에 대한 흐레이다누스의 잘못된 비평을 잘 반박해주고 있습니다. 그 비평 중에 특별히 그의 'Sola Scriptura'(오직 성경)의 성경영감에 대한 입장은 아무래도 고재수교수의 '오직 성경'(Sola Scriptura)의 입장에서 제시하는 성경영감론과는 다르다고 할 수 있습니다. 그렇다면, 어느 쪽의 'Sola Scriptura'가 보다 더 전통적인 개혁신학적 입장에 일치되는가를 살펴보아야 할 것입니다. 이 문제는, 역사적 '본문'(texts)과 역사적 '사실'(facts)의 관계가 어떤 것이냐에 대한 흐레이다누스의 오해 때문에 발생하는 것임을 고재수교수가 비평하고 있는데, 이런 비평의 옳고 그름을 판단하는 것은, 어쩌면 그것은 독자들의 몫이라고도 할 수 있습니다. 이 설교집을 직접 읽어보시게 되면, 이런 것과 관련된 오해들이 많이 해소되어질 것입니다.

사실은, 이런 논쟁은 지엽적인 것입니다. 보다 더 중요한 것은 예수 그리스도의 수난의 그 복음적 의미입니다. 지금까지의 기독교회의 역사 중에 이렇게까지 그리스도의 수난의 영적 의미들에 대해서 묵상하며 궁구해 온 작품은 그렇게 흔하지 않을 것입니다. 앞으로도 아마 더 깊은 묵상이 가능할까 하는 생각을 가져 봅니다. 그런 생각으로, 우리가 그리스도의 수난의 의미를 깊이 상고하며 경고와 위로를 받을 수 있는 기회가 또 다시 한 번 이 설교집을 통해서 갖게 되니, 그리고 그 일을 부족한 역자를 통해서 이뤄지니, 한편으로는 두려운 마음과 또 다른 한편으로는 감격스럽기조차 합니다.

이제 이 설교집의 1권이 한국교회 앞에 번역되어 소개됩니다. 앞으로 두 번째, 세 번째 권까지 교정과 출간진행이 잘 될 수 있기를 소망해 봅니다. 독자 제위의 격려와 관심으로 이것이 가능해질 것입니다. 이 책의 출간을 과감하게 결정하여 힘쓰신 크리스천 르네상스의 정영오 사장님의 넉넉함이 힘이 되었고, 쉽지 않은 원고의 내용을 역자처럼 살펴주고 수정하는 데 큰 힘을 기울인 이서연 자매의 노고가 없었다면 이 책은 읽어가기가 쉽지 않은 책으로 남아있을 것입니다. 또한 번역 작업은 또 다른 변증의 작업이라고 생각하는 본 역자의 번역 작업을 지켜보면서 기쁨으로 지원하고 기도해준 아내 권정희와 말씀과 성령의 역사에 기초한 건강한 교회를 세워가기 위해서 한마음이 되고 있는 천국제자들교회 모든 교우님들에게 이 기회를 빌려 감사의 마음을 전합니다.

2020년 10월
괴정동 사리골 목양실에서
천국제자들교회 손성은 목사

| 서문 |

    사순절문헌은 개신교 강단들이 이 절기를 점차 지켜감과 함께 늘어나고 있습니다. 부활절 이전의 설교들은 세상의 구주이신 예수의 고난, 재판, 그리고 구속적인 죽으심에 집중해야 합니다. 구원의 메시지는 구세주의 수난과 십자가형에 연관된 사건들과 그 성격에 초점이 맞춰질 때 동정적으로 받아들여집니다.

    내가 알고 있는 모든 사순절 문헌들을 통틀어, 클라스 스킬더의 삼부작 설교집과 비교할 만한 것은 없습니다. 17, 18년 만에 이 설교들을 다시금 읽었을 때 나는, 그것들을 처음 읽었을 때 얻었던 것과 동일한 즐거움, 깨달음, 만족감으로 또 한 번 정신과 마음을 채울 수 있었습니다. 뉴햄프셔에 흐르는 개울처럼 신선하고 애리조나의 대기처럼 깨끗한 이 강해집은 나의 영적 활기를 되살려주었습니다. 각 장은 독자들에게 예수의 생애 영역 속에 있는 빛과 어둠을, 하나님과 사탄, 천국과 지옥 사이에 있는 거대한 영적 투쟁을 접하게 해 줍니다.

    창문을 가리고 있던 문이 열렸으므로 우리는 영원 전의 관점에서부터 예수의 투쟁들: 신적인 본성과 인간적인 본성의 연합, 선지자, 제사장 그리고 왕의 직분들의 실행, 신성의 복합적인 의식의 신비, 일시적인 것과 영원한 것의 결합, 그리고 성육신의 실재를 흘깃 살펴볼 수 있습니다. 여기에 '깊이'의 신학이 있습니다. 이것은 '깊이'의 심리학보다 더욱 정교하고 자극적입니다. 실낙원에서부터 복락원에 이르기까지의 계시의 빛이 페이지마다 빛나고 있습니다.

    각 사건에 대한 묵상에 있어 중요한 것은, 구속의 언약과 은혜의 언약의 단계들에 대한 계시 가운데서 십자가의 위치에 대한 본질을 꿰뚫어 보는 통찰입니다. 예수의 생애가 구속의 모든 영역에 구체적으로 연결되어 있으므로, 그 영원의 관점은 제자들의 이해력의 한계를 뚫고 일시적인 관점을 넘어서서 나타나게 됩니다. 신적인 목적과 인간적인 수난이 복음의 역사 속에서 함께 보입니다. 타락을 통하여 하나님과 사람 사이에 있게 된 적대감과, 그리스도 육신이 십자가에서 죽으심을 통하여 하나님과 사람 사이에 있게 된 화해가 각각의 경험 속에 담겨 있는 것처럼 말입니다. 스킬더는 우리에게 그 두 세계를 동시에 보여주는 것입니다.

독창적인 사고의 연쇄가 일어나는 암시적인 통찰이 장마다 넘쳐납니다. 주석적인 조명, 독창성과 창의성이 이 작품에 신선함을 더해줍니다. 결합과 대조, 그리고 영적인 일들을 영적인 것에 비교하는 기술이 각각의 페이지마다 그 최고에 이릅니다.

설교자는 스킬더의 문학적 방법이 자신의 스타일을 손상하지 않도록 조심해야 합니다. 그의 표현상의 아름다움, 고상함과 화려함은 나의 표현 방법과 스타일에 대한 실망감을 조성하는 효과가 있습니다. 그것을 도저히 흉내 낼 수 없다는 생각에 나의 창의성 또한 한동안 숨 막히기도 했습니다. 이런 방해물이 제거된 뒤에 남아 있는 영감의 생명력으로, 나는 주석과 강설에 대한 새로운 깊이를 갖고 이전의 창작 방법에 이르게 되었습니다.

클라스 스킬더는 자신의 확신들을 크리스천의 행동으로 실천했던 것으로 기억됩니다. 정기 주간지였던 De Reformatie의 편집자로서 그는 자신의 본국 네덜란드의 교계 안에 있는 위선과 거짓 그리고 일관성의 결핍을 공격하였고, 나치가 침공해 들어왔을 때는 민족사회주의의 이론과 실천에 대하여 공격하였습니다. 『개혁』(De Reformatie)는 전국적인 평판을 얻게 되었지만 편집자는 투옥되고 발행은 금지되었습니다. 스킬더가 감옥에서 풀려나기는 했지만,

어떤 것도 출간하지 못하도록 제재를 받았습니다.

바르트와 브룬너로 대표되는 변증신학의 맹렬한 대적자였던 스킬더는 그 현대주의적인 전제들을 분별했고, 정통주의로부터 변질되며 부인하는 것을 폭로하였습니다. 그는 에어랑겐(Erlangen)에서 철학을 공부하였고(1933년, Ph.D.), 캄펀(Kampen)에서 신학학위를 받았기 때문에, 교의학의 변증법적인 토론에 들어갈 준비가 충분히 되어 있었습니다. 그는 그 준비를 자신의 교단 안에서 발생한 교리 논쟁들에서, 화란의 신학 논쟁들에서, 그리고 유럽의 철학적 논쟁들에서 발휘하였습니다. 스킬더의 입장은 성육신하신 하나님으로서의 그리스도, 곧 교리상의 최종적인 권위인 하나님의 말씀의 선지자, 제사장, 왕으로서의 그리스도에 대한 끊임없는 충성에서부터 나왔습니다.

스킬더의 관점에서 교회는 그리스도의 실제적인 몸입니다. 그 안의 구성원들은 고백하는 신자들이어야 합니다. 그는 과학적인 자연주의에 철학적으로 타협하지 않았습니다. 크리스천 믿음은 초자연적이고 계시적이며 또한 역사적입니다. 이런 견해가 일관성 있게 적용될 때, 그것은 폭발적으로 혁명적인 사회적 효과가 됩니다.

스킬더 박사는 1952년 3월 23일 목회자, 교사, 편집자, 저자, 그리고 설교자로서의 삶을 마쳤습니다. 그리스도의 수난에 대한 그의 삼부작 설교집은 그를 가장 잘 기억할 수 있는 작품입니다.

Harold J. Ockenga
보스턴의 Park Street Church 목사

| 저자 서문 |

제가 집필하면서 매우 즐거워하였던 이 작품이 이제 영어권 세계에 나타나게 되었다는 것을 알게 되는것은, 그분의 이름을 설교하는 것이 지상에서 가장 아름다운 과제인그분에게 큰 즐거움과 감사를 드리게 되는 원천이 됩니다.

이 번역 일을 시작하는 데 주도하였던 분들에게, 그리고 그것이 이뤄지도록 애써 오신 분들에게 큰 감사의 마음을 느끼면서, 이제 가능하게 된 넓은 영어권 세계 안에서 이 책이, 하나님의 축복으로, Charles Hodge의 다음과같은 표현을 살아있는 고백이 되게 하는 것에 도움이 되기를 바랍니다: "그리스도께서는 우리의 제사장으로서 우리를 구원하십니다"; 또한 "그리스도께서는 희생제물로서 우리들을 구원하십니다." - 이 고백은 학식이 풍부한 그로 하여금 Toplady의 귀한 찬송의 어휘로 기도하게 하였습니다.

물과 피가,
주의 상한 옆구리로부터 흘러나오게 하소서,
죄에 대해서 이중으로 치료하셔서,
죄로부터 구원하시고 나를 순결하게 하소서.

K. Schilder
Kampen, 1937년 9월 3일.

| 목차 |

추천사 _
역자의 글 _
서문 _
저자서문 _

01장 _ 수난의 설교단 옆에 서 있는 사탄 (마16:23a)   021
02장 _ 변화산상의 사탄 (막9:5,6)   033
03장 _ 사탄 같은 늑대들 사이에서 섬기는 그 천사 (요12:3a-7)   049
04장 _ 마지막 희생양을 가리키고 있는 마지막 제사장 (요11:49-52)   067
05장 _ 값으로 매겨지는 그리스도 (마26:14-15)   091
06장 _ 하늘로부터 선포된 그리스도의 수난: "주의 영광"의 실현 (눅9:30-31)   109
07장 _ 예수님께서 필요로 하셨던 "우회로" (눅19:29-34)   135
08장 _ 환영받으시고 우스꽝스럽게 여겨지신 그리스도 (눅19:37-38)   159
09장 _ 아이들의 유희를 보편적 예언에 연관시키시는 그리스도 (마21:15-16)   177
10장 _ 수난의 방으로 들어가시는 그리스도 (눅22:7-13)   197
11장 _ 사탄을 억제하시는 그리스도 (요13:27)   215
12장 _ 사탄을 "억제하지 않으시는" 그리스도 (요13:27b,30a)   239
13장 _ 당신의 제자들의 발을 씻어주시는 중보자 (요13:5-15)   277

14장 _ 성찬 상에서의 그리스도 (마26:26-28)	307
15장 _ 하나님 앞에서 사탄을 힘써 대적하시는 그리스도 (눅22:31-32a)	333
16장 _ 자신의 시편을 직접 부르시는 그리스도 (마26:30)	361
17장 _ 그리스도의 슬픔, 그 특별한 기원(1) (마26:36a, 마26:37b)	393
18장 _ 그리스도의 슬픔, 그 특별한 기원(2) (눅22:42)	425
19장 _ 그리스도의 슬픔, 그 자체의 특별한 법칙 (눅22:41a)	449
20장 _ 그리스도의 슬픔, 그 자체의 특별한 엄격함의 법칙 (눅22:43)	477
21장 _ 그리스도의 슬픔, 그 자체의 특별한 희생제사의 법칙 (눅22:44b)	499
22장 _ 그리스도의 슬픔, 그 자체의 독특한 결말 (마26:45)	517
23장 _ 불경하게 된 조화: 완벽한 원형이 부서짐 (눅22:47, 48)	541
24장 _ 비하의 상태에서 베푸신 마지막 기적 : 종의 상태에서 종들을 해방시키시는 분 (눅22:50, 51)	569
25장 _ 매임 당하시는 그리스도 (눅22:53b, 요18:12)	597
26장 _ 고립되시는 그리스도 (막14:50-52)	621

각주에 대하여 _

본서의 각주는 한글역자가 추가한 각주는 '한역주'로, 영역자가 추가한 각주는 '영역주'로 표기하여 구분하였다. 한편, 원서상으로 저자의 각주와 영역자의 각주를 구분하기 어려운 경우도 종종 있었다. 이러한 각주에는 별도의 표기를 하지 않았음을 밝힌다.

chapter 01
—
수난의 설교단 옆에 서 있는 사탄

" 예수님께서 돌이키시며 베드로에게 이르시되
사탄아 내 뒤로 물러가라 너는 나를 넘어지게 하는 자로다 "

- 마태복음 16:23 -

1장.
수난의 설교단 옆에 서 있는 사탄

우리는 슬픔의 사람을 상고할 것입니다. 우리 고백의 중보가 되시는 예수 그리스도 말입니다. 그 수난의 밤에 굴복하시고, 당신의 목적을 명백히 의식하신 채 죽음을 향하여 전진하시는 그분을 바라볼 것입니다.

어떻게 그분을 선지자, 제사장 그리고 왕이 되시는 삼중 직분을 수행하시는 것 외의 모습으로 관찰할 수 있겠습니까? 그분께서 당신의 수난의 모든 과정을 통과하셨던 것은, 그 삼중의 직분에 대해 절대적이고 유일한 참된 담지자로서 하신 일이었습니다. 수난의 성전에서 수행하신 것들 중 아무리 작은 부분에서라도, 그분은 삼중 직분을 수행하고 계셨습니다.

오늘 우리는 선지자로서의 그분을 봅니다. 관찰하면서 들어보십시오. 그분은 설교단(pulpit)으로 나아오셔서 가르치시게 될 것입니다. 예, 그렇습니다. 그분은 가르치실 것입니다. 왜냐하면 그분은 당신의 수난이 세상을 위하여 절체절명으로 필요하다는 것을 제자들에게 교훈하고 또한 증명하려고(to demonstrate) 하시기 때문입니다.

우리는 또한 제사장으로서의 그분을 봅니다. 여러분이 눈치를 채셨듯이, 그분께서 설교단에 서서 무식하고 어리석은 자들을 가르치실 때조차도, 하나의 "사탄", 곧 육체와 피를 가진 형태의 사탄이 등장합니다. 사람의 형태이지만 그럼에도 불구하고 사탄이 분명합니다. 사탄은 하나님의 가장 높으신 선지자께서 교훈하시는 설교단에 올라서서, 훼방의 손짓을 합니다. 그 인간적인 사탄은 마귀적인 말과 사탄의 몸짓으로 성령을 훼방하고, 그리스도의 가르침의 영향력을 훼손하기를 원합니다. 주님이 이미 제자들의 눈앞에 보여주신 십자가를 가리고자 하는 것입니다. 사탄의 괴팍함과 맹목의 베일 뒤에서 말입니다. 하지만, 이제 자세히 살펴보십시오. 여기 그분 안에서 제사장의 직분이 드러나는 것을 볼 수 있습니다. 그리스도께서는 그 방해하는 손을 힘 있게 막으시면서, 당신의 기도와 희생이 방해받지 않게 하시는 것입니다. 진정으로 그분께서 오셔서, 오 하나님, 주의 뜻을 행하시는 것입니다. 그분은 당신께서 선지자로서 해야 할 일을 말씀하실 것입니다. 또한 그분께서는 선지자로서 모든 일들 가운데 민감하게 깨어 있으시며, 도움을 주실 것입니다.

마지막으로, 우리는 왕으로서의 그분을 봅니다. 여기 수난의 성전의 입구에서 말입니다. 왜냐하면 주님께서는 세상을 위하여 필요로 하시는 일을 수행하려 하시며, 그 실현을 향하여 곧장 움직이시기 때문입니다. 당신의 마음속에 제자들이 둘러선 것처럼, 사탄들이 그분을 둘러쌌음에도 불구하고 말입니다.

사탄아 내 뒤로 물러가라. 이 말씀은 바로 선지자요, 제사장이요, 왕으로서의 선언입니다. 그것은 주님의 종을 하나님께 너무 성급하게 인도하고자 하는 자들이 길에서 만나 던지는 인사말에 대한 주님의 반응입니다. 사실, 그분은 길을 향하는 중 누구에게도 인사말을 건네지 않습니다. 왜냐하면 그분은 당신의 하나님, 당신을 죽음으로 보내시는 그 하나님께 인사를 드리러 가시는 것이기 때문입니다.

   삼중 직분의 능력 안에서 이렇게 활동하시는 그리스도를 보는 것은 복음 역사 가운데 중요한 요점을 제시합니다. 먼저는 그리스도의 메시야로서의 현존에 계시된 객관적 사실로서의 은혜입니다. 그러나 또 다른 요점이 있는데, 그것은 주관적인 은혜의 삶 속에 있는 것으로, 이 변화산의 사건에서 교훈을 얻을 수 있습니다. 이 사건에 대한 복음서의 기록을 애쓰며 묵상하는 이들은 누구나 제자들이 이러한 이해의 정상에 이르렀다는 것을 알게 될 것입니다. 우리 앞에 지금 펼쳐져 있는 이 장은 베드로를 필두로 한 제자들이 나사렛 예수님이 메시야이심을 온전히 고백하게 되었음을 보여줍니다. 그들 속에서 오랫동안 잠들어 있던 것이 드디어 휘저어진 것입니다. 외부로 표현하기까지 결코 이르지 못했던 것이 비로소 크게 외쳐진 것입니다. 주는 그리스도시요, 살아계신 하나님의 아들이니이다. 명백하고 숨김없이, 크리스천 고백의 용어로 그 확신이 터져 나왔습니다. 예, 이 지점에는 두 개의 정상이 있습니다. 하나는 객관적이고, 다른 하나는 주관적입니다.

   하지만, 기억하십시오. 높은 산 정상에 도전하는 자들에게는 숨쉬기 곤란해지는 순간이 있다는 것을 말입니다. 하늘의 왕국에 이르는 것도 마찬가지입니다. 그 성취의 정상은, 또한 불안의 절정이요, 갈등의 극치입니다. 그러므로, 참된 크리스천 신비주의와 더불어 그리스도의 수난 찬송의 "도입부"(introitus)를 부를 때마다, 우리는 은혜로운 삶의 정상이 경외로운 긴장의 장소라는 것을 기억해야 합니다.

   참된 크리스천 신비주의라고 말씀드렸습니다. 왜냐하면 거짓된 신비주의가 있기 때문입니다. 거짓된 신비주의자들도 산의 정상에 오르기 위해서 애를 씁니다. 그곳에 이르면 쾌적한 정자와 시원한 전망을 볼 수 있기 때문입니다. 하지만 참된 신비주의자들은 그 깎아지를 듯한 정상에 오르게 되면 그곳에서 투쟁과 맞닥뜨릴 것을 압니다. 마땅히 짊어져야 할 십자가와 모욕의 바윗덩어리가 떡 버티고 서있다는 것을 말입니다. 그 산의 오르막길만을 보여주는 지도는, 거짓된 신비주의자의 유일한 가이드북입니다. 정상 너머에 길이 있다고요? 왜 정상에 오르려고 합니까? 그곳에 평평한 평야가 있다고 생각하기 때문입니다. 하지만, 참된 신비주의는 모든 중간 목표지점에 십자가가 기다리고 있다는 것을 압니다.

참된 신비주의자는 한 단계에 도달할 때마다 갈등이 뒤따른다는 것을 알고 두려움으로 떨기도 합니다. 그래서, 우리도 떠는 것입니다. 왜냐하면 자신의 영적 경험 가운데서 그 정상에 뛰어오르기를 시도했던, 그리고 "주는 그리스도시요 살아계신 하나님의 아들이니이다"고 고백하였던 첫 번째 제자가, 바로 이 제자가 또한 그 정상에 도달한 뒤에 곧장 그 범죄의 바윗덩어리에 부딪쳐 넘어졌다는 사실을 주목해야만 하기 때문입니다. 더욱이 그는 그리스도로 하여금 넘어지게 하려고 하였던 것입니다. 그분을 넘어트리는 것은 영원히 불가능한 일이지만 말입니다.

시몬은 유대인이었습니다. 그리고 모든 태생적 유대인들은, '우리가 메시야를 만났다'는 그 노래를 작곡하는 순간에 곧장 그 환희의 후렴구를 뱉어내기를 원합니다: '하늘에는 평화 지극히 높은 곳에서는 영광'. 그래서 요한의 아들 시몬은 그 정상에 깎아지른 듯한 바위에 앉아 한 순간의 평화를 누리면서 하나의 할렐루야 찬송에 자신의 목소리를 높이고자 합니다. 사실, 그가 그 모든 것을 작곡하였습니다.

하지만 이날, 환희에 넘치는 가수인 그는 자신이 그 음악가들의 지휘자가 되시는 분의 훈련 아래에 놓여 있음을 발견하게 됩니다. 진실입니다. 예수님은 첫 번째 지휘자이십니다. 당신 학생들의 영과 혼으로부터 그 메시야적 찬송을 불러일으키셨던 것입니다. 하지만, 흥분한 학생이자 선창자에 의해 예수님은 그리스도시다는 주제가 신실하게 불리는 순간, 지휘자의 목소리는 갑자기 낮아졌습니다. 그것은, 갑자기, 말하자면 수려한 시인의 노래와 같은 높이에서 교훈적인 산문의 가장 낮은 수준으로 뚝 떨어진 것입니다. 그 음성으로 그분께서 가르치신 교훈은 어렵고 가혹합니다. 제자들은 열심이 있습니다. 모두 야단법석이 나서 찬송하며 기뻐하고 평화를 노래하면서 호산나를 외칩니다. 그런데 예수님은 어떠십니까? 그분께서는 침착하게 사태를 설명하기 시작하십니다. 당신께서는 반드시 고난을 겪고 죽으셔야 한다는 것을 그들에게 "나타내려고"하시는 것입니다.

이게 모두 무슨 뜻일까요? 우리는 이 말씀을 어떻게 이해해야 하겠습니까? 이 사건을 직접 목도하지 못하였던 우리는 순진하게 이렇게 질문합니다: 그게 그렇게 심각한 말이었던가? 우리는 "사탄"이라는 단어가 언제나 음부의 가공스러운 영을 가리키는 것만이 아니고, 단지 "적(adversary)"을 의미함을 알고 있습니다. 하지만 그것이 예수님의 냉혹한 표현으로 주님과 베드로 사이에 분노와 의의 담이 높이 고정되었다는 사실을 부정해 주지는 않습니다. 왜냐하면, 예수님께서는 영원토록 어둠 가운데 거하는 엄청난 반역의 영을 염두에 두시지 않으신 채로는 사탄이라는 이름을 한 인생에 적용하실 수 없기 때문입니다. 그러므로 이 질문이 계속 맴돕니다: 어떻게 예수님께서 갑자기 베드로에게 이런 말씀을 하실 수 있단 말인가?

솔직해지는 것이 좋겠습니다. 우리는 결코 그 질문에 적절하게 답할 수 없을 것입니다. 우리의 무식함은 바로 여기 수난의 성전 입구에서조차 우리를 부끄럽게 합니다. 우리는 지금 일어나는 일의 중요성을 절반도 파악할 수 없습니다. 예를 들어, 그리스도의 죄 없는 영혼이 어떻게 어떤 방향에서도 다가올 수 있는 사탄의 유혹에 저항하는지 이해할 수 없습니다. 한쪽에는 죄 없으신 둘째 아담, 그리고 다른 한쪽에는 사탄이 대항하고 있는 이런 현상은 우리 눈으로는 도저히 헤아릴 수 없고, 우리 지식으로도 파고들어 갈 수 없습니다. 사실,

죄 없으신 그리스도의 영혼에 대하여 그 누가 감히 조금이라도 설명을 시도할 수 있겠습니까? 지상에서 순전하게 흠 없이 사셨고, 모든 자극에 대해서 순수하게 반응하셨던 그분에 대해서 말입니다.

따라서 우리는 예수님께서 왜 이렇게 말씀하셨는지에 대해 완벽하게 답변할 수 없겠지만, 성경 말씀에 근거하여 얼마간은 말할 수 있습니다.

첫 번째가 이것입니다 : 예수님께서는 자신이 완전한 사람이심을 입증하셨다는 것입니다. 그분 자체로서는 행위와 반응의 심리학적 법칙에 종속되십니다. 죄를 짓지 않으시면서 말입니다. 그분은 유일하신 참 사람이실 뿐만 아니라 또한 완전하신 사람이십니다. 그러므로 그분은, 하나님 앞에서의 순전한 인간존재(ultra-human existence)로서, 아무리 작은 일 가운데서라도 엄청난 중요성을 보시는 것입니다. 그분의 중보자로서의 모든 경력과정은 하나의 통일체로서 매 순간 그분의 삶 속으로 집중되고 있습니다. 그의 생애 반경 안에 있는 모든 사건들은 유일하고 한결같이 하나의 핵심으로부터 나오고, 결론적으로 전체가 조화로운 관계에 놓여있습니다. 그래서 그분의 선지자적 강화를 도중에 방해하는 사탄적 진술이 그분에게 매우 큰 상처를 입혔을 것입니다. 그것은 주님의 마음에 당신의 생애에 있었던 다른 순간들을 떠올리게 하였을 것이 확실합니다. 세례를 받으신 직후에 성령께서는 광야로 그를 몰아가셨습니다. 그것은 주님의 마음에 당신 생애의 다른 순간들을 떠올리게 했을 것입니다. 다시금 그 광경이 그리스도 앞에 펼쳐진 것입니다. 30년이라는 오랜 기간 동안 준비해왔던 일의 절정인 세례를 받은 직후, 성령께서는 그를 광야로 몰아가 사탄을 만나게 하셨습니다. 그곳에서 막강한 사탄(the great Satan), 음부의 왕자인 그 사탄이 유혹의 공세를 펼치면서 그리스도의 순수하고 인간적인 갈망, 남자다운 성품과 그 영혼의 중보적 열정 가운데 속삭였습니다. 그 사탄은 실상 이렇게 말한 셈입니다: "주여 그리 마옵소서 이 일이 결코 주께 미치지 아니하리이다."

이제 그리스도께서는 새로운 중보의 목표에 도달하셨습니다. 새로운 이정표에 말입니다. 그는 다시금 세례를 받게 되실 것입니다. 물로 주는 세례가 아니라, 태워 없애버리는 불의 세례 말입니다. 그분께서 서 계시는 가이사랴 빌립보의 설교단, 선지자로서 가르치고 계시는 그 설교단은 어떤 의미에서, 그분의 중보자로서 낮아지신 상태의 마지막 시작이며, 또한 시작의 마지막이기도 합니다.

다시금 사탄이 여기 있습니다. 육체와 피를 가지고 있는 사탄(a satan)입니다. 그럼에도 불구하고 '사탄' 임이 분명합니다. 지옥의 열정이 또다시 유입되고 있습니다: 하나님이 필요로 하시는 뜻과 그 선언이 결코 일어나지 못하게 하라! 이것이야말로 분명히 수난입니다. 그것이 그리스도의 퉁명스러운 책망을 설명하고 있습니다.

하지만 좀 더 말씀드릴 것이 있습니다. 당신 생애의 사명을 언제나 유기체적 통일성 가운데서 보시는 그리스도께서는 또한 하나님의 목적의 절정을 보고 계십니다. 성취의 한 정상이었던 세례 받으심 후에, 성령께서는 그분을 광야로 내몰아 사탄을 만나게 하셨습니다. 지금 이 두 번째 성취의 단계에서, 동일한 성령께서는 그분을 데려가 다른 사탄, 곧 요한의 아들 시몬을 만나게 하십니다. 하나님의 진노의 푸가곡(fugue)[01] 안에서 그 여러 번의 반복이 얼마나 효과적으로 작용하고 있는지! 성령님께서 베드로의 반역적인 손길을 들어 그리스도의 설교단 위에 놓으시는 것입니다. 인류에 대한 사랑으로 온전히 불타고 계시는 구세주로서, 예수님에게는 순전한 영인 엄청난 귀신(Devil)에 맞서는 것보다 육체와 피를 지니고 있는 한 사탄(a satan)을 만나는 것이 훨씬 더 고통스러운 것입니다.

---

01) 한역주 : 푸가는 우리나라의 돌림노래처럼 한 성부가 다른 성부를 모방하면서 뒤따라오는 음악 양식이다.

예수 그리스도는 사람이십니다. 그분은 요한의 아들 시몬을 친구라고 부르셨습니다. 하나님께서 사람의 아들에게 맡기신 그 과제에 대해서 친구가 되는 이가 반대한다는 것은, 음부의 귀신(Demon)을 이용해서 하나님께서 불어내시는 적대감보다 수천 배 더 무거운 짐입니다. 당신의 신부가 사탄과 같이 말하고 행동하는 것을 듣는 것, 당신께서 생명을 바치게 될 사람들 중 한 명이 사탄의 도구가 된 것을 보는 것, 시몬 베드로의 육체가 구속의 법칙이 성취되는 것에 대해 반대되는 태도를 취하는 것을 보는 것, 더욱이나 이것을 주목하십시오, 그리스도께서 그 모든 것을 예언하시는 바로 그 순간에 그렇게 하고 있다는 것은, 예수님에게 주어진 가장 심각한 고통이었음이 분명합니다. 그분께서는 영에 반대하는 육체의 반역이 곧 당신을 십자가에 못 박을 것임을 모두 아시기 때문입니다.

그래서 우리는 예수님께서 '사탄아 내 뒤로 물러가라'고 퉁명스럽게 말씀하신 것에 놀라지 않고 그분께 시비를 붙이지도 않게 됩니다. 사람의 아들, 참되며 완전하고 또한 죄 없으신 인간으로서 이 순간에 맛보시는 처절한 슬픔의 광경 앞에서 가장 적절한 반응은, 침묵입니다. 주님께서는 하나님의 도모하심이 당신 안에서 성취되지 않을 것이라는 생각이나, 영원한 평화를 가져올 천상의 구속 계획이 우리와 베드로에게 이루어지지 않을 것이라는 생각 따위에 타협하지 않으십니다. 이토록 순전하고 완전한 중보자께 침묵하며 감사의 제물을 드리는 것이 마땅하지 않겠습니까?

우리는 이 더러운 것들을 불태워버리는 거룩의 불길을 보고 겁을 먹으며 입술에 손을 댑니다. 이 사랑의 불길과 예언의 섬광은 사탄의 뜻과 영에 접촉할 때 순간적인 반사작용으로써 튀어나오며, 하나님의 결정적 도모하심의 불변한 법칙과 더불어 그분께서 그것에 놀랍도록 충성스러우심을 선포합니다. 하나님의 공의와 약속의 신실하심에 민감하게 복종하시는 그리스도의 즉각적인 반응을 예배하고 찬양합니다. 하나님의 의로우심과 진리의 흠 없는 왈츠를 결코 손상하지 않으시는 그 완전함 앞에 우리는 무릎을 꿇습니다.

그밖에 다른 것은 없습니까? 자, 여러분과 저는 지금 수난의 성전 입구에 서 있습니다. 만일 우리가 '사탄아 내 뒤로 물러가라'는 음성을 듣게 된다면 어떻게 하시겠습니까?

그 질문은 우리를 강하게 몰아쳐 침묵하게 만듭니다. 우리 또한 그 흉측하게 검은 별칭(사탄)을 가지고 있었다는 것을 너무나 잘 압니다. 우리는 매우 자주, 선지자, 제사장 그리고 왕 되신 그분을 믿고 섬기지 못합니다. 우리는 그분에게 사탄들(satans)입니다. 오, 그렇습니다. 지금 그분께서는 요한의 아들 시몬 옆에서 걸으신 것과 같이 우리와 함께 계시지 않습니다. 하지만 우리는 그분의 성령께서 우리와 함께 거하시기 위해 돌아오셨음을 압니다. 그러나 우리는 자주 그 성령님을 믿지 않으며, 우리 심령은 빈번하게 다른 방식의 구속에 대해서 두근거립니다. 성령님을 근심시키고 있는 것입니다. "성령을 근심하게 한다"는 이 친숙한 표현은, 오순절 이전 "예수님에게 사탄(a satan)이 된다"고 하였던 것을 대신해 사용되는, 신약의 용어입니다.

예, 그렇습니다. 우리 안에서도 육체는 성령에 대적하여 싸움을 벌이고 있습니다. 우리에게도 그 수난의 성전 입구는 경이로운 장소입니다. 그곳에서 하나님의 성령께서 육체에 대항하여 전투를 시작하십니다. 그곳의 분위기는 억압적입니다. 다행스럽게도, 우리가 진정 혼란스럽거나, 우리 안에 두려움으로 긴장을 느낀다면, 우리 구원의 사역자(Worker)되신 분에서 우리가 너무나 참지 못하고 있는 것에 대해서 우리의 그 오만한 조바심에 대해 책망하실 것입니다.

우리는 이런 행위들을 지속적으로 고쳐가야 합니다. 이 행위들은 인생의 끝까지 계속될 것입니다. 우리가 주님을 사랑하고, 우리 경험이 요한의 아들 시몬과 같을지라도 그렇습니다. 그는 한 순간 교훈 받는 자리에 보내졌다가 바로 다음 순간에 다시금 사탄과 같이 말합니다. 이번에는 변화산에서 말입니다.

그렇다면, 우리도 그렇게 되돌아가야 할까요? 우리도 불완전한 자아를 핑계 대면서 말입니다.

절대 그렇지 않습니다. 여러분은 기억할 것입니다. 우리는 두 개의 높은 정점을 지적하였습니다. 하나는 은혜의 주관적인 생활의 정상에 있는 깎아지른 듯한 바위였습니다. 믿음의 생활, 예수님과 동행하면서 배워가는 제자의 삶 말입니다. 그 수준에서, 우리는 요한의 아들 시몬처럼, 모든 것을 망쳐버렸습니다.

하지만 지옥의 그 독기가 걷히고, 그리스도의 말씀의 분노하심이 베드로의 잘못된 생각으로 뒤덮인 구름 떼를 쫓아내고 나면, 우리는 다른 편의 정상을 바라보게 됩니다. 거기에 두 번째 정상, 객관적인 은혜의 정상이 있습니다. 그곳에는 우리의 더러움에 결코 오염되지 않으시며, 선지자로서, 제사장으로서, 또한 왕으로서 순결하시며 덕으로 온전하신 예수님께서 서 계십니다.

수난 역사의 바로 이 출발점에서, 수난의 성소 입구에 예수님께서 담대하게 서 계심을 안다는 것은 우리에게 무엇과도 비교할 수 없는 위로입니다. 지옥의 요란스러운 돌풍조차 그분을 조금도 요동케 할 수 없는 것입니다.

chapter 02
—
변화산상의 사탄

"베드로가 예수님께 (대답하여) 고하되 랍비여 우리가 여기 있는 것이 좋사오니
우리가 초막 셋을 짓되 하나는 주를 위하여, 하나는 모세를 위하여,
하나는 엘리야를 위하여 하사이다 하니
이는 그들이 몹시 무서워하므로 그가 무슨 말을 할지 알지 못함이더라"

- 마가복음 9:5~6 -

2장.
변화산상의 사탄

하나님의 계시가 모든 일 속에서 점진적으로 발전해 가며 날마다 그것을 보여주듯이, 그리스도의 역사 속에도 하나의 명백한 절정으로 인도하는 점진적인 발전(a gradual evolution)이 있습니다. 또한 좋은 동기로 구성된 드라마처럼, 이 역사에서도 그 절정은 정반대편에 있는 대항 세력들과 날카롭게 대조됩니다.

우리 앞에 있는 본문이 이러한 절정의 한 예를 제시합니다. 하지만 그것을 언급하기 전에, 우리는 앞장에서 떨어뜨렸던 사건들의 실오라기를 집어 들어야 합니다. 그 안에서 우리는 그리스도께서 성령에 의해 가이샤라 빌립보로 이동하심과, 그곳에서 당신의 역할을 완수하는 것을 방해하려는 "사탄"의 무리 가운데 계심을 보았습니다. 이제 다시금 그분을 관찰해 보아야 합니다. 이번에는 성령께서 그분을 변화산으로 몰고 가십니다. 이 상황에서 확실한 일은 사탄이 다시금 그분과 동행하고 있다는 것입니다. 그분과 동행하고 있다고요? 아니, 사실 그것보다 더 놀랍습니다: 예수님 그리스도께서 당신이 사탄이라고 불렀던 바로 그 사람을 데리고 가신 것입니다: 그분께서 그를 친밀히 여기시는 사랑받는 세 제자들 중의 하나로 부르셨습니다. 인간적으로 말해서, 이 이야기에게 그토록 감동적이고 극적인 효과를 부여하는 것은 바로 이 점입니다.

예수님께서 제자들에게 당신의 수난과 죽음의 불가피함을 가르치실 때, 사탄은 요한의 아들 시몬의 인격 속에서 주님께서 가르치시는 설교단 위에 손을 얹음으로써 훼방을 꾀했습니다. 그때 예수님께서는 침착하게 대화하는 태도로, 또한 당시의 언어로 그 가르침을 행하셨습니다. 그러나 지금 - 경이로운 차이가 있습니다 - 하늘 자체가 열려서 그 불가피함을 설명하려고 합니다. 어느 높은 산꼭대기에 모세와 엘리야가 하늘로부터 내려왔습니다. 그곳에서 그들은 사람들이 아닌 예수님에게 당신의 수난과 죽으심의 길을 보여주었습니다.

그런데도, 하늘 영광의 눈부신 빛이 십자가의 그림자와 날카롭게 대조되는 바로 이때조차도, 육신과 피의 사탄은 예수님과 동행할 수 있습니다(may accompany). 아닙니다, 동행할 수 있다(may)가 아니고, 동행해야 한다(must)고 말해야겠습니다. 예수님은 그를 선택하셔서 데리고 가십니다. 성령께서 그리스도가 시몬을 선택하여 데려가도록 몰아가십니다. 그것은 인자께서 당신의 희생을 곧바로 수행하셔서, 그분의 신부인 교회의 사탄적인 저항에 대항해야 하기 때문입니다.

가이사랴 빌립보에서, 요한의 아들 시몬이라 부르는 사탄은, 부정적인 방식으로 수난과 죽으심의 개념에 반대하였습니다. 이제는 긍정적인 방식으로 수명의 연장을 요청할 것입니다. 그러나 두 경우 모두, 그는 하나의 사탄임을 드러내고 있습니다.

영적으로 대립하는 세력들과 능력들의 싸움 속에서, 자연 역시 고유한 방식으로 그 지독한 대조를 묘사하는 데 공헌한 듯합니다. 예술가 중 최고의 예술가이신 하나님께서는, 자연과 성령이 주어진 순간에 동일한 언어로 말하게 하는 방법을 항상 알고 계십니다. 하나님께서 그러한 기술을 특별히 예수님의 수난 역사 가운데 드러내고 계십니다. 그러므로, 우리는 어째서 어떤 이들이 그리스도의 변화산에서의 변모가 밤중에 일어났다고 추측해 왔는지 쉽게 이해할 수 있습니다. 누가의 진술에 따르면 예수님께서는 그 산에 오르시며 기도 또한 목적하셨습니다. 그리고 우리는 예수님께서 기도하시기 위해 한 번 이상 저녁을 택하셨음을 알고 있습니다. 게다가 제자들은 곧 잠에 빠져들었습니다. 이 역시 사건이 밤중에 일어났음을 암시합니다. 더욱이 그 산에서 내려왔을 때 주님과 제자들이 절망에 빠진 아버지와 죽음 직전인 아들 앞에 맞닥뜨린 것을 기억한다면, 이 역시 변모의 사건이 밤중에 일어났다는 의견을 확증합니다. 이러한 해석은 최소한 하산하는 동안 필연적으로 흘러갔을 시간의 공백, 아울러 그리스도의 변모하심과 산 아래에서의 애처로운 장면 사이의 시간의 공백을 남겨둡니다.

만약 하나님께서 그 산 위에서의 사건이 어둠 이후에 일어나도록 계획하셨다면, 그 상황은 이야기의 극적 효과를 더욱 증진시킵니다. 왜냐하면 그것으로 우리는 성탄의 전야를 회상하게 되기 때문입니다. "대낮보다도 더욱 아름다운" 그 밤 말입니다. 그날 밤, 어둠이 베들레헴의 들판을 덮었을 때, 천사들이 내려와 하늘의 빛으로 어둠을 흩어버렸습니다. 하지만 여기 차이점이 있습니다. 베들레헴의 밤에는 천사들이 하늘의 빛을 가져왔지만, 이 경우에는 사람들이 하늘빛을 두르고 지상에 내려와 환하게 비추었습니다. 천사들도 대단하지만 사람들이라면 더욱 엄청난 일입니다. 게다가 성탄절의 천사들은 그리스도, 당시 아기였던 그리스도에 대해서(about) 말했습니다. 하지만 지금은 두 사람, 곧 천사보다 하나님과 가까운 구속된 인류로서, 하나님의 현존 앞에 매일같이 서 있는 사람들이 나타납니다. 모세와 엘리야는 단순히 그리스도에 대해서 말하는 것이 아니라, 그리스도와 함께 말하고 있습니다. "예루살렘에서의 별세" 에 대해서 말입니다. 그들과 함께 말하고 있는 그리스도는 더 이상 아이가 아닙니다. 성인입니다. 그 위대한 일을 행하실 준비가 되어 있는 것입니다.

하늘은 위력을 펼쳐 이 장면에 비상한 특징을 제공합니다! 그것을 생각하노라면 얼굴이 붉어집니다. 하늘은 이 장면에 최적으로 어울리는 반투명의 광선이 빛나는 분위기를 창조하기 위해 모든 것을 남김없이 발휘하고 있습니다. 그런데 언제나 그렇듯이, 사람들은 이 완전한 아름다움에 매우 흉한 것을 보태고 있습니다. 가이사랴 빌립보에서 사탄은 충분히 나빴습니다. 하지만 그리스도의 변화산 위에서의 사탄은 더욱 나쁩니다. 내일 죄를 짓는 것은 오늘 죄를 짓는 것보다 언제나 더 나쁩니다. 왜냐하면 매일은 더욱 풍성한 은혜를 제공해 주는데, 범죄 행위는 더욱 풍성한 그 은혜를 왜곡시키기 때문입니다.

시몬 베드로가 무슨 말을 했는지는 더 이상 살펴볼 것이 없습니다. 너무나 잘 알려져 있습니다. 하늘이 열리고, 두 개의 발광체, 추후에 모세와 엘리야로 알려진 존재들이 예수님께서 하나님을 만나고 싶어 하셨던 그 산 위에 나타났습니다. 그들은 자신들의 빛의 광휘로 인자를 둘러쌌습니다. 여전히 그들의 때였습니다. 여전히 지면에 짙게 깔린 어둠이 모든 곳에서 예수님을 둘러싸고 있기 때문에, 평범한 사람들 - 특권이 전혀 없는 사람들 - 은 그들의 영광을 인자와 나눠 가지게 됩니다. 자신들의 빛으로 그분을 빛나게 하는 것입니다.

세 제자, 베드로, 야고보, 그리고 요한은 넘치는 하늘빛에 놀라 갑자기 깨어났습니다. 졸음으로 눈이 감겨있던 그들은 눈을 비비는 중에 놀라 아무 말도 하지 못합니다. 하지만 베드로는 오래 참을 수 없었습니다. "랍비여." 그가 말합니다. "우리가 여기 있는 것이 너무나도 행복하오니 우리가 초막 셋을 짓되 하나는 주를 위하여 하나는 모세를 위하여 하나는 엘리야를 위하여 하리이다." 예, 우리가 초막 셋을 짓되 주와 주님의 객들을 위해서 그렇게 합시다. 이것이 그가 한 말의 뜻입니다. "초막"이란 임시 거처를 말합니다. 그 자리에서 구할 수 있는 나뭇가지나 풀 같은 것으로 임시로 만든 것입니다.

   베드로의 이 열망을 실제보다 과장해 말하는 것은 잘못된 일입니다. 어떤 이들은 베드로의 즉흥적 발언을 아주 대담하게 추측합니다. 어떤 이들은 시몬이 그렇게 말함으로써 모세와 엘리야로 대표되는 구약성경과 그리스도로 대변되는 신약성경을 결합하고 있다고 합니다. 법적으로 적합한 사건의 개입도 없는 채로 말입니다. 다른 이들은 베드로가 세상으로부터의 도피를 청원하고 있다고 가정합니다. 이 해석은 충분히 의미심장하지만, 그가 제안한 초막을 수도원주의와 수도원제도의 전형적인 예시로 만듭니다. 이와 비슷한 다른 많은 제안이 있습니다. 실제의 기록이 보증해주지 못하는 것들 말입니다. 우리는 이런 추측들에 빠져서는 안 되겠습니다.

   그러나 베드로의 발언이 그 순간에 터져 나온 것이라고 해서 의미심장하지 않은 것은 아닙니다. 그는 참으로 자신이 하는 말이 무슨 뜻인지 알지도 못했습니다. "그가 무슨 말을 할지 알지 못"했습니다. 하지만 하나님께서는 그의 말에 의미를 실으셨습니다. 하나님께서는 눈에 보이는 기적의 장면을 통해 베드로의 잠재된 것을 끌어내셨습니다. 지금도 여전히 역사를 조성하시는 하나님께서는 그리스도와 모세, 엘리야를 베드로의 동료들 가운데 성령으로 부르셨고, 또한 베드로의 말에 심오한 의미를 실으셨습니다.

   하나님께서 그들에게 비추신 빛 안에서 그 말들을 상고하면 우리는 금방 두 가지 사실에 주목하게 됩니다. 첫째는 베드로가 한 제안의 어리석음입니다. 생각해 보십시오: 그는 천상의 방문자들을 위해서 임시적인 초막을 짓기를 바랐습니다. 하늘의 메신저들을 위해서 시시껄렁한 임시 막사를 짓다니요! 거푸집 속에 유동성의 햇빛을 가두려고 하는 것이 더 낫겠습니다. 예, 베드로는 실제로 어떤 종류의 환영, 곧 하늘의 자녀들을 위한 환영식을 준비하고자 했을 것입니다. 마치 땅이 하늘을 맞이할 수 있을 것처럼 말입니다! 예수님의 가르침과 얼마나 불일치합니까? 그분이 가르치신 것은 하늘의 축하연, 곧 하늘이 땅을 받아들이게 될 환영(welcome)이었습니다. 그분께서는 신자들에게, 어느 날 구속 받은 자들이 땅의 자녀들을 받아들이고 환영할 것이라고 가르치셨습니다. 베드로의 그 초라한 헛간으로가 아니라, 위에 있는 영원한 처소들로 말입니다. 그러니, 이 제자의 제안이 얼마나 어리석은 것이었습니까!

어리석었습니다. 하지만 그것으로 끝난 것이 아닙니다. 그의 말은 죄악된 것이었습니다. 그리스도께서 실제로 그것을 죄악된 것이라고 하지는 않으셨지만, 베드로의 말은 앞서 받았던 그 책망을 한 번 더 받아 마땅했습니다. 사탄아 내 뒤로 물러가라, 는 말씀 말입니다.

여기서 우리는 잠시 우회해서, 시몬의 말이 큰 사랑을 나타내고 있음을 지적해야 하겠습니다. 봉사하려고 준비된 그를 주목하십시오. 그는 얼마나 헌신적입니까! 자기 자신과 다른 두 제자의 초막에 대해서는 생각도 하지 않습니다. 그가 신경 쓰고 있는 것은 주님과 함께 있는 두 손님입니다. 그것은 진정으로 정확하게 순수한 동기에서 자발적으로 솟구치는 것이므로, 자기 자신을 아낌없이 주는 사랑입니다. 이런 사랑의 모든 것이 그리스도께 주어져야 한다는 것은 말할 필요도 없습니다. 베드로는, 여러분도 눈치 챘듯이, 자기가 나뭇가지와 풀들을 집어들기 시작하면 다른 이들도 즉각 열심히 자신을 도와주리라고 생각했습니다. 초막을 만들자고 그는 말합니다. 우리가 여기 있는 게 얼마나 행운입니까. 물론, 이것이야말로 자신의 스승 섬기는 것을 즐거워하는 제자의 표현입니다.

지금까지 잠시 우회했습니다. 베드로의 제안이 죄라는 사실은 여전히 남아 있습니다. 그 안에 죄된 것은 바로 이것입니다: 자기가 보았던 순전한 행복을 영구화하기 원한 것입니다. 그러한 열망으로 그는 그리스도와 방문자들이 논의하는 위대한 주제에 반대를 제기하고 있습니다. 엘리야와 모세는 그리스도 앞에 십자가를 놓고 있습니다. 그분께서 죽음을 직면하게 하는 것입니다. 그런데 이 가공할 만한 시간에 베드로는 현란한 면류관에 집착하고 있습니다. 이 명징한 아름다움, 빛의 현란함을 영구히 소유하고 싶어 했던 것입니다. 태양이여, 이 산 아래 정지해 있기를, 하고 그는 기도했을 것입니다. 너 달이여, 이 물결치는 영광의 광채 위에 영원토록 멈추어 있을지로다.

천상의 빛과 생명이 넘치는 분위기 속, 그리스도께서 자발적인 죽음과 지옥의 어둠을 선택하시는 순간에, 육체와 피를 가진 그 사탄은 일어서서 그분을 대항해 말합니다: 랍비여, 이 빛과 생명의 시간을 연장하소서. 이 순간을 영원이 되게 하소서. 세상과 사람들을 잊어버립시다. 성전도 잊어버리고, 수천수만의 사람들도, 이스라엘도, 그 깊고 어두운 인간 고통의 골짜기도 모두 잊어버립시다. 오소서, 지금의 축복된 순간을 완성하소서. 아, 이 지나가는 순간을 붙잡으셔서, 잠시 멈추어 서라고 말씀하십시오. 당신은 그토록 아름다우십니다.

베드로의 열망이 그리스도의 인간적인 영에 대단히 실제적인 유혹이 되지 않았을 것으로 추측하는 것은, 우리가 냉정하기 때문입니다. 주님의 완전한 인간성은 빛을 사랑하였고, 충만한 생명을 갈망하였습니다. 그분의 혼이 만일 그 공적인 소명과 무관했다면 이 천상적인 환상을 영원토록 붙잡고 싶어 하셨을 것입니다. 그러므로 베드로의 말은 하나의 사탄, 유혹자의 말의 특징과 너무나도 닮아 있습니다. 만일 구주께서 생각 속에서라도 겟세마네 동산과 골고다에서 쏟아 부어지는 고통의 산사태로부터 도망가기를 원하셨다면, 당신의 직무에 불충하셨음이 드러났을 것입니다. 그러한 태도는 당신의 복종 과정에서 범한 잘못이 되었을 것이며, 우리 모두 그분과 함께 멸망했을 것입니다. 그리스도께서는 십자가 이후에 영광을 받으셨습니다. 그러나, 십자가 이전에 영광 받기 원하시는 그리스도였다면 그것은 사탄에게 정복당한 그리스도였을 것입니다.

그러면, 산 위에서의 이 대조를 어떻게 말해야 할까요? 여기 그리스도께서 당신의 교회에 둘러싸여 계십니다. 전투하는 교회와 승리하는 교회 모두를 대표하는 사람들이 둘러 서 있는 것입니다. 베드로는 전투하는 교회를, 모세와 엘리야는 승리하는 교회를 대표합니다. 승리하는 교회는 영원한 원리를 토대로 행동합니다. 전투하는 교회는 순간적인 변덕을 따라 행동합니다. 전자는 인자 앞에 하나님의 영원한 공의의 확정된 결정사항을 제시합니다. 후자는 비참하고 잘못 인도된 인간 심정의 순간적인 욕망을 제시합니다. 하늘은 서두르려고 할 것입니다. 모든 것이 완성되기 전에 하늘이 얼마나 애쓰는지 보십시오. 예수님께서 기다리시며 기도하시는 장소에 그 최상의 대표자들을 보내고 있습니다. 하지만 베드로는 여유만만합니다. 우주 가운데서 영적인 모든 것이 그리스도를 당신의 죽음으로 몰아가는데, 베드로는 기도로 연기할 것을 유혹하는 것입니다. 영적인 실재에 대해 민감한 사람이라면 분명 이 때야말로 결정적인 순간임을 인정할 것입니다. 시간과 영원 사이에 갈등이 벌어지고 있습니다.

만일 누군가가 베드로의 어리석은 상상을 이렇게 진지하게 고려하는 목적이 무엇이냐고 질문한다면, 반대 질문을 던짐으로 답변할 수 있겠습니다: 왜 성령께서 이 사건을 우리를 위해 성경에 기록하여 남기셨겠습니까? 아마추어들에게 심리학적 성격묘사를 위한 디딤돌을 제공하기 위해 성경에 남겨진 것은 결코 아닙니다. 그리스도의 빛에서, 그리고 성경의 나머지 빛에서 그것을 보고자 하는 사람들을 위하여 기록된 것입니다.

로마의 바티칸에서 볼 수 있는 라파엘로 그림 중 하나[02]를 생각해 봅시다. 그 그림은 빛과 어둠의 대조를 잘 보여줍니다. 짙은 그림자의 어두운 배경 속에 미친 젊은이 한 명이 있습니다. 절망적인 아버지의 모습도 보입니다. 한 무리의 제자들이 절망적으로 웅크리고 있습니다. 그런데 이 무리 중 한 명이 위를 향하여 손가락을 가리키고 있습니다. 빛이 그곳에 있기 때문입니다. 높은

---

02) 한역주 : 라파엘로(1483~1520년)의 최후의 유작으로 알려진 '그리스도의 변용'(혹은 '변화산의 리스도') 이라는 작품을 말한다. 라파엘로는 이 작품을 완성하지 못한 채 죽었고, 하단 부분은 그의 제자 줄리오 로마노가 색칠하여 마감했다고 한다.

산 위에 선생께서 빛 가운데 서 계십니다. 그렇게 라파엘은 빛과 어둠을 나눴습니다. 빛은 위에 있고 어둠은 아래에 있습니다.

하지만 성령께서는 복음서에서 이 사건을 다르게 묘사하셨습니다. 그분의 도판에는 빛과 어둠이 산 정상에 동시에 존재합니다. 하나님 편, 하늘 편, 그리스도 편에는 빛이 있습니다. 하지만, 시몬 베드로의 편 그리고 전투적 교회의 편은 모두 어둡습니다. 우리는 이 도판을 보는 법을 배워야 합니다. 우리는 오직 양편을 동시에 보는 것을 통해 그 도판에서 그리스도께서 우리에게 얼마나 필요하신가를 배울 수 있습니다. 그리하여 우리는 우리 자신의 구원에 대항하는 것이 무엇인지를 현실적으로 깨달을 수 있을 것입니다. 우리는 본성적으로 전형적인 사탄들(satans)과 같아서, 잔인하게도 하나님의 결정적인 계획에 대항하고 있는 것입니다.

아울러 변화산의 밤은 성탄절의 밤을 그 의미상으로도 뛰어넘습니다. 그러나 그 뛰어남을 상고하면 할수록 우리는 더욱 부끄러워해야 합니다. 성탄절의 밤과 비교한 이 밤의 독특성은 그리스도께서 인류, 당신의 교회, 곧 당신의 신부와 함께 계신다는 것입니다. 그런데 그 교회는 애처롭게도 갈라져 있습니다. 이미 하늘에 있는 승리적 교회의 열망은 하늘의 것과 일치합니다. 그래서 예수님에게 "예루살렘에서 그가 성취해야 할 죽음"에 대해서 보여주고 있습니다. 하지만 시몬으로 대표되는 전투적 교회는 아무것도 보지 못하고 이해하지 못합니다. 하나님의 계획의 광대함 한가운데 공명정대하게 심겨 있으면서도, 자신들의 중요성에 대해서 완전히 무감각한 것입니다. 아니, 무감각한 정도가 아닙니다. 오히려 하나의 적절한 말을 시도합니다. 그리고 그 뱉어놓은 말을 보면, 어리석음과 죄악으로 가득 차 있습니다. 서글픈 다툼 속에 있는 일들이 그렇습니다. 전투하는 교회와 승리하는 교회가 다툽니다. 육신이 성령에 대적하여 다툽니다. 인간적인 천진난만함이 하늘의 법에 대항해서 다투는 것입니다.

그 혼란에 통일을 가져올 수 있는 분은 오직 한 분뿐입니다. 그리스도 예수가 그분입니다.

우리는 이 사건에서 개인적으로 배울 점을 찾아내야 합니다. 만약 우리 안에 시몬 베드로가 가졌던 좋은 특징들이 있다면 그것들은 훈련받아야 할 것입니다. 그와 더불어 가지고 있는 악한 것은 청산해야 합니다. 베드로에게 좋은 점이 있다고 말씀드렸습니다. 이것에 대해서 추가로 말씀드려야 할 때입니다. 여기서 우리가 그의 행위로부터 유익을 취하기를 바랍니다. 본문은 한 단어를 독특하게 사용함으로써 우리에게 유익한 도움을 줍니다. 베드로는 자기의 제안을 제시하면서, "대답하여 고하되"(answered and said) 라고 합니다. 무엇에 대해서 대답한 것일까요? 그는 아무런 질문을 받은 것이 없습니다. 사실, 그 말을 할 때 베드로는 눈을 비비면서 잠에서 깨어나고 있었습니다. 이 말은 명백한 함축성을 갖고 있습니다. 바로 이것입니다: 베드로는 산 위에서 일어나고 있는 모든 사건이 바로 자신과 개인적으로 관계됨을 알았던 것입니다. 이것이 단순한 진리입니다. 모든 구속적 사건, 하늘로부터의 모든 메시지, 은혜의 모든 표명, 심판의 모든 선언, 간단히 말하자면, 계시되는 모든 것들이 우리에게 개인적으로 관계됩니다. 베드로는, 하나님께서 무슨 일을 하시는 순간에 우리도 무언가를 해야 한다는 것을 가르쳐 주었습니다. 사건들은 하나님의 말씀입니다. 하나님께서 말씀하시면 우리는 대답해야 합니다.

하지만 어떻게, 적절한 반응을 보여야 할까요? 우리가 알고 있는 사랑과 열기를 어떻게 지성적인 열정으로 바꿀 수 있을까요? 아마도 우리는 본문의 사건이 결론적으로 말하는 것을 따라 배울 수 있을 것입니다. 기억하십시오. 마지막 말씀이 바로 이것입니다: 그의 말을 들으라! 그의 말을 들으라!

정확하게 그것이 바로 이 시점까지 베드로가 범했던 잘못이었습니다. 충분히 듣지 않았던 것입니다. 우리가 듣는 일에 실패하게 된다면, 그리스도의 말쏨에 의도적으로 집중하지 못하게 된다면, 우리의 사랑과 열기는 서글프게도 비이성적인 채로 남아 있을 뿐입니다. 그래서 하나님의 지순한 거룩하심을 계속 오염시킬 것입니다.

설교 말씀에 주목하는 힘든 훈련을 받지 않고 어떤 가치 있는 일을 예언할 수 있다면, 베드로는 이 순간 그렇게 할 수 있었을 것입니다. 그가 가진 자격을 생각해 보십시오. 그는 열정이 있었습니다. 사랑도 있었습니다. 순발력 있게 반응할 줄 알았습니다. 말해야 할 때에 즉각적으로 대답하는 성품도 있었습니다. 게다가, 이것은 참 놀라운 일입니다만, 비범한 통찰력도 있었습니다. 하나님께서 그의 시력을 밝혀 주셨던 것입니다. 여러분들은 이 한 가지를 놓쳐서는 안 될 것입니다. 어느 누구도 지금 산상에서 예수님과 함께 있는 자들이 누구인지 베드로에게 가르쳐 주지 않았습니다. 그런데도 그는 단번에 그들이 누구인지 알아차렸습니다. 베드로는 자기가 본 것을 확신했습니다. 하나는 모세였고, 다른 하나는 엘리야였습니다. 그들 중 누구도 이전에 본 적 있는 이가 아닙니다. 그런데도 확신했습니다. 그의 이런 확신은 하나님께서 그의 시력을 육감에 의해 분명케 하시고, 종말론적인 순간에만 사람들에게 허락된 특권을 그에게 주신 것에서 비롯됩니다. 그 순간 영원이 시간을 통해 돌진해 들어온 것입니다. 이것은 분명히 특별한 특권입니다. 베드로는 이를 누구보다도 더욱 향유하였습니다. 예, 만일 어떤 사람이 진리에 대한 통찰력을 순간적으로 가질 수 있고, 설교 말씀에 주목하지 않고도 그럴 수가 있다면, 이 순간 베드로가 바로 그런 사람이었습니다.

그것의 결과는 무엇이었습니까? 그 자격들을 갖고 이룬 모든 것은, 결국 어리석음과 죄악입니다.

그러나 이제 우리는 머리의 모자를 벗고 구름으로부터 들리는 음성에 떨어야 합니다: "이는 내 사랑하는 아들이니 그의 말을 들으라" 가이사랴 빌립보에서 설교단을 즉각적으로 오염시켰던 그 사탄이 이제 부끄러움을 당합니다. 그는 예수님께서 수난과 죽으심의 불가피성에 관해서 설명하시는 것을 주목하지 않았습니다. 그래서 그는 하늘이 서두르는 일을 이해할 수 없었습니다. 그러므로 베드로와 전투적 교회의 마음속에 있는 짙은 혼동의 구름 사이로, 하나님의 음성이 천둥을 치며 들리는 것입니다: 그의 말을 들으라는 것입니다. 결코 그 설교단을 버리지 마십시오. 음성은 교훈합니다. 결코 예수님께서 앉으셔서 당신의 죽으심의 필연성을 설명하시는 예언적인 의자를 떠나지 마십시오.

그렇게 하나님께서는 육신이 되신 말씀을 성경말씀과 결합시키십니다. 어느 것에서도 서로 분리되지 않게 하시는 것입니다.

그리고 여러분, 종교적인 열광주의자들이시여, 여러분은 듣고 계십니까? 신비주의적 영혼들이여, 충동적인 본성을 지닌 분들이여, 천진난만한 어린이들이시여, 여러분은 듣고 계십니까? 여러분, 순발력을 숭배하는 이들이여, 자신의 성운 속에서 더듬거리며 무언가를 찾고 있는 자들이여, 여러분은 구름 속에서 들리는 음성이 들리십니까? 그의 음성을 들으십시오! 베드로가 하늘로부터 파견된 손님들을 순간적으로 파악했던 직감적인 통찰력, 직접적인 지식의 습득, 아마도 이런 것을 여러분은 원했을 것입니다. 하지만, 여러분은 그 말씀에 집중해야 합니다. 그 말씀은 베드로의 통찰보다 더 중요합니다. 여러분은 그의 순발력 있는 발언을 질투하고 있지 않습니까? 황홀함의 두렵고 경이로운 분위기를 두고서, 천상의 진리를 품기에 적합해 보인다고 여기지 않습니까? 구름 사이로 들리는 음성에 집중하십시오. 여러분은 그 말씀으로 되돌아가야 합니다.

만약 이것이 그 사건의 평범한 가르침이라면, 우리는 이로 만족해야 합니다. 우리는 설교단을 십자가 옆에 세울 것입니다. 그렇게 해야 훈련받지 못한 충동과 어리석은 천진난만함이 제어되어, 우리가 예수님의 거룩한 현존 앞에서 해서는 안 될 말을 하는 것을 막을 수 있습니다. 우리가 하늘을 받아들이는 것이 아니라, 하늘이 우리를 영접함으로써 그 영원한 성막으로 들어가기 전까지, 섣불리 말하는 것은 자제해야 하겠습니다. 어리석음과 죄가 전투적 교회로부터 제거된 그날은 더 좋은 날이 될 것입니다.

그날이 오면, 충동을 따르는 것이 우리에게 다시금 허용될 것입니다. 그때에는 우리 심령에 율법이 새겨질 것입니다. 그러면, 낙원을 즐거움의 장소가 되게 했던 그 충동적 행위의 권리가 우리에게 다시금 주어질 것입니다. 하나님에 의해서 말입니다. 우리가 파악할 어떤 형태의 순간도 거룩한 일들의 본질을 표현할 것입니다. 그 스승의 모든 가르침을 듣고 들었던 베드로는 그 생명의 그리스도에 의해서 모세와 엘리야를 완전히 닮게 될 것입니다. 그러면 그때 초막을 세우되 자기가 원하는 만큼 재빨리 세우게 될 것입니다. 그 영역에서 모든 초막마다 그 형태를 전시할 것이며, 위대한 아버지의 집의 지배적인 색조를 따라서 특징지어질 것입니다. "여호와께서 거하시는 온 시온산과 모든 집회 위에 낮이면 구름과 연기, 밤이면 화염의 빛을 만드시고 그 모든 영광 위에 덮개를 두시며 또 초막이 있어서 낮에는 더위를 피하는 그늘을 지으며 또 풍우를 피하여 숨는 곳이 되리라" (이사야 4:5,6)

우리가 베드로에게만, 또는 그리스도에게만 우리 눈을 고정한다면, 성령께서 우리에게 구체화하고자 하시는 중요성을 보지 못할 것을 알면서도, 우리는 그 그림 앞을 떠나고자 합니다. 우리가 렘브란트의 그림 중 하나를 보면서 그에게 감탄하는 것처럼, 성령에 대해서도 감탄해야 합니다. 렘브란트의 그림을 보면 빛과 어두움의 대조를 한 눈에 보게 되는데, 그 예술가의 정신을 우리도 가져야 하는 것입니다.

그런 방식으로 하나님의 영에 사로잡히십시오. 시몬의 어리석음과 그리스도의 영광을 바로 옆에 두고 동시에 묘사하고 계시는 성령 말입니다. 성령께서는 죄인의 어리석음과 동시에 우리의 위대한 선지자의 지혜를 묘사하십니다. 그 저주를 부르는 천진난만함과 동시에 하나님의 결정적인 도모하심의 불가피한 진전을 묘사하십니다. 그 도모하심으로 그리스도 예수, 우리 주님을 통해서 생명으로 우리를 인도하시는 것입니다.

chapter 03
|
사탄같은 늑대들 사이에서 섬기는 그 천사

'마리아는 지극히 비싼 향유 곧 순전한 나드 한 근을 가져다가
예수의 발에 붓고 자기 머리털로 그의 발을 닦으니 향유 냄새가 집에 가득하더라
……예수께서 이르시되 그를 가만 두어 나의 장례할 날을 위하여
그것을 간직하게 하라'

- 요한복음 12:3a~7 -

3장.
사탄같은 늑대들 사이에서 섬기는 그 천사

그리스도의 수난을 점진적인 일련의 매우 드라마틱한 사건들, 그러나 간혹 하나님의 허락 하에 한두 개의 서정적인 사건으로 숨통이 트이는 시리즈로 여기는 자들이 있습니다. 그들이 상상하기로는, 이런 목가적 삽입이 투쟁과 땀으로 뒤범벅된 서사시적인 영웅담에 유쾌한 휴식을 제공해 준다는 것입니다. 어떤 이들에게는 베로니카의 손수건이 바로 이런 막간입니다. 다른 이들에게는 겟세마네에서 구세주를 섬겼던 천사들에 대한 기록이 그렇습니다. 그리고 다른 많은 이들에게 베다니에서 마리아가 예수님의 발에 기름을 부어 씻어준 이야기가 그렇습니다.

이런 해석이 수난 역사의 중요성을 진실하게 표상하는 것이라면, 그 역사는 낭만 소설과 감미로운 서정적 사랑을 위한 풍성한 자료들을 대단히 많이 포함하고 있겠습니다. 여기 사랑이 차고 넘치는 심령으로, 구주를 위해 값비싼 향유 옥합을 깨트리는 한 여인이 있습니다. 향유 냄새로 가득 찬 하나의 가정, 그리고 이미 자신의 옷에도 깊숙이 스며든 그 향유의 향기로 우리가 대제사장으로 고백하는 분의 옷에 기름 붓고 있는 여사제가 있습니다.

하지만, 성경의 의미를 이렇게 구성하는 것은 우리를 만족시키지 않습니다. 베다니에서의 이 경험에 기초해서 소설을 쓰고자 한다면, 상상력을 배제하고 복음서의 자료에만 의존하는 것은 역부족이라는 사실을 금세 깨달을 것입니다. 그러나 만약 상상력을 마음대로 발휘해 버린다면 이 이야기는 불경스럽게 변질될 것입니다. 요점은 불확실한 것이 너무나 많다는 것입니다. 예수님의 지상 생애 마지막 수난 주간의 이야기 구조 속에서, 우리는 베다니의 기름 부음 사건을 어떻게 적절히 조화시켜야 할지 정확히 알 수 없습니다. 우리는 그 기름부음 사건이 정확히 언제, 어느 시점에 일어났는지 모릅니다. 그 나드향의 값에 대해서도 정확하게 모릅니다. 유다가 그 선물의 가치를 대략적인 수치로 언급했지만, 그가 그 분야의 전문가였는지 몰라도, 대략적일 뿐입니다. 게다가 우리는 그 당시의 현금 가치와 생활수준에 대해서도 확신할 수 없습니다. 예수님의 발에 기름을 부은 마리아가 항아리에 담긴 모든 기름을 다 부었는지, 아니면 일부만을 부었는지도 논쟁거리입니다. 예수님이 하신 말씀, 곧 "그를 가만 두어 나의 장례할 날을 위하여 그것을 간직하게 하라"는 말씀의 해석에서도 주석가들마다 차이가 있습니다. 어떤 이들은, 여기서 '간직하라' 하였으니 그 기름의 일부만을 의미하는 것이라고 해석하고, 다른 이들은 항아리의 기름 모두를 가리키는 것이라고 가정합니다.

그러므로 여러분은 이 자료를 소설로 전환해 보려는 어떤 소설가나 복음서 기자로부터, 조금의 도움도 얻지 못한다는 것을 알 수 있습니다. 복음서는 소설도 아니고 소설의 단편 속에 있는 일련의 기록물도 아닙니다. 복음서는 하나의 짧은 이야기가 아닙니다. 계시에 따라 주어진, 예수 그리스도 안에서 행하신 하나님의 역사에 대한 기록입니다.

한편 성경을 읽으며 심리학적 문제들을 제기하고는 그 문제들을 자신의 방식으로 해결하려는 자들이 있습니다. 그들은 이 기름부음 사건을 해설하면서도 심리학적인 문제들에 대해서 여러 가지를 제기하며 오랫동안, 신기한 듯이 연구해 왔습니다. 그들은 이 여자가 수년간 영적인 사랑으로 그리스도와 아주 친밀한 관계를 형성해 왔으므로 그리스도에게 묶여 있었다는 것을 하나의 "기정사실"로 여길 것입니다. 또한 이전에는 문둥병자였으나 아마도 예수님에 의해서 고침을 받았을, 시몬의 집에 모인 작은 그룹의 사람들에 대해서도 그렇게 여길 것입니다. 시몬이 지금 죽었는지 아니면 살아 있었는지는 중요하지 않습니다. 단지 그의 가정이 예수님을 중심으로 애정을 가진 친구들이 모이곤 하는 집합소로 남아 있다는 것입니다. 게다가, 그 무리에 속한 모든 사람의 머리와 가슴은 여전히 그 기적을 기억하고 있습니다. 예수님이 나사로를 죽음 가운데서 살리신 일을 베푸신 곳이 바로 베다니였기 때문입니다. 물론 충분한 자료가 있으며 충분히 복합적이기도 합니다. 관련하여 심리학적 연구를 할 만큼 인상적일 만한 표현들이 있기는 합니다.

하지만, 이런 과정을 밟는 사람들조차도 성경에 기록된 자료들이 충분하다고 여기지는 않습니다. 그들은 단지 무슨 일이 일어났는지 여러 가지로 추측할 뿐입니다. 실제로 이 사건에 의미심장하게 암시된 제사행위 자체는 여러 의문에 답변하지 않은 채 남아 있습니다. 가장 중요한 의문은 마리아가 순간적으로 감정이 북받쳐 올라 향료 항아리를 가져와 깨트리고 예수님께 향료를 부었는가, 아니면 그녀가 그렇게 하기를 오랫동안 계획해 왔으며 계획을 이룰 목적으로 향료를 가지고 왔었는가 하는 것입니다. 흠정역의 경우, 예수님의 말씀을 '나의 장례할 날을 위하여 그것을 간직해 왔노라' (Against the day of my burying hath she kept this)고 번역했습니다. 이런 번역상의 표현은 그녀의 행동이 순간의 충동이 아닌, 심사숙고에 의한 것임을 암시합니다. 그러나 이와 관련된 본문 내용이 실제로 어떠한지 정확히 알려지지 않았다는 점을 기억할 필요가 있습니다. 어쩌면 그녀는 여러 날 여러 주간 그리스도의 고난과 죽으심에 대한 징후를 느껴 왔는지도 모릅니다. 하지만 반드시 그렇다고는 할 수 없습니다. 게다가 예수님께서 "장례"라는 불길한 단어를 직접 사용하신 것은 그 집에서의 대화가 처음이셨을 수도 있습니다.

요컨대, 심리학적 분석을 시도하는 이들은 성경을 굉장히 처치 곤란한 자료로 발견하게 될 것입니다. 이것은 놀랄만한 사실이 아닙니다. 복음서는 이론적이거나 경험적인 데이터의 수집도 아니고, 심리학적 현상의 놀라만한 예화들로 가득 찬 기록도 아닙니다. 단지 그리스도 예수 안에서 이루신 하나님의 구속 역사의 기록이며, 특별계시에 의해서 주어진 기록입니다.

이 이야기를 "다루는 데" 있어서 세 번째 부류의 사람들이 있습니다. 이들은 성경을 연속적이고 점진적인 하나님의 특별계시 역사 기록이 아닌, 단지 영적으로 유일한 교훈들의 나열로 봅니다. 이들에게 하나님의 한 가지 말씀(the one Word of God)은 하나님에 대한 여러 가지 말씀(many words about God)이 됩니다. 그래서 그들은 하나님과 종교에 관련된 여러 방식으로 하나님의 한 가지 역사를 여러 갈래로 분리해 버립니다. 결과적으로 그들은 성경을 여러 단편과 거룩한 이야기들로 나누고, 이 가운데서 비유와 평행, 그리고 풍유 등을 찾아내고자 하는 일을 옹호하는 것입니다. 그래서 이들은, 예컨대 현재 우리가 다루는 본문에 언급되는 인물에 평행되거나 비교되는 이야기를 솔로몬의 아가서에서 찾아내고자 합니다. 그러고는 요한복음 12장 위에 아가서의 이런 구절을 얹혀 놓습니다: "왕이 침상에 앉았을 때에 나의 나도 기름이 향기를 뿜어냈구나." 이런 식으로 성경의 각 부분에 있는 비슷한 표현들을 조작하고 있는 것입니다.

모든 시대의 신부와 신랑의 애정 생활 가운데는 예물들이 오갑니다. 영혼 깊은 곳에서의 갈망이 뿜어져 나오고, 사랑의 법에서 비롯된 말들을 속삭이는 입술에서는 노래가 솟구쳐 나오며, 두 사람은 하나의 리듬에 맞춰 노래합니다. 이처럼 모든 시대의 사랑의 노래는 일치합니다. 그러므로, 마리아의 경우에 있어서도 놀랍도록 일치하는 비교점들을 찾아낼 여지가 얼마든지 있는 것입니다.

그러나 마리아의 기름부음 사건을 솔로몬의 아가서 및 다른 성경 본문에서의 예들, 혹은 다른 책에 기록된 경험과 비교하려고 하면서 그 모든 비유를 일맥상통하는 것으로 여긴다면, 성경의 신적 의미에 대해 부당하게 행하는 것입니다. 하나님의 역사는 전진해 갑니다. 한 단계에서 다른 단계로 넘어가며 시작단계에서 최종단계로 이행합니다. 하나님께서 오늘 본문에 기록된, 그리스도와 관련해 행하신 일은 이전에는 행하신 적 없는 독특한 것입니다. 새로운 사건이며 독특한 행위이고, 이제 발생하여 다시금 반복되지 않을 것입니다.

그래서 성경을 읽을 때 오직 비교와 유비만을 찾아내고자 하는 자는 요한복음 12장에 기록된 이야기에 만족스러운 설명을 제공할 수 없습니다. 예컨대, 솔로몬의 아가서에 기록된 향유가 오늘 본문에 적용되려면 최소한 그것은 곧장 '영화'(spiritualized) 되어야만 합니다. 하지만, 실상 마리아의 향유와 옥합은 둘 다 감각으로 느낄 수 있는 대상입니다. 왕에 대해서는 어떻게 보아야 할까요? 지금 시몬의 집에 계시는 이는, 12명의 기사단으로 둘러싸인 둥근 테이블에 왕적 신분을 드러낸 채로 앉아 계시는 것이 아닙니다. 오히려 이 사건은 십자가를 향해 가는 여정을 상징하고 있습니다. 그러므로 누구도 베다니에서 향유를 붓는 사건에 대한 설명을 비틀어 맥락을 무시할 권리를 가지고 있지 못합니다. 그리스도의 낮아지심 및 죽으심과 연관된 그 맥락을 말입니다.

이 방법은 앞에서 말씀드렸던 두 가지 방법만큼이나, 본문의 사건을 설명하기에 부족합니다. 그리고 - 세 번째로 반복합니다만 - 그것은 놀랄 일이 아닙니다. 복음서는 문득 회상하기 좋은 고상한 책 속의 한 조각 글이 아닙니다. 하나님의 아들 예수 그리스도 안에서 하나님이 이루시는, 하나의 점진적인 구속 사역에 대해 계시로 주어진 기록이며 언제나 그런 기록으로 남을 것입니다.

그러므로, 우리는 이러한 방법들과는 다른 과정을 취해야 합니다. 기름부음과 사랑에 대한 이 이야기를 수난에 대한 주제와 연관 지으려 할 때, 우리는 두 가지를 봅니다. 첫째, 그리스도께서 자신의 삼중직분에서 능동적으로 행하시는 것. 둘째, 하나님께서 자신의 사역을 성취하시며 또한 완성해 가시는 것.

먼저, 우리는 자신의 삼중직을 완수하시는 그리스도를 숙고하겠습니다. 게다가 그분은 이 직분들 각각을 수행함에 있어 기꺼이 수용적이면서 또한 생산적으로 능동적이셨음을 살피겠습니다. 그분은 취하시고 또한 내어놓으십니다. 자신을 보내신 하나님으로부터 취하시고 또한 보내심을 받은 그 백성에게 내어놓으십니다.

그리스도께서는 다시금 한 분의 선지자로 등장하십니다. 그리스도께서는 선지자이신데, 무엇보다도 수용적이면서 능동적이십니다. 그는 당신의 존재 속으로 하나님의 빛을 흡수하십니다. 당신의 전 인간으로서의 영혼으로 그는 계시의 빛들 속에서 열정적으로 빛을 쬐십니다. 그는 성경의 샘에서 들이마시고, 하나님의 진리의 샘솟는 물에 당신의 입술을 적시십니다. 그는 당신 자신을 그 원천에 접하십니다. 그 원천으로부터 하나님의 진리가 솟구쳐 올라, 그는 그렇게도 확실하게 진리를 직접적으로 받아들이시고, 그것을 안팎으로 보시며, 그것으로 흠뻑 젖으시고 그 진리를 살아 내시는 것입니다. 그것이 그리스도께서 여기 시몬의 집에서 그렇게 철저하게 성경에 의해서 살아가시는 그 이유입니다. 이사야의 한 찬송이 그 분의 존재 속에서 울려 퍼지고 있습니다. 그래서 그 노래의 단 하나의 음표, 단 한 줄의 가사도, 당신의 영혼 속에 하나님께서 세우신 청중석에서 놓치지 않고 있습니다. 그 노래는, 물론, "여호와의 종"에 대한 아주 친숙한 곡조입니다. 이사야는 그 노래 속에서 그리스도의 수난에 대해서 노래하고 있습니다. 하지만 또한 그리스도의 영광에 대해서도 말하고 있습니다. 그 노래는 그리스도를 모든 사람들의 슬픔을 지고 가는 분으로 묘사합니다. 하지만 또한 그분을 "자신의 후손(씨)"를 보게 될 승리자로서도 묘사합니다. 선물들을 취하실 자, 하늘과 땅에 있는 모든 보화들이 그 분을 위해 보존된다는 것입니다. 그리고 이 두 가지 병행, 곧 낮아지심과 영광의 곡조는 이사야 53장에서 잠시 평행선을 긋다가 선지자가 다음과 같이 말하는 부분에서 합병됩니다: "그의 무덤이 악인들과 함께 있었으며 그가 죽은 후에 부자와 함께 있었도다." 이사야는 사람들이 그 분의 육체가 부끄러운 위치에 놓일 것을 이미 보았습니다. 사람들과 권세자들이 그 슬픔의 사람의 무덤을 구하되, 의도적으로 그것을 악하고 무시 받는 사람들 사이에서 구할 것임을 본 것입니다. 하지만 그는 또한 하나님의 손, 천사들의 의지, 그리고 공의의 손길이 주님을 장사하게 될 장소를 결정하는 일에 관여할 것과 결과적으로 그 무덤은 부자들의 것 사이에 있게 될 것을 보았습니다. 그분의 장례는 그 영혼의 의로우심으로 인해, 사치스럽고 호화로우며 특별할 것입니다.

그분께서 스스로 계시 속에 깊이 침잠하심으로서, 우리는 그분을 선지자로 고백하며 높여드립니다. 그분은 신실하게 계시를 살아 내셨고, 또한 당신의 메시야적 의식을 성경에 완전히 일치시키셨기 때문에 값비싼 향유와 옥합을 받아들이셨던 것입니다. 이것들은 아마도 한 사람이 평생을 벌어 모은 몫이었을 것입니다. 하지만 예수님은 그것을 받아들이셨고 당장 그것으로 자신의 장례를 언급하셨습니다. 그분은 자신의 무덤과 호화로움이 상호 적절한 관계에 있다는 점을 아셨습니다. 여기 베다니에서 그는 이미 "그 무덤이 부자와 함께 할 것"임을 보셨던 것입니다. 우리가 이미 언급한 대로, 주님은 사탄의 반대에도 불구하고 가이사랴 빌립보와 변화산에서 두 번 겸손의 길을 걸으셨습니다. 그분은 그것으로 사람들이 자신의 무덤을 악한 자들 가운데에 둔다는 이사야의 예언을 경험하셨습니다. 그러나 동일한 순간에 마리아의 선물에 대한 그리스도의 태도가 보여주듯, 그분은 자신이 장사될 장소가 부자들과 함께 배당될 것임을 절대적으로 확신하십니다. 확실히 그분은 성경에 근거하여 살아가시는 것입니다.

이 점을 다른 방식으로 접근해 보겠습니다. 스가랴는 자신의 선지자적 사역을 마칠 때쯤 "내 품삯을 내게 주라"고 요구합니다. 이 요구는 목자장 되시는 분이 자기 품삯에 대해서 요구한 것을 상징합니다. 그 몫은 목자장의 돌봄에 감사하는 영혼이라면 자발적으로 드리고자 하는 것이기 때문입니다. 당시에는 스가랴 안에서, 훗날에는 모든 선지자 안에서, 또한 참 이스라엘 백성에게 선한 목자가 되시는, 최종적으로 오신 대선지자이신 그리스도 안에서, 돌봄을 받는 몫 말입니다. 스가랴는 자신을 파송하신 하나님은 품삯을 받으실 정당한 권리가 있으신 분이며, 그 권리를 행사하신다고 주장합니다. 비록 겨우 노예, 부랑자로 취급을 당해서 은 삼십 세겔 밖에 받지 못한다 하더라도 말입니다. 선지자 중 선지자이시며 물론 스가랴보다 더 위대하신 예수 그리스도께서는 여기 나환자 시몬의 집에서 당신의 품삯을 주저함 없이 받아들이고 계십니다. 그곳에 있는 유다는 재빨리 향유의 값을 산정해 보고 이런 품삯은 예수님을 위해서 너무 많다는 결론을 내립니다. 자신은 은 삼십 개로 그 위대한 선지자 배신하기를 자원하면서 말입니다. 하지만 예수님은 삼백 데나리온의 품삯을 자발적으로 받아들이십니다. 삼십 세겔보다는 두 배 반쯤 되는 가치가 될 것이 분명한 품삯을 말입니다. 그리고 전적으로 그분만을 염두에 두고 있는 마리아의 마음으로부터 우러나온 사랑 또한 받으십니다. 자신을 그렇게 헤아려 주는 것에 대해서 이의 없이 받아들이십니다. 성경을 따라 살아가시는, 그 위대한 선지자 예수 그리스도는 당신을 목자로 삼은 각각의 영혼들에게 품삯을 요구하심으로 자신의 직분(선지자)을 성취하시는 것입니다.

선지자로서의 의무를 수용하시는 예수님께서 어떻게 생산적으로 활동하시는가 주목해 보십시오. 여러분은 예수님께서 자신의 장례를 위한 사치품을 받으심으로 제자들을 놀라게 하신 것에 대해 숙고한 적이 있습니까? 그는 불과 얼마 전 제자들에게 자신이 사람들과 권세자들에게 무시 받고 거부당하여 일종의 범죄자와 같이 죽임당할 것이라고 가르치셨습니다. 그 상황에서는, 성경에서 사용되는 용어를 사용하자면, 비용이 많이 나가는 장례식보다 강제로 끌려가서 내동댕이쳐지는 "나귀의 매장"(렘 22:18~19)에 대해서 생각하는 것이 더욱 자연스러울 것입니다. 사실, 변화산에서 제자들은 "그의 말을 들으라"는 명령을 받았습니다. 예수님의 저주받으심과 낮아지심이라는 개념에 익숙해지기 위해 대단한 시련과 고통을 겪는 와중에, 제자들은 당신의 죽음에 합당한 것으로 대단히 사치스러운 태도를 받아들이시는 예수님을 모습을 보면서 놀라워 합니다.

실제로 이 선지자는 이해하기 참 어려운 교사이십니다. 수수께끼 다음에 또 다른 수수께끼를 내고 계십니다. 서로 모순되는 것처럼 보이는 일들이 연달아 제시되는 것에는 어느 누구라도 익숙해지기 어려울 것입니다.

향유 부음의 이야기를 처음 들으면, 그것을 수난 드라마의 부드러운 막간 전원시로 간주하기 쉽습니다. 그것은 듣는 모든 이들로 매력을 느끼게 하는 목가적 에피소드와 같이 여겨집니다. 하지만, 이 이야기를 그 위대한 무대 안에서 바라본다면, 우리는 이렇게 말하게 됩니다: 이것은 참으로 이해하기 어려운 메시지이다; 누가 이를 계속 들을 수 있겠는가? 예, 그렇습니다. 주님, 대답은 단 한 가지 이것뿐입니다: 그의 말을 들으라, 그의 말을 들으라![03]

두 번째로, 그리스도께서는 제사장으로서 등장하십니다. 다시금 그분은 먼저 수용적이십니다. 곧, 예수님의 제사장적 영혼은 그 영혼을 창조하신 하나님 안에 머물러 있고 하나님에 의해 유지되고 있습니다. 그분은 제사장 직무의 영으로 충만히 채워져 있으셨기에, 직접 제일 먼저 "장례"라는 말을 언급하셨습니다. 태양이 떠오르고 사랑이 마리아의 눈으로부터 비출 때, 그 수난 과정을 연결하여 윗부분을 두르고 있는 홍예(虹蜺)에 대해서 잠시 숙고하고, 또한 하나님의 진노가 지속해서 떨어지는 깊은 틈을 뚫어지게 살펴보는 것은 제사장

---

03) 한역주 : 이렇게 제자들을 교육시키는 결과를 낳게 된다는 면에서 생산적이란 뜻

적인 모습입니다. 게다가, 발생하는 모든 사건을 즉각적으로 수난과 죽음에 연결시키는 것 또한 전형적인 제사장의 모습입니다. 보십시오, 하나의 진주가 구세주에게 주어져 있습니다. 대단히 값비싼 옥합과 향료, 눈물, 그리고 엄청난 사랑의 진주 말입니다. 하지만, 그것이 실제로 당신에게 확장되기 전에 그분은 애통함의 주름이 수놓인 손가방에 손을 뻗쳐 그것을 먼저 받아들이십니다. 그분은 하나님의 계획에 얼마나 민감하신지요! 그분은 하나님 뜻의 샘물에서 얼마나 많은 진리를 흡수하고 계시는지요! 이제 위대한 희생의 일에 대해 능동적이기를 시작하십니다. 무엇보다 자비로운 것은 하나님의 계획하신 희생의 시간을 순수하고 섬세한 인성으로 예상하시는 이 거룩한 마음입니다.

제사장으로서 역시 구세주께서는 생산적이십니다. 좋은 제사장은 연약함을 이해합니다. 그리고 주저하는 자들을 감사의 제단으로 부드럽게 인도합니다. 이 대제사장 또한 마리아의 기품 있는 모습을 곁에 있는 자들의 잔인한 비평으로부터 보호하십니다. 비둘기를 독수리 떼로부터 보호하시며, 기쁨으로 감사의 선물을 받아들이시는 것입니다. 그는 당신께서 감싸지 않을 수 없었던 그 영혼을 위로하십니다. 그렇습니다. 예수님은 마리아를 또한 감싸주십니다. 그녀가 수난과 장례, 그리고 다가오는 죽으심의 드라마를 예상했을지라도, 그분의 입술에서 떨어지는 "장례"라는 충격적인 단어를 듣는 것은 그녀에게 여전히 두려운 일이었습니다. 우리도 어떤 많은 일들을 예상하지만, 그 일들이 아무것도 가장하지 않은 벌거벗은 실체 그대로 우리 앞에 드러날 때 엄청난 영혼의 상처를 입게 됩니다. 하지만 이 제사장께서는 친절하게 위로해 주십니다. 마리아의 선물을 취하신 것입니다. 그녀를 안심시키기를, 그녀의 착한 행위는 계속 기억될 만하고, 향유의 향기는 시몬의 집의 사방 벽을 뚫고 나아가 세상에 퍼지게 될 것이라고 하셨습니다. 하나의 제사장으로서 그는 그녀에게 이런 말을 해주십니다:

아무것도 남아 있지 않구나,

아무것도 남아 있지 않아.

아름다운 것조차도 썩어버릴 수밖에 없는 것.

하지만 사랑으로 예수님에게 드려진 것마다,

그 고귀함은 정녕 영원하리라.

그리고 이것은 무엇보다도 제사장적입니다: 당신의 장례를 예상하면서, 그리스도께서 당신 안에서 실현되어야 할 하나님의 뜻을 허용하셨을 때, 그분은 당신의 심령과 마음을 자신의 죽으심에 고정시키셨습니다. 자신의 위대한 희생 제사를 드리기 시작하셨던 것입니다.[04]

세 번째로, 그리스도께서는 왕이심을 증명하십니다. 먼저는 수용적이시고, 그 다음에는 생산적이십니다. 그의 왕으로서의 기능은 너무나 복잡한 채로 뒤얽혀 그의 한 부분이 되었기 때문에 그는 자신의 독특성과 구별됨을 절대적으로 확신하고 계십니다. "너희들에게 가난한자들이 항상 있겠지만 나는 그렇지 않으니라"고 말씀하신 것은 왕으로서의 선언입니다. 그렇게 말씀하시면서 그리스도께서는 왕의 권리를 드러내고 계십니다. "내가 먼저이고 그 다음이 너희들이니라"고 선언하는 것이 왕의 주권이기 때문입니다. 지금 예수님께서는 형제자매들보다 한 발 앞으로 나서며 언젠가 엘리야가 "나를 위해서 먼저 빵을 만들라……그리고 나서 너를 위하여 하라"고 말하였던 것과 같이 행동하십니다. 그와 동시에 물론 제사장으로서 자비로운 섬김을 위한 여지를 보여주고 계십니다. 너희들에게는 가난한 자들이 언제나 함께 있을 것이라고 말씀하신 것입니다. 하지만 왕으로서 그분은 가장 최상의 것을 원하십니다. 최고의 사치품이 그분을 위해 준비되어야 했습니다. 그는 하늘의 왕국, "신의 도성"에는 유사민주주의가 전혀 없다는 사실, 시민들이 스스로를 돕고 왕을 위해서는 식탁에 허접한 것만 그것도 우발적으로 남겨두는 그런 거짓된 민주주의는 없

---

04) 한역주 : 이렇게 생산적인 결과를 낳게 되었다는 뜻. 위에 인용된 시의 출처를 원저자나 영역자가 밝혀 놓지 않아서 아쉽다.

다는 사실을 강조하고 계십니다. 그의 왕국에서 그분은 백성과 군주 사이의 어떤 분열이든 제거하실 것입니다. 그러나 하나의 통치자로서 그분이 또한 제사장이심을 주목하십시오. 그분은 취하실 뿐만 아니라 주고 계십니다. 그분은 몸의 머리가 되시는 군주이십니다. 그러므로 백성들에 대한 그분의 요구는 백성들을 위하여 섬기는 것과 결코 무관한 것이 아닙니다. 그분은 섬기십니다. 단지 그것뿐이라면 그는 머리가 아닐 것입니다. 하지만 그분은 또한 요구하십니다. 그렇지 않다면 그는 왕이 아닐 것입니다. 백성들로부터 세금을 거두는 것은 그분에게 분리될 수 없는 권리입니다. "너무 비싸잖아!", 우리 시대에 '왕'이라는 단어를 들으면 어떤 이들은 조롱합니다. 제사장적입니다. 우리의 왕은 값비싼 향유이십니다. 그분께서는 그것을 알고 계십니다. 그러나, 그는 또한 제사의 근본 기초가 되십니다. 그 값을 지불하신 것입니다. 당신의 생명을 내어놓으셨습니다. 이런 기초에서 사랑으로 극진하게 대접하는 매우 사치스러운 선물을 당연한 몫으로 받아들이시는 왕은 당연히 자신의 왕적 직무를 철저하게 의식하고 계시는 것입니다.

그 왕은 생산적이십니다. 그분은 왕에게 정당하게 속한 선물들을 취하십니다. 그는 당신의 불평하는 신하들, 곧 제자들에게 조화를 회복시키십니다. 세상의 창조주로서, 지금 그분은 자신의 왕국에 시편 50편의 언어로, '금'과 '은', 그리고 '삼림의 짐승들과 뭇 산의 가축들'을 요구하고 계십니다. 그분은 비록 깊은 무덤에 들어가게 될 후보자이시지만, 그럼에도 불구하고 이것들을 왕으로서 요구하시는 것입니다.

이제 결론을 내리면서, 그리스도께 기름 부으시는 하나님에게 주의를 돌려봅시다. 베다니에서의 기름부음은 하나님의 특별계시와 은혜의 전체 역사가 지금 이 시점까지 진행되어온 것의 한 보조적인 부분입니다. 여러분은 그 의미심장한 조화를 느끼실 수 있습니까? 슬픔의 성전 문턱에서 하나님께서는, 당신의 아들에게 육신과 피를 가진 형태로 나타난 사탄과 두 번이나 직면하게 하셨습니다. 요한의 아들 시몬 속에 역사하였던 사탄과 말입니다. 하지만 동일한 하나님께서 오늘 그분의 여정에 섬기는 천사를 배치하셨습니다. 사탄과 천사, 모두 인간의 모습을 하고 나타납니다. 간단히 말하자면, 그에게 적의를 가진 육신의 모든 세계와 그에게 선물을 드리는 영의 모든 세계가, 그분의 마음속에 일상의 언어들과 경험들의 형태로 새겨지는 것입니다.

그렇다면, 그리스도의 수난 가운데 하나의 서정적 막간을 찾고자 이 이야기를 살펴보려는 이들은 이 섬기는 천사 곧 마리아가 악한 질문자들이 둘러서 있는 장면들 속에서만 그 사랑의 목적을 이룰 수 있다는 것을 알고 실망할 것입니다. 지옥의 사악한 독기가 유향의 향기와 뒤섞여 있습니다. 마리아의 겸손한 섬김이 유다의 비판적인 혹평과 마찰합니다. 그의 모든 존재가 그녀에게 대항하여 증오합니다. 그리고 다른 제자들 또한 그녀에 대한 비판적 태도를 갖고 있습니다. 하나님께서 곧 닥칠 일을 위해 당신의 아들을 준비시키는 중이라는 사실을 온전히 깨닫지 못하고 있기 때문입니다. 이는 마치 하나님께서 그리스도에게 다이아몬드를 제공하시는데, 그 다이아몬드가 십자가에 박혀 있는 것입니다. 그 아들께서 값진 보물을 취하시려면, 십자가를 취하여 하나님의 뜻을 이루셔야 합니다.

그리스도뿐만 아니라 그분 주변에서 더욱 악화되어가는 영과 육의 갈등도 그렇습니다. 먼저는 베드로의 입술에서 나오고 다음에는 유다의 입술에서 나오는 사탄적 저항, 그리고 마리아의 선물을 충분하게 설명하는 사랑의 섬김 - 이것들은 공중에서 전개되는 영적인 세력 간의 갈등이 나환자 시몬의 집에 모여든 소수의 사람들 가운데서 드러나고 있음을 보여줍니다. 그렇습니다, 예수님께로 온다는 것은 자신을 갈등에 노출시키는 것입니다.

우리는 경외함으로 머리를 숙입니다. 시몬의 집에 있는 무리들 중 그리스도 외에 누가 주님의 목적을 이해하고 있었습니까? 구속자 그분 외에 주님의 영을 보내시는 분이 누구입니까? 네 발의 신을 벗으라 그 나환자가 누워있던 곳은 이제 거룩한 곳이 되었노라. 이제 구주의 영혼은 공중의 영적인 세력들과 천국의 영적인 힘들 사이에 사로잡혀 있습니다. 그리고 그들에 의해서 이 편 저편으로 던져지고 있는 것입니다.

이사야 53장이 강조하는 두 대립된 구분, 곧 비천함의 방식과 승귀의 방식이 한 지점에서 만나 격정적 갈등을 야기하는 대립각을 형성하고 있습니다. 하지만 예수님은 이 순간 속에서도 침착하게 균형을 유지하고 계십니다. 그리고 그분은 슬픔의 집 문턱을 넘어 현관으로 들어서고 있는 것입니다. 시몬의 사탄적 발설의 광풍이 그분을 주저하게 만들 수 없었던 것처럼, 마리아의 달콤한 향유도 그분이 문밖으로 나가도록 유혹할 수 없었습니다. 보라, 그분께서 가신다, 오 하나님, 주의 뜻을 행하시기 위해 그분께서 들어가시는 것입니다. 그 대립적인 세력 간의 갈등. 증오와 사랑, 섬기는 천사들과 사탄과 같은 늑대들 사이에서 그분은 분열되지 않은 채 그분 자신으로 남아 계십니다.

자신들에게 비춰지는 빛 가운데서 성경을 읽는 자들에게는, 이것이, 예수님의 발에 기름을 부은 마리아에 대해서 말하고 있는 이 복음서가 주는 의미의 절반까지는 아니더라도 핵심적인 부분이 될 것입니다. 왜냐하면 그것은 마리아에 대해서가 아니라 그리스도에 대해 말해주는 하나의 복음이기 때문입니다.

그 기름부음 사건에 대해 또 다른 점 하나를 언급하겠습니다. 역사상 이런 일은 다시 일어나지 않았습니다. 선지자, 제사장, 그리고 왕의 직분을 수행하는 이를 외적으로 드러내고 내적으로 강화하는 목적 외에 무슨 목적으로 그 옥합의 기름이 부어졌겠습니까? 보십시오. 그분이 여기 계십니다. 삼중 직분의 책임을 온전히 이행하고 계시는 것입니다. 그분의 이름은 기름부음 받으신 분, 성령의 기름부음 받은 자, 하나님의 그리스도이십니다. 이 기름부음 받으심은 그분에게는 큰 위로이자 영원한 사명이고, 우리에게는 거룩한 계시입니다. 이제 이 넓은 천지간에 나사렛 예수에게 기름 부어줄 이 없을 것이며, 그분의 공적인 권리와 능력이 모든 육체에 의해 거부될 것이기에 그분은 이제 아버지의 손으로부터 기름을 받으십니다. 하늘이 마리아의 손을 통해서 그 복된 육체 위에 향유방울을 흘리고 있는 것입니다. 그래서 그분은 두 번 기름 부음을 받으십니다: 한 번은 비교될 바 없는 성령에 의해서, 그리고 이제는 최상의 사랑의 선물로서 그분에게 제공되는 기름의 상징으로 말입니다.

이제 이 일들을 더 깊이 상고하기 바라는 그 어떤 자도, 하늘에 있는 천사들이 첫 번째 진정한 기름 부으심을 증거하는 이때보다 더 복된 시간을 결코 알지 못하였다는 고양된 생각보다 더 높이 오르지는 못할 것입니다. 이것은 최소한 한 측면에서는 진실로 그러합니다. 그리스도 이전의 기름부음은 언제나 이중으로 오염되어 있었으며 완전히 거룩하지 못했습니다. 향유는 그것을 붓는 이의 손에 의해서 오염되었습니다. 기름부음 받는 사람은 결코 죄 없이 산 적이 없었습니다. 짧은 그 성례의 순간에서조차도 말입니다.

이 순간에 기적이 일어나고 있습니다. 예, 바로 여기 베다니에서의 사랑도 기름이나 그것을 붓고 있는 심령으로부터 죄의 혐오스러운 독기를 완전하게 제거하지는 않았습니다. 그러나, 기름부음 받은 분이 지식과 의와 거룩에 있어 참되고 선하시며 아름다우신 분입니다. 그러므로 이것은 그 기름부음을 받는 자를 부요하게 해주는 그런 기름부음이 아닙니다. 당신에게 드려지는 기름을 취해 오염을 제거하시고 다시금 그것을 드리고 있는 떨리는 손에 부으시는, 기름부음 받으신 분의 기름부음입니다. 그 사랑을 받는 자는 그분에 대해 이렇게 고백할 것입니다: 나의 기름이 주님 안에서 발견되나이다. 주님께서는 그리스도이시고, 하나님의 기름부음 받은 자이시며, 주님만이 홀로, 주님만이 완전하게 주님 자신의 기름을 준비하시나이다.

chapter 04
—
마지막 희생양을 가리키고 있는 마지막 제사장

"그 중의 한 사람 그 해의 대제사장인 가야바가 그들에게 말하되
너희가 아무것도 알지 못하는도다
한 사람이 백성을 위하여 죽어서 온 민족이 망하지 않게 되는 것이
너희에게 유익한 줄을 생각하지 아니하는도다 하였으니
이 말은 스스로 함이 아니요 그해의 대제사장이므로
예수님께서 그 민족을 위하시고 또 그 민족만 위할 뿐 아니라
흩어진 하나님의 자녀를 모아 하나가 되게 하기 위하여
죽으실 것을 미리 말함이러라"

- 요한복음 11:49~52 -

4장.
마지막 희생양을 가리키고 있는 마지막 제사장

이제 우리는 성부께서 영적 세력들의 격동 속에 당신의 그리스도를 던져 넣으시는 것을 세 번째로 보게 됩니다. 두 번째에서 우리는 예수님의 영혼 흉벽 안에 쐐기를 박는 말을 던지는 방식으로 전개되는 사탄의 시도를 보았습니다. 우리는 영적 섬김의 향기를 맡았습니다. 사탄적인 저항과 사랑의 봉사, 둘 모두가 매일의 경험과 살과 피를 매개로 예수님에게 다가왔습니다.

이 점에 있어, 성경은 더 나아가 지옥에서 태어난 사탄적 요소와 하늘로부터 내려온 사이의 관계를 대략 소개하고 있습니다.

오늘 우리는 가야바의 의자 앞에 서 있습니다. 요셉 가야바는 하나님께서 이스라엘 최상의 관리로서 구별되는 것을 허용하신 마지막 대제사장입니다. 그의 마음은 사탄적인 생각을 고려하고 있습니다. 그리고 이 일에 있어서 산헤드린이 그와 짝이 되었습니다. 그러나 예언의 성령은 여전히 이들이 모여 있는 방 위에 머물고 계십니다. 그러므로 이 은밀한 예봉에 있어서, 가야바의 진술이 깊은 지옥에서 온 것이라고 할지라도 그것이 함축하는 예언의 의미는 하늘에까지 치솟고 있습니다. 그리고 더욱 중요한 것은 진리의 영이 위로부터 가야바의 영혼 위에 침범하고 있다는 것입니다. 물론 가야바 때문은 아니지만, 진리의 영이 그로 하여금 하나님의 섭리의 모든 체계와 구속 계획의 전체 구조가 요약되는 심오한 구절을 말하게 하고 있습니다. 모든 사람을 위하여 한 사람이 죽어야 한다고 말입니다.

하나님의 방법이 인간의 방법보다 더 강하다는 것이 다시금 증명됩니다. 시몬 베드로는 예수님 앞에서 두 번이나 사탄 노릇을 하였습니다. 자신도 알지 못하는 사이에 말입니다. 마리아는 섬기는 천사의 노릇을 하였습니다. 그녀도 그렇게 한 것을 알지 못했습니다. 가야바는 실제로 예언을 하고 있습니다. 그러면서도 이를 의식하지 못합니다. 왜냐하면 그는 자신에게서 비롯되지 않은 조언이자 예언을 선포하고 있기 때문입니다.

곧바로 또 다른 요점이 주의를 끕니다. 제자 베드로가 예수님으로부터 일종의 사탄으로 증명되었을 때, 그의 저항은 믿음으로 중생한 영혼의 가장 깊은 개별성과 관련된 것이 아니었습니다. 마리아가 행한 사랑의 섬김의 의미심장함은 그녀의 깨달은 바를 무한하게 넘어선 것이었지만, 그 행위는 분명 그녀 영혼의 본질적인 태도에 연관되어 있었으며, 그것으로부터 유기적으로 성장한 것이었습니다. 그리스도의 영이 그 안에서 활동하시는 영혼은 언제나 그렇습니다. 그들이 사탄의 언어를 발언하는 것은 기괴할 만큼 적절치 못한 역할을 행하는 것입니다. 그러나, 그들이 성령의 언어를 발언할 때에는 단순히 행동하는 것 이상의 참되고 진실한 반응으로 자신의 역할을 완수하는 것입니다.

가야바와 그에게 빌붙은 자들은 그렇지 않았습니다. 가야바가 지옥의 영으로부터 온 일들을 말할 때, 그는 자신의 개별성과 일치하는 것을 말하고 있습니다. 가야바의 말 속 사탄적인 것들은 그의 실제 자아와 결정적으로 연결되어 있습니다. 그것이 그의 저주하는 바입니다. 반면 그가 그리스도에 대하여 예언하는 바는 그 영혼의 참된 표현이 아닙니다. 그 광범위한 함축성과 심오한 의미에 있어서, 또한 하나님을 영화롭게 하는 언급의 측면에서 말입니다. 그가 하나님 앞에서 과시하는 예언자의 즐거움과, 그 대제사장에게 자신의 존귀한 자리를 여전히 허용하시는 주님의 부담 사이에 하나의 깊은 심연이 있기 때문입니다. 이 역시 그가 저주하는 바입니다.

가야바는 언젠가 발람 선지자가 하였던 것 같이 예언합니다. 자신의 의도와는 반대로, 발람은 '야곱의 별'을 찬송했습니다. 그리고 그 별빛이 쏟아지는 모든 대상을 향하여 축복했습니다. 발람처럼 사울도 추후 왕이 될 다윗과 당시의 참된 선지자 사무엘을 추적하며 라마에서 예언했습니다. 사울 역시 강제로 예언했습니다. 예언의 영이 그를 사로잡았기 때문에, 자신의 의도와는 반대로 그렇게 했던 것입니다.

스스로 결론을 내려 보십시오. 사울이 다윗이 신정국가 왕위에 오르는 것을 방해하고, 선지자인 사무엘을 죽이기 원했을 때, 그는 그것으로 기억해야 할 삼중직, 곧 거룩한 제사장, 참된 예언자, 신정적 왕권의 하나 됨을 분쇄해 버렸습니다. 예언함으로써 그는 자신의 무덤을 팠습니다. 곧, 부패한 직분자 사울이 참된 예언의 성령과 천상의 아이러니에 의해서 앞으로 오게 될 직분자의 자리를 준비하고 있었던 것입니다. 하나님께서 임명한 자, 순결과 덕으로서 자기 직무에 의무를 다할 사람의 자리를 말입니다.

오 사람이여, 두려움으로 떠십시오. 그리고 가야바가 산헤드린 앞에서 예언할 때, 하나님께서 어떻게 정확하게 일하시며 끝내 성취하시는가에 주목하십시오. 가야바는 이런 부류의 또 다른 직분자입니다. 그는 직분자로 "부르심 받은"자입니다. 그 역시 유일한 대제사장과 영원한 왕에 대해 예언합니다. 다시금 그 예언의 영이 현존하십니다. 동일하게 두렵고도 거룩한 아이러니가 또 한 번 그 자체를 드러냅니다. 가야바 역시 자신의 의지와는 반대되는 예언적 발언을 하면서 스스로 무덤을 팝니다. 그리스도의 영은 그를 몰아붙여 희생시킴으로 하나님과 인간에게 최상의 직분자이신 예수 그리스도를 위한 길을 마련하고 계셨습니다.

이것은 그 자체로 또 다른 위대한 비밀입니다. 그리스도께서 이스라엘 직분자들의 무덤이 있는 세상에 오셔야 합니다. 하지만 그분이 오시기 전에, 하나님께서는 가야바가 묻힐 무덤, 또한 그와 함께 이스라엘 영적 직분의 마지막 흔적이 묻힐 무덤이 하나님에 의하여 파일 것이 아니라, 나라를 빼앗긴 세대의 화석화된 전통주의자들에 의해 파일 것을 증거하게 하십니다.

그것은 산헤드린의 주목할 가치가 있는 회집이었습니다. 요한은 우리에게 그것에 대해 일부 말해줍니다. 우리는 두 번째 설교(2장) 끝부분에서 가야바가 사회를 보았던 회집에 대해 읽었습니다. 이 장은 나사로에게 일어난 엄청난 기적을 먼저 말해줍니다. 베다니에서 분명히 죽었고 장사까지 지냈지만, 선한 목자이신 예수님의 목소리가 무덤에 있는 그를 불러 산 자가 되게 하였습니다. 마리아의 사랑과 마르다의 보살핌 속으로, 무리의 놀라워하는 눈길 가운데로 돌아오게 한 것입니다.

물론 의문이 일어났습니다: 도대체 이게 무슨 일이냐? 이 구속사적 사건의 의미와 함축된 바는 무엇인가? 모든 이들이 그것에 대해서 의문을 가졌습니다. 베다니에서 그리고 예루살렘에서도 말입니다. 이 모든 질문들에 대해서 마땅히 답을 해야 할 이스라엘의 공식적인 정보기관인 산헤드린조차도 답을 하지 못했습니다. 그 답변을 가장 필요로 했던 곳인데도 말입니다.

그 질문은 우리에게도 던져집니다. 우리는 성경 없이는 답변할 수 없다는 것을 잘 알고 있습니다. 하나님께서 그 의미를 말씀 속에서 발견해 주지 않으신다면, 하나의 사실만으로는 여전히 (해석되지 않은) 비밀인 채로 남아있기 마련입니다. 사실, 우리는 그 예언의 말씀을 가지고 있습니다. 그리고 그것은 너무나도 확실합니다. 그것은 죽은 자들 가운데서 부르심을 받은 나사로라는 존재의 실제적인 의미를 분명하게 가리키고 있습니다. 그 놀라운 기적 속에 계시된 신적인 생각은 이사야의 예언 속에 표현되어 있습니다. 이사야는 말하기를, 메시야와 그분의 오심은 맹인이 눈을 뜨게 되고 절름발이가 걷게 되며 귀 먼 자가 듣게 되고 또한 죽은 자가 일으킴을 받게 되고 가난한 자가 그들에게 선포되는 복음을 듣게 되는 것으로 인식될 것이라고 합니다.

그리스도께서는 나사로를 일으키시기 전에 이 예언을 자신에게 적용시킴으로 그 의미를 가르쳐 주신 것입니다. 이사야가 그것을 예언하던 시점과 나사로가 죽은 자들 가운데서 일으켜 세워지는 시점 사이에는 예수님께서 세례 요한이 보낸 이들에게 말씀하신 의미심장한 시간이 개입되어 있습니다. 말씀하시기를, 귀 먹은 자가 듣고, 절름걸이가 걷고, 죽은 자가 살아나고, 가난한 자에게 위로와 복음이 전해지는 것을 통해 믿음 있는 자들에게 자신이 그리스도이심을 증명하실 수 있다 하신 것 말입니다. 그리스도께서는 나사로를 무덤에서 불러내시기 전에 이사야의 예언에 대한 최상의 해석자이자 주석자가 되셨던 것입니다. 이제 전 세계가 그분의 진정성을 결정할 수 있을 것입니다. 하나님의 모든 선지자, 그 중에서도 뛰어난 이사야가 예언했던 메시야에 대한 것들이 그분에게 이루어졌는지 아닌지를 통해서 말입니다.

결론적으로 말하면, 장엄하신 하나님, 시편 50편의 하나님, 진리의 그 하나님께서 견고한 음성과 사랑의 구애로 이스라엘에게 호소하십니다. 나사로의 열린 무덤을 바라봄으로써 나사렛 예수님이야말로 그들 시대의 그리스도이심을 인정해야 한다고 말씀하십니다. 그분께서는 그들을 불러 모으셔서 메시야의 예언이 지금 여기, 바로 그들의 눈과 귀 앞에서, 나사로가 무덤에서 걸어 나오는 것 가운데, 그를 맞이하기 위해 달려가며 내어 지르는 마리아의 기쁨의 환호 속에서, 그리고 "아버지여 내 말을 들으신 것을 감사하나이다 항상 내 말을 들으시는 줄을 내가 알았나이다"고 하신 주님의 말씀 속에서, 이미 성취되었음을 증거하시는 것입니다.

그것은 나사로를 일으키심으로 표현된 신적인 생각이었습니다. 그리고 그 기적에 따라 하나님께서는 지금 산헤드린의 문을 두드리십니다. 마지막으로 문을 열고 그분이 메시야임을 인정하라고 요구하면서 말입니다. 이 기적에 의하여, 도래하는 시대의 능력이 밀려왔습니다. 잃어버린 바 된 백성을 구원하시기 위해서 말입니다. 그것은 하나님께서 내려치신 번쩍하는 번개였습니다. 정화하는 언어로 세상을 청결케하기 위해서, 다 태워버리기 위해, 불신앙과 완고함의 허접스러운 것들을 다 없애고자, 그리고 그렇게 땅을 새롭게 하여 영적 씨앗들이 다시금 자랄 수 있도록, 그 벼락을 내려치신 것입니다.

산헤드린은 그 번개를 보았습니다. 진리의 빛이 그들이 회합하는 방에 들어오지 못하도록 가려놓은 두꺼운 휘장을 뚫고, 눈부시게 들어왔습니다. 이스라엘의 정의로운 마지막 재판정의 꽉 닫힌 문으로 그을려 나는 연기 냄새가 은밀히 파고들어 왔습니다. 가야바와 그의 동료들의 코가 그 냄새를 맡습니다. 그들은 조심스럽게 생각해야 합니다. 그들은 답을 간절히 기다리고 있는 그 질문에 답을 해야 합니다.

무엇이 그들의 답변이어야 할까요? 이것이 답변이어야 합니다. 제기된 문제는 분명합니다. 나사렛 예수님이 그리스도이시거나 그렇지 않으면 적그리스도라는 것입니다. 그는 메시야이시거나 아니면 짐승입니다. 그는 애굽에서 족장 모세를 대항하던 이들과 같은 마술사들의 두목이거나 - 만일 그렇다면 그 성취 면에서 볼 때 훨씬 뛰어난 두목이었을 것입니다 - 아니면 족장 모세의 합법적인 성취자입니다. 만약 이것이 사실이라면 계시의 능력과 은혜의 은사들이 모세로부터 그분께 전달된 것입니다. 양자선택의 문제입니다. 이것이 아니면 다른 것이 참됩니다. 나사로에게 생명을 주신 기적은 "중립적"이거나 무의미한 것이 아닙니다.

하지만 산헤드린은 그것을 모릅니다. 이스라엘의 직분을 가진 지배자들, 제사장들, 그리고 선지자들은 더 이상 사건들의 의미를 알 수 없습니다. 그들은 사실의 중요성을 보지 못하고 있는 것입니다.

그들이 이해하지 못하는 것이 최악은 아닙니다. 객관적 진리를 지적으로 파악하는 것만으로는 그 누구도 정당화하지 못합니다. 그러므로, 객관적 진리를 이성적으로 이해하지 못했다는 것 때문에 누군가를 저주하지는 않습니다. 이는 저주의 원인이 되지 않습니다. 이런 실패가 사람 가운데 실현되는 저주의 증상 중 하나이거나 그 수단의 하나일 수 있고, 심지어 재판 결과의 선언 내용 중 하나일 수는 있겠지만, 지적인 오류만이 한 사람의 파멸 원인이 되지는 않는 것입니다. 결코 그럴 수 없습니다. 문제의 논리적 공식화, 그것들의 합리화는 죄의 본질이 아닙니다. 죄의 본질은 인간의 심령 깊은 곳에 있는 육신의 자기옹호이기 때문입니다. 심령과 영혼의 모든 에너지를 불러 모아 하나님과 예언의 책망으로부터 사력을 다해 도피하는 자기옹호 말입니다. 산헤드린은 이러한 자기정당화를 고백하고 있습니다. 무엇이라고 말하고 있나요? 어째서 "온 세상이 그를 따르는도다"고 말하고 있는 것일까요?[05]

그리고 그 말은 단순한 진리입니다. 그것은 그가 '많은 다른 이적들[06]'을 행하였다는 것이며 나사로를 일으킴으로써 온 세상이 그를 따른다는 것입니다. 하지만, 우리는 정의를 실행하기 위해 모여 앉은 이 회합에게 제시하고 싶습니

---

05) 요한복음 12:19; 11:47 도 또한 비교해 보시오.
06) 요한복음 11:47.

다. 그들이 그 자리에 앉아 있는 것만 생각해도, 그 사실은 여러분을 성경으로, 하나님께로, 그리고 성령에게로 열렬히 달려가게 해줄 것입니다. 왜냐하면 너무나도 분명하기 때문입니다. 예수님이 적그리스도시냐 아니면 그렇지 않으시냐 하는 것이 말입니다. 만일 그가 적그리스도시라면, 온 세상이 그를 뒤따르고 있을 때, 여러분은 하나님 앞에서 그분을 위하여 경고음을 울려야 합니다. 여러분은 하나님을 여러분 선조의 하나님으로 알고 있습니다. 거짓 선지자들과 맞닥뜨렸을 때 참 선지자들은 하나님께 간구하였습니다. 세상과 언약의 백성들 앞에서 자신의 진정성을 증명할 증거를 허락해 달라고 말입니다. 간혹 기적이 하나님의 심판으로서 주어진다고 할지라도 이런 증거 없이는 자신들을 떠나지 말아 달라고 간구했던 것입니다. 만약 그가 적그리스도라면, 경고음을 울리십시오!

만약 이 나사렛 사람이 귀신의 왕인 바알세불의 힘을 빌려 베다니에서 이적을 한 것이라면, 그리고 이 적그리스도가 여러분의 집 문 앞에서 "기만의 이적과 기사"의 불꽃놀이를 터뜨렸다면, 여러분이 해야 할 일은 오직 하나뿐입니다. 할 수 있다면, 거룩한 손을 하늘을 향해 올리는 것입니다. 여러분의 하나님을 부르십시오! 여러분의 모임 장소를 갈멜산 정의 축소판으로 만드십시오! (어떤 의미로선 아주 큰 것이 되겠지만요) 여러분의 하나님께 호소하여, 하늘을 찢으셔서 마침내 그 약속된, 진정한 메시야를 계시해 달라고 하십시오! 만약 적그리스도가 왔다면 참된 메시야의 시간을 알리는 종소리도 울렸을 것이 틀림없기 때문입니다. 그러니 이제 여러분은 이것을 분명하게 알고 있는 셈입니다: 오는 세대의 능력이 계시되고 있는 것입니다. 그 계시된 것을 따라 행동하십시오. 그러면 여러분은 최소한 종말론적으로 활동하고 있는 것입니다. 세대의 마지막이 여러분과 함께 안식할 것이기 때문입니다.

그렇지 않다면, 이것은 반대편의 선택 사항입니다만, 베다니에서 무덤을 향하여 외쳐 승리하였던 그 인물이 적그리스도나 적그리스도의 선구자가 아니라, 오히려 그리스도 그분 자신이거나 그 선포자라고 여러분은 말할 수 있습니다. 만약 그것이 참되다면, 가야바에게 그 자리에서 내려오라고 요청하는 것이 여러분의 분명한 의무일 것입니다. 예언의 말씀이 기록된 성경을 열어서 선조들에게 약속된 그분이 '자기 백성에게로' 오셨다는 것을 말하고 있는 그 모든 것을 여러분에게 가르쳐 달라고 말입니다.

그 위기가 닥쳤습니다. 가야바의 자리가 하나님의 심판석에 의하여 위협을 당하고 있습니다. 누가 그것을 차지하게 될까요? 여기 오는 세대의 세력들이 있습니다. 나사렛 사람으로 하여금 적그리스도가 되게 하든지, 백 번이나 보냄을 받았던 그분의 종 중 하나가 되게 하십시오. 하지만 이것만은 분명합니다: 하나님께서는 지금조차도 당신의 왕국으로 들어오고 계시는 것입니다.

진실로, 그것은 산헤드린에게는 어려운 문제입니다. 이런 순간적인 중요성에 대한 질문들에 대해서 누구도 깔끔하게 공식화된 답변을 즉각 내어놓을 수 없을 것입니다. 이 회합이 깨닫기 위해서는 성경을 열어 특별계시의 빛이 그날의 사건들 위로 비추게 해야 합니다. 이것이 그들의 의무이며, 실행해야 하는 두 가지의 이유가 있습니다: 첫째는, 이스라엘을 위하여, 그리고 둘째는, 자기 자신들을 위하여가 그것입니다.

먼저, 이스라엘을 위하여, 오 산헤드린이시여, 그대들은 특별계시인 예언의 빛 가운데서 예수님의 기적적인 표적들을 설명해야 합니다. 그대들은 선지자 스가랴에 대해서 읽어보지 않으셨습니까? 그는 목자들을 분류하였습니다. 백성들을 버리고 자신들만 살찌운 거짓된 자들, 섬김을 받는 대신에 오히려 섬기려 한 자들, 자신의 영광을 오직 한 분 선한 목자 되신 분 안에서 찾고자 한 자들로 말입니다. 그 선한 목자는 자신을 희생하시고, 어린 양들을 찾으시며, 큰 양 떼들을 먹이시고, 또한 치료하시며, 사망의 발톱에서 그들을 구하실 것입니다. 자, 그러면, 그 두루마기를 읽은 그대들, 공적으로 예언을 백성들에게 '해

설해 주는' 그대들은 이제 말해 보시오! 오해하지 않도록 분명한 목소리로 말해 보시오. 이 나사렛 사람은 누구인가요? 이스라엘의 양 떼를, "아브라함의 자녀"인 나사로를 사망의 발톱에서 구해내고 마리아와 마르다를 극진하게 위로해 주었던 이가 과연 누구인가요? 그는 선한 목자인가요? 아니면 그 선구자 중의 하나인가요? 예언을 해설한다고 주장하는 그대들이여, 그 예언의 환상들과 최근의 이 기적들 사이의 정확한 관계를 지적해 주기 전까지 다른 일은 아무것도 하지 않아도 좋습니다. 이 일에 우선하여 일어서십시오. 백성의 목자들이 되십시오. 스가랴는 말하기를, 거짓 선지자는 참 선지자가 깨어 있는 한 '거친 옷을 입고 속이려고' 하지 않을 것입니다. 만일 그 나사렛 사람이 바알세불을 통해 기만의 표적을 행하였다면, 그대들은 잘못 인도함을 받는 그대들의 불쌍한 백성에게 달려가야만 합니다. 그리고 성경의 이름으로 그 사기꾼의 어깨에서 가짜로 꾸민 거친 옷을 벗겨 내어야 합니다. 그러나 그렇지 않고 반대의 경우라면, 그대들은 백성들을 불러 모아 그들과 함께 와서 그분의 지도권 앞에 무릎을 꿇고 복종하여야 합니다. 어떤 경우라 하더라도, 참 예언과 거짓 예언을 구별하는 기준을 발견하는 것이 그대들의 피할 수 없는 의무입니다. 그대들은 거짓된 선지자를 처벌하거나, 현재 지니고 있는 목자로서의 직분에서 영원토록 쫓겨나야 합니다. 그러면 선한 목자께서 당신의 양 떼들을 홀로 먹이실 것입니다.

이것이 산헤드린이 필요로 하는 일, 곧 성경을 상고해야만 하는 두 번째 이유를 건드리고 있습니다. 산헤드린 구성원들은 자신들을 위해 그 일을 해야 합니다. 그들의 직분과 위치가 위협을 받고 있기 때문입니다. 그 위치의 독특함에 주목해 보십시오. 가야바는 모임을 주재하는 직분자의 의자를 차지하고 있습니다. 그 의자가 점하는 위치는 이 시점에 이르기까지 하나님 자신의 지도(direction)에 의하여 전체 영적 세계에서 최상의 위치에 해당하는 곳입니다. 이스라엘은 온 민족을 영적으로 인도합니다. 이스라엘 안에서 산헤드린은 하나님의 계시의 보물이 여전히 맡겨져 있는, 최상의 공의로운 심판정입니다. 그 모임에서, 순서대로, 가야바는 그 상위의 위치를 차지하고 있습니다. 그런데 가야바의 자리가 영적 세계의 바로 그 소용돌이 위, 그 민족들의 최정점 위에 위치하고 있다는 진술은 성급하게 하는 것이 결코 아닙니다. 가야바 자신의 귀족주의적 자기-확신도 그것을 또한 알고 있습니다. 산헤드린도 알고 있고 또한 자부심을 갖고 있지만 그 근거는 자신들이 세계의 종교생활의 가장 최상의 반짝거리는 정점 위에 올라서 있다는 사실입니다.

산헤드린도 그것을 알고 있습니다. 하지만…… 그 육체에는 하나의 가시가 있습니다. 세속생활의 고원으로부터, 예루살렘이 아니라 로마에서 또 다른 고봉이 솟아오르고 있습니다. 그것은 캐피톨 언덕[07]의 둥근 지붕입니다. 그 아래에는 시저의 왕좌가 있습니다. 가야바가 자신의 사회를 주재하는 직분의 자리를 영적 세계의 정점에 두기를 바라듯이, 시저도 자신의 왕좌가 세속적인 일들, 특별히 물리적 능력으로부터 나오는 것들 위에 세워진 최상의 권위를 대표하기를 원합니다. 가야바의 위치는 영적으로 세상의 중심과 정점 모두에 있습니다. 하지만 세속 세계 전체의 중심과 최정상에 있는 시저의 왕좌는 움직이는 모든 것들, 민족들 가운데 존재하는 모든 것들이 복종할 자리입니다.

그렇다면, 산헤드린이 여전히 누리는 것은 도대체 어떤 지위란 말입니까? 로마는 예루살렘에 그림자를 드리우고 있었고, 시저의 세속적 권위는 가야바와 그의 무리의 영적인 허세를 교만함과 조롱이 섞인 눈길로 비웃고 있습니다. 오늘 예루살렘에서는 이전에 활발하게 꽃피웠던 모임들이 엉망진창이 된 잔존물과 닮아 있습니다. 이스라엘이 이전에 소유하였던 세 직분은 몹시 애석하게도, 거의 아무것도 남아있지 않습니다. 당시에도 예언은 여러 해 동안 지속되고 있었습니다. 지금 여기서 사회를 보고 있는 제사장에게는 아론과 자신을 결합하는 그 유대를 손상시키지 않고 지킬 방법이 없었습니다. 오랫동안 계속

---

07) 로마시에 있는 일곱 개의 언덕 중의 하나이자 가장 유명한 곳이다. 과거에는 신이 거하는 곳으로 여겨졌고 현재는 로마시청이 들어서 있다. 옛날에는 그 언덕 아래에 황제와 고관들의 저택들이 있었다.

되어온 외국의 독재 세력과 험한 경쟁과 내부적인 자기부패에 의해서, 오직 제사장권을 나타내는 그 복장이 이스라엘의 존재가 검불에 불타는 것을 가까스로 막아낼 수 있었습니다. 만약 온 세상이 예수님을 좇아가고 있는 이 결정적인 순간에, 이미 허약해진 산헤드린이 실제로 주저하고 있다면, 그들의 특권은 모두 잃은 바 될 것입니다. 이스라엘 역사 속에서 들리는 하나님의 음성으로 인하여, 다음과 같이 말할 기회가 이 모임에게는 남아있는 것입니다: 우리는 합법적인 직분의 담지자들입니다; 이곳은 세상의 가장 높은 곳입니다; 여기는 하나님의 발이 지상에 접촉하는 곳입니다, 라고 말입니다.

하지만, 이제 그들은 자신들이 무엇을 하고 있는지를 알아야 합니다. 나사로에 관한 그 일은 그들에게 개인적으로 영향을 미칩니다. 베다니에서 나타난 기적적인 표징과 하나님께서 그 기적을 통해 말씀하고 계시다는 사실을 그들 스스로 연결시킬 수 있을까요? 만약 그렇다면 그들은 당분간 안전합니다. 하나님께서 그들을 위해 묶어 놓으신 매듭을 무딘 칼날의 힘으로 푼다는 것은 불가능한 일입니다. 로마의 야만적인 힘이 아니라, 예언만으로도 오늘 그들을 구원할 수 있습니다. 예수님을 검으로 죽이려는 것은, 다른 세계의 정상에 있는 시저의 도움을 요청하는 것입니다. 로마의 검의 도움을 부르는 것은, 사실상, 그들의 직분들에 굴복하는 것입니다. 그렇게 하는 것 자체로서 그들은 자동적으로 그들의 국제적인 독특성과 공식적인 지위로부터 스스로를 단절시키고 있습니다. 아닙니다. 로마로 하여금 자신의 세속적 검을 지키고 있게 하십시오. 그들은 하나님 말씀의 또 다른, 양날 가진 검입니다. 아, 산헤드린이여, 로마 무기고에 있는 무기를 구하지 마십시오. 오직 성경을 찾으십시오!

아아, 가야바는 그렇게 하지 않고 산헤드린도 그렇게 하지 않고 있습니다. 그들은 오직 하나만 볼 뿐입니다. 온 세상이 그리스도를 따르고 있다는 것 말입니다. 이 사실은 그들에게, 온 세상이 자신들을 떠나고 있다는 것을 의미하고 있습니다.

그것이야말로 그들이 견뎌 낼 수 있는 한계 이상의 것입니다. 그래서 그들은 정당화시킬 이유를 찾기 시작합니다. 그들은 하나의 역할을 수행합니다. 자신들의 자기 옹호를 합리화시키면서 스스로의 변명에 경건의 색깔을 칠해보려고 합니다. 의장이 하는 말을 들어보십시오: 우리는 그 나사렛 사람을 죽여야만 합니다. 오직 그 방법으로만 우리는 이스라엘을 구할 수 있는 겁니다. 비록 그 사람이 아브라함의 합법적인 자녀일지라도 - 그 점에 대해서는 우리 지금 이야기하지 맙시다 - 유기체 전체가 살기 위해서는 이 지체 하나가 몸에서부터 끊어지는 것이 더 나은 일입니다. 여러분은 모든 바리새인의 논리를 알고 있습니다. 우리가 이스라엘을 구원하게 되면, 세상을 위한 소망이 아직은 있는 셈이야, 하는 그 논리 말입니다. 하지만 이것을 아십시오. 만약 우리가 그를 죽이지 않으면 나사렛 사람이 이미 촉발시킨 소동을 염려해서 로마인들이 오게 되고, 우리가 여전히 누리고 있는 자립의 마지막 흔적들조차도 빼앗아 버리고 말 겁니다. 여러분, 문제는 간단합니다. 한 사람이 모든 사람들을 위하여 죽어야 합니다. 모두를 위한 한 명 말입니다!

분명히 그것은 신탁의 언어는 아니었습니다. 단지 적당한 외교적 신중함이었습니다. 하지만 복음서를 기록한 성령은 또 다른 무언가를 가리키고 있습니다. 그분은 우리에게, 이 외교적 수사 배후에도 모든 예언적 언어의 담지자들에게 공통적으로 깔려 있는 위대한 원리가 있음을 말씀해 주십니다. 가야바가 한 사람이 모든 사람을 대신해서 죽어야 한다고 선언하였을 때, 태초부터 하나님의 책에 평화협정의 대결론으로서 기록되어 있는 그 마지막 제안을 호소하는 제사장적 연설의 결론으로 매듭지은 것입니다. 그 대결론은, 모든 이들을 위하여 한 사람이 죽어야 한다는 것입니다.

하나님의 생각과 가야바의 단순하고 사탄적인 육신적 논증이 마주치는 접점에서, 하나님의 방향 덕분에 우리는 달콤하면서도 쓴 맛을 보게 됩니다. 첫째,

천상의 거룩한 아이러니이고, 둘째, 지옥에서 나온 죄악으로 충만한 냉소입니다.

저 천상의 거룩한 아이러니는 심오하지만 동시에 어리둥절케 하는 것입니다. 그것은 정말 생각하기 어려운 것이 아니겠습니까? '그리스도'를 구하기 위해서 예수님을 죽인다고요? 산헤드린은 아브라함의 후손들, 곧 문명의 빵에 있어서 불가피하게 필요한 누룩인 자들을 열방으로부터 지키기 위해, 그 나사렛 사람을 제거하기로 합니다. 그들은 자신들이 하나님을 위해 일하고 있다고 생각합니다. 이스라엘을 보호하고 메시야가 다스리게 될 그 종말론적 영역을 아무것도 손상되지 않게 보존함으로써 말입니다. 이스라엘 공의의 마지막 대심판정은 하나님께서 그 영역을 위하여 일하시도록 하지 않으면서도 오히려 하나님 섬기기를 원하고 있습니다. 메시야를 위하여 계획된 자리를 계속해서 확실하게 비워 두면서, 그분의 왕권을 위하여 그분의 영역을 제외하면서, 하나님을 섬기기를 원합니다.

이것은 그 당시까지 바리새적이고 육신적인 신학의 지배적인 모티브로 작용해왔습니다. 자기 의에 초점을 두는 복음에 대한 강조는, 하나님께서 오실 때 수동적으로 좌정하셔서 쉬시도록 그 왕좌를 세우고 장식하는 데 목적이 있었습니다. 이스라엘의 세속적인 자녀들로 구성된 군대가 왕 되신 메시야를 섬기기 위해 소집되었습니다. 그 메시야가 신실한 군병들의 도움 없이 통치할 것이라고는 전혀 기대하지 않았던 것입니다. 산헤드린이 지금 하나의 실제적인 규칙으로 율법을 규정하는 것은 이런 정신 안에서입니다: 모든 이를 위하여 한 사람이 죽어야 한다. 이 정신은 다음과 같은 감사 기도와 더불어 그 정신의 경건한 의도를 강조하고 있습니다: 오 하나님, 이스라엘의 거룩하신 분이시여, 우리는 여기에 섬김을 받고자 함이 아니요, 섬기고자(to serve) 왔나이다.

동시에 하나님께서는 가야바가 수용하고 있는 갈등의 심오한 원리에 다른 의미를 부여하십니다. 그는 원의 반대쪽과 같이 완전하게 대조되는 방식으로 우리의 구속을 위한 당신의 은밀한 협의의 의미를 설명하고 계십니다. 그것은 인자께서 오시는 것이 섬김을 받고자 함이 아니라 오히려 섬기려고(to minister) 하심이며, 그리하여 당신의 목숨을 많은 사람의 대속물로 내어놓고자 오셨다는 것입니다.

이것은 천국의 아이러니에 있어서 두려운 것이며, 거룩한 것이고, 또한 신적인 것입니다. 천국과 지옥이 동시에 펜을 맞잡고, 각각 따로 떨어진 두루마리에 모든 연대의 위대한 법, 시간과 영원의 기본원리를 쓰는 것입니다. 모든 이를 위하여 한 사람이 죽어야 한다고 말입니다. 사탄의 반역과 하나님의 개혁은 그 동일한 첫 번째 원리를 사용합니다. 그 원리는 가야바의 거짓된 예언의 결론입니다. 또한 하나님의 모든 참 선지자들의 결론이기도 합니다. 발람은 야곱의 별을 가리켰습니다. 이사야도 그렇게 했습니다. 지옥의 심연으로부터 하나의 외침이 들립니다. 지극히 높은 하늘로부터도 하나의 부르짖음이 울립니다. 그 소리의 내용은 동일합니다. 모든 이를 위하여 한 사람이 죽어야 한다는 것입니다.

그러나 지옥이 세상을 향하여 이 놀라움을 주는 말들을 내던짐으로써 위대하면서도 육신적인 마지막 재판정 회의록에 기록되게 할 때, 지옥은 같은 때에 하나님께서 선언하시는 것과는 완전히 다른 의미의 원리를 선포하는 것입니다. 하나님께서는 그 동일한 원리로 세상에 치료와 사면을 선포하고 계시는 것입니다. 하나는 위에 있고 다른 하나는 아래쪽에 있는, 그 양쪽 재판정에서, 평결은 동일하게 선포됩니다. 하지만 각 경우의 논리는 너무나도 다릅니다.

하나님께서 모든 이를 위하여 한 사람이 죽어야 한다는 원리를 선언하실 때, 하나님께서는 그 원리로 대속의 개념을 세상에 소개하고 계십니다. 대속의 개념이란 하나님의 존귀한 협의 안에서 하나님 자신으로부터 흘러나와 사람이신 그리스도 예수님 안에서 구체화된 개념입니다. 대속의 율법이 요구하는 한 제사로써 그를 죽음에 이르게 하심으로, 하나님께서는 예수님께서 그리스도 이심을 확증하십니다. 그러나 하나님께서는 동일한 사건으로, 예수님께서 자신과 함께 당신의 모든 백성을 무덤 속으로, 그 다음에는 생명으로 이끄신다는 것 또한 선언하십니다. 예수님께서는 그리스도이시기 때문입니다. 생명과 죽음에 있어서, 하나님께서 말씀하십니다. 예수님께서 그리스도의 이상(the concept)을 성취하셨다는 것을 말입니다.

하지만 사탄이 가야바를 통해서 동일한 법을 선포할 때, 그 의도는 정확하게 세상으로부터 대속의 개념을 미혹시키고자 하는 것입니다. 그의 재치 있는 합리화에 따르면, 예수님은 죽고 장사될 전체 몸의 머리가 아니라 단지 하나의 결점, 종양이기 때문에, 몸 전체가 살기 위해서는 반드시 도려내야 한다는 것입니다. 하나님의 확증에 따르면, 예수님은 참된 영적 이스라엘의 구체적인 드러남입니다. 가야바의 논증에 의하면, 예수님은, 나무가 태어나고 자라도록 영양의 수액들을 공급해 주는 뿌리보다는, 오히려 이스라엘의 몸을 소진시키는 기생충입니다.

위에 계신 정원사(the Gardner)께서는 '모든 이들을 위한 한 사람'이라고 말씀하시는데 모든 가지들이 그 한 뿌리에 접목되는 것을 보시기 때문입니다. 처음에는 저주로, 그 다음에는 축복하심으로 말입니다. 가야바도 '모든 이들을 위한 한 사람'을 말하는데, 그가 제시한 해결은 멋있다고 칭찬을 받습니다. 자기도 정원수(the Chief Pruner)로서 다른 것들을 구하기 위해서 그 들가지 하나를 끊어 내치기 때문입니다. 가야바는 예수 그리스도가 이스라엘의 나무 뿌리인 줄을 알지 못하고 있습니다. 저주와 축복, 죽음과 생명을 흡수하시고, 모든 죽은 자들을 거부하되 당신 자신의 낮아지심과 높아지심 가운데서 오직 그 참된 가지들만 당신과 함께하도록 취하시는, 뿌리 말입니다. 가야바는 예수님이 이스라엘의 값진 사이프러스 나무에 붙어있는 기생물이라고 믿고서 그 가지를 잘라서 다듬습니다. 모든 이들을 위하여 그 사람을 희생시켜라. 그는 말합니다. 그러면 아브라함과 이삭과 야곱의 하나님께서 그 나사렛의 가시를 아브라함의 기념비인 잣나무로 대체하실 것이다. 나사렛의 거슬리는 찔레 가시는 족장 야곱의 은매화나무 가지의 근원이 되게 하실 것이다. 그러면 그것은 주님께 영원히 끊어지지 않을 이름이요 또한 표적이 될 것이다.

그러면, '모든 이를 위한 한 사람'의 원리에 대해 두 가지 해석이 있습니다. 하나는 그것을 대속의 개념에서 이끌어내고, 다른 것은 그 속에서 제거의 가정을 끄집어냅니다. 하나님께서는 성취 없이 화해가 없다고 선언하십니다. 그리고 가야바는 끊어 내쳐버리는 것 없이는 온전함이 불가능하다고 저항합니다. 이 두 해석은 원의 반대편처럼 대립하고 있으면서도, 모든 이를 위하여 한 사람을 희생해야 한다는 동일한 개요로 결론을 내립니다. 또한 두 주석가는 위에서 그리고 아래에서, 그들의 평결에 대한 대단원의 절정으로 이사야의 후렴구를 노래하고 있습니다: "잣나무는 가시나무를 대신하여 나며 화석류는 찔레를 대신하여 날 것이라 이것이 여호와의 기념이 되며 영영한 표징이 되어 끊어지지 아니하리라"(이사야 55:13).

아래에서 위로 올라가는 가야바의 길을 취하든지 위로부터 아래에 이르는 말씀의 길을 취하든지, 누구든 동일한 원리의 세상에 이르게 됩니다. 곧 모든 이를 위하여 한 사람이 희생되어야 한다는 것입니다. 이런 해법을 누구도 피할 수 없습니다. 하지만 영원한 행복에 이르느냐 아니면 영원한 저주에 이르느냐 하는 것은 그 원리에 대한 해석에 달렸습니다. 그 의미를 육체에 따라 해석하는 자는 누구라도 이 구절을 저주합니다. 하지만 이 구절을 하나님의 입에서 나온 것으로 여기는 자는 누구라도 그것을 십자가에 못 박히신 그리스도의 빛 속에서 해석합니다. 그리고 믿습니다. 그러면 그에게는 영원한 생명이 풍성하게 주어질 것입니다.

이러한 아이러니는 우리에게 경이로움을 갖게 합니다. 아울러 산헤드린의 구성원으로서 하나님께 혹은 영적 이스라엘의 자녀들에게 대항하고 있는 우리에게 요구합니다. 우리의 머리를 조아려, 주여 나를 도와주소서 내가 망하게 되었나이다, 하고 말하라고 말입니다.

하나님의 은혜로 허용되어진, 산헤드린의 마지막 회집[08] 직전에 있었던 이 결론적인 진술에 사탄적인 죄악이 드러나고 있음을 우리는 말한 바 있습니다. 그 죄는 여전히 세상을 오염시키고 있습니다. 오늘날에도 갈등을 해결하기 위하여 제시된 가야바의 해법이 유행합니다. 모든 이를 대신해서 한 사람을 죽게 하라 – 이것이야말로 모든 혁명의 전투 중에 들리는 함성입니다. 세상은 여전히 소수의 희생의 피를 넘어서 다수가 행복한 상태에 이르기를 원하고 있습니다. 혁명이 사람들의 피로 배불러질 때 그것은 여전히 그 검을 예수 그리스도의 심장을 향하여 겨누고 있습니다. 왜냐하면 그때뿐 아니라 지금도, 그분은 모든 산헤드린의 길에 있어서 방해 거리가 되기 때문입니다. 모든 자기주장의 훼방 거리인 셈입니다. 그러므로 인류는 그분을 눌러 제쳐 놓으려고 할 것입니다.

하지만 지금도 여전히, 의로움은 항상 죄를 심판합니다. 산헤드린의 역사는 반복되고 있습니다. 오늘날 그들은 폭동을 무마시키기 위해 예수님을 희생시키려고 합니다. 하지만, 몇 년 뒤에는 그 자신들이 반역의 원인이 되어버립니다. 세상의 일은 항상 그럴 것입니다. 각각의 혁명은 그 자체 안에 해체의 씨앗을 품고 있습니다. 왜냐하면 모든 혁명은 악마의 힘으로 악마를 내쫓고자 하는 것이기 때문입니다.

그리고 이제 이 비극적 갈등 속 우리의 관심을 끄는 것의 관점에서, 우리는 하나님의 예언의 실끈이 풀리기를 보기 원할 것입니다. 당신의 손길에 인도함을 받아서 우리들의 생각의 미로로부터 빠져나오는 것 말입니다.

---

08) 마지막이라는 것은, 그리스도께서 재판을 받으셨다는 점에서 그렇다. 그 집행 이후에 성전의 휘장 찢겨 졌고, 산헤드린은 해산되었다.

분명, 우리가 증언했던 것은 충분히 비극적이었습니다. 하지만 기뻐할 여지도 있습니다. 산헤드린이 아닌 그리스도와 그분의 영이 오히려 그 장면을 지배했기 때문입니다. 사실, 그분들은 자신의 능력 안에서 이 역사를 이루셨습니다. 예수 그리스도께서는 이스라엘 현자들의 태양을 어둡게 하지 않으셨습니다. 통치자들의 왕관을 쓰레기 속에 던져 넣어 밟지 않으셨습니다. 오히려 그들이 스스로를 멸망시키도록 하셨습니다. 그분은 당신의 백성들에게 율법과 직분을 파괴하는 이로서 오신 것이 아니라, 율법과 직분 둘 모두를 성취하는 분으로 오셨습니다. 제사장 직분은 스스로 목숨을 끊었습니다. 예언은 발람과 더불어 스스로 동맹을 맺었습니다. 사울과도 말입니다. 이스라엘을 영적이고 신정적인 빛 속에서 보지 않음으로써 왕권은 이스라엘 예언자들을 무시하였습니다. 나사로의 무덤에서 생생하게 예시되었듯 말입니다. 영적인 문제를 육체의 거친 무기, 곧 검으로 해결하고자 하였습니다. 마지막 제사장이 마지막 희생양을 가리키셨습니다. 그 양을 가리키면서 불결하다 불결하다고 말하였던 것입니다. 그는 제단을 만족시키는 방식이 아니라, 이미 잃은 바 된 미래를 위해 제단을 보호하는 방식으로 그 양을 희생시켜 버렸습니다. 그래서 이스라엘의 공식적인 직분제는 스스로 무너뜨려 버린 것입니다.

그러므로 진정한 선지자, 제사장, 왕이 완전하게 권위를 인정받은 세상에 오게 되었습니다. 이제는 그분의 때이며 동시에 어둠의 권세와 빛의 권세의 때입니다. 그는 죽어야 할 것입니다. 예, 그렇습니다. 왜냐하면 하늘의 법이 그렇게 선포하고 있기 때문입니다. 하지만 하나님의 천사들은 이미 그분의 죽음이 생명을 의미하는 것임을 알고 있습니다. 그리고 모두를 위하여 한 사람이 죽어야 한다는 율법을 두려움과 떨림으로 듣고 있는 자는, 이 교리가 그 유언을 폐지시키는 것이라고 말하지 않을 것입니다. 그는 입센(Ibsen)이 그의 작중인물 브란드(Brand)로 하여금 말하게 한 그런 말들을 반복하지 않을 것입니다:

약한 자가 자신의 머리를 숨길 것이로다;

한 사람이 옛날 그들을 위하여 죽으셨도다.⁽⁰⁹⁾

결코 자신을 절벽 아래로 던지면서 절망 중에 이렇게 말하지 않을 것입니다:

그는 우리를 위하여 그 잔을 마신 것이 아니로다,
우리를 위하여 면류관을 쓰신 것도 아니로다,
그것을 정수리로 내리눌러 이를 악물게 한 것이,
날카로운 창이 산 채로 그의 옆구리를 찔렀던 것이
우리를 위함이 아니었도다,
파고들어 살점을 도려내던,
못들의 불타는 듯한 아픔도, 우리를 위한 것이 아니었도다.¹⁰⁾

대신, 이 법이 복음의 정신에 선포된 것을 들은 자는, 다음의 기도를 함께 할 것입니다:

아버지여 감사드립니다. 주께서 저에게 직접 이 말씀을 주셨나이다. 주의 품에 저를 안으시고 주를 희생시키는 그 피로 저를 정결하게 하시며, 제 영혼을 영원토록 주와 화해케 하옵소서. 오 하나님이시여, 산헤드린의 이 마지막 법적 과정의 직전에 있었던 회의 기록이 예루살렘을 불태웠던 그 불길 속에서 불타버렸을지도 모릅니다. 내 생의 기록이 그와 같지 않게 하소서. 왜냐하면 그것이 분명히 곧 세상을 불태워버릴 그 불길 속에서 불타버릴 것이기 때문입니다. 아닙니다, 주여, 저 자신의 일기장을 저는 갖고 있지 않겠나이다. 대신 주를 위하여 평화의 협정의 결정문(Acta)을 읽는 것을 가르쳐 주소서.

모든 이를 위한 한 사람! 저를 위하여서도 또한 죽으셨습니다. 나의 주 나의

---

09) Brand, Tran. by C.H Herford, Scribners, 1894, p.256.
10) Ibid. p.259.

하나님이시여!

chapter 05
—
값으로 매겨지는 그리스도

"그때에 열둘 중의 하나인 가룟 유다라 하는 자가
대제사장들에게 가서 말하되 내가 예수를 너희에게 넘겨주리니
얼마나 주려느냐 하니 그들이 은 삼십을 달아 주거늘"

- 마태복음 26:14~15 -

"내가 그들에게 이르되 너희가 좋게 여기거든 내 품삯을 내게 주고
그렇지 아니하거든 그만 두라
그들이 곧 은 삼십 개를 달아서 내 품삯을 삼은지라
여호와께서 내게 이르시되 그들이 나를 헤아린 바 그 삯을 토기장이에게 던지라
하시기로 내가 곧 그 은 삼십 개를 여호와의 전에서 토기장이에게 던지고"

- 스가랴 11:12·13 -

5장.
값으로 매겨지는 그리스도

본 장의 서두에 소개된 성경 구절들을 설명하면서, 이번에는 가룟 유다에 대해서 자세히 언급하지는 않겠습니다. 나중에 그에게 주목하도록 하겠습니다.

먼저 이 구절들과 앞에서 다룬 사건들 사이의 연관성에 주목해 보고 싶습니다. 기억나십니까? 가야바와 산헤드린 공회의가 지금 무엇을 하고 있는지 알지도 못한 채, 실제로는 너무나 중요한 것을 예언하고 있었음을 관찰하였습니다. 게다가, 엄숙한 공회에서 그 제사장과 다른 장로들은 건전한 예언의 길로 돌아올 기회를 거부하였음을 우리는 보았습니다: 믿음의 길, 협소한 길, 그리고 성경을 신실하게 상고하는 길 말입니다.

이런 영적 무관심의 결과들은 결코 무시할 만한 것이 아닙니다. 만일 우리가 그 예언의 말씀에 의식적으로 자원하면서 전적으로 수용하지 않는다면, 우리는 희생자가 될 것입니다 그 예언의 성취자(subject)가 되기를 거부한다면, 우리는 어쩔 수 없이 그 예언의 대상(object)이 될 것입니다. 우리가 그 말씀의 내용에 실제로 관련된 삶을 살아가지 않는다면, 우리 인생은 그 말씀에 표현된 모든 천국의 능력과 영향력의 불쌍한 희생물들이 될 것입니다. 우리가 이 말씀들에 적대감을 갖고 있다면, 이 말씀들이 우리를 파괴할 것입니다. 우리는 예언을 따라서 살아야 합니다. 그렇지 않으면 분명히 그 예언을 따라서 망할 것입니다. 예언은 결코 그 희생물을 놓치는 일이 없습니다.

말씀드리려는 요점은, 예언의 영이 한 사람이라도 중립적인 위치에 남겨두는 것은 불가능하다는 것입니다. 하나님께서는 당신의 말씀을 세상에 보내셨습니다. 그 효력은 누구에게나 해당합니다.

하나님의 말씀과 사람 사이의 피할 수 없는 연관성은, 오늘 상고할 본문을 살펴보면 더욱 분명해집니다. 가룟 유다가 산헤드린 공회 앞에 등장합니다. 그들에게 예수를 넘겨주면 얼마의 돈을 주겠느냐고 제안을 합니다. 대제사장들이 은 30개를 주겠다고 합니다. 은 30개의 정확한 가치를 우리는 모릅니다. 하지만, 상당한 액수임에는 분명합니다. 노동자 한 명이 120일 동안 일한 노동의 대가와 같았다고 하기 때문입니다. 분명히 유다를 만족시켰을 것입니다.

유다와 대제사장들 사이에 주고받은 이 혐오스러운 거래는 자연스럽게 우리의 반발감을 삽니다. 하지만 유다의 배신과 로마식 토가를 걸친 예루살렘 귀족들에 의해서 확정된 것보다도 훨씬 충격적인 일들이, 예수님을 영웅, 사상가, 설교자 중의 한 명, 곧 순전히 인간으로만 보려는 사람들의 감정에서 일어났다는 것을 우리는 인정해야 합니다. 역사를 통해서 우리는 또 다른 냉혹한 이야기들을 듣습니다. 덕과 사랑, 그리고 진리가 살인자들의 손에 30세겔보다 더 적은 돈에 넘겨지는 이야기들 말입니다.

하지만, 이 경우의 배신은 다른 어떤 이야기들과는 비교되지 않는 점들이 있습니다. 우리는 예수 그리스도가 성경에서 예언해온 바로 그 그리스도임을 인정합니다. 그분은 유일무이하셔서 세상의 다른 개혁가들과 같은 맥락에서 제시될 수 없습니다. 그분은 헤아릴 수 없는 광신자들, 곧 이런저런 일들에 집착해서 진창 속으로 떨어지는 사람 중의 한 명이 아닙니다. 누구와도 비교할 수 없습니다. 하나님의 아들이자 사람의 아들로 역사의 중심에서 계십니다. 그분은 이스라엘과 전 세계 속에 있는 모든 권세자들이 갖고 있는 직무의 원천이며 또한 면류관이십니다.

따라서 유다와 대제사장들 사이에 있었던 부끄러운 거래를 어떤 양적인 기준으로 측정하려 하고, 세상에 있었던 믿음을 거스른 다른 배신이나 살인의 경우와 비교하는 것은 어리석은 일일 것입니다. 그러고서 세상 역사에 있었던, 믿음을 거스른 여타 배신이나 살인의 경우와 비교하는 것 말입니다. 적절한 질문이 될 법한 유일한 것은, 지금 예언이 어디에서 성취되고 있는가, 지금 어디에서 예언의 영이 역사하고 있는가에 대한 것입니다. 예언의 성취는 살인자들의 소굴에서도, 성소에서도 일어나기 때문입니다. 비록 성전이라고는 하지만, 진리와 정의의 관점에서 보자면, 동전을 교환하는 탁자들이 성소의 개혁에 영구한 방해거리가 되고 있는 그 성소에서 말입니다.

이러한 방식으로 그 사건을 고려한다면, 우리는 지금까지 일어난 일 중 지금 여기 일어난 일보다 더 수치스러운 일이 없다는 것을 알게 됩니다. 이스라엘의 공식적인 지도자들, 백성들의 목자라는 직무를 가진 이들이 은 삼십으로 예수의 피를 평가하며 구입하고 있는 것입니다. 이조차도 사건을 매끄럽게 표현하는 것이 아닙니다. 이 사건은 '우발적 사건'이 아니며, 하나의 '사례(instance)'도 아닙니다. 역사의 한 매듭입니다. 그것이 수치스럽다고 하는 것은 그런 평가 자체나 유다의 인격, 혹은 대제사장들의 음모 때문이 아닙니다. 이 사건의 흉측한 의미는 오히려 다음 사실에서 드러납니다: 삼십 세겔의 은이 예언의 영에 의해 여기저기 퍼뜨려지고 있다는 것입니다. 그것들(삼십 세겔의 은)은 결코 쉬지 않습니다. 시대를 통해서 계속 굴러왔습니다. 그것들이 휴식이 없는 이유는, 이미 500년 전 선포되었던, 활활 타오르는 탐조등

5장. 값으로 매겨지는 그리스도 | 93

같은 엄숙한 예언 아래에서 웅크리고 있기 때문입니다. 그 예언은 어떻게 모든 불성실한 육신적 이스라엘의 제자들이 선한 목자의 봉사 대가로 삼십 세겔의 은이 충분하다고 동의했는가에 대해 미리 말하였던 것입니다

500년 전이라니 그게 사실입니까? 스가랴가 영감을 받아 예언을 발표한 이후 거의 비슷한 햇수가 지나갔습니다. 오래전 그는 육신적인 이스라엘이 언젠가 저 위대한 목자를, 대제사장이 그 배신자에게 주었던 그 가격으로 계산하여 팔아넘길 것이라고 선언했던 것입니다.

대제사장들은 메시야적 예언의 풍토 가운데 살기 위해 힘썼지만, 무의식적으로, 그것도 대립적인 방식으로 그렇게 할 정도까지 타락해 버린 것입니다. 성경의 학식이 풍부한 이들이 이토록 아무것도 모른 채, 철저하게 문자적인 태도로, 유서 깊은 예언의 타당성을 증명한다는 것이 얼마나 놀랍고도 터무니없는 일이겠습니까!

이스라엘의 이 지도자들은 베델의 건축가, 히엘의 행위를 반복하고 있습니다. 그는 아합의 요청으로 여리고 성문을 재건했습니다. 여호수아가 그 성을 감히 다시금 세우고자 하는 자들은 저주를 받을 것이라고 경고한 이후 거의 500년이 지난 때였습니다. 그는 그렇게 하는 자들은 누구든지, 그 오만함으로 인해 자기 장자와 막내의 생명을 잃게 될 것을 말했습니다. 여호수아는 죽었습니다. 그럼에도 불구하고, 500년 세월의 바람 소리 속에 그의 음성의 운율이 들려오고 있었습니다. 그때 히엘이 등장하여 문자 그대로 그 선지자요 사사였던 자의 선언을 성취하였던 것입니다.

여호수아는 그 저주를 이스라엘이 첫 번째로 가나안 땅에 들어갈 때 선포하였습니다. 500년 이후 하나님께서는 그 저주를 결국 성취하십니다. 스가랴가 자신의 목소리를 높인 것은 이스라엘이 두 번째로 가나안땅에 들어갈 무렵이

었습니다. 포로에서 귀환하게 되었을 때 말입니다. 500년 후에 하나님께서 그것을 대제사장들의 회의장에서 실현하고 계십니다. 아합 학파의 건축가들, 베델사람 히엘의 정신을 이어받은 사람들로서 말입니다.

여러분은 이 평행하는 사건들의 의미를 보십니까? 왜 하나님께서는 여리고가 황폐한 상태 그대로 있기를 원하셨을까요? 가나안 땅 입구에 널려있는 잔해물과 황폐한 여리고성을 보면서, 영적으로 분별력 있는 사람들은 강력하게 새겨놓은 명패를 볼 수 있기 때문입니다: 가나안 땅은 행위가 아닌 믿음으로 사는 백성의 기업이니라. 하나님께서는 그 벽들을 창검의 세력이나 이스라엘 자신의 능력이 아닌 은혜의 힘으로 무너뜨리셨습니다. 하나님께서는 그 폐허를 사랑하셨습니다. 그 돌들이 아무런 생명 없이 널려있는 것은 오히려 값없는 은혜와, 행위가 아닌 믿음으로 의롭게 되는 것을 가르쳤던 복음에 대한 생생한 증언이었습니다. 그러므로 그 말씀은, 그러므로 그 저주는, 효과를 거두었습니다. 그러므로, 예언은 불가피하게 모든 사람과 연관이 있는 것입니다.

동일하신 하나님께서 지금 여기 예루살렘에 계십니다. 그리고 동일한 말씀이 여기에 있습니다. 여리고에 새겨진 명패, 곧 "행위가 아니라 믿음으로만"이라고 새겨진 명패가 자기 의를 따라 살려는 모든 아합에게 끊임없이 불쾌감을 주고 있습니다. 그리고 그리스도 - 그 선하신 목자 - 께서는 어디서나 밤낮 없이 정확하게 동일한 메시지, 곧 그리스도는 죽어야 한다는 메시지를 가르치고 계십니다. 하나님께서 그리스도 안에서 어떻게 아합과 히엘에게 복수하시는지 보십시오. 고대 여리고에 있던 죽은 돌들이 희미하게 설교하던 그 메시지가, 살아계신 그리스도의 입술을 통해서 생생하게 선포되는 것입니다. 그의 생애는 여리고의 폐허로부터의 부활입니다. 하지만, 아합이 살아 있습니다. 그래서 그리스도께서 죽으셔야 합니다. 히엘은 여전히 그의 할 일을 하고 있으며, 그는 가나안 땅 입구의 문에 새겨진 은혜의 역사를 계속해서 지워버리려고 합니다. 대제사장들과 유다가 어떻게 그 아합의 일을 부지런히 완성하려고 하는지 보십시오.

하지만 그 저주가 여전히 효력을 발휘하고 있음을 기억하십시오. 그것은 이제 오백 년 된 한 예언을 확증하려고 합니다. 할 수 있다면 하나님 앞에서 두려워 떠십시오. 하나님의 위엄이 확실하기 때문입니다. 누구도 세상으로부터 빼앗아 없앨 수 없는 예언이 이것입니다.

성경을 기록하신 성령께서 이런 방식으로, 선지자 스가랴에서 복음서 저자인 마태로 훌쩍 뛰어넘는다는 사실에 놀라지 마십시오. 이런 종류의 일을 하시는 것이 이번이 처음이 아닙니다. 사실 이렇게 내적인 통일성을 유지하면서 가지를 쳐 나가는 일이 성경의 지배적인 특징입니다. 하나님의 모든 말씀은 하나님의 한 가지 말씀입니다. 아무런 방해를 받지 않은 채로 구속의 역사가 스가랴부터 이 역사의 전환점, 예수님께서 심판정에 서시게 되는 일에 이르게 되었습니다. 하나님께서 마태의 복음서에서 실제가 되게 하실 그 사건을 스가랴가 원리적으로 미리 계시했던 것은 예언의 그 규칙, 곧 그 특별 계시의 점진적 관점을 따른 것입니다.

스가랴의 예언에 대해 무엇보다도 먼저 이 점이 언급되어야 하겠습니다. 앞 장에서 지나가면서 언급하였듯이 그는 11장에서 우리에게 이스라엘에는 두 종류의 목자들이 있음을 보여주고 있습니다. 삯꾼과 선한 목자들 말입니다. 삯꾼들은 개인의 이익을 위해서 이기적으로 예언을 하는 거짓된 자들입니다. 선한 목자들은 말씀 가운데 당신의 백성들을 하나님께로 인도하는 자들입니다. 하나님의 말씀으로, 주님께 그 백성을 이끄는 것입니다. 하지만 참된 선지자들은 일하는 중에 삯꾼들에게서 방해를 받습니다. 스가랴는 진술하기를, 신실하지 못한 백성들이 거짓 목자들의 매력적이고 사로잡는 가르침들을 참된 선지자들의 엄격하고 강직한 교훈들보다 더 좋아한다고 합니다. 그것들이 복음적인 내용이라도 말입니다. 그래서 스가랴는 사람들이 자기의 모든 좋은 권면들을 거부할 것이라는 생각에 너무나 분해서, 신실하지 못한 자들에게 주목할 만한 부탁을 하고 있는 것입니다. 그 자신이 실제로 이런 질문을 했는지 아니면 단순히 앞으로 있게 될 일들에 대한 하나의 상징으로 그렇게 말한 것인지는 이 특별한 경우에 아무런 영향을 미치지 못합니다. 그는 자기의 임금을 요구하는 것입니다: '나의 품삯을 내게 달라' 고 합니다.

이 시선을 사로잡는 요구는 독특한 수사학적 기교입니다. 그것은 전적으로 비난할 수 있습니다. 무식하거나 주저하는 사람을 그의 그물 속에 몰아넣어 꼼짝 못하게 하는 데 이 요구가 사용된다면 혐오스럽기도 할 것입니다. 하지만 이 주목하게 하는 요구의 효과는 감탄할 만합니다. 만약 이 말을 사랑의 심정으로 사용하면서, 결정이 될 수 있으며 결정이 되어야 할 어떤 사항을 결정해야만 하도록 지속적으로 강권하는 데 사용된다면, 그것은 완벽하게 합법적인 도구인 것입니다. 더욱 긍정적으로 말하자면, 이와 같은 요구는 하나님으로부터 말미암는 것입니다. 이런 질문은 하나님께서 우리에게 주시는 생명의 매 순간이 지닌 그 절박한 진지함을 가리키고 있습니다. 왜냐하면 우리는 현재와 영원을 결정하는 그 위대한 주제에 대한 질문을 매 순간 받고 있기 때문입니다. 당신은 그리스도에 대해서 어떻게 생각하십니까? 바로 이 질문입니다. 우리는 이 질문에 분명히 답할 수 있도록 준비되어야 합니다.

나의 품삯을 내게 달라는 스가랴의 요구가 바로 이런 것이었습니다. 그것은 둘 중 하나를 선택해야만 하는 요구였습니다. 만약 육신적 이스라엘 가운데 조금이라도 영성이 남아있다면, 시편과 선지자들의 원래 신학이 조금이라도 그들 가운데서 발현되었다면, 그 선한 목자의 요구에 대해 당장 이런 답변을 주었을 것입니다: 우리는 당신의 몫을 당신에게 지불할 수가 없소.

세 가지 이유로 그런 답변을 하였을 것입니다. 첫째, 우리는 당신의 보살핌 없이는 살아갈 수 없기 때문입니다. 삯을 지불한다는 것은 이제 모든 것을 끝

장낸다는 것입니다. 그런데 우리는 당신 없이는 살 수가 없습니다. 우리를 위해서 우리는 삯을 지불할 수 없는 것입니다. 둘째, 당신의 사역은 이렇게 양으로 계산할 성질의 것이 아니기 때문입니다. 선한 목자의 섬김은 평가하는 것이 불가능합니다. 무한한 가치를 갖고 있습니다. 하나님께서 그들 속에서 활동하시기 때문입니다. 그들을 통해서 복음의 은혜가 우리에게 전달되는 것입니다. 이런 무한하게 좋은 것을 누가 대신해 줄 수 있겠습니까? 하나님께서 주시는 은혜의 가치를 돈이나 물질로 계산할 수 있는 것처럼 생각하는 것은, 명백히 어리석은 짓입니다. 셋째, 이렇게 삯을 지불한다는 것은 우리가 할 일이 아니기 때문입니다. 당신이 만약 선한 목자시라면, 하나님의 참된 선지자입니다. 그러면 당신의 사명은 하나님께로 왔습니다. 당신은 우리가 고용한 사람이 아닙니다. 주님의 종입니다. 당신의 삶을 책임져야 할 분은 하나님이십니다. 하나님께서 당신을 지명하셔서 이 일을 맡기셨기 때문입니다. 양이 자신들의 목자에게 보수를 주어야 하거나 줄 수 있다고 가정하는 것은 얼마나 어리석은 일인가요. 삯을 지불하는 것은 양들의 일이 아니고, 그 소유주의 일입니다. 그래서 우리는 당신에게 삯을 줄 수 없습니다. 이스라엘 양떼들의 위대한 소유주가 되시는 하나님께서만, 당신의 선지자들에게 보수를 주실 수 있는 위치에 계시는 것입니다.

아, 만일 이스라엘의 지도자들이 이런 식으로만 답변했다면 얼마나 좋았을까요! 그랬다면 그들은 영적인 이스라엘로 남아있었을 것입니다. 이 답변으로 그들은 저 근본적인 세 가지 교리에 대한 자신들의 믿음을 확정했을 것입니다. 그것들로 영적인 이스라엘이 육적인 이스라엘에 대해 언제나 자랑했던 것입니다. 그 교리와, 교리와 관련된 것들에 주목해 보십시오. 첫째, 하나님의 백성은 하나님의 지속적인 은혜로만 살아갈 수 있습니다(목자는 필수적입니다). 둘째, 은혜의 선물들에는 제한된 가치가 아니라 무한한 가치가 있습니다. 결과적으로 이것들은 적절하게 평가되거나 지불될 수 있는 것이 아닙니다(그 섬김은 값으로 매겨질 수 없습니다). 셋째, 하나님께서만 당신의 목자들을 파송하시고 또한 보상하실 수 있습니다. 그러므로 하나님의 은혜는, 평화의 회의(the Counsel of Peace)의 초월적인 기적의 방식을 제외하고는, 당신의 백성들에게 결코 일어날 수 없습니다(목자와 소유주의 관계는 양떼와는 관련이 없습니다).

잠시 멈춰 생각해 보면 누구라도 당장 이 삼중의 개념이 은혜의 복음의 핵심이어서 자기-의(self-righteousness)로 구속받는다는 다른 복음과의 대조를 보게 될 것입니다. 이 세 가지 근본적인 개념이 은혜의 형식적인 패턴을 구성하면서, 육신의 유대주의가 굴복한 자기 의에 대조되는 것으로서 그리스도 예수 안에서 나타나는 것입니다. 그것들은 이신칭의 복음의 주제로서 이스라엘을 선행의 기초 위에 세우고자 했던 다른 의와 대조되는 것입니다.

하지만 이스라엘은 그 참된 대답을 하지 않았습니다. 선지자들이 제기한 '시선을 주목하는 요구'에 대해 잘못된 답변을 한 것입니다. 그 답변은 은혜의 요소와 이신칭의를 부인했으며, 또한 그것들을 공정하게 다루지 않고 스스로 구속하고자 하는 자부심을 뻔뻔스럽게 표현하고 있었습니다. 아브라함의 자녀들이 그에 대한 믿음을 저버리고, 거의(actually) 봉급을 지불해 버렸던 것입니다. 그럴 때 그들은 죄를 지었습니다. 그 행위로 말미암아 실제로(virtually) 세 가지 사실을 말하고 있었기 때문입니다. 첫째, 자신들은 선한 목자가 없이도 잘 살아갈 수 있다는 것(그들은 자기 자신의 빛으로 인도받을 것을 선택하고 있습니다. 그들은 구속의 복음으로부터 은혜의 요소를 공격하고 있는 것입니다), 둘째, 자신들은 계산할 수 없이 가치 있는 일 앞에서 하는 것처럼 하나님의 은혜의 선물이 주는 경이로움 앞에서 경외심을 갖고 떨지 않겠다는 것. 그 대신 적절하게 평가하고 계산하겠다는 것, 곧, 선지자들이 학급에서 가르치는 일은 일반적인 문화적 혜택에 불과하므로, 다른 문화적인 일들과 같이 그 값을 지불하겠다는 것(은혜의 요소가 전적으로 방기되어 버렸고, 무한의 개념이 그들의 구속의 복음으로부터 공격을 당하였던 것입니다). 셋째, 자신들은 더 이상 양의 역할 하기를 원치 않고 오히려 양떼의 소유주만 가질 수 있는 절대 권한을 가지기 원한다는 것(그들은 구원이 하나님께서 인간에게 보내는 것이 아닌 것처럼, 구속 사역을 인간 수준으로 낮춰버리고 있습니다. 그들은 염소였지만 자신의 주인이 되고 지배자가 되기를 원하였습니다. 다른 말로, 그들은 구속의 복음을 초월하시는 하나님께 예배하는 것을 공격하였던 것입니다).

그들은 선지자를 모욕했으며, 모욕하는 중에 하나님을 모욕했습니다. 그들이 삯을 지불했다는 사실뿐만 아니라, 지불한 삯의 분량으로도 모욕했습니다. 그들은 경솔하리만큼 쉽사리 그 삯을 지불해버린 것입니다. 은 30세겔, 그것이 삯이었습니다. 출애굽기 20장 32절을 읽어보면 여러분은 이 30세겔이 노예 한 명을 구하는 가격임을 알 수 있을 것입니다. 간단히 말하면, 그들이 지불하였던 삯의 크기가 모욕적이었다는 것입니다. 하나님께서는 당신의 백성들에게 선지자들의 봉사에 대해서 얼마만큼의 가치를 두냐고 질문하였습니다. 그들의 답변은, '노래를 부르기 위해서 고용한' 시종보다 더 나을 것 없는, 노예 한 명의 가치밖에 없다는 것입니다.

그러므로 하나님께서 이 은혜도 모르는 행위를 꾸짖으신 것은 놀랄 일이 아닙니다. 선지자는 주님의 말씀을 받아서 그 30세겔을 "토기장이에게 던져버렸습니다."

아마도 하나의 상징적인 행위였을 그 삯을 토기장이에게 던져버리는 것의 의미가 우리에게 전적으로 분명히 다가오지는 않지만, 얼마간은 말할 것이 있습니다. 그것은 선지자가 자신의 영혼으로 느낀 불쾌감의 표현이라는 것입니다. 사람들이 자기에게 완벽하게 지불하겠다면서 그렇게도 적게 지불하였다는 생각 때문에 말입니다. 정확한 설명은 이러할 것입니다. 토기장이는 그때 우연히 성전에서 바쁜 일이 있었을 것입니다. 그리고 그는 자기 일과 관련되는 모든 쓰레기를 쓸어 모아 산더미처럼 쌓아두는 관습이 있었습니다. 이 쓰레기더미에 은 30세겔을 던져버림으로 인해 선지자는 자신이 받은 삯을 얼마나 가치 없는 것으로 여기는지 공개적으로 보여주었다는 것입니다. 모든 내용에 확신할 수는 없지만 확실하게 말할 수 있는 것은, 그 30세겔이 '경건한 값'이라고 불리는 것은 아이러니로 표현하는 경우에만 가능하다는 것이겠습니다. 또한, 우리는 다음과 같은 것을 확신할 수 있습니다: 하나님께서는 선지자들로 그들에게 베풀어왔던 세심한 보살핌을 그들이 인식하지 못하는 무례함 때문에, 그들의 면전에서 당신의 분노를 온전히 폭발하신다는 것입니다.

성경 역사를 친밀하게 따라오는 사람은 스가랴의 말이 그리스도에 대한 하나님의 예언적 언사였다는 점을 이해할 것입니다. 예, 예언이었습니다. 바로 선지자 시대에 뿌리내리고 있는 예언 말입니다. 하지만 그 안에는, 신정적, 메시야적 언급이 항상 담겨 있습니다. 정확하게 바로 그 요소 때문에, 스가랴는 메시야를 기대하는 것과 거부하는 것의 두 극단 사이를 지속적으로 오가는, 이스라엘의 생활의 더 깊은 의미(meaning)를 꿰뚫어 볼 수 있었습니다. 선하신 목자 되신 그리스도 안에서 성취되어야 했던 것은, 스가랴의 예언 하에 있는 바로 그 더 깊은 의미(significance)였습니다.

그러므로 마태는, 구약 선지자의 말들이 그리스도 예수 안에서 실현되었음을 보여주고 스가랴를 보충하기 위해 등장해야 했습니다. 스가랴는 역사의 전환점에 등장하였습니다. 구약성경의 예언 시기 거의 마지막 때 말입니다. 이러한 방식으로, 마태복음의 그리스도께서도 역사의 전환점에 등장하십니다. 때가 차고, '주의 날'의 정오, 스가랴가 멀리서 희미하게 보았던 태양 빛이 그 환한 정오에 등장하십니다. 그렇게 스가랴의 예언은 대제사장들과 서기관들의 회의 가운데서, 그리고 가롯 유다 가운데서 성취되고 있는 것입니다.

그곳에 그들이 있습니다. 최상의 혈통이 거래하고 있는 탁자 양 편에 말입니다. 한 편에는 탐욕스럽게 돈을 거머쥔 유다가, 다른 편에는 호색한 눈길을 돌리고 있는 대제사장들이 있습니다. 외면적으로 볼 때 그게 모든 것 같습니다. 순전히 자연적인 눈으로 보기에도 그것은 혐오스럽습니다. 그리고 그것이 다입니다. 하지만 영적인 눈으로 보자면 그 창피스러운 거래의 장소에 함께 있는 제 3의 인물을 볼 수 있습니다. 그리스도 그분 말입니다. 그분을 보십시오. 그분의 음성을 들으십시오. 나에게 내 삯을 다오. 그분이 말씀하십니다. 그분 안에서 모든 선지자가 외칩니다. 우리에게 우리의 삯을 주시오. 그 외침이, 제단에서 죽은 아벨에서부터 스가랴에 이르기까지의 모든 순교자로부터, 그분을 통해서 터져 나옵니다. 하나님 당신께서 이 장소에서 일어나셔서 당신의 백성들, 아브라함의 후손들을 향하여 외치십니다: 나에게 내 삯을 다오.

그리고…… 그들은 30세겔, 노예 한 명의 가격을 계산해 냅니다.

이런 장사꾼들의 머리 위에 지붕이 무너지지 않았습니다. 하나님에게, 예언에게, 그리고 그리스도에게 대항한 이 반역자들의 황폐한 영혼 한구석에 여전히 남아있는 '종교의 씨' 때문이 아닙니다. 그것은 당신의 백성들을 이런 어둠의 방식으로 구속하고자 하시는 하나님의 뜻 때문입니다. 하나님께서 은 삼십 세겔을 시대를 따라 세상 시장의 구석구석 굴러가게 하셨던 것은 의도적이었습니다. 사람들이 값없는 은혜와 자기구원 사이에 선택할 수 있게 하려고 그렇게 하셨습니다.

그 선택은 여전히 사람들이 가장 관심을 둔 선택 사항입니다. 둘 사이의 갈등은 결코 타협할 수 없습니다. 율법주의적인, 선행을 통한 구원의 길은, 값없는 은혜의 가르침의 길을 반대합니다: 유대주의적, 바리새적인 "보상"의 구원의 길은 신약성경에서 가르치는 믿음으로 구원을 얻는 바울의 복음의 길과 화해할 수 없습니다. 이 질문으로 로마가톨릭과 종교개혁이 분리되었습니다. 가톨릭주의에 있어서 구원은 부분적이긴 하지만 구매할 수 있습니다. 비록 의도적이지 않았다 하더라도, (신부의 사죄 선언에 의해서 면죄된다는) 사면(absolution) 제도를 통해서, 다시금 30세겔을 탁자 위에 올려놓고 있는 것입니다. 루터와 칼빈의 길을 따른다면, 누구든지 그 로마의 텟젤(Roman Tetzel)을 떠나 분연히 항의해야 합니다. 누구도 자랑하지 못하도록, 오직 믿음으로만, 행위가 아니라 믿음으로의 구원을 주장하면서 말입니다.

아닙니다. 이것은 잘못된 안티테제를 강조하는 것이 아닙니다. 그 고대의 갈등과 동일한 갈등이 여전히 참된 것과 거짓된 것을 나누고 있습니다. 하나님의 그리스도는 대단히 "특별합니다." 복음은 매우 고통스러운 것입니다. 그 30세겔에 환상적인 대목은 아무것도 없습니다. 그것은 육신적 유대주의의 논리적 결론입니다. 이 점과 관련하여 다음 세 가지 내용을 다시금 생각해 보십시오.

1. 인간은 스스로 구원할 수 있다.
2. 구속은 한계가 있는 것이다.
3. 인간은 하나님의 일을 행한다.

그리고 이것들 위에 영적인 이스라엘, 참된 신앙, 개혁신앙의 고백을 올려놓으십시오.

1. 구속은 우리의 능력으로 결코 이룰 수 없다. 하나님께서 매일같이 우리를 새롭게 하시고 거룩하게 하셔야 한다. 우리는 목자 없이 한 순간도 살 수 없다.
2. 구속은 보상 가능성을 초월한다. 우리가 세상의 모든 돈을 다 끌어온다 하더라도 그것으로 하나님께 값을 수 있는 것이 아니다. 그분의 선물은 값으로 환산할 수 없을 정도로 가치 있다. 그리고 그 선물은 선물을 주시는 무한하신 하나님과 결코 분리될 수 없다.
3. 우리는 결코 우리 자신을 하나님의 위치에 둘 수 없다. 우리는 그분이 보살피시는 양의 위치에 남아있기를 원한다. 그 목자를 따르며 믿고, 그 음성에 순종하기를 원한다.

삼십 세겔은 자기 - 구속의 영을 만질 수 있을 만큼 구체화된 것입니다. 은혜는 자아에 영광을 결코 허락하지 않습니다. 구속은 오직 하나님으로부터만 옵니다.

만일 하나님께서 그 삼십 세겔을 수 세기에 걸쳐 세상 구석구석 영구히 굴러가도록 역사하고 계신다면, 우리 삶은 매우 엄중한 것입니다. 이 다루기 힘든 삼십 세겔의 주제는, 어떤 주어진 순간에라도 모든 각각의 사람들이 이신칭의를 의식적으로 선택하고 행위구원을 반대하도록 부름받았음을 외치고 있는 것입니다.

스가랴의 선언을 마태의 기록 옆에 두는 것보다 더욱 감동적인 것이 있겠습니까? 마태복음의 기록만을 읽으면 이렇게 말하기 십상입니다: 유다라는 사람의 저 거대한 죄악을 봐! 그와 비교하면 나는 릴리푸틴 같은 난장이야. 오 하나님, 그러나 이스라엘의 목자를 삼십 세겔에 처분해 버리는 것이 모든 신실치 못한 양 떼들에게 너무나도 자연스럽다는 스가랴의 말을 들으면, 유다는 바로 나 자신만큼 작아집니다. 그리고 다시 생각해 보면, 죄악에 있어서 나는 유다만큼 엄청난 자가 되어 버립니다. 주님, 저는 너무나 자주 믿지 못합니다. 선하신 목자를 홀대합니다. 유다만큼이나 범죄하게 됩니다. 죄악에 있어서 그 서기관들의 모습을 갖게 됩니다. 오 하나님, 이 같은 죄인에게 자비를 베푸소서! 마태만을 읽게 되면, 하이델베르크 문답 31문답(주의 날 31, 왕국의 열쇠들)을 연상하며 유다를 생각하게 됩니다. 그리고 스가랴를 읽게 되면, 나는 나 자신을 생각하게 됩니다. 말씀의 고소하는 능력, 하나님의 목양의 최절정 직전에 있는 이 능력을 생각하게 됩니다.

이렇게 주목케 하는 요구를 하시는 하나님을 모시는 것은 심각한 일입니다. 만약 우리가 말씀으로 살아가며, 우리가 고백하는 핵심 개념을 매 순간 스스로 적용시켜 나간다면 이런 요구에 부끄러움을 당하지 않을 것입니다. 곧, 은혜로 말미암아 믿음으로 살아간다면 말입니다. 그 개념을 의식적으로 또한 무의식적으로 매일같이 우리의 신학, 우리의 교의학, 우리의 신비주의에 살아 있도록 하는 것이 우리의 의무입니다.

하나님께서 이스라엘 백성이 애굽에서 취하도록 허락하셨던 그 보물들을, 유다로 인해 이스라엘이 예수의 핏값으로 지불해 버릴 때만큼, 남용해 버린 때가 없습니다. 그 행위로 말미암아 이스라엘은 청지기 직무를 포기했습니다. 이스라엘 백성이 애굽에서 취한 그 보물들을 가나안땅에서 축적했습니다. 그런데 그 부의 절정에 이르렀을 때, 예루살렘에서 그만 그것을 예수의 십자가를 위해 지불해버린 것입니다. 요한계시록 12장에 따르면, '영적으로 애굽이라고 불리는 곳'인 도시 예루살렘에서 말입니다.

우리는 어떻습니까? 두려워 떨면서 우리는 우리의 집에서, 우리의 가게에서, 우리의 연구실에서, 그리고 들판에서 하나님을 인정해야 합니다. 집중해 듣는다면 우리는 그분의 음성을 듣게 될 것입니다: 나에게 내 몫을 다오. 이 요구는 모든 사람에게 들려져야 합니다. 여러분은 그리스도에 대해서 어떻게 생각하십니까? 그런 의미로서 모든 사람이 평가해야 하고 그 평가에 따라 또한 답변해야 합니다. 재빨리 답변하기를, 주님 저는 당신을 평가할 수 없나이다, 고 말할 수 있는 사람은 복됩니다. 주님만이 저를 평가하실 수 있습니다. 오, 주님, 주께서 보혈의 핏값, 그 무한하고 영원한 성령으로부터 흘러나오는 보혈의 핏값을 지불하신 자들 속에 저를 포함하소서.

chapter 06
|
하늘로부터 선포된 그리스도의 수난:
"주의 영광"의 실현

"문득 두 사람이 예수님과 함께 말하니
이는 모세와 엘리야라 영광 중에 나타나서
장차 예수님께서 별세하실 것을 말할새"

- 누가복음 9:30~31 -

6장.
하늘로부터 선포된 그리스도의 수난: "주의 영광"의 실현

우리는 모세와 엘리야가 함께 나타나는 그 산에서 일어난 예수님의 변형에 대해서 살펴볼 것입니다. 그것이 수난 이야기의 역사적인 순서로부터의 이탈한다는 것을 우리는 압니다. 만약 엄격하게 연대기적 순서를 다룬다면, 이 설교는 1장(수난의 설교단 옆에 서 있는 사탄)과 2장(변화산상의 사탄) 사이에 두어야 할 것입니다.

여기서 예수님의 변형을 다루는 이유가 있습니다. 앞부분의 주제들 하나하나는 인간 매개자에 의해 진행된 수난 드라마를 다루었습니다. 이런 측면에서 우리는 무엇 하나도 확실한 것이 없다는 점을 발견하였습니다. 분명한 것이 없었습니다. 시몬 베드로는 두 번이나 사탄의 행동을 했지만, 그는 그것을 알지 못했습니다. 마리아는 일종의 섬기는 천사였지만, 그녀 자신은 이 점을 인식하지 못했습니다. 가야바와 산헤드린이 예언을 했지만, 그들 또한 무의식적으로

했던 것입니다. 대제사장은 삼십 세겔을 세어 유다의 손에 넘겨주었습니다. 하지만 그와 더불어 꾸미던 음모 위에 감돌고 있는 저주에 대해서는 이해하지 못했습니다. 너무나도 불확실했습니다. 수난 계획의 이 인간적 부분은 너무나도 불확실하고 불확정적입니다. 사람들은 아무 것도 보지 못하였고 듣지도 못했습니다. 하지만 큰 실수를 저지른 초등학생들처럼, 그들은 자신들 앞에 펼쳐진 청사진 위에 잉크를 엎질러 버렸습니다. 그래서 하나님의 공의와 자비의 계획에 상처를 입혔습니다. 그분의 복음의 성전에 관한 계획 말입니다.

그러므로, 복음의 이야기가 인간적인 애매모호함과 하늘의 절대적 확실성 사이의 대조로 나아가는 점을 주목하는 일이 (우리가 취하는) 순서입니다. 땅의 자녀들, 단순히 사람일 뿐인 그들, 그저 '육신과 피'로 구성되어 있는 그들은 지금 자신들의 머리 위를 맴돌고 있는 오는 세대의 능력을 이해할 수 없고 이해하더라도 희미하게만 할 것입니다. 하지만 하늘은 확실히 이해하고 있습니다. 모세와 엘리야가 하늘에서 내려와 그리스도의 다가오는 죽으심에 대해 그분과 대화할 때, 절대적인 확실성이 개입되고 있습니다. 이제 의식적인 예언을 얻은 것입니다. 이 시간에 흘러나오는 에너지들을 담지한 자들은, 그 에너지들의 능동적인 영향력이 실제적이고 효과적임을 알게 됩니다.

바람이 불면 사람들은 그 바람소리를 듣습니다. 하지만 그것이 어디서 와서 어디로 가는지 알지 못합니다. 그럼에도 불구하고 하늘은 그 기원이 어디이며 또한 그 목적지가 어디인지도 압니다. 복음서에 계시된 그 하늘의 확실성은 인간들의 불확실성과 완전히 대립합니다.

이것이 지금 변화산을 다루는 첫 번째 이유입니다. 우리가 인간들의 태도에 지체하며 머물러 있다가 이제 하늘의 태도에 주목하는 이유 말입니다. 그리고 두 번째 이유는 이것입니다. 이 장 이후에 우리는 수난의 성전 현관을 나와 건물 자체로 들어가시는 그리스도와 함께 동행할 것입니다. 그리스도는 손으로 당신을 골고다로 인도할 줄을 친히 잡으려고 하십니다. 의도적으로, 침착하게, 그분은 당신 머리 위에 있는 그 바람과 태풍을 잠잠하게 하실 것입니다.[11] 그러니 그 현관에서 벌어진 수난의 논의를 먼저 완성하는 것이 적합하겠습니다. 하늘의 빛으로 지상의 일을 봄으로써, 우리는 하늘 자체를 흘깃 볼 수 있는 곳으로 나아갑니다.

하늘이 말할 때 확실성이 뒤따른다는 것을, 또한 그리스도께서 이 순간 인간적인 애매모호함의 매개에서 하늘의 청명한 명확성의 매개로 건너가신다는 것을 우리는 직전에 언급했습니다.

이 경우에 하늘의 그 의도가 실수 없이 명백하였음을 부인하는 이들이 있습니다. 그들은 그리스도께서 산 위에 계실 때 양자택일의 특권을 부여받았다고 말합니다. 수난과 죽음을 경험하지 않은 채 곧장 하늘에 들어가는 것과 큰 희생을 치르고 나서야 하늘에 들어가는 것 사이에서 말입니다.

이것이 단지 변화산 사건을 의미심장하게 구성하는 것이 그리스도께서 재판받으셨으며, 당신 마음의 눈앞에 놓인 두 가지 가능성을 보셨고, 그분이 더 나은 과정을 선택하신 사실이라고 말하는 것뿐이라면, 우리는 그 해석에 아무런 반대도 하지 않을 것입니다.

하지만 이는, 그리스도께서 영광으로 곧장 승천하느냐 아니면 지옥 구덩이를 다녀온 후에야 승천하느냐 중 하나를 선택하는 특권을 가지셨다고 말하는 것과 결코 동일하지 않습니다. 하늘이 그분에게 어느 쪽 하나를 선택할 수 있도록 완전히 자유롭게 두셨으며, 무엇을 결정하더라도 완벽하게 만족스러울 것이라고 한다면 우리는 이런 견해를 진지하게 반대해야 합니다.

---

11) "이 이가 어떠한 사람이기에 바람과 바다도 순종하는가?" (마 8:23~27, 막 4:35~41, 눅 8:22~25)

이런 방식으로 그 사건을 해석하는 것은, 그 배후에 성부와 성자, 성령이 맺으신 평화협정의 구속력 있는 선언이 깔려 있음을 간과하는 것입니다. 영원 전부터 평화와 구원에 대한 신적 계획의 개요를 만드신 삼위일체 안에서의 불변하는 작정이 항상 작용해왔음을 기억하십시오. 하늘이 그리스도의 인간적 영혼에 내려와야 한다는 것, 말 그대로 여전히 매일 배우시면서,[12] 예수님의 그 허약하고 인간적으로 연약한 육신에 내려와야 한다고 가정하는 것이 얼마나 잘못되었는지요! 그 인간 예수님이 아버지의 신적인 영감과, 자신의 생명과 영광, 그리고 평화와 기쁨에 대한 열망 사이에서 선택하도록 하신다는 것 말입니다. 하나님께서 세상 역사의 유일한 목적인 영원한 작정을 취소하도록 그분을 내버려 두셨는지 여쭤보는 것을 상상할 수 있으십니까? 그렇다면, 하나님께서는 진정 어떤 선택을 하더라도 만족하실까요?

그럴 수 없습니다. 성부와 성자, 그리고 성령께서 그들의 값진 맹세를 교환하셨을 때, 인간 예수 그리스도는 그 결정을 결코 폐지하지 않으실 것입니다. 이렇게 말하는 것은 지나치게 대담한 표현이 아닙니다: 그분은 그렇게 하지 않으실 것입니다(may). 사람이시고 중보자이시기 때문에 그리스도께서는 순종의 법 아래 계십니다. 그분이 '주의 종'으로 불리는 것은 그저 단순한 우연이 아닙니다. 그분은 세(침)례를 받으실 때에 그 법에 복종하셨습니다. 그리고 그 법에 순종하는데 도움 되는 것 외에는 다른 어떤 것도 행할 허락을 받지 않으셨습니다. 그러면 분명히, 그리스도에게 하나의 자유롭고 독립적인 선택의 특권을 줌으로써 하나님께서는 그분을 유혹하시게 됩니다. "하나님께서 어떤 사람도 유혹하지 않으신다"[13] 고 하셨는데 말입니다. 하나님께서 첫째 아담에게 하나의 임시적인 명령을 주셨고, 또한 둘째 아담에게도 그것을 증명하게 하셨다는 것은 사실입니다. 첫째 아담에게 "보기에도 좋고" "지혜롭게도 함직한" 선악과 열매를 보여주셨던 그 동일한 하나님께서 이 시점에 둘째 아담에

---

12) 히브리서 5:8, "그가 아들이시면서도 받으신 고난으로 순종함을 배워서..."

13) 야고보서 1:13.

게 즐길 만하면서도 지혜에 바람직한 아름다움을 계시하시는 것입니다. 그러므로 변화산 위에서의 재판, 논증, 시험을 말하는 것은 반대할 수 있는 것은 아니지만, 언제나 사탄 편에서 행하는 하나의 유혹입니다. 그런 것들은 이런 유혹이 언제나 사탄의 행위임이 즉시 덧붙여질 때에만 허용됩니다. 마치 사탄이 베드로를 꼬드겨 어리석게 말하게 하거나, 어떤 마귀적인 방식으로 그리스도의 인간 영혼을 유혹하고자 할 때처럼 말입니다.

나머지 경우에 대해서는, 하나님께서 자신의 영원한 협의와 떼려야 뗄 수 없이 관련된 일에 있어 그리스도께서 자유롭게 선택하게 허용하심으로 악을 행해도 된다고 유혹하신다고 믿는 것을 우리는 거부합니다. 그 일은 시간 속에서 율법과 충성의 맹세에 결합된 일인 것입니다. 하나님께서는 당신의 계획으로 다스리고 계신 세상이 바늘 끝에서 아무렇게나 요동하는 것을 허용치 않으십니다. 그것도 자유롭고 독립적인 인간존재의 손아귀에 잡혀서라면 말입니다. 비록 그 인간이 둘째 아담 그분 자신이라 하더라도요. 그것은 곧 역설일 것입니다. '둘째 아담'과 '자유롭고 독립적인 인간존재'라는 두 개념은 상호 배타적입니다. 그리스도는 (많은 사람들 중) 한(a) 사람이 아닙니다. 유일한 (the) 사람이십니다. 언약의 머리이십니다. 그분은 주님의 법에 스스로 속하려는 유일한 목적으로, 당신 존재의 모든 신경의 감각을 집중하시는 분이 되셨습니다.

이것들은 하늘이 그리스도에게 한 순간의 자유도 주지 않으셨다는 것을 너무나도 분명하게 가리키고 있습니다. 그 천상의 방문객들이 진실로 하고 있었던 일들은 과연 무엇이었을까요? 왜 그들은 예수님과 더불어 '예루살렘에서 있을 별세하심'이라는 그 엄청난 주제에 대해서 말하고 있었을까요? 그 표현상의 문제에 있어서는 애매모호함이 없습니다. 모세와 엘리야는 다가오는 그 '별세'를 하나의 가능성으로 간주하지 않습니다. 하나의 사실로 봅니다. 그리스도께서는 그것을 완수하실 것을 마음에 두고자 의도하셨고 또한 거의 그렇게 의도되셨습니다. 문맥이 그것을 함축합니다. 이렇게 태연히 예루살렘에서 있을 이별을 '당연하게 여기는 것' 은 유혹의 가설에 대해 어떤 여지도 남겨두지 않습니다.

게다가 변화산에서의 사실들을 보았을 때, 그 산에서 그리스도에게 자발적 선택의 기회가 제공되었다는 생각은 그럴듯하지 않습니다. 그들은 하늘이 그리스도에게 한 순간의 자유도 주지 않으셨다는 것을 너무나 분명하게 가리키고 있습니다. 그 천상의 방문객들이 진실로 하고 있었던 일들은 과연 무엇이었을까요? 왜 그들은 예수님과 더불어 '예루살렘에서 있을 별세하심' 이라는 엄청난 주제에 대해서 말하고 있었을까요? 표현상으로는 애매모호함이 없습니다. 모세와 엘리야는 다가오는 '별세'를 하나의 가능성으로 간주하지 않습니다. 하나의 사실로 봅니다. 그리스도께서는 마음에 이를 완수하겠노라 작정하셨습니다. 문맥이 그것을 함축합니다. 이렇게 태연히, 예루살렘에서 있을 이별을 '당연하게 여기는 것' 은 유혹의 가설에 대해 어떤 여지도 남겨두지 않습니다.

사탄의 유혹(temptations)과 하나님의 시험(trials)은 너무나 다릅니다. 사탄이 사람을 유혹할 때 그는 하나님 공의의 보좌 앞에서 우리와 하나님 사이에 있을 심판의 중요한 주제를 감추려고 합니다. 뿐만 아니라, 사탄이 실재한다고 제시하는 환상에 대해서 잘못된 인상들을 가지게 하려고 합니다. 그 유혹자는 언제나 하나님의 공의의 중심 목적을 감추려는 것입니다.

그것은 하나님께서 사람들이 시련을 당하게 하실 때 의도하시는 것과 아주 다릅니다. 물론 하나님께서는 일시적으로 마음에 두신 목적을 감추기도 하십니다. 우리 인생의 갈등이 가진 '중심 문제'에 대해 절대적으로 확실한 것을 우리에게 감추시는 것입니다. 그러나 결코 잘못된 인상을 주시지는 않습니다. 그분은 객관적으로 본질적인 것과 불일치하는 주관적인 인상을 우리 지식에 고무시키지 않으십니다. 그것과는 달리, 하나님께서 인생들이 경험하게 하시는 각각의 시련은, 어긋난 길로 가던 방향을 되돌려 올바른 길에 들어서게 하고, 지엽적으로 애매한 것들을 분명하게 깨닫게 해주시는 하나님 진리의 조명을 보게 하려고 고안되었습니다. 하나님께서는 언제나 앞으로 향하시고 또한 언제나 우리를 감화시키셔서 우리 생각과 삶을 궁극의 목표로 향하게 하십니다.

예수님께서 하나님으로부터 유혹을 받으신 것이 아니고 단지 시련을 받으셨다는 것이 바로 이런 방식이었기 때문입니다. 이것이 본문의 표현입니다. 변형되신 것은 예수님께는 하나의 시련입니다. 그분이 천상의 아름다움을 보시고, 천상의 복된 영향력을 느끼시고, 신적으로 심원한 분위기를 들이마시는데, 그러면서도 그 놀라운 영광 가운데로 들어가는 것을 허락받지 못하셨다는 의미에서 말입니다.

하지만, 여기서 '시련'이라는 단어는 그 변형이 가진 의미심장함의 절반만 제시할 뿐입니다. 하나님께서는 그 시련에 하나의 계시를 더하십니다. 인간이신 그리스도께서 이 계시를 받아들이실 수 있었고 또한 그렇게 하셔야 했던 것은, 당신 영혼이 하나님의 모든 계시와 계시의 총체이신 하나님께 완전하며 능동적으로 협력하는 자가 되기 위함이었습니다. 하나님께서는 이를 방편 삼아 그분으로 하여금 중보자 직분의 절정을 향해 가도록 하시는 것입니다. 시간과 영원의 중심에 있는 그곳, 거기에서 그분은 당신의 하나님 앞에 서서 모든 것을 홀로 붙잡고 계십니다.

변형의 실제 의미를 구성하는 것은 이 계시입니다. 하나님의 교회는 하나님의 특별한 섭리가 그리스도를 둘러싸고 있음을 오랫동안 고백해 왔습니다. 이 시점에서 이 신비로운 영향력이 얼마나 실제적인 것이 되는지를 주목해 보십시오. 그리스도 생애의 바로 이 단계에서 하나님께서 개입하시고, 성령을 통하여 계시의 말씀을 하나의 표적과 함께 주십니다. 이 사건이 성스러운 역사(history)의 특별한 순간에 일어났다는 점이 얼마나 적절한지 관찰하는 것은 놀랍습니다.

이 적절성을 이해하기 위해서는 하나님께서 자신을 시간 속(in time)에 나타내시는 모든 계시에 공통된 세 가지 특성이 있음을 기억해야 합니다. 그 특성들은 다음과 같습니다:

1. 이런 계시는 언제나 참된 것입니다.
2. 이런 계시는 결코 완성된 것이 아닙니다.
3. 이런 계시는 언제나 성장하는 것입니다.

시간의 지속 가운데 주어지는 하나님의 모든 계시의 삼중적 본질이 이런 것입니다. 게다가 이 본질 때문에 그 계시를 받아들이는 사람은 다음과 같은 삼중적인 요구를 받습니다.

1. 계시가 참되기 때문에, 사람은 이를 받아들여야 합니다.
2. 계시가 완성된 것이 아니기 때문에, 사람은 헌신된 심령과 영혼으로 하나님께 돌아섬으로 그것을 확장시켜야 합니다.
3. 계시가 계속 발전하기 때문에, 사람은 그것이 주어진 대로 만족하지 말고, 완성시키기 위해서 꾸준히 힘써야 합니다.[14]

이 각각의 순간들이 어떻게 산상 위의 예수님에게 오고, 그분이 받아들이신 계시를 어떻게 특정 짓는지 관찰해 보십시오. 우리의 연구에 있어 두 가지 사항을 고려하는 것이 적절하겠습니다.

---

14) 한역주 – 영어로는 'he may not rest satisfied with it as given, but must press on to perfect it.'로 되어 있는데, 하나님의 계시를 수납하는 인간이 그 계시에 무언가를 보충해야 한다는 인상을 갖게 하는데, 스킬더 목사의 신학전체에 어울리지 않는 해석이다. 오히려, 받아들인 계시의 말씀을 실천하는데 열심이어야 한다는 뜻으로 이해되어야 하겠다.

1. 참된 계시가 예수님에게 주어졌습니다.
2. 그분은 이를 자원해서 받아들이셨습니다.

참된 계시가 예수님에게 주어졌습니다, 그렇습니다. 하늘이 말씀과 성령을 방편으로 하여 그분께 말하고 있습니다. 그리고 하늘이 말하는 것은 참됩니다. 그것이 전달하고 있는 고통스러운 메시지는, 그리스도께서 바로 이 순간 영광으로 둘러싸여 있고 축복에 담겨 있다 할지라도, 그분이 여전히 모욕의 대상이라는 것입니다. 산상에서의 모욕이라고요? 여러분은 질문하실 것입니다. 예, 그렇습니다. 그분이 입으신 그 광휘로 찬란한 옷은 빌려온 것이기 때문입니다. 그분은 당신에게 주어진 축복 가운데서 나누고 계십니다. 그것은 자기발생적인 아름다움이 아닙니다. 이것은 부활절 아침, 승천하시는 날에 그분을 특징짓는 것과 다르고, 그분의 재림 시 빛날 영광도 아니며 단지 외부로부터 그분에게 입혀진 것입니다. 당신의 그 영광을 모세와 엘리야로부터 얻고 있는 것입니다. 그가 빛나는 것은 그들의 빛 가운데서입니다. 하늘 가운데에서 밝은 태양의 권세와 능력을 가지신 분이 지금 여기서는 달과 같은 것입니다. 해는 자체적으로 빛이 납니다. 하지만 달은 해와 비교해서 빛이 약할 뿐만 아니라 그 자체로 빛을 내지 못하고 다른 곳에서 받은 빛을 반사합니다. 그러므로 지속적으로 빛을 내지 않습니다. 예수님께서는 이러한 상황의 역전을 민감하게 느끼고 계십니다. 그분에게는 고통스러운 상황입니다. 그분은 결코 전체를 희생하면서 한 부분만을 보지 않으시고, 당신 생애의 한 순간이라도 그 생애 목적 전체에서 분리하실 수 없기 때문입니다. 그분은 모세와 엘리야가 위로부터 이 영광을 가져온 것을 온전히 알고 계십니다. 그들이 영광을 그분에게 가져온 것입니다. 물론 그들도 자신들의 영광을 하나님께로부터 얻었습니다. 그럼에도 불구하고 그들이 둘러싸인 광휘의 찬란함, 그 축복의 후광은 단순히 장식물이거나 외부에 덧붙여진 치장이 아니라, 오히려 하나의 내적 아름다움이 겉으로 드러난 것입니다. 구속받은 영혼들이 하나님 보좌 앞에서 영광스러운 몸으로 변화됨으로써 얻는 그런 아름다움 말입니다. 하지만 그리스도께서는 아직 내적으로 영광을 받으신 것이 아닙니다. 오, 그렇습니다. 그분은 성자이십니다. 하지만 잠시 아버지의 두 종들의 옷을 빌려 입고 있는 성자이십니다. 이 영광이 사라지고 나면, 그분은 그 영광을 벗어 버린 채 다시금 종의 모습으로 서 계셔야 하는 것입니다.

이것을 우리는 계시, 그것도 참된 계시라 부릅니다. 하늘은 이 경험을 통해 예수님에 관한 진리를 웅변적으로 가르치기 때문입니다. 그것은 그분에게, 인간으로 낮아지신 상태에서는 의존적이고 유한하시다는 것을 말해줍니다. 외부적인 장식이나 피상적인 치장으로 그분의 엄청난 변형, 궁극적인 변화가 일어나는 것이 아니라고, 그분의 귀에 정당하게 외치고 있습니다. 하늘은 외부적인 빛으로 구비된 영광을 입은 자로 제시되는 인간 그리스도를 이런 방식으로 받아들일 수 없기 때문입니다. 그분을 그런 방식으로 받아들이면, 하늘은 그 자체로서 무흠한 거룩의 상태 가운데로 죄가 들어오게 한 책임을 질 중개자가 되기 때문입니다. 우리는 기계적으로 무엇이 첨가된 것이 아니라 내적으로 발전된 아름다움을 가진 자들 외에는 어느 누구도 하나님의 저택에 들어갈 수 없음을 잘 압니다. 중생 때 심겨진 씨앗이 점진적으로 자라서[15] 하나님을 뵙기에 충분할 만큼 부요하고 아름답게 성숙한 자 외에는 천국에 들어갈 수 없는 것입니다. 비록 영광의 원리가 오직 부분적으로만, 하나님 손길의 개입으로 인하여서만 최후의 심판 안에서 성화가 이루어질 다른 이들에게 적용된다 할지라도, 그리스도께서는 아무런 조건 없이 영광의 법을 완전하게 소유하고 계십니다. 이 둘째 아담은 외부의 아름다움으로 만족하실 수 없고, 그 아름다움의 살아

---

15) 한역주 : 스킬더가 사용하는 '중생'의 개념은 이중적이다. 그의 책 『그리스도와 문화』(손성은역, 지평서원, 2017.)에서는 믿음으로 중생한다는 점을 명백하게 밝히고 있다(p.207.). 벨직신앙고백서 24항을 따라서 '믿음이 중생하게 한다'고 명백하게 강조하고 있기 때문이다.
이때의 중생은 '넓은 의미의 중생'임에 분명하다. 하지만, 본 설교집의 이 부분에서는 '중생의 씨앗'을 언급하고 있는 바, 이것이 믿음 이전인지 아니면 이후를 가리키는 것인지 명백하지 않다. 개혁신학적 입장의 일반적인 통례를 보아서(바빙크, 벌콥 등), '심겨지는 때'를 '좁은 의미의 중생'으로 보는 것을 고려한다면, 스킬더가 이곳에서 언급하고 있는 중생도 '좁은 의미의 중생'이라고 할 수 있겠다. 그래서 그의 중생개념은 성경에서와 같이 이중적임을 알 수 있다.

있고 능동적인 원리를 힘써서 성취하셔야만 합니다. 그리고 고난을 통하여 살아있는 생명의 원리를 성취하고, 성령을 통하여 내부로부터 최종적인 열매에 이르도록 그것을 발전시키셔야만 합니다. 하늘은 그리스도로 하여금 위에 있는 예루살렘으로부터 기계적으로 변환되어 주어지는 영광의 부적절함을 느끼게 합니다. 그리하여 그분을 아래 있는 예루살렘을 유기체적으로 떠나시는 것(별세, 혹은 엑소도스)을 열망하게 하는 것입니다. 그래서 하나님 당신의 때가 충만해지고, 그분의 법이 만족될 때, 그리스도께서는 그 다른 예루살렘, 곧 천국에 유기체적으로 입성하시게 될 것입니다. 오직 지상의 그 도시에서 율법을 따라서 죽으심으로써만 그분은 도출된 영광이 아닌 그분 자신의 영광을 성취하실 수 있습니다. 그 영광은 은혜를 통해 모든 것들보다 더욱 뛰어나신 자로서 모세에게, 엘리야에게, 아담에게, 그리고 당신의 소유된 모든 자들에게 영원토록 전달된 그런 영광입니다.

이런 것이 그 산상에서 하늘이 예수님에게 계시하신 그 참된 계시의 본질입니다.

두 번째로 우리는 예수님께서 그 계시를 자발적으로 받아들이신다는 점과 당신의 전체적인 개별성으로 그렇게 하신다는 점을 살펴보겠습니다. 그분 생에 있어서 지금 이 순간처럼 그렇게 종(servant)이셨던 적은 결코 없습니다. 그분은 성자이시지만, 당신 아버지의 집에서 종들을 빌려 오십니다. 그분은 머리를 조아리십니다. 자신의 낮아진 상태를 인식하고 계시는 것입니다. 게다가 그분은 순종을 약속하십니다. 모세는 율법을 주었고, 엘리야는 그것을 강화시켰으며, 그분은 성취하실 것입니다. 그분은 머리를 조아려 율법에 복종하십니다. 모세는 이교도 국가로부터 이스라엘을 인도해 내었습니다. 엘리야는 이스라엘로부터 이교주의를 축출시켰습니다. 그리스도는 이 둘 모두를 다 하실 것입니다. 사탄의 손아귀로부터 당신의 백성을 구출해 내실 것입니다. 곧, 그들을 의롭게 하실 것입니다. 또한 그들로부터 모든 사탄의 요소들을 뽑아내실 것입니다. 곧, 그들을 성화시키실 것입니다. 그래서 그분은 완전한 중보자가 되셔서 율법의 모든 요소들을 완성시키실 것입니다. 그 순간에 가공할만한 짐을 지실 것이며, 고난을 당하심으로서만 영광에 이르실 것입니다. 고통에도 불구하고, 그분은 자신을 납작 낮추셔서 모든 계시를 완전하게 받아들이십니다. 조금도 머뭇거리지 않으시고 하나님께서 당신에게 계시하시는 모든 것을 받아들이십니다. 하나님께서 만물을 붙들고 계시기에 그분은 인내하면서 하나님을 기다리시는 것입니다.

그러면 하나님께서는 예수님으로부터 무언가를 억제하시고, 그리스도께서는 그것 때문에 고난당하시는 것입니까? 그렇습니다. 그리스도에게는 아직 계시되지 않은 것 때문에 오는 슬픔이 받아들인 것에 대한 기쁨보다 훨씬 더 큽니다. 도대체 무엇이 억제되고 있는지 여러분은 궁금하십니까? 말하자면, 모세가 여기 있고 엘리야도 함께 합니다. 하지만, 예수님의 하나님은 어디 계시는 것일까요? 모세는 (시내)산 위에서 하나님과 오랫동안 그것도 여러 번 반복해서 말씀을 나눴습니다. 친구가 친구에게 말하는 것처럼 말입니다. 그리고 엘리야 또한 다른 산 위에서, 지진과 태풍, 그리고 불이 지나간 후에, 그분의 미세하고 작은 음성을 들었습니다. 하지만 이 순간 그리스도께서는 하나님과 대화를 나누는 것이 허용되지 않습니다. 그리스도에 대해 하늘로부터 세 번이나 음성이 들린 것은 사실입니다. 하지만 한마디 음성도 그리스도에게 들리지 않았으며, 그분과 더불어 대화를 나누신 적도 없습니다.[16) 우리는 예수님의 구하는 영혼이 기도가운데서 그 하나님을 만나고자 열망하며 산에 오르셨던 것을 기억합니다. 또한 우리는 당신께서 모세와 엘리야보다 더 위대하다는 사실을 의식하고 그리 하셨음을 압니다. 그분은 그들만 아니라 모든 성도들보다 더 위

---

16) 한역주 : 이런 표현은 그리스도께서 기도를 통해서 하나님과 대화를 나누었다는 점을 부인하는 것 같다. 하지만, 스킬더는 곧 이어서 그리스도의 기도에 대해서 언급하고 있다. 이것을 볼 때 이 표현은 그리스도께서 이 변화산상에서 경험하고 있는 고난의 정도를 강조하기 위한 것이라 보는 것이 좋겠다.

대하십니다. 그러나 하나님께서는 당신을 낮추어 모세와 엘리야와 대화하시는 반면 그 아드님으로부터는 물러나고 계십니다. 이것은 얼마 뒤 외치실 비탄의 부르짖음, 곧, '나의 하나님 나의 하나님 어찌하여 나를 버리셨나이까?'라는 부르짖음으로 경험하게 될 가공할 만한 외로움의 시작입니다.

그것은 분명히 하나님의 계시를 자발적으로 받아들이시는 것입니다. 그 계시가 포함하는 바와 그 계시가 제외시키는 것 모두를 말입니다. 그리스도께서는 여기서 지금 율법을 전달한 모세와 그것을 강화시킨 엘리야의 면전에서 그 율법을 성취해야 할 온전한 부담을 받아들이십니다. 복음 성전의 주춧돌을 놓으시기 전, 그분은 율법의 집 기장(旗章)을 든 이 두 명이 그리스도께서 그리신 복음의 건물 청사진을 당신께 보여주게 하십니다. 그 건물이 세워질 때에 따라야 할 계획들을 당신 스스로 가르치게 하십니다.

그것은 우리를 두 번째 주요 고려사항으로 인도합니다. 예수님에게 다가온 그 계시는 완전하지 않다는 것입니다. 결론적이지 않고 또한 철저하지도 않습니다. 하나님의 계시는 언제나 진리이지만, 결코 전체의 모든 진리는 아닙니다. 그분이 말씀하시는 것은 무엇이든 참되지만, 모든 것을 말씀하시는 것이 아닙니다. 하나님의 무한하심이 유한한 인간에 의하여 이해될 수 없다는 이유만으로도 하나님께서는 모든 것을 계시할 수 없습니다. 하나님께서는 인간의 역사를 통해 계시하기를 원하시기 때문에, 계시가 포괄적이기를 원치 않으십니다. 그래서 세상 끝에 이르기까지 그것은 완전하지 않을 것입니다.

그 산에서 주어진 특별한 계시가 완성된 것이 아니라는 점은 너무나 명백합니다. 물론 여기에는 즐거워할 것들이 많이 있습니다. 하늘의 빛을 담지하는 자들은 빛이 환한 피조물들입니다. 그리고 그들의 광채는 주변을 둘러싼 어둠과는 극명히 대조됩니다. 게다가 이것은 모두 예수님을 위한 것입니다. 그것이 얼마나 말로 표현할 수 없을 정도의 아름다움이었는지, 말하자면 인간의 관점으로 그것을 바라볼 때 말입니다. 하지만 우리가 이 광채를 하늘 자체의 스크린을 배경으로 해서 본다면, 그리고 하나님의 바로 그 빛 가운데서 그것을 본다면, 그것은 덜 영광스러울 것입니다. 그런 식으로 보면서 우리는 두 가지 관찰을 하고 싶어집니다:

1. 이 계시의 담지자들은 하나님 보좌 앞에서 그들이 매일같이 '보고 듣는'[17] 영광의 극히 적은 부분만을 반영한다는 것.
2. 이 계시의 방식도 그 실제의 잠재력에 대해 단순히 힌트만 제공해 줄 뿐입니다.

그렇습니다. 모세와 엘리야는 그들이 매일같이 보고 듣는 천상의 영광만을 반영하고 있습니다. 우리 비천한 인간 존재들에게 이 심오한 반투명의 빛은 매우 특별한 것일지라도, 하늘에게 그것은 단지 일상적 영광이 감소된 것임을 기억해야 합니다. 환한 빛 가운데 있는 모세와 엘리야로부터 발하는 광채의 후광을 보면서 우리는 곧장, '아, 하나님 보좌 앞에 거하는 자들은 저러하군요' 라고 말하게 될 것입니다. 하지만 이는 정확히 말해 사실이 아닙니다. 그들은 지금 여기서 보이는 것보다 훨씬 영광스러운 자들입니다. 그들의 영광은 성자의 집에 있는 영광의 정도가 조절된 정도에 불과합니다. 땅은 하늘의 충만한 영광을 흡수할 수 없습니다. 모세 얼굴빛의 강렬함을 바라보는 것을 사람이 견딜 수 없기에, 그는 다시금 자기 얼굴에 수건을 가려야 합니다. 따라서 우리는 그 황금성을 흘깃 볼 수 있을 뿐입니다. 그 문이 빼꼿하게만 열려있습니다. 엘리야와 모세의 뒤쪽, 이들 영광을 억압하듯 반사하는 이들 배후에 우리는 천사들의 찬송이 있음을, 바로 그 보좌 자체가 있음을, 그 경이로운 '네 생물' 이 있음을, 그리고 엄청난 천둥소리와 같은 소리가 있음을 알고 있습니다. 아닙니다. 하늘의 부요함은 지상에 사치스럽게 부어지는 것이 아닙니다. 사실, 우리가 안전하게 말할 수 있는 것은, 이 두 사람이 지상에서 살고 있던 중 더욱 영광스러운 일들을 성취하였고 더 강한 인상을 심어주었다는 것입니다. 엘리야

---

17) 요한복음 3:31,32.

는 그 생애 중 포도원을 두려움으로 떨게 했고 하늘로부터 불을 불러 떨어지게 했으며, 그가 살고 있던 세대의 사람들을 아주 뒤집어 놓았습니다. 그리고 모세는 광야와 바다를 토네이도처럼 옮겨 다녔습니다. 초기단계에 있는 오는 세대의 모든 능력을 끌어 모으면서 말입니다.

이런 요란스러운 성취들과 비교해 보면, 이 일은 오히려 연약하고 평범하기만 합니다. 희미한 영광만이 잠시 나타날 뿐입니다. 그리고는 하늘이 다시금 닫혀 버립니다. 땅은 그것을 눈치 채지도 못했습니다.

예수님께 계시가 주어지는 방식도 동일하게 에너지의 억제를 분명히 표상하고 있습니다. 모세와 엘리야는 단순히 예수님과 더불어 말하고 있습니다. 마태복음 17:13, 마가복음 9:4, 그리고 누가복음 9:31의 헬라어 원어에서 대단히 우발적인 대화를 나타내는 한 단어가 사용되었다는 것을 주목할 만합니다. 모세와 엘리야가 그분의 예루살렘에서의 별세에 대해 '간단히 대화(have a talk)' 했다는 것이 그 함축하는 바입니다. 비상하거나 특별한 바가 없습니다. 이전에는 사태가 너무나 달랐습니다. 모세의 눈은 불길로 타올랐고, 그의 손은 반석으로부터 불꽃을 튕기게 했습니다. 그의 음성은 경이로운 천둥과도 같았습니다. 엘리야도 역시, 자기 백성을 흔들어 버릴 수 있었습니다. 그의 오고 가는 것이 회오리바람과도 같았습니다. 하지만 이제 말씀에 수반되는 상징과 그 상징의 형태는 보통의 단순하고 평범한 것입니다. 하늘이 열렸고, 그래서 사람들 사이에 가장 혐오스러운 주제, 심지어는 지옥보다 더 혐오스러운 주제에 대해 그 하늘이 예수님과 더불어 말하였다고 우리가 말할 수 있을까요?

하지만 이 경우에는 이러한 단순성이 너무나도 적합합니다. 계시의 중개자로서 두 사람의 생애 동안 그들의 말에 동반된 표적들, 두려움과 경이로움을 낳는 징조들은 구약성경에 속하였습니다. 그것들로 그들은 경고음을 울리며 무언가 더 나은 것이 도래함을 알렸습니다.

이제 더 나은 무엇이 왔습니다. 곧 신약성경, 예언이 아닌 실재가 여기 있습니다. 그리고 이제 그 실제의 도래를 모세와 엘리야 역시 곁눈질로라도 보고 싶어 합니다.[18] 그렇습니다, 외적인 화려함을 말하자면, 모세와 엘리야는 태양이고 예수님은 그들의 빛을 반사하는 달입니다. 하지만 감춰진 영향력, 천국의 비밀스러운 에너지에 대해 말하자면, 인자이시고 영광의 주님으로서 그리스도는 바로 의의 태양이 되시는 분입니다. 그리스도께서 그렇게 나타나실 때, 구약의 '달'은 상대적으로 무색해지고, 그림자 역할을 하는 배경 속으로 사라지고 맙니다. 우리는 매일의 경험을 통해 가시적 세력과 불가시적인 세력이 동일하지 않음을 알고 있습니다. 심한 태풍들이 우리를 위협할 때, 이런 불가시적이지만 잠재적인 영향력들이 공기를 파고들어 옵니다. 그로 인해 우리들의 라디오단파들은 무력하게 되어버립니다. 하나님의 번개가 연약한 인생들이 내어놓은 허약한 에너지들을 조롱하는 것입니다.

이 경우에 있어서, 그 모습이 모세와 엘리야에 적용됩니다. 종국적으로 이들은 하나님의 유일한 확성기들이었습니다. 그들의 말은 진리입니다. 하지만 영원한 성령으로 말미암아 무흠한 인간으로서 자기를 버리실 그리스도께서는, 당신 안에 하나님의 번개와 같이 권세 있는 영적 저장고를 가지고 계십니다. 그분은 그 산 위 그곳에서 당신 안에 능력을 소유하고 계십니다. 그리고 이와 비교해 모세와 엘리야를 중개자로 사용한 계시는 약하고 단편적인 것처럼 보입니다.

계시가 언제나 성취된 것이 아닙니다, 그러나 작은 계시의 씨앗이 여기 가장 위대한 영웅에게 드러났을 때보다 더 이러한 특성이 부각된 때는 없었을 것입니다. 모세와 엘리야를 통해 여러 부분과 여러 모양으로 조상들에게 말씀하신 하나님께서, 이 마지막 때에 그들을 가르치심으로 성자 앞에서 침묵하게 하셨

---

18) 누가복음 10:24와 비교하시오.

습니다. 예, 모세와 엘리야는 간단히 대화하였다고 우리는 말하였습니다. 하지만, 사람들로 하여금 결코 이렇게 침묵하게 하지 마십시오. 많은 것을 말하지 않도록 두지 마십시오. 어떤 의미에서, 그 산상에서의 계시가 완성되지 않았다는 점은 애처롭도록 하찮을 정도였습니다. 또 다른 의미에서 그것은 넘치도록 충만한 것이 아니었습니다. 왜냐하면 이 구약의 영웅들 안에서 드러나는 바로 그 부적절함이 성자 안에서의 완성을 의미심장하게 가리키고 있기 때문입니다. 성자께서 하나님의 말씀을 실현하시는 것입니다.

따라서 우리는 예수님의 영혼과 모세와 엘리야가 그분께 제시하는 것이 일치한다는 점을 주목합니다. 그 계시는 완성되지 않았습니다. 하지만 그분은 하나님께 헌신된 심령과 영혼, 그리고 뜻을 다해 모든 에너지를 집중함으로써 천상에서 주어진 그 불충분한 자료를 발전시켜 나가실 것입니다. 그는 당신의 헌신된 개별성을 그 계시를 성취하는데 쏟아 부으실 것입니다. 하나님의 완전함이 궁극적으로 완결될 때까지 말입니다.

계시의 실현을 통해, 그분께서는 우리의 구속자로 증명되십니다. 불복종의 피조물들인 우리가 하나님의 계시를 수납한다 해도 그 안에서 우리들에게 주시는 하나님의 부요함을 결코 완전하게 인식할 수 없습니다. 하지만 그리스도께서는 그 본성과 내용에 적합한 방식으로 하나님께서 주신 것을 언제나 인식하고 계십니다. 하나님께서 사람 되신 그리스도 예수에게 하나의 불완전한 계시를 교환을 위한 하나의 재능의 형태로 주실 때, 그리스도께서는 당신의 얼굴을 하나님께 고정시켜 다른 모든 재능을 얻으실 때까지, 끊임없이 힘쓰십니다. 계시가 마지막 열매를 맺을 수 있도록 모든 노력을 동원하여, 그 계시에 어울리는 마땅한 모습을 취하게 하십니다. 하늘의 문은 너무나도 조금만 열려져 있습니다. 하지만 그것으로 충분합니다. 하나님의 때가 오기만 하면, 그리스도께서 그것을 활짝 열어 제치실 것입니다. 저 오는 세대의 영향력들이 펼쳐지게 되듯이, 그리스도께서는, 당신의 발이 다시금 산들 위에 닿으시게 될 그때까지 영향력들이 세상에 넘치게 될 수 있도록, 그것들을 분배하실 것입니다. 그리고 선 그분께서는 산 자들과 죽은 자들을 심판하실 것입니다.

그리고 우리가 언급했던, 너무나 평범한 방식의 그 계시에 관해서 말하자면, 우리는 그리스도께서 그것에 대해서도 완벽하게 반응하시는 것을 봅니다. 모세와 엘리야는 다가오는 끔찍한 사건에 대해 단순히 말합니다. 그러나 그 단순한 설명이 예수님께는 충분하고도 남았습니다. 그분이 보여주시는 말씀에 대한 즉각적이고 열렬한 반응과, 열렬하게 반응하면서도 잘못 반응하는 사람들의, 그 서글픈 방식을 대조해 보십시오. 그리스도께서는 그 반응들의 서글픔을 미리 그림과 같이 선명하게 보여주셨습니다. 복음이라는 대향연의 연회석이 준비되었을 때, 하나님께서는 먼저 당신의 종들에게 손님들을 불러 연회석이 준비되었노라고 말하라 명하십니다. 그러나 손님들은 오지 않습니다. 그러자 하나님께서는 당신을 대표하는 이들을 보내셔서 그들을 잔치에 데려오도록 명하십니다. 하지만 그 역시 소용없습니다. 최종적으로 하나님께서는 그들이 오도록 강권하십니다.[19] 말하심, 데려오심, 강권하심 – 이것이 사람들에게 주어져야 할 설득의 순환입니다. 생명의 복음으로 그들을 축복하는 그 말씀을 사람들이 수용하기 전에 말입니다. 하지만 그리스도께서는, 복음의 성찬상이 아니라 오히려 엄청난 심판의 집행지로 부름 받는 듯한 초청을 지금 받으십니다. 그리고 말씀을 듣자마자 응하십니다. 데려오심, 강권하심…… 아닙니다, 아닙니다 : 나는 갑니다. 오, 주님. 주의 뜻을 이루렵니다.

물론 그분의 영혼은 그것에 의하여 근심하고 낙심케 되십니다. 그럼에도 불구하고 그분께서는 그 불완전한 계시를 순전하게 받아들이십니다. 그리고 그것을 정확하게 행하심으로써 우리의 중보자가 되심을 입증하십니다. 그분께서는 그 계시를 취하셔서 발전시키십니다. 그것이 하나님 안에서 완성에 이를

---

19) 누가복음14:17,21,23; 또한 J.J.Knap, 『피난처에서』 (In de Schuilplaats), Kampen, J.H.Kok, 1913, p.500이하를 보라.

때까지 말입니다. 단순히 말하심은 심판의 음성만큼이나 효과가 있습니다. 그분께서는 단순한 말하심도 명령으로 받으시는 것입니다.

우리가 고려해야 할 세 번째 강조점은, 하나님의 계시는 점진적으로 자란다는 것입니다. 그것은 언제나 자라는 과정 속에 있습니다. 계시의 이러한 측면은 변화산상에서 소개되는 변형의 법칙에서 너무나도 분명하게 예시됩니다.

우리가 언급하였던 대로, 그리스도께서는 영광의 매개물 안에 감싸져 계십니다. 그분의 "옷이 희어져 광채가 났"습니다. 그러므로, 그분께서는 모세와 엘리야가 생애 가운데서 경험하였던 것과 같은 변화를 겪으셨습니다. 모세는 산 위에서 하나님을 만나 뵐 때 변형되었습니다. 그의 얼굴은 너무나도 빛나서 사람들이 그것을 바라보기가 힘들었을 정도였습니다. 엘리야도 불병거와 불말로 하늘에 데려감을 입었을 때 비슷하게 변형되었습니다.

하지만, 모세도 엘리야도 그들의 변형으로 완전을 획득하지 못했습니다. 그들은 저 안식의 장소에 이르지 못했습니다. 모든 예언자의 영혼이 오, 주여, 일어나셔서 주의 안식에 드시옵소서, 라고 호소하게 되는, 곧 하나님의 존재 가운데 있는 궁극적인 장소에 들어가지 못했습니다. 모세는 변형으로 말미암아 하늘로부터 지상의 사람들을 비추는 천상 영광의 빛을 지니게 되었습니다. 하지만, 그 영광이 산 아래 골짜기에 도착하였을 때, 그것은 이스라엘의 부패로 인하여 꺼져버렸습니다. 처음 산에서 내려왔을 때 그는 자신의 얼굴을 가려야 했습니다. 하지만 나중에는 그 광채를 잃어버렸습니다. 그런데 – 더욱 중요한 것은 – 그 광채가 계속되는 동안 모세는 그 빛을 무리와 공유할 수가 없었다는 것입니다. 영광은 위로부터 임하지만, 땅에 닿으면 사라져 버립니다. 다시 말해, 구약성경에 있는 하나님의 계시의 충만함인, '주의 영광'[20]이 하늘로부터

---

20) 하나님의 영광이 구약의 사람에게 드러나게 되는 방식을 가리키는 전문적인 용어이다.

인류에게 임하지만, 영광이 그들을 꿰뚫고 이르지 못하고, 그들 가운데서 실현되지 못한다는 것입니다. 그 영광은 모세에게 제한되어 있으나 그는 그것을 사람들에게 나눠줄 능력이 없습니다.

하나님의 영광은 또 한 번 엘리야 안에서 비슷한 형태를 취합니다. 단, 다른 방향으로 말입니다. 엘리야 또한 승천할 때에 변형을 경험합니다. 그의 모양이 변모됩니다. 그는 하늘의 영광을 지상에서부터 천상으로 가져갑니다. 그가 천상에 도착했을 때도 그 영광은 물론 사라지지 않습니다. 파괴되기는커녕, 천상으로 들어가는 모든 것은 충분한 삶 가운데로 들어가는 것이기 때문입니다. 하늘에는 이스라엘이 산 아래에서 무력하여 받아들일 수 없던 그 광채를 위한 공간이 충분합니다. 그러나 엘리야가 하늘의 눈부신 광채를 옮겨갔을 때. 지상은 그것을 잃어버리고 더욱 핍절해지게 됩니다. 엘리사가 홀로 사역을 이어가야 하고, 전투적 교회 전체도 홀로 싸워야 합니다. 엘리사의 변형은 그들을 도와주지 않습니다. 엘리야 안에서 '주의 영광'은 여전히 계시의 구약적 형태를 띠고 있습니다. 하늘로의 승천은 있으나 땅 아래에는 영광의 실현이 없는 것입니다. 엘리야 또한 '실현'을 가져오기는 무능할 뿐입니다. 성령에 의하여 주어지는 영광에서 영광으로 이르는 변화를 가져올 수 없었습니다. 구약의 이 영웅들이 보여주었던 영광의 한 수단은 물론, 인류에게 앞으로 성령으로 말미암아 주어질 인간의 영광 본질에 대한 힌트를 제공해 주었습니다. 하지만 그들의 것은 정적인 아름다움이었습니다. 그것은 빛의 홍수로 세상을 넘치게 할 수 없었습니다. 구약성경의 최고의 대표자인 그들 이후에, 고린도후서 3장 18절에서 묘사되고 있는 것과 같은 실재는 없었습니다. 구약성경 시대의 사람들 중 그 누가 우리와 같이 말할 수 있겠습니까? 모세와 엘리야의 영광을 흐릿하게나마 바라보면서 우리 모두는 그 동일한 형상으로 변화되어질 것이고, 지금도 이미 그 영광으로 변화되는 중에 있는 것입니다.

그래서, 이 두 가지 변형은 더 나은 것을 고대하는 기도입니다. 구약성경의 중개자였던 모세는, 그의 백성들 사이에 주님의 영광을 위한 공간을 만들 수가 없습니다. 그는 단지 그것을 개인적으로 즐길 수 있었을 뿐이고, 그마저도 임시적이었습니다. 전 생애를 자기 백성에게 전념하였던 엘리야 또한 그렇습니다. 그 영광을 개인적인 방식으로 받을 수 있을 뿐, 백성과 공유할 수 없습니다. 이것은 분명 진정한 구원이 아닙니다. 한 경우에는 영광이 하늘에서 지상으로 내려왔고, 다른 경우에는 영광이 지상으로부터 하늘로 올라갔습니다. 그러나 둘 중 어느 경우도 하늘과 지상을 유기적으로 연결시키지 못하며, 사람이 영광을 지속적으로 소유하게 만들 능력이 없습니다.

그 끔찍한 무능함으로 인해, 사실, 모세와 엘리야는 신약을 향해 더듬거리는 손을 뻗고 있습니다. 암시적이고, 정적이며, 순전히 개인적으로 변형되는 데 그쳤던 이 담지자들은 지금 자신들의 손을 뻗어 예수님께 닿고자 합니다. 그분은 영광에서 영광으로 이르게 되는 영광화의 담지자가 되시기 때문입니다. 당신의 능력 가운데서 위대한 일을 행하실 그 일꾼(the Worker)이자, 당신의 인격 안에서 당신의 모든 백성에게 복을 주실 예수님께서 말입니다. 그렇습니다, 이것이 진실로 중요하게 고려해야 할 사항입니다: 이렇게 영광이 실현되는 것 말입니다. 그리스도 안에서 그 영광과 그 실현이 완전하게 현존합니다(그분께서 참 하나님이시기 때문입니다). 다만 아직 그분 안에서 완전하게 펼쳐지지 않았습니다(지금은 여전히 낮아지신 인간이시기 때문입니다). 그러나 이 동일하신 그리스도 안에서 그 영광과 계시가 고난과 부활, 승천의 방식을 통해 터져 나와 새 생명을 꽃피울 것입니다. 완전하고 완벽한 이 중보자께서 당신의 모든 백성에게 나누실 생명 말입니다. 백성은 중보자의 변형을 그분과 함께 겪게 될 것입니다. 그리고 그분과 함께 고난과 죽음으로부터 나와 천상의 축복에 이를 것입니다. 보십시오. 모세나 엘리야보다 위대하신 분이 여기 계십니다. 그분은 하나님과 사람 사이에 계시는 중보자이십니다.

계시의 이렇듯 발전해가는 성격에 대해서 그리스도께서는 또 하나의 적절한 방식으로 반응하셨습니다. 한 분의 중보자로서, 가 그 방식입니다. 다시금 그분께서는 하나님의 귓전에 값비싼 맹세를 하십니다. 그분께서는 당신의 얼굴을 장엄한 보좌를 향해 고정시키시고, 고난의 길을 걸어 지옥으로 가실 것입니다. 한 분의 중보자로서 그분께서는, 당신의 모든 백성과 더불어 마지막 빛을 꺼버리시고, 지옥의 산사태에 자신을 파묻으시며, 영원히 선언된 저주에 당신을 맡기실 것입니다. 모세와 엘리야는 효력 있는 영광을 절정에 이르게 할 수 없었습니다. 그들은 예수님과 같은 상태에 있을 수 없기 때문입니다. 설사 그들이 그러기를 시도했더라도, 오히려 영원한 죽음에 의하여 삼켜져 버렸을 것입니다. 하지만 그리스도께서는 궁극적이고 능동적으로 영광화를 성취하실 수 있으십니다. 영광에서 영광에 이르게 하는 방식의 영광화를 말입니다. 그분께서는 영원한 죽음으로 내려가신 후에 다시 살아나실 것이며, 참된 변형의 내적인 세력을 당신의 사람 되심 가운데서, 당신과 함께 가져오실 것입니다. 당신의 부활과 승천으로 그분께서는 그 세력과 함께 하늘에 오르실 것이며, 그것을 당신의 백성에게 나눠주실 것입니다. 그리하여 하늘과 지상을 진정으로 통일하실 것이며, '주의 영광'을 위한 자리를 모든 곳에 마련하실 것입니다. 하나님의 장막이 사람들에게 내려오고, 새 예루살렘이 지상에 임하게 될 때에 말입니다. 그때, 고난과 죽음, 부활과 승천, 성령의 부으심의 방식으로 고린도전서 3장 18절이 실현될 것입니다.

모세와 엘리야는 변화산에서 하늘로 되돌아가면서, 그리스도의 구속받은 자들이 그곳에 도래할 것을 예언하며 이렇게 말합니다: 그들 모두가, 우리의 영광이 아닌 단 한 번 승귀하실 그리스도의 영광에 의해 변화할 것입니다. 주의 성령에 의하여 영광에서 영광으로 변화하며, 그 동일한 형상으로 영광에서 영광으로 계속 변화되어질 것인데, 주의 성령으로 말미암아서 변화되어지는 것처럼 변화되어질 것입니다.

모세와 엘리야는 주님께 드렸습니다. 주님께 빌려주었던 것입니다. 하지만 그들은 더욱 많은 것을 열망하였고 그래서 받았습니다. 그리스도의 완전한 중보자 되심이 없었다면, 모세와 엘리야의 영광으로 변한 모습은 결코 하늘에서 인정되지 않았을 것입니다. 그들 또한 동일한 그리스도에 의해서 구원받았기 때문입니다.

분명 우리는 이 대표자들과 더불어 하늘을 향해 손을 뻗어야 합니다. 우리는 우리가 받은 참되지만 불완전한 계시를 능동적으로 받아들여야 합니다. 앞에 놓여 있는 것을 향하여 달려가면서 말입니다. 더욱이나, 우리는 거룩한 경외심을 품고 기다려야 합니다. 지금 그리스도께서는 당신의 머리 위에 풀려난 지옥과 천국의 권세들을 보셨습니다. 이제 수난의 성전의 정문에서 더욱 나아가, 건물 안으로 들어가십니다. 그분께서는 교회종지기의 줄을 잡아당기시고, 바깥세상을 닫으시며, 당신의 손을 주변에 있는 건물의 기둥들에 얹으시고는, 위대한 삼손이 되신 것처럼 그 기둥을 당겨 당신의 머리 위로 무너지게 하십니다. 죽으시기 위해서 말입니다. 우리와 함께가 아니라 우리를 위해서, 곧 블레셋 사람들인 우리를 위해서 그렇게 하십니다.

chapter 07
|
예수님께서 필요로 하셨던 "우회로"

"감람원이라 불리는 산쪽에 벳바게와 베다니에 가까이 가셨을 때에
제자 중 둘을 보내시며 이르시되 너희는 맞은 편 마을로 가라
그리로 들어가면 아직 아무도 타보지 않은
나귀 새끼가 매여 있는 것을 보리니 풀어 끌고 오라
만일 누가 너희에게 어찌하여 푸느냐 묻거든
말하기를 주가 쓰시겠다 하라 하시매
보내심을 받은 자들이 가서 그 말씀하신 대로 만난지라
나귀 새끼를 풀 때에 그 임자들이 이르되
어찌하여 나귀 새끼를 푸느냐 대답하되 주께서 쓰시겠다 하고..."

- 누가복음 19:29~34 -

7장.
예수님께서 필요로 하셨던 "우회로"

지금까지의 설교들에서 우리는 그리스도께서 슬픔의 집 현관에 서 계시는 것을 상고했습니다. 이제 우리는 그분께서 당신의 손을 성전으로 들어가는 문고리 위에 얹으시는 것을 보게 될 것입니다.

수난 역사의 이 단계에서 우리가 주목하는 첫 번째 사건은, 예수님께서 왕으로서 예루살렘에 입성하시는 것입니다. 예수님께서 그 성읍으로 나귀를 타고 들어가실 때, 엄청난 환호소리가 돌려진 것을 우리 모두 잘 압니다. 그분께서 아버지의 성읍에 계셔야 한다는 것을 우리는 항상 알고 있지 않습니까?

아주 많은 관찰자들이 그 승리의 입성에서 인간적 측면만을 보는 것 같습니다. 이들은 흥분한 수천의 무리, 호산나를 외치며 명예의 상징인 종려나무 가지를 흔드는, 점점 늘어가는 군중의 모습에 대해서, 짧게 말하자면 자기 휴일을 포기하고 그 도시를 혼동으로 뒤집어 버린 무리에 대해 말하는 것을 좋아합니다. 이 관찰자들의 유일한 관심은 사람들의 소동입니다. 관습적인 표현을 사용하자면, 예수님께서는 홀로 내동댕이쳐 버려지셨습니다. 무리가 행동의 주체가 되었고, 그리스도께서는 그것의 수동적인 대상이 되셨습니다. 인자께서 이 모든 화려한 일들의 단순한 '해프닝'이 되신 것입니다.

이 사건을 대단히 주의 깊게 상고하는 사람들에게, 이처럼 무리의 공헌을 강조하는 것이 사건에 대한 잘못된 강조라는 점은 너무나도 분명할 것입니다. 성경 이야기의 지배적인 톤과 전혀 조화를 이루지 못하기 때문입니다. 우리는 성경 역사가 본래 유기체적으로 구성되어 왔고 그 저자이신 성령님에 의해 대칭적으로 계획되었음을 기억해야 합니다. 개혁 신앙의 사상가들과 성경학도들은, 예수님께 수동적인 역할을 맡기는 종류의 성경해석과, 예수님을 보조적이고 우발적인 방식으로 예수님을 이야기에 등장시키는 해석에 대해 일반적으로 예외의 입장을 취해야 합니다. 예수 그리스도께서는 특별히 위대한 일꾼이시고 위대한 행위자이십니다. 그분의 아버지께서 일하시니 그분께서도 일하십니다. 그래서 그분은 어느 때에도 사건들의 '수동적 대상'으로, 오직 그런 역할만 하시는 분으로 제시되지 않습니다. 왜냐하면 그리스도께서 그렇게 여겨지는 것은 오직 아버지와의 관계 속에서 볼 때에만 합당하기 때문입니다. 이럴 때라도 그분은 수동적이면서도 능동적이십니다. 그러므로 교회, 그리고 누군가 이 점에 대해 '능동적' 순종과 '수동적' 순종을 말할 때에는 두 형용사를 동일하게 강조해야 합니다. 이렇게 균형 있게 강조하는 것이, 우리가 보는 대로, 성경에 대한 개혁신학적 해석의 기본 원리들 중의 하나입니다.

오늘 본문의 첫 부분에 있는 구절들을 조심스럽게 상고할 때, 그리스도의 능동적 순종이 그분의 수동적 침묵만큼 뚜렷이 강조되어야 한다는 것이 분명해집니다. 그 구절 속의 사건은 이 승리의 입성 시, 예수님께서 특별하게 능동적인 역할을 하시고 계시다는 것을 너무나 분명하게 보여주고 있습니다. 그분께서는 모든 사건의 전환점에서 먼저 주도권을 행사하십니다. 그 소동마저도 일으키는 분이신 것입니다. 그분께 이 소동 발생의 특별한 책임이 있다는 점이 너무나도 분명하므로, 우리는 일종의 우회로(circumlocution)에 대해서 말하고 싶어 입이 근질거리는 것입니다. 그것이 불경하거나 비논리적인 것이 아니라면, 그리스도께서는 이 때에 당신의 목적을 달성하기 위해서 대단히 '돌아가는(roundabout)' 길을 취하신다고 말해야만 할 것 같습니다. 그분은 지금 하나의 엄청난 우회로를 택하신 것입니다. 하지만 그렇게 말하면 놀랍게도 불경하게 들리고 전혀 덕이 되지 않는 것 같습니다. 우리는 다시금 군중에게 우리의 주의를 돌릴 수 있습니다. 저 늘어만 가는 무리들을 보십시오. 들어보십시오. 저들이 호산나를 외치고 있습니다!

그럼에도 불구하고…이는 우회로 같이 보입니다. 예수님 편에서 보자면 말입니다. 아마도 우리는 이 사건의 서론 부분을 다시금 상고한 이후에 더 잘 이해할 수 있을 것입니다.

첫 번째, 지금은 대단히 흥분되는 시간입니다. 해마다 수천의 사람들을 모아들이는 큰 잔치의 날입니다. 멀리서부터 유대인과 이방인들을 예루살렘으로 끌어들이는 축제가 이제 막 시작되려고 합니다. 기대에 차 흥분한 군중들이 잔치의 흥을 돋우기 위해 계획된 행사들을 고대하고 있습니다. 분위기는 팽팽한 긴장상태입니다. 이 사람 저 사람이 예수라는 이름과 관련한 놀라운 소문들을 말하기 시작할 때, 긴장감은 더욱 고조되었습니다.

이 소문은 초원의 들불처럼 빠르게 번집니다. 마을 사람들의 입에서 근교로 퍼지고, 멀리서부터 오는 사람들에게까지 퍼져갑니다. 예수님이 베다니에서 죽었던 나사로를 기적적으로 살려냈단다! 이 소식은 열광을 불러일으키고 흥분의 정도를 한정 없이 끌어올립니다. 절기 자체는 아직 시작되지 않았지만, 보통은 잔치가 한창일 때 최고조로 올라가는 긴장감이 이미 그 정점에 도달했습니다. 베다니에서의 새로운 기적은 비상하게 놀라운 일이기 때문에, 자연스럽게, 그들 대화의 안줏거리가 됩니다. 예수님의 이름과 연관된 다른 기적들과 함께 말입니다. 환상적인 후광이 그분의 인격을 둘러싸기 시작합니다. 너무나 분명하게 그분은 화제의 중심에 서신 것입니다.

게다가, 이곳저곳의 대화 주제가 유대인과 당국 사이의 잘 알려진 분쟁으로 흘러가면서, 그 흥분은 최소한의 통제도 불가능한 수준이 되었습니다. 사실, 예수님이 절기에 나타날 것이냐 아니냐 하는 질문이 이전에 제기되었습니다. 그것이 다시금 제기되고 있습니다: 감히 그가 나타날 것인가? 그가 서기관들의 위협에 겁을 먹을 것인가?

그리고 지금 - 굉장히 놀랄만한 - '믿을 만한 소식통'의 말, 곧 예수님께서 - 베다니에 있으므로 - 근교에 계시다는 것, 뿐만 아니라 절기에 사람들과 함께 올라올 것을 계획하고 계시다는 소식이 모두에게 들려옵니다. 실로 확실합니다: 그 나사렛 사람이 오실 것입니다.

그 뉴스는 베다니를 무대 중심에 올려놓지는 않습니다. 그곳에서 생명이 드러났습니다. 무덤을 압도하는 예수님의 능력으로 말입니다. 그렇습니다. 베다니의 무덤으로부터 생명이 호출 되었습니다. 그리고 이 사실은 다음 질문을 하게 합니다: 그 생명은 스스로를 보호할 수 있을까? 당국자들로부터 공포된 사망의 위협에 맞서 죽은 자를 깨워 일으키신 그분을 보호할 수 있을까?

우리는 예수님께서 안식일에 베다니에 도착하셨음을 압니다. 그 안식일이 얼마나 쉴 틈이 없었을지 상상할 수 있습니다. 대체로 너무나 조용하고 평화로운 그 작은 마을이 소동에 빠졌습니다. '안식일 여행'의 거리를 규제하는 당시의 규칙과 관습은, 호기심을 채우기 위해 예수님이 계신 집에 가려고 했던 사람들에게는 지나칠 정도로 엄격하지 않았습니다. 게다가 마을들과 시골들을 연결하는 거리는 짧았습니다. 어쨌든 그 거리가 합법적으로 안식일에 여행할 수 있는 제한 거리를 넘어섰더라도, 사람들에게는 원하는 만큼 여행할 방도가 충분히 있었습니다. 율법에 저촉되지 않으면서 말입니다. 이 특별한 안식일에, 모든 것이 예수라는 인물에게 집중되었음을 우리는 확신할 수 있습니다.

반면 그분은 무엇을 하고 계십니까? 배경 속으로 물러나십니까? 아니면 사회 안으로 들어오십니까?

그분은 직접 질문들에 답변하십니다. 주저 없이 말입니다. 안식일에 그분은 당신의 안식을 취하셨습니다. 왜냐하면 그분은 율법으로 사시기 때문입니다. 하지만 다음 날, 일요일인데도 그분은 제자들과 함께 베다니를 떠나십니다. 그 자체로 비상한 일입니다. 이 비상함이 무리들을 모았을 것임에 틀림없었다고 상상해볼 수 있을 것입니다.

하지만, 결코 놀라지 않을 수 없는 일이 이제 벌어지고 있습니다. 이 시간 예수님께서는 군중의 소동을 피하기보다, 실제로 소동케 되기를 바라신 것 같습니다. 그분은 얼마나 자주 무리를 피하셨던가요! 얼마나 자주 당신께서 행하신 기적을 누구에게도 말하지 말라 하심으로써 대중적인 현시를 금지하셨던가요! 그런데 이제는 의도적으로 호기심을 불러일으키고 사람들의 주의를 집중시키고자 하시는 것 같습니다.

그분께서 어떤 방식으로 완곡하게 돌아가시는지 지켜보십시오.

그분께서는 구체적으로 이름이 거론되지 않은 제자 두 명으로 하여금, 얼마간 떨어져있는 근교 마을로 가라고 말씀하십니다. 그 마을에 도착하면 묶여 있는 나귀새끼를 발견할 것이라고 하십니다. 그것을 당신에게 데려오라고 하십니다.

우리가 이 내용을 처음 접할 때, 그 말씀은 하나의 불필요한 일탈, 일종의 우회로 같이 들립니다. 예수님께서 진실로 짐 싣는 짐승을 원하셨다면, 직접 가서 그 주인에게 그것을 사용할 수 있겠냐고 물어볼 수 있을 것입니다. 물론 그렇게 하실 수 있습니다. 그런데 그렇게 하지 않으셨다는 것이 비상하고도 의미심장합니다. 게다가 그분은 가까운 곳이 아닌 약간 떨어져 있는 곳에서 한 동물을 선택하십니다. 제자들이 그것을 데리고 와야 합니다. 과연이 아니라, 그들은 지켜보는 이들의 호기심을 자극할 일을 하도록 요청받았습니다. 일종의 강도짓을 하라는 요구를 받은 것입니다. 분명히 그들 행위는 그러한 인상을 줄 것입니다. 너무나 대담해 보이기 때문에, 우리는 이러한 감정을 느낄 것입니다. 그 소유주에게서 나귀새끼를 그저 가져오는 거잖아. 당연히 곤란함을 느낄 소유주가 그들에게 무슨 일이냐고 물을 것입니다. 거리에서 이런 일이 벌어지면 지켜보는 이들은 상당히 흥분할 것입니다. 사람들이 모여들 것입니다. 얼마간 논쟁이 벌어질 것입니다. 주인이 그 짐승을 내어줄 것입니다. 호기심으로 자극된 어중이떠중이들이 나귀 새끼와 그것을 모는 이들을 따라 오다가 마침내 예수님께서 기다리시는 곳까지 이르게 될 것입니다. 우리는 모든 과정을 정확하게 이해할 수 있고, 무슨 일이 벌어질지 정확하게 추정할 수 있습니다.

예수님께서도 그렇게 하실 수 있습니다. 그 점이 정확하게 문제가 되는 양상인 것입니다. 왜 수풀 주변을 이렇게 쳐대는 것입니까? 우리는 수줍어하며 당황스러운 기색으로 이 질문을 하고 있습니다. 하지만…… 그것은 하나의 강력한 답으로 돌아옵니다.

이런 상황 자체로는 놀랄 만 하지만 우리는 그것들을 단지 인간의 관점에서만 지켜보고 있었음을 기억해야 합니다. 다른 면이 있습니다. 여기서 지금, 기적이 일어나고 있습니다: 결코 기적에 못 미치는 것이 아닙니다. 사람들과 상황이 이상하게도 일치한다고 생각하는 순간, 우리는 그것을 눈치 챕니다. 그 일치로 인해 우리는 성령께서 지금 역사하시고 계심을 확신합니다. 단순한 일치, 우연의 일치가 아닌 그 이상의 사건입니다. 하나님께서 이 사건 가운데 활동하시는 것입니다. 예수님께서 하나님을 향해 일하시고, 하나님께서도 예수님을 향하여 일하고 계십니다. 이 사건의 의미심장함은 예수님의 꿰뚫어 보시는 눈이 정확히 나귀 새끼가 어디에 묶여있는지 보신다는 것, 그리고 그분께서 주인이 무어라고 말할지를 미리 정확하게 말씀하신다는 것에서 그치지 않습니다. 하나님께서 당신의 비상한 섭리에 따라 이곳에서 모든 것을 배정하고 계시다는 것입니다. 그분이 사태를 통치하셔서, 나귀 새끼도 그 특별한 장소에 있게 하시고, 그 주인이 마침 집에 있게 하시고, 예상된 대화가 실제로 진행되게 하셨습니다. 짧게 말하자면, 모든 일이 예수님께서 미리 선언하신 대로 발생했습니다.

어린 아이와 같은 믿음으로 하나님의 섭리의 전능함과 언제나 역사하시는 능력에 대한 교회의 고백을 믿는 자, 하나님의 특별 계시의 거룩한 역사가 성취되어 가는 모든 순간 속에 그 '위기'[21] 가 실재한다는 것을 아는 자는 그 섭리가 바로 이 순간에도 명백하게 활동했다고 결론내릴 것입니다. 사건 속에 담겨있는 기적은 짐 지는 짐승, 얼굴을 찌푸리는 주인, 그리고 오히려 관습과 달리 행동하는 두 제자들에게만 제한된 것처럼 여겨집니다. 하지만 그 함축된 의미에 관한 한, 이 기적의 요소는 시내산의 연기, 홍해의 물러나는 바닷물, 반석에서 솟아나는 물, 또는 방주로 짐승들이 몰려오는 것과 비교해서 중요도 면에서 결코 뒤지지 않습니다. 이 기적은 그 어떤 것에도 뒤지지 않습니다.

그래서 만약 우리가 하나님을 계속 이 사건에 연관시키려 한다면, 이 사건에서 하나님의 '의도적' 측면을 무시하는 것이 얼마나 바보 같고 어리석은지를 보게 됩니다. 이 사건에는 두 원천으로부터 유래한 하나님의 목적이 있습니다. 하나는 위로부터, 다른 하나는 아래로부터 오는 것입니다.

---

21) 요한복음11:56.

다른 한편으로 우리는, 물론 예수님께서 그렇게 하시는 데에는 나름의 좋은 이유들이 있으셨다는 것을 감히 부인하지 않습니다. 몇 가지 예를 들어보겠습니다. 구주께서는 나귀새끼가 '사람을 태운 적이 없는' 것이어야 한다고 구체적으로 말씀하셨습니다. 이 왕적인 요구는 당신의 입장이 지닌 독특성을 스스로 인식하고 계심을 표현한 것입니다. 나귀새끼를 너무 가까운 마을에서가 아니라 얼마 떨어진 마을로부터 데려오라고 하신 것에도 좋은 이유가 있습니다. 그렇게 하심으로 그분께서는 한 분의 왕으로서 압수의 권리가 있음을 증명하셨습니다. 왕의 이 특권은, 예언의 영이 사무엘의 입을 빌려 사울을 이스라엘의 첫 번째 왕으로 선언하기 이전에 하나의 사실로서 선포되었습니다. 이제 마지막 왕, 위대하고 영원하신 왕으로서 그리스도께서는 사람들이 그분을 당신의 제국으로부터 몰아내기 전에, 자신의 왕국으로 들어오시면서, 그 권리를 당장 활용하십니다.

그리스도께서 일하신 바, 좋은 이유들로써 이런 것들이 있지만, 이들이 우리가 그분의 우회에 대해 놀라는 이유를 만족스럽게 설명하지는 않습니다. 여기에는 더욱 특별한 설명을 필요로 합니다.

예수님의 생애에서 이전에도 한 번, 그분의 목적에 도달하기 위해서 매우 먼 우회로를 택하신 듯한 때가 있었음을 우리는 기억해야 합니다. 그 경우를 누가복음 4장 29~30절에서 읽습니다. 예수님께서는 나사렛에서 첫 설교를 막 끝내셨습니다. 그 설교 끝부분을 듣던 사람들이 그분을 죽이기 원했습니다. 그분 말씀이 그들을 짜증나게 했기 때문입니다. 한 순간에 그 작은 도시는 소동에 빠져들었습니다. 사람들은 집에서 나와 무리 지었고, 흥분한 군중들은 예수님을 도시 바깥으로 끌고 가 낭떠러지 꼭대기에서 그를 밀쳐 떨어뜨리려고 하였습니다. 하지만 나사렛 사람들의 흥분이 그 지경까지 이르렀을 때, 예수님은 보이지 않게 되셨고, '그들 가운데로 지나서' 가셨습니다. 자연스럽게 우리 마음에 질문이 떠오릅니다: 왜 예수님께서는 그 자리를 모면하기 전에 사람들이 이 지경까지 오도록 허용하셨을까? 만약 당신께서 무리들의 흥분과 야만성을 내쫓아버릴 수 있으시다면, 왜 그것을 당장 실행하지 않으셨을까? 그러면 이것은 우회로의 분명한 또 다른 경우입니다. 첫째, 그분은 화난 폭도들의 요란스러움 속에서 나사렛의 모든 남자, 여자, 아이들 모두가 정신을 잃어버리게 하셨습니다. 그리고 그때에서야 사라지셨습니다. 그때까지 기적을 베풀지 않으셨던 것입니다.

그리고선 이제 다시금 그런 기적을 행하십니다.

이 두 번의 우회 사이에는 하나의 연관성이 있습니다. 두 경우 모두 그리스도께서는 무리를 흥분하게 할 목적을 갖고 의도적으로 도발하셨다는 것입니다. 그분은 당신께서 이제 시작하신 예언적인 사역의 중대한 의미를 모든 사람 마음에 지울 수 없이 새기기 위해, 나사렛 마을의 가정들에서 나온 무리를 자극하셨습니다. 조금 전 그들의 회당에서 가르치신 설교는 이스라엘에서의 예언적 사역의 공적인 시작이었습니다. 예수님께서는 순수하게 꿰뚫고 들어가는 하나님 말씀의 사역과 함께, 초기 예언적 순간이 사람들 마음속에 '그들에 대한 하나의 증언'으로 보존되어야 할 것을 느끼셨습니다. 그들은 그 일 이후로 그분의 말씀을 기억해야만 했습니다. 그분께서는 결코 그 어떤 것도 애매모호하게 남겨둔 채 말씀하지 않으셨고, 성경이 성경으로서 말하게 하셨습니다. 그럼에도 중생하지 않은 사람의 본성은 그분의 진정한 예언에 반역했으며 심지어 그분을 죽이려고까지 했음을 그들은 훗날 회상해야 했습니다.

이제 베다니에서, 그분의 예언자적 주장이 아닌 왕으로서의 주장이 중요한 주제입니다. 그분은 오늘 예루살렘에 들어가셔야 합니다. 그리고 특별히 예루살렘은 그분의 성읍입니다. 그분은 할 수 있는 한 최대한 많은 사람들을 한 장소에 모이게 하셔서, 그들에게 왕으로서의 입장을 보여주기 원하십니다. 나사렛에서는 당신의 공생애 시작을 증언하기 위해 무리들을 모이게 하셨습니다.

이제 그는 무리들을 다시금 모여들게 하심으로 왕으로서의 공식적인 부르심에 응하시고 등장하시는 것입니다. 그리고 예수님께서는 그 마지막 무대에서 단번에 당신의 공생애의 높이와 깊이에 이르고, 말씀을 통해 소명의 성취를 온 세상이 증거하도록 제사장적인 "별세"를 하시기 위해서 왕으로 입성하시는 것입니다

이 비교를 하면서, 우리는 예수님 생애의 예술적인 건축술을 엿보게 됩니다.

첫 번째로 예수님께서는 사람들을 그들의 그물망에 빠진 채 사로잡기 위해 에두른 길을 취하셨습니다. 나사렛은 그분을 30년 동안이나 묵인하였습니다. 그렇게 오래도록 그분은 그들에게 '은혜와 호의'를 베푸셨습니다. 그 뒤, 그분은 당신의 첫 번째 공적 설교를 하셨고 거기에 한 순수한 적용을 덧붙이셨습니다. 그로 인해 동네 사람들의 호산나 찬송소리는 저주의 쓴 외침으로 바뀌었습니다: 십자가에 못 박으라, 십자가에 못 박으라! 그리고 이번에는, 처음에 그분이 무리로 하여금 길바닥을 가득 메우게 하실 때에 호산나를 외치던 사람들이, 며칠 후에, 그들의 육신이 원하는 방식대로 그분이 행하기를 거부하시자 또 다른 고함소리를 외쳤던 것입니다: 그를 십자가에 못박으라!

이 사건들의 결정적인 상호관계에는 장엄한 조화로움이 있습니다. 하나님의 완전하심의 패턴, 하나의 고뇌하는 아름다움이 있습니다.

둘째 아담이신 그리스도께서는 수난의 성전 건물 외곽에서 거룩한 지성소로 옮겨 가는 자신이 잠시라도 잊혀서는 안 된다고 보셨습니다. 산헤드린은 그를 은밀하게 사로잡을 기회를 보고 있었을지 모릅니다. 절기를 피하고, 특히 무리 앞에서 체포하지 않는 방식으로 말입니다. 하지만 예수님께서는 산헤드린 주변에 원호를 만들어 비밀스럽게 사로잡을 수 있는 가능성을 배제하셨습니다. 군중의 에두름을 통해서 말입니다. 우리가 이제 아는 바 에두름은 결코 쓸모없

는 것이 아니라, 진정으로 필요한 것입니다.

예수님께서 베다니에서 에두르신 길은, 일종의 자기 홍보처럼 보일지 몰라도 근본적으로는 그 반대입니다. 예수님의 우회로는, 세상 광고의 공허하고 피상적인 정도와는 완전히 반대로, 본질적으로 영원한 내용으로 가득 차 있습니다.

성경은 또 하나의 유명한 홍보 사례를 말하고 있습니다. 이사야 23:16을 생각해 보십시오. 그곳에서 우리는 이방 도시 두로의 부패에 대한 비애 섞인 묘사를 읽습니다. 선지자는 페니키아 왕국에 저주를 선언하고, 그가 예언한 심판은 특별히 그 수도 성읍에 집중되어 있습니다. 선지자는 그 왕국이 지금은 관개시설, 학문, 군사조직 등의 이유로 세속 세계에서 눈에 띄는 위치를 점하고 있지만, 곧 심판이 임할 것이라고 예언합니다. 묻혀지고 세상에서 잊혀질 것입니다. 하지만 그 잊혀지고 무시당하는 도시는 자신의 과부됨에 결코 익숙해지지 않을 것입니다. 잃어버렸던 세상의 주목을 다시금 획득하기 위해 쓸모없이 스스로를 알리게 될 것입니다. 두로는, 화장한 창기처럼, 손에는 악기를 들고 꾸며낸 코맹맹이 목소리로 노래 부르고 희롱하면서 길거리를 누빌 것입니다.

이사야 선지자의 이 안목 있는 그림은 참된 신부가 아닌 창기가 사람들의 주목을 받기 위해 사용하는 피상적이고 불쾌한 자기홍보의 전형입니다. 미래의 참된 신부인 예루살렘은 시온으로부터 영광스럽게 일어날 것이며, 내적 아름다움이 밖으로 드러남에 따라 노력하지 않고도 하나님의 주목을 받을 것입니다. 하지만 하나님의 사랑을 창기의 짓으로 바꿔버린 도시, 두로는 무시당하는 구혼자 역할을 맡아야 합니다. 두로는 잃어버린 젊음에 탄식하며 인위적인 수단으로 주목을 받고자 할 것입니다.

우리는 우리 주님 예수 그리스도께서 당신의 과거 때문에 비슷하게 절망하신다고 말하고 싶을 것입니다. 환멸 가운데 태어나신 그분도 성격상 비극적인 갈등에 사로잡히셨다는 것입니다. 또한 그 승리의 입성을 멋있게 장식함으로써, 대중의 존경을 얻기 위해 절망적으로 애쓰고 있다는 것입니다. 우리는 거의 그렇게 말하고 싶어합니다.

우리는 그것을 말할 것입니다. 그런 진술을 감히 하고자 하는 어떤 감각이 있습니다. 사실, 그것이 우리가 말할 수 있는 모든 것입니다. 만약 우리가 바깥에서만 예수님을 바라본다면 말입니다. 누구든지 예언의 관점에서 그분을 해석하지 못하면, 곧, 그분 자신의 빛 속에서 해석하지 못하면, 예수님께서 지금 기술하고 계시는 그 우회로는 너무나도 불필요하고 또한 너무나도 인간적인, 사실, 매우 특징적으로 '인간적인' 것이 될 것입니다. 그리스도께서 하나의 마지막 시도로 존경심을 이끌어내고자 이곳에서 단순히 자기 자신을 홍보하셨다는 것- 그 점이 진술된 것입니다. 프리드리히 니체가 이렇게 말했습니다. 그는 그리스도를 허약하고 세상에 지친 히브리인으로서 묘사하였습니다. 자신의 미래에 대해서 회의적이고, 절망으로 발 앞에 고꾸라진 채 실패한 자들과 함께 자신을 받아줄 곳을 찾고자 했던, 그 마지막 시도로 죽음의 팔 안에 안긴 자라고 말입니다.

물론 이 일에 있어서도 불신앙적 해석과 신앙적 해석이 근본적으로 다릅니다. 두로의 창기의 절망을 막기 위한 애씀과 이스라엘의 신랑이 되시는 예수님의 우회로는 본질상 반대입니다. 두로가 차용한 선전은 참된 종교의 순결한 혼인식을 희화화한 것이었습니다. 하지만 그리스도 안에서 참된 신랑은 당신 백성에게 합법적인 방법을 취하십니다. 두로는 주는 것을 제안하지만, 그것은 자신의 이익을 위해서입니다. 하지만 예수님의 자기 홍보는 들을 귀가 있는 자들에게 큰 선물을 주시려고 계획되었습니다. 자기를 구하지 않는 사랑의 위대한 선물 말입니다. 두로의 약속들은 그녀를 만나는 사람들 속 메스꺼운 것을 자극합니다. 하지만 예수님의 매력은 당신의 백성들로부터 죄를 쫓아내고 의와 지혜로 대체하고자 계획되어 있습니다. 예루살렘 왕 예수님의 자기 홍보는 맹세

의 언약입니다 : 너희들은 잊어버릴지 모르지만, 나는 결코 너희를 잊지 않겠노라. 보라, 내 손바닥 위에 너희들을 새겨 놓았노라.

그래서 그것은 거짓되고 게으른 대립을 찾는 데 열정을 나타내는 종류의 것이 아니며, 본문의 해석 가능성들을 가지고 희롱하면서 두로와 예루살렘을 대조해 보려고 하는 것도 아닙니다. 왜냐하면 그리스도의 영이신 하나님의 영이 이 두 경우 모두에서 활동하시기 때문입니다. 두 노선의 예언적 선포와 두 경향의 역사 모두 그리스도 안에서 발생하며 그로부터 출현합니다. 이 두 노선은 언제나 수 세기의 흘러가는 역사를 통해서 달리고 있습니다. 두로 왕자의 절망이 경건치 못한 문화의 밤을 산산조각 내는 외마디 외침 속에서 들립니다. 그 세계 내면에는 사랑과 생명 그리고 진리가 부재하기 때문에, 억지로 스스로를 선전하게 됩니다. 하지만 예루살렘 왕이신 그리스도께서는 아름다움과 진리, 그리고 단순함으로 충만한 교회의 사랑의 행위들 속에서, 잊혀지지 않고 여전히 살아계시는 것입니다.

그분께서 여기 모든 충만함 가운데 드러내시는, 그리스도의 인격의 그 심오한 아름다움으로 되돌아가 봅시다. 그분을 바라보면, 그분 생애가 아름다우시고, 그분의 인격이 아름다우시며, 또한 하나님과 사람에 대한 관계 속에서 아름다우심을 보게 됩니다. 그분은 당신의 직분에 있어서도 아름다우십니다. 그분께서는 치밀한 계획에 따라 무리의 소동을 촉발시키십니다. 특별히 고안된 하나의 개요를 따라, 마침내 가야바의 집무실로 당신을 끌고 갈 소동을 불러 일으키시는 것입니다. 그래서 그분은 당신의 능동적 순종이 수동적 묵종만큼이나 위대하다는 것을 예시하십니다. 그럼에도 불구하고 그분은 대단히 능동적이면서도, 행위의 면에서는 순종적이십니다. 어떻게 그분께서 자신을 상황에 적응시키시는지 주목해 보십시오. 사태가 그저 자신에게 벌어지도록 하는 것이 아니라, 사람들을 지도하시고 권세자들을 부려서 하나님의 정하신 시간에 그 엄청난 행위를 행하도록 하십니다. 언젠가 그분은 "사탄이 하늘로부터 번개같이 떨어지는 것을 보았노라"고 하셨습니다. 하지만 그분은 그 추락으로 만족하지 않으십니다. 하늘로부터 사탄을 뒤틀어 끄집어 내리시는 것입니다. 그렇습니다. 선지자가 예언했던 것처럼, '칼이 큰 목자에 대적하여 깨어 있습니다.' 하지만, 그 칼은 단지 하나님 편에서만 깨어 있는 것이 아닙니다. 예수님께서 자신의 손으로 자기 가슴을 향하여 그 칼끝을 겨누고 계시는 것입니다.

그리스도의 능동적 순종과 수동적 순종 사이의 조화는 심오하게 아름답습니다. 그 둘은 완벽하게 균형을 잡고 있습니다. 단순함은 진리의 표시입니다(Simplex sigillimveri) 특별히 (예수님께서 십자가 언덕으로 올라가시는 길인) 비아 돌로로사('슬픔의 길') 위에서 더욱 그렇습니다.

그리스도께서는 그분의 인격 안에서 아름다우십니다. 사전에 조심스럽게 고안된 계획조차도 주의를 기울이며 실행하시는 것을 보십시오. 얼마나 유기체적이신지, 그 행하심이 사건의 추이와 결합되도록 하시는 데 있어 얼마나 섬세하신지 말입니다. 사람들이 거의 어리석도록 순박하다고 할 정도의 단순성을 구체적으로 나타내시며, 자신을 엄중히 하나님의 건축자로 만드는 체계적인 접근을 하십니다.

예수님의 생애 여러 부분들의 이 생기 넘치는 상호관계는 그것이 하나님과의 완벽한 협력을 현시한다는 점에서 놀라운 일입니다(협동). 인간 예수는 당신의 생애를 하나의 예술적 형식으로 만들고 있습니다. 그분은 매일의 날을 풍부한 디자인으로 통일하십니다. 또한 정교하고 완전한 전체를 만드는 하나의 모자이크를 작업하고 계십니다. 새로운 매일은 그분의 계획 안에서 몇몇 새로운 사건을 소개합니다. 하지만 그분은 그러면서도 언제나 옛 길을 따르십니다. 연속적인 순간들은 연속적인 변화를 제공하지만, 어떤 순간도 전체 형태를 위반하지 않습니다. 많은 사람들에게 예수님의 생애는 사건들을 모두 함께 뭉뚱그려 묶어 놓은 것처럼 보입니다. 그분을 믿지 않는 모든 사람들에게는 그런 모습으로 감춰져 있습니다. 그분의 말씀을 그분 자신의 해석으로 이해하지 않는 사람들에게 말입니다. 하지만 믿는 자는 그분이 언제나 아버지의 일을 행하고 계심을 보게 됩니다.

그분 아버지의 일…… 그리스도께서는 역시 아름다우십니다. 하나님과의 관계에서도 말입니다.

잘 알려진 어떤 주석가는 완전한 기도인 주기도문이 그 안에 포함된 두 그룹, 곧 세 가지 청원의 첫 번째 그룹과 또 다른 세 가지 청원의 두 번째 그룹 간의 현저한 대조를 제안하는 것에 주목합니다. 첫 번째 삼중 구조는 하나님 자신보다는 하나님의 속성을 청원 주제들로 구성합니다. 하나님의 이름이 첫 번째 기도의 주제이고, 하나님의 왕국이 두 번째 주제이며, 그분의 뜻이 세 번째 것입니다. 이 특징은 우리가 첫 번째 삼중구조와 두 번째 삼중구조를 비교할 때 특히 눈에 띕니다. 두 번째 그룹에 속한 각각의 청원에서 하나님께서는 기도를 들으시는 분이자 서술문의 주어가 되십니다. 비록 그 언설의 주격과 주어가 문법학자들이 말하는 대로 하자면, '표현되어 있지는' 않으며, 다만 그런 주어가 있다고 '이해되는' 것이지만 말입니다. 직접 비교를 해 보시기 바랍니다.

우리에게 일용할 양식을 주시옵고(즉, 주께서 우리에게 일용할 양식을 주시옵고)
우리 죄를 사하여 주시옵고(주께서 우리의 죄를 사하여 주시옵고)
우리를 시험에 들게 하지 마시옵고(주께서 우리를 시험에 들게 하지 마시옵고)

앞에서 언급한 그 주석가는 왜 이런 차이가 있는가 스스로 질문하였습니다. 다른 말로 하자면, 왜 하나님께서는 두 번째 삼중구조에서는 직접적으로 기도의 대상이 되시는데, 첫 번째 그룹에서는 그렇지 않은가 하고 말입니다. 그가 제시하는 답변은, 우리는 하나님께서 자신과 관련해 이루어 가시는 일에 경외심을 가질 뿐이며, 우리가 하나님께서 하셔야 할 일을 규정하고 또 그분께서 어떤 식으로 일을 이루어 가서야 한다고 구체적으로 개요를 마련하는 것은 상상할 수 없다는 것입니다. 하나님의 이름을 거룩하게 하고, 그의 왕국을 도래케 하며, 그분의 뜻을 이뤄가는 신비는 너무나도 경이롭고 숭고한 일이기에, 청원자는 이런 일이 성취되어야 하는 그 방식과 방편들을 구체적으로 명시할 수가 없습니다. 전능하신 하늘과 땅의 하나님께서는 살아 있는 모든 것에 대한 목적을 실현하시는 데 있어 인간이 특별한 계획을 마련하는 것을 금지하시는 것입니다.

하지만 그는 말하기를, 동일한 청원자가 자신에 관하여 그 소기의 목적을 청원할 때에는 특별한 방식과 방편들을 구체화시키는데 주저하지 않는다고 합니다. 우리에게 일용할 양식을 주옵소서. 우리 죄를 용서하시옵소서. 우리를 시험에 들게 하지 마시옵고 다만 악에서 우리를 구하시옵소서. 그것은 '무엇'과 '어떻게' 에 있어 매우 구체적입니다. 그리고 그런 용기는 하나님과 그분의 경이로운 위엄에 대한 일에서는 결핍되어 있습니다. 요점은 주기도문의 첫 번째와 두 번째, 각각의 세 청원들 간에 미묘한 구분에 따른 해석이 옳은가 아닌가 결정하는 것이 아닙니다. 하나님께서 자신의 이름을 거룩하게 하고, 뜻을 성취시키며, 또한 자신의 왕국이 임하는데 활용할 수단을 구체적으로 거론할 때, 우리 인간들이 극도로 혼란을 겪게 된다는 것은 논쟁할 필요가 없습니다. 먼지와 같은 피조물 들에게 그 지고의 목적들은 눈으로 본 적 없고 귀로 들은 적 없는 비밀입니다. 어떤 인간의 심령도 그 비밀을 인식한 적 없고, 어떤 인생의 지성도 이해한 적이 없습니다. 창조주와 피조물 사이의 간극은 너무 넓어서, 어떤 피조된 지성도 하나님의 존재를 분석한 적 없고, 하나님의 협의의 방식들을 측량한 적이 없습니다.

이것이 인간의 한계입니다. 하지만 그리스도께서는 이런 식으로 얽매여 계시지 않습니다. 그분은 참된 인간이시며 하나님이시고, 하나님의 협의의 영원한 당사자이십니다. 모든 사소한 것까지도 그분의 눈은 보았으며, 그분의 귀가 들었으며, 그분의 지성이 이해하셨습니다. 왜냐하면 어떤 전략과 통로를 통해 하나님의 위대한 목적이 성취되어야 할지 바로 그분께서 계획하셨기 때문입니다.

게다가 예수님의 참된 인성이 그분의 본질적인 신성과의 실제적인 관계 속으로 들어왔습니다. 그분은 이제 주기도문의 첫 번째 삼중구조 속 세 가지 청원들을 개인적으로 성취할 준비가 되어 있습니다. 그분은 그것이 익숙하게 수행될 방식과 방편들을 알고 계십니다. 그것들을 당신의 손에 취해 자세히 살펴보시고 능숙하게 다루십니다. 지고한 사랑의 왕께서는, 하나님의 완전한 열심에 감화되셨습니다. 그래서 하나님의 이름을 거룩하게 하시고, 주의 왕국이 임하게 하시며, 주님의 뜻이 하늘에서 이뤄진 것처럼 땅에서도 이루시는 데 인간적인 "전략" 사용하기를 우습게 여기지 않으십니다. 그분은 프로그램의 단계들을 철저하게 아십니다. 한 치의 실수도 없이 분명한 방편들을 활용하십니다. 그리하여 당신 아버지의 목적과 당신의 것이 열매 맺도록 완전히 만족시키십니다.

이 숭고한 목적의 성취를 시작하시면서, 그리스도께서는 우리의 형제일 뿐만 아니라 또한 우리의 주가 되심을 증명하십니다. 우리 형제로서 그분은 사람 중 한 사람이시고, 우리 주로서 그분은 우리보다 훨씬 뛰어나신 분입니다. 그분의 인성으로도 말입니다. 그분은 종이면서 동시에 왕이십니다. 종으로서 그분은 그 완전한 주기도를 하는 자들 중 가장 미천한 자와 당신을 동일시하십니다. 그분은 첫 번째 세 가지 청원들의 위대한 비밀을 실현하는 데, 보편적인 인간의 수단을 사용하십니다. 미친 듯한 군중, 나귀 새끼, 길거리의 한 사람, 그것들이 그 방편입니다. 하지만 그분은 또한 왕이십니다. 사람들 중 순서상 가장 첫 번째 오는 분이십니다. 그분의 인성 가운데서라도 그렇습니다. 이 이중의 능력으로 그분은 주기도문을 기도하시고 또한 설명하십니다. 기도하되 들리지 않는 단어들을 사용해 기도하시며. 설명하되 평범한 일상의 용어로 설명하십니다.

그리스도 자신께서 그 기도를 제자들에게 가르치셨습니다. 그분만이 가르칠 수 있으셨습니다. 왜냐하면 그분은 생애 동안에 그 내용과 형식을 구체화시키고 또한 성취하신, 하늘과 땅에서 유일한 분이시기 때문입니다.

마지막으로, 그리스도께서는 당신의 사람들과의 관계에서 가장 아름다우십니다. 그분께서 얼마나 적절하게 각각의 사람들의 본성에 따라 그들을 취급하시는지 관찰해 보십시오. 산헤드린을 산헤드린의 본성에 따라, 군중들을 군중의 본성에 따라서 각각 취급하십니다. 그분은 각각의 개별성을 존중하시고 그에 따라 반응하십니다.

예수님께서는 분명 그 은밀한 모임 속에 들어가 공황을 일으키며 산헤드린을 놀라게 할 권리를 지니셨습니다. 성전 마당에서 장사꾼들을 흩으시며 그곳을 청결하게 하셨던 것처럼 말입니다. 물론 예수님께서는 그렇게 하실 수 있습니다. 한 번 기도하여 열 두 군대의 천사들이 곁에 나타나게 하실 수 있습니다. 혹은 백성들에게 말씀하셔서 당신을 지지하는 한 떼의 사람들로 그 거짓의 바스티유 감옥인 산헤드린을 공격하실 수 있습니다. 발람의 학도들로서 그 구성원들이 하늘군대인 천사들을 공경하지 않겠지만, 수백 명의 사람들은 분명히 두려워 할 것입니다. 사람들, 군인들, 그리고 숫자가 많으면 더 좋겠습니다. 그것이 그들이 이해할 수 있는 논증방식입니다. 하지만 예수님께서는 그것들을 피하십니다. 그분은 구성원들이 당신의 말을 듣게 하시면서도, 그들 주변에 하나의 보호막을 둘러 접근하지 못하게 하시는 것을 행동방침으로 삼으십니다 (한역주 : 깨닫지 못하게 하신다는 뜻).

하지만 그분께서는 불쌍한 희생자들, 압제자의 피해자와 같은 백성들에게 애정을 가지시고 또한 인내하면서 나아가십니다. 이들에게 오셔서 하나라도 더 가르치고자 힘쓰시고, 그들이 저주를 받느냐 아니면 무릎을 꿇느냐 한 번 더 물어보고 싶어 하십니다. 이것이 사람들 각각을 그 성격에 따라 다루시는 너무나도 아름다운 사랑인 것입니다.

우리는 그분이 그러하신 것처럼 완전한 아름다움을 온전히 구체화시키신 이 슬픔의 사람 앞에 경외심을 갖고 머리를 조아려야 합니다. 그분께서 하나의 잔치를 축하하기 위해서 승천하셔야 함에도 불구하고, 지금은 고난당하시는 일에 집중하셔야 한다는 사실에 경배하며 그것을 기억해야 합니다.

이 사랑의 봉사를 성취하기 위해 예수님께서는 자기홍보라는 두로의 방식에 의존하셔야만 했다는 점을 우리는 또한 기억해야 합니다. 이 순간 바로 이 사실이 그분의 수난을 구성하고 있습니다. 예수 그리스도 안에서 하나님께서는 신랑으로서 이스라엘에게 오십니다. 왜냐하면 그분께서 오늘 자기에게 나오는 무리들을 신부로서의 백성으로 보시기 때문입니다. 그 불일치를 상고하십시오. 당신의 백성에게 혼인의 순수하고도 거룩한 율법을 가르치기 원하시는 그분께서는, 두로의 창기가 고용하는 것과 별반 다를 것이 없는 방식을 통해서라도 그들의 주의를 억지로 끄셔야만 합니다. 오, 인생이여, 여러분의 혐오스러운 죄악들을 애통해 하십시오…… 그것들 때문에 신랑은 여러분의 주의를 끌기 위해 인위적인 전략들에 호소해야만 하는 것입니다. 분명히 그분의 완전한 사랑은 내적인 아름다움으로 여러분의 주의를 끌 권리가 있습니다. 그러나 그 사랑의 불길 속 정념이 33년 동안의 공생애 사역 속에서 불타오른 이후에도 여전히 신랑께서는 피상적인 방편들로 호소해야 합니다. 진실로, 이것들은 그분의 사랑을 전혀 오염시키지 않으며 조금도 나무랄 데가 없습니다. 하지만 그럼에도 불구하고 이들은 인간의 죄와 사악함에 대한 하나의 슬픈 지적입니다.

하지만 운 좋게도, 그것이 최후의 결론일 필요는 없습니다. 우리는 경배함으로 결론을 내립니다. 예수님의 우회로는 필요였습니다. 필요한 것은 보통 우회해서는 안 됩니다. 우회한다는 것은 필요한 것이 아닙니다. 예수님께서 돌아가는 길을 취하신 건 사실입니다. 하지만 그분께서는 당신 아버지의 일들에 바쁘십니다. 우리의 생각이 그 이상으로 지나갈 수 없습니다.

우리는 그 패턴의 완전함을 언제나 보지는 못합니다. 당신 생애의 외형을 혼란스럽게 얽으시는 방식으로, 그리스도께서 아버지의 일을 창조하셨다는 점을 언제나 볼 수는 없습니다. 그것을 언제나 지속적으로 보기 위해서는 종말에 이르기까지의 모든 날들을 요구합니다. 그것을 순간적으로나마 보기 위해서는 바쳐진 마음과 묵상하는 영혼을 필요로 합니다.

하지만 예수님께서 그 평범하고 일상적인 활동들 가운데서 아버지의 일로 분주하셨다는 것을 한 순간이라도 깨달은 자는, 곧 위대한 신앙의 순간을 경험한 것입니다. 그리스도의 우회로가 그분의 공적인 생애의 길에서 한 치도 벗어나지 않는다는 점을 보는 자는 누구라도 그분의 영 안에서, 쉼과 경외와 신뢰의 안식을 찾게 될 것입니다. 이런 자는 그분께서 이중의 의무를 수행하시는 것을 보는 것입니다. 우리의 범죄 때문에 그분에게 닥쳐오는 고난을 친히 담당하시는 것을 보는 것입니다. 그분의 완전한 균형을 보는 것입니다. 또한 그 주의함이 전혀 흐트러지지 않으면서, 당신 영혼의 동산을 아름답게 그리고 순전하게 지키시는 둘째 아담을 보는 것입니다. 이분은 우리가 놓쳐버린 것 때문에 고난 당하셔야 했고, 우리가 실패한 것을 성취하신 그 구세주이십니다.

그분께서 이제 수난의 성전으로 들어가실 것입니다. 하지만 그리스도께서 짊어지신 두 가지 짐을 모두 알게 된다는 것은 이 시점에서 위로가 됩니다. 우주를 혼란으로 빠트려 버린 그 죄악, 우리의 그 죄악을 구속하신 수동적 순종을 목도한다는 것은 하나의 위로입니다. 그리고 하나님의 아름다움에까지 이른 그분의 순종, 혼란을 하나의 우주로 다시금 변화시키고, 당신의 영혼을 중심으로 하여 세우시며, 또한 보존하시는 그분의 능동적 순종을 주목하는 것은 하나의 축복입니다.

chapter 08
|
환영받으시고 우스꽝스럽게 여겨지신 그리스도

"이미 감람산 내리막길에 가까이 오시며
제자의 온 무리가 자기들이 본 바 모든 능한 일로 인하여
기뻐하며 큰 소리로 하나님을 찬양하여 이르되
찬송하리로다 주의 이름으로 오시는 왕이시여
하늘에는 평화요 가장 높은 곳에는 영광이로다 하니"

누가복음19:37~38

8장.
환영받으시고
우스꽝스럽게 여겨지신 그리스도

유월절 절기 첫날에 예수님께서는 베다니의 고요함을 뒤로 하고, 우리가 간파하였듯 짐승 같은 짐이 당신에게 넘겨지게 하셨습니다. 그 상황에서 너무나도 불가피한 일이 이어졌습니다. 왕께서 예루살렘으로 승리의 입성을 하신 것입니다. 왕관을 쓰지 않고 무장도 하지 않은 비천한 모습이셨습니다. 그 성읍의 관료들은 그분을 영접할 아무런 노력도 하지 않았습니다. 예루살렘 지도자들은 무슨 일이 진행되는지를 질투의 눈길로 쳐다보며 숨을 죽이고 있습니다. 도대체 무슨 일이 있는 것입니까? 왕이 당신의 성읍으로 들어오십니다.

우리는 이 이야기를 잘 압니다. 제자들과 호기심으로 가득 찬 사람들, 수많은 무리들이 갑자기 예수님 주변으로 벌떼처럼 몰려듭니다. 이전에 그분의 가르침을 즐기지 않던 사람들, 이전에 주님의 학교에 참석한 적이 없던 사람들이 이제는 열정적으로 다른 사람들과 함께 주님께로 몰려옵니다. 그리스도께서는 무리에 둘러싸여 기드론 골짜기로 내려가는 길에 도착하여서는 나귀 새끼를 그 방향으로 모시면서 성읍을 향하여 움직이십니다. 그곳에서 무리들은 쉽게 계산하기 어려울 정도로 엄청나게 불어납니다. 어떻게 이런 일이 시작되었는지 누구도 말할 수 없습니다. 하지만 분명한 건, 예수님이 그 수많은 사람들이 흥분 가운데 물결치듯이 요동하는 것에 놀라셨으리라는 점입니다. 그 왕의 행렬이 진행되면서, 그것은 진정 잔치 분위기를 띠기 시작합니다. 흥분한 사람들은 나뭇가지를 꺾기 시작하고 그것을 공중에 흔들면서 왕에게 인사를 합니다. 자신들의 옷을 길가에 펼치며 왕이 그 위를 지나가기를 바랍니다. 제자들이 앞서 자신들의 옷을 어린나귀의 등에 걸친 것처럼 말입니다. 이렇게 열렬한 즉흥적 반응으로 몇 초 만에 명예를 갖춘 길은 영광과 큰 기쁨으로 가득 찬 장엄한 모습으로 충만해집니다.

그곳의 열렬한 박수 가운데 좋은 것이 많이 있습니다. 예수님께서는 다음의 말씀으로 스스로 인정하십니다: "만약 이 사람들이 침묵하면 돌들이 소리 지르리라." 오, 그렇습니다. 오랫동안 억압되었던, 나사렛 선지자가 행한 놀라운 행위들에 대한 경외심이 마침내 그 출구를 찾아 무리들의 즐거운 환호로 표출되는 것을 보는 것은 아름다운 일입니다.

하지만 그럼에도 불구하고, 성경은 여기에서도 세상에서 볼 수 있는 가장 험악한 고난을 묘사하고 있다는 점을 잊어서는 안 됩니다. 이 잔치와 같은 시위가 수난 이야기의 기조와 일치할 뿐만 아니라, 그리스도의 수난에 독특하면서 부가적인 공헌을 하고 있음을 볼 수 있어야 합니다.

조심스럽게 검토한다면, 흔히들 예루살렘으로의 '승리'의 입성이라고 말하는 이 사건에 수난, 낮아지심, 슬픔과 같은 여러 요소들이 있다는 점이 곧 드러날 것입니다.

제일 먼저, 예수님께서는 이 무리들이 이스라엘 선지자들을 희롱하는 것을 보시고 슬퍼하셨을 것이 분명합니다. 사람들이 선지자를 이용합니다. 그렇습니다. 무리는 심지어 선지자들의 본문과 시편들을 찬양 가운데 인용하기도 합니다. 예수님의 명예를 높이기 위해 말입니다. 하지만 사람들이 예언을 즐거이 인용하는 것은 단지 그것이 자신들의 개념에 일치하는 것처럼 보이기 때문입니다. 그들이 부르는 승리의 찬가 속에 인용되는 예언은, 당대 최고의 사상 그리고 지도자들의 지배적인 신학적 의견에 불일치한다고 여겨지는 순간 곧 잊히게 됩니다.

앞의 설교들에서, 백성들이 조금도 인식하지 못하는 가운데 구약의 예언이 성취되었음을 언급한 일이 얼마나 잦았습니까? 우리는 가야바를 보았습니다. 마리아가 예수님의 발에 기름을 붓는 것을 보았습니다. 대제사장들이 배신자 유다에게 배신자의 삯을 지불하는 것을 지켜보았습니다. 각각의 경우마다, 이스라엘이 예언에 의하여 살지 않고 있었다는 실망스러운 발견을 하게 됩니다. 사실 그들은 선지자들이 예언해 온 것들을 기록된 것의 정신은 고사하고 그 문자를 회상하지 않으면서도 문자적으로 성취할 수 있었습니다. 예컨대 30세겔을 생각해 보십시오.

하지만 그 예언이 자기들에게 유익이 있다면, 사람들은 예언을 기억할 수 있습니다. 예를 들자면, 지금 그들은 스가랴가 미래의 왕국, 메시야의 왕국에 대해서 예언한 말들을 기억해 냅니다. 그들은 스가랴의 묘사를 자신들의 혀끝에 올려놓고 그것에 대해 열광합니다. 여기에 예수님이 있습니다. 그는 아무런 방어를 하지 않고 어린나귀의 등에 앉아 예루살렘으로 들어갑니다. 군중들은 그것을 보고 즉각적으로 스가랴 9장의 그림을 떠올립니다. 예언의 소리와 의미를 즉각적으로 눈치챈 그들이 자발적으로 찬양의 송가를 터뜨립니다: "호산나 주님의 이름으로 오시는 이여 복이 있도다."

무리가 성경으로부터 자기들을 기쁘게 하는 것을 취하고 나머지 것들은 무시하는 것을 보는 것은, 우리의 대선지자에게 커다란 슬픔입니다. 이런 왜곡은 입증되지 못합니다. 왜냐하면 성경의 화폭은 전체적으로 하나의 작품으로 짜였으며 솔기가 없기 때문입니다. 말씀을 조각조각 나누는 것은 군인들이 예수님의 옷을 찢어 나누는 것과 같습니다. 그 옷도 비쌌고 한 장으로 이어졌으며 솔기가 없었습니다. 하지만 그들은 이를 찢어서는 여러 부분들로 나눠 제비를 뽑아 가졌습니다. 성경을 갈기갈기 자주 찢는 것만큼이나 예수님의 완전한 영혼도 고통을 당하십니다. 그분을 갈기갈기 찢는 것과 마찬가지기 때문입니다. 하나님의 말씀으로 구성된 그 성경의 몸통을 갈기갈기 찢는 것은, 말씀이 육신이 된 그리스도의 몸을 해체시키는 것에 방불합니다.

따라서 지금 예수님께서는 예민하게 고통당하십니다. 그분은 스가랴 9장의 참된 주석을 제시하려고 오신 것임을 기억하십시오. 그분께서 촛대에 초를 얹으시는 동안, 잘못된 성경해석가들의 신경질적으로 분주한 거짓된 빛의 홍수가 그분께 집중됩니다. 이 왜곡은 예루살렘을 무덤으로 인도하는 기본적인 범죄의 표지입니다. 이스라엘은 이 빛을 그분에게 비추기 원하고 있습니다. 하지만 그분이 이스라엘을 비춰야만 합니다. 그분은 성경을 여실 때마다 그 빛을 비추십니다. 하지만 자신의 빛으로 그리스도를 보려는 자들은, 말씀을 통해 예수님으로부터 나오는 영향력에서 스스로 물러나고 있는 것입니다. 그들은 스스로를 그 영향력으로부터 제외해 버립니다. 호산나를 수천 번이나 외치면서도 말입니다. 그리스도를 자기 자신의 빛으로 보는 것은 처참하게 죄를 범하는 것입니다. 왜냐하면 그분께서 우리를 위해 당신의 삼중 직분을 수행하실 권리를 부인하는 것이기 때문입니다.

게다가 예수님 활동의 내적 본질을 이렇게 잘못 생각하는 것은, 곧 그 자체로서 본색을 드러내고 맙니다. 누가는 특유의 민감하게 구별되는 표현을 사용해, 우리들에게 "온 무리가 자기들이 본 바 모든 능한 일로 인하여 기뻐하며 큰 소리로 하나님을 찬양"하였다고 합니다. 여러분이 보시듯이, 그들의 경배는 기적들에 기초해 있습니다. 게다가 그들은 눈에 보이는 일들에 머물러 있습니다. 그것이 누가의 이중적인 강조입니다: 예수님의 행하신 모든 능한 일이 유대인들에게 호소하고 있습니다. 그리고 그들은 이 기적들을 진정한 의미로서가 아닌, 표면적인 가치로 받아들이고 있는 것입니다.

물론, 그리스도께서 그분의 행하신 일들 가운데 큰 능력과 비상한 힘을 보여주셨다는 점을 이제 누구도 부인할 수 없습니다. 하지만 그 능력은 기본이 아니고, 우선이 아닙니다. 또한 그리스도의 기적이 가진 역동적 요소와 적극적 활력이 감각에 종속되어 눈에 띈다 하더라도, 그러한 눈에 보이는 표출만이 중요한 전부가 아닙니다. 그분이 행하신 '능한 일', 다른 말로 하자면 그분이 행하신 기적들은, 하나님의 말씀이 그 자체를 확증한 표증이며 예언이 성취된 사건들입니다. 하지만 이 확증과 성취는 그리스도의 행하신 기적이 그 자체로서 목적이 아니라는 점을 함축하고 있습니다. 그리스도께서는 능력을 어떤 단일한 증명에 의지하지 않으십니다. 기적은 언제나 하나님의 나라가 '임하는' 과정의 한 순간입니다. 그 나라가 더 가까이 임하고 더 깊이 파고 들어오도록 하기 위해서 말입니다. 각각의 표적은 예언적입니다. 각각의 기적은 종말론적입니다. 예수님께서는 하나의 기적으로 그 자체에 완전히 포함된 어떤 특별한 결과를 얻는 것을 결코 기대하지 않으십니다. 그의 기적들은 계시의 매개입니다. 가시적인 표적으로부터 살아있는 말씀을 가리키는 계시 말입니다. 그리고, 그분의 이적들은 은혜를 전달하는 것들, 구원의 물이 흘러나오게 되는 관들인 정도에 있어서조차, 그 정도에 있어서조차도, 그것들은 사람들의 사고를 가시적인 상징들에서 보이지 않는 의미로, 초보적인 표적에서 신앙의 비젼으로 인도하기 위해서 고안되었던 것입니다. 그 믿음이란 보이지 않는 것의 증거이며 그러므로 기적 없이도 하나님을 분별할 수 있게 하는 것입니다.

누구든 예수님의 기적을 목적 그 자체로 간주하는 자는 그 기적을 잘못 생각하는 것입니다. 그 상징을 말씀에서 분리시키는 자마다 외형적 형태를 내적인 의미에 연결시키지 않고, 그 이적에 영광을 돌리는 자마다 외경 문서들의 관점에서 사태를 보고 있는 것입니다. 외경 문서들 안에서도 하나의 감정적 상상력이 외형의 희생물이 되어 예수님을 인간적 논증방식으로 진정성 있게 만들려 시도하고 있기 때문입니다. 하지만 이는 정경적 관점이 아닙니다. 정경적 관점에 따르면, 기적은 말씀에 보조적입니다. 은혜의 가시적인 표적은 그 안에 표현된 보이지 않는 영향력에 봉사하는 것에 있습니다. 정경은 기적을 하나의 독특하고 지나가는 순간으로 제시합니다. 기적은 하나의 예외적인 경우이므로, 우리는 그것을 스쳐 지나가며 그것보다 더 위에 있는 것을 원하게 되는 것입니다. 그것은 은혜의 길 처음에 있는 것이지, 마지막에 있는 것이 아닙니다. 기적은 어떤 의미에 있어서 소돔과도 같습니다. 그것은 매력적이며 거의 넋을 빼앗아 갑니다. 하지만 그것을 되돌아보는 자들에게는, 아아, 기적이라는 상징은 우리를 손짓해서 위를 바라보게 하는 것입니다.

무리들은 이 일을 하지 않습니다. 그들은 예수님의 능한 일들을 바라봅니다. 그분의 행하신 일들 중 기적적인 요소에 사로잡혔습니다. 그들은 이적 그 자체에 멈춰 섭니다. 성경 자체가 되시며 모든 성경 주석의 첫 번째 원리이신 대제사장의 현존 가운데서도 말입니다. 그분이 계시는 중에, 그들은 외경적인 잘못된 생각으로 정경 복음서의 영을 물리칩니다. 이것은 예수님의 생애를 정경적으로 묘사하는 것과 외경적으로 묘사하는 것 사이의 지속적인 갈등 중 하나입니다.

게다가 잘못 인도함을 받은 무리들이 예수님께서 행하신 일들 중 "능력"의 요소를 지나치게 과장하여 그 안의 근본적 요소를 희생시켜 버렸기 때문에, 그리스도께서는 이 "잔치"에서 고통을 당하십니다. 곧, 정의의 회복이라는 요소를 희생시킨 것입니다. 네, 그리스도께서는 능하신 일을 행하려고 오셨습니다, 하지만 그분께서는 무엇보다 정의를 회복시키기 위해 오셨습니다. 그분께서

원하셨던 구속은 무엇보다 먼저 사법적인 것입니다. 이는 근본적이기 때문에 또한 역동적입니다. 그분의 온전한 희생으로, 또한 그분께서 율법을 완벽하게 성취하심으로, 그분은 은혜의 산 성전 아래서 의의 기초를 놓기를 원하십니다. 교회 아래에 놓이는 기초 말입니다. 그 후, 오직 그 이후에만 구원의 생수가 성전 문 아래에서부터 바깥으로 나와 세상으로 흘러갈 것입니다. 그리고 성령의 능동적인 에너지가 영적이거나 물질적인 생명의 모든 형태로 역동적으로 나아갈 것입니다. 그것으로 영혼들이 성화되고, 세상은 새로워질 것이며, 땅이 거듭나 실제적으로 하늘과 혼인하게 될 것입니다.

하지만 유대인들은 자신들의 메시야 고대에 너무나 파묻혀 있어서 성경을 오독했습니다. 그들은 기적을 행하는 메시야를 고대합니다. 죄로부터의 구속과 하나님의 정의의 회복을 가르치는 메시야적 설교에는 오래 전에 귀를 닫아 버렸습니다.

예수님의 중요성에 대해 이렇게 잘못 생각하는 것은 무리들의 찬송 속에 놀랍게도 예시되어 있습니다. 그 역설적 찬송은 예수님을 찬양하는 동시에 모독하고 있습니다. 그것은 예수님을 높이고 있습니다. 하지만 또한 저주하고 있습니다. 예수님의 능력(might)을 찬양하고 있습니다. 하지만 최상의 찬양에 합당한 것 곧 - 하나님의 권리들(rights) 에 대해서는 현저하게 침묵하고 있습니다. 무리가 오늘은 호산나를 높이 외쳤지만, 일주일 뒤에는 "십자가에 못 박으라!"고 외칠 것에 더 이상 놀라지 말아야 합니다. '호산나' 대신에 '십자가에 못 박으라'라고요? 아닙니다. 이전의 외침과 반대되기 보다는, '십자가에 못 박으라'는 말은 '호산나'의 논리적 귀결입니다. '호산나'에도 '불구하고' 일어난 것이 아니라, 오히려 '호산나' '때문에' 일어난 것입니다.

이것이 죄의 논리입니다. 이는 그저 육신의 변증법입니다. 요한의 로고스로부터 떨어져 나와 버린 이성입니다.

물론 이런 논리는 예수님께서 당신의 기능과 목적에 대해 설명하신 내용과 전혀 양립할 수 없습니다. 그분께서 70명의 제자들을 둘씩 짝지어 사람들 사이에 보내신 적이 있음을 여러분은 기억하실 것입니다. 이들이 돌아와서 하는 화려한 보고를 듣고, 그분은 다음과 같은 의미심장한 진술을 남기셨습니다: "귀신들이 너희에게 항복하는 것으로 기뻐하지 말고 너희 이름이 하늘에 기록된 것으로 기뻐하라"(눅 10:20).

이렇게 말씀하심으로써 그리스도께서는, 어쩌면 유대인들이 지금 기억하고 있을지도 모르는 바로 그 구분을 제자들의 마음속에 새겨 주셨습니다. 왜냐하면 그 제자들은 자신들이 기적을 행할 수 있는 능력을 가질 만큼 아주 고양되었던 것입니다. 그들은 그렇게도 많은 것을 행할 수가 있었습니다. 거의 모든 것을, 이사(異事)를 행하고, 표적을 보여주고, 심지어는 귀신도 쫓아낼 수 있었습니다. 그들이 느끼기로는, 하늘의 왕국이 자신들을 통해서 역동적으로 지나갔던 것입니다. 하지만 예수님께서는 진실로 주목할 일이 무엇인지를 지적하셨습니다. 진실로 기뻐해야 할 일 말입니다. 사실 그분께서 말씀하신 것은 이것입니다: 칭찬할 만한 일은 너의 능력으로 행한 일이 아니고, 하나님의 은혜의 사역이다. 너희가 할 수 있는(can) 것이 아니고, 너희가 할 수 있을지도 모르는(may) 일에 주목할 일이다. 너희의 그 역동적인 힘은 하나님께서 베푸신 호의 때문이다. 사법적으로 말하자면, 그분의 은혜가 너희에게 기적을 행할 수 있는 권리를 주었고, 선택하신 호의에 의하여 베푸신 그 특권을 너희에게 주었다. 능한 일들을 행한 것으로 기뻐하는 것은, 기적신앙으로 만족하는 것이다. 구원하는 신앙을 바라고 또한 그 신앙으로 살아가는 사람은 자신의 역동적인 에너지를 그리스도의 기적을 행하시는 능력과 또한 그분께서 정의가 요구하는 바들을 성취하신 것에 돌린다. 그래서 자기 안에 무언가가 살아나기 시작하기 이전에, 자기 이름을 하늘에 기록해 두신, 하나님의 주권적으로 기뻐하시는 호의에 그것을 돌리는 것이다.

이런 방식으로 예수님, 그 로고스께서는 공생애 초반에 신앙의 첫 번째 신학적 원리를 정의하셨습니다. 이제 그 생애의 거의 끝부분에 이르렀습니다. 그러는 중에 제자들의 수가 빠르게 늘었습니다. 저 수많은 사람들을 보십시오. 그러나 이 무리의 수준은 무리의 많은 숫자에 미치지 못하고 있습니다. 그들의 신앙은 그들의 열정과 보조를 맞추지 못하고 있습니다. 영성이 열정에 못 미치는 것입니다. 왜냐하면 무리들은 오직 예수님의 능력 있는 일에 대해서만 말하고 있을 뿐이기 때문입니다. 그분의 모든 것, 그리고 그 자체의 특권에 대해서는 말하지 않고 있습니다. 사법적인 내용이 아니라, 역동적인 내용이 무리에게 어필하고 있는 것입니다. 이 사람들은 예수님께서 기적을 베풀어 나사로를 살리시고 수천 명의 사람들에게 음식을 베푸시고 귀신들을 내쫓는 것을 보고는 그분을 존경합니다. 하지만 이들은 며칠 뒤, 그분께서 그 완전한 제사를 성취하실 때, 하나님의 공의가 요구하는 바를 제공하실 때, 그 비천하게 낮아진 왕을 부끄러워할 것입니다. 그리고 그것이 호산나가 구원하는 믿음이 아닌 기적을 열망하는 데서 비롯되었다는 사실을 입증하는, 끔찍하지만 최적의 증거입니다.

그러므로 본질적으로, 냉소적인 대제사장들과 공중에 종려나무가지를 즐겁게 흔들고 있는 이 흥분한 군중들은 동맹군입니다. 둘 다 그리스도의 공적 부르심의 본질에 부당함을 행합니다. 피상적으로 보자면, 그들 사이에 상당히 차이가 있는 것처럼 보입니다. 그 반역자의 삯을 유다의 손에 냉정하게 쥐어주는 대제사장들이 한편에 있습니다. 또 다른 편에는, 순박하고 열정적이면서 자발적으로 모여든 이 군중이 열광 속에서 자신들의 가장 좋은 옷들을 길거리에 깔고 있습니다. 겉으로만 보면 큰 차이가 있다는 것, 옳은 말입니다. 하지만 본질적으로 그들은 하나입니다. 각 그룹의 죄의 형태와 양상은 동일하지 않습니다. 하지만 죄는 죄입니다. 불신앙은 언제나 불신앙입니다.

다시금 사람들이 부르는 그 영광송을 생각해 봅시다. 그 합창을 들어보십시

오 : 하늘에서는 평화요 가장 높은 곳에서는 영광이로다! 이것은 당장 그리스도의 탄생 시 천사들이 불렀던 그 노래를 떠오르게 합니다. 얼마나 비슷한지요!

하지만, 여기에는 하나의 작은 차이가 있습니다 아닙니다, 실은 엄청나게 큰 차이입니다. 천사들은 하늘에 관하여 노래했습니다. 하지만, 그들은 또한 땅에 관하여 노래했습니다. 축하하는 수많은 무리들은 단순히 하늘만 언급할 뿐입니다. 지상의 엄청난 필요는 그들의 머릿속에 들어가지 않습니다. 천사들의 합창을 다시 한 번 더 들어보십시오:

> 지극히 높은 곳에서는 하나님께 영광이요
> 땅에서는 기뻐하심을 입은 사람들 중에 평화로다.

실수가 전혀 없습니다. 계속 하늘에 머물러 있는 천사들은 그리스도가 나타나는 땅에 대해서 생각합니다. 땅의 절박한 필요는 평화입니다. 하지만 땅은, 하늘이 스스로 낮춰 위로부터 위대한 선물을 내려주시지 않으면 결코 그 평화를 받을 수 없습니다. 이것이 천사들의 노래가 전달하는 바입니다.

그러는 중 예수님께서는 크리스마스 밤에서부터 그 수난의 밤까지 이르게 되었습니다. 이 단계에서 군중은 천사들의 말 중에서 몇 마디를 빌려옵니다. 노래를 부릅니다. 그 노래에 담긴 기백과 열정을 그들은 다름 아니라 성전에서부터 듣고 모았습니다. 하지만 그 내용, 그 배후의 교조적 개념, 그 밑에 깔린 신학적 원리들은 바리새인들에게서 배웠습니다. 사실, 그들 또한 평화를 말하고 있습니다. 뿐만 아니라 지극히 높은 곳에 계신 하나님께 영광을 올바르게 돌리는 천사들의 정서를 반영하기도 합니다. 하지만 그들이 생각하는 평화는 하나님의 선물이 아닙니다. 그들의 바람은 메시야왕국을 통해서 지상에 축복을 내리는 범유대인적 평화입니다. 그들은 가정하기를 그 왕국이 임한 이후, 하나님을 찬양하기 위해서 다시금 하늘로 올라간다는 것입니다.

이 강조 또한 무리들이 수년 동안 가르침을 받아온 바리새 신학의 기본 개념이 드러나는 또 다른 표출입니다. 그래서 바리새인들은 대중을 그렇게 교육하는 데 성공했습니다. 그들은 하늘이 땅을 섬기는 진리를 덜 가리치고, 땅이 하늘을 풍부하게 할 수 있으며 그렇게 하고 있다는 교리를 많이 가르쳤습니다. 그래서, 무리가 합창한 하늘을 높이는 영광송은 그들 신학의 성격과 보조를 같이 하는 것입니다. 선행과 거룩한 삶으로 구원을 얻는다는 그들의 교리를 표현한 것입니다. 그 교리가 하늘의 가장 위대한 신학자인 예수 그리스도에 관한 것이어야 한다는 사실이 얼마나 혐오스럽습니까! 오늘은 "호산나, 하늘에는 평화!"라면서, 일주일도 안 되서 "그를 십자가에 못 박으라, 십자가에 못 박으라"고 외치다니요! 하지만 이 단순하고 완벽하게 논리적인 전이는 크리스마스 이브에 천사들이 선포한 것뿐만 아니라 사도 바울의 가르침과도 충돌됩니다. 바울 또한 바리새인의 족쇄로부터 해방된 자로서 만물을 새롭게 하시며 하늘과 땅과 만물에 평화를 내리시는 한 그리스도(a Christ)에 대해 말하고 있습니다. 하지만 이에 앞서 그가 사법적 요구이자 능동적 영향력으로서, 전능의 샘이자 하늘에 미치는 평화로서의 그리스도의 십자가를 보지 않았다면 그런 생각을 하지 않았을 것은 두말 할 나위가 없습니다. 그러니 그런 것을 입 밖에 내었을 리도 없는 것입니다.[22]

사람들이 그리스도에게 다가올 죽음을 거부하고, 성령께서 첫 번째 크리스천 교회에게 가르치신 구원의 근본적인 원리를 무시, 아니, 조롱하는 것을 지켜보는 것은 지금 그리스도를 무척 근심케 했음에 분명합니다. 대원칙은 우리가 먼저 지극하신 분으로부터 그 위대한 원리를 받지 않는다면 아래로부터 어떤 것도 올려드릴 수 없다는 것입니다.

---

[22] 골로새서 1:20, "그의 십자가의 피로 화평을 이루사 만물 곧 땅에 있는 것들(여러분은 이것들도 제외되지 않는다는 것을 보고 있다)이나 하늘에 있는 것들이 그(그리스도)로 말미암아 자기와 화목하게 되기를 기뻐하심이라(그러므로 인간이 고결함의 결과가 아니었다)."

예수님 사역의 중요성을 이렇게 왜곡하는 것은 무리들의 잘못이지 그리스도의 잘못이 아니었습니다. 예루살렘으로 들어가시는 바로 이 순간에서조차도 그분은 예언을 성취하고 계십니다.

예, 그렇습니다. 예언이 다시금 성취되고 있습니다. 스가랴 9장은 메시야 왕국의 왕이 당신의 백성에게 오신다고 예언하고 있습니다. 그 예언에 따르면 메시야는 근동의 군주들이 익숙한 방식대로 소동을 일으키며 수도에 입성하지 않고, 오히려 사랑과 호의의 왕자로서 입성하시게 될 것입니다. 그분은 비천하게 오실 것이라고 선지자는 말했습니다. 곧, 당신 종들의 어깨 위에 올라서지 않으시고, 오히려 자신을 낮춰 공감의 영으로 그들에까지 내려오실 것입니다. 그분은 비천하게 되실 것입니다. 섬김을 받으러 오시는 것이 아니라, 섬기러 오실 것입니다. 비천하게 되실 것인데, 사람들의 피와 세금을 걷어 당신의 보좌를 세우려고 하시지 않을 것입니다. 오히려 당신 자신의 피를 흘리면서 세우실 것입니다. 그 피는 백성들의 죄값으로 하나님께 지불할 것입니다. 이것이 미래의 왕으로 스가랴가 보았던 그분의 비천함의 본질일 것입니다.

그리고 선지자가 그 왕에 대해서 예언한 두 번째 일은 그분께서 무장해제, 곧 방어할 것이 없는 모습으로 오신다는 것입니다. 그분은 전쟁 영웅들이 흔히 그러하듯이, 군마를 타고 나라를 쳐들어와 강제로 모든 것을 자기 통치 아래 복종시키는 방식으로 오시지 않을 것입니다. 대신 그분은 나귀, 그것도 새끼 나귀의 등에 올라타고 입성하실 것입니다. 전쟁이 아닌 농사짓는 데 사용되는 짐승 말입니다. 이 왕이 당신의 성품과 나라를 유지하기 위해서 사용할 방편들은, 세속군주들과는 본질적으로 다를 것입니다. Je maintiendrai(내가 다스릴 것이다)[23] 이는 그분의 모토가 될 수도 있을 것입니다. 하지만 한 마리의 사자[24]나 기사의 형상 아래에 새겨지는 것이 아니라, 나귀 새끼의 그림 아래에

---

23) 한역주 : 이것은 네덜란드 왕가의 문장에 있는 구호이다.

24) 한역주 : 네덜란드 왕가의 문장을 보면, 두 마리 사자가 왕관을 쓴 한 마리의 사자를 보호하고 있는

새겨지게 될 것입니다.

그것이 예수님께서 당신의 왕국으로 오시는 것에 대한 스가랴 선지자의 환상입니다. 지금, 예루살렘은 증인입니다. 그들로 하여금 대답하게 하십시오. 예수님께서 그 그림에 무엇인가를 더하고 있으십니까? 아니면 빼고 있으십니까?

물론 그분은 그렇게 하지 않으십니다. 수도에 출현하신 그분은 정확하게 스가랴가 그린 그대로입니다. 그분은 비천한 사람으로서 사람들과 함께 오십니다. 그분은 무장해제 상태시며 아무런 해를 입히지도 않습니다. 그래서 빌라도는 그분께 제재를 가할 어떤 의무감도 느끼지 않았습니다. 그렇게 그리스도께서는 스가랴의 예언이 당신 안에서 완전하게 성취되고 있음을 증거하십니다.

그분의 메시야 의식은 스가랴가 묘사한 특징들이 자신의 예루살렘 등장을 위한 하나님의 정하신 계획을 표상한다는 것을 단번에 알아챘습니다. 그러므로 당신의 메시야적 순종은 그 묘사된 특징들에 완벽하게 충실한 것입니다. 그분의 연필은 하나님께서 그리신 스케치 안에 있는 단 한 줄조차도 변경시키지 않습니다. 그분은 그저 그 옆에 서 계시며 질문하십니다: 그게 저란 말입니까?

하지만 이제 예수님과 그분의 얄팍한 숭배자들 사이에 충돌이 일어납니다. 예언의 말씀을 어떻게 해석해야 하는가에 대한 문제입니다. 예수님이 스가랴가 기록한 그림을 닮았다는 사실에 대해서는 아무런 의문도 없습니다. 사람들은 얼마 동안 스스로들 그렇게 말해왔습니다. 하지만 문제는, 그 특징들을 어떻게 해석하느냐 하는 것입니다.

군중은 하나의 해석을 하고 있습니다. 그들이 느끼는 예수님의 비천하심은

그림이 새겨져 있고, 그 왕을 상징하는 사자 아래에 Je maintiendrai ('내가 다스린다'라는 뜻)구호가 새겨져있다.

8장. 환영받으시고 우스꽝스럽게 여겨지신 그리스도 | 171

단지 임시적이며 지나가는 단계에 있을 뿐입니다. 하지만 그들이 바라기로 내일 그분은 부유해지실 것입니다. 분명히 그분은 로마에 맞서 일어날 것입니다. 그 화려한 로마 수도로부터 황금을 빼앗아 오실 것입니다. 그것을 이스라엘의 영광과 자신의 영광을 위하여 사용하실 것입니다. 그들은 그리스도의 텅 빈 손, 비천함을 단지 부요함에 이르는 진보의 한 단계로 여겼던 것입니다.

그분의 무장하지 않은 상태 또한 설명할 수 있습니다. 물론 그분은 처음에는 무장하지 않은 채 오셔야 했습니다. 왜냐하면 사람들은 칼끝으로 권력을 얻으려고 하는 지배자에 대해 저항할 것이기 때문입니다. 그들은 확신하기를, 그 왕은 이스라엘의 자랑이 아니고 오히려 이스라엘이 그 왕의 영광입니다. 게다가 모든 참된 아브라함의 자녀들은, 그들이 아브라함의 자녀라는 이유로 통치할 권리가 있습니다. 그래서 그분이 무장하지 않은 채로 오는 것은 자연스럽습니다. 후에, 국민투표방식으로 그들은 우아하게 그분에게 무장을 시켜드릴 것입니다. 그리고 그분을 이스라엘 군대의 대장으로 부를 것입니다. 그분이 그런 위치를 갖는 것은 지배당하는 자들의 동의에 의한 것이지, 그분의 내재적 권위로 그렇게 되는 것이 아닙니다. 후에 그들이 그 권위를 그분에게 위임할 때, 그들은 그분을 따를 것이며 그들이 땅에서 성취한 평화를 하늘에게 줄 것입니다.

하지만 예언에 대한 그리스도의 해설은 이러한 유대인들의 해석과 다릅니다. 오늘 그들이 보는 비천함이 일련의 과정 중 임시적 단계라 보는 면에서는 그들이 옳습니다. 그 면에서는 군중이 옳습니다. 하지만 그들의 잘못은, 이 겸손함이 세속적인 영광으로 옮겨갈 것이라고 추정하는 것입니다. 예수님께서는 로마를 향해서 방향을 돌리지 않으셨습니다. 대신 영원한 죽음을 향하여 아래로 매달려 흔들리고 있습니다. 오늘 예수님께서 보여주시는 비천함은 잠시 후 더욱 심오한 겸손 가운데 절정에 이르게 될 것입니다. 오늘 그는 잔치를 벌이는 자들 중 가장 비천한 자들과 뒤섞이십니다. 하지만 내일은 가장 낮은 곳으로 사라지셔야 합니다. 벌거벗김 당하고 종의 형태로 죽임 당하셔야 합니다.

나귀 새끼를 타고 있는 것과 같이 무방비의 상태로 계시는 그분의 모습은, 오히려 더한 무방비 상태로의 전이입니다. 그 나귀 새끼조차도 빼앗겨 버리고 대신 묶임을 당하게 될 것입니다. 다른 사람들의 옷들 위에 앉고 또한 그 위를 걸어 지나가기는커녕, 옷이 벗겨질 것이며 제비뽑기로 나눠질 것입니다. 이것이 전부가 아닙니다. 그분을 무장해제시키는 것에 그치지 않고, 온 세상은 스스로 무장하여 그분에 맞서 이를 갈 것입니다.

그렇습니다, 그리스도의 비천하심과 무방비상태는 전이의 과정입니다. 하지만 그것은 골고다로의 전이입니다.

그러므로 스가랴는 예수님과 유대인의 접점을 마련하는데 잠시 봉사했습니다. 하지만 이전에 우리가 과히 자주 발견해야만 했던 그 관찰을 다시금 해야 합니다: 예수님의 해석은 무리들의 그것과 다릅니다.

많은 사람들이 스가랴 9장 주석을 썼습니다. 그들이 이를 모래 위에 썼을 리가 없습니다. 오늘날 유대인들이 그것을 읽으며 긍정적으로 고개를 끄덕이고 아멘이라고 하기 때문입니다. 그리고 그들은 그들 해석을 종려나무 가지의 상징으로 인증합니다. 그 종려나무는 유대인이 아닌 로마인들이 혁신한 이후 성전에 걸어둘 면류관의 원형입니다.

예수님께서는 다르게 주석하셨습니다. 그분께서는 당신의 손으로 피에 펜을 적셔 그것을 직접 기록하셨습니다. 그분은 찬사, 종려나무 가지와 모든 것을 받아 들이셨습니다. 왜냐하면 그것들이 그 책 속에 언급되었기 때문입니다. 따라서 그분은 당신 속 하나님의 임재에 대한 필수적인 표적들로써 그것들을 받아들이셨습니다.

그러면 무리가 주초에 시편 118편을 노래하는 것을 들으신 예수님께서, 주말에는 그것을 스스로 더 잘 부르시기 원하셨다는 것은 이상한 일일까요? "찬송하리로다 주의 이름으로 오시는 이시여!" 하지만, 하늘에까지 울려 퍼지도록 합창을 한 바로 그 사람들은 하나님께서 지명하신 모퉁이의 머릿돌을 거부한 건축가들이었습니다. 그들은 이로서 왕을 축복하였지만, 그 축복은 그분에게 또한 신성모독이었습니다. 그들은 그 시편을 왜곡했기 때문입니다. 그들은 찬양의 찬가로 매우 즐겁게 26절을 외쳤으나 어리석은 건축자들에 대한 구절(22절)은 생략해 버립니다.

그들의 잘못된 노래로 위로받으신 예수님께서는, 그 노래로 그들을 구속하셨습니다. 시편 118편을 읊조리며 그 주말에 유월절의 방을 떠나셨습니다. 기드론 골짜기를 찾으시며 겟세마네로 들어가심으로서, 그들과 비교할 수 없을 정도로 그 노래를 탁월하게 부르셨습니다. 유월절을 위해 고안된 그 찬양곡을 참되게 처음 부르신 것이었습니다. 그리스도는 유일한 분, 이 연구는 그것을 다시금 증명합니다 예언을 정확하게 읽고 시편을 올바르게 해석하시는 한 분이십니다. 그분께서만 그렇게 하실 수 있습니다. 왜냐하면 그분께서만 예언을 육체와 피로 구체화시키시며 성취하실 수 있기 때문입니다. 혼과 영으로, 시간과 영원 속에서 말입니다.

chapter 09
|
아이들의 유희를
보편적 예언에 연관시키시는 그리스도

"대제사장들과 서기관들이 예수님께서 하시는 이상한 일과
또 성전에서 소리 질러 호산나 다윗의 자손이여 하는 어린이들을 보고
노하여 예수님께 말하되 그들이 하는 말을 듣느냐
예수님께서 이르시되
그렇다 어린 아기와 젖먹이들의 입에서 나오는 찬미를
온전하게 하셨나이다 함을 너희가 읽어본 일이 없느냐 하시고"

- 마태복음 21:15~16 -

9장.
아이들의 유희를 보편적 예언에 연관시키시는 그리스도

우리는 방금 그리스도께서 왕의 행렬 가운데 그분의 영역으로 들어가시는 것을 보았습니다. 무리가 그분을 높이는 것을 들었습니다. 그 왕을 받아들이는 모습과 여러 가지 함축된 의미들 때문에 그분의 영혼을 괴롭힌 엄청난 고통을 어느 정도 인식하였습니다.

이제 우리는 그리스도의 위엄에 주목할 특권을 가졌습니다. 그분의 왕으로서의 권위가 지배 받는 이들의 동의에 의존하는 것이거나, 무리들의 우발적인 집회에 종속되는 것이라면, 그 권위는 무리들의 열정과 함께 사그라들 것입니다 유월절 잔치에 참여하기 위해서 올라온 그 백성의 관념에 따르면, 이상적인 왕은 백성의 손으로부터 당신의 사법권을 받아들이는 분이며, 모든 일들 속에서 그들이 주도권을 취하도록 허락하는 분입니다. 하지만 만약 예수님께서 이러한 요구를 만족시킬 성향이셨다면, 사람들의 흥분이 감소되자마자 그분 자신의 주도권이 사라져 버렸을 것입니다.

 의심할 것 없이, 무리는 그들로부터 부여받은 권위에 근거해 명령하는 왕을 원했습니다. 바로 앞 설교의 끝부분에서, 우리는, 유대인들이 비천하고 무장하지 않은 왕자가 오시는 것에 대한 스가랴의 예언을 자기 자신들의 해석에 적절한 방식으로 예수님이 성취하기를 바랐다고 언급했습니다. 유대인들은 그분이 백성들의 뜻과 '일치하는 행동'을 할 것이라고 분명히 표현하시기를 바랐습니다. 자신들 생각에 적합한 때에 그분을 무장시키고, 자신들의 바람대로 그분에게 권위를 위임할 수 있도록 말입니다.

 하지만, 우리는 또한 예수님께서 이런 식으로 예언을 왜곡하는 것에 반대하셨다고 언급했습니다. 일곱 번째 설교에서 우리는 그분이 언제나 주도권을 취하신다는 것을 보았습니다. 그리고 여덟 번째 설교에서는 예수님께서 당신의 왕국을 흥분한 백성의 군중심리가 아닌, 예언에 계시된 성령의 뜻과 의도에 따라 정의하시는 것을 발견했습니다. 그분께서 직접 사태의 경로를 주관하시는 것입니다. 그분은 당신 자신의 요청에 따라 그 왕국을 받아들이십니다. 그분은 사람이 아닌 하나님으로부터 자신의 일할 수 있는 권위를 얻으십니다.

 여러분은 사람들의 뜻과 그분의 뜻 사이의 이 근본적인 갈등이 일찍부터 시작된 것을 압니다. 그 갈등은 순식간에 매우 극명해졌습니다. 예수님의 분별력은 승리의 입성 자체로 설명하듯이 그 갈등을 충분히 보셨습니다. 그리고 다가오는 며칠의 과정 속에서, 그것은 의심의 여지 없이 더욱 명백해지고 있습니다.

 예루살렘에서의 사건들로 야기된 긴장은 잠시 늦춰졌습니다. 흥분은 수그러들고, 절기의 주간을 향한 격렬한 서곡은 끝났습니다. 결국, 이러한 축하는 영구히 계속될 수 없습니다. 사람들은 도시와 주변 마을 이곳저곳으로 다시 흩어졌습니다. 사실, 일종의 당혹감이 그들을 사로잡았습니다. 그들은 하나의 왕을 공경했습니다. 그리고 그를 평화의 왕자로 선포했습니다. 그 흥분 가운데 한 명 이상은 총독의 관저를 기웃거렸을 것입니다. 하지만, 그 소동이 잦아들었을 때, 사람들의 얼굴에는 수치의 홍조가 피어올랐습니다. 이상하고 당황스러운 일입니다: 그들이 할 수 있는 일은 아무것도 없었습니다. 동시에, 말할 것이 아무것도 없었습니다. 지금이 무기를 나눠주거나 대표를 파견하기 시작할 적절할 때로 여겨지지 않았습니다. 그들은 한 왕을 모셨지만, 어느 누구도 그분이 하실 일을 바로 지금 드러야 한다고 말할 수 없었습니다.

만약 이런 상황에 예수님께서 그들의 요구에 굴복하셨다면, 그분은 당신을 상황에 적응시키고, 자신이 전면에 나설 명분이 되는 사건을 기다리면서 때를 보셨을 것입니다 당신 손에 칼을 쥐고, 로마와 그 대표자들에게 저항하는 적절한 기회를 노리며 대중의 비위를 맞췄을 것입니다.

그 대신, 예수님께서는 의도적으로 당신의 길을 가셨습니다. 그분은 백성이 먼저 주도권을 쥐게 하지 않으셨습니다. 그분의 행동은 대중으로부터 동기가 발생하지 않았습니다. 오히려 스스로 결정하고 주도하셨습니다. 그분은 스스로 행하시는 위대한 분(the great Automatist)이십니다. 로봇같은 사람(an automaton)이 결코 아니십니다.

다시금 그분은 당신의 일로 향하십니다. 이번에는 예루살렘의 성전 바로 옆에서 대중을 치료하는 방식(a masshealing)으로 왕의 직분을 드러내십니다. 온갖 종류의 환자들이 그분께로 나왔습니다. 저는 자와 맹인들이 특별히 언급되고 있습니다. 예수님께서는 그들 모두를 치료해 주십니다.

예수님께서 집단치료에 개입하신 것은 이번이 처음은 아닙니다. 그러나 지금은 일종의 특별한 경우인 것 같습니다. 예수님께서는 바로 지금, 사람들 마음에 두드러지게 드러나셨습니다. 그들은 예수님께 많은 환자들을 데려왔습니다. 주님께서 이들을 고쳐주시리라는 불타는 소망으로 데려온 것입니다. 그리고 놀라운 일을 행해야겠다는 그분의 영의 설득이 지금 그분을 이전 어느 때보다 많이 움직인 것 같습니다.

이런 기적들을 행하시는 가운데, 예수님께서는 하나의 목적을 마음에 두셨습니다. 당신께서 시작하신 것을 계속하기를 원하셨던 것입니다. 그분께서는 승리의 입성을 개인적으로 고무시키면서, 스가랴의 예언을 설명하시고 성취하셨습니다. 우리가 기억하기로 그 예언은 미래의 왕, 메시야적 왕을 비천하고 무기도 전혀 없는 분으로 묘사했습니다. 이제 예수님께서는 그 예언의 설명을 제시하고자 하십니다. 일요일 아침에 시작하신 그 일의 진행을 더욱 바라시는 입니다. 지금 기적을 베푸는 그분의 목적은, 스가랴의 메시야적 묘사에 대해서 생각할 수 있는 최상의 설명을 계속 제공하기 위함입니다.

그 예언적 묘사에는 두 가지 특징이 지배적입니다. 하나는 오시는 왕의 비천함입니다. 그 예언의 중요성은 메시야 되신 군주께서 가장 비천한 자들, 가장 일반적인 백성과 자신을 동일시하겠다는 것에 있습니다. 그분께서 이 묘사의 특징을 어떻게 구체화하시는지 지켜보십시오. 도시에서 무시당하는 자들 중에서도 가장 비천한 인생들인, 저는 자들과 맹인들에게 얼마나 자상하게 기대시는지를 말입니다. 왕의 입성 직후에 바로 이 비천한 자들에게 내려가심으로써, 주님은 당신이 스가랴가 보았던 그 비천한 왕이심을 두드러지게 보여주시는 것입니다.

그럼에도, 예수님께서는 스가랴 묘사의 두 번째 특징을 완벽하게 해석하시며 온전하게 성취하십니다. 곧, 그분의 온유함, 무기 없으심입니다. 방어할 것이 없다는 것은, 그분의 왕국이 이 세상에 속하지 않음을 증명합니다. 그분의 왕국은 신정적 왕국입니다. 그 왕국은 다른 국가들에서 사용하는 위협적인 밀집군대를 사용하지 않습니다. 오히려 검을 사용하는 것을 혐오합니다. 무기고를 가득 채우는 것으로 다른 이들과 경쟁하기를 거부합니다. 그 왕국은 수많은 군인들이나 펄럭이는 깃발들로 자신을 방어하지 않고 영역을 확장하지도 않습니다. 오, 아닙니다, 그 왕국은 반항적이며 세속적인 세상 속으로 침투해 들어갑니다. 하지만 평화롭게 들어오며 영적인 방식으로 성장합니다. 그 왕국의 발생 원리는 성령과 불입니다. 그 능력은 '강자의 권리'가 아니고, 내적인 힘이며, 통치에 완벽한 자격을 구비함으로써 생기는 권위입니다.

주님은 이 내적인 힘을 증명하십니다. 로마에 대항하고 본디오 빌라도의 총독권에 저항함으로써가 아니라, 병든 자들, 다리를 절고 보지 못하는 자들이 받게 될 혜택에 그 힘을 행사하심으로써 말입니다. 그 왕께서 지금 자신의 거처에 계십니다. 선물을 나눠주시고, 자비를 베푸시며, 명예의 직임을 감당하실 그분의 시간이 왔습니다. 예수님께서는 사다리 가장 아랫단에서 자비의 일을 시작하십니다. 그분은 값진 선물들, 가장 값진 것들을 주십니다. 단 하나, 곧 생명 자체만 제외하고서 말입니다. 이제 아브라함의 자녀들이 묶여있는 사망의 족쇄들을 부숴버릴 그분의 때입니다. 주님께서 왕의 사역을 얼마나 부요케 하시는지를 보십시오. 그분께서는 사망의 치명적인 세력, 그 마지막 큰 원수, 죄의 삯을 그 공동체 생활로부터 취하십니다. 그리하여 죄 자체를 파괴하시고 가장 위대한 선물, 곧 하나님의 인자하심을 나눠주시는 위대한 과업을 시작하시는 것입니다.

하나님과 천사들은 곧 입술을 모아 전 우주를 가득 채울 평화로운 천상의 대합창으로 목소리를 높일 것입니다. 그것은 저는 자들과 맹인들이 성전 옆에서 귀 기울이는 합창의 서곡입니다.

예수님께서는 공생애 기간에 많은 기적을 행하시고 수많은 놀라운 일을 이루셨습니다. 그중 얼마는 예언을 동반한 표적들이었습니다. 그분은 제사장적 심령으로 다른 이들에게 행하셨고, 이 가운데 제사장의 사랑이 드러났습니다.

하지만, 오늘 그분이 성전 옆에서 행하시는 기적은 예수님의 왕 되심에 대한 적극적인 표현이자 확증입니다. 그것은 주님께서 일으키신 박수갈채에서 당신 자신에 대해 스스로 말씀하신 것을, 모든 사람들이 읽도록 쓴 명백한 주석입니다. 그것은 예수님께서 스가랴의 예언에 대해서 주신 객관적인 예증입니다. 이 특별한 날, 이 특별한 순간, 이 지정된 장소에서 예수님의 기적은, 다른 어떤 기적도 공유할 수 없는 특별한 중요성을 지니고 있습니다. 기억하십시오, 각각의 이적은 독특하며 개별적인 의미가 있고, 그래서 결코 다른 것의 복사물이나 복제물이 아닙니다.

예를 들어, 이 이적은 성전 옆에서 발생합니다. 그리고 그것은 대중적 기적입니다. 그것은 위대한 왕의 도시를 축복합니다. 이 이적을 통해서 예수께서는 그의 정당한 거주지에 존재하시고, 마지막으로 그의 왕국의 법률을 선포하시는 것입니다. 그분께서는 평화의 왕자의 도래할 천년왕국을 선포하십니다. 그 왕자는 이미 현존하시며, 영광의 화려함과 함께 오시는 것이 아니라 죄를 소멸시키고 죄의 큰 삯인 사망을 정복하려는 의지를 가지고 오십니다.

게다가, 이렇게 저는 자들과 맹인들을 고치시는 일이 수난 주간에 일어났습니다. 낮아지심의 이 마지막 주간, 예수님께서는 그분으로부터 능력이 나가도록 하심으로써 자신이 하늘 왕국의 에너지를 통제하고 계심을 입증하십니다. 그리고 이는 십자가가 연약함이 아니라 오히려 능력의 계시라는 사실을 증명합니다. 하나의 행위이지 결코 죽음이 아니라는 것을 말입니다. 수난의 마지막 주간에 생명을 내어 주시고 사망을 정복하신 그분께서는, 자신이 원치 않으신다면 결코 죽으실 수 없습니다.

그러므로 예루살렘의 왕은 당신께서 그 성에 들어오실 때 나타내셨던 계획을 여전히 신실하게 이행하십니다. 예언에 신실하심같이 꼭 그렇습니다. 주님이 정확하게 신실하시기 때문에, 주님을 그토록 환호했던 그 도시는 그분과의 갈등 속으로 들어가야 합니다. 예루살렘은 그 비천한 무방비의 왕에 대한 예언을 나름대로 해석하려는 일을 결코 포기하지 않을 것이기 때문입니다. 그들은 예수님께서 병자들을 고치신 일을 유익하면서도, 동시에 충격적이고 박애적인 섬김이라고 인정할 것입니다. 하지만 이는 그들이 그분에 대해 마음에 품고 있었던 것과 정확하게 일치하지는 않습니다. 그렇게도 감동적인 현시에 대한 존경의 감정과 환상적인 경이로움, 다소 수줍은 감사는 오래 가지 않습니다. 자신의 길을 가는 왕이 특별히 취하는 길을 백성들이 원하지 않을 때에는, 유행하는 열정의 횃불이 그렇게 오래 불타오르지 않는 것입니다.

그러므로, 예수님께서 비교적 무해한 자비의 섬기심으로 당신에게 주어진 그 환호에 반응하셨을 때, 백성의 지도자들은 재빨리 기회를 보아 백성의 열정을 신속하게 감소시킵니다. 그들은 사그라드는 불길을 완벽하게 꺼버리게 위해서 질주하는 것입니다.

이것이 상황입니다. 예수님께서 절름발이와 맹인들을 고치실 때 상당수 사람들이 옆에서 지켜보며 서 있습니다. 이들 중에 어린이도 많이 있습니다. 그들이 예수님을 둘러싸고는 나름의 방식으로 게임을 고안해 놀기를 시작했습니다. 그분을 중심인물로 삼아서 말입니다. 그들은 '호산나' 게임을 시작합니다. 놀랄 일이 아닙니다. 그들은 큰 무리의 사람들이 집들 너머로 먼지를 날리면서 길거리를 가로지르는 것을 방금 보았습니다. 게다가, 그들도 밀집하여 모여든 영웅숭배자들의 소란함을 뒤따랐습니다. '큰' 무리를 지켜보고 그렇게도 좋은 말씀과 수많은 놀라운 일들을 행하신 나사렛 선지자에게 어떻게 반응해야 하는지를 배웠습니다. 그러는 중 예수님께서 실제로 얼마간 멈춰서시고 그곳에 잠시 머무르시는 것 같았습니다. 그들에게 기회가 온 것입니다. 그들이 예수님을 둘러쌌습니다. 그들은 종려나무 가지만큼이나 좋은 푸른 나뭇가지들을 공중에 흔들었을 것이 분명합니다. 그들은 영광송의 한 부분을 기억하고는 외치기 시작했습니다. 그들에게 완벽한 그림입니다. 성인들의 것처럼 말입니다.

감사를 느끼는 부모의 가족들이 나사렛 랍비의 손에 부끄러운 듯 입을 맞추려고 나올 때, 적지 않은 수의 아이들도 그들 중에 있었을 것이 분명합니다. 모든 가능성 가운데 역시 이 어린이들 중의 한 명 이상이 나이든 맹인과 저기 떨어져 있는 절름발이의 친구일 수 있을 겁니다. 그러므로 아이들의 유희에 특별히 비상할 것이 전혀 없다는 느낌이 듭니다. 그들이 호산나라고 함께 외친 것은 너무나도 평범한 일입니다.

실제로, 그것은 대단히 평범한 일이었습니다. 어떤 허풍쟁이도 비슷한 환호를 받았을 것입니다.

그러므로 예수님을 향한 대중의 점증하는 존경에 맞서 어떤 수단이라도 사용하고 싶어하는 지도자들이 이 기회를 이용해 반항적인 생각을 던지는 것은 놀랄 만한 일이 아닙니다. 그들은 과감하게 앞으로 나서 이 아이들이 외치는 소리를 막지 않겠느냐고 요청합니다. 그는 진지하게 여겨지기를 바라고 있지 않은가? 그렇다면, 그는 꼬마들이 주접 떠는 것에 실제로 영향을 받는 것처럼 보여서는 안 된다. 사람들에게 영향력을 행사하기를 진실로 바라는 사람이라면, 이런 통속적인 영웅주의적 자세를 경멸해야 해. 특별히 여기 성전, 성경의 두루마리들이 보관되고, 이스라엘 현자들이 매일 모여 가장 심오한 문제들을 상고하고 있는, 성전의 그림자가 드리워진 곳에서라면 더욱 그러해야 해. 만약 그가 자신의 가치를 증명하기를 원한다면, 아이들로 하여금 안으로 들어가게 해야지. 이런 아이의 유희를 지켜보기에는 세월이 너무 고달파. 이런 아이의 유희에는 세월이 너무 고달파.

이런 가정들에 따라 서기관들은 그의 입술에서 뭔가 흠잡을 만한 말을 유도하고자 합니다. 물론 그가 답변하지 않을지도 몰라. 그러면 질문에 뚜렷하게 답변하지 않았기 때문에, 대중들의 꺼져가는 열정의 불길을 아예 꺼버리게 될 것이야. 그러면 질문 자체는, 뚜렷하게 답변이 되지 않기 때문에, 대중들의 열정의 꺼져가는 불길을 아예 꺼버리게 될 것이야. 이 모습은 갑자기 출세한 이 나사렛 촌놈이 생각보다 별 거 아니라는 것을 군중들에게 보여줄 거야.

예수님이 반응하면? 그래, 물론 그는 아이들이 말하는 모든 것이 진정성 있고, 심오하며, 진실한 것이 아님을 알고 있어. 무리가 했던 호산나 찬양의 피상성을 꿰뚫어 보았던 그는 이 아이들의 합창에서도 가성과 건조한 반복어구들이 많이 있음을 간파해야 해. 그래, 그는 아이들의 찬양이 자신의 일에 대해 대중이 얼마나 인식하고 있는지를 보여주는 지표로 그리 중요하지 않음을 알고 있어.

하지만, 예수님께서는 아이들을 침묵시키지 않습니다. 아이들의 외침은, 그분이 느끼기에 하나의 선물입니다. 아이들이 주는 것이라기보다는 오히려 이스라엘의 하나님께서 주시는 선물 말입니다. 그들의 합창 소리를 들으면서 그분은 시편 8편을 생각합니다. 주님께서 그것을 따라 부르며, 그 감상을 마음으로 되뇌어 보시고, 당신의 영혼 속에 그것이 반복해서 울리게 하십니다. 그것으로부터 서기관들에게 당신의 답변을 취하십니다. 그들을 당장에 코너로 몰아버릴 답변 말입니다.

성경이 말하는 바를 그들이 알고 있을까요? 확실히, 그들은 알고 있습니다. 그들은 서기관들입니다. 하지만, 그들은 대답을 하면서도 난처함으로 조바심을 내기 시작합니다. 좋습니다, 예수님께서는 계속 말씀하십니다. 그러면 그들은 하나님께서 아이들의 목소리를 대단히 큰일들에 포함하신다는 것을 알게 될 것입니다. 하늘이 아이들을 주목하는 것입니다. 그들은 시편 8의 시인의 말을 떠올립니다: "어린 아이들과 젖먹이들의 입으로 권능을 세우심이여"(2절).

"어린 아이들과 젖먹이들"이라는 표현은 모든 어린이들을 가리킵니다. 왜냐하면, '어린 아이들'은 일반적인 어린이들을 가리키는 것이고, '젖먹이들'

이란 유아들을 가리키기 때문입니다. 그리고 우리가 알기로, 동양은 서양에 비해 어머니가 아이를 더 오래 직접 양육하는 관습이 있습니다. 그러므로, 이들 모두의 입술로부터 하나님께서는 권능을 세우셨습니다. 그분은 '그들의 입술의 제사'를 들으시고 받으십니다.

예수님께서는 시편 8편을 인용하시는데, 그것은 그분의 진술에 특별한 가치를 부여해 줍니다. 이 시편은 웅장한 일에 관한 시편입니다. 숭고한 주제를 다루고 있습니다. 태양과 달과 별들을 노래하면서, 이 모든 것들이 하나님 이름을 찬양하고 있다고 주장합니다. 하지만 그것들이 그렇게나 놀랍고 숭고하다고 하더라도 인간의 영혼만큼 그러하지는 못합니다. 물리적 우주와 대조해 볼 때, 인간은 너무나도 작습니다. 하지만 영적인 존재로서 위대합니다. 왜냐하면, 자기를 만드신 분의 형상을 담고 있기 때문입니다. 그리고 인간 사회에서 가장 연약한 자, 가장 발달이 덜 된 자라 하더라도 하늘에 떠 있는 모든 것들보다 더 위대합니다. 어린 아이들과 젖먹이들의 입에서부터 나오는 찬송도 하나님께서는 완전하게 하십니다. 자연적인 기초 위에서조차도 이러한 찬양은 하나님께 기쁨이 됩니다. 왜냐하면 그것이 하나님의 아름다운 창조 세계 안에 있는, 성장하고 있는 인간 세계로부터 하나님께로 올려지는 것이기 때문입니다. 하지만, 어린이들의 합창은 자연적인 생명뿐 아니라 은혜의 생명도 표현하고 있습니다. 창조하실 뿐만 아니라 재창조하시는 하나님께서는 젊은 목소리를 기뻐하십니다. 언약의 자녀들로부터 훗날 죄의 권세를 제어할 수많은 신실한 자들이 나오게 됩니다. 하나님께서 그 안에서 승리하시기 위해서, 세상에서 벌어지고 있는 거룩한 전쟁의 함성을 그들이 높일 것입니다.

그렇다면, 만약 모든 서기관들이 아는 것처럼, 하나님께서 아이들의 찬양을 기뻐하신다면 왜 어린이들을 침묵시켜야 하나요? 예수님께서는 유대인들에게 질문합니다 그리고 그분의 질문은 아이들의 놀이만큼이나 단순합니다. 주를 찬양하기 위해 노래하는 소리들로부터 주의 종이 어떻게 감히 자기 등을 돌릴 수 있겠느냐?

예수님 옆에 서있는 학식 있는 늙은이는 아이들의 목소리가 그 높이 서있는 성전의 분위기와 어울리지 않는다고 생각하는 것 같습니다. 하지만 예수님께서는 성전은 바로 이런 찬양을 하는 장소라고 말씀하십니다. 더 엄숙하지 않은, 그 태양과 달, 별들이 형성한 궁창 위에 세워진 자연의 성전에서조차도 아이들의 합창은 주님께 기쁨이 됩니다. 하지만 성경의 두루마리들이 보관되고 언약의 율법들이 놓인 중생의 성전에서 이런 음악이 흘러나오면, 여호와와 천사들에게 특별한 기쁨이 됩니다.

그 시편에 따르면, 이런 유의 영광송에 의해 원수와 대적자들이 잠잠해집니다. 그들은 분명 하나님이 중하게 여기시는 것을 예수님께서 흔하게 여기시리라고 기대할 수는 없었습니다. 분명히, 그들은 예수님께서 하나님에게 그렇게 사소하게 여겨지지 않는 것을 너무 흔한 것이라고 여길 것이라고 기대할 수 없습니다. 시내산 율법의 세 번째 계명의 이름으로 주어진 명령이 있습니다: 작은 일들의 날이라고 멸시하지 말라(슥 4:10).

그 난처한 답변은, 수치심으로 얼굴이 붉어진 서기관들을 자연스럽게 내쫓아버립니다.

하지만 우리는, 예수님과 함께 잠시 더 머뭇거리기를 선택합니다. 다른 이들은 다 가버리더라도 말입니다. 다시금 우리는, 그분께서 성경에 따라 그렇게도 완벽하게 살아가신 것을 예배해야 합니다. 매 순간 성경 안에서 사신 것을 말입니다. 그분은 시편 8편을 손상하거나 손대시지 않고 언급하십니다. 섬세한 정교함과 완전한 조화로 그분은 그 시편 전체를 잘 다듬어 온몸에서 나오는 소리로 부르십니다. 그 주제는 그분의 영혼 속에서 그 자체로 푸가곡으로 발전합니다. 멜로디와 박자, 모두가 완벽하고, 전체적이며, 완성적입니다.

그러므로 이 시편은 한 무리 아이들의 사소한 게임을 전체 수난주간의 숭고하고 비극적인 배경으로 제공합니다.

첫 번째로, 시편은 자연과 은혜를 결합시키고 있습니다. 그 안에서 태양과 달, 그리고 별들로 대표되는 일반계시, 자연계시가 아름다움과 능력을 노래하고 있습니다. 하지만, 특별계시 또한 그 안에서 시적 표현이 되고 있습니다. 그 시편이 원수와 대적자들을 잠잠케 하는 기능을 가진 어린이들에 대해 말할 때, 그것은 이스라엘을 대적하는 이교국가들, 여자의 후손에 대적하는 뱀의 후손들, 성령에 대항하는 짐승에 의해서 실행되는 영적 갈등에 대해서만 언급될 수 있습니다. 시편의 주제는 자연의 영역으로부터 은혜의 영역으로 올라갑니다. 창조의 영역에서 중생의 영역으로, 일반은총에서 언약은총으로, 일반계시에서 특별계시로 말입니다. 그리고 예수님께서는 이 시편을 당신의 영혼 속에서 완전하게 노래 부르면서 모든 시편과 예언들을 성취하시듯이 그것을 성취하려고 하십니다. 그분은 당신의 백성의 죄를 위한 속죄자(the Propitiator)가 되시며, 또한 신음하는 창조세계의 구속자(the Redeemer)가 되고자 결심하십니다. 예수님은 죄인들에게 영적 선물들을 주고자 하실 뿐 아니라, 물리적 창조세계의 영역에서 저주를 제거하고자 결심하십니다. 태양과 달, 그리고 별들로부터 그 저주를 태워 버리시는 것입니다. 그분이 그 시편을 당신 자신에게 가만히 부르실 때, 가장 광범위한 의미로서의 창조의 중보자 (the Mediator)가 되고자 일어나시는 것입니다. 그분은 성전에서 자신의 발밑에 있는 깔린 돌들을 보시면서, 그것이 신약교회의 기초만이 아닌 새 땅의 근거가 되도록 제안하십니다. 자연과 은혜, 물질과 영, 모두 다 그것들에게 영원한 안식을 제공해 주실 수 있는 우주적 중보자를 필요로 합니다.

둘째로, 시편 8편은 아이들의 노래를 하나님의 신병부대로 간주하고 있습니다. 도덕적이면서 영적인 전쟁의 맹공격과 뱀의 후손에 대항하는 여인의 후손들의 오래된 전투에 투입되는 예비대원들 말입니다. 예수님께서는 그분 영혼에 반복되어 울리는 시편을 들으면서 당신께서 지상에 평화를 가져오실 것을 아십니다. 하지만, 당신께서 전쟁도 초래할 것을 아십니다. 아이들의 음성은 어떤 의미에서 천사들이 베들레헴에서 노래했던 "땅에는 평화"로부터 이어지는 운율과 같습니다. 하지만, 그분의 존재 안에서 그 시편이 발전해 가면서, 곡조는 하나의 군가의 분위기로 발전하고 있습니다. 그것은 전쟁을 선포합니다. 그분께서 의를 위하여 싸우셔야 한다고 말입니다.

세 번째로, 시편 8편은 젖먹이들에게 하나의 기능, 하나의 구체적인 책임을 할당합니다. 비록 그들이 너무 어리다고 해도 말입니다. 그들도 주님의 종들로서 수행해야 할 그들의 과제가 있습니다. 예수님께서 주목하셨듯이, 그분은 주님의 가장 위대한 종으로서 주어진 막대한 과업에 대한 책임이 있음을 아십니다. 아이들의 영혼이 하나님의 모든 창조세계에 영향력을 미치는 중심이라면, 예수님께서는 역사의 중심에 접근하시는 성숙한 직무의 담지자로서 자신이 그 평화와 전쟁의 노래를 부르실 뿐만 아니라 (그 직무를) 성취해야 함을 아시는 것입니다. 예수님께서는 하나님의 위대한 세계 가운데 편만하게 평화를 이루셔야 합니다. 뱀의 후손과 여인의 후손 사이의 범우주적 전쟁을 촉진하고 또한 완성하셔야 하는 것입니다.

네 번째이자 마지막으로, 예수님께서는 아이들의 활기찬 노래로부터 십자가에서 토하시는 당신의 비통한 외침으로 주의를 옮기십니다. 하나님의 성전 창가에서 시편 8편을 낭송하시고, 아이들의 목소리로서 속속들이 이를 낭송함으로써 그리스도께서는 메시야 시편이 당신에게 기대하시는 것에 대해 책임을 맡으시는 것입니다.

히브리서 2장에서 이 시편은 다시금 성경의 유기체로 되돌아옵니다. 신약성경에서 그 의미를 완전하게 드러냅니다. 히브리서는 우리에게 그 안에서 메시아적 겸손과 심지어 예수님께서 지옥까지 가시는 것을 읽어내도록 가르칩니다.

그 시편은 우리에게, 본래 사람은 피조세계의 주인이고, 하나님의 위계질서에 따라 천사로 하여금 사람을 섬기도록 간주할 수 있었다는 것을 가르칩니다. 하지만 그것은 다른 의미로 사람이 천사보다 조금 못하다는 것을 가르칩니다. 사람이 천사들보다 조금 못하게 창조되었기 때문입니다. 이는 시인의 마음을 상하게 하는 모순입니다. 사람은 천사보다 낮아야 합니다. 하지만 경험은 그의 판단과 부합합니다. 의의 상태에서 그의 지위에 의하면 사람은 물론 피조된 것들의 주인이었고, 그러므로 하늘의 천사들의 주님이기도 했습니다. 하지만 죄가 우주 속으로 기어들어왔습니다. 시인의 표현에 의하자면 원수, 대적자가 우주 가운데 등장한 입니다. 원래 이상적으로 지음 받은 그 상태가 아니었습니다. 사람도 피조세계의 위계상 정점에 있던 그의 위치로부터 제거되었습니다. 그의 능력이 깨뜨려졌고, 그의 아름다운 신체가 사망의 희생물이 되었으며, 그의 영혼은 저주에 놓여졌습니다. 가능성과 능력들에 관한 한, 주님 격의 사람이 천사들 아래로 타락해 버렸습니다. 이상적으로 본래 사람은 천사들보다 위에 있었습니다; 실제적으로는 천사들 아래에 처했습니다. 그리고 하나님의 정의는 그 사실이 진실이라고 모든 선서로 맹세하고 있는 것입니다.

사람의 본래 영광과 현 상태 사이의 모순이 시편 8편이 특별히 강조하는 비극입니다. 그러므로 그분께서 수난 주간에 그 비극을 성취하시면서, 그 비극은 또한 그리스도의 것이 됩니다. 주님께서는 당신의 도시에 중보자로서 들어오십니다. 그분은 당신 안에 인간의 모습을 담고 있기 때문에, 인간의 연약함, 죽어야 할 운명, 그 비천함과 자신을 동일시 하셔야 합니다. 주님께서 둘째 아담, 곧 '사람'으로서 나타나시게 될 겟세마네에서, 그분은 분명하게 천사들보다 더 낮아지실 것입니다. 왜냐하면 천사들 중 하나가 내려와 그 동산에서 성자를 지지해야 할 것이기 때문입니다. 이런 지원이 없이는 그분은 너무 약할 것이고 그래서 바닥없는 진흙 속으로 사라져버릴 것입니다. 그리고 그것은 십자가상에서 더욱 분명해질 것입니다. 왜냐하면 모든 천사들이 아버지와 함께 있겠지만, 예수님은 하나님으로부터 버림당할 것이기 때문입니다. 그리고는 어떤 천사들도 들어갈 수 없는 땅에 그분의 육체가 들어갈 것입니다. 그리고 그분은 당신의 영혼을 스스로 하나님께 부탁할 것입니다. 천사들이 그 영혼을 아버지 무릎에 데려다 놓기를 바랄 수 없는 중에 바라면서 말입니다. 왜냐하면 그리스도께서는 한 인간의 비천함이 아닌, 시편에서 높여진 그 "인간"으로서 스스로를 취하실 것이기 때문입니다.

그래서 그 시는 그리스도를 통해 계시록 12장에 이르게 됩니다. 다시금 여인이 등장합니다. 그리고 여인의 후손, 해와 달, 별들이 등장합니다. 다시금, 인간의 연약함의 합성물인 젖먹이가 있습니다. 여인의 아이 말입니다. 우주적 세력들이 그 아이에게 힘을 미치기 위해서 열심입니다. 그러나 그것은 세상의 큰 저주 속에 포함되어 있습니다. 하지만, 여인의 후손으로서 그 아이는 한 번 더, 시편의 용어대로 원수와 대적자들, 곧 옛뱀 을 "잠잠케 할" 것입니다.

이제 잠시 쉬면서 생각해 봅시다: 예수님의 영혼 속에서 성경은 결코 깨지지 않는다는 것을 말입니다. 성경에 대해 그리고 주님에 대해 생각해 보십시오. 주님께서 로고스로서 성경의 저작권을 주장하시는 말씀을 들어보십시오. 주님께서 당신 자신을 그 시편의 존재이유(the raison d'etre)라고 이름 붙이는 것을 들어보십시오. 다시금 그분께서 (이전에 선지자들 속에서 증언하셨던 그리스도의 영이신) 성령의 주로서 그것의 저작권을 주장하시는 것을 들어보십시오. 주님께서 직접 그 시편의 해석원칙과 내용을 말씀하시는 것에 귀 기울이십시오. 그럴 때, 여러분은 그분 영혼의 끝자락을 만지게 될 것입니다.

그러면, 여러분은 이 믿음이 그리스도의 성령 안에 머물고 있음을 알게 될 것입니다. 비천의 길을 가심으로써 그분은 승귀의 길을 취하실 것입니다. 그 길이 십자가를 거쳐서 하늘에 이르게 될 것임을 그분은 아십니다. 진실로 주님께서는 천사들보다 조금 못하게 되실 것입니다. 하지만, 그분은 옛적부터 주되신 분이심을 다시금 확인하게 될 것입니다. 그분 안에서 인간은 다시금 일어나 충만한 영광 안에 있는 창조의 왕이 될 것이며, 자기 위에 천사도 심지어 천사장조차도 있지 않고 오직 하나님만 계실 것입니다.

다시금 우리는 이 구주 앞에 경외함으로 머리를 조아립니다. 그분은 당신의 낮아지심의 이 마지막 주간에 말씀의 측면에서, 예술적으로, 의미심장하게 사셨고 생각하셨으며 또한 느끼셨습니다.

예수님께서는 아이들의 칭얼거리는 소리와 당신 이름의 영광에 관한 엄청난 세계의 문제를 연관시키십니다. 그 심오하고도 우주적인 함축된 문제들을 말입니다. 뒷골목 놀이에 주님께서는 해와 달과 별들의 운행을 연관시키십니다. 때가 되니 그분은 이것들을 요한계시록 12장의 여인과 결합시키셨으며, 그 여인의 후손은 곧 당신 자신이셨습니다. 이러한 것은 영원한 것의 실상(actuality)이며, 구체적으로 실현된 영원(eternity)입니다. 하늘의 왕국이 아이들의 놀이와 질투하는 서기관들의 조잡한 검열을 곧바로 통과해 그 경로를 취합니다. 이러한 것이 바로 스가랴가 환상 가운데서 보았던 그 왕의 위엄입니다. 이러한 것이 그리스도의 영광인 것입니다.

결론적으로, 우리는 잠시 처음으로 돌아가야 합니다. 여전히 기회를 엿보면서 그분을 분명히 죽이고자 하는 자들에 대항하여, 그리스도께서 이중의 특권을 행사하시는 것을 우리는 감사하며 인식해야 합니다.

그리스도께서는 개인적인 주도권의 특권을 행사하십니다. 그분은 그들의 행동을 기다리심으로, 자축하고 있는 그들의 소원에 굴복하지 않으십니다. 그분은 수난과 대관식의 주간을 위한 프로그램을 당신 아버지의 손으로부터 받으십니다. 그분은 종려가지들과 명예의 월계수가 제공하는 영광스러운 시간을 저는 자들, 눈먼 자들과 함께 보내십니다. 그들은 예수님께서 자신의 주도권에 따라 행하심을 이해하게 됩니다.

그분께서 행사하시는 두 번째 주도권은 자기해석(selfinterpretation)의 주도권입니다. 그리스도께서는 예언적 묘사에 나오는 '비천함'과 '무방비상태'를 그분 자신의 의미에 따라 설명하십니다. 자신이 무엇을 생각하고 있는지에 대해서 어느 누구에게도 질문하지 않으십니다.

이러한 분이 우리의 이상적인 왕이십니다. 주권적인 선하신 즐거움에 따라서 당신의 통치를 변증하시고, 또한 그것을 계속 집행하시면서 어떤 방해거리도 묵묵히 참아내시는 그분 말입니다.

chapter 10
—
수난의 방으로 들어가시는 그리스도

"유월절 양을 잡을 무교절날이 이른지라

예수께서 베드로와 요한을 보내시며 이르시되

가서 우리를 위하여 유월절을 준비하여 우리로 먹게 하라

여짜오되 어디서 준비하기를 원하시나이까 이르시되

보라 너희가 성내로 들어가면 물 한 동이를 가지고 가는 사람을 만나리니

그가 들어가는 집으로 따라 들어가서 그 집 주인에게 이르되

선생님이 네게 하는 말씀이 내가 내 제자들과 함께

유월절을 먹을 객실이 어디 있느냐 하시더라 하라

그리하면 그가 자리를 마련한 큰 다락방을 보이리니

거기서 준비하라 하시니

그들이 나가 그가 하신 말씀대로 만나 유월절을 준비하니라"

- 누가복음 22:7~13 -

10장.
수난의 방으로 들어가시는 그리스도

그리스도께서 수난의 방으로 들어가십니다. 그 길은 옛 성례의 표지로부터 새로운 성례의 표지인 실재에 이르는 길입니다. 유월절의 방에 이르는 길은 상징으로부터 그 상징이 가리키는 실재에 이르는 길입니다. 그리스도께서 가시면서 신비의 구름이 그분을 둘러쌉니다. 우리의 유월절은 그분의 유월절로 나아갑니다. 천사들과 마귀들이 그분을 뒤따릅니다.

본문에 있는 세세한 것들과 그 상황에 대해서는 일치된 의견이 없습니다. 초대교회 때부터 사람들은 이 본문을 다양하게 해석해 왔습니다. 예를 들어 어디에서 유월절이 지켜졌느냐에 대한 것은 관심자들을 곤란케 한 의문 중 하나이고, 일치된 답변이 주어지지 않았습니다.

우리는 성경이 말하는 그 객실의 마련 방식에 대해 알고 있습니다. 그 설명은 일반적인 것입니다. 하지만 구체적이고 상세한 내용들에 대해서는 그렇지 않습니다. 복음서의 여러 묘사들을 비교해 보면, 예수님께서 이른 아침 제자들 중 베드로와 요한 두 명에게 성읍으로 들어가라고 말씀하신 것을 알게 됩니다. 그러므로 예수님과 제자들은 여전히 도시 바깥에 있었음이 분명합니다. 제자들은 어떤 장소에 이르렀을 때 물동이를 들고 가는 한 사람을 만날 것이라는 말씀을 듣습니다. 제자들은 주님께서 유월절을 지키실 만한 장소가 있는지 그에게 물어야 합니다. 그가 제자들에게 한 집을 알려줄 텐데, 그곳에는 유월절 식사를 하기에 적절한, 손님들을 위한 별실이 준비되어 있을 것입니다. 어떤 이들은 이 본문에서, 그 방이 아주 잘 갖추어져 있고, 카펫이 깔려 있으며, 모든 것이 편리하도록 세세한 것까지 신경 써 구비되었을 것이라고 추정합니다. 그럴 수도 있고 아닐 수도 있겠습니다. 아무튼, 그 방은 더 나은 곳이 없어서 임시로 사용하기 위해 서둘러 손을 본 가건물이 아니었습니다. 하나님께서는 당신의 섭리 가운데서 그 목적의 거룩함에 적합한 분위기와 편리함을 가진 공간을 제공해 주셨습니다.

방을 이런 방식으로 마련하셨다는 것이 특별히 우리들의 흥미를 자아냅니다. 예수님께서는 베드로와 요한을 보내 다른 사람의 소유물을 선택하게 하셨습니다. 그것도 형식상의 매매를 닮은 것이 전혀 없는 채로 말입니다. 이 경우는 자연스럽게 예수님께서 제자 둘을 보내어 어린나귀를 데려오라고 하셨던 일을 생각나게 합니다. 그날 왕께서는 징발의 권리를 행사하셨습니다. 이 경우에도 그렇게 하십니다. 그분은 물동이를 어깨에 메고 어디론가 걸어가는 사람에게 대담하게도 다가서서는, 그 사람 소유물에 상당히 영향을 미칠 만한 일을 하시는 것입니다. 그분께서 하고 싶으신 대로 말입니다. 그것이 이 일과 앞선 일 사이에 닮은 점 중 하나입니다. 그밖에 닮은 점이 있습니다. 그때 우리는 예루살렘 입성을 준비하는 일에 하나님께서 적극적으로 협력하시고 보살펴 주셨음에 주목했습니다. 예를 들어, 어린나귀가 예수님께서 지정하신 그 장소에 정확하게 매어 있었습니다. 섭리의 하나님께서는 이번에도 비슷한 방식으로 사건들을 조성하십니다. 하나님께서는 자신의 역할을 하십니다. 그리스도의 뜻과 예언의 말씀의 성취, 이 두 가지를 충족시키기 위해서 나아가시는 것입니다. 시간이 되기 전에, 그 목적을 위해 특별히 예정된 사람으로 하여금 물동이를 가지고 집을 나서게 하시고, 정해진 시간에 맞춰 집으로 돌아오게 하시는 분은 하나님이십니다. 하나님께서는 그로 하여금 베드로와 요한과 맞닥뜨린 그 길거리에서 잠시 멈추어 생각하게 하십니다. 하나님께서 인자가 마지막 만찬을 위해 앉으실 그 탁자 위에 천을 펼치시는 것입니다. 하나님의 섭리의 생생한 실재가 예수님의 수난 드라마에서 구체적으로 역사하는 것을 자세히 들여다보지 않는다면, 누구도 그것을 강력하게 느낄 수 없을 것입니다. 성전과 제단은 멀리 떨어져 있지만, 여러분은 하나님께서 지금 어디에서 당신 제단의 신비들을 계시하시는지 물어볼 필요가 없습니다. 운동의 잔물결이 성전의 커튼을 흔듭니다. 그 뒤에는 징발의 권리를 공식적으로 지닌 자들이 섬기고 있습니다. 레위는 자기의 '십분의 일'을 취합니다. 오, 레위를 위하여 하나님께서는 그리스도를 통해서 당신 자신을 위한 당신의 요구를 하시는 것입니다.

하지만 어린 나귀를 데려오는 것과 지금 객실을 준비하는 것 사이에, 큰 차이도 있습니다. 예수님께서 나귀를 데려오라 하셨을 때에는 왕의 위용으로 그 도시에 등장하고자 하셨던 것입니다. 기록에 따르면 누가 소유자인지와 무관하게, 당신께서 필요로 하시는 것을 이렇게 취하셨습니다. 예루살렘 입성 준비에 대한 묘사에서는, 주님께서 요구하신 나귀의 주인이 제한된 제자들의 무리에 속하였다고 믿을 만한 언급이 전혀 없습니다. 오히려 그 사람은 예수님과 특별한 친분이 없는 사람이라는 인상을 갖게 됩니다. 어린나귀를 즉각 돌려줄 것이라고 그 주인에게 특별하게 확신하신 것은, 예수님께서 그를 외부에 속한 자로 간주하고 취급하셨음을 암시하는 요소들 중 하나입니다.[25] 예수님께서는 최소한 우정의 끈을 맺고 있다는 이유로 나귀 주인에게 요구할 수는 없다고

---

25) 이와 연관되어서, 마태복음 21:3의 정확한 의미는 "곧장 그(주님)께서 (어린나귀를 사용하신 뒤에) 돌려보내실 것이다"는 것이다 : 막 11:3 참고. "개정된" 본문, Grosheide, Kommentaar op Mattheus, p. 246. 한역주 : "외부집단에 속한 사람"이라고 번역된 말은 영역본에는 a stranger로 되어 있는데, 이방인 혹은 국외자로 번역될 수도 있겠으나, 이 번역들이 포함하고 있는 가외적인 뉘앙스들 때문에, (제자들 집단이 아닌) "외부집단에 속한 사람"이라고 번역하였다.

느끼셨습니다.

하지만 지금 예수님과 제자들이 사용하기 원했던 그 집의 주인은, 모든 언급을 살펴볼 때 더욱 친밀한 그룹의 친구들이나 신자들 중 한 구성원인 것처럼 보입니다. 이것 역시 놀랄 일은 아닙니다. 왜냐하면 이제 그리스도께서는 당신의 주권을 단지 그 도성의 왕으로서 필요한 소유물을 사용하는 데 행사하시는 것이 아니기 때문입니다. 이제, 그분은 오히려 새로운 언약의 중보자로서 도착하십니다. 그분은 유월절의 참여자로서 오셔서 거룩한 식탁에 앉으시는 것입니다. 앞의 경우에는 사람들이 그분 주변에 무리로 모여들었습니다. 이제는 그분은 그들로부터 자신을 고립시키십니다. 하나의 거룩한 과제를 수행하시는 것입니다. 그 과제는 수천의 다른 사람들 또한 수행했던 것이지만, 그분은 오늘로서 그것을 더 이상 불필요하게 하실 것입니다. 더 나은 은혜의 선물, 곧 성찬으로 대체함으로써 말입니다.

이전에 예수님께서는 의도적으로 사람들의 시선을 끌기 위해서 에두르는 방식으로 나아가셨습니다. 그때 그분이 하셨던 것처럼 이제는 제자들에게 하나의 표지를 주십니다. 물동이를 지고 가는 사람이 있고, 이러이러한 장소에서 그를 만나게 된다는 것입니다. 왜 이런 표지가 필요할까요? 우리는 의아하게 생각합니다. 흥미를 가진 대중들의 관심을 다시금 끌어 모으기 위해서였을까요? 제자들을 더욱 강하게 믿음 가운데 두시기 위해서였을까요? 예, 그것이 제자들을 위해서였다는 것도 너무나 그럴 듯합니다. 왜냐하면, 사탄이 밀처럼 까부를 수 있도록 그들을 소유하기를 대단히 원했기 때문입니다. 하지만, 우리는 그러한 표지가 주로 예수님을 위해 필요했다는 점을 잊어서는 안 됩니다. 예수님의 혼과 영은 이러한 표지들을 방편으로 하나님께로 나아갑니다. 또한 하나님께서도 그것을 방편삼아 예수님을 위해 역사하시는 것입니다. 예수님의 심정, 신뢰하면서도 고통을 당하시는 심정은 표지를 구합니다. 그분께는 의심이 존재하지 않으므로, 그 표지는 의심을 쫓아내는 것이 아닙니다. 진정한 유월절의 수단으로서, 하나님을 기쁘시게 하는 것을 드러내는 표지를 구하시는 것입니다. 그리스도께서는 하나님의 호의의 상징으로 유월절 식사를 할 수 있는 장소가 주어질 것인지를 알고 싶어 하십니다. 그 나귀를 요구하심으로, 그리스도께서는 당신을 보는 모든 이들에게 자신이 소유물에 대한 권리를 갖고 있다는 것을 나타내셨습니다. 이제 예수님께서는 그를 위하여 준비된 저 간편한 시설을 부탁하심으로 당신의 가난하심을 계시하십니다. 이번에는 모든 사람들에게가 아니고 오직 신실한 자들에게만 말입니다. 예수님께서 "이것은 모두 나의 것이다"고 선택하여 말씀하실 만한 장소가 그 도시 전체에 하나도 없었습니다.

그러므로, 우리가 비교하고 있는 두 사건은 대조적인 것으로, 아니 오히려 상호 보완되는 것으로 간주해야겠습니다. 첫 번째 표지는 그분의 부를 선포하고, 두 번째 표지는 그분의 자발적 가난을 나타냅니다. 첫 번째는 "온 도시가 내 권리 아래 있다"고 주장하고, 두 번째는 "인자가 자기 머리를 둘 곳이 없다"고 선언합니다. 첫 번째가 당신의 영광을 예상한다면, 두 번째는 당신의 수난을 인식합니다: 그 엄숙하고 엄중한 표현, "나의 때가 가까웠느니라"고 하시는 말씀에 귀 기울여 보십시오. 첫 번째 표지는 다윗 가문의 왕자를 위한 나팔소리로서, 그 이새의 가지에 모두가 주목해야 했습니다. 하지만 두 번째 표지는 그 가지의 더 어두운 부분에 일부 사람들만 주목해야 했습니다. 여러분은 관심을 기울여야 합니다. 다윗의 그 성 안에서, 다윗의 위대한 아들이 먹을 수 있는 방 하나를 영을 좇아 구해야 한다는 것을 말입니다. 여러분이 보시듯이, 예수님께서는 그 방으로 들어가실 때 세상을 떠나시는 것입니다. 요셉과 마리아 둘이 다윗의 아들이 태어날 수 있는 장소를 구한 지 이제 수십 년이 지났습니다. 그 가난 또한 다윗 가문의 해체의 상징이었습니다. 그 마지막 자녀들이 세상에 흩어져 집도 없고 벌거벗은 채로 환영을 받지 못해 방황하고 있었습니다. 다윗의 가문이 당시 호의를 구걸하면서 세상에 들어오게 된 것처럼, 다윗의 그 위대한 아들도 유월절 식사를 하고 당신의 교회에 성찬을 소개하기 위해 지금 당신에게 호의를 베풀 수 있는 누군가를 물색해야(must hunt)[26] 합니다. 비록 그분께서 당신의 직무를 행하기 위해 맹세하셨더라도, 비록 그분께서 계속 왕의 봉사를 고집해 오셨더라도, 비록 그분께서 이 동일한 시간에 다윗 왕권의 본질을 발견하실 것이라도 말입니다.

우리는 '비록....하더라도' 라는 접속사를 사용하였습니다. 이 대신 '때문에' 라는 말을 사용했어야 할까요? 잠잠하라, 내 심령이여! 왕께서는 가시는 곳마다 요구하셔야 합니다. 그리고 그분께서는 그들 모두에게 직접 대답하셔야 합니다.

그 슬픔의 사람은 이 두 개의 상반된 지점, 영광과 절대빈곤 사이를 계속해서 오가고 있습니다. 이들 사이에 그분께서 예루살렘에서 성취해야 할 수난이 놓여 있습니다. 예수 그리스도에 대한 진리는 이 두 가지 요소의 결합으로 구성되어 있습니다.

이 시점까지 우리가 살펴보며 다룬 모든 내용은 명확합니다. 하지만, 이야기의 남은 상황들은 명확하지 않습니다.

예수님께서 유월절 식사를 하신 장소는, 특별히, 어디인지 확실히 알려져 있지 않습니다. 그렇습니다. 만약 우리가 예루살렘에 가본다면, 그곳에 거주하는 이들은 우리들에게 어떤 장소를 가리키면서, 그들이 믿기를 유월절 식사가 있었던 곳이라고 할 것입니다. 그들은 소위 "en Nebe Daud"(다윗선지자의 무

---

26) 예수의 편에서 사전에 미리 집주인과 함께 약속을 해두었을 것이라고 생각해 볼 수 있겠지만(예를들면, M. Van Rhijn, 『복음서기자, 마가와 누가』(De Evangelisten Marcus en Lukas), Adam, p.13.), 이 단어가 적합하다. 왜냐하면 그것은 "요구하여" "취하는 것"과는 대조되는 "호의"와 "빌려옴"의 문제이기 때문이다. 하지만, 우리는 본서의 성격(한역주 : 설교집이라는 성격?) 때문에 "사전예약" 이론에 대하여, 우리가 여기서 언급하지 않는 이유들이 더 있다.

덤)가 현재 위치한 장소인 그곳을 coenaculum(시노컬럼, 다락방)이라고 부르고 있습니다. 이 봉헌된 무덤 위치는 예루살렘 서쪽에 있는 언덕, "시온"이라고 부르는 언덕의 남쪽에 있습니다.[27]

예루살렘 주민들이 자연스럽게 우리에게 이 장소를 가리키기 때문에 그 진정성을 오히려 의심하게 됩니다. 그렇더라도 이는 사소한 차이에 불과합니다. 더욱 심각한 것은 성경 이야기에 나오는 단순한 자료들마저 확실성을 갖고 재구성하지도 못한다는 것입니다. 여러 가지로 추측할 수는 있을 것입니다 그러나 어느 누구도 완전한 확실성을 갖고 유월절 식사가 진행되었던 집의 정확한 위치를 가리킬 수 없을 것입니다.

하지만 여기, 아주 그럴 듯한 추측이 하나 있습니다. 아주 강력한 근거들을 갖춘, 최근 존경받는 여러 학자로부터 인정받는 오랜 전통은, 구주께서 유월절 식사를 하셨던 그 집이 마가 요한의 어머니인 마리아의 집이었다고 말해주고 있습니다. 만약 마가의 아버지가 일찍 죽었다고 한다면, 본문의 '집 주인(goodman)'은 마가 요한을 가리킬 것입니다.

이 공간을 집으로 여길 수 있는 모든 이유들을 지금 언급할 수는 없습니다. 몇 가지 예들로 충분할 것입니다. 성경에 따르면 자기 방을 예비하도록 부탁받은 그 사람은 신실한 친구들 중 한 사람이었음이 분명합니다. 마가도 당연히 이들 중 한 사람이었습니다. 훗날 그는 첫 번째 크리스천 교회에 등장합니다. 그리고 시간이 흐름에 따라 차츰 전면에 나서게 됩니다. 실제로 그의 어머니가 이 때 집을 내주었다면, 이는 그녀가 자기 집을 제자들에게 처음으로 내준 것이 아닙니다. 사도행전 12장에서 우리는 마리아가 엄청난 규모의 집을 소유했

---

[27] P.G.Groenen, 『우리 주 예수 그리스도의 수난과 죽으심』 (Het Lijden en Sterven van Onzen Heere Jesus Christus), 2판, Utrecht, J.R.Van Rossum, 1919, p.123을 참고함. 하지만, 그 자신도 약간의 반대이유들을 제기하고 있다. Zahn(TH)의 주석들과 짧은 글들을 참고할 것.

음을 보았습니다. 그래서 예루살렘에서 모이는 크리스천들에게 언제든지 열려있는 큰 집회실이 있었을 것입니다. 게다가 마가는 베드로와 친밀한 교제를 나눈 친구입니다. 그리고 베드로는 예수님께서 방을 마련하도록 보낸 두 명 중 한 명입니다. 더욱이 훗날 자기 이름으로 불리는 복음서를 기록한 마가가 이 특별한 일을 전혀 언급하지 않는다는 것은 의미심장합니다. 우리는 마가가 자신의 집에 영향을 미칠 사안들을 겸손히 절제하며 대했을 것이라고 자연스럽게 떠올릴 수 있습니다. 그러므로, 물동이를 메고 가던 그 사람은 마가 요한이었을 가능성이 크거나, 어떤 이들이 추측하는 것처럼 그 집의 하인이었을 것인데, 예수님에 대해 잘 알고 또한 그분의 필요가 무엇인지 상황을 금방 인식할 수 있었던 사람이었을 것입니다.

마지막 유월절 식사가 있었던 장소를 마리아의 집으로 보는 것이 우리에게 매우 매력적으로 다가온다는 점을 고백해야 합니다. 특히 그렇게 볼 경우, 아주 유쾌하고도 의미심장한 전망을 하는 것이 가능합니다. 중보자시며 당신의 교회의 머리가 되시는 분께서 유월절 식사를 마리아의 집에서 하신 것이 사실이라면, 이 거룩한 장소가 교회의 소유물로 수년간 보존되었을 것이라고 생각하는 것은 유쾌한 일입니다. 이렇게 사실들을 구성해 보면, 왜 마리아가 자기의 아름다운 집을 팔지 않았는지도 설명할 수 있습니다. 오순절 이후 조그만 크리스천 교회의 첫 번째 구성원들이 자신의 재산을 모두 팔아서 사도들 앞에 그 영수증을 가지고 와 핍박받은 신자들의 유익을 위하여 사용하도록 하였을 때 말입니다. 그 장소는 거룩한 추억들로 가득 차 있어서 팔아넘길 수 없었을 것입니다. 자신들의 영광스럽게 되신 머리(the Head)께서 유월절 식사를 마지막으로 가지시고 또한 성찬을 첫 번째로 가지셨던 그 장소에서 만나는 것은 그 조그만 회중에게 하나의 희열이었습니다. 게다가 마리아의 집이 사도행전 12장뿐만 아니라 4장에서 언급된 곳임을 우리가 받아들인다면, 그 연결은 계속해서 더욱 의미심장해질 것입니다. 그렇다면 그리스도께서 마지막 유월절 식사를 가지셨던 곳, 그분께서 온 세상 도처에 먹고 마시라고 명령하셨던 그곳이, 회중들의 기도 후 기적적인 영향으로 진동했던 바로 그 장소가 되는 것입니다.[28] 하나님 당신께서 그 능력으로 이곳을 거룩함의 장소로서, 유월절 양을 죽인 옛 언약의 흔적과 공동식사와 빵을 떼는 등의 새 언약의 교제를 매개하는 곳으로서 가리키시는 것입니다.

그렇게 우리는 계속, 계속…… 추측해갈 수 있을 것입니다.

예를 들면, 우리는 훗날 바나바로 알려지겠지만 현재 요셉(joseph)으로 불리는 사람이 마가 요한의 조카[29]였음을 알고 있습니다. 그는 레위인이었습니다. 구브로에서 태어났지만 자기 부모가 이주해 갔던 그 도시로부터 (예루살렘으로) 되돌아왔습니다. 그는 자기 숙모 마리아 가정에 환대받는 손님이었을 것이고, 혹은 그곳에서 동거하며 살았을 것이라고 추측할 수도 있습니다. 다른 모든 자료와 더불어서 이 자료가 사실에 근접한다면, 그가 이 제자들 그룹에 전향하는 것에 대해 다른 추측보다 더 쉽게 이해할 수 있을 것입니다. 그가 예수님과 제자들이 자기 숙모 집에 정기적으로 드나드는 것을 보았을 것이 틀림없기 때문입니다. 사실, 그는 이들이 윗방에서 유월절 식사를 하면서 주님의 만찬을 제정하고 있을 바로 그 시간에 아랫방에 앉아 그것을 귓전으로 듣고 있었을 가능성이 큽니다.

우리가 만약 한 걸음 더 내딛어, 어떤 이들이 그렇듯 요셉 바나바뿐 아니라 마가 요한도 레위인이었을 가능성을 받아들인다면, 전망은 더욱 매력적이게 됩니다. 고대 제사장 족속인 레위의 한 후손이 하나님의 호의에 의하여 율법 아래에서 지켜온 마지막 유월절 식사를 위한 식탁 마련에 도움을 주었다고 가정한다면, 그것은 의미심장한 생각일 것입니다. 수많은 세대를 내려오면서 레위는 자신의 아들들이 성막 그리고 성전에 서서 유월절 어린 양을 죽이고 유월

---

28) 사도행전 4:31.

29) 한역주 : a nephew(조카)라고 되어 있는데 an uncle(삼촌)의 오역일까?

절 의식의 절차들을 집행하는 것을 지켜보았습니다. 이제 그리스도께서 유월절의 마지막 어린 양을 드시고 그 후에 당신 자신의 몸을 유월절의 참된 양으로서 나누어줍니다. 만약 마가 요한이 요셉 바나바의 도움을 받으면서 이 목적을 위한 식탁을 준비했다면, 그 레위인은 예수님께 섬기는 일로 자신의 제사장적 직무를 성취한 것입니다. 레위인은 더 나은 제사장 앞에 무릎을 꿇었습니다. 아론의 반차, 곧 레위의 가문이 아닌, 멜기세덱의 반차를 따라서 된 제사장 앞에 말입니다. 사람들에게서 십분의 일을 취하도록 허용되었던 레위는 이 역사의 전환점에서 이 레위 지파적 섬김에 의해 직접 십분의 일, 곧 사랑과 존경의 표시를 예수님께 드린 셈이 되는 것입니다. 주님의 식탁이 베풀어진 곳은 사랑의 손가락으로 그 옷에 이 수수께끼를 새겼던 그 장소일 것입니다: "먹는 자에게서 먹는 것이 나오고 강한 자에게서 단 것이 나왔느니라." '먹는 자'는 백성들에게서 십일조를 요구하는 레위입니다. 이제 그 자신이 자기 집과 수입의 십분의 일을 드리고 있습니다. 그는 모든 것을 드립니다. 더 나은 제사장, 희생 제사를 필요 없게 하심으로써 레위로 하여금 그 직무의 봉사를 영원토록 잊어버리게 하실 분에게 자기 자신을 드리는 것입니다. 그렇습니다, 만일 이러한 일들이 사실이라면, 레위는 레위에 대적하여 심판하는 일로서 일어난 것입니다. 한 때 그는 가난했으며, 성막 커튼 사이에서 그분의 하나님과 함께 일했습니다. 그는 아름다운 성전을 받았습니다. 그는 여전히 그 안에 있습니다. 그의 아들들 모두가 그곳에 있기 때문입니다. 그리스도를 그 안에 들어오지 못하도록 지키면서 말입니다. 하지만, 레위가 제사장들 사이에서 생활하며 그 성전의 소유물을 지키는 동안, 하나님께서는 다시금 그 커튼들 사이에 거처를 정하십니다. 실로, 마리아가 만든 그 커튼 사이에서, 제사장들이 아닌 자기의 제물을 가져오는 마가 요한으로 대표된 레위는, 위로의 사람 요셉 바나바와 함께 섬기고 있는 것입니다. 왜냐하면, 커튼 뒤에 남아있어야만 하실 때, 하나님과 레위가 당신과 함께 그곳에 있다는 것을 아는 것은 예수님에게 위로가 되지 않겠습니까?

하지만 우리들에게 허락된 것보다 더 멀리 나아가지 않아야 하는 것은 당연합니다. 이런 고려사항들이 허락하는 전망이 매력적이더라도 말입니다. 무모함에 떨어지지 않고, 잘해봐야 사실이기를 바랄 수밖에 없는 것을 실제로 일어난 사실처럼 제시하는 일이 없도록, 누구라도 진리 자체를 위하여 자신을 점검하려고 생각해야 합니다. 유월절 식사를 가졌던 그 집의 주인이나 여주인의 이름과 가계도를 감추시는 것이 성령님을 기쁘시게 했습니다. 우리는 성령님에 의해 사실들 주변에 가려진 가림막을 제거해서는 안됩니다. 가공의 사실을 꾸며서 유익을 끼치려는 의도가 있다 하더라도, 우리는 복음서를 소설로 만들어서는 안됩니다. 방금 제시된 이야기 구성을 대단히 그럴듯하게 보이게 하는 여러 역사적인 사실들을 우리가 알고 있다 하더라도, 우리 역시 거룩한 성경의 주요 저자(Auctor primarius)앞에 무릎을 꿇고 겸손하게 하나님께서 분명하게 주신 것에 우리 자신을 제한해야 할 것입니다. 하나님의 뜻은 크리스천의 기억이 허황되게 회상하는 구체적 사항들을 어두운 뒷배경으로 사라지게 하고, 가장 중요성을 가진 사안에 대해서 집중하도록 하는 것임이 확실합니다.

중요한 것은 이것입니다. 율법의 담지자이시고 성취자이신 그리스도께서 율법이 요구하는 바에 따라서 유월절을 지키신다는 것입니다. 그곳, 커튼 사이, 하나님께서 포로가 되어 들어오시는 그곳에서, 그분은 율법을 성취하십니다. (그리고 그것이 율법 바깥에서가 아니라는 것을 이해하십시오) 복음에 의해서 그리고 복음을 위하여 성취하시는 것입니다. 이것이 전체 사안의 중심적이고 일차적인 중요성입니다: 모든 의를 성취하시는 것이 그리스도에게 적합하기 때문에, 그분께서는 유월절을 지키시는 것입니다. 그분께서는 새 언약의 상징인 성찬을 제정하기 원하시기 때문에, 옛 언약의 길을 끝까지 복종하면서 따르셔야 합니다. 성찬이 태어나는 방은 흠 없이 순수하도록 지켜져야 하는 것입니다.

두 개의 선이 예수님께서 앉아 계신 객실에서 만나고 있습니다. 하나는 옛 언약의 선이며, 또 하나는 새 언약의 선입니다. 이제 전환이 발생합니다. 육적인 이스라엘은 더 이상 옛 율법에 따라 유월절을 지키려고 올라가지 않을 것입니다. 대신 영적인 이스라엘이 현재의 식탁에서 일어나, 더 나은 유월절의 성취, 곧 성찬을 지키기 위해서 나아갈 것입니다.

그것을 통해 구주의 전 영혼과 그분의 모든 감각들이, 최상의 엄격함을 가지고 그분을 묶는, 거룩함의 절대적인 신성을 증거하고 있습니다. 그분은 옛 언약이 법적으로 성취되기 전에 새 언약을 우리에게 주지 않으실 것이며 또한 주기를 원치 않으십니다. 전환이 나타나는 그곳의 선로는 가장 곧아야 할 것입니다. 그곳에서는 어느 것도 선을 벗어날 수가 없으며, 벗어난다면 그곳은 재난의 장소가 됩니다. 어느 것도 틀리지 않습니다. 그리스도께서 율법에 완전하게 복종하십니다. 그분은 율법이 요구하는 모든 규칙들에 따라 유월절을 준비하십니다. 극단적으로 까다로운 어떤 유대인도, 그 어떤 열정적인 천사도 그분 안에서 율법으로부터 벗어난 점을 조금이라도 발견할 수 없습니다. 새 언약의 복음이 그 탄생의 시간에 들어옵니다. 옛 언약의 율법이 그 산실을 마련하는 것입니다.

만약 예수님께서 유월절 식사를 지키지 않으셨더라면, 우리의 성찬은 하나의 혁명적 행위가 되었을 것입니다. 하지만, 그분께서 그것을 지키셨고, 그것도 율법에 따라 그렇게 하셨기 때문에, 우리의 성찬은 풍성하게 성취하신 주님의 선물입니다. "제자들과 함께 이 유월절을 지키기를 원하신 것"[30]이 얼마나 간절하였던가요! 그분께서 할 일이 있으십니다. 주님의 일이 기다리는 곳에서, 그분의 영혼은 말합니다. "여호와의 궁정을 사모하여 쇠약함이여".[31] 그

---

30) 한역주 : 누가복음22:15에 예수님께서 말씀하시기를, "내가 고난을 받기 전에 너희와 함께 이 유월절먹기를 원하고 원하였노라"고 하셨다.

31) 한역주 : 시 84:2, "내 영혼이 여호와의 궁정을 사모하여 쇠약함이여 내 마음과 육체가 살아 계시는 하나님께 부르짖나이다."

분 안의 중보자께서 그분이 직무를 성취하기를 바라고 열망하십니다. 그분은 능동적이면서도 수동적인 순종으로 자신을 헌신하면서 그 수난의 방에 확고하게 들어오시는 것입니다.

자신을 수동적인 순종에 확고히 헌신하심: 주님께서는 어린양이 준비된 식탁에서 당신의 모든 수난의 요약을 보십니다. 그 양은 하나님 사랑의 표적이며 인장입니다. 한때 하나님께서는, 희생제물인 양의 피를 문지방에 뿌린 집은 심판의 보복하는 천사가 유월(遊越)하도록 하셨습니다. 사망은 오직 애굽인의 집들에만 들어가야 했었습니다. 이스라엘의 모든 자녀들에게는 그들이 믿기만 하면 죽임을 피할 수 있다는 것을 어린양이 증거해 주었습니다. 오늘 아브라함의 그 위대한 후손이 충만한 믿음과 불타는 열정을 품고 방에 들어옵니다. 하지만, 영원한 저주는 그분만이 홀로 담당해야 할 것입니다. 모든 불법의 천사들이 그분의 육체를 갉아먹을 것입니다. 그 어린양을 보는 일은 예수님의 영혼에 충격을 줍니다. 그분은 한 번의 의심도 없이 믿기만 하신 유일한 분이십니다. 하지만 그 죽이는 천사는 그분을 유월(遊越)하지 않을 것입니다. 그분은 하나님께 용납되도록 보여드릴 피가 없습니다. 도대체, 예수님이 이 죽임당한 어린양의 피와 무슨 상관이 있다는 말인가요? 그것은 그분을 정면에서 저주하고 있습니다. 만약 그분이 자신을 위하여 그들의 문지방에 그 양의 피를 바르려고 하신다면, 하나님의 우주의 모든 문들이 닫힐 것입니다. 이스라엘의 완전하게 죄 없으신 아들 되시는 그분께서, 위대한 애굽인으로서 죽임을 당하시는 것입니다. 그분은 죽으셔야 합니다. 죽임 당한 유월절의 어린양은, 동물의 피로써 정결하게 될 수 없는 장자이자 독생자이신 그분을 슬퍼할 것입니다. 하나님께 나아가는 그 길을 그분 자신의 피로 열어야 합니다. 이렇게 작고 비천한 어린 양은 어디에도 없습니다. 사람들 또한 어린양 고기를 먹으면서 수난을 당하지 않습니다.

다시금 예수님의 능동적 순종이 수동적 순종을 보충합니다. 보십시오, 그분은 죽은 어린양을 위해 자신의 손으로 식탁 위를 깨끗하게 하십니다. 제자들을 데려옵니다. 유월절 식사가 당신을 심각하게 다치게 할 것임에도 불구하고, 어린양의 고기를 취하시며 그것을 축복하시고, 눈을 들어 하나님을 향합니다. 율법의 의하여 규정된 모든 형태의 기도를 통해 하나님을 찬양합니다. 주님께서는 당신의 성별된 영혼을 신실하게 고려하는 문장과 각각의 단어들로 그 기도를 하십니다. 유월절 어린 양의 고기는 그분이 그것을 드시는 순간에 그분의 입안에서 타오릅니다. 주님은 그분의 뱃속에 율법을 채우십니다. (그것을) 들고는 드셨습니다. 그 적절한 표현대로, 입에는 달고 배에는 쓴 그 음식을 드셨습니다. 이스라엘의 정결케 하는 표시인 이 식사가 동정심을 받을 만한 것이 하나도 없는 것처럼 그분을 모욕했습니다. 그분께서는 당신의 백성을 너무나 사랑하셨기 때문에 모든 것을 참으셨습니다.

우리는 과거에 유월절 어린 양은 완전하여 흠이 없고 어리며 온전해야 했다는 말을 들었습니다. 그리스도 예수께서 죽임 당하실 때 이러하셨습니다. 그분은 율법을 완전히 만족시키시고 그 범칙금을 최후의 금액까지 지불하셨습니다. 우리의 새 언약의 유월절(Our Passover of the New Testament)은 완벽하십니다. 그분 안에는 죄가 없으십니다. 그분은 오염되지 않으셨습니다. 율법을 지키셨기 때문입니다. 그분은 어리고 강하십니다. 그분은 죽임 당하는 어린 양 위에 기대시고 죽음을 면할 수 없는 그 모든 요소를 당신 안에 흡수하십니다.

우리는 이제 여기서 멈추어, 손가락을 그분의 보혈에 넣고 그것을 뿌려야 하겠습니다. 우리 집 문 위가 아니라 우리의 심령의 문 위에 말입니다. 그 다음 우리는 그 제사장에게가 아니라(그분께서 우리를 이미 보셨기 때문에), 그 제사장의 하나님, 우리의 주 예수 그리스도의 아버지이신 그 하나님에게 우리 자신들을 드려야 하겠습니다.

구원의 이 포괄적인 순간을 이해하는 자는 그것을 설명하는 복음서의 애매함을 탄식할 이유가 없을 것입니다. 왜냐하면 이제 그분의 영혼은 전에 없이 분명하게 밝혀질 것이기 때문입니다. 오늘의 경우에는, 레위의 집에서든 다른 사람의 집에서든, 제단의 신비들이 멜기세덱의 반차를 따라서 성찬 식탁의 신비들로 분명하게 변모되었습니다.

제단은 옛 언약의 것이고, 식탁은 새 언약의 것입니다. 그렇게 존재하는 것은 바로 그분의 피 때문입니다.

이제 아무 질문도 하지 마십시오: 누구의 피인지, 어떤 유월절인지 등에 대해서 말입니다. 그렇게 질문하시면 이 영광을 불경스럽게 할 것입니다.

식탁이 마련되었습니다. 나의 예수님께서 기도하십니다.

chapter 11
|
사탄을 억제하시는 그리스도

"조각을 받은 후 곧 사탄이 그 속에 들어간지라"

- 요한복음 13:27 -

# 11장.
사탄을 억제하시는 그리스도

그리스도께서 수난의 방으로 들어오셔서 옛 언약의 그림자 아래에서 마지막으로 제자들과 성례를 제정하실 때, 사탄이 그의 곁으로 슬그머니 들어옵니다.

이것은 수난 역사에서 사탄적 요소가 드러난 첫 번째 순간이 아닙니다. 이전의 개입과 구별된 이번 등장의 특징은, 예수님의 인간적 삶에 미치는 신적 영향과 사탄적 영향 사이의 대조를 강조하고 있다는 것입니다. 이전에는 사탄적 요소가 그분에게 강제되었습니다. 이제는 그분께서 직접 그 사탄적 요소에게 밖으로 나오라 손짓하시며, 자신을 드러내라고 구속하십니다. 이전에는 그리스도께서 "사탄아 내 뒤로 물러가라"고 하셨다면, 이제는 말씀하시기를, "사탄아 밖으로 나오라"고 하십니다. 지금은 거의 한밤중입니다. 괘종의 울리는 소리마다 앞섰던 것보다 더욱 둔중하게 울립니다 그것을 들을 수 있는 귀가 있는 사람들에게는 말입니다.

우리가 이 주제를 공부하면서 주의해야 할 세 가지 위험들이 있습니다.

첫 번째 위험은, 한 인물로서의 가룟 유다에게 우리 자신을 제한함으로써 오직 그의 성품상의 심리적 문제에만 관심을 두고 그의 지친 인생 드라마 안에서 우리 자신을 잃어버리는 것입니다. 우리가 이런 연구들에서 항상 유지해야 할 대단히 중요한 원리 한 가지는, 어떤 보조적인 인물이라 하더라도 우리 생각을 지배하게 해서는 안 된다는 것입니다. 예수님의 수난 노정을 상고하는 중에 그 중심인물을 배제시킬 정도로 말입니다. 그 길 위에서 움직이고 존재하는 모든 것들이 그리스도를 위하고 향하며, 나아가 그 분에 의해 진행되어야 합니다.

두 번째 위험은, 유다의 성격을 고려할 때 우리가 가급적 그를 악한 자로 만들려는 경향이 있다는 것입니다. 초대교회 때부터 사람들은 유다에게 충분히 보복할 수 있는 용어들을 찾기 위해 상상력을 동원하느라 에너지를 거의 고갈시켜 버렸습니다. 그는 죄를 짓는 일에 최상으로 기뻐하는 것의 가장 극악무도한 본보기로 제시되어 왔습니다. 그래서, 단테가 유다를 자기의 환상(Vision)[32] 속에서 지옥의 가장 깊은 웅덩이에 빠져 있는 것으로 묘사한 창조적 상상력은 얼토당토 않은 희극이 아니었던 것입니다. 단테의 판단은 그 시대 이전의 많은 관찰자들에 의해서 확정된 바이며, 그 이후에도 같은 견해를 가진 많은 사람들이 있었습니다. 그럼에도 불구하고, 소위 이렇게 올바르게 계산되었다고 하는 정의의 분배가 얼마나 부적절한지를 지적하는 것은 그렇게 긴 논증을 요구하지 않습니다. 가룟 유다 안에서보다 사악함의 정도가 더욱 심각하고 하나님을 더욱 모독하는 수준에까지 이르게 되는 죄를 범하는 사람들이 있습니다. 가룟 유다는 '성령을 모독하는 죄'라고 예수께서 언급하셨던 죄까지는 짓지 않았습니다. 유다보다 더 깊은 사악함과 죄책의 늪 속으로 빠져 들어간 이들이 있습니다. 우리는 간혹 방탕한 두 인물이 각인된 목각 작품을 볼 때가 있습니다. 그 목각 작품의 한 사람의 머리 위에는 아주 높은 비단 모자가 삐딱하게 얹혀 있습니다. 탐욕스러운 입에는 큼직한 시가담배가 튀어 나와 있습

---

32) 한역주 : 단테의 『신곡』 '지옥'편에 나오는 환상을 가르킴.

니다. 양손에는 하얀 장갑을 끼고 있으며, 얼굴에는 어리석도록 오만한 표정이 가득합니다. 다른 인물은 매춘부인데, 건달이 자기 팔로 껴안고 보호해주고 있습니다. 둘 다 그 배경에는 어두운 모습의 큰 도시가 있습니다. 그들은 걸어가면서 곁눈질로 십자가에서 고통을 당하고 있는 그리스도의 벌거벗은 모습을 쳐다봅니다. 십자가는 그들이 술을 마셔대고 있는 바로 그 길거리를 가로지르며 놓여 있습니다. 그 목각 작품은 불경건한 삶의 많은 사람들이 그리스도 면전에서 얼마나 오만하고 무관심한 모습으로 살아가는지를 묘사하고 있습니다. 끔찍하게 모독적인 것은, 십자가에 못 박힌 그리스도 앞에서 입에 문 시가를 입에서 뗄 마음도 없는 오만한 자들의 거칠고 주제넘은 웃음입니다. 십자가의 비참함을 본 후에도 아무런 관심 없이 잠에 드는 그들입니다. 우리는 이 목각 작품의 정형화된 사람들이 가룟 유다가 의도하였던 악행보다 더 큰 폭력을 그리스도에게 행하였다고 믿습니다. 바울은 자신을 '죄인들의 괴수'라고 했습니다. 그러면서 바울은 '가룟 유다를 빼놓고서'라는 말을 덧붙이지 않았습니다.

세 번째 위험은, 우리가 유다를 배신자로만 간주하는 경향이 있습니다. 그의 악행을 배신과 전적으로 동일시한다는 것입니다. 은 삼십 세겔로 주님을 배신한 것은, 이후 모든 시대에 걸친, 하나의 상징적이고 거의 신화적인 현상과 모티브가 되었습니다. 우리는 너무 자주 유다의 그 범죄의 측면에만 집중합니다. 그렇게 하는 것은 부적절합니다. 무엇보다 만약 유다의 행위의 본질이 믿어주는 사람에 대한 배신이었다고 한다면, 우리는 많은 다른 사람들, 역사상 이름이 알려졌거나 그렇지 않은 사람들도 이같이 배신하는 데 유사했으며, 또 다른 많은 사람들은 본질적으로 유다보다 더 혐오스러운 자들로 입증되었다고 말할 수 있습니다. 게다가 만약 우리가 유다 안에서 배신만을 보고, 그래서 그의 생애의 결정적인 갈등을 너무나 특별한 예수님의 중요성에 연관시키지 못한다면, 그분께서 세상에 당신을 드러내셨던 그 결정적인 순간에 연결시키지 못한다면, 우리 또한 단테의 유다의 죄에 대한 인식에 진심으로 동의한 것입니다. 왜냐하면 단테는 그의 연옥 속에 줄리어스 시저를 배신한 브루투스와 카시우스를 넣어두었기 때문입니다. 그것은 유다를 넣어둔 저주받은 자들의 등급에 해당됩니다. 그렇습니다. 유다의 죄에 대한 이런 개념은 정당하고, 유일하게 올바른 것입니다. 유다의 죄를 확신에 대한 배신, 신뢰와 충성에 대한 배신, 높은 영적 이상 혹은 이러한 영적 비전의 영웅들 중 한 명을 배신한 것으로만 여긴다면 말입니다. 그러나 성경을 믿는 우리와 같은 이들에게 유다를 과거 배신의 달인들과 동일시하는 것은, 그 결론을 도출하는 데 적용된 변증법에 대한 효과적인 경고입니다. 유다의 특별한 죄를 배신으로 정의하는 것은 부적절합니다. 인생의 가장 깊은 필요에 영향을 미치는 일들에서, 자기를 신뢰하고 자기를 옹호한 것으로 정의하는 것이 오히려 나을 것입니다. 유다의 죄는 예수님께서 자기에게 제시하신 메시아의 비전을 거부하게 만든 자기주장이었습니다. 그는 여기에 대항해 아무 말도 할 수 없었으며, 그것을 자신의 관념으로 대체했는데, 이 죄는 그의 자기중심적이고 물질주의적이며 유대주의적인 성격과 상통하는 것이었습니다.

이러한 관점에서 주제를 살펴보면 우리는 즉시 극심한 부끄러움을 느끼게 됩니다. 유다에게 던지고 싶은 온갖 앙심을 품은 말들을 뒤로 미루고 맙니다. 이런 면에서 볼 때, 우리와 유다가 위태로울 정도로 가까이 있다는 것을 볼 수 있기 때문입니다. 하지만, 부끄러움으로부터 얻을 수 있는 것이 있습니다. 우리는 수난의 방의 중심 인물(central figure)이 되시는 그리스도를 보는 법을 배우는 것입니다.

예수의 영혼이 유다의 영혼과 전투하는 것을 보는 것처럼, 우리는 그리스도의 영이 사탄과 더불어 다투는 것을 보게 됩니다. 이전에도 존재했지만 이제 유다 속으로 들어가는 사탄입니다. 우리는 이 질문에 대한 답변을 배우는 데 관심이 있습니다: 그리스도의 영과 유다 속 사탄 사이의 전투는 이제 시작되는가? 아니면 이렇게도 표현할 수 있겠습니다. 이제 그 싸움은 처음으로 겉으로 드러나는가? 아니면, 지속적으로 현존하고 있던 것이 반복적으로 드러나는 것인가?

이 질문에 대한 답은 명료할 수 있습니다. 요한의 기록에 의하면, 사탄은 이 제자가 유월절 식탁에서 예수님 맞은편에 앉아있을 때 유다에게 들어갔습니다. 하지만 우리가 보다 앞의 구절에서 읽기를, 사탄은 유다의 영혼 속에 이미 자신을 노출했다는 것입니다.[33] 그러므로, 사탄적 요소가 유다에게 나타나 배신과 불신앙의 행위로 표현된 것은 이번이 처음이 아닙니다. 성경이 우리에게 말하는 것은, '사탄이 그것을 유다의 마음속에 집어넣어' 그리스도를 배신하게 했다는 것입니다.

죄의 긴 역사는 그러한 이전의 말들보다 훨씬 앞섭니다. 그것들은 염려스러운 영적 갈등의 절정을 대표합니다. 그 역사에 대해 우리는 많이 말하지 않을 것입니다. 왜냐하면 많은 것들이 이미 기술되었고 그것을 구해 읽을 수 있기 때문입니다. (하지만) 우리가 언급해야 할 몇 가지 특별한 것이 있습니다.

이번에 유월절의 방에서 유다 속에 표현된 것이 처음부터 그 안에 잠재된 것이라는 가정 위에서 우리는 시작합니다. 어떤 사람에게 하나님의 영으로 거듭나기 이전에는 전혀 없던 무엇이, 거듭남으로 그 안에서 드러나게 됩니다. 왜냐하면 거듭남이란, 이전에는 전혀 외래적이었던 새롭고 완벽한 원리가 인간적 생명 안에 도입되는 것이기 때문입니다. 그러나 거듭남이 발생하지 않은 생명 속에는 악한 가지들이 그 안의 악한 뿌리로부터 자랄 수 있습니다. 여기서 결국 열매 맺는 것은 무엇이든지 그 안에 처음부터 있었던 것입니다.

성경은 유다의 근본적인 죄가 돈을 사랑하는 성정과 무관하지 않음을 우리

---

[33] 요한복음 13:2; 누가복음 22:3.

에게 가르칩니다. 그것을 나타내는 조그만 정보를 무시할 수 없을 것입니다. 재물에 대하여 이미 드러난 탐욕 때문에, 그의 성품은 한 편으로 기울어 있습니다. 가장 선하시고 유일하신, 주인 되시는 하나님께 집중한 것이 아니라, 그 자신에게 집중한 것입니다. 하지만 이 근본적인 탐욕은 당분간 억제됩니다. 재물에 대한 갈망이 지속되었지만 외부로 드러나지 않았던 것입니다. 어떤 힘이 유다의 생활에 작용하여 그 악을 향한 성향을 제어하고 있었습니다.

그 힘이란 그의 생애에 예수님께서 들어오신 것입니다. 우리는 유다가 책임감 있는, 성숙한 인생의 시초에 예수님을 만나고 따랐을 때, 그가 진지한(honest) 동기에서 그렇게 했을 것이라고 믿습니다. 여기서 '진지한'이란 단어는 엄격하게 인간적인 의미에서, 어떤 사람이 다른 사람과의 관계를 맺는 것을 나타내는 말로써 통상적인 방식으로 사용되었습니다. 유다의 경험은 어느 정도 예수님의 경험과 평행한다고도 볼 수 있을 것입니다. 그리스도께서 기도하신 이후에 유다가 당신에게 나아오도록 하셨음을 우리는 알고 있습니다. 그가 마음으로 기도하며 그 반응으로 예수님께 나아온 것인지 아닌지 누가 말할 수 있겠습니까? 예수님 안에는 그를 사로잡는 것이 많이 있었습니다. 어쩌면 그런 것이 그를 황홀경(ecstasy)으로 이끌었을지도 모릅니다(신약성경의 헬라어는 이 단어를 사용하는데 결코 아까워하지 않습니다). 무엇보다도, 예수님의 설교가 그에게 강력한 인상을 주었을 것이 틀림없습니다. 왜냐하면 강하고 공격적인 방식으로 예수님께서는 새로운 왕국, 천국의 도래를 가르쳤기 때문입니다. 그리고 유다는 그것을 듣기를 열렬히 바랐습니다.

기억하십시오. 유다는 유대의 사람입니다.³⁴⁾ 유대는 정통 유대인의 고향이었습니다. 갈릴리와 비교해서 그곳은 유대 정통주의의 요새라고 올바르게 불릴 만한 곳입니다. 그곳은 서기관과 랍비들의 마을이었습니다. 유대에서는 율

---

34) IsCariot : Cariot(유대지역의 한 도시이름) 출신. 한역주 : Iscariot에 대한 설명은 다양하다. 그 중에 첫 번째로 유명한 것을 저자가 택하여 지지하고 있다.

법이 해석되었습니다. 학자들은 민족과 역사의 정신을 사로잡고자 힘썼습니다. 선조들의 전통이 호전적인 애국주의와 바리새적인 태도로 교육되었습니다. 이스라엘의 전통을 가르치고 설명하며 그것을 하나의 본보기로 유지하는 자들이 그곳에 머물렀습니다. 간단히 말해, 유대는 그 국가의 문화적 좌소로서 신학적 정치적 사상의 중심지였습니다. 결론적으로, 혁명을 향한 의지가 은밀하게 교육되었던 곳이 바로 유대였던 것입니다. 유대 안에서 유대 민족주의자들, 신학자들, 그리고 역사 교수들의 냉혹한 증오심이 지속적으로 양육되었습니다. 하지만 그곳의 신중하면서도 강고한 로마군인들 또한 로마가 검을 수단으로 하여 지도력을 유지하여야 한다고 주장하였습니다. 그때 그곳에 예수님께서 오셔서, 이스라엘의 무기력하고 지친 영에 순전히 종말론적 개념을 심어 주는, 새로운 왕국에 대한 강력한 메시지를 가르치셨습니다. 의심할 것 없이 유대인 중의 유대인이었고, 극단적 정통주의자였던 유대인 유다는, 자기 나라를 열정적으로 사랑하였고 나라의 영광스러운 미래가 도래하기를 소망하였습니다. 의심할 바 없이 그는 예수님의 가르치심에 매료되었을 것입니다.

게다가 예수님께서는 기적까지 행하셨습니다. 오는 세대(the coming era)의 능력이 풍부하고 강력하게 계시되었습니다. 유대는 천상의 능력이 전개되는 것을 전 세계가 지켜볼 수도 있을 무대가 되었습니다.

이런 특징들에 예수님의 영혼의 고상함을 첨가해 보십시오. 그것은 유다를 넉넉하게 사로잡았을 것이 분명합니다. 주님의 교육적 지혜를 고려해 보십시오. 그분은 당신의 제자들에게 할 일을 주었습니다. 유다도 또한 일종의 선교사로서 '마을'로 보냄을 받았습니다. 잠자는 자들의 마을들로 가서 그들이 그 무력한 상태로부터 깨어 일어나도록 기적을 행하고, 설교하며 귀신들과 싸웠습니다. 실로 그것은 영광스러운 시간이었습니다. 일들이 놀라울 정도로 진행되었습니다. 유다는 그때처럼 열정을 갖고 산 적이 없었습니다.

그런데, 사람들이 언젠가 유다가 그들의 영적인 영원한 삶을 위해서 무엇을 의도하였는지를 생각하면서, 하나님께 감사할 것이라는 우쭐한 생각이 유다를 떠나지 않았습니다.

하지만, 만사가 이같이 좋은 쪽으로만 진행될 수 없었습니다. 예수님께서는 결코 한 지점에 머물러 계시지 않습니다. 그분의 경로는 매일 새로운 방향으로 나아가는 것 같습니다. 그리고 유다가 그것을 관찰해 가면서, 그[35)]는 점차적으로 실망하는 결론에 이르게 되었고, 예수님과 유다 사이에 밑바탕부터 상호간의 틈이 차츰 생기게 되었습니다.

그들이 단순히 동의할 수 없었던 하나의 큰 문제는 어떤 정통 유대인에게도 대단히 관심이 깊은 문제였던 – 메시야의 개념에 대한 것이었습니다. 물론, 그 문제에 대한 그들의 의견 차이가 유다에게 즉시 명확히 드러난 것은 아니었습니다. (다른 사람들에게도) 그렇지 않았습니다 왜냐하면 운명적인 경향이겠습니다만, 유다는 혼자서 속으로만 생각했기 때문입니다. 유다는 자신의 갈등에 대해 주변에 한 마디도 하지 않았습니다. 하지만 마음 안에서는 그리스도로부터 더욱 멀어지기만 했습니다. 시간이 계속 흐르면서 그는, 예수님께서 하시는 일과 하지 않으시는 일이 자기 자신이 오실 메시야에 대해서 바라고 기대하였던 바와 일치하지 않는다는 것을 더 분명하게 보았습니다. 유다가 사랑한 신학은 서기관들과 랍비들의 정통주의적 지혜를 분명하게 특정짓는, 일련의 강고한 잘못된 편견이었습니다. 그런 강조는 유다에게만 특별한 것이 결코 아니었습니다. 예수님의 모든 제자들이 그들의 뇌리(mind)에 합리화시켰던 것 그 이상으로 – 그들의 심정(heart) 깊이 품고 있었던 것은 바로 물질주의적 개념의 메시야에 대한 소망이었습니다.

---

35) 한역주: 첫문장도 아닌데, 대문자 He로 되어 있기 때문에, 그 He가 예수를 가리키는 것인가 하고 헷갈릴 수 있지만 맥락상 분명히 유다를 가리키는 것으로 보아야 할 것이다. 대문자로 기록함으로써 유다에게 더욱 주목하게 한다.

처음에 유다는, 야고보와 요한의 어머니 살로메와 너무나 미세한 차이점만 있었을 뿐입니다. 여러분은 기억하실 것입니다. 메시아께서 곧 세우실 그 나라에서 자기의 두 아들이 명예로운 자리를 차지하도록 요청한 사람이 바로 그녀였다는 것을 말입니다. 그녀 또한 상당히 짧은 시간 내에 예수님께서 로마 정권에 대항하여 하늘 높이 이스라엘 민족의 커다란 국기를 휘날리는 지상 왕국을 세우실 것이라고 생각했습니다. 이런 왕국에서는 자연스럽게 명예로운 역할들이 배당되고 중요한 자리들이 채워질 것입니다. 살로메의 소원은 자기 아들 모두가 이런 높은 자리를 하나씩 꿰차는 것이었습니다.

유다로 하여금 새로운 국가에서 뛰어난 자리 얻기를 열망하게 한 것은, 그 새로운 왕국의 본질에 있어 유사한 개념이었습니다. 하지만 그가 예수님과 다른 제자들과 함께 한 초반에는, 나라의 높은 지위에 오르고자 하는 열망이 일시적으로 억제된 것입니다. 자신을 불가항력적으로 사로잡은 그 이상을 원했기 때문입니다. 예수님의 '매력(charm)'이, 그가 일시적으로나마 돈에 대한 탐욕과 권력에 대한 추한 사랑을 억제할 수 있도록, 잠시라도 그렇게 사로잡는 힘으로 그에게 호소했던 것입니다.

일시적으로 - 라고 말씀드린 것은, 새로운 교제의 참신함이 일상화되고, 그가 예수님과의 제자도의 실재에 동화되었을 때, 유다가 이전의 야망으로 되돌아갔기 때문입니다. 결코 없었던 것이 아니라, 당분간 잠재되었던 그 상태로 말입니다. 그래서 이 새로운 왕국이 자기에게 대단히 유익한 것으로 입증되었다는 결론을 내렸습니다. 생각해 보십시오: 새로운 왕의 바로 옆 좌석에 앉는 것 말입니다. 어쩌면 유다는 그 욕망을 언제나 분명하게 의식하고 있지는 않았을 것입니다. 그렇게 많은 말로 스스로 그것을 공식화하지는 않았을 것입니다. 그럼에도 불구하고 그것은 유다 마음속에 하나의 꿈처럼 사라지지 않았습니다. 그 왕국이 도래하면 자기에게 엄청난 출세의 길을 보장해 줄 것이라는 반의식적(semi-conscious) 희망이 지속되었습니다.

하지만 시간이 흐르면서 내적 희망이 비극적으로 표출되기 시작했습니다. 예수님과 생활하는 것이 더욱 일상적이고 사실 그대로의 모습을 갖추면서, 유다의 은밀한 열정은 더욱 구체적인 모양을 띠기 시작했습니다. 수개월이 지나고, 유다는 또한 자기가 가장 바라던 것이 그 새로운 왕국에서 높은 자리를 차지하는 것임을 확신하게 되었습니다. 그런 야심이 점진적으로 유다의 가슴 속에서 형태를 갖춰가는 동안, 예수님께서는 당신께서 그런 왕국 개념에 자비로울 수 없다는 것을 분명하게 나타내셨습니다. 그분은 실로 그런 개념을 반대하신 것입니다. 유다는 아마 살로메가 자기 아들들에 대해 청원할 때 그 현장에 있었을 것입니다. 그때 예수님께서 답변하신 것, 고난의 잔을 먼저 흘려야 한다는 것, 그리고 명예로운 지위에 배정하는 것은 자신의 사법권에 속한 것이 아닌 아버지의 권한에 있다는 말씀을 들었을 것입니다. 그렇습니다. 유다는 그때 그 자리에 있었을 것입니다. 여하튼, 우리는 초창기에 살로메의 두 아들과 유다 사이에 있던 사소한 차이가 이제는 매우 큰 것으로 보인다는 점을 주목합니다. 살로메의 아들들은 솔직했습니다. 자신들의 야심에 대해서 겉으로 드러내었던 것입니다. 유다의 야심은 (자신만이 알고 있는) 주관적인 것이었습니다. 그리고 예수님께서 야고보와 요한의 야심을 말씀으로 꺾으셨을 때, 이들은 점차적으로, 하지만 의식적으로 자신들을 그 말씀에 적응시켰습니다. 그들의 사랑과 믿음이 그렇게 적응하도록 하였던 것입니다. 하지만 유다는 아무 말도 하지 않았습니다. 그리고 자신의 마음속에 그 야심을 계속해서 키워갔습니다. 다른 말로 하자면, 예수님에게 등을 돌리고, 자신 속으로 더욱 깊이 잠겨 들었던 것입니다. 그것이 그의 두 번째 죄입니다. 그는 굴복하지 않았습니다. 그는 믿음이 없었습니다. 그는 자신을 신뢰하였습니다.

이러한 불신앙과 탐욕은 자연스럽게 그를 지속적으로 더욱 깊은 저주 아래로 끌고 갑니다. 그 갈등은 매일 더욱 분명하게 드러납니다. 놀랄 것도 없습니다! 예수님께서는 유다가 이뤄지기를 보고 싶어한 것들을 점점 덜 행하셨습니다. 생각해 보십시오: 이 시간 이후 로마인들의 손으로 심긴 숲속의 거인들 중

단 한 명도 넘어지지 않았습니다. 창 끝 하나도 로마인의 피를 흘리게 하지 못했습니다. 게다가 세배대의 부유한 아들들의 전체 유산은 식량공급을 위하여 지불되었지만, 무기와 무장을 위해서는 동전 한 푼도 소비되지 않았습니다. 예수님의 계획과 실행은 탈중심화의 경향이 있는 것처럼 보였습니다. 왜냐하면 그분은 이 시골에서 저 시골로, 저 멀리 촌구석으로 다니셨기 때문입니다. 하지만 조직화의 ABC는 중심 집중입니다. 그분은 아무 것도 몰랐습니다. 예루살렘에서 그분은 빌라도의 궁전을 관찰할 수 있는 구멍 뚫린 지하저장소나 다락방조차 없으셨습니다. 이제 그분은 유월절 식사를 위한 방을 하나 원하셨고, 실제로 하나를 빌리셔야 했습니다. 그것은 또한 그가 매사를 수행하는 "방법"의 특징적인 방식이기도 하였습니다. 로마의 권위에 대항하는 무장봉기를 위한 어떤 종류의 은밀한 준비에 대해서든 눈살을 찌푸리시는 방법, 그리고 모든 것을 열두 제자들 손에 위임하시는 방법이었던 것입니다. 유다의 야심과 예수님의 행위 사이에 있었던 갈등은 그리스도께서 당신에게 제공된 왕관 받기를 거부하셨을 때 더욱 날카롭게 강조되었습니다. 유다에게 그 거절은 자신의 잠자던 욕망이 예수님 안에서 실현될 가능성이 거의 없다는 것을 눈에 띄게 선언한 것이었습니다. 그때 유다는 그렇게 말할 뻔 했습니다! 하지만 그는 자신의 욕망을 내면에 꽉 잠가두면서 실망감을 은밀하게 키워간 것입니다. 그 대선지자와 동행하면서도 그는 자기 영혼의 창문에 쇠 통을 걸어놓고 덧문조차 내려버렸습니다. 무리의 열정이 식고 예수님으로부터 등을 돌렸을 때, 예수님께서 제자들에게 너희들도 가려느냐고 물으셨을 때조차도, 그때도 유다는 아무 말도 하지 않았습니다. 다른 말로 하자면, 그는 예수님의 지시에 대항하고, 예수님의 영혼에 대한 갈망에 대적하면서 새롭게 스스로를 끌어안았습니다. 그리고는 그 오래된 자기신뢰 속으로 깊이 빠져 들어간 것입니다.

위기 뒤에 위기가 따라왔습니다. 몇 번이고 예수님의 말씀이 유다에게 자신의 마음 속 갈등을 드러낼 훌륭한 기회를 제공해 주었습니다. 하지만 그는 상습적으로 그리스도에게 굴복하지 않았습니다. 하나님께서 보시는 중에, 삼 년 동안 예수님의 긍휼하심에 대적하며 스스로를 완고하게 만들어간 것은, 배반자의 삶에 손가락을 뻗쳐 꽉 붙잡고, 또한 그의 입술로 예수님의 원수들과 스스로 동맹을 맺은 몇 분보다도 확실히 더 의미심장합니다. 서기관들로부터 삼십 세겔을 취한 것이 아니라, 예수님의 교리에 굴복할 수 있던 때에 그들의 교리에 집착한 것이 그의 배반(의 본질)이었습니다.

그가 자신을 예수님에게서 고립시켰던 것처럼, 또한 그는 다른 사도들로부터도 이탈되었습니다. 기억하십시오, 그는 제자들 집단에서 유일한 유대 지역 사람이었습니다. 다른 제자들은 모두 갈릴리인이었습니다. 이 면에서만이라도, 문화적 중심에서 온 그 사람은 시골구석에서 온 무지렁이 뱃놈들에 대해 우월감을 느꼈을 것입니다. 그의 유대적이고, 극단적인 애국주의적 관점과 랍비적 신학은 분명히 갈릴리로부터 온 열 한 명의 (천박한) 일꾼들을 저급하게 여기도록 유혹했습니다. 시간이 흐르면서 유다는 자신에 대해서는 편견이 없는 왕, 그 안에는 아무런 "이빨"도 가지지 않은 왕국에 자신을 적응시키려는 그들을 경멸했을 것입니다.

이러한 것이 유다의 사악한 배신이라고 불리는 것의 발생(과정)입니다. 훗날 유다의 영혼에 들어가기 위해서(to enter) 사탄은 이렇게 자신을 그의 영혼에 강요했습니다(imposed). 그래서 유다는 자발적으로, 자기 쪽에서, 자기 영혼의 문을 그 사탄적 영향력에 열어 제쳤습니다. 이로서 우리는 유다가 지속적으로 예수님의 빛을 거부한 여러 번의 위기 이후 사탄이 그 영혼의 지배권을 얻게 되었다는, 성경이 가르쳐주는 언급들을 쉽게 이해할 수 있습니다.

이제 우리는 예수님과 유다의 관계를 염두에 두고 유월절의 방 안에서 벌어지는 장면을 한 번 더 고려해 볼 수 있습니다.

예수님께서는 주빈의 자격으로 객실에 들어오셨습니다. 그분은 그 식탁을 주재하십니다. 그분은 음식을 드시면서, 일반적인 대화와 자기 옆 혹은 맞은편에 앉은 구체적인 인물들을 언급하심으로 대화를 주도하십니다. 이런 대화의 과정에서 그분은 그들 중의 한 명이 당신을 배신할 것임을 드러내셨습니다.

저 곤혹스러운 언급에 반응하면서 모든 제자들이 되묻습니다: 주여, 나니이까? 그 질문에 예수님께서는 아무런 일반적 반응을 하지 않으십니다. 하지만, 조금 후에, 손님(역주 : 제자)들 중의 한 명이 목소리를 낮추어 누가 배신자인지를 말씀해 주지 않으실 것인지 여쭈었을 때, 예수님께서 답변하시기를, 당신께서 주빈으로서 음식 한 점을 주는 제자가 배신할 사람이라고 하셨습니다. (왜냐하면 주빈이 그릇의 음식 한 점을 떼어 손님들 각각에게 인격적인 우정의 표시로서 주는 것이 관습이었기 때문입니다.)

그래서 예수님께서는 떡을 떼서서 그것을 유다에게 주십니다.

그것을 먹은 뒤에 사탄이 그에게 들어갔습니다.

그 한조각의 빵은 유다의 입술을 태웠습니다. 마치 조금 뒤 30세겔이 그의 손가락을 그을린 것과 같이 말입니다. 그의 섬 없는 영혼은 예수님께서 모든 것을 보고 계셨다는 사실을 충분히 의식하였기 때문에, 지금 역시 예수님께서 유다 자신을 꿰뚫어보고 있으시다는 것을 알고 있었습니다. 사실, 유다는 예수님께서 유다 자신에 대해서 공개적으로 그 정체를 드러내실 것이라고 얼마간 두려워하였습니다. 하지만, 지나가는 매순간들은 그분께서 그렇게 하지 않으실 것을 가리켰습니다. 그 폭로가 거의 임박한 것처럼 보이는 바로 그 순간에조차도, 그리고 예수님께서 유다의 악한 의도를 공개적으로 발가벗겨 놓으실 것처럼 여겨지는 그 순간에조차도, 유다는 혼자 내버려졌습니다.

이후 유월절의 방에서 흘렀던 모든 시간은 유다에게 큰 짐이었습니다. 예수님께서 그에게 아무 언급도 없으시면서, 오히려 유다 자신이 그렇게 살기를 선택한 대로 자기 자신의 삶을 살도록 내버려 두신 그 순간은, 하나의 고통스러운 수난(atorturous martyrdom)[36]이었습니다. 한 관점에서 보면, 예수님의 과묵함은 당신의 왕권이, 심지어 내밀한 제자 집단에 주권을 행사할 때까지도 폭력을 행사하는 것을 경멸하신다는 사실을 입증한 것입니다. 하지만 유다에게 그것은 자신을 향한 날카로운 지적이자 부끄럽게 하는 은혜의 계시였습니다. 그에게 기회를 주면서 회개하도록 요청하는 그런 은혜 말입니다.

회개하도록 그를 초청하는 것…… 하지만 정확하게 이것이 유다의 죄의 본질입니다. 그는 은혜에 의해서 살기를 원치 않았던 것입니다. 그때 예수님께서 아무런 잘못이 없는 것처럼, 차별 없이 다른 열한 명의 제자와 똑같이 유다를 대하시며 주인의 역할을 수행하셨을 때, 그때 유다의 갈등은 참을 수 없을 지경에까지 이르렀습니다. 예수님의 사랑에 대한 그의 반역이 절정에 이르렀던 것입니다. 그 평화주의자들 집단과 그들의 무저항주의 교리에 대한 그의 혐오는 한계를 넘어서 버렸습니다. 대제사장들과 만나 접촉했던 것을 그는 기억하였습니다. 석 달간 일한 품삯과 동등한 대가를 약속 받았습니다. 그리고 그때 '사탄이 그에게 들어갔습니다.'

사탄이 그에게 "들어갔"습니다. 이 의미심장한 단어는 사탄의 영향력을 묘사하기 위해 성경이 사용하는 가장 강한 단어들 중의 하나입니다. 사탄이 사람 속에 영향력을 행사하는 여러 정도들을 묘사하기 위해서 여러 가지 다른 단어들을 사용합니다. '유혹'(temptation)에 대해서 말하기도 합니다: 시험에 들지 말게 하옵시고 다만 악에서 구하옵소서. 사람의 마음 속에 사탄이 '가득 채우는 것'(filling)을 말하기도 합니다: 아나니아야, 어찌하여 사탄이 네 마음

---

36) 한역주 : 영역자가 여기서 martyrdom이라는 단어로 번역한 것은, 유다가 '순교'(martyrdom)의 고통을 당하였다는 의미가 아니라, 유다 자신이 생각하기에 자신이 지금 예수의 침묵을 통해서 고통을 당한다고 여겼다는 뜻이다. 그런 의미에서 '수난'이라고 번역하였다.

에 가득하여 네가 성령을 속이고 땅 값 얼마를 감추었느냐? 더욱 심각한 것은 성경이 사탄의 '내주함'(indwelling)으로 언급하는 것입니다. 인간 영혼의 거주지로부터 임시적으로 들락거리며 활동해 왔던 악한 영향력이 후에 그 영혼의 지배권을 획득하게 될 때, 그 귀신의 힘은 '그곳에 거주하게 되는 것입니다.' 하지만, "안에 들어갔다"는 구절이 함축하는 바는, 어떤 것들보다 더 심각한 것입니다. 더 강한 의미를 암시한다고 할 수 있을 법한 유일한 표현이 성경에 있기는 합니다. 그것을 발견하기 위해서는 역사적인 책을 아무리 찾아보아도 소용없습니다. 요한계시록을 살펴보아야 합니다. 일상적이지 않은 그 표현들 속에서 우리는 사탄이 적그리스도에게 자신의 능력과 자기의 '뿔들'을 지원해주는 것을 보게 됩니다. "안에 들어갔다" 이 말이 여기에 사용되었던 표현입니다! 그리고 오직 여기에서만 사용되고 있습니다.[37]

'들어감'이라는 표현이 이 맥락에서 사용된 것이 유다가 사탄이 자기 안에 들어오기를 특별하게 열망했다는 것을 의미하지 않습니다. 마치 사탄이 이전에는 지금처럼 공격하려고 결심한 적이 전혀 없었다는 것처럼 말입니다. 사탄은 예수님의 사랑의 불길에 거의 접근된 그 영혼(역주 : 유다의 영혼)을 보존하기 위한 이 세계적 갈등의 순간에, 자신이 할 수 있는 모든 노력을 다 퍼부었음을 깨달았습니다. 그는 자기가 지옥의 횃불을 든 자로서 유다의 영혼을 자기 것으로 보존하기 위해서 애써야 했음을 알고 있었습니다. 그렇게 해야 '헤롯과 본디오 빌라도 등 이방인들과 이스라엘 백성들'에게 불을 붙일 수 있기 때문입니다.

이제 우리는 그리스도께서 이 시점에서 무엇을 하고 계셨는가 이해할 수 있

---

37) 한역주 : '여기에'라는 표현이 요한복음을 가리키는지, 아니면 요한계시록을 가리키는지 애매하다. 요한복음 13:27에서는 'εἰσῆλθεν εἰς'라는 표현이 사용되고 있다. 요한계시록13장의 사탄과 '뿔들'의 관계를 묘사하고 있는 부분에서는 이 'εἰσῆλθεν εἰς'라는 표현이 발견되지 않는다. 그러므로, 요한계시록에서 사탄이 '뿔들'을 사용하기 위해서 역사하였던 그 활동과 방불할 정도의 사탄의 활동이 가룟 유다에게 시작되었음을 저자가 강조하는 것이라고 보는 것이 좋겠다.

습니다. 그렇습니다. 우리는 지금까지 유다에 대해서 자주 그리고 조심스럽게 살펴보았습니다. 하지만, 예수 그리스도에 대해 자세히 주의를 기울여 보았습니까? 그분은 복종에 자원하신 분(the Willing)이심을 입증하십니다. 아버지의 집에서 자원해서 일하시는 분 말입니다. 음식 그릇에 당신의 손으로 빵을 가지시고 그것을 유다에게 전해주는 것을 보십시오. 그분이 이렇게 하실 때, 유다는 그 주인이 여전히 자신을 하나의 손님으로 대우해 주신다는 것을, 자기에게 당신의 손을 내어 미심으로써 애정의 표시를 보여주신다는 것을 알고 있습니다. 그 침묵하심 가운데 던져지는 질문이 있습니다: 너는 무엇을 원하고 있느냐? 그는 주인께서 자기의 생각에 대해서 모르고 계시는 것이 아님을 알고 있습니다. 배신자인줄을 전혀 눈치 채지도 못하면서 인사를 나누고 있는 양 생각한 것이 아닙니다. 그는 예수님께서 자기의 영혼을 읽고 계시는 것을 알고 있습니다.

유다는 지금 선택해야 합니다. 울거나 저주해야 합니다. 만약 그가 눈물이나 저주를 잠시 억제할 수 있다해도 잠깐일 뿐입니다. 유다여, 어느 것을 선택하겠느뇨? 제공된 빵조각이 도대체 무엇을 이뤘단 말인가?

그리고 조각을 받은 후 사탄이 그에게 들었습니다.

이것이 귀신이 그에게 영향을 입힌 첫 번째 순간이 아니었음에 주의하십시오. 앞서 있었던 일입니다.[38] 이전의 침입도 또한 사탄의 '들어감'이라고 표현되어 있습니다.[39] 하지만 그 첫 번째와 두 번째 침입 사이에 무언가가 끼어

---

38) 13장 2절.
39) 누가복음 22:3. 한역주 : 요한복음 13장2절은 유월절 식사를 하기 전인데, "마귀가 벌써 시몬의 아들 가롯 유다의 마음에 예수를 팔 생각을 넣었더라"고 기록되어 있다. 그것과 병행이 되는 누가복음 22:3에서는 "열둘 중의 하나인 가룟인이라 부르는 유다에게 사탄이 들어가니"라고 되어 있어서, 유월절 식사 이전에 유다에게 사탄이 "들어간 것"과 유월절 식사 중에 사탄이 유다에게 "들어간 것"의 차이점에 대해서 저자는 말하고 있다.

들어 있습니다. 그 무언가는 바로 '(빵)조각을 받은 것'입니다. 다른 말로 하자면, 예수님의 한 행위가 그 귀신의 앞서 들어감과 최종적인 들어감 사이에 개입된 것입니다.

인간은 인간 자신입니다. 유다는 그가 빵 조각을 취하기 이전에도 사탄에게 속했습니다. 하지만, 인간은 언제나 더욱 자신다워지는 경향이 있습니다. 그리고 그는 예수님께서 먹을 것을 그에게 주신 이후에도 그렇게 되었습니다. 그 빵조각이 무언가를 행합니다. 그것은 피에 독을 주입하지 않습니다. 하지만, 그것은 무언가를 하는데 - 그리고 그것이 바로 그리스도의 충만한 권리입니다 - 곧, 피가 혈관을 통해서 더 빨리 흐르게 합니다. 독은 혈관 속에 이미 들어가 있습니다. 하지만 그 빵 조각을 받은 것이 그 일을 더욱 신속하게 만듭니다.

또한 유다와의 관계에 있어서, 지금 그리스도께서 당신의 중보자로서의 과제를 성취하시는 것을 여러분은 관찰하셨습니까? 하나의 중보자로서 그분은 이미(유다 안에) 남아있던 영적 세력들을 풀어주시는 것입니다. 그리스도께서는 벨사살이 보고 깜짝 놀랐던 것과 같은, 글자들이 유월절의 방벽에 손으로 기록된 것을 보십니다. 불의한 그를 여전히 불의한 채 있게 하라. 한 천사가 맞받아 노래합니다: 더러운 자는 여전히 더러운 채로 있게 하라. 그리고 이미 죽은 모든 성도들의 무리가 응답합니다: 의로운 자는 여전히 의로운 채로 있게 하라. 거룩한 자는 여전히 거룩한 채로 있게 하라. 그리스도시여, 모든 불길이 활활 타오르게 하소서! 세상의 모든 풀무불에 있는 불길들이 타오르게 하소서. 그 (영적) 반립(antithesis)에 힘을 가하소서.

그리스도께서 그 불길에 부채질을 하십니다. 빵 조각을 주십니다. 그것이 믿음을 가지고 있는 모든 영혼들을 성화시킵니다. 다시금 그는 빵 조각을 주십니다. 그것은 불결한 영혼들에게는 불결하게 됩니다. 예수님께서 주시는 빵 조각이 사탄을 불러 오고, 똑같이 성례의 영도 불러옵니다.

예수님께서 주시는 그 음식은 무언가를 이룹니다. 유다에게 사탄이 처음 들어간 이후에도 유다는 여전히 예수님께서 자신의 발을 씻어 주시는 것을 견딜 수 있었습니다. 거룩한 손이 자기의 발을 만지시는 것을 견딜 수 있었습니다. 발을 씻어 주시는 것, 최소한의 친밀한 접촉의 행위 −유다는 그것을 견딜 수 있었던 것입니다.

그 후에 그에게 약간의 음식이 주어집니다. 하지만, 먹는 자로서, 역시 사람은 자신이 이미 어떠한 자임을 더욱 드러냅니다. 그 빵 조각은 이미 진행 중인 발달의 속도를 진척시킵니다. 이전에는 천천히 흐르던 피가 혈관을 통해서 이제는 신속하게 경주를 합니다. 이제 이전에는 발을 만지시던 그 거룩한 손이 그의 입에 접촉합니다. 이것은 두 번째 단계로서, 더욱 친밀한 접촉입니다. 다시금 유다는 그것을 견딜 수 있습니다. 그 빵 조각은 그의 입을 불로 그슬리게 하지 않습니다.

그 약간의 음식 이후에 사탄은 그의 "안으로 들어갔습니다". 이전에 그는 단지 그리스도를 배신하겠다는 "그 생각을 유다의 마음속에 넣어 주었을 뿐"입니다. 사탄은 그 음식 조각이 효력을 발휘하기를 기다리고 있습니다. 왜냐하면 사탄은 그리스도께서 주권자이심을 알고 있기 때문입니다. 조각을 받은 후에 유다 안에 있는 죄가 신속하게 그 자체를 깨닫게 됩니다. 유다는 일어섭니다. 그리고 그 음식 조각은 세 번째 행위로 인도하는 계기입니다. 곧 유다의 행위 말입니다. 그 음식은 배반의 입맞춤의 계기가 됩니다 −결코 원인이 되는 것은 아니라 하더라도 말입니다.

발을 씻어 주심; 최소한의 친밀한 접촉입니다. 손으로 발을 만져 주시는 것입니다.

그 빵 한 조각 : 더욱 친밀한 접촉입니다. 손으로 입술을 만져 주는 것입니다.

그 입맞춤 : 가장 친밀한 접촉입니다. 입술이 입술을 접촉하는 것입니다. 그리고 그것이 끝입니다.

성경에 나오는 이 사건들을 눈물을 흘리지 않고선 읽어가기 힘듭니다. 하지만 우리가 유다와 우리 자신에 대하여 눈물 흘리기 전에, 그리스도를 볼 수 있기를 자원해야 합니다. 그분의 위엄 속에 계신 그분을 뵙는 것을 말입니다. 우리는 그분의 말씀의 능력과 그분의 행위의 능력 속에서 그분 뵙기를 원해야 합니다. 왜냐하면, 만약 우리가 그리스도 보기를 배우지 않는다면, 우리가 우는 모든 일이 우리에게 무슨 유익을 가져다주겠습니까? 우리의 눈물은 유다가 흘렸던 그 쓴 눈물처럼 헛되이 땅에 떨어져 버릴 것입니다.

하지만, 우리는 그리스도 보기를 자원합니다. 그리고 그분을 위엄 속에서 보기를 자원합니다. 왜냐하면 그분은 언제나 무언가 하시는 분이시기 때문입니다. 주님께서 주시는 한 조각의 빵, 주님의 선물, 그리고 주님의 접촉은 결코 아무런 효과가 없는 것이 아닙니다. 주님의 행위는 한 사람을 사도로 만들기도 하고 배도자가 되게도 하십니다. 주님께서 위기의 한 순간에 주신 그 음식 조각은 첫 번째 성찬으로의 전이입니다. 그게 아니라면, 그 음식조각은 최종적으로 멸망에 이르게 될 죄를 더욱 부추기는 하나의 촉진제입니다. 예수님께서 우리에게 음식을 주실 때, 감각기관을 통해서든지 아니면 말씀의 방편을 통해서든지, 그 생명의 과정이 깨어납니다. 선한 과정이든지 아니면 악한 과정이든지 말입니다.

유다는 예수님과 함께 식탁에 앉아 자기 스스로 속삭였습니다: 나는 내가 즐거워하는 것을 먹는다. 영적으로 나는 내가 선택한 것을 먹는다. 나는 예언, 곧 정통유대주의 예언의 "두루마리를 먹는다." 내 음식은 내 자신의 뜻을 행하는 것이다. 내 자신의 음식은 내가 선택한다.

하지만 이 날 그에게는 먹을 무언가가 주어집니다. 예수님께서는 유다를 억제하십니다. 유다는 억지로라도 먹어야 합니다. 예수님의 다정하면서도 진지한 모습은 거부할 수 없는 강력한 힘을 가지고 있습니다. 유다는 자기가 선택한 것을 먹지 않습니다. 그의 음식은 영적으로 그에게 주어지고 있습니다.

유다가 그 음식을 먹었을 때, 그는 모든 사람들의 빵이 자기 아버지의 뜻을 행하는 것임을 깨닫게 되었습니다. 이러한 것이 모든 사람들의 빵입니다. 왜냐하면 모든 사람들에게는 하나의 아버지가 있기 때문입니다. 그 아버지는 하나님이시거나 아니면 사탄입니다. 그의 부친이 우리의 주 예수 그리스도의 아버지인 사람, 그분의 뜻을 행하는 사람은 예수님의 빵을 먹고 영원히 살게 될 것입니다. 하지만 "아비 되는 마귀"에서 난 사람은 누구라도 사탄의 음식을 먹습니다. 이런 아들은 자기는 자기가 즐거워하는 것을 먹노라고 말할 것입니다. 하지만, 하나님의 빵이 자기에게 주어질 때, 그는 지옥의 빵에서 비롯되어 자신을 죽이게 될 그 사망을 더욱더 고집스럽게 먹을 것입니다. 그러므로, 그는 자기가 원하는 것을 먹지 않습니다. 그는 자신을 죽이는 사망을 먹습니다. 하나님의 양식이 사망을 대적하지 못해서가 아니라, 지옥의 음식을 생명 대신에 섭취하고자 하는 이들의 열망 때문입니다. 생명의 빵이 주어졌는데도 그것을 취하지 않는 사람들이 선택하는 것이 바로 지옥의 음식입니다. 그는 신속하게 먹어치웁니다. 그의 성급함은 광인의 성급함이며, 생명의 양식이 제공되는데도 해독제라고 가정되는 것을 붙잡고 매달리는 식의 미친 짓입니다. 그런데, 사탄으로부터 나오는, 그 해독제는 결국 독약으로 드러납니다.

예수님께서 주시는 그 빵조각은 하나님께서 주시는 말씀과 동일한 효율과 효과를 가지고 있습니다. 이 말씀은 또한 결코 헛되이 돌아오지 않습니다: 하나님께서 원하시는 것은 무엇이든 성취하며, 하나님께서 보내신 목적의 효력을 신속하게 발생시킵니다. 저 말씀은 사람들에게 선택을 강력하게 요구합니다. 사람들을 회심케 하거나 오히려 고집스럽게 만듭니다. 사람들이 무릎을 꿇게 만들거나 오만한 고집스러움으로 목을 뻣뻣하게 만듭니다. 빵조각과 말씀, 둘 다 성령을 보내어서 회개에 이르게 하거나 사탄을 보내어서 마음을 고집스럽게 합니다. 빵조각을 취하십시오; 말씀에 귀 기울이십시오. 훗날 사람들은 여러분에 대해 "그러고는 성령이 그에게 들어갔노라"고 말할 수 있을 것입니다. 아니면, "그러고는 사탄이 그에게 들어갔노라"고 말할 것입니다. 이것이든 저것이든 효과가 뒤따를 것입니다.

이런 발견은 유익합니다. 우리는 그가 우리보다 훨씬 더 심각한 죄악에 빠져 있다는 것으로 유다를 경멸하여, 그를 밉살스럽게 비교하고 진리를 놓칠 수 있기 때문입니다. 만약 우리가 그리스도를 뵙게 된다면 그렇게 진리를 놓치는 경우는 없을 것입니다. 우리가 예루살렘에서 그분과 같은 방 안에 있든지, 높은 곳에 계시는 그 분과 동일한 우주 가운데서 있든지, 그것은 중요하지 않습니다. 왜냐하면 그분은 언제나 우리와 함께 현존하시기 때문입니다. 그분은 빵조각과도 함께 하셨습니다. 그분은 지금 말씀 가운데서도 현존하십니다.

기억하십시오. 그것을 행하였던 것은 빵 조각 자체가 아니었습니다. 그렇게 한 것은, 주님의 안광으로부터 나오는 권능이었고, 주님의 주시하는 위엄이었으며, 유다의 입술에 손가락을 두셔서 말씀의 생동감 있는 에너지를 전달하는 통로가 되게 하신 주님의 전적인 긍휼이셨습니다. 그 빵조각, 그 손가락 – 둘 다 가득 채워졌습니다. 그것들은 지금 우리들이 전기력이라고 부르는 것들보다 더욱 강한 힘으로 가득 채워졌습니다. 성령이 그곳에 임재하셨습니다. 수세기의 역사가 흘렀던 목적은 그 음식 조각을 담아 전달하는 것이었습니다. 예수님의 영혼과 유다의 영혼이 접촉하는 그 순간은 영적인 에너지들이 서로 맞부딪쳐서 방출되는 순간이었습니다. 천둥이 쳤습니다. 사탄은 충격을 받았고 더 이상 쉬고 있을 수만 없었습니다. 그리스도께서는 그를 억제해 왔었고, 죽음의 문턱에까지 이르도록 쉴 수 없게 만들어 왔었습니다.

그리스도께서는 사탄을 억제하셨습니다. 그 빵 조각으로가 아니라, 하나님의 입에서 나오는 말씀으로써 말입니다. "사람이 떡으로만 살 것이 아니요, 여호와의 입에서 나오는 모든 말씀으로 사는 것이라"(신 8:3). 그리스도께서는 유다를 지금 죽이십니다 – 왜냐하면 그는 이미 죽어 있기 때문입니다 – 그리고 그분은 오직 말씀으로만 그렇게 하십니다. 또한, 그 빵 조각이 영적 세력들이 침투하는 것을 촉진시킨 것이 오직 그 말씀뿐이라면, 우리는 이 사실에 자세히 주목해 보는 것이 필요합니다. 말씀은 여전히 활동하십니다. 빵 조각 하나를 BC 29년에 얻게 된 것은 의미심장합니다.[40] 하지만, AD 1929년에 어느 교회당 안의 분위기에서 설교 하나를 듣는 것은 더욱 심각한 일입니다.

세상에 대한 말씀의 압력은 매일매일 증가하고 있습니다. 유월절의 외적 표지나 성찬의 외적 표지는 이전 그대로 남아 있을 것입니다. 하지만, 그리스도의 임재, 계시된 말씀의 능력은 매일 발전하고 자라서 더욱 완전한 열매로 맺혀가고 있습니다. 실제로, 누군가가 그리스도의 발에 입맞춤을 한 이후에도 삶은 여전히 힘듭니다.

그렇게 어려울 수 있습니다. 하지만, 안전합니다. 하나님께서 그리스도의 인성 뒤에 당신 자신을 감추신 것처럼, 이 경우 하나님의 위엄과 능력이 한 집의 최고의 종(the goodman of a house), 곧 식탁의 주재자의 그 평범한 제스처들 뒤에 감추어져 있습니다. 하지만, 믿음은 그 외적인 제스처 뒤에 있는 전능하시고 편재하신 하나님을 분별합니다. 믿음은 그 현존 안에서 안식을 발견합니다. 성령께서 들어오십니다. 손 하나가 빵조각을 취하여 내어줍니다. 그것은 신비적 연합입니다. 그것은 거룩한 성찬입니다.

---

40) 많은 사람에 따르면, 그리스도께서 죽으신 실제의 날이 이때였다. 현재의 연대기로 보자면, 그분은 BC 4년에 태어나셨을 것이다. 한역주: 본문에 BC 29라고 되어 있는 것은 교정의 실수였을 것이다. BC 4년에 예수께서 태어나신 것이라면, 돌아가신 해는 AD 29년이라고 해야 할 것이다.

chapter 12
|
사탄을 "억제하지 않으시는" 그리스도

"이에 예수께서 유다에게 이르시되 네가 하는 일을 속히 하라 하시니…
유다가 그 조각을 받고 곧 나가니 밤이더라."

- 요한복음 13:27b~30a -

12장.
사탄을 "억제하지 않으시는" 그리스도

앞의 설교에서 우리는 유다의 영혼 속에 잠재되어 있던 갈등을 제대로 깨닫기 위해 애썼습니다. 예수님을 따르던 초기에, 그가 사악한 종류의 욕망과 악한 열정들을 강력하게 억제했다는 것을 발견했습니다.

이러한 억제는 예수 그리스도, 곧 유다가 이해한 대로의 예수 그리스도가 그의 양심에 일시적으로 영향을 미친 효과였다고 결론 지었습니다. 예수님의 '인상'이 처음에는 유다에게 낯선 숭배를 불러 일으켰습니다. 예수님께서 처음으로 유다의 야심들을 사로잡으셨을 때, 그는 유다에게 치명적인 슬픔을 야기하셨습니다. 그로 인해 유다는, 자신의 모든 은사와 능력, 강렬한 열망과 열정을 갖고, 이 새로운 교사의 매력에 어떤 유의 신비한 경이로움으로 굴복하게 되었습니다. 그분은 거의 모든 것을 아시고 또한 행하실 수 있는 분 같았습니다. 유다의 생애에 있어 그때는 헬시온(Halcyon)[41]의 파도를 가라앉힌 시절,

---

41) 한역주 : 그리스 신화에 나오는, 동지 무렵 해상에 둥지를 만들어 풍랑을 가라앉히고 알을 깐다는 상상속의 새

곧 흥분되면서도 경건한 기간이었습니다.

하지만, 결과는 유다에게 호의적이지 않았습니다. 예수님과 그를 분리하는 문제는 결코 해결되지 않았습니다. 유다에게는 중요한 한 가지가 결핍되어 있었습니다. 유다는 자신이 필요로 하는 일, 곧 (자신의)중생(regeneration)을 원했습니다.[42] 그러므로 실제로 그의 모든 것이 결핍되어 있었습니다. 진실로, 유다는 예수님은 처음 만났을 때 헬시온의 시절을 누렸습니다. 그분께서는 유다의 악한 열망과 열정을 억제해 오실 수 있으셨습니다. - 심지어는 돈에 대한 그의 탐욕까지도 말입니다. 예수님은 그 정도로 압도적이셨습니다.

하지만…… 그렇습니다. 유다는 자신의 사악한 야심들, 자신의 탐욕, 자기주장을 감추는 데 성공해 왔습니다만, 이것들은 원리상 전혀 파괴되지 않았습니다. 유다는 자신의 옛 본성, 옛사람을 일시적으로 억제했을 뿐입니다. 왜냐하면 옛사람은 십자가에 못 박히지도, 죽음에 넘겨지지도, 장사 지낸 바 되지도 않았기 때문입니다. 그의 모든 육체적인 욕구들과 사악한 동기들이 잠정적으로는 굴복했지만 철저하게 말소되지 않았습니다. 심지어 원리상으로 사라진 것도 아니었습니다. 유다는 한 가지 필수적인 일, 곧 중생(regeneration)이 되지 않았다는 것입니다.

중생과 억제는 동일한 의미를 갖지 않습니다. 억제하는 사람은 단순히 순서를 뒤바꿀 뿐입니다. 그는 아름다운 것을 추함의 자리에 놓습니다. 선한 것을 악한 자리에 놓습니다. 단순히 자신의 사악한 충동을 더 나은 열망에 복속시킬

---

42) 한역주 : He wanted the needful thing: regeneration. 이 문장의 He를 언뜻 보면 예수를 가리키는 것으로 보아서 예수께서 유다의 중생을 원하셨다는 의미로 번역될 수 있겠으나, 앞뒤 문장의 주어가 분명히 유다이기 때문에, 유다가 유다 자신의 중생을 원하였다는 의미로 이해되고 그렇게 번역되어야 할 것이다. 이렇게 원하여도 그 원함으로 중생이 이뤄지는 것이 아님을 요한 사도는 요 1:13에서 분명하게 밝히고 있는데도 많은 사람들이 이 점을 제대로 이해하지 못하는 경우들이 많다. 저자는 이 점을 분명하게 의식하고 있는 것 같다.

뿐입니다. 악한 것과 죄는 순서만 뒤바뀌어 있을 뿐이지, 여전히 영혼의 집을 차지하고 있습니다. 그 집의 윗층에서 아래층으로 옮겨졌을 뿐 여전히 그 집 안에 머물러 있는 것입니다. 그리고 선한 것, 더 나은 열망은, 악한 것이 일시적으로 자리를 내주었을지 몰라도 영적인 본질이 아닙니다. 일종의 자연적 고상함이고, 일반은총의 산물입니다. 성령의 새롭게 하신 것이 아닙니다. 그래서 억제는 이중적으로 부적절합니다. 첫째, 금지하는 영향력은 영적으로 선한 것이 아니기 때문에. 그리고 둘째, 억제는 단순히 순서를 바꾸는 것이기 때문입니다. 억제는 악한 것을 쫓아내지도, 파괴하지도 않습니다.

하지만, 중생은 하나님의 역사입니다. 중생은 은혜의 선물이어서, 인간이 무의식적으로 의식세계에서 악한 것을 밀쳐내는 것보다 훨씬 많은 것을 이뤄냅니다. 성령의 새롭게 하심은 다르고 위대한 하나의 결과를 이뤄냅니다. 그것은 악을 원리적으로 소멸시킵니다. 그것은 뿌리를 끊어냅니다. 악을 선으로 이깁니다. 단순히 순서를 뒤바꾸는 것이 아니라, 사망을 생명으로 대체합니다. 중생은 우리의 성품 안으로 예수 그리스도가 들어오시는 것입니다. 이 땅에서도 누리게 되는 새 생명으로 우리 안의 사망을 정복하기 위해서 말입니다.

중생을 통한 회심 사건은 물론 하나의 과정이며, 그래서 단번에 완성되는 것이 아닙니다. 옛 본성과 새 본성 사이의 갈등이 중생 이후에도 계속된다는 것을 우리는 알고 또한 고백합니다. 결과적으로, 우리는 중생 이후에도 어느 정도 악한 것에 의해 선한 것이 '억제'되고, 선한 것에 의해서 악한 것이 '억제'될 여지가 있다는 것을 알고 있습니다. 성령으로 새롭게 된 사람은 점진적인 회심의 과정 속에서, 지배함과 종속됨을 번갈아 경험합니다. 한정된 의미에서, 중생 이후에도 옛 성품은 일시적으로 새로운 성품을 억제합니다. 곧 새로운 것이 악한 욕구에 대해 다시금 지배권을 확보하고, 또 다시 옛 것이 지배권을 획득하곤 하는 것입니다. 아아, 이것이 진실입니다. 중생 이후에도 말입니다.

하지만, 거듭난 사람의 성품 속에서 선한 것과 악한 것이 이처럼 때때로 교대하며 상호간 우월권을 행사할 가능성을 인정하면서도, 우리는 이 점을 분명히 해야 합니다: 옛 본성은 새 본성을 결코 영구히 억제하거나 억압하지는 않을 것입니다. 새 사람에게 승리는 확실합니다. 왜냐하면 그 사람 안에서 정복하시는 이가 바로 그리스도이시기 때문입니다.

다시금, 그러므로: 억압과 중생을 통한 회심은 그 종류에 있어 근본적인 차이가 있습니다.

유다에게로 돌아옵시다. 유다와 같은 인간 영혼이 중생에 의해 변하지 않은 채로 있을 때, 그는 사탄의 표식이 달린 가구들[43]을 자기 영혼의 방 속에 지니고 있습니다. 결론적으로, 그리스도께서 그 집에 들어가실 수는 있지만, 결코 중보자로서는 들어가실 수 없는 것입니다. 그분은 단지 우리가 존경하는 분, 매력적이어서 놀랍게 하는 분, 그리고 어느 정도 복종하기까지도 하는 분으로 들어가실 수 있습니다. 하지만, 그분은 중보자로서, 정복자로서, 성령을 통하여 생명을 깨어나게 하시는 분으로서는 이런 영혼에 들어가실 수 없습니다. 우리를 그와 함께 그분의 죽으심으로 데려가시고, 이후에 부활 속에서 그분과 더불어 우리를 다시금 일으키시는 분으로서는 말입니다. 이런 영혼 속에 일어나는 억제함과 억압은 단순히 심리적인 기만으로서, 옛 성품 자체 내에서 일어나는 자연적인 '기복(ups and downs)'입니다. 이런 영혼은 기껏해야 그리스도의 면모에 대한 최소한의 본질, 그것도 대단히 피상적인 면만을 깨닫고 있을 뿐입니다.

유다의 마음, 비중생자의 마음은 그리스도와 그분의 영에 의해 탐사되고 새로워지는 것을 거부합니다. 오히려 그 마음은 그리스도를, 그분의 최소한의 개

---

[43] 예수님께서는 인간의 영혼을 "세간들", "가구들", "도구들"을 가지고 있는 집으로 비유하셨다. 마태복음12장.

인적 독특함을 따라, 그분조차도 그 영혼의 탐색의 빛 아래에 둡니다. 그리스도가 그러한 방식으로 보여지고 인식되는 한, 그분은 유다와 같은 비중생자 44)의 영혼 속에 들어갈 수 있습니다. 그러면 그분의 이상적인 모습은 일시적으로 여러 저급한 욕구들과 악한 동기들을 억제하는 역할을 하게 될 것입니다 (유다의 탐욕에 미친 영향력을 고려해 보십시오). 하지만 그것은 죄를 사라지게 할 수 없고 사악한 마음을 소멸시킬 수 없습니다. 하나의 개인적이고, 일시적인 효과가 있는 진보에 그칠 뿐입니다. 그리스도라는 하나의 이념, 하나의 이상이 누군가의 내면에 개인적으로 발생한다면, 그는 일시적으로 자신을 교정하고, 증진시키며, 교양을 쌓을 것입니다. 그러나 그는 그리스도의 위격(person)에 의하여 내려침을 당한 적이 없기 때문에, 회심된 것(converted)이 아닙니다.

이런 불행한 상황에서는 오직 한 가지 문제, 한 가지 결과만이 있을 뿐입니다. 한동안 억압되고, 무의식적인 생활의 희미한 배경 뒤쪽으로 억제되었던 악한 것은, 잠시 후 배가 된 반동력을 가지고 표면으로 튀어나옵니다. 의식적인 생활의 표피를 뚫고 나옵니다. 그것은 억압된 경험 때문에 더욱더 과격하게 스스로를 옹호합니다. 오랫동안 억제된 욕망들이 결국 맹금류의 복수심으로 풀려나려고 부르짖습니다. 이때, 이것을 실현하는 사람은 신속하게 그 욕망들을 풀어놓게 됩니다.

비극적인 발전입니다. 하지만 이것은 하나님께서 회개에 이르도록 개입하시지 않으신다면 불가피하며 비참하게 논리적인 귀결입니다. 왜냐하면 중생하지 않은 사람이 그리스도와 동거하고, 자신을 예수님의 프로그램과 모양새를 함께 하며 적응시킨다 하더라도, 그는 본질적으로 자기 옹호에 따라 계속 살아

---

44) 한역주 : 여기서 영역은 'a regenerate soul'이라고 되어 있는데, 문맥상 도저히 이해되지 않는다. 오히려 'a unregenerate soul'이라고 되어 있어야 한다. 화란어원문과 대조해 볼 필요가 있지만, 교정의 실수인 것 같다.

가고 있을 뿐이기 때문입니다. 그리스도께서는 이런 사람에게 중보자이실 수가 없습니다. 그런 사람은 자신의 새롭게 되지 않은 성품의 중심에 중보자의 제안을 두려 하지 않기 때문입니다. 그렇습니다. 그리스도께서는 이 사람의 들떠있고 싸우는, 자기 소진적인 영혼 속으로 들어오실 수 있지만, 단지 순수하고 강한 영과 꿋꿋한 의지를 가진 하나의 고상한 인물로서 그렇게 하실 뿐입니다. 그렇습니다. 사람들 가운데 한 분의 인간(a Man)으로서, 그리스도께서는 사람들의 영혼에 불을 붙이실 수 있고, 당신의 꿰뚫어보는 통찰력 아래에 비중생자들의 모든 억제된 것들을 두심으로써 결정적인 심리적 갈등을 촉발하실 수도 있습니다. 하지만, 예수님께서 그런 방식으로 일으키시는 위기 가운데서 승리하시는 것은 은혜가 아닙니다. 죄와 자기 옹호의 열띤 과정이 그 사람이 죽기를 바라기까지 깨어날 것이기 때문입니다.

그 일을 생사가 달린 진지한 일들 중의 하나가 되게 합니다. 위기가 닥칩니다. 무언가 구부러져야 합니다. 그렇지 않으면 부러질 것입니다. 절대적인 명령이 선포된 것입니다. 비극적으로 얽매여 피로하고 지친 성품의 유일한 원천은 예수님의 입술과 자기 자신의 영혼으로부터 동시에 튀어나오는 어두운 발언입니다: 너의 하는 그 일을 신속하게 하라!

이 생명 안에 이미 있던 것에 어떤 새로운 게 더해진 것이 아닙니다. 그리스도께서는 어떤 것도 그 안에 새롭게 소개하지 않으십니다. 일어난 일은 바로 이것입니다: 이미 있던 것이 그 스스로를 드러낸 것입니다. 임시로 억제되고 잠정적으로 억압되었던 것이 이제 최종적으로 자기 권리들을 요구하고 있습니다. 자기 권리들 – 정확하게 말한 것입니다. 왜냐하면 이 사람이 결코 이것들을 부인한 적이 없기 때문입니다. 그는 그것들 위에서 단순히 제멋대로 행동해왔던 것입니다. 그는 결코 자기 자신의 마음 "위에서 작동한" 적이 없었습니다. 자기 마음에 대고 "너는 아무런 권리가 없어." 라고 말해본 적이 없는 것입니다.

그때 사탄이 영혼에 침투해 옵니다. 영혼은 사탄을 맞이하러 나갑니다. 왜냐하면, 예수님의 특별한 위엄은 사람이 먼저 그분에게 접근하지 않아도 사람을 정복할 수 있기 때문입니다. 그러나 사탄의 연약함은 여기서 입증됩니다. 영혼이 먼저 그에게 돌아서지 않으면 그는 영혼에 접근할 수 없는 것입니다.

중보자이신 예수님께서는 중생한 사람들 속에 새로운 요소를 도입하십니다. 사탄은 옛 요소들을 밀쳐 대면서 단지 사람에게 본래적인 것을 요동시킬 뿐입니다.

아마도 잠깐 이 문제를 더 자세하게 살펴보는 것이 가치 있을 것입니다.

우리는 방금 묘사한 이런 영적인 부적합성이 유다와 그 같은 부류의 사람들처럼 특별하게 악한 본성들에게만 적용되는 것으로 가정해서는 안 됩니다. 잠정적으로 어떤 종류의 영적 매혹에 굴복하고, 결과적으로 저급한 열정과 욕구들을 '억제'하면서 동시에 죄가 스스로를 옹호하고자 하게 하는 것은, 유다 특유의 행위가 아닙니다. 거의 모든 사람들이 이런 법칙에 매여 있습니다. 그래서, 그의 '억제'는 우리 각자에게도 사활이 걸린 문제입니다.

상당히 최근의 심리학파가 특별히 이런 '억제(suppression)'와 '억압(inhibition)' 현상에 대해서 특별히 주목했습니다.[45] 이 학파는, 이 현상을 기본으로 세워 심리학의 모든 현상을 설명하려고까지는 하지 않더라도, 그 견지에서 대부분의 심리적 과정을 설명하려는 데까지 나아가고 있습니다.

여기는 이 학파를 옹호하는 학자들을 거명하고, 그 이론이 얼마나 참되고 얼마나 거짓되었는가를 우리가 감지하고 있는지, 우리가 그 철학에 어디까지 동

---

45) 한역주 : 이 설교집이 출간되던 당시에 유행했던 지그문트 프로이드(1856~1939년)의 정신분석학을 가리킨다.

의하며 어디까지 반대하는지 등에 대해서 말하는 곳이 아닙니다.

이것이면 충분하겠습니다. 일반적으로 말해, 우리는 모든 사람들의 성품 속 하나의 욕구가 다른 욕구에 무의식적이고 억압적인 영향력을 행사하고 있다는 점에 대해서는 동의합니다. 더욱이 이 억압적인 영향력은 우리 행위의 가장 깊은 곳에 있는 좌소의 활동이며, 은밀한 의지입니다. 곧, 죄로 인해, 그 영혼을 가장 기쁘게 하는 경험의 자료들만 직면하기를 현실적으로 취사선택하게 되는 은밀한 의지인 것입니다. 하나님께서 추적하시고 예수님께서 매혹을 제공하실 때조차도, (하나님을 섬기려고 하는 것의 탁월한 대안으로서) 자아를 섬기어 자아가 득세하는 것이 가능하게 하는 그 은밀한 의지 말입니다.

이 심리학파가, 그들의 설명대로라면, 철저하게 불건전한 어떤 사람을 위하여 제안된 해법은 주목할 만합니다. 지금까지 무의식으로 억압시켜 왔던 본능들, 욕구들, 욕망들, 그리고 열정들 각각을, 침착한 마음의 자극으로서 하나하나 대낮의 빛에 노출시킨다면 그 사람은 자신으로부터 자유롭게 될 것이라고들 합니다. 짧게 말하자면, 그는 자기 자아의 벌거벗은 참혹한 현실로부터 도망가는 것을 멈춰야 한다는 것입니다. 그는 자신의 억압되어온 욕망에 온전히 직면해야 합니다. 자신의 모든 두려움이 실제로는 자기 자신의 성품의 산물임을 스스로 크게 고백해야 합니다. 제한 없는 과감한 자기노출로 그는 아무것도 두려워하지 않는 것을 배워야 합니다. 두려워하는 그것이 실제로는 아무 것도 아니기 때문입니다.

그리고 만약 그가 자신의 힘으로 이렇게 자기를 드러내는 것을 이루지 못한다면, 다른 사람의 도움을 받아야 합니다. 그 다른 사람은 그 사람을 가르쳐 자신의 영혼(soul)을 자신의 마음(mind)이 이해해서 발견하게 하며, 자신의 무의식의 삶으로부터 가려진 베일을 벗겨버리게 해야 합니다. 짧게 말하면, 정신의학자가 그 사람의 성품 속 어둡게 감춰진 부분 때문에 자기의 길을 더듬고 있는 사람에게 그 길을 제시해야 한다는 것입니다. 정신의학자(psychiatrist)라는 타이틀을 가진 자가 단순히 자신의 환자 앞에 하나의 거울을 붙들고 있는 것입니다. 그는 자기 지식의 조명이 환자의 성격 위에 무자비하게 비추도록 합니다. 특별히 애매모호한 구석들을 비추도록 말입니다. 날카로운 현실적 자기인식이야말로 –그 이론은 계속 설명합니다– 건강하지 못한 영혼을 위한 유일하고 적절한 해법입니다. 그가 자신을 있는 그대로 그리고, 이런 인식을 우회하는 시도를 그만 둘 때에, 자기 영혼 가운데 편안함과 평화를 발견하게 됩니다. 지금까지가 그 이론이 주장하는 바입니다.

이 이론의 많은 문제점을 거론할 수 있겠습니다. 이 철학에 따르면, 사람은 스스로를 구원할 수 있습니다. 중보자는 필요 없는 것입니다. 양보해서, 우리는 기술된 종류의 자기인식이 사람을 증진시키고 어느 정도까지 교양 있게 만들 수 있다는 점을 인정합니다. 하지만 우리가 확실히 아는 것은, 그것이 옛 본성 안에 있는 악한 의지를 원리적으로 파괴할 수 없다는 것입니다. 그 해석들은 중생과 회심 같은 주제들에는 아무런 도움도 안 됩니다. 이 해석들이 실제로 적용될 때, 그것은 영혼의 부적절한 "세간들"[46]을 곁으로 제쳐 놓으려고 시도합니다. 그러나 성령의 새롭게 하심을 통해 위로부터 오는 새 가구들로 그 세간들을 대체하려는 시도는 하지 않습니다. 하나님과 그분의 말씀의 표식이 붙어있는 가구들 말입니다. 그래서 이 새로운 정신분석학적 구속 이론은 크리스천 신앙과 그것으로 말미암아 하늘 아래에서 사람이 구원받을 수 있게 되는 그 한 이름에 적대적입니다.

우리는 그것에 대해서 더 이상 말하지 않겠습니다. 본서의 주제가 회심이나 심리학이 아니기 때문입니다. 이 책의 주제는 고난당하시는 그리스도이십니다.

---

46) 앞의 각주 03)을 보라.

우리가 넌지시 암시하는 입장은 오직 그리스도를 보다 더 명쾌한 구원자로 두려는 시도입니다. 그리스도께서 수난의 방에 계십니다. 유다도 함께 있습니다. 유다는 매일같이 예수님을 따랐지만, 수년 동안이나 그분을 '회피해' 왔습니다. 그렇습니다. 그리스도께서 방 안에 계십니다―그러므로 그 큰 억압자 유다를 위한 위기가 다가오고 있습니다. 이 둘이 같은 방 안에 있다는 사실이, 콤플렉스와 억압 가운데 있는 유다의 사례를 유난히 풍성한 연구대상으로 만들고 있습니다.

왜냐하면, 여기 계시는 그리스도께서는, 가장 엄격하면서 광범위한 의미의 용어로서, 모든 영혼들의 의사(physician)이십니다. 엄격한 의미에서 그분은 특별은총에 따라 당신의 모든 백성을 위한 중보자이십니다. 하지만, 인간적으로 말해, 또한 더 광범위한 의미로, 예수님은 한 명의 의사이십니다. 죄 없으신 인간입니다. 그분의 영적 생활은 완전하십니다. 그 지성(mind)의 활동은 완벽하십니다. 음, 예수님께서는 그때 단순히 한 명의 인간으로서, 그분이 만나는 모든 사람들에게 영향력을 행사하되, 완벽하게 행사하셔야 했지 않습니까? 그 예수님께서 지금 유다와 함께 있습니다. 예수님은 동기의 에너지이시고, 지성의 에너지이시며, 순수하고 인간적으로 순전한 욕구의 거룩한 불입니다. 게다가, 그분은 의롭고 누구도 편애하지 않습니다.

그러면 예수님은 어떻게 유다에게 영향을 미치실까요? 유다가 경험한 인간 되신 그리스도 예수님의 완전한 현존은 무엇일까요?

너무나도 많은 것이 명백합니다. 그리스도께서는 정신분석치료사로서, 우리가 언급하였던 그 심리학파의 이상에 따른 의사로서 기능하지 않으십니다. 그분은 유다에게 다음과 같이 말하지 않으셨습니다: 네가 행하고 있는 것, 그것을 신속하게 발견하려무나. 그러면 너는 자유하게 될 것이다. 그러면 너는 나를 정면으로 볼 수 있을 것이고, 회심하게 될 것이다. 그러면 양심을 고소하는 대천사의 검이 사라질 것이다. 아닙니다! 예수님께서는 이렇게 말씀하셨습니다 : 네가 하고 있는 것을 빨리 행하라!

그 언급으로 예수님께서는 어떤 사람의 지식이 그의 존재를 변경시키지는 않는다는 사실을 온전히 인식하고 계심을 보여주십니다. 그는 최종적으로 오직 두 종류의 삶만이 가능함을 주장하십니다. 중생을 통해 그 존재의 가장 심오한 본질이 하나님께 돌아서고, 그분의 뜻으로 살아가는 삶이 있습니다. 그 본질적 실재에 있어서 자기 자신을 위하여 스스로 살아가는 삶이 있습니다. 그 삶의 지배적인 동기가 하나님에게서 나오는 것이 아니라, 오히려 자기 자신의 본성적 상태에서 스스로 나온 산물인 것입니다.

이 이중 가능성의 배경에는 심오한 신비가 있습니다. 경험의 세계에서 풍부하게 드러나는 신비 말입니다. 우리가 두려움으로 떨면서 선택과 유기를 말할 때, 우리는 영원의 기초까지 되돌아가는 것입니다.

그리스도께서는 수난의 방 안에서 선택과 유기의 법칙의 위엄에 고개를 숙이십니다. 동시에 그분은 인간의 책임의 존엄성을 온전히 확증하십니다. 당신과 함께 동일한 식탁에서 빵을 먹는 유다라는 인간의 존엄성에조차도 말입니다. 그렇습니다. 예수님께서 존중하시는 것은 정확히 유다 자신의 책임감인 것입니다.

왜냐하면, 식탁에 앉아 계시는 중에 예수님께서는 유다의 책임감에 호소하시기 때문입니다. 예수님은 유다의 자기노출을 최종적으로 시도하시며, 그에게 당신의 꿰뚫어보는 탐조등을 켜십니다. 유다가 강제로라도 당신 앞에 엎드려 그 무릎을 꿇고 모든 것을 고백하기를, 얼마나 자주 바라셨던가요! 예수님께서는 그 제자의 영혼이 어두침침한 깊은 곳에서부터 자신의 무의식적 삶 속에 억압해온 것들을 회상하도록 하기 위해, 가능한 모든 방편을 반복적으로 사용하셨습니다.

만일 유다가 그 초청에 응했더라면, 그는 그것으로서 왜곡된 의지가 이미 깨졌음을 입증했을 것입니다. 그러면, '(빵)조각을 받은 후' 유다의 영혼에는 그리스도의 영이 승리의 개가를 부르면서 '들어가셨을' 것입니다. 그리고 그것에 기초해 선한 것이 유다 안에 있는 악한 것을 정복했을 것입니다.

하지만, 유다는 계속 침묵했습니다. 자신의 존재 안에 들어가 스스로를 차단해 버렸습니다. 그는 속으로 삐죽거렸습니다.

병아리가 엄마 닭의 날개 아래로 들어오도록 요청을 받았으나, 응하지 않았습니다.

둘 다 수난의 방에 있습니다. 성례가 준비되어 있습니다. 수세기의 역사(Centuries)가 지켜보고 있습니다. 영적인 귀신들이 공중에 있습니다. 하나님의 천사들이 지켜보고 있습니다. 하지만 귀신과 천사의 영향력보다 더욱 강력한 영향력이 있습니다. 바로 예수님 영혼의 영향력입니다. 이 영향력을 방편으로, 예수님께서는 유다를 그의 마음속에 쌓인 열정들의 하얗도록 뜨거운 불길 속에서 한 번 더 타오르게 하십니다. 여러분은 예수께서 어떻게 이것을 성취하시는지, 어떻게 유다를 유다 자신이 붙인 그 불길 속을 통과해서 걷도록 강제하시는지를 질문하시는군요. 답변은 이렇습니다: 하나님에 의하여 감동된 당신의 의지가 유다의 영혼 속에 들어가게 하심으로서, 그리고 당신의 꿰뚫어 보시는 눈길을 유다의 눈길에 고정하심으로써 그렇게 하신다는 것입니다.

그 압력에도 불구하고, 유다는 여전히 사탄과의 동맹을 선택하고 맙니다.

그릇이 가득 찼습니다. 그 위엄 있는 현존 안에서 두려워 떨며 예수님께서는 개인적인 책임의 법을 인식하고 계시며, 심지어는 유다 안의 그것을 존중하시는 것입니다. 그분은 유다를 버리셨고, 그를 사탄에게 넘겨줍니다. 그래서 네가 하는 일을 신속하게 행하라고 말씀하신 것입니다.

이 일은 슬픔의 사람의 본질을 심오하게 계시해 줍니다. 그분께서는 사탄을 억제하여 수난의 방에 들어와 십자가의 틀을 세우도록 밀어 붙이십니다. 동시에 한편으로는 선택과 책망의 이중 법칙을, 다른 한편으로는 인간 책임의 이중 법칙을 당연시하십니다.

이 사건은 분리되었거나 특별히 우발적인 사고가 아닙니다. 그리스도께서는 곧 두 명의 살인자들 사이에 매달리실 것입니다. 그때 한 명은 영원한 선택의 대상이고 다른 한 명은 유기의 대상임을 민감하게 깨닫게 되실 것입니다. 꼭 그렇게, 지금 예수님의 영혼은 당신의 사도들에 대해서도 그 이중의 법을 경험하시는 것입니다. 예수님은 유다의 눈을 들여다 보시면서, 그의 유기와 책임의 드라마를 그와 함께 살아내십니다. 동시에 그분은 식탁에 앉아있는 다른 제자들, 곧 당신의 명예를 증거할 도구로 선택된 자들의 선택과 책임의 드라마를 경험하십니다. 그분은 하늘 도성의 초석에 써져있는 그들의 이름들을 지금 보고 계시는 것입니다.

분리불가의 모든 순간에 대한 종합적이고 포괄적인 인식, 강제되지 않으면서도 광범위한 이 관점은 하나님 앞에 서 있는 사람으로서 예수님이 정당하게 주장하시는 것입니다. 그것은 또한 그분께서 유다에 관해 하나님 앞에서 가지시는 인간적 권리주장입니다. 왜냐하면 유다는 대단히 많은 것을 억제하고 있기 때문입니다. 그 억압이 주는 이익 때문에 자신의 저급한 열정을 억제하는 것과, 그 이익 때문에 더 나은 열망들을 억제하는 것 말입니다. 하지만 예수님께서는 아무것도 억제하지 않으십니다. 처음에는 유다가 책임을 선호하여("그가 귀신들을 쫓아내는도다!") 선택을 억제하였습니다("너희 이름들이 하늘에 쓰여 있도다!"). 이제 그는 거짓된 유대주의적 선택(아브라함의 육체의 혈통인 이스라엘의 하나님께서 지명하신 것 - 그러므로 예수는 죽어야 한다는 것) 대신에 책임의 개념을 억제하고 있습니다. 하지만, 예수님은 아무 것도 억제하지 않고, 아무 것도 억압하지 않습니다. 수난의 방에서 이 조그만 그룹의 제자들과 함께 머무는 매 순간, 그분은 선택과 유기, 그리고 하나님을 향한 각각의 인간들이 지닌 책임을 동시적으로 인식하고 계십니다.

이 민감하고 포괄적인 인식은 그분의 말씀에 더욱 심오한 어조를 전달하고 있습니다: "너희가 나를 선택한 것이 아니라 내가 너희를 선택하였노라." 게다가, 이러한 사실들을 고려하면서 우리는 그분의 또 다른 진술에 더욱 자세히 주목하게 됩니다. 대제사장적인 기도 말입니다. 그 안에서 예수님은 당신께서 선택하신 이들이 곧 아버지께서 당신에게 주신 이들임을 알고 계셨음을 보여 주십니다.

"내가 너희를 선택하였노라"는 표현에서 예수님께서는 선택의 주체이십니다. 당신께서 택하심을 행하시는 것입니다. 그분께서는 당신 자신의 의지의 행위로 일어나시고 또한 넘어지십니다. 자신의 표현에 의해서 말입니다. 그분은 또한 당신 자신을 택하시기 때문에, 모든 일, 곧 유다를 포함한 모든 일에 영향력을 행사하십니다. 그분은 그의 인간 영혼 전체 무게를 유다와 다른 제자들에게 집중하기 위해 쏟아부으십니다. "내가 너희들 열둘을 택하여 나를 도와서 불이라도 견뎌낼 수 있게 하지 않았느냐?"

하지만, 예수님께서 택하시는 그들이 아버지께서 당신에게 주신 자들임을 인식하고 있는 그 표현 속에서, 그리스도께서는 선택의 대상이십니다. 그러므로 사람으로서 예수님께서는 당신에게 주어진 것을 받아들이셔야 합니다. 그분은 지구를 움직이고, 하나님을 즐겁게 하며, 그 어떤 방해도 허락하지 않는,

그 하나의 의지(the one Will)⁴⁷⁾에 완전히 복종하고 계십니다. 그 의지의 현존 안에서 모든 것이 침묵해야 합니다. 인자(사람의 그 아들)조차도 잠잠해야 합니다. 만약 유다가 당신에게 주어진 자들 중에 있지 않다면, 예수님께서는 그를 받아들일 수 없습니다. 예수님께서는 숨결이 있는 한 제자들에게 당신의 의무를 행하실 수 있습니다. 그게 사실입니다. 그분은 당신의 죄 없으시고 역동적이며 아름다우신 성품의 완전한 힘을 유다에게 집중하십니다. 그분은 유다를 언제나 따뜻하게 반겨주실 수 있습니다. 유다로 하여금 그분의 완전하고 인내하시는 영의 그 축복된 햇살 안에 잠겨있게 하실 수 있습니다. 하지만, 유다가 아버지에 의해서 당신에게 주어지지 않는 한, 예수님께서는 단지 하나의 억제 효과를 미칠 수 있을지 몰라도, 진정으로 필요한 회심은 일으키실 수 없습니다. 유다의 불신앙으로 인해 그렇게 하실 수 없는 것입니다.

유다를 위하여 그렇게나 많은 것이 허락된 것입니다. 하지만 우리가 선택과 유기의 법, 또 다른 법인 책임의 법 사이의 엄숙한 신비를 그리스도에게 연관해 보려고 할 때, 수난의 방 안에서 진행되는 문제의 의미심장함은 압축된 격렬함으로 우리의 심장과 삶을 꿰뚫어 버립니다. 또한 이 두 가지 법칙은 동시에 그리스도를 대면합니다. 그분은 이 두 가지 법에 함축되어 있는 세세한 의미들을 감지하십니다. 그렇습니다. 그리스도는 당신과 함께 있는 그 열두 명 안에 그 두 가지 법이 모두 표상된 것을 보십니다. 그분은 특별히 당신 자신 안에 있는 그 두 가지 법을 인식하십니다. 그분은 그것을 감지하시며, 하나님이 두려운 분이심을 알게 됩니다.

인간으로서, 그분은 자신이 하나의 종이며, 또한 선택과 유기의 그 한 가지 법에 종속되어 있음을 압니다. 만약 그분이 이를 몰랐다면, 요한의 아들 시몬과 유다와 함께 같은 방에 앉아 있는 것을 견딜 수 없으셨을 것입니다. 똑같

---

47) 한역주 : 아버지 하나님을 가리킨다.

은 양고기를 먹을 수 없었을 것이며, 동일한 공기를 들이마실 수 없었을 것입니다. 하지만 주님은 그렇게 하기를 견딜 수 있으십니다. 그분의 양심이 하나님을 향해 신실하기 때문입니다. 그는 특별한 지명에 의하여 하나님의 선택받으신 분(the Elect of God)이시며, 모든 다른 이들 위에 택하심을 입으신 자(the Chosen)이시고, 은혜언약의 지명된 머리(the appointed Head)이십니다. 그분은 이 사실을 얼마나 심오하고 강렬하게 느끼시고 계실까요! 이제 이 방에서 그분의 생각은 선지자 각각에게, 모세에게, 야곱, 이삭, 아브라함, 세겜, 노아, 에녹, 아벨, 그리고 아담에게로 되돌아갑니다. 당신께서는 그 머리, 은혜언약의 지명적 머리이심을 너무나도 확신하시며, 인간으로서 분명하고 확실하게 아십니다. 그분은 아십니다…… 왜냐하면 그분께서는 유다를 보셨고, 그 뒤에 계신 하나님을 보셨기 때문입니다.

그것의 한 부분이 이렇습니다. 하지만, 그 일에는 또 다른 면이 있습니다. 주님은 당신 자신의 책임도 의식하십니다. 주님은 유다를 보셨습니다. 그리고 유다 뒤에 하나님이 계시는 것을 보셨습니다. 주님은 자신에게 가장 높은 수준의 책임이 있음을 알고 계십니다. 왜냐하면 그분은 유다를 보셨고, 요한의 아들 시몬을 보셨으며, 그 둘 모두가 그분의 (감당해야 할) 의무이기 때문입니다. 그렇습니다. 하나님께서 유다 뒤에 서 계셨습니다. 하지만 하나님께서는 시몬 뒤에도 서 계셨습니다. 하나님께서 시몬의 뒤에 주님으로서 서 계셨습니다. 아니, 그 주님께서는 지금 예수님과 함께 대화하십니다. 예수님에게 시몬을 위하여 기도하라고 말하십니다 −친구가 친구에게 말하듯이 말입니다. 아브라함과 모세를 생각해 보십시오.

시몬아, 시몬아, 내가 너를 위하여 기도하노라. 슬프도다, 유다여, 나는 너를 위해 기도할 수 없노라. 너를 위해 그저 기도할 수 없노라. 너의 불신앙 때문에 말이다. 너는 불신앙을 숨겼구나. 여전히 그것을 품고 있구나. 하지만 시몬, 시몬 안에는 은혜가 머물고 있도다. 은혜는 선택을 의미한다. 선택과 은혜는 언약의 형태로서 함께 온다. 그리고 언약은 언제나 책임을 의미하노라. 성스러운 책임 말이다.

모든 선지자들, 모세, 야곱, 이삭, 그리고 아브라함의 공동체, 셈과 노아의 공동체, 에녹의 공동체, 아벨과 아담의 공동체에 들어서면서, 예수 그리스도께서는 당신께서 하나님께 책임이 있다고 맹세하십니다. 당신께서 은혜언약을 책임져야 할 중보자라는 것입니다.

> 선택과 책임; 오 하나님, 오 하나님!
> 선택, 은혜언약의 선택된 머리!
> 책임! 그 언약의 책임지는 중보자!
> 선택!

그렇습니다, 아버지시여, 주의 선하심이 이러하셨습니다. 제가 유다를 위하여 할 수 있는 최선은 '억제'를 자극하는 것입니다. 그를 위하여 제가 할 수 있는 최상의 것은 최상의 사람이 되는 것입니다. 하나의 어떤 예수, 문명화된 영향력이 되는 것 말입니다. 제가 중보자인 한, 저의 직무는 단지 그의 저주를 악화시키는 것일 뿐입니다. 하지만, 나의 주 하나님이시여, 그것 때문에 제가 시편을 노래하는 것에 반대해야 하는 것입니까? 천사들이 주님을 찬양하나이다. 사도들과 하늘의 모든 군대가 주님을 찬양하나이다. 선택하신 이들은 나아오게 하시고, 선택하지 않은 이들에게는 순전히 인간적인 영향력을 행사하심으로써 최상의 효과를 나타나게 하심으로 예시되듯, 억제하셔서 도망하게 하시는 주 하나님을 찬양하나이다. 주, 나의 하나님이시여, 유다가 여기 있나이다. 이제는 그가 나가야 합니다. 왜냐하면 제가 유월절을 축하해야 하고, 식사를 하고, 떡을 떼어야 하기… 때문입니다. 주님, 저는 주의 선택받은 자입니다. 주의 선택하신 모든 이들과 더불어 하나입니다. 그리고 그것은 너무나 견디기 힘든 지식입니다. 그 무게가 너무나도 무겁습니다. 선지자들은 '짓눌리는' 주제들을 말하였나이다. 그들은 바로 저에 대해 말하였나이다. 모든 것이 성취되기까지, 제가 얼마나 내몰려 왔는지를 보시옵소서. 제가 그 구름들 뒤를 볼 수 있기까지 말입니다. 여기는 흐릿합니다. 아니, 지금 이 시간 시몬과 유다가 함께 있는 이곳은 두려울 정도로 어둡습니다. 오, 하나님, 너무나도 어둡습니다. 주께서는 어둠 가운데 거하시나이까? 그렇습니다. 솔로몬은 그것을 알았습니다. 하나님께서는 어둠 가운데 거하시며, 선택하셔야 하고 또한 거절하셔야 하실 분이십니다. 그렇습니다, 아브라함의 하나님이시여, 주께서는 이삭을 받아들이시고 이스마엘은 거절하셨나이다. 야곱과 에서가 태어나기도 전에 그들의 기업들을 지명하신 분이시여 - 예, 그렇습니다. 저는 물론 주님을 위하여 곁에 서 있나이다. 저는 아무런 간섭도 하지 않았습니다. 주님, 그저 유다의 영혼을 뚫어져라 쳐다보았을 뿐이나이다. 그저, 제 양 눈이 불타는 채로 그의 영혼 속으로 들어갔나이다. 저는 주님을 부정하지 않았습니다. 아, 저는 제가 유다를 위하여 아무 것도 할 수 없다는 것을 너무나도 잘 알고 있습니다. 사람이 되는 것이 저의 운명(fate)이었으며, 그것은 또한 주님의 즐거움이었습니다. 제가 사람이 되는 것을 주께서는 기뻐하셨나이다. 그 말씀을 저는 반박하지 아니할 것이니이다. 태어나기도 전에 야곱과 에서, 시몬, 유다에 대해서, 그리고 나에 대해서 선포된 그 말씀을 반박하지 아니할 것이니이다. 아버지여, 주께서는 얼마나 아름다우신지요. 그것이 바로 지금 천사들의 노래가 아니었나이까? 그렇습니다, 찬양의 노래들이 있습니다. 시편의 책들이 열려 있나이다. 우리는 곧 예배들 드리되, 온 마음으로 드리게 될 것입니다. 우리는 그 찬양의 노래를, 오 하나님, 주를 위하여 부를 것입니다. 주께서 선택을 하시더라도 우리는 노래할 것입니다. 저 검들이 치워져야겠다고 말하겠나이다. 그것으로 충분합니다. 선택이면 충분합니다. 그렇게도 간단합니다. 그렇게 불가피합니다. 그것으로 충분합니다.

제가 아는 것은 이것뿐입니다, 주 나의 하나님이시여. 주께서만이 일하시나이다. 저는 사람일 뿐입니다. 사람은 주의 모의가 세우신 그 답을 부술 수가 없나이다. 그들의 불신앙으로 인하여 저는 더 이상 기적을 행할 수 없게 되었나이다. 주님, 그때, 그 장소에서, 저는 할 수 없었습니다. 저는 심히 피곤했습니다. 이제 어느 것도 할 수 없게 되었나이다. 불신앙이 방안에 가득하나이다. 그 연기가 희생양에 맞서 올라옵니다. 그것이 얼마나 상처를 주는지. 주의 선택과 유기에 있어 제가 만족하여 쉴 수 있겠나이까? 저 연기들이 제거되어야 하지 않겠습니까? 주님, 저 사람이 하는 일을 신속하게 하게 하소서. 하지만, 주는 거룩하십니다. 주께서는 이스라엘의 찬양 중에 거하십니다.[48] 찬양의 노래가 낭송되고, 검들은 제거되어야 하겠나이다.

유다야, 유다야, 네가 하는 일, 그래 네가 그것을 하고 있으므로, (내가 그것을 하고 있다, 하나님께서 하시는 것이 아니고) 네가 하는 그 일을 신속하게 행하라.

주여, 저는 이제 좀 더 쉽게 숨 쉴 수 있나이다. 하나님이 존재하시기에 선택은 사실입니다. 그러나 이는 책임이기도 합니다. 하나님은 추구되어야 합니다. 하나님은 보상으로 주어지는 분이십니다. 그분께서는 당신을 찾는 모든 이들에게 당신 자신을 주시나이다. 그렇습니다, 주 나의 하나님이시여, 책임은 실제적이고 구속력이 있는 것입니다.

그러므로, 저는 일어나 저의 일을 하겠나이다. 모든 일을 행하소서. 검들은 치워버리소서. 제가 유다에게 저 자신을 전하겠나이다. 주여, 시몬을 구하소서, 그를 밀 까부르듯 체질하소서. 저는 이미 유다에게 말하나이다. 그가 가야 하되, 신속하게 가야 한다는 것을 말입니다. 저는 사탄을 무시하지 않았습니다. 제 두 눈이 열려 있나이다. 제가 허리띠를 둘렀나이다. 등잔불이 불타고 있나이다. 저는 충분히 깨어 있는 채로 사탄을 만나러 갑니다. 저는 앞을 비추는

---

48) 한역주 : 시22편에서 메시야가 십자가상에서 토로한 것으로 성취되어 더욱 유명한 '어찌하여 나를 버리셨나이까'라는 구절 바로 뒤 3절에 나오는 표현이다.

전등을 손에 들고 있나이다. 그가 거기 있는 것을 봅니다. 그의 현존을 감지하나이다. 제가 그를 만나야 한다고 주께서 말씀하십니다. 정면으로 그와 맞서라고 말입니다. 그리고 나의 주님이시여, 지금도 그렇게 하고 있나이다. 주께서는 나를 엄격하게 결합시키셨나이다. 주께서는 모든 사람들을 위하여 주어진 범할 수 없는 한계들을 설정하셨나이다. 유다의 영혼을 감싸고 있는 얼음을 녹이기 위해, 다른 이들의 영혼을 감싸고 있는 놋쇠를 상대하기 위해, 사람이 할 수 있는 일이 무엇이겠나이까? 주님, 나의 사랑이 뜨겁게 타오릅니다. 주님의 불길, 주님의 불길이 말입니다! 하지만, 물이 있어도 그들은 핥을 수가 없습니다. 유다는 여전히 유다일 뿐입니다. 저는 그를 불타오르게 할 수 없습니다. 아버지, 저는 사람입니다. 사람일 뿐입니다. 시몬의 필요, 요한이나 다른 이들 - 주께서는 그들의 이름을 아시나이다 - 의 필요를 인식하는 것이 사람에게는 너무나도 분명한 한계입니다. 저는 그들에게 매여 있나이다. 그 매임이 저를 너무나도 아프게 하지만, 저를 묶고 있는 것은 달콤한 속박입니다. 하지만 저는 일하기 위해서 갑니다. 삼손이여, 삼손이여, 하나님의 영웅, 이스라엘의 병거와 그 마병들이여! 저는 그것을 이미 행하고 있나이다, 주님. 오, 하나님, 저는 주의 즐거움을 행하기 위해 왔나이다. 저는 일하기 위해서 왔습니다. 주님, 저는 그 일을 수행할 열렬한 의지가 있나이다. 저는 유다의 영혼에 대하여 모든 인간적 의지와 저의 모든 인간적 힘을 기울였나이다. 저는 그를 둘러싸고 있는 불길을 보았습니다: 우리는 동일한 불로 불탔나이다. 여전히, 주님, 저는 그 의지를 가지고 있나이다. 왜냐하면 저는 사람이기 때문입니다. 주는 주권적인 사법권을 가지고 있나이다. 하나님이시기 때문입니다. 나라와 권세와 영광이 영원토록 주의 것이니이다, 아멘. 저는 경배하나이다. 그것을 깨닫고 겸손히 경배하나이다. 저는 그 일을 행하나이다. 이것은, 많은 사람들의 모든 죄를 위한 완전한 속죄를 위하여 부서지는 저의 몸입니다. 부서진다는 것 - 이것이 바로 그 말입니다. 무언가가 여기서 무너지고 있나이다. 주께서는 잔인하게 끊어버리는 밧줄들을 가지고 계십니다. 가장 순결한 영혼, 완벽한 덕의 영혼은 벽을 무너뜨릴 수가 없습니다. 주님, 살인자의 밧줄이 나의 하나님의 밧줄만큼 견고하게 묶을 수 없나이다. 선택하시면서 또한 저주하시는 주님이시여!

하지만, 저는 왔나이다. 책임을 지겠습니다. 이 양들은 가게 하소서, 주님. 그러나 저는 사탄을 어둠으로부터 부르겠나이다. 사탄이여, 오라. 네가 하고 있는 그 일을 신속하게 행하라. 여기 유다가 있노라. 그리고 또한 시몬이 있노라. 그들을 까부르거라, 밀 까부르듯 그들을 까부르거라. 하나님께서 알곡들에게 자비를 베푸시길 원하노라. 주님, 시몬에게 자비를 베푸소서. 오라, 사탄이여. 이제가 곧 그때로다.

여기에 유다가 있나이다. 이제는 불가피합니다. 하나님께서 그렇게 말씀하시나이다. 하나님께서 바로 그곳에 서 계시나이다. 지금 방 안은 매우 밝습니다. 불길이 타오르고 있나이다. 유다여, 그것을 취하라. 이 빵조각을 취하라. 이제 가거라: 네가 하는 일을 신속하게 하라……

아니, 아닙니다! 물론 아닙니다. 이런 것이 그분의 경험이 아니었습니다. 예수 그리스도에 대하여 생각하는 것은 어렵습니다. 하지만 이것이 그 경험 속에 있었다고 우리는 확신할 수 있겠습니다: 선택의 불길, 책임감의 불. 총체적인 포괄성. 이 열두 명을 - 그들을 갈라놓는 큰 간격과 더불어서 - 당신 자신에게 관계시키시는 것. 그들 모두를, 그리고 모든 것을 하나님께 연관시키는 것. 이 모든 것에 대한 책임감이 불타오르고 있었던 것입니다.

그토록 많은 것이 그분의 경험 속에 있었습니다. 저는 예수님께서 바로 사람이고, 진실로 사람이라고 믿고 있습니다. 그러므로 그분의 경험을 믿습니다. 그분은 슬픔의 사람으로서 하나님께 매 맞음을 당하셨습니다. 하지만 보지 못하는 것을 본 것처럼 당신의 자세를 유지하십니다. 성경이 존재하고, 성경이 나로 하여금 생각하게 하기 때문에, 나는 이것을 믿습니다. 이것은 오만일까요? 예. 예수 그리스도에 대해서 생각하는 것은 호기롭습니다. 그분에 대해서 생각하지 않은 채 오늘 밤 기도하는 것도 또한 오만입니다. 하나님의 이름을 소리 내는 것, 그 또한 오만합니다. 그리고 주님께서 배신당한 밤에 경험하신 것이 바로 이런 것들임을 나는 알고 있습니다.

> 그분은 선택받은 자였고, 책임 있는 분이셨습니다.
> 그분은 은혜언약의 머리로 선택되신 분이셨습니다.
> 그 언약의 성취에 책임이 있으신 중보자셨습니다.

그리고 때가 찬 밤에, 예루살렘 거리에서 고급자가용의 운전사가 저주를 퍼붓고, 수탉이 홰를 치고, 무슬림교도가 하품을 하고, 한 여자가 굴복하기… 오래 전에, 그 일이 발생하였습니다. 육체로 오신 하나님, 특별히 전형적인 인간의 육체로 오신 하나님. 그분은 사람의 관점으로 바라보셨습니다. 나는 이것을 계시라 부른다고 배웠습니다. 하나님께서 육체를 입고 오셨습니다. 내가 그것을 믿지 않고 적극적으로 그 안에서 살아가지 않는다면, 나에게는 애통함만 있을지어다!

예수님께서 이제 밖으로 나가십니다. 여러분, 눈을 감으십시오. 그리고 마음을 여십시오. 은혜언약의 머리이시고 중보자이신 분이 여기에 계십니다. 그분께서 오셔서 찾으십니다. 그분께서 택자들을 찾으십니다. 선지자들과 사도들의 무리를 찾으시고, 앞으로 나타날 구름 같은 증인들을 찾으십니다. 그분께서 오셔서 우리를 붙잡으시고 생명에 이르게 하십니다. 주님께서 나를 붙잡으려고 오신 것을 보십시오. 약속들이 나에게 놓여 있기 때문입니다. 그분께서 오십니다. 그분의 두 눈이 활짝 열려 있습니다. 그분은 분명하게 쳐다보십니다. 민첩하십니다. 주님이 오셔서 사탄의 발톱에 사로잡혀 있는 나를 가로채십니다.

그분의 두 눈이 열려 있습니다, 그렇습니다. 나는 그분이 유다의 죽은 몸을 밟고 넘어서 나에게 다가오시는 것을 봅니다. 주님은 유다의 시체를 무시하지도 않으시고 그것을 비켜서 걸어오지도 않으십니다. 그것을 옆으로 치우지도 않으십니다. 제가 추측하기로, 이는 이사야 선지자가, 마지막에 더 이상은 나아가지 못하게 되었을 때, "그들이 나가서 내게 패역한 자들의 시체를 볼 것이라"[49]고 한 것과 같습니다. 그래서 예수님께서는 부서진 유다의 몸을 넘어 오셔서 나를 위한 하나의 약속을 가지고 계시다고 말씀하십니다. 그분이 나에게로 오셔야 하기 때문입니다.

오, 하나님, 예수님으로 하여금, 동일하게 철저한 확실성으로, 나의 죽은 몸과 죽은 영혼을 뛰어넘어가지 못하게 하소서. 오, 하나님, 죄인 된 나에게 자비를 베푸소서. 그분은 어느 것에도 눈 깜짝하지 않으시며, 어느 것도 억제하지 않으시기 때문입니다. 나의 은밀한 자아, 나의 유다를 생각하는 마음이 그분에게는 하나의 열려진 책입니다. 오, 하나님, 구원이 얼마나 고통스러운 것인가요?

누군가 예수님을 단지 하나의 이상적인 인간, 고상한 이념을 가진 설교자, 우리의 깊은 본능의 이상화된 존재로만 자신의 영혼 속에 받아들인다면, 그리스도께서는 만족하지 못하실 것입니다. 유다의 경험으로 우리는 이것을 너무나도 간단하게 볼 수 있습니다. 왜냐하면 유다는 이 모든 (유다 자신이 예수님에 대해 가지게 된) 가설적인 특징들 때문에 예수님을 사랑한 적이 있기 때문입니다. 그러한 형태로 예수님께서는 실제로 그 제자의 영혼 속에 들어가셨습니다. 그리고, 그 영혼 속에는 수많은 불순하고 죄악된 것들이 '억제된' 채로 존재했습니다.

하지만 그리스도께서는 유다 안에서 자신을 입증하셨습니다. 그것도 하나의 중보자(a Mediator)로서 가지는 거룩한 분노 가운데서 말입니다. 그는 오직 이와 같은 의미의 입증만을 원하십니다. 그분은 단순히 '하나의 사람'이심으

---

[49] 한역주 : 이사야서의 끝구절인 이사야 66장 24절을 인용하고 있다.

로 만족하지 않으십니다. 왜냐하면 그분은 하나의 사람(a man)으로서 성부에 의해 중보자로 지명되셨기 때문입니다. 그것은 그가 중보자이기 때문에 사람(Man)이시라는 것을 의미합니다.

그것이 중요한 한 가지 사실입니다. 어떤 엄숙한 격언은 우리들에게 '모든 것이냐, 아니면 아무 것도 아니냐'고 말해줍니다. 우리는 예수님의 피상적인 부분이 세상에서 많은 것을 성취했으며, 많은 악을 제어하고 있음을 기쁘게 인정합니다. 하지만 죽음을 면치 못할 유다의 내적 성질에 직면하면서, 그리스도 예수께서 우리 안에 오직 중보자로서 입증되기를 원하신다는 것을 계속 주장해야 합니다. 그분께서는 아마도, 성부로 인하여, 그 이하의 어떤 것도 원하지 않으실 것입니다.

주님께서 그 입증을 행하셨고, 수난의 방에서 유일하신 중보자가 되기를 원하셨기에, 그 방에서 주의 만찬을 제정할 수가 있으셨습니다. 그러므로, 저도 역시, 이렇게 말할 수 있습니다: 나의 주님, 나의 하나님이라고 말입니다.

우리가 이 일을 고려해 보는 데는 특별한 이유가 있습니다. 그들을 수단으로 우리는 구세주의 인간 영혼과 그분의 중보자 되심을 당신의 육체 안에서 경험하신 대로 조금이나마 인식할 수 있기 때문입니다. 예수님의 삶과 역사가 하나님의 영원의 것들과 평행이 되는 방식에 대해서도 말입니다.

우리는 수난의 방에 있는 예수님을 보고 유다를 보면서, 그 (유다의 마음이) 굳어지는 것에서, 단편적이고 파편적인 방식의 회심을 보아서는 안 됩니다. 그것은 그리스도가 보셨던 방식이 아니기 때문입니다. 지금까지 말한 것은 이렇게 요약될 수 있을 것입니다: 예수님께서는 당신 안에 그 어떤 것도 억제하지 않으셨다. 주님은 전체의 한 부분을 철저하게 분석하되 다른 부분을 피상적으로 보시는 것이 아닙니다. 그분은 사물들을 결코 입자적으로(granularly) 보지 않으십니다. 어떤 것도 평가절하하지 않으십니다. 그러므로 하나님의 선택과 유기의 완전한 모습을 모두 아시는 그리스도께서는, 우리가 그 수난의 방을 하나의 대장간으로 보도록 요구할 권리가 있으십니다. 그 대장간 안에서는 모루가 하나님에 의해 내려쳐지고 있고, 영원의 권세에 의한 망치질이 계속되고 있습니다.

유다를, 특히 그의 비극적인 종말을 보면서 하나님의 선택과 유기의 개념에 무비판적으로 뛰어드는 것은, 핵심주제에서 멀어지는 것입니다. 그때는 둘이 상호간 화해할 수 없는 대립상태이기 때문입니다. 우리는 잠시 호흡을 가다듬으며 예수님과 유다가 함께 걷는 것을 보고, 그들이 유대관계를 맺은 이후 매 순간마다, 매 시간마다, 매년마다 상호간에 영향을 주고받는 것을 보고, 그들 사이 갈등이 점점 고조되는 것을 보아야 합니다. 그 다음에 그 경험을 선택과 유기, 그리고 책임감에 연관시킨다면, 그때에 우리는 이 두 가지, 곧 영원한 작정과 시간 속에서의 생명의 경험이 모두 한 가지임을 인식할 수 있을 것입니다.

그러면, 그리스도께서는 이 글을 읽고 있는 모든 사람의 뒤에 서서 그의 귀에 대고 또렷하게 들리도록 속삭이고 계십니다: 네가 하고 있는 일을 신속하게 행하라. 사태의 본질상, 사람의 아들아, 너는 지금 단 한 가지 일을 하고 있노라. 믿음으로라면 너는 지금 하나님의 일을 하고 있다. 그렇지 않다면, 죄를 탐닉하면서 사탄의 일을 하고 있노라. 그러니, 네가 하고 있는 일을 신속히 행할지라.

저 단어들이 진실로 우리에게 닿게 된다면, 그것은 중보자께서 우리에게 말씀하신 것입니다. 그분께서는 우리 안에서 그분의 모든 생명을 걸고 싸워오신 갈등을 효력 있게 하시며, 어리석게도 그분의 경외로운 실상을 벗어나 도망하려는 우리를 구해주려고 하십니다. 너무나도 자주, 그분께서는 저 단어들을 발하심으로써 그렇게 하실 때마다 우리 안에서 이 과정을 더욱 촉진시키십니다.

어느 날 그분은 그것들을 마지막으로 발하실 것입니다. 그때 우리를 위한 절정의 순간에 도달할 것입니다. 우리는 사망이나 생명을 위하여 준비되어 있을 것입니다. 그래서, 오직 단 하나의 적절한 질문이 있습니다: 여러분은 그분을 두려워하는 자입니까? 아니면 그분을 두려워하지 않는 자입니까?

만약 우리가 우리의 가장 깊은 내면에서 그리스도를 쫓아내 버리기 원한다면 그때 그분, 그분의 전 영혼과 모든 갈망은, 하나님께 단단히 매달리십시오. 하나님께서 정당하게 우리를 심판하시기 때문입니다. 그것은 그리스도께서 우리가 심판 당하는 것을 사랑하기 때문이 아니라, 오히려 하나님을 사랑하시되, 심판하시는 그 하나님을 사랑하시기 때문입니다.

그러므로 예수님께서는 하나님께 결코 조각난 일을 가져오지 않으신다는 것을 아는 것은 경이로운 진리입니다. 그분은 아무 것도 억제하지 않으십니다. 그분은 모든 것을 유기체적 결론에 이르게 하십니다. 그분이 유다에게 네가 하는 일을 신속히 하라고 말했을 때, 그분의 전 영혼이 말씀하셨습니다. 그 말씀과 함께, 유다가 예수님의 영혼과 더불어 씨름하던 갈등은 끝이 났습니다. 그 말씀은 또 다른 말씀의 시작이었습니다. 예수님께서 십자가상에서 말씀하셨던 "다 이루었다"는 말씀 말입니다. 여러분 각자가 두려워하시기를 바랍니다. 어느 날 울려 퍼질 승리의 외침이, 그리스도께서 우리 안에서 당신의 성령으로 씨름하셨으나 우리를 위해서 더 이상 그 어떤 것도 더할 수 없게 되었다는 성부 하나님의 선언이 되지 않도록 말입니다.

다행스럽게도 우리는 그것을 다른 방식으로 진술할 수 있습니다. 만약 그리스도의 진노가 하나이고 나눠지지 않는다면, 그분은 또한 사랑의 역사에서도 그러하시다는 것입니다. 그분께서 유기에 있어서 아무것도 억제하지 않으신다면, 그분은 또한 우리를 자녀로 입양하시는 일에 있어서도 억제하지 않으십니다.

그것이야말로 우리에게 큰 위로가 됩니다. 주님의 통일된 영혼의 충만하심은 대제사장으로서 수난의 방에서 아버지께 올려드리는 기도 속에 자신을 퍼부으셨습니다. 그분의 전 영혼이 의식적이면서 무의식적인 삶 사이에 조금도 분리되지 않은 채로 유다를 양도하는 일에 관여하셨던 것처럼 말입니다.

그 기도, 심오한 사도 요한이 자신의 복음서에 포함시킨 기도는, 예수님께서 유다와 다르시며 선택된 다른 제자들과도 다르시다는 점을 고려할 때, 더욱 큰 의미를 갖습니다.

유다는 예수를 억제합니다: 그는 그분을 묵살해 버립니다. 더 나은 통찰, 회개로의 부르심, 이것들을 그는 억제해 버립니다. 사도들과 신자들 또한, 중생한 후에도 사랑에 있어 완전하지 못하며, 회심이 요구하는 모습대로 완전하게 생활하지 못하기 때문에, 대단히 많은 것을 억제하고 있습니다.

하지만, 예수님께서는 당신의 영혼 속에 그 어떤 것도 억제하지 않으십니다. 그분께서는 영혼에서 발견되는 그 어떤 것도 배경 속으로 밀쳐 버리지 않으십니다. 그러므로 그분의 전 영혼은 분열되지 않은 하나로서, 대제사장의 간구들(the high priest's petitions)[50)]의 모든 진술 하나하나에 온전히 집중하십니다. 그분의 온전한 성품은 당신의 입술로 뱉어 내시는 모든 위로를 온전하게 제공해줍니다. 그렇기 때문에, 그분은 주저함 없이 십자가로 곧장 가시는 것입니다. 유다와 요한의 아들 시몬 앞에 세워져 있는 십자가, 모든 아름다운 것과 흉한 것을 직면하고 있는 그 십자가를 그분은 당신의 마음과 뜻과 정성과 모든 힘을 다해 받아들이십니다. 이 각각의 것과 모든 것들로 예수님은 십자가에서 하나님을 열망하십니다. 유다를 전혀 무시하지 않으면서도 그를 당신 앞에서 쫓아내시듯이, 그렇게 그분께서는 베드로, 야고보, 요한, 당신의 목장에 있는

---

50) 한역주 : 요한복음 17장에 기록되어 있는, 대제사장으로서의 예수님의 기도에 나오는 간구들

어린 양들의 영혼과 몸, 그 온전한 인간성을 당신 앞으로 세워서 몰고 가십니다. 주님께서는 경외심을 불러일으키는 사랑 안에서 죽음에 이르십니다. 그 사랑은 생생한 진노의 정의감과 두려운 작정의 필연성을 생생하게 느끼시는 것입니다. 주님은 하나님이 하나이심을 믿으십니다. 그래서 두려움으로 떠십니다.

어떤 인간 영혼의 위로가 그렇게까지 굴욕적이었고 무방비했습니까? 반대로, 하나님의 환한 빛의 낮아지심과 창피를 당하심이 그렇게까지 위로가 된 것입니까?

하지만 우리가 이 논지를 이렇게 결론 내려 버린다면, 이 책의 지배적인 목적에 대한 시각을 잃어버리게 될 것입니다.

이 경험에서 얻게 된 갈등의 핵심은 그 바탕에 있어서 중보자 예수의 영혼과 유다의 영혼 사이에 있는 것이 아닙니다. 오히려, 육신이 되신 말씀으로서의 그리스도와 사탄 사이에 있는 싸움입니다.

우리는 잠시 시작했던 지점으로 돌아가야만 하겠습니다. '사탄'이라는 단어를 생각하는 자는 누구라도 '억제(suppression)'라는 개념을 생각하게 됩니다. 그것은 단순히 말장난이 아닙니다. 사탄의 어두침침한 영은 인간 존재의 영혼에서 전개되는 심리적 복합성에 민감하지 않습니다. 사람의 의식적인 것과 무의식적인 것 사이에는 하나의 대립(antithesis)이 있습니다. 인간정신의 어딘가에 하나의 경계선이 고정되어 있습니다. 그 위로는 의식이 작용합니다. 그 아래로는 그 사람 자체도 알지 못하는, 더 낮은 감정들의 작용이 있습니다.

사탄에게는 그렇지 않습니다. 그 안에서는, 모든 것이 의식적입니다. 그는 죄를 지을 때 충분히 그것을 의식하면서 짓습니다. 사탄의 본성은 인간 본성의 법칙과는 다릅니다. 그는 인간이 가지는 변덕스럽고 요동하는 감정들을 가지고 있지 않습니다. 그는 영원의 영입니다. 주어진 순간에 그는 무엇이 자기 안에서 활동하고 있는지를 정확하게 밝힐 수 있습니다. 자신의 악마적인 사업의 분초마다, 그는 자신이 지금 행하고 있는 일 아래에, 자신이 하나님과 함께 살면서 창조된 영으로서 그분을 찬양하였던 때, 자기의 존재가 시작되었던 그 형상을 보고 있습니다.

그래서 사탄 속에 있는 억제는 유다 안에서 일어난 억제와는 종류가 비슷할 수 없습니다. 우리가 사탄을 대억제자(the great Suppressor)라고 부를 때, 그것은 사탄이 자기 존재의 매순간마다 하나님과 정의와 바른 것들을 밀쳐내고 있다는 것을 의미합니다. 사탄은 어떤 사람보다도 하나님을 더 잘 압니다. 하지만, 그는 하나님을 전의식적(subconscious) 삶 속으로 억제할 수 없습니다. 그런 것은 그에게 없기 때문입니다. 하지만 자신의 의지의 수단으로 그는 언제나 하나님을 자신 존재의 바깥으로 밀쳐 내어버리려고 애씁니다. 그러나, 영원의 분위기 가운데서, 그 욕망은 행위로 간주됩니다: 열망했던 것은 위대한 행위이기에 충분하다(in magnis voluisse sat est).

그런 방식으로 사탄은, 바로 그 정의상, 대억제자입니다. 그는 하나님을 억제합니다. 그는 자신이 성공할 수 없다는 것을 알지만 그렇게 계속 시도하려고 합니다. 사탄은 자신이 심판을 피할 수 없다는 것을 알고 있지만 자기 생명의 모든 순간의 모든 에너지를 그 진노를 피하는 노력에 집중합니다. 사람들이 간혹 그러듯이, 잊어버리거나 무시해 버리려는 것이 아닙니다. 이 대억제자는 자신이 인정하기를 거부하는 것을 벗어버리고자 언제나 애씁니다. 자신이 고려해 보기를 거부한 것을 그렇게 하는 것이 아닙니다. 그래서 성경은 그가 떤다고 말하고 있는 것입니다.[51] 그렇게 떠는 것은, 억압된 열정의 증상이고, 지속적으로 쉼 없이 추구하는 사탄적 본질이라고 할 수 있습니다.

---

51) 야고보서 2:19.

이제 수난의 방에 계시는 예수님을 바라봅시다. 우리는 그 방 안에 두 존재가 있음을 알고 있습니다. 예수님께서 계십니다. 유다와 사탄이 그곳에 있지만 그들은 하나입니다. 유다는 억제하면서 떨고 있습니다. 사탄도 억제하면서 떨고 있습니다. 하지만 제 3의 인물이 있습니다. 그분이 진실로 첫째 되시는 분이십니다. 바로 예수 그리스도이십니다. 그분은 아무 것도 억제하지 않으십니다. 그분은 모든 것을 아십니다. 그리고 그분은 하나님의 진리로 알고 있는 모든 것을 행하기를 원하십니다. 그리고 그분도 떠십니다. 하지만 그분은 오직 하나님 앞에서만 떠십니다. 유다가 떠는 것은 자기 자신의 열정이 그를 혼란스럽게 하기 때문입니다. 유다는 자신의 분주함을 창조합니다. 자신에 대항해서 분열되어 있습니다. 그렇지 않다면 어떻게 그가 계속 존재할 수 있겠습니까? 사탄이 떠는 것은 하나님께서 그를 대항하기 때문이며 자기도 하나님을 대항하기 때문입니다. 이 둘은 상호 대립하고 있습니다. 그들은 함께 서 있을 수 없습니다. 사탄은 하나님께서 하나님 안에서 분열되어 있다면 떨지 않을 것입니다. 하지만 하나님은 하나이십니다.[52] 사탄은 하나님이 자기 마음대로 되지 않기 때문에 떱니다. 그러므로 하나님께서는 사탄의 영혼 안에 불을 심으십니다. 나의 주님 예수 그리스도께서도 떠십니다. 그분 또한 자기모순의 상태 속에 있으십니까? 아닙니다, 그렇지 않다는 점에서(on that count) 그분은 계속 존재하십니다. 그분은 하나님에 대적해서 분열되어 있습니까? 다시금, 그 점에 있어서(on that score) 그분은 자유하십니다. 하지만, 그리스도께서는 하나님께서 바로 그리스도 자신에 대항하여 분열되어 있으시기 때문에 떠십니다. 그리스께서 당신 안에서 하나님의 저주를 담당하시기 때문에 말입니다.

그렇다 할지라도 예수님은 당신의 하나님을 포옹하실 것입니다. 그분은 하나님을 열망하되 맹목적으로 하지 않으실 것입니다. 아니, 아닙니다. 그리스도께서는 떨지 않으십니다. 왜냐하면, 비록 하나님께서 당신을 대적하신다 하더

---

[52] 야고보서 2:19.

라도, 하나님, 사탄, 유다, 시몬, 그리고 나의 영혼은 결코 그분이 하나님께 대적하도록 설득하지 않을 것이기 때문입니다. 그분은 아무 것도 억제하지 않으십니다. 그렇게, 그분은 위대한 승리를 획득하십니다. 어떤 의미에서, 그리스도께서는 떨지 않으시는 것입니다.

그리고 보십시오. 보시면서 견고하게 여러분 자신을 붙잡으십시오. 그분은 의도적이고 침착하게, 당신의 손을 들어 빵을 취하시며 말씀하시고, 사탄을 풀어 주십니다. 한 순간에 천 년을 사시면서, 유다를 떠나보내시고, 아버지를 만나시며, 하나님의 선언을 고소자들에게 선포하십니다. 그리고 십자가를 지시고 죽음을 당하시며, 모든 것의 결론으로 이 말씀을 하십니다: 아버지, 주의 손에 내 영혼을 맡기나이다.

이것은 장엄하면서도 너무나 칭찬할 만합니다. 그리스도 예수께서는 억제하는 유다와 모든 억제하는 이들의 후견인인 사탄 사이에 서 계십니다. 그분은 유다와 관계되어 있습니다. 그분은 사탄과 많은 면에서 공통점이 있습니다. 하지만, 그분은 거룩함에 있어서 그 둘 모두와 대적해 서 계십니다. 이 일에 있어서 주님은 그들을 영원토록 소멸시켜 버리십니다.

우리는 그리스도께서 유다와 관계되어 있었다고 말하였습니다. 그것이 사실입니다. 주님께서는 그분의 인간성, 그분의 활동, 그분의 성장, 그분의 배우는 데 있어서 진보함, 그분의 시험당하는 것에 대한 민감성, 그리고 입증해 보이는 것에 대한 민감성을 유다와 공유하십니다. 하지만 그리스도께서는, 유다와 달리 완전한 순종을 보이셨습니다. 그래서 그분이 당신의 제자들과 인간성을 공유하셨을지라도, 그분의 거룩하심이 당신을 유다의 죄로부터 분리시켜 놓았습니다. 그래서 주님은 당신이 악을 행하도록 시험하기 위해서 유다를 이용하고자 하는 사탄을 정복하십니다.

그리스도께서는 사탄과도 얼마간 공통된 특징을 가지고 계십니다. 그분은 하나님의 말씀, 영원의 아들, 로고스로서 과거에 일어났던 일들과 분리될 수 없는 관계 속에서 현재에 발생하는 모든 일을 보십니다. 또한 그 모든 것을 미래에 일어날 일들과 관계시키십니다. 이러한 면에서 주님은 사탄과 하나입니다.

하지만 그리스도께서는 완전한 거룩하심 가운데 하나님을 갈망하며 하나님을 당신 자신에게로 완벽하게 초대하시고 계신다는 면에서 사탄과 대립되어 있습니다.

그래서, 그리스도의 영혼은, 비록 유다와 함께 살고 배우며 발전해가야 한다고 할지라도, 그 자체로부터 잠시라도 하나님을 내어 쫓을 수 없습니다. 하나님께서 하나님을 밀쳐버리실 수 있을까요? 세상이 사라지는 것이 더 간단할 것입니다. 그러면 엎드려 경배하십시오: 예수 그리스도께서 하나님을 갈망하시며, 그분의 영혼은 하나님을 갈구합니다. 그분은 하나님을 아침 일찍 찾으실 것입니다. 새벽에 하나님을 구하실 것입니다. 수탉이 울 때, 그 아침에, 수탉 소리에 유다가 자살하는 그 아침에 구하실 것입니다. 또 다른 새벽, 사탄이 이전에 결코 없었던 방식으로 하나님을 저주하게 될 때, 그리고 자신이 무엇을 하고 있는지를 민감하게 알면서도 계속 하나님을 내쫓아 버리려고 할 그때 말입니다.

사람으로서, 가장 뛰어난 억제자인 사탄에 민감하면서도 침착하게 대처하시는 예수님의 이 저항 가운데서, 그리스도께서는 당신 존재의 분리될 수 없는 모든 순간에 완벽하게 사탄을 정복하십니다. 이제 그리스도께서는 당신의 영혼의 매력과, 당신의 생명으로부터 흘러나오는 능동적인 활력의 거부할 수 없는 유혹으로, 사탄이 은밀하게 숨어있는 비밀스러운 구석으로부터 그를 불러내십니다. 당신께서 빵을 드시고 계시는 식탁으로, 당신의 가슴으로, 당신의 거룩한 심장에까지 말입니다. 그리고는 하나님을 향하여 찬송을 부르실 수 있으신 것입니다.

역설적으로 들릴 수 있지만, 이것은 우리의 의미심장한 진리입니다: 그리스도께서는 어떤 순간이든 당신의 전 인격으로 하나님을 당신에게 끌어당기실 수 있으십니다. 그렇기 때문에, 그는 또한 사탄을 자신에게로 초청할 수 있습니다. 그가 사탄을 갈망하기 때문이 결코 아니라, 오히려 하나님을 완전하게 사랑하시기 때문에 그렇습니다. 그리고 만약 하나님의 시계가 어둠의 권세를 위해서만 시간을 알려줄 수 있다면, 예수님께서는 그 시계추를 자신의 손가락으로 움직이실 것입니다. 주님은 사탄을 바깥으로 불러내, 사탄이 알아야 할 필요가 있는 그 어떤 것도 사탄 자기의 의식으로부터 억제하지 말라고 하실 것입니다: 지금은 너의 때요, 어둠의 권세의 때이다. 네가 하고 있는 일을 신속하게 하라.

만약 그리스도께서 완전한 갈망의 열정으로 하나님을 당신께 초대하는 것 없이, 그저 사탄을 당신에게로 부르셨다면, 그 행위는 순전히 오만의 한 모습이었을 것입니다. 그분은 하나님의 진노의 폭풍을 타고 귀신들과 희롱해보려고 했던 사람처럼, 하나님의 존전으로부터 거부되었을 것입니다. 우리도 그분과 함께 멸망했을 것입니다.

물론 반대의 경우도 마찬가지입니다: 만약 그리스도께서 하나님만을 열망하셨더라면, 만약 하나님의 거짓된 예언 그 자체를 진리의 수준으로 올리면서 당신에게로 사탄을 초대하지 않으셨다고 한다면 말입니다. 그러했다면 성취의 때에 주님의 영혼은 하나님의 경륜의 순간과 하나님의 협의로 이미 지정해 놓으신 상황들에 순전하게 반응하지 않았을 것입니다. 그러면 그리스도의 인간 의식의 시계는 하나님의 협의의 태양에 따라서 조절되지 않았을 것입니다. 그러면 주님의 영혼을 압박해 왔던 분위기의 압력은, 하나님의 협의의 천상에서, 그리고 하나님의 율법과 복음의 영역에서 얻으셨던 것과는 달랐을 것입니다.

하지만 이제 그리스도께서는 완전한 사랑으로, 사탄은 완벽한 혐오감으로, 둘 모두 이를 완전히 의식하면서, 그리스도께서는 하나님과 사탄을 모두 당신에게로 초대하시면서, 당신 자신을 드러내십니다. 그분은 겟세마네에서처럼 기도할 수 있는 분이시고, 시간 속에서 영원을 고통받는 분이십니다. 그분이야말로, 발 디딘 땅이 한 치에 불과할지라도, 하늘과 땅에 있는 모든 권세를 동시에 보시는 분이십니다. 그분은 그 극점에 포함된 모든 것을 보십니다. 주님만이 정의와 구속의 중보자로 복종하시면서, 또한 덕성 가운데서, 위대한 모든 것들(the great All)을 당신의 강한 손에 쥐고 계시는 분이십니다.

이렇게, 우리는 서 계시는 그리스도를 보고 있습니다.

제자들은 새 본성을 지니고 있으면서도 옛 본성을 억제하고 있습니다. 그리고 그 옛 본성의 오래 끄는 효과들을 지닌 채로 새 본성을 억제하고 있습니다.

유다는 일반은총(common grace)에 의하여[53] 가능한 더 나은 포부들을 억제합니다. 그 일반은총이란, 더 깊은 자부심의 열정에 의하여 예수님의 영향력이 지원하는 하나의 가능성입니다. 유다는 구원 받을 수도 없고, 구원 받기를 원하지도 않는 것입니다.

사탄은 자기가 알고 있는 것은 무엇이든 억제하면서 구속(redemption)을 열광적으로 반대하고 저지하는데 온 힘을 기울입니다. 자기 자신의 의지로 말입니다. 그는 여인의 후손에 대해 뱀의 후손이 도저히 승리할 수 없다는 그 진리를 억제합니다.

---

53) 한역주 : 요셉 다우마교수에 의하면 저자는 1930년대 후반에 들어서서 '일반은총'에 대하여 그의 견해를 바꿔서 아브라함의 카이퍼의 '일반은총' 개념을 비판하기 시작한다. 그것과 더불어서 본서 개정작업에 들어가게 되는데, 본서(1권)과 2권을 개정완료하여 출간하게 되지만, 3권은 개정을 하지 못한 채로 서거하셨다. 그러므로, 3권은 아직 영문으로도 번역되어 있지 못한 셈이다. 초판과 개정판을 비교해 봄으로 인하여 그의 '일반은총' 개념이 어떻게 변화되었는지를 확인해 볼 수 있을 것이다.

하지만, 그리스도께서는 어떤 것도 어느 누구도 억제하지 않으십니다. 그분은 모든 것을 적절한 위치에 할당하시며 그곳에 그것을 남겨두십니다. 그분은 어떤 것도 그 자체(an sich)로서 보지 않으십니다. 모든 것이 그분을 위해, 엄격하고 유기적인 관계로 연관되어 있습니다. 그리스도와 적그리스도, 천국과 지옥, 하나님과 사탄, 유다와 −감히 말하거니와 −유다와 내가 서로 유기적인 관계 속에 있는 것입니다. 내가 믿는다면 말입니다. 그렇게 구세주께서는 흘러가는 순간순간마다 당신 자신을 하나님께 일치시킵니다. 그분을 완전하게 아시는 하나님께 말입니다(성령께서 모든 것들을 입증하시기 때문입니다).[54] 세상과 그 안에 있는 모든 것들을 완벽하게 아시는 하나님께 말입니다(성령은 세상을 통과하여 흘러가고 있는 하나님의 일곱 시대(the Seven Times of God)라고 불리기 때문입니다)[55]. 하나님과 그리스도께서는 아무 것도 무시하지 않으시며 어느 것도 억제하지 않으시는 점에서 하나이십니다. 그래서 그리스도께서는 구세주이자 하나님과 사람 사이의 중보자로 입증되시는 것입니다.

우리의 불쌍한 영혼은 때때로 그 약속을 억제시킵니다. 하지만 언제나 그것은 다시금 일어나 저항합니다: 나는 하나님을 사랑해. 그분께서 나의 음성을 들으시기 때문에. 그분은 나를 잊지 않으실 거야. 나를 영원에 이르도록 억제하지 않으실 거야.

---

54) 한역주 : "당신 자신을 완전하게 아시는 것"에 대한 설명으로서 왜 "성령께서 모든 것을 입증하신다"고 하는 것일까? '성령'은 하나님의 영이시기 때문에, 하나님의 영이신 성령께서 (시험하여) 입증하시는 것은 하나님께서 입증하시는 것이 된다. 그렇게 하나님의 영이신 성령께서 그리스도에 대하여서 (시험하여) 입증하시기 때문에, 그 입증을 통하여 그리스도의 모든 것을 완전하게 아시게 된다. 저자의 간단한 이 문장 속에 많은 것이 함축되어 있는 것 같다.
55) 한역주 : "하나님의 일곱 시대"(the Seven Times of God)란 표현은 성경에서 나오지 않는다. 저자가 이런 표현을 한 것은 "하나님의 일곱 영"이란 표현과 혼동하거나 교정상의 오류가 아닐까 여겨진다. 세대주의적 느낌이 물씬 나는 이 표현을 저자가 하였을 것 같지 않다. 만일 "하나님의 일곱 영"이라는 표현을 사용하였다면, 앞부분에 "세상과 그 안에 있는 모든 것들을 완벽하게 아시는 하나님"이라는 표현을 설명해 주는 구절이 될 수 있겠다. "하나님의 일곱 영"이란 표현(계1:4)은 하나님의 완전하심과 전지하심을 강조하는 표현이기도 하겠기 때문이다.

그리스도께서는 엄청난 진노의 무게에 직면하시고 천국에 이르는 문 앞에 서십니다. 그리고 그 어떤 것도 억제하지 않으십니다. 그것이 위로가 됩니다. 사람에게는 불가능한 것이기 때문입니다. 주님은 육체 가운데 계시는 하나님이십니다. 이제 안식일의 종소리가 죄악 가운데 잃어버린 바 된 온 세상 위에 울려 퍼집니다.

사망도 그 종의 줄을 잡고는 종을 치기 시작합니다. 데엥, 뎅, 데엥, 뎅…….

chapter 13
|
당신의 제자들의 발을 씻어 주시는 중보자

이에 대야에 물을 떠서 제자들의 발을 씻으시고

그 두르신 수건으로 닦기를 시작하여 시몬 베드로에게 이르시니

베드로가 이르되 주여 주께서 내 발을 씻으시나이까

예수께서 대답하여 이르시되 내가 하는 것을 네가 지금은 알지 못하나

이 후에는 알리라 베드로가 이르되 내 발을 절대로 씻지 못하시리이다

예수께서 대답하시되 내가 너를 씻어주지 아니하면 네가 나와 상관이 없느니라

시몬 베드로가 이르되 주여 내 발 뿐 아니라 손과 머리도 씻어 주옵소서

예수께서 이르시되 이미 목욕한 자는 발밖에 씻을 필요가 없느니라

온 몸이 깨끗하니라 너희가 깨끗하나 다는 아니니라 하시니

이는 자기를 팔 자가 누구인지 아심이라

그러므로 다는 깨끗하지 아니하다 하시니라

그들의 발을 씻으신 후에 옷을 입으시고 다시 앉아 그들에게 이르시되

내가 너희에게 행한 것을 너희가 아느냐

너희가 나를 선생이라 또는 주라 하니 너희 말이 옳도다

내가 그러하다 내가 주와 또는 선생이 되어 너희 발을 씻었으니

너희도 서로 발을 씻어 주는 것이 옳으니라

내가 너희에게 행한 것이 같이 너희도 행하려 하려 하여 본을 보였노라"

- 요한복음 13:5~15 -

13장.
당신의 제자들의 발을 씻어 주시는 중보자

제자들의 발을 씻기시는 이야기를 이 시점에 취급하는 것이, 지금까지 따라온 시간적 흐름으로부터의 이탈이라는 것을 우리는 잘 알고 있습니다. 이전에도 이런 특혜를 인정했습니다. 다시금 이렇게 하는 것은 특별한 목적을 마음에 두기 때문입니다. 우리는 지금까지 수난의 방에 계시는 그리스도를 묘사하면서 어두운 면을 살펴보았습니다. 이제 우리는 보다 밝은 면을 선택합니다. 우리는 슬픔의 성전 자체와 그 현관에서 사탄적 요소와 씨름하시는 그리스도를 관찰했습니다. 그 사탄적 요소가 그분에게 저항하고 있을 때, 우리는 그림자를 보고 있었던 것입니다. 그러므로 우리는 이제 그 빛에, 사랑과 진리의 성령에, 예언과 구속의 공식적 집행의 영에 얼마간 집중해야 하겠습니다. 그리스도께서는 수난의 방에서 자신을 사망에 굴복시키셨습니다. 그래서 그리스도께서는 무엇보다 우리 앞에 먼저 종의 모습으로 오십니다. 자기 제자들의 발을 씻기시는 종으로서 말입니다. 게다가 그분은 거룩한 식탁에 둘러선 그들을 섬기는 중보자로서 자신을 나타나십니다.

발을 씻기는 이 섬김은 완벽하게 자연스러운 경우에 발생했습니다. 제자들 가운데 누가 더 크냐 하는 논쟁이 있었던 것입니다.[56]

그들의 생각은 종종 권력의 균형에 관한 질문에 머물러 있는 경향이 있습니다. 오늘의 논쟁도 저 미래의 왕국에서 어떤 역할들을 맡을 것인가 하는 관점에서 진행되었을 가능성이 있습니다. 그들 모두가 당초 일시적 형태로 예상하고 확신하던 왕국, 여전히 그런 모습으로 상상하던 그런 왕국 말입니다. 그것이 어떠한 것이든, 어쨌든 그들 사이에 논쟁이 벌어졌습니다.

그리스도께서는 논쟁을 중지시키려고 하십니다. 당신의 겉옷을 벗으시고 물동이를 취하신 뒤, 관습적으로는 그 집의 허드렛일을 하는 자들 중 가장 천한 자가 수행하는 의무를 행하려고 하십니다. 손님들의 발을 씻기려는 것입니다. 주빈으로서, 성례로 초청하신 그 사람들의 발을 말입니다. 발을 씻기신 것이 그 날에 진행되는 일들 속에서 멋있게 맞아 떨어지는, 완전하게 자연스러운 섬김으로 간주될 수 있는 것은 바로 이런 의미에서입니다.

그러나 예수님의 이 사랑의 행위가, 그 상황에 의하여 아주 자연스럽게 유발된 것으로 간주함으로써 완전하게 설명된다고 추정하는 신자는 아무도 없을 것입니다. 그리스도의 이 행위 속에도 수많은 다른 행위들처럼 필연적인 요소가 개입하고 있습니다. 예수님의 중보자로서의 생애 체계는, 그날에 이루시는 사업의 살풍경한 형태와 그 복잡함이 다시금 완벽한 조화를 이루고 있습니다.

그러므로 우리는, 제자들의 발을 씻으시는 것을 예수님의 활동 계획 속에 있

---

[56] 마태(26:31~35), 마가(14:27~31), 누가(22:24~34)복음 등에 따르면, 유월절식사 후에 제자들 중에 다툼이 있었던 것으로 보인다. 그렇다면, 그들의 다툼은 더욱 의미심장하다. 제자들이 친히 본을 보여주셨는데도 그렇게 다투었던 것으로 보이기 때문이다. 요한복음에서는 유월절식사 전에 제자들의 발을 씻어주시는 것으로 기술되어 있기 때문에, 복음서들 간에 조화가 필요하다.

는 단순하고 유일한 요소로만 간주할 수는 없습니다. 사태의 긴박함 때문에 더욱 그렇습니다. 계획에 첨부된 부가요소로 간주할 수는 없는 것입니다. 예수님께서 유월절 식사 앞에 배정하기에 적절한 서론으로서 하나의 섬김으로 간주할 수도 없습니다. 그 이상의 그 어떤 것으로도 말입니다.

발 씻기심은 우발적인 일 그 이상의 것이며, 또한 주님께서 배신당하시는 그 밤을 위하여 준비된 활동들의 계획 가운데 있는 하나의 특별한 요소 그 이상의 것입니다. 다시금 영원한 영의 위엄이 그리스도의 매일의 행위 가운데서 그 자체로서 드러나고 있습니다. 이는 그분의 중생에 대한 신적 규례의 꽃들에 형태와 색깔을 주시는 한 영의 위엄입니다. 비유적으로 말하자면, 그 꽃들은 그분께서 당신의 발을 대시는 곳마다 순간적으로 싹을 틔웁니다. 수난의 밤에 일어나는 모든 사건들에 영원한 중요성을 주는 것은 특별히 중보자의 일입니다. 메시야의 비밀이 그 사건들 속에서, 발을 씻기시는 일 속에서 계시됩니다.

우리는 이 사건을 그리스도의 중보자 직분과 분리하는 경향을 보이는 다양한 주석들에 대해 드러내어 상세히 반박하지 않을 것입니다.

예를 들면, 발을 씻기시는 것을 교회와 천상의 신랑의 신비적 결혼을 위해 사랑하는 제자들을 신비스럽게 준비시키는 것으로 해석하는 이들이 있습니다.[57] 다른 이들은 이 행위가 목욕하는 것, 정결 작업, 이교세계에서 소위 '신비들(mysteries)'라고 부르는 것과 별반 다르지 않다고 추정합니다. 수많은 의례적인 씻음과 정화의 과정을 거친 후보자가 어떤 '신비들' 속으로 입회하여 그것들을 제정한 종교단체 질서의 더 높은 등급으로 올려지는 것입니다.[58] 이들은 동일한 방식으로 증언하기를, 씻는 물을 수단으로, 그리스도께서 제

---

[57] Carl Clemen, 『신약의 종교역사적 설명』(Religions geschichtliche Erklarung des N.T.), Vol.2. Topelmann, 1924, p.113의 각주에 언급하고 있는 Eisler의 해석.

[58] Clemen, p. 280,281. 또한 이 주제에 관한 표준적인 문헌들.

자들을 크리스천 신비단체(이런 것이 실제로 존재하였다고 가정하면서)에 입회시키고 있다고 단언합니다. 이런 주장은, 중요한 것은 거룩한 인물이 아닌 거룩한 물이라고 주장하며 그 물에 주목합니다. 그래서, 그분이 이 섬김의 행위를 성찬에 심사숙고하여 고정시킴으로서, 성찬 또한 그러한 신비 중 하나임을 나타내신다는 것입니다. 이런 주장이 함축하는 바는, 종교적인 생활이 그 신비들을 수단으로 자연적이고 일상적인 생활과 강력하게 차별화되고 분리된다는 것입니다. 거룩한 빵을 먹고 신성한 포도주를 마심으로써 그 종교인은 격리된 비밀의 방으로 물러나, 내밀하고 비의적인 교제 속에서 하나님을 만나게 된다는 것입니다.

이런 견해들을 반박하는데 오래 지체하는 것은 적절하지 못할 것입니다. 그것들은 우리의 견해와 너무나도 차이가 납니다.

간략히 살펴본 그 이론들의 배경이 되는 가정은, 기독교는 종교라 불리우는 일반적인 현상들 중 한 가지라는 것입니다. 이런 설명들은 기독교를 후기 헬라주의 정신의 퇴폐적인 이교체계 속으로 끼워 맞추려는 것입니다. 그들은 성경과 복음서를 성경을 단순히 또 다른 문화적 책으로 간주한다고 하더라도 성실한 학자라면 누구라도 우선적인 것으로 여겨야 할 해석원칙인 - 그 자체의 의미를 따라 설명하지 않습니다. 이런 주석들은 성경을 왜곡하며, 기독교와 다른 종교 사이의 간격을 채우기 위해서 자신들이 할 수 있는 모든 것을 단번에 이루기로 선택한 해석자들의 산물입니다. 비유를 달리해서 말하자면, 이들은 그리스도, 부처, 미트라스, 그리고 다른 모든 '구세주들' [59]을 하나의 도가니에 한꺼번에 넣으려고 합니다. 그들은 성경을 다른 모든 '신성한' 책들과 함께 똑같이 쓰레기더미에 던져 버립니다. 이렇게 하는 것은 '종교적' 삶의 '하나의' 정신이 이런 여러 가지 책을 매개로 점차 그 자체를 표현하고 있음을 보여주기

---

59) Drew, Arthur, 『그리스도신화』 (Die Christusmythe), Jena, Diederichs, p. 99.

위해서입니다. 그러면서 세상에서 진화되어 온 여러 종교들, 구세주들, 그리고 구속의 이론들 사이에 질적인 차이가 아닌 단순한 정도의 차이만 있을 뿐임을 입증하고자 합니다.

이러한 입장의 근본적인 오류는 이것입니다: 그들은 그리스도, 나아가 제자들의 직무(office)의 의미심장함을 인식하지 못하고 있다는 것입니다. 우리는 그 '직무'의 의미심장함을 전면에 내세우기 원하기 때문에, 그리스도께서 제자들의 발을 씻기는 것에 대한 다른 설명들을 언급했을 뿐입니다.

하나님께서 당신의 계시로서 호의를 베푸신 백성의 종교생활에서 직무로서 의미하시는 바는 무엇일까요? 특별계시 영역에서 직무의 의미는 무엇일까요?

그 개념은 은혜의 호의의 결과로서 사람들과 그들의 일로부터 고고히 떨어져, 수동적이고 직접적으로 하나님과 교제하는 '신비들' 중 하나에 속하는 것을 의미하지는 않습니다. 정반대로, '직무'라는 용어는 섬김을 함축합니다. 직무의 선물이라는 호의를 받은 사람은 즉각 그 직무를 받았다는 특권을 하나의 부르심으로 전환시킵니다. 그 안에서, (하나님의 선물을 가리키는 독일어의 멋있는 표현을 사용하자면) '가베(Gabe)'는 즉각 (하나님의 이름으로 다른 사람을 위하여 실행하는 것으로서) '아우프가베(Aufgabe, 직무)'로 변화됩니다. '직무'란 단절된 고립의 상태에서 바깥으로 나가는 것을 함축합니다. 하나님을 만나 뵙고 하나님에 의해서 준비된 뒤, 받은 복을 다른 사람들과 나누기 위해 넓은 세계로 나아가는 것입니다. 은혜의 물결을 탐욕스럽게 모두 삼켜 버리는 것이 아니라, 구원의 강물에 값없이 내던지는 것입니다. 그것이 바로 '직무'에 함축된 바입니다.[60] 그것은 '신입자(initiate)'의 편에서 다른 사람

---

60) 한역주 : '직무'와 '직분'을 정확하게 구별하기는 쉽지 않다. '직분'은 공식적인 직함이라면, '직무'는 그 공식적인 직함이 감당해야 할 일의 구체적인 내용이라고 하겠다. 하지만, 어떤 맥락에서는 어떤 것을 말하는지 정확하지 않은 경우들이 있어서 역자도 혼란스러운 점이 있음을 감안하시기 바란다.

들로부터 갖는 귀족적인 호젓함이나, '상아궁정'의 종교생활로 후퇴해 들어가는 것을 의미할 수 없습니다. 은혜를 '순수하게' 받기 위해서, 그런 사람들의 모든 창문은 외부에 차단되어 있고, 모든 문은 세상으로부터 단절되어 있습니다. 신약에서뿐만 아니라 구약에서도 직무란 능동적인 힘이며, 하나의 파송된 사명을 의미합니다. 이 힘은 문들을 활짝 열어 제치고, 닫히지 않도록 문턱을 걸어두며, 그 열린 틈을 통해 넓은 바깥세상으로 성령을 날려 보냅니다. 직무의 담지자는 그가 하나님께로부터 하나님의 이름으로 먼저 받은 것을 세상에게 나눠주기 위해, 모든 커튼을 찢어버립니다. 궁정과 성전을 버리며, 사람들이 머무는 누추한 오두막집에 이르고, 일상생활의 깊은 골짜기까지 내려갑니다.

이것이, 우리가 언급한 이론들과 우리가 고수하는 진리 사이의 근본적인 차이입니다. 성격상 지엽적인 것이 아니라, 근본적인 차이이며, 성경을 성경 그 자체의 빛 가운데서 읽으며, 그리스도를 유일하신 구세주로 공경하고, 거짓된 종교로서의 이교주의에 참된 종교로서의 기독교를 대립시키는 우리에게 구속력을 가지는 진리인 것입니다.

발을 씻으실 때에 그리스도께서 직무담지자로서 나타나신다는 것을, 우리가 감히 잊어버리겠습니까? 결코 그럴 수 없습니다.

수난의 방에서 발을 씻기신 것은 성찬에 앞서 하나님의 영원한 협의와 예지가 바로 이곳에서 현실화되도록 선택하신 것입니다. 그런데 감히 그 행위를 숭고한 맥락으로부터 끄집어내 그 맥락과 관계없는 것으로 만들어 버릴 수 있단 말입니까? 발을 씻기심의 이면과 내면에는 중보자로서의 직무적인(official, 공식적인) 경력에 대한 그리스도 예수의 전체 투쟁이 포함되어 있습니다. 그 안에는 당신의 직무를, 완전하게 하나님 앞에서 지고 있는 그 책임감들을 수행하기 원하시는 그리스도 예수의 투쟁이 포함되어 있습니다. 그 예수님은 자신의 '직무적인' 본보기, '직무적인' 능력에 의해서, 하나님의 영을 못 견디게 하여 하나님께로부터 나오는 능력으로 말씀하시기를 원하시는 것입니다. 그렇게 함으로써 하나님의 영이 예수님의 그 말씀과 당신께서 제공하시는 그 본보기를 사도들에게 전달할 수 있도록 말입니다.

아니, 우리는 맥락을 고려하지 않고 이 장면을 떼어서 설명해서는 안 됩니다. 우리는 수난의 이야기를 조각내는 것을 거부해야 합니다. 마치 한 드라마의 여러 장면들로 만들어서 이 서정적 간주곡, 이 포근한 에피소드, 발을 씻기시는 부드러운 장면에 의해 그 긴장이 잠시 해소되는 것을 거부해야 하는 것입니다.

우리는 그리스도의 발 씻기심을, 성찬과 같이 여전히 남아있다고 여겨지는 크리스천의 신비의 체계로 끌어들임으로써, 성찬의 전주곡이라고 설명하려는 어떠한 시도에도 저항합니다. 우리의 가장 깊은 확신의 이름으로, 그리고 성경 해석의 개혁신앙적 원리의 이름으로 말입니다. 이 해석을 취하는 사람들은 그리스도를 허망하게 비난하는 것입니다. 그는 그리스도의 행위의 너무나 중요한 영적 의미를 간과하고 있습니다. 우리는 그 행위를 기록하고 있는 이가 바로 요한이라는 것을 기억해야 합니다. 그리고 이 사랑의 섬김이 단순히 뛰어난 우정의 표시로, 가장 온유한 주인의 측면에서 몇 명의 신뢰하는 친구에게 보여주는 탁월한 예의의 표현으로, 친밀한 동료의식을 증명하는 것으로 간주되어야 한다면, 단지 이러한 방식으로만 여겨진다면, 왜 다른 복음서 기자들은 이 사건[61]에 대해 아무런 말도 하지 않는지, 그리고 정확하게 요한이 이 사건을 이토록 강하게 강조하고 있는지 설명하기가 어렵습니다.

그것이 주목할 만한 특징입니다. 왜냐하면 요한은 그의 복음서 해설을 통해,

---

61) 사실, 누가는 22장에서 그리스도의 말씀을 기록하고 있기는 하지만, 발을 씻으심으로 보여주시는 그 모범적인 행위에 대해서는 아무 것도 말하지 않는다. 우리는 이 강화에 대해서 뒤에서 살펴보게 될 것이다.

예수님의 외적 행동은 육신되신 말씀의 현존의 너무나 많은 계시와 증거라는 사실을 줄곧 시사하기 때문입니다. 그는 우리가 그리스도의 행위의 전체 중요성을 그분의 외적인 행동만으로 보게 하지 않습니다. 요한의 지속적인 노력은 그러한 예수님의 외부적 표현들과 외적인 형태들을, 피조되지 않은 말씀이신 로고스, 영원한 그 아들의 내적이고, 무한하며, 영적이고, 신적으로 영구한 존재 및 생명과 연결하는 것입니다. 그분은 태초에 하나님과 함께 하셨고 또한 그 자신도 하나님이신 분이십니다.

이러한 강조는 발 씻기심이 (그것을 이교도의 '신비들'에 연결시키려는 사람들의 주장을 따라) 하나의 은닉으로 해석될 수 없다는 사실을 가리킵니다. 발 씻기심은 하나님의 은혜로 귀족들에게나 주어지는, 마치 친밀한 교제의 쉼터에 신성이 은둔하는 것으로 해석될 수 없는 것입니다. 오히려 발 씻기심은 요한의 복음서 서문이 계시해온 것을 보여주는 예증입니다. 곧, 그리스도 안에서 하나님께서 세상에 오셨다는 것, 그런 방식으로 지상 역사 속에 보내심을 받으셨다는 것 말입니다 -하나님께서 육체로 오셔서 사람들 가운데 거하셨습니다. 그러니 그리스도의 직분은 발을 씻기시는 부드럽고 허세 없는 행위로 드러나고 활동해야 합니다. 요한이 우리에게 제공하는 이 설명은 공상의 산물도 아니고, 전원시도 아니며, 아카디안 희곡[62]도 아닙니다. 그 사건이 묘사하는 것은, 어떤 비밀을 알고 있는 '신입자들'이 보여주는, 잰 체 하면서 고상함을 떠는 모습이 아닙니다. 발을 씻기심으로, - 하나님의 위대한 직무의 담지자께서는 - 먼저 사도들에게 나아가십니다. 그리고 그들로부터, 그들을 통해서 예루살렘으로, 소아시아로, 그 시대에조차도 바타비아인들(Batavians)[63]이 살

---

62) 한역주 : 아르카디아(Ἀρκαδία)는 그리스의 펠로폰네소스 반도에 있는 고대부터의 지역명으로 후세에 목자의 낙원으로서 전승되어 이상향의 대명사가 되었다. '아카디안 희곡'이란, 이런 이상향을 그리는 희곡이란 뜻.

63) 한역주 : 바타비아지역은 로마의 시이저와 타키투스 등에 의하여 라인강 지역으로 소개되고 있는데, 저자가 이 지역을 언급하는 것은, 팔레스타인지역에서 라인강 지역의 끝부분에 있는 네덜란드를 가르키기 위함일 것이다. 원 청중들이 이 지역이름에 대해서 익숙해 있을 것을 감안하면 쉽게 이해된다. 곧, 그리스도의 발

고 있던, 바다의 저지대들(한역주 : 곧, 네덜란드)로, 크고 넓은 세계로 나아가는 것입니다.

발 씻기심의 의미는, 단순히 온유하고 자비로운 주인께서 최고의 친구들 몇 명에게 겸손에 대한 교훈을 가르치기 원하신 것에 그치지 않습니다. 이런 교훈은 다른 곳에서도 가르칠 수 있습니다. 아닙니다, 그런 것이 아닙니다. 이 섬김에서 메시야께서는 당신의 일을 높이 들어 올리시고, 그 일을 행하시면서 전 세계를 구하고 계십니다(seeks). 수난의 방이 좁습니까? 성령께서 그 담을 부숴 버리실 것입니다. 하나님 당신께서 이 교통(communion)의 장막의 빗장들을 뽑아 던져 버리십니다. 하나님께서 그렇게 하지 않으신다면, 저 장막은 허영의 텐트가 되어버렸을 것입니다.

게다가 발 씻기심은, 그 행위의 의미를 우리에게 설명할 기본적 원리를 제시하는 요한의 복음에 대한 서론에 그치지 않습니다: 이 사건을 진술하는 그 장은 해석의 동일한 원리를 구속력 있게 만듭니다. 결과적으로, 한 저자가 올바르게 관찰하기를[64], 그리스도께서 당신의 제자들에게 보여주신 사랑의 표시는, "발을 씻기시는 것 속에 완전하게 포함되어 있는 것이 아니다. 만약 성 요한의 의견에 있어서 행위 자체가 사랑의 모든 표지를 구성하고 있다면, 그는 그 장의 두 번째 문장을 첫 번째 문장과 연결시킬 때 '왜냐하면'이나 '지금'이라는 단어를 사용하였을 것이다. 하지만 실제로 전환에 사용된 단어는 '그리고[65]'이기 때문에 단순히 연속적인 과정을 나타내며 결코 그 이상이 아니

씻기심의 의미는 바로 자신들이 살고 있는 화란지역에 이르기까지 그 의미가 적용되어야 한다는 것이다. 한글을 사용하는 이들에게 있어서는, '극동에게로'라고 하면 더 나을까?

64) P.G.Groenen, 『예수 그리스도의 수난과 죽으심』(Het Lijden en Sterven van O.H.Jesus Christus), 2판, Utrecht, 1919, p. 43. 한역주: 영역본에 있는 책제목 중에 O.H.라고 표기되어 있는 것은 교정이 안된 부분같다.

65) 한역주 : 2절의 시작은 헬라어로 καὶ 인데, 한글개정성경에는 번역되어 있지 않다.

다. 그래서 그리스도께서 당신의 사람들에 갖는 지고의[66] 사랑에 대한 증거는, 발을 씻기심에 제한되지 않는다. 13장에서 17장까지 이 저자에 의해서 기록된 모든 것에 있다. 예수의 담화는 분명히, 예수의 사랑의 웅변적인 표현이다."

그 해석은 정확합니다. 복음서에서, 발을 씻기심과 예수님께서 수난의 방에서 당신의 제자들에게 말씀하신 담화가 밀접하게 연결되어 있다고 하는 것은 단순 우발적이지 않습니다. 이런 상호연관성은 복음서의 형태와도 조화롭습니다. 이 담화들 역시 단지 서너 사람을 위해 주어진 것이 분명 아니며, 몇 명의 사랑받은 '신입자들'의 은밀한 즐거움을 위해 예비된 것도 아닙니다. 누군가 예수님의 '공적' 가르침들과 수난의 방에서 친밀한 그룹에게 주어진 것들의 분량을 측정하려고 한다면, 발을 씻기심과 예수님의 활동 사이에 사적인 담화가 아주 많은 분량을 차지한다는 것을 발견하게 될 것입니다.

그러면, 복음서 기자 요한은 자신을 비롯한 소수의 제자들을 위해 비춰진 신비의 불빛이, 자기보다도 늦게 예수님께 회심하여 돌아온 '신입생'들, 신앙의 초보자들의 황홀해하는 눈들 앞에는 비춰지지 않았다고 진지하게 결론내릴 수 있는 것일까요? 그래서 그 신입자들은 결코 예수님의 친밀한 자들인 사도들의 수준에까지 이르지 못하고, 오히려 첫 번째 제자들이 누렸던 것들을 간접적으로 일부만 느낀 것에 그쳤을까요? 아니, 그렇지 않습니다. 요한은 이 행위에 대한 자신의 진술에서, 예수님의 모든 강화를 자신의 복음서에 포함시키면서, 자신 스스로 세상을 구하고 있는(seeking) 것입니다. 여기서도 요한은 복음서를 수단으로, 자신 바깥의 세상을 위해 사도의 직무를 생산성 있게 하고자 힘쓰는 것입니다(seeks).

---

[66] 영역주 : "지고의" 라는 단어가 여기서 사용된 것은 저자의 의견에 1절의 마지막 부분을 "끝까지 사랑하시니라" 라기 보다는 "지고함으로 사랑하셨다"고 번역되어야 한다고 보기 때문이다. 이 의견은 그럴 듯한 것이다. Dr. C.Bouma (『요한복음』 (Evangelie van Johannes)) 도 이런 견해를 주장하고 있다.

수난의 방에서, 그리스도의 말씀이 우리를 위해 그들에게 주어짐을 관찰함으로써, 우리는 그리스도께서 '신입자들'의 무리와 더불어 소수만의 교제에 가담하신 것이 결코 아니라는 것, 그분께서는 개인적으로 그 섬김을 공식화하셨을 뿐만 아니라, 당신의 직분적 기능을 그의 사도들과 공유하고 계시다는 것을 이해해야 합니다. 그런 방식으로 그분께서는 발을 씻기신 것을 세상에서 당신 사역의 보조적인 부분으로 만드십니다. 그리고 이것이 바로 사도들이 예수님 옆에서 그 덕분으로 살아가는 자들이 아니라, 하나님의 직분의 담지자들로서 세워진 자들인 이유입니다. 그들은 이런 자들로서 약속을 받고, 그 직분을 감당하기 위한 일을 할 때, 그들을 감동시키실 성령의 오심을 확신한 것입니다.

그러므로 발을 씻기신 일 가운데, 어떤 해석을 시도하기에 앞서, "직분"에 대한 강조를 먼저 발견하고 받아들여야 할 것입니다.

발을 씻기신 분은 대제사장이시고, 선지자이시며, 왕이십니다. 그분께서는 또한 그 행동으로 당신의 말씀을 사도들을 통해 내보내시는 것입니다.

그리고 이것이 우리가 그리스도의 사랑을, 그분의 민감한 돌보심과 더불어 그분의 직분에 직접적으로 연결시키고자 힘쓰는 이유입니다.

이 사건을 잘못 해석함으로써 우리가 성경을 부당하게 대우할 두 가지 경우가 있습니다.

만일 직분을 수행하느라고 그리스도의 사랑에 주목하지 못한다면 우리는 성경을 부당하게 취급하는 것입니다. 그렇게 하는 것은 발을 씻기신 것을 순전히 형식적인 교환으로 축소해 버립니다. 아마도 열매가 있기는 하겠지만 말입니다. 왜냐하면 우리에게 교회를 조작적으로 운영하기 위한 규칙들을 가르쳐주는 것은 직분을 수행하는데 도움이 될지는 몰라도, 성령께서는 싫어하셔서 내

던져 버리신 것입니다.

반면 그리스도의 사랑을 강조하느라 직분에 대한 강조를 무시하는 것 또한 성경에 대해 부당함을 행하는 것입니다. 그리스도와 사랑을 일치시키면서도 그리스도와 중보자 되심을 아주 분리해 버린다면, 요한의 서술에서 희미하게 보이는 부드러운 매혹의 분위기 외에 아무것도 배우지 못한 것입니다. 이 기록을 이렇게 오독하는 것은, 발을 씻기신 사건과 인디아와 그리스의 '신비들' 사이에 다리를 건설하는 것과 같습니다. 그리스도의 사랑을 순전히 에로틱한 경향으로 보고, 그것을 영적인 수준으로 이상화시키는 자들의 병들고 감상적인 태도에 확실성을 불러오는 것입니다. 예를 들면, 노발리스(Novalis)가 그의 영적 시가들 속에서 굴복해 버렸던 태도 말입니다. 그러니, 인디아의 신비들을 기억하면서 수난의 방에서의 그리스도의 행위를 그것에 '평행되는' 것으로 간주한다면, 그 시인과 더불어 다음과 같이 말하고 싶어질 것입니다:

> 그리스도께서 내가 그분 자신의 것임을
> 호의의 눈빛으로 내게 확신시켜주실 때,
> 얼마나 빨리 나를 위하여 빛나는 생명이
> 헤아릴 수 없는 어둠의 깊은 밤을 물리쳐 주는가.
>
> 내가 오직 그분에게 속하였을 때에만 사람이 되고
> 어둔 운명도 밝을 밝혀주었도다
> 그리고 북녘에서조차도 인디아가
> 사랑하는 자를 위하여 꽃들을 터트리는도다.

반복합니다: 만약 우리가 직분을 보고, 그것을 이런 방식으로 간과하게 된다면: 곧, 만약 우리가 이 부드러운 사랑의 장면으로부터 주님의 중보자 되심과 계시의 역사를 무시해 버린다면, 우리는 영적이면서도 동시에 비성경적인 에

로티시즘을 지닌 채 그 시인의 또 다른 시구 속으로 빠져 들어가기가 너무나 쉽습니다:

> 당신의 손으로 그의 양손을 굳게 붙잡고,
> 당신의 눈으로 그의 눈 속을 뚫어지게 바라보노라;
> 꽃들이 햇빛을 향해 굽어지듯이
> 당신은 그의 은혜에 굽어져야 하도다
> 그에게 모든 것을, 마음과 생명까지도 드리려무나:
> 그는 당신 것, 신실한 아내와도 같이 신실하도다.

하지만, 성경은 이렇게 혼란스러운 에로티시즘에 반대하면서 대단히 다른 개념의 사랑을 제시합니다.

우리도 역시, 분명히 우리도 역시, 발을 씻기시는 사건 속에서 사랑, 그것도 부드러운 사랑의 나타남을 보기 원합니다. 하지만, 우리는 우리 시대의 정신에 자극받아 그 사랑을 정의하는 것을 거부합니다.

왜냐하면 우리시대에 어떤 이들은 사랑을 모든 살아있는 생물들의 유지하는 에너지이며, 창조적인 힘, 원초적인 운동자, 세상과 인생관의 첫 번째 원리로 생각하고자 합니다. 그렇게 하는 이들은 근본적으로 두 가지 오류를 범하고 있습니다.

첫 번째로, 그들은 모든 사람들을 사랑 안에서 평등하게 만듭니다. 이 사람은 사랑을 좀 더 많이 소유하고 있고, 다른 사람은 좀 덜 갖고 있습니다. 하지만 본질적으로 모두 사랑으로 태어납니다. 따라서, 그 누구도 자신의 존재 밑바탕에서 증오심과 적대감을 키우지 않습니다. 사랑은 모든 것 안에 살아있습니다.

그래서 이런 관점을 가진 사람들은 예수님이 우리의 발을 씻어 주시기 원하지만, 예수님을 다른 사람들보다 더 강렬한 사랑을 가진 분으로만 생각합니다. 우리는 이 생각에 반하여 다른 예수님을 묘사합니다: 곧, 그리스도께서는 사랑으로 태어나셨다는 이유로 다른 이들과 같은 분이 아니고, 중보자로서 그들이 지니지 않은 무언가를 그들 안에 주시는 분이십니다. 우리는 주님을 오직 사랑의 강도에 있어서만 우리와 다른 분으로 보는 것을 거부합니다. 그 대신 우리는 그분을 우리에게 사랑의 선물을 주셔야 하는 중보자로 여겨야 합니다. 만약 우리가 그 사랑을 받아야 한다면 말입니다.

두 번째로, 언급된 개념은 그 사랑이 자연적 출생이 아니라 오직 중생에 뿌리를 둘 때에만 실제로 자랄 수 있다는 점을 잊고 있으므로 잘못되었습니다. 우리는 본성(nature)으로 그리스도와 연결되지 않습니다. 그리스도께서 보증하지 않으시면, 우리는 발을 씻기는 섬김에서 그분을 흉내조차 낼 수 없습니다. 그분께서 우리에게 보여주시는 본보기가 중보자로서의 그분의 사역으로부터 분리되는 수단이 될 수는 없습니다. 우리는 잊어버려서는 안 됩니다. 그분께서 제자들의 발을 씻기심으로 우리로 하여금 주목하게 하시는 것은, 사람은 반드시 '전체적으로 깨끗해야' 한다는 사실입니다. 그러므로 다른 그 무엇보다도 필요한 것은 사람을 원리적으로 그리고 영원토록 깨끗하게 만드는 씻음입니다. 이런 씻음이 바로 중생(regeneration)의 씻음입니다.

앞서 말한 것들이 우리가 이 사건을 감상적인 어떤 것으로 바꾸려는 행위에 반대하는 이유입니다. 그런 관점이 이 이야기를 아무리 매력적으로 보이게 하더라도 말입니다. 우리는 중보자직의 섬김으로부터 사랑의 논증을 분리시키는 어떤 이론에도 반대합니다. 만약 이런 이론들이 진실로 성경에 기초한 것이라면, 우리는 노발리스에게 동의해야 하고 그의 영적 에로티시즘을 인정해야 합니다. 그래서 그가 그리스도를 '신실한 아내'로 비유하는 것에도 동의해야 할 것입니다. 하지만, 그리스도의 직무(office)는 그분의 사랑의 행위에서 그 자체를 완전하게 쏟아내기 때문에, 그 사랑은, 영적이고, 직무적이며, 목적을 가지고 있고, 남성적이며, 정력이 있고, 예언적입니다. 그것은 신부실의 밀폐된 곳에 있는 것이 아닙니다. 세상을 축복하는 직분적 사랑 안에 있는, 신랑과 그와 친밀한 몇몇 이들의 비밀스러운 즐거움인 것입니다. 그리스도께서 발을 씻기시면서, 모든 사람들의 종으로서 그들에게 당신을 주시는 것은, '신실한 아내'로서가 아니라 신실한 중보자로서 그렇게 하시는 것입니다.

"이 장소가 얼마나 친절하며, 얼마나 친밀하게 보이는가!" 여러분은 예수님께서 제자들의 발을 씻기시는 그 방의 문에 이렇게 써 놓고 싶으십니까? 자, 여러분이 그렇게 하더라도, 먼저 "이 장소는 얼마나 두려움이 넘치는 곳인가!"라는 문구를 이해하고서야 그럴 수 있을 것입니다.

이 사건의 의미를 해독할 수 있는 열쇠가 우리에게 한 번 주어진다면, 그것을 사용하는 데는 별 어려움이 없습니다. 이 이야기에서 우리는 그리스도를 두 번째 아담으로 봅니다. 낙원 회복의 법을 예언하시면서 십자가와 죽음의 광야로 향하는 여정에 있으신 두 번째 아담 말입니다. 그 회복의 법에 따르면, 가장 약한 자와 가장 강한 자, 종과 주인, 십일조를 받으면서 축복하는 이들과 십일조를 주면서 축복을 받는 이들이 더 이상 서로 싸우지 않고 오히려 조화 가운데서 만나 사이좋게 지냅니다. 두 번째 아담, 하나님의 형상의 담지자로서 중보자께서는 이 경우에도 선지자이고 왕이며 제사장이십니다.

그리스도께서는 이 경우에 하나의 선지자이십니다: 그분은 제자들에게 하늘 왕국의 법을 가르치십니다. 사랑을 선포하시면서 예언적인 선명성을 갖고 그 법의 본질을 선언하시는 것입니다. 그분은 사랑에 대해 모든 사람들에게 공통적인 자연적 생명의 기능이 아니며, 모든 존재의 내적인 생명의 원리보다도 덜한 것임을 증명하십니다. 그 원리는, 모든 피조된 것들을 상호 결합시키며, 자연스럽게 한 몸의 여러 지체들을 서로 연결시켜줍니다. 주님은 오히려 사랑은 중보자적 권한을 통해서만 (only by reason of the mediatorship) 가능해진 다는 것을 가르치십니다. 그 권한은 가장 위대한 헌신을 올려드리지만 이는 동정심의 압력에 의한 것이 아닙니다. 성취(fulfilment)를 통하여 화해를 허락하시는 하나님 뜻의 명령 때문입니다. 그리스도께서는 세상으로부터 적대감을 축출하는 것이 문화의 결과이거나 인간 안의 더 나은 충동이 자유롭게 힘을 발휘함으로써 뒤따르는 성취가 아님을 옹호하십니다. 반대로, 그분은 사랑의 산실과 정의가 몫을 요구하는 장소가 동일하다고 말씀하십니다. 사람들 사이에 있는 것을 포함해서 모든 화해는 오직 성취(fulfilment)를 통해서만 올 수 있는 것입니다.

그 메시지를 설교하시기 위해, 그리스도께서는 발 씻기시는 것을 성찬 제정과 연결시키시고, 중보자가 당신의 희생을 완전하게 노출하기까지 그 말씀을 설교하시며, 위로부터 주어지는 선물로서 오순절의 성령을 약속하십니다. 그것을 위해 아버지께 기도하실 것입니다.

이 두 가지 강조점은 그분께서 발을 씻기시는 사건에서 극단적으로 중요한 것들입니다. 손으로 직접 섬기시는 부드러운 그분 예수님의 예언에 있어서 말입니다.

사랑의 효력있는 원칙이시며 그 사랑의 최고의 동력자이신 성령께서는, 오직 위로부터만 오실 수 있습니다. 공감적인 협력으로서의 사랑은 사람의 손으로 만든 정원에서 자란 꽃이 아닙니다. 이것이 그 예언의 첫 번째 강조점입니다. 그리고 '이것과 유사한' 두 번째는 이것입니다: 사랑의 성령은 중보자적 권한에서만 나온다는 것입니다. 이는 중보자께서 성부를 향해 중보하시며 사랑을 얻기 위한 씨름을 하신 이후에만 오는 것입니다. 여러분이 보시듯, 사랑은 중보자적 권한이 없다면 불가능합니다.

예수님의 행위와 동반되는 이 예언은 우리에게 그 행위의 중요성을 충분히 노출하고 있습니다.

사람이신 예수님께서 자기 손에 물동이를 들고 그 방을 이리 저리 걸어 다니십니다. 하지만 – 우리는 그것을 잊어서는 안됩니다 – 그 물동이의 손잡이는 하늘에 묶여 있습니다. 중보자를 데려가 보십시오. 그러면, 사랑의 최소한의 가구는 – 노예의 씻는 물동이 – 하늘로 올라가 버릴 것입니다. 그러면 지상에 남아있는 것은, 단지 그 장면에서의 애수에 찬, 텅 빈 풍자화일 뿐입니다.

이는 평이한 예언이 아닙니까? 그리스도께서는 사랑이 사도들이 가지고 태어난 그 요소들의 승화로 간주되어서는 안 된다는 것을 부끄러울 정도로 명백하게 가르치고 계시지 않으신가요? 오히려 사랑이란 위로부터 주어지는 선물이요 사랑의 대단히 효과적인 능력이며, 당신의 구속하시고 만족케 하시는 희생에 기초해서만 주어지는 것으로 간주해야 하지 않겠습니까?

발을 씻기시는 행위와 동반되는 예수님의 가르침 가운데, 그분께서는 객관적인(objective) 중보기도, 중생의 주관적인 필요, 당신의 백성 안에서 단절될 수 없는 성화의 불가피성을 첨가하십니다. 예수님께서는 사랑은 자충족적인 것이 아니며, 스스로 양육될 수 없고, 그 자체의 열매를 보장할 수도 없을 뿐만 아니라, 하나님의 전능하신 능력이 그 목적을 이루기 위하여 매일매일 개입하셔야 한다는 생각을 시몬 베드로에게 요구하셨습니다. 영혼은 하나님의 영향력의 부단하고 반복되는 개입에 의해 반복적으로 정화되어야 합니다. 그런 영향력은 중생과 성화[67]에 의해 원리상 정화된 자들에게 주어지는 것입니다. 사랑의 그 불길이 죄의 숨 막히는 먼지에 의해서 죽지도 않고 또한 사라지지도 않을 것을 보증해 줍니다.

---

67) 한역주 : 저자가 여기서 중생만 아니라, 성화를 언급하는 것은, 존 머리 교수가 강조하는 '확정적 성화'를 가르키는 것으로 보인다(『은혜로 구원받음』(Saved by Grace), Eeerdmans: 1989, p.202~209). 존 머리교수 이전에 스킬더가 이런 것을 염두에 두었다는 것은 스킬더의 통찰력에 더욱 주목하게 한다.

이것이 사랑에 대한 그리스도의 예언입니다. 그래서 주님은, 성화의 열매가 칭의의 뿌리에 연결되어 있는 것처럼, 사랑을 당신 자신의 일(work)에 연관시키십니다. 그래서 그분은 중보자적 권한과 중생이 없이는 사랑이 불가능하다는 것을 입증하시는 것입니다. 또한 그분은 단순히 자연적 인간세계의 어떤 영역이든 메마른 불모의 장소임을 주장하시는 것입니다.

그분의 예언의 총체는 이것입니다. 일반은총에 의해서만 산출되는 사랑이 있습니다. 그것은 사실입니다. 이 사랑은 우리의 자연적인 삶의 영원한 회전 속에 포함되어 있습니다. 그 속에서 사랑과 증오, 공감과 반감, 의욕과 반감, 결혼의 날과 전쟁의 날은 지속적으로 발생하고, 서로 균형을 잡으며 왔다 갔다, 계속 뱅뱅 돌고 돕니다.

하지만, 천상의 영역에서 가치 있는 사랑은 다른 법칙들에 근거해서 살아 있습니다. 그 사랑은 일반은총의 자연적 생활이 가진 흔들리는 부분이 아니며, 구약성경의 설교자가 애통하면서 탄식했던 허무함의 무한 반복이 아닙니다. 이 사랑은 하늘왕국과 같이, 특별은총의 토양에서 일어나기 때문입니다. 구속의 중심 사실인 골고다 십자가 주변에서 그것을 휘감아 올라가며, 오순절 성령의 부어주심으로부터 그 자양분을 받아들이기 때문입니다. 그 사랑은 결코 일반은총의 악순환의 무한궤도를 따르지 않을 것이며, 구속의 역사가 가장 젊어지는 그 마지막 날에서 절정을 이루기까지 그 구속역사의 실현을 어김없이 조력하게 될 것입니다. 이 사랑은, 십자가와 부활에 묶여 있고, 특별은총과 계시의 계속 진보하는 과정과 더불어 상호 세분화되어가고 있는 것입니다. 그 과정은 결코 중단되지 않고, 세상의 때들(times)[68]을 성취하면서 영원의 날 속에서 그것들을 안식하게 할 것입니다.

---

68) 한역주 : "세상의 때들"(the world's times)라는 표현은, 하나님의 예정에 의하여 성취되도록 계획되어진 때들이 있음을 전제하면 쉽게 이해되겠다.

이것이 그 첫 번째 강조점입니다. 선지자 그리스도께서는 사랑을 자연적 생명의 원리로서가 아니라, 영의 열매로서 당신과 결합시키십니다.

평화단체와 박애주의적 홍보기관들은 그리스도의 물동이를 목각하는 것과, 자신들의 깃발에 수놓기를 좋아합니다. 이들에 반대해서 그리스도께서는 예언하고 계십니다: 내가 결합시킨 것을 너희들은 찢어버리고 있구나. 왜 너희들은 나의 물동이는 선호하면서도 나의 빵과 포도주, 나의 십자가와… 나의 말은 무시하고 있느냐?

그리스도께서는 제자들의 발을 왕으로서 씻기십니다. 그리고 그것은 당신의 왕국이 세상 것이 아님을 더욱 증명해 주는 것입니다.

기독교가 세상에 모습을 드러내는 바로 그때, 로마의 황제가 신성시 되고 있었습니다. 그리스도께서 세상에 오셨던 바로 그때에, 로마의 황제가 자신이 신으로서 경배되어야 하고 '주'의 이름으로 예배 받아야 한다는 칙령을 선포한 것은 단순히 우연의 일치가 아닙니다. 세상 영역의 '주'는 자기 부하들의 어깨 위에 있는 권력에 올랐고, 필요에 의해 그들의 피를 흘리면서까지 자기의 보좌를 세웠으며, 이후에는 사람의 영광을 신성시하게 되었습니다. 위대한 자로서 수많은 자들로부터 스스로 기름부음 받은 '주'와 같았습니다.

동일한 때에 예수님께서 제자들 발에 기름을 부으십니다. 하늘 왕국의 주께서 당신의 왕국에서 뛰어난 자들, 곧 제자들의 집단에 들어가십니다. 하지만 그분은 제자들이 다른 사람이 제공하는 향기를 맡으면서 사치스러운 소파에 누워 뒹구는, 더없이 행복한 빈둥거림에 굴복하는 위험을 상쇄하십니다. 비록 만물의 주이심에도 불구하고, 그분은 종의 모양이 되셔서 다른 사람들의 발을 씻어 주시는 '주'의 법을 선포하시는 것입니다.

이렇게 하시면서 그리스도께서는 존경과 관계되는 계명, 곧 5계명을 더 깊이 설명해 주십니다.

권위에 대하여 여러 가지 종류의 존경이 있습니다 -강요된 존경, 부모들에 대한 존경, 영적인 존경.

이제 나사렛 예수께서는, 단순히 교사로서, 기적을 행하시는 이로서, 사상가로서, 사람들의 존경을 이끌어 내셨습니다. 주님의 생애로부터 그분의 중보자 되심을 완전히 제거해 보십시오: 그분은, 상대적인 방식으로나마 사람들의 존경을 여전히 즐기실 것입니다. "그들은 그분을 주인이라고 부르는데 잘 하는 일이다."

하지만 오늘날 그리스도께서는 둘째 아담으로 오셔서 설교하시고, 또 다른 메시지를 당신의 뜻으로 세상에 부가하십니다. 그 메시지는 곧 모든 존경, 즉 열등한 자가 표시하는 문화적, 부권적 존경은 그리스도 예수 안에 있는 중보자 되심에서 분리될 수 없다는 것입니다. 그리스도께서는 종의 모습으로 매우 낮아지시는 고통을 당하심으로써 가능한 최상의 존경을 얻기 전까지는, 교사로서 누리는 존경이나 명예를 받아들이지 않으신다는 것을 주목하십시오. 그분께서 중보자가 아니시라면, 소크라테스가 그의 학생들에게서 받았던 것과 같은 존경을 원하시는 것일까요? 견유학파 철학자들에 의해 자신들의 스승에게 나타내는 문화적 우월성을 원하시는 것일까요? 그분께서 어떻게 일반은총(common grace)으로부터 야기되는 존경의 태도를 원하실 수 있는 것일까요? 세상이 유지되는 한, 주인들과 종들, 교사들과 학생들, 강한 자들과 약한 자들, 문화적으로 앞선 자들과 문화적으로 뒤진 자들이 있을 것입니다. 사랑의 문제처럼 존경의 문제에 있어서도 그렇습니다: 전도자의 수수께끼가 그 안에 내재해 있습니다. 전도자 역시 존경을 경험의 쳇바퀴 같은 과정의 지치게 하고 미치게 하는 동요들 속에서 작동하고 있는 것으로서 보고 있었습니다. 오늘 주인이 말을 타고 종이 따라서 걸을지라도, 내일은 종이 말을 타고, 가난해지며 모든 것을 빼앗긴 주인이 그 곁에서 맨발로 걷는 것을 그는 봅니다. 어떤 왕이 오늘 왕궁을 거창하게 세울지라도, 내일 반역자들이 그것을 무너뜨립니다. 이런 일들 속에서 존경, 명예, 권위를 인정하는 것은 하나의 상대적인 일로 머물러 있습니다. 자연적인 생활 속에, 일반은총의 국면 위에, 절대성(absoluteness)이 전혀 없습니다. 그 어떤 것도 존경에 대해서 결론적이지 않습니다. 이것이 진실로 말하는 바는 존경이 전혀 없다는 것입니다! 이런 세상과 이런 조건 위에서 예수 그리스도께서 존경에 대한 견해를 하나 더 쌓아 올리셔야 했을까요?

물론 그렇지 않습니다. 만일 그렇다면 죽음이 그 존경의 성질에 영원토록 내재해 있을 것입니다. 만일 그리스도의 우월하심이 일반은총에만 기초해 있는 것이라면, 그분은 사람들 가운데 있는 또 한 명의 사람일 뿐입니다. 그러면 그분의 존경받을 바는, 영원한 흔들리는 바퀴에 종속될 것입니다. 그 바퀴에 대해서는 구약의 전도자와 관련해서 언급했습니다.

절대적이고 철저한 존경을 위하여, 예수님께서는 일어나 당신의 겉옷을 벗으시고, 물동이를 취하사 제자들의 발을 씻어주십니다. 십자가의 희생이 모든 다른 희생들을 대신할 그 시간에, 특별은총의 왕국이 무자비하게 세상의 모든 관계들을 꿰뚫고 길을 터놓을 그 시간에 - 그 똑같은 시간에, 주님께서는 단순히 지상적인 관계들로부터 나오는 어떤 존경도 원하지 않으신다는 사실을 계시하시는 것입니다. 그분께서는 하늘에 기원을 두는 존경을 원하십니다. 그것은 감히 물동이와 십자가를 사용하시는 그런 존경입니다. 주님은 당신이 존경받으실 수 있다는 주장을, 종의 모습으로, 수건을 허리에 동이신 모습으로, 벌거벗긴 채 십자가에 매어 달리시는 모습으로 하십니다. 그분의 왕국은 이 세상에 속한 것이 아닙니다. 그분의 명예는 이 세상 운동의 결과물이 아닙니다. 예수님의 권위는 위로부터 옵니다. 그분은 당신의 왕관에도 '불구하고' 허리에 수건을 두르시는 것이 아닙니다. 그것이 바로 당신의 가장 뛰어난 왕관입니다

(is). 십자가라는 유일한 한 가지만을 제외하고 말입니다.

그리스도로 하여금 제자들의 발을 씻게 하는 동시에 십자가로부터 등을 돌리게 한다면, 그 발 씻기심은 크리스천이든 아니든, 박애주의적 사업의 거짓 선지자들의 호소력 있는 인도주의적 촉매제가 될 것입니다. 하지만, 그것은 언제나 오해될 것입니다. 예수님의 물동이를 자신들의 사무용품이나 작은 고리짝에 새겨 넣든 말든, 이 사건을 사회 개혁자들의 편에서 자기들의 목적을 위해 연결하려는 시도들 속에서 사람들은 자신의 동료들과 다를 바가 없습니다. 권세자들은 스스로 오늘의 '패자' 위에 군림하며, 내일은 스스로 그(즉, 패자)에게 절합니다. 엎치락덮치락: 영원한 수레바퀴입니다. 급박한 사정의 상황이 (그 엎치락덮치락 하는 것을) 결정합니다. 하지만 기독교는 그 도식 안에선 어떤 역할도 하지 않습니다. 그 도식은 하나의 철학이요 지상적이고 지상에 속한 태도로 남아있을 것이고, 하늘 왕국이 개입해 들어온 것을 표상하지 않을 것입니다.

하지만 기독교는 단순한 의무를 다하는 것으로 사물들의 반복되는 순환을 피할 수 있을 것입니다. 곧, 발을 씻기시는 이야기를 수난의 역사에 연결시킨다면 말입니다. 기독교는 그 관계를 사회생활에서도 주장해야 합니다. 교회에서의 직분 수행에서도 그렇습니다. 이런 주장에 의해서 진정한 권위와 참된 존경이 올라올 것입니다. 그 존경에 의해, 사랑의 섬김과 사랑의 즐거움의 상호 교환이 그리스도의 성령으로 세상에서 열매 맺고, 교회는 번영할 것입니다. 그러면 권위와 존경의 관계가 부상할 것인데, 그것은 소유주와 일꾼 사이에서, 교사와 학생 사이에서, 자기 스스로 설 수 있는 문화적으로 강한 사람과 다른 사람을 의지해야 하는 연약한 사람들 사이에서 발생하는 것을 포괄합니다. 따라서, 일반은총에 따른 이 자연적인 관계들은, 우리 주 예수 그리스도를 통해 특별은총의 복음의 섬김으로 성화되고 또한 그 섬김 안에 놓이게 되는 것입니다. 그 기초 위에서 발을 씻기심은 인도주의적 홍보를 위한 하나의 본보기나 상징이 아닙니다. 오히려 그리스도의 직분적 섬김의 한 부분이며, 왕으로서 사법권을 행사하시는 것입니다. 이것을 통해 사회적 봉사로 생기는 복을 획득(earn)하게 됩니다. 하나님의 왕국은 이 행위 속에 단순히 묘사되지 않습니다. 하나님의 왕국은 오히려, 당신의 허리를 동이시며, 침착하게 베드로를 회복시키시고, 머리를 숙이시고, 거룩하게 고요하신, 열두 사람의 발을 하나하나 씻어 주시는 예수님의 부드러운 태도 속에서 실제적으로 도래하고 구현됩니다. 그것은 어떤 면에서 온유하고 달콤하며 은혜로운 섬김이었습니다만, 동시에 억제적이며 무서운, 왕 되시는 그리스도 예수의 강력한 의지를 수행하는, 성령의 자기 잠재성보다 더욱 강력한 섬김이었습니다. 종의 옷은 그분이 오시는 왕임을 입증하고 있습니다. 물동이는 왕관에 어울리지 않는 것도 아니고, 왕관을 쓰시기 위한 예비 과정도 아닙니다. 오히려 그 왕관의 시작인 것입니다.

왕으로서 물동이를 드신 분께서 구약의 전도자에게 부과된 어려움들 역시 이해하고 제거하셨습니다. 오늘날 이 주님께서는 맨발로 걸어 다니시지만, 때로는 흰 말 위에 앉으셔서 오직 하나님 외에는 그 어느 누구에게도 복종하지 않으심으로써 하나님께서 모든 것 중에 모든 것이 되게 하십니다.

마지막으로 그리스도께서는 제사장의 직분을 가지고 제자들의 발을 씻기십니다. 자신의 가치에 대한 왕적 감각으로 마리아의 값진 향유를 받아들이신 그분께서, 이제 그때 제사장으로서 받아들이신 것을 되돌려 놓으십니다. 열두 번이나, 아니 더 적합하게 말하자면, 헤아릴 수 없이 되돌려 놓으시는 것입니다. 그리스도께서 마리아보다 훨씬 뛰어나신 한, 물을 휘저으신 손의 행위는 향유를 쏟아 부은 손의 행위보다 더욱 뛰어납니다. 예수님 손에 있는 물은 우리의 손에 있는 향유보다 훨씬 값집니다. 그 차이는 시간과 영원의 차이만큼이나 큽니다.

그리고 이렇게 물로 발을 씻어 섬기신 것은 우리의 혜택을 위해서였습니다. 모두가 서로 싸워 댔습니다. 이 모든 이들을 위하여 주님께서는 평화를 가르치실 뿐만 아니라, 그 평화가 시작되게 하십니다. 복되도다, 이 화평케 하는 자여!

당신의 제사장적 보살핌 가운데서 그리스도께서는 개별적이고 사적인 필요들에도 주목하십니다. 당장 이런 면에서 시몬을 떠올리지 않을 사람이 누구입니까? 시몬 역시, 은혜의 영역과 자연 영역의 관계가 반대로 교차된 동시에, 서로 연결되어 있다는 것을 쉽게 깨닫지 못했습니다. 시몬이 그리스도를 그의 계획으로 끌어당기려고 할 때마다, 그는 그리스도에게 '사탄'이 되곤 했습니다. 이제 예수님께서 그에게 다가가셔서 모든 인간적인 방식의 행위들을 극단적으로 뒤집어엎으십니다. 이에 대항하여 다시금 '사탄적'이 된 베드로가 하늘 왕국의 법을 인간적인 법에 따라서 지시하고 규제할 때, 예수님께서는 그에게 제사장적인 방식으로 접근하셔서 말씀하십니다: "모든 것이 아니면 아무 것도 아니니라!(everything or nothing!) 시몬아, 뒤집힌 상황을 받아들여라, 그렇지 않는다면, 너는 나와 아무 상관도 없느니라!"

그러자 시몬은 번갯불을 보았고, 다른 세상이 열리는 것을 보았습니다. 시몬은 엎드려 받아들입니다. 위로부터 오는 계시가 땅에서 얻게 되는 법칙을 받아들일 수 없다는 생각을 이해하게 됩니다. 계시에는 그 자체의 법이 있습니다. 중보자 되심의 법입니다.

예, 이런 섬김이 제사장적 섬김입니다.

제사장이신 예수님께서 제자들에게 중생 이후의 지속적인 회개를 가르치십니다. 결국, 이중의 씻음이 있습니다. 첫 번째로 물속에 전신을 담가서 머리부터 발끝까지 씻는 것입니다. 그것은 현재의 세례가 표지가 될 중생입니다. 하지만, 집에서 몸 전체를 깨끗하게 씻은 사람이라도 친구의 집에 가고자 한다면, 샌들을 신은 발이 노중에 더러워져 다시 씻어야 할 것입니다. 이것을 중생의 원리의 선물을 받은 이후라 하더라도 매일 회개해야 할 필요가 있다는 것에 대한 적절한 비유로 간주할 수 있겠습니다. 매일의 회개를 예수님께서는 또한 그들에게 명령하시는 것입니다. 그리고 예수님께서는 제사장으로서, 그것을 보증하는 분으로 섬기십니다. 그분께서도 발을 씻어 주시는 것입니다.

그래서, 자신의 몸 전체를 씻은 이후에는 계속 씻어야 하는 것입니다.

주님은 이제 당신께서 단 한 번 하실 수 있는 일을 준비하십니다. 한번 성취가 되면 다시 반복될 필요가 없는 과제 말입니다. 그 과제는 십자가이며, 죽으심과 부활하심, 그리고 승천입니다.

단번에 일어나는 칭의뿐만 아니라 우리 안에서 계속적으로 성취되는 성화 또한 그리스도에게서 나옵니다. 보십시오, 그분께서 지금 발을 씻어주고 계십니다! 중생뿐만 아니라 지속적인 회개 또한, 뿌리뿐만 아니라 가지와 잎과 꽃 그리고 열매까지도, 그리스도에게서 나옵니다. 보십시오, 그분께서 발을 씻어주고 계십니다!

이러한 것이 완전한 중보자 되심입니다. 유일한 구속적 사건으로서, 십자가는 반복적으로 주어지는 약속의 선물을 가리킵니다. 이것은 반복적으로 은혜의 힘을 적용시키는 일, 곧 발을 씻는 일 없이는 충분하지 않을 것입니다.
성찬 이전에 그리스도께서 당신의 사람들의 발을 씻기신다는 것을 우리가 아는 것은 대단히 위로가 되는 일입니다.

기억하십시오, 그 성찬에서 그분께서는 두 측면의 관계 속에서 당신을 드러내십니다. 주인으로서, 그리고 주인이 베푸는 것으로서, 주는 이로서, 그리고 받아들여지는 것으로서, 축복을 베푸시는 이로서 그리고 그 축복 자체로서 말입니다. 주인으로서 주님은 영광 가운데 계시는 분이지만, 식탁에 놓여 있는 그 음식으로서 그분은 찢어지고 소멸되십니다.

이와 같은 이중적 관계가 발을 씻기는 것에도 적용됩니다.

"너희가 나를 선생이라 부르니 내가 그러하도다." 예수님께서는 확신을 갖고 선언하십니다. 주인이시며 선생이시고, 가장 높으신 분께서 말씀하시고 계십니다.

하지만, 그분은 또한 발을 씻으십니다. 이 일에 있어서 종과 같으십니다. 그분은 종으로서 가장 작은 자가 되십니다. 모든 다른 사람들의 배후로 사라지십니다.

저는 성찬의 식탁에 앉을 때 그 영광의 왕을 뵙습니다. 동시에 겉옷조차 걸치지 않은 종을 봅니다. 이 이중의 결합 속에서 그분은 나에게 빵을 떼어주십니다. 나는 그것을 받아서 먹습니다. 나는 무엇을 말해야 할지 생각할 수 없습니다. 하지만 주님께서는 선지자로서 말씀하시고, 제사장의 팔로 나를 올려주시고, 왕으로서 나를 인도하십니다. 이것은 신자들 외에는 어느 누구에게도 알려지지 않는 축복된 경험입니다.

다시금 한 번 더 우리는 노발리스의 시에 귀를 기울입니다. 이번에는 동의하면서 말입니다:

> 만약 그의 사랑을 그들이 알기만 한다면,
> 사람들은 모두 크리스천이 될 터인데,
> 자신들의 모든 두려움을 없앨 수 있을텐데,
> 오직 한 분만을 공경할 터인데,
> 나를 눈물을 흘리며 따를 터인데.

그럼에도 불구하고, 예… 여전히 우리는 노발리스에 전적으로 동의하면서 읽을 수 없습니다.

만약 사람들이 그분의 사랑을 '알기면' 하면, 모두 크리스천이 될까요? 우리는 이 사랑을 '알기' 위하여, 성령으로 태어나 그리스도 안에 포함되는 크리스천이 되어야 합니다. 이 사랑은 인간본성의 자연적 학도에게는 어리석음이며 거치는 것입니다. 그러니 하나님께 감사하십시오. 우리가 크리스천이기에 주님의 사랑이 우리를 구원할 수 있습니다.

물동이(the water-basin)는 기사들이 찾아나서는 성배가 아니며, 피를 담은 그릇(the blood-basin)도 아닙니다.

물을 휘젓는 예수님의 양손은 '육체'에게는 혐오스럽고 어리석은 것입니다. 십자가 기둥으로부터 피가 뚝뚝 흘러내리는 못 박힌 양손처럼 말입니다. 하지만, 종으로서 허리에 수건을 두르신 모습으로, 그분은 믿는 자들에게 하나님의 능력이자 지혜가 되십니다.

능력도 되십니다. 그분은 또한 하나님의 능력이십니다.

기억하십시오. 어떤 이들이 달콤한 애매함으로 즐거워하는, 혹은 '순진하고 감상적인 시'에 빠져있는 곳의 벽 반대편에서, 발을 씻기시는 섬김이 일어났다는 것을 말입니다.

chapter 14
—
성찬 상에서의 그리스도

"그들이 먹을 때에 예수께서 떡을 가지사 축복하시고
떼어 제자들에게 주시며 이르시되 받아서 먹으라 이것은 내 몸이니라 하시고
또 잔을 가지사 감사기도 하시고 그들에게 주시며 이르시되
너희가 다 이것을 마시라
이것은 죄사함을 얻게 하려고 많은 사람을 위하여 흘리는 바
나의 피 곧 언약의 피니라."

- 마태복음 26:26~28 -

14장.
성찬 상에서의 그리스도

앞선 두 장에서 우리는 두 면을 지닌 한 실재(a two-fold reality)에 주목했습니다. 첫째, 우리는 그리스도께서 수난의 방에 앉아 계시면서 어떤 것도 억제하지 않으신다는 것을 언급했습니다. 반대로 주님께서는 그곳에서 당신에게 일어나는, 보이는 것과 보이지 않는 모든 현상에 민감하십니다. 주님은 마음속에 모든 것을 간직하시며, 모든 세세한 것들을 완벽하게 인식하시고, 모든 사실에 완전한 주의를 기울이십니다. 그리고 둘째로, 그리스도께서 수난의 방에서 당신의 직분을 행사하시는 분으로 나타나는 것을 보았습니다. 당신의 직분을 계속해서 마음에 두고 계시며, 직분적 부르심의 감각을 제자들에게 심어주실 뿐 아니라 그 감각을 당신의 영혼에 생생하게 간직하고 계심을 발견했습니다.

이제 우리는 이 두 개의 강조점이 하나의 진리가 된다는 것, 이 두 개의 선이 한 점에서 만난다는 것을 관찰할 것입니다.

이 두 병합은 성찬의 제정에서 일어납니다. 그리스도께서 용감한 영웅이자 순수하고 진정한 선지자 - 제사장 - 왕으로서 아무것도 무시하거나 억제하지 않으시되, 당신의 영혼 속에서 모든 것을 완전히 인식하시고 주목하신다면, 성찬을 제정하신 분께서는, 회중에서 일어나 한 손에는 잔을, 다른 손에는 빵을 드실 것입니다. 그리고 말씀하실 것입니다. '나는 이 표지들을 사용하여 그것들이 나의 인격과 관계될 것을 인정하노라, 그러므로 먹고 마시라, 그리고 이제부터 그것을 나를 기념하여(in remembrance) 행하라' 당신을 위한 기념비를 만드심으로써 그리스도께서는 자기 백성들에게 말씀하십니다: 나를 잊지 말아라, 나를 네 마음 바깥에 두지 말아라, 나의 인격과 사역은 위대하고 능력이 있는 것이니, 조심스럽게 그것을 기억하고 있거라, 내가 다시 돌아오기까지 나를 억압하지 말아라, 내가 오기까지 그것을 행하여라.

보시다시피, 그리스도께서는 이 요구를 하심으로써 보상을 요청하십니다. 스스로의 생명을 위해서는 그 무엇도 억제하지 않으시는, 메시야로서의 그의 고난에 대한 보상 말입니다.

그러나 그밖에 우리가 알아야 할 것은, 예수님께서는 성찬을 제정하실 때에도 당신의 직분을 수행하신다는 점입니다. 그분께서 자신을 기념하라고 하신 것은 여러 사람 중 한 사람으로서가 아닙니다. 그 기념비는 세상의 지면에 점처럼 흩어져 있는 수많은 기념비들 중 하나가 아닙니다. 아닙니다, 결코 아닙니다. 그분께서는 직분 담지자의 모습을 취하십니다. 그의 죽으심 이후 세상이 자신을 기억하도록 요청하신 것은, 죽음이 자신들의 직분을 앗아간다는 것을 알면서도 후손들 사이에 기념비로서 희미한 흔적이라도 남기려는 세속 위인들의 요구와는 다릅니다. 반대로, 그분은 세상을 향한 자신의 직분을 계속해서 행사하기를 원하십니다. 그분의 죽으심을 기억하는 것은 그분의 중보자 되심을 받아들이는 것입니다. 그분께서 자신을 위해 창안하기를 원하시는 기념은, 기억이 시작되는 순간에 직분이 멈추는 자의 추도가 아닙니다. 그 기념은 그분의 인격과의 교제이며, 오히려 당신의 직분을 수행하시는 것입니다. 그리스도께서는 자신이 소유한 자들 생각 속에 살아계신 분으로 남으시고, 당신의 직분을 유지하셔서 믿음으로 그 성찬을 지지하는 사람들에게 중보자 되기를 계속 하십니다.

이제 여러분은 성찬 속에 두 개의 선이 만난다고 말하는 것으로 우리에게 무엇이 보장되었는가를 보실 수 있을 것입니다. 첫 번째 선은 세상에서 그 어떤 것도 억제하지 않으시는 그리스도- 그러므로 세상에서 기억되기를 주장할 권리가 있는 그리스도라는 선입니다. 그리고 두 번째 선은, 그리스도의 직분적인 생애와 섬김의 선입니다.

성찬제정은 이 순간, 그리고 이 방에서, 결과적으로 그리스도를 4중의 관계 속에 위치시킵니다: 하나님과의 관계, 당신 자신과의 관계, 세상과의 관계, 그리고 교회와의 관계가 그것입니다.

성찬을 제정하실 때에 그리스도께서는 가장 먼저 하나님과의 특별한 관계 속으로 들어가십니다. 그분은 이제 온전한 하나님이신 것입니다. 그리고 이 방에서 그리스도께서는 자신이 하나님과 완전히 결합되었음을 고백하십니다. "나와 아버지는 하나이니라." "빌립아, 나를 본 자는 이미 아버지를 보았느니라."

생각해 보십시오: 구약성경에 계시된 하나님의 주된 뜻과 의도가 무엇입니까? 모세의 책처럼 오래된 것들 속에서 어떤 유일한 단어, 어떤 단일한 어휘가 세상 가운데 이스라엘의 행보로 표현된 계시의 하나님의 활동을 정확하게 요약하여 설명할 수 있겠습니까? 어떤 공식이 모든 의례적인 규례와 성취들을 압축하여 요약할 수 있겠습니까? 답은 간단합니다: 성경이야말로 여호와의 이름을 기억하여 기념비를 만드는(creating a memorial in remembrance of the name of the Lord) 생각을 지속적으로 강조하는 것입니다.

그러한 단어들은 그 백성들에게 계시와 특별한 은총을 수여하시는 것과 그것을 그들의 삶 속에서 열매 맺게 하시는 일에 있어서 하나님의 모든 활동들의 목적을 요약하고 있습니다. 그들 사이에 있는 분주하고 다양한 공적 예배의 전체 목적은 이것입니다: 하나님께서 당신의 이름을 그곳에 거하게 하신다는 것입니다.

성막이 세워질 장소는 '하나님께서 그의 이름을 기념되게 하시는 곳'으로 불립니다. 성전이 건설될 예정인 장소와, 하나님께 바쳐지고 지명된 모든 제단은, 하나님께서 자신의 이름으로 기념비 세우기를 원하시는 곳입니다.

지금, 여호와의 종이자 하나님 집의 제사장이시고, 또한 마지막까지 그 성전에서 신실하셨던 주님의 영혼에 동일한 목적이 침투합니다.

그분은 오직 한 가지 일을 행하십니다: 그의 이름이 기억되도록 하시는 것입니다.

이런 강조는 저주 받아 마땅한 우상숭배(an idolatry)입니다. 그렇지 않다면 그 자체로 영광의 상급을 성취할 하나의 순종(an obedience)입니다.

이런 질문이 떠오르는 것이 사실이기 때문입니다: 이 일은 우상숭배를 암시하는 것이 아닌가? 그러나 온 세상을 통틀어 오직 한 이름만이 스스로 기념비를 만들 수 있습니다. 하나님이라는 하나의 거룩한 이름입니다. 모든 생각들이 그분 앞에서 일어나야 합니다. 만물의 원천이자 운행자이시며 종착점이신 하나님께서 당신의 이름을 위해 기념비를 만드신다면, 그것은 그분께서 온 세상을 향해 강력한 나팔소리로 선언하시는 것과 같습니다: 나는 스스로 존재하는 유일한 자다, 나는 말씀 속에 나의 존재를 완전하게 표현할 수 있는 자다, 나는 자신을 드러냄으로서 영향을 미치는 자다, 나를 드러냄으로써 나는 온 세상에 나의 형상을 계시하고, 사람들 사이에 나의 이름을 보내노라. 그러므로 모든 생각들이 나를 향해야 하노라, 그러므로 호흡하는 모든 것들, 모든 혼과 영이 나를 기억해야 할 것이니라, 여호와께서 말씀하시니라.

자신의 기념비를 만드시는 하나님께서는 질투하시는 하나님이셔서 당신의 명예를 갈망하십니다. 그분은 당신의 명예를 어느 누구에게도 주지 않으십니다. 스스로를 위한 기념비를 만들 특권을 사람에게도 천사에게도 주지 않으십니다. 이유는 단순합니다. 하나님만이 기억될 만하시기 때문입니다.

그리고, 수난에 방에서 식탁에 앉으신 그리스도께서는 성량이 풍부하고 낭랑한 목소리로 선언하십니다: 나를 기념하여 그것을 행하라. 그리스도께서 당신 자신을 위해 개인적인 기념비를 만드신다는 것은, 순전한 반역이자 사탄적이고 엄청난 배역이며, 구체적인 불경입니다. 곧 스스로 고립되시는 것입니다. 당신의 직분으로부터, 혹은 당신에게 그 직분을 주신 분으로부터 말입니다.

만약 그리스도께서 '기억하는' 인류의 여정의 목적지에 당신 자신의 이름과 인격을 두셨다면, 잠깐이라도 사람들에게 기억되기를 바라셨다면, 당신의 영혼에서 하나님을 지우시고 당신 스스로를 하나님보다 높이고자 하셨다면, 혹은 당신의 중보자 직분과 무관하게 일시적인 주의 만찬을 제정하셨다면, 그 순간에 그리스도께서는 적그리스도가 되었을 것입니다.

그러면 성찬은 용들의 음식이 되었을 것입니다.[69] 그러면 신약의 성찬 식탁은 불순했을 것입니다. 그리고 예수 그리스도와의 성찬 교제는 악마들과 식사

---

69) 한역주 : "용들(dragons)"은 서양에서 부정적으로 여겨지고 있다. 본문에서는 의미하는 바는, 사탄의 수하들이라고 하겠다. 이와는 달리 동양에서는 긍정적으로 여겨지는 요소도 있는데, 이것을 동양에 사는 크리스천들은 어떻게 여겨야 하는 것일까? 용의 실재의 문제와 더불어서 쉽게 답변할 수 있는 문제는 아니다. 단지, 성경에서는 고대근동의 전설과 신화 속에서 사용되어 오던 '용'의 개념을 이용하여 구속사의 흐름을 설명하는 도구로 사용하고 있다고 보는 것이 좋겠다. '리워야단'이나 '라합'등도 그렇다.

하기 위해서 함께 앉는 것과 같을 것입니다.

이것은 매우 섬세한 문제입니다. 지금껏 우리가 함께 공부했던 다른 문제들처럼 말입니다. 수난의 방에서 얻게 되는 이 중요한 문제는, 영원한 진리이냐, 혹은 영원한 오류이냐, 모든 것이냐, 혹은 아무것도 아니냐, 종이 되느냐, 혹은 반역자가 되느냐 하는 문제입니다.

하지만 우리는 진리의 말씀에 감사할 수 있습니다. 그 말씀은 우리에게 결코 그분 생각에서 하나님을 밀어내지 않으시고, 중보자 직분을 스스로 벗어 버리지 않는 그리스도를 가르쳐 줍니다. 그분은 결코 그렇게 하지 않으십니다. 그래서 - 그분(Him)을 기억하는[70] - 성찬을 제정하실 때에도 그렇게 하지 않으십니다.

이런 방식으로 우리는 그리스도께서 세상의 경첩이 망가지는 소리를 듣지도 않으시고, 하나님이 내리치시는 번개에 사라지는 적그리스도가 되지도 않으시면서 성찬을 어떻게 제정하셨는지 이해할 수 있습니다.

그것은, 그리스도께서 자신의 이름에 대한 기념비를 지명하신 것이 오직 그로써 하나님의 이름에 대한 기념비를 창조하기 위함이었기 때문입니다. 그분께서는 오직 여호와의 종으로서 그렇게 하셨습니다. 여호와의 종은 성찬에서 당신 백성과 교통하심으로써, 하나님의 백성과 중보자의 관계를 유지하십니다. 다시 오실 때까지, 그분은 이 일을 하실 것입니다. 가능한 빨리, 그분은 성찬을 세상으로부터 취하실 것입니다. 그때에 그분께서는 마지막 성찬상을 직접 불태우시고, 성찬을 축하하는 회중 속에서, 왕국을 아버지 손에 드리기 위

---

[70] 한역주 : 예수님께서 "나를 기념하라"고 하신 말씀을 "그를 기념하라"는 말씀으로 바꾼 것은, 그, 곧 하나님을 기억하라는 구약 전체의 핵심메시지와 예수님의 말씀을 연결시키기 위한 것이다. 예수님은 하나님이신 것이다. 그러므로 나를 기념하라는 것은 하나님을 기억하라는 것과 동일선상에 있는 것이다.

해 잿더미 위를 기쁨으로 걸으실 것입니다. 하나님께서 모든 것 중의 모든 것이 되시기 위해서 말입니다. 이 일은 가능한 신속히 일어날 것입니다. 주여, 주께서는 그것을 아시나이다. 그분께서는 주의 목자가 되시기를 무엇보다도 갈망하셨나이다.[71]

이 관점은 그리스도께서 성찬을 제정하시면서 당신의 이름을 지명하시고, "나를 기념하여 이것을 행하라" 하심으로써 우리가 계속해서 그 이름을 발음하게 하신 것을 이해하는 데 도움을 줍니다. 세례(침례)를 제정하시면서 "그들을 내 제자로 만들라"고 하실 때에, 아버지와 아들과 성령의 이름으로 세례할 것을 명령하시며 그 이름을 계속 부르게 하신 이유 또한 우리는 알게 됩니다. 그때 그분께서는 "세례를 주되, 삼위일체 하나님의 이름으로, 아버지와 아들과 성령의 이름으로 주라"고 하시는 것입니다.

당신의 이름을 위하여 기념물을 세우신, 그리스도께서는 하나님의 이름을 위하여 기념물을 세우십니다.

그리스도께서는 성전의 제사장이자 살아계신 하나님의 성전이시므로 그것을 세우실 수 있습니다. 그분이 희생제물을 제단 위에 올리시려는 순간이기 때문입니다. 하나님께서 직접, 당신의 이름을 위한 단 하나의 기념물을 창조하고 계십니다. 당신의 아들이 세상에서 성찬을 제정하게 하심으로써 말입니다.

결론적으로 그리스도께서는 중보자 직분을 충분하게 의식하시면서, 이 하나님을 염두에 두며(against this God) 주의하여 살펴보고 있는 것입니다.
예수님께서는 성찬을 제정하는 일에 대해 하늘로부터 한 마디도 듣지 못하셨습니다. 이것은 주목할 만한 사실입니다. 할례는 하나님으로부터 특별한 명

---

71) 예레미야 17:16을 비교하라.

령이 주어진 뒤에 소개되었습니다. 유월절이 제정되어진 것도 전능하신 분의 구체적인 명령에 의해서였습니다. 하지만 새로운 언약의 성례는 하늘로부터의 구체적인 명령 없이 제정되었습니다. 그리스도께서는 여러 번 하늘로부터의 음성들을 들으셨습니다. 지난 주일에조차, 당신의 입술을 열어 "아버지여 주의 이름을 영화롭게 하옵소서"(즉, 그것을 위하여 기념물을 만드소서) 라는 기도에 답변하여 하늘로부터 음성이 들렸습니다. 하지만, 지금 여기 수난의 방에서는 아무런 "음성"이 들리지 않습니다.

어떤 음성도 필요하지 않습니다. 그리스도께서는 메시야 의식으로 충만하게 젖어 계십니다. 그리하여 오류 없는 확실성에 기초해 식탁에서 빵을 취하시고, 축복하여 세상의 다른 빵들과 성별하시는 것입니다. 또한 주님께서는 식탁에서 포도주잔을 취해 축사하시고, 동일한 방식으로 세상의 다른 모든 액체들과는 구별하시며, 그 잔을 높이 들어 올리십니다. 이를 통해 빵과 포도주를 하나님께서 그분(예수님)이 사용하실 수 있도록 허락하신 수단으로 받아들이십니다. 그렇게 당신 자신(예수님)을, 당신의 직무에 주저함 없이 능통하신 그 메시야로 드러내시는 것입니다.

그러한 방식으로, 메시야 의식 가운데 계신 예수 그리스도께서는 모든 일이 하나님을 향하도록 하십니다. 만물의 최종 원인이 되시는 하나님 안에서 절정에 이르도록 말입니다. 그뿐 아니라 하나님의 선물, 곧 하나님 자신을 감히 감독하고자(to superintend) 하셨습니다.

그분은 여호와의 종으로서 주님을 섬기는 일에 스스로 몸을 던지기 원하셨고, 오직 하나님의 이름을 위하여 예수님의 이름으로 기념비를 만드십니다. 그것을 우리는 이미 보았습니다. 게다가 이 종들의 종께서는 삼위일체 하나님의 장엄하고 전능한 활동인 성령의 능력을, 확신을 가지고 용감히 감독하고자(to superintend) 하십니다. 그분께서는 단순히 당신의 죽음의 표지가 아닌 성령의 능력과 병행하는 행위로서 빵을 떼시고 포도주를 나누십니다. 빵을 떼어 먹고 포도주를 마시는 일에 성령께서는 스스로 결합하셔서, 우리의 믿음을 강화하십니다. 그리스도의 식탁에서, 그리스도와 더불어서, 그리스도 안에서, 또한 살아 계신 하나님과 더불어서, 우리는 먹고 마시는 그분과 신비적으로 연합하게 됩니다. 이런 방식으로, 그리스도의 확신하는 정신(the confident spirit)이 하나님의 성령(the Holy Spirit)을 감독합니다. 그리스도께서는 당신의 순결과 덕의 완전한 확신으로부터 행하실 수 있고, 당신의 상을 요구하실 권리를 완벽하게 확신하시기 때문입니다. 훗날 성령께서는 빵과 포도주의 방편으로 신자들을 하나님과의 관계 속에 보호하시고, 그리스도의 살과 피로 인간 영혼들의 교통을 유지하실 것입니다. 그것을 위하여, 그리스도는 성령을 감독하시는 것입니다(superintends).

이것이 우리가 최대한 생각해볼 수 있는 확신입니다. 우리 주 예수님께서 바로 이런 확신을 하셨습니다. 그분은 감히 당신의 찢어진 살과 흘린 피를 세상의 한가운데에 놓으십니다. 바로 하나님 눈앞에서 말입니다. 그분은 감히 이렇게 말씀하십니다: 아버지여, 성령께서 이 살과 피로 마지막 날에 이르기까지 역사하시는 것이 저의 뜻이니이다. 아버지여, 주의 영을 주의 손에서 취하나이다. 하늘과 그 아름다움을 배경으로 서 있는 저의 깨어짐은, 분명히 위대한 연합이며, 순결과 덕의 가장 아름다운 보석임을 확신하나이다.

예수님에게는 음성이 불필요했습니다. 아브라함과 모세가 각각 할례와 유월절을 제정할 때에 필요로 한 것과 달리 말입니다. 외적으로 고려했을 때, 신약의 성례는 구약의 것과 비교해 덜 자극적이고, 연약하며, 더 초라합니다. 하지만, 그 본질에 있어서는 구약의 표지와 인보다 더 강력하고, 더 성숙하며, 더욱 권세가 활발합니다. 그리고 그것은 그 두 성례가 제정되는 방식을 통해 드러납니다. 그리스도께서는 당신 안에 그 음성을 지니고 계십니다. 그 천둥 같은 음성이 발하지만, 음성이 너무나도 강력하여 지상의 귀만 가진 자들은 들을 수가 없습니다. 그 천둥소리는 예수님의 영혼 속에서 메아리치고 있습니다. 신약의 성례는 천둥이나 신의 현현으로 면허를 취득한 것이 아닙니다. 그것은 그 기원을 메시야적인 양심 속에 두고 있다는 그 사실에 의해서 스스로 확증하고 있는 것입니다.

이러한 '빈곤'이 위대한 부요함을 구성하고 있습니다.

두 번째로, 그리스도께서는 지금 당신과의 순수한 관계 속으로 들어가십니다.

도살당한 유월절 – 어린양이 놓이는 바로 그 식탁이 예수님께서 당신의 제자들에게 주인으로서 베푸시는 그 자리에 놓여 있다는 것을 고려해 보십시오. 그리스도께서 목적이 다한 어린양 고기를 식탁에서 치우시고, 그것과 당신을 완전한 면에서 일치하게 하셨다는 점은 놀랄 만한 일입니다. 스스로를 그 자리에 놓으시기 위해 그것을 치우신 것입니다.

그리스도께서는 목적을 가지시고 이것을 행하십니다. 그분께서 빵을 들어 축사하시는 순간, 그리고 감사하시면서 포도주잔에 축복하시는 순간은, 구약의 유월절이 신약의 성찬에 자리를 물려주는 순간입니다. 사실 식탁의 음식과 음료수는 식사를 시작할 때 이미 '축복기도'를 받았었습니다. 하지만 그리스도께서 그것들을 다시금 축복하시기 전까지는 구약의 유월절 식사에 머물러 있었습니다. 그리스도께서는 다시금 그것들을 '축복' 하셨습니다. 이번에는 남은 빵과 포도주에 축복하십니다. 첫 번째 축복은 일상 속에서 자연스레 사용되던 빵과 포도주를, 유월절 성례 속에서 영적인 기능을 수행하기 위해 분리하고자 하는 목적이었습니다. 하지만 두 번째 축복은 그 분리(segregation)를 더 깊이 나아가게 합니다. 그것으로 말미암아 그리스도께서는 구약에 속하였던 것을 언약으로부터 분리시키십니다. 전적으로 신약(새언약)을 위하여, 이 빵과 포도주를 따로 떼어 두시는 것입니다. "이것은 내 피로 맺은 새 언약이로다."

여러분은 빵과 포도주에 선언된 두 번째 감사가 세상의 지배권을 바깥으로 내던지는 것을 보시게 됩니다. 이 감사, 이 사건은 매우 긴요합니다. 이것으로 말미암아, 그리스도께서는 상하심과 죽으심 안에서 포도주를 인식하십니다. 그분께서는 메시야로서 역사의 전환점에 서 계시는 것입니다.

이 순간까지, 모두가 그분을 소망해 왔습니다. 앞으로는 모두가 그분을 회상해야만 할 것입니다. 지금 이 순간까지 유월절의 어린양은 오시는 그리스도를 나타내는 하나의 상징이요 예표로 사용되었습니다. 그분께서는 그 어린양을 방편으로 모든 사람들이 당신을 고대하도록 가르치셨습니다. 하지만, 이제 하나님의 때의 초막이 마무리에 접어듭니다. 지금, 세상의 때의 중심에서 그 종말의 시작이 다가오고 있습니다. 그것이 그리스도께서 어린양을 치우시고, 그 식탁 위에 당신 자신을 올려놓으신 이유입니다. 그분께서는 스스로를 그곳에 두십니다. 또한 빵과 포도주를 두십니다. 그리고 말씀하시기를, 나를 기념하여 그것을 행하라 하십니다. 회상하는 기념으로써 그것을 행하라는 것입니다.

그분께서 당신 자신을 유월절 어린양의 완성으로서, 구약의 절정으로서, 식탁에 올라온 내용으로서, 새 언약의 주춧돌, 유지하는 힘, 중보자로서 주장하시는 것이 그렇습니다. 유월절 어린양은 단순히 하나의 사물입니다. 그리고 종교란 근본적으로 사물로부터 지지를 얻어내지 않습니다. 우리는 하나의 사물이 아니라, 하나의 인물을 필요로 합니다. 실재의 그림자가 아니라, 인격적인 실재 그 자체를 말입니다. 그리하여 그리스도께서는 어린양의 자리를 대신해서 그곳에 당신 자신을 두십니다. 하나의 인격으로서 말입니다. 스스로가 적절한 때에 오신 메시야이심을 주장하시는 것입니다.

모든 길들(roads)은 이 지점을 향해 나 있습니다. 세상의 모든 길들(ways)이 이 장소에서 만나야 했습니다. 왜냐하면 조롱하는 웃음소리가 세상을 꿰뚫고 들려왔기 때문입니다. 귀신들이 웃었습니다. 유월절 어린양이 도살을 당했습니다. 바로 이 날에도 수천의 양들이 하늘을 향하여 역겨운 냄새를 피우고 있었습니다. 참된 어린양이 그 도살 한 가운데 서 있는데, 어느 누구도 그분이 누구인지를 눈치 채지 못했습니다. 그러므로, 지옥이 웃었습니다. 같은 날, 성전의 마당 또한 이러한 그림자 - 상징들, 곧 수많은 어린양으로 붐볐습니다. 하지만 그 누구도, 이러한 상징들의 절대적인 실재이신 그분에게는 눈길조차 주지 않고 스쳐 지나갔습니다. 그래서 지옥의 마귀들이 웃었습니다. 양의 감식가로 섬기는 수백 명의 제사장이 등장했습니다. 양들은 어리고 흠이 없고 온전해야 했습니다. 제사장들은 양들의 상태를 검사하였고 그것이 그들의 의무였습니다. 하지만 이 봉사는 충격적일 만큼 피상적이고 습관적인 절차가 되어 버렸습니다. 제사장들은 그 의미의 중요성을 전혀 이해하지 못했습니다. 그들은 어리고 온전한 양이 죄 없이 오셔야 하는 더 나은 어린 양의 완전한 온유하심을 가리키는 '그림자로서의' 서론임을 알아 보지 못했습니다. 보십시오, 그분이 지금 여기에 계십니다. 죄 없으신, 어리고 온전하시며 흠이 없이 거룩한, 그리고 '순수한' 분이 말입니다. 하지만, 어느 누구도 그분을 보지 않습니다. 어린양이 너무 많고 넘쳐서, 사람들은 더 이상 하나의 어린양을 보지 않습니다. 그리고 사탄의 순전한 희롱이 조롱 섞인 웃음으로 분위기를 뒤흔듭니다.

그리스도께서는 그것을 들으십니다. 그 웃음소리에 주목하십니다.

그분은 우뚝 일어서십니다. 당신의 집 지붕 꼭대기에 걸린 궁창을 보십니다. 그분은 엄숙하고 열렬한 음성으로 밤을 찢으셔서 마귀의 웃음 섞인 조롱에 대응하십니다. 말씀들이 왕의 뜻을 전달하는 전령들처럼 창공에까지 이릅니다: 이것은 내 몸이니 이 빵을 받아먹으라, 나를 기념하여 이것을 행하라. 유일하게 참되신 하나님의 어린양을 전 세계가 간과하고 있습니까? 그러면 그 양은 스스로를 높이실 것입니다. 그 어린양은 주권적인 모습으로 모든 신자의 주의를 자신에게 집중시키십니다. 당신 바깥에 있는 그 어떤 것도 억제하지 않으시는 그분께서는 순결함과 덕성을 지니신 채 모든 것을 당신에게로 재촉하실 수 있습니다.

그것이 그리스도의 가장 큰 권리입니다. 예배를 받으실 그분의 권리인 것입니다.

또한, 그리스도께서는 성찬을 제정하시는 순간에 세계와의 순전한 관계 속으로 들어가십니다.

여러분은 아셔야 합니다. 이 성찬은 어떤 의미로도 하나의 개인적인 축하 잔치가 아닙니다. 이 가장 거룩한 식사는 모두에게 열려 있습니다. 그 거룩성은 구약성경의 것이 아닙니다. 분리의 거룩성이라고요? 본질에 있어서는, 그렇습니다. 신약의 거룩성 또한 분리되는 것입니다. 이 새로운 거룩성은 바깥의 사람들을 위해서 모든 휘장을 다 제쳐 버리고, 모든 위계의 사닥다리를 치워버리며, 고도의 본질을 고집하면서도 모든 이들의 눈앞에 거룩의 형태들(forms)을 전시합니다. 신약의 공적 예배는 휘장들 앞에서(in front of) 시행되는 것입니다.

이런 이유로 성찬은 전적으로 교회의 일만은 아닙니다. 오히려 세계 전체에 영향을 미칩니다. 그리스도께서는 세상에 대해서 등을 돌리고, 몇몇 '신입자'들에 둘러싸여 세상으로부터 당신을 분리하신 채 빵과 포도주를 취하시는 것이 아닙니다. 그분의 행위는 '공개적으로 공명정대' 합니다. 그분께서는 지금 당신이 제자들에게 제공하시는 것을 훗날 그들이 직무담지자로서 '받아들이게' 하십니다. 그리하여 그것을 다른 사람들에게 나눠줄 수 있게 하시는 것입니다. 성찬은 휘장 뒤에서 시행되는, '신입자들'을 위한 희생제사가 아닙니다. 그것은 가장 높으신 지혜자의 궁정 정문, 공개된 마당에서 '빵을 떼는 것'입니다. 그 지혜자께서는 식사를 하시면서도 사람들을 그 잔치에 초청하고 계십니다. 그리스도께서는 성찬을 통해 제사장 제도를 완전하게 성취하십니다.

그래서 제사장 직분은 모든 신자들 사이에 편만하고 일반적인 것이 되었습니다. 성찬이 스스로를 모든 사람들의 눈에 드러내면서 휘장을 걷고 나옵니다. 성찬은 희생제사가 아닙니다. 빵을 떼는 것입니다.

그렇다면 성찬은, 추종자들을 위한 비밀이 아니고, 살아계신 그리스도와 더불어 믿음으로 교통하는 삶의 실행임이 명백합니다. 그러므로 성찬은 세계 전체에 영향을 미칩니다. 그리스도께서 세계에 영향을 미치시기 때문입니다.

그러면, 그리스도께서 성찬을 수단으로 전 세계에게 말씀하시는 것이 정확하게 무엇입니까? 성례는 어떻게 이스라엘의 공적 예배가 시작된 원점을 가리키는 동시에 세계에 대한 함축성을 가질 수 있을까요? 실제적이라고도, 현대적이라고도, 모든 시대를 아우르는 표지이자 말씀이라고도 말할 수 있는 이유는 무엇일까요?

그것을 설명하기 위해서 우리는 이전 장들의 내용을 간략하게 언급해야 하겠습니다. 이전에 우리는 로마 황제들이 그리스도의 탄생 시점과 정확하게 동일한 때에 자신들을 신으로 숭배하게 했음을 살펴보았습니다. 그리고 우리는 이 시점의 일치가 우연이 아니며, 하나님의 지혜로우신 섭리에 따른 현상이었음을 지적하였습니다. 하나님께서 역사를 조성하시는 것입니다.

왕과 황제를 신으로 여기는 것은 하나의 종교적인 행위입니다. 당시 세상은 왕과 황제가 일종의 중재자(mediator)라고 주장하였습니다. 지상의 사람들이 살고 있는 물리적인 세계와 하나님께서 거하시는 초감각적인 세계를 결합시켜 주는 중재자 말입니다. 분명히, 너무나도 분명히, 당시의 세상은 중재자를 갈망하고 있었습니다. 그리고, 나름의 방식으로 중재자의 개념을 표현하고 있었습니다. 그것은 왕을 높이는 것이었습니다. 왕이란 인간이 도달할 수 있는 성취의 최고점이기 때문에, 왕을 중재자나 신으로 만들었던 것입니다. 인간 가운데 가장 위엄 있고, 가장 많이 성취한 자로서 왕을 신이라고 부르는 것은, 그를 중재자(중보자, mediator)라고 부르는 것과 같습니다. 백성들은 왕을 매개로 자기들을 하늘에까지 올려놓는 것입니다.

그런 방식으로 당시의 왕들은 신의 위상까지 올랐습니다. 바벨탑 꼭대기의 황금빛 수탉은, 다름 아니라 왕이면서 신(the king-god)인 자였습니다. 백성의 지도자들은 그 탑을 형성하는 돌들이었으며, 이제 탑의 꼭대기는 하늘에까지 닿았습니다. 이로써 모든 이들이 왕의 인격 안에서 하늘에까지 이른 것입니다.

로마의 황제들도 자기 백성들로 하여금 자신들을 주(Lord)요 신(God)이라고 부르게 하였습니다. 도마는 그리스도에게 이렇게 말합니다: 나의 주 나의 하나님. 로마에서는 황제에게 그렇게 말합니다. 교회는 그리스도께 그분이 주님이라고 고백합니다. 동일한 용어가 눈이 부시도록 치장한 황제와 궁정에 유행하고 있습니다. 헤롯은 원형 극장의 환한 햇빛 아래에서 다양한 각도로 번쩍거리는 은빛 왕복을 입고 행차를 합니다. 사람들로 하여금 자기 앞에 향초를 피우면서 "사람의 음성의 아니라 신의 음성이로다"라고 아부하는 함성을 지르게 하였습니다. 이 일은 예외적인 것이 아니라 오히려 하나의 규범이었습니다. 이런 신성화, 즉 왕을 사람이 아니라 하나의 신(a God)이라고 부르는 것이 그 당시의 일반적인 관습이었던 것입니다. 헤롯은 천벌을 받았습니다. 벌레가 그의 몸을 파고들어 먹어치웠습니다. 그 형벌은 그에게 어울리지 않았습니다. 그는 스스로를 신으로 불리게 했던 자이기 때문입니다. 벌레들을 움직이는 권리의 주인이신 하나님께서, 헤롯이 그런 오만함을 지닌 채 수년간 살아가도록 허용하셨습니다. 헤롯에게 떨어진 형벌은 그가 살아계신 하나님의 성전의 그늘 안에서 그 찬양을 감히 용납하였다는 사실로 설명되어야 합니다. 그리스도의 성찬 상 가까이 있는 그 성전 그늘 말입니다.

그리스도께서는 - 그리고 이것이 우리의 논의가 간직해야 할 요점입니다 -

성찬을 제정하시면서 세상 군주들의 왕국과는 너무나도 다른 종류의 왕권을 옹호하십니다. 세상의 왕국은 신주(神酒)로 기름부음을 받고 휘황찬란하게 옷을 입혀지는 영웅들만 신으로 인정합니다. 신이 되기 위해서는 왕이 영광스러운 모습으로 움직여야 합니다. 이 해석에 따르면, 신은 순전히 힘과 미(美)를 대표하는 것입니다.

수난의 방에서 숨어 계신 그 왕은 그렇지 않습니다. 진실로, 그분은 당신이 왕이심을 알고 계십니다. 왜냐하면, 그분은 세상 마지막 날까지 당신을 위한 하나의 기념비가 만들어지도록 요청(requests) 하셨기 때문입니다. 어느 누구도 요청(a request)을 하는 것보다 더 강력하고 강한 방식으로 자기 뜻을 다른 이들에게 요구할(enjoin) 수 없을 것입니다. 하지만 이 왕은, 당신께서 모든 문화의 중심이 되기를 원하시지만, 문화가 종교(신앙) 위에 기초하기를 바라시지만, 찢어진 채로(in brokenness) 당신의 모습을 드러내십니다. 찢어진 빵과 부어진 포도주 - 이것들은 시간의 종국에 이르기까지 당신의 왕권을 나타내는 상징으로 남을 것입니다. 그분께서 당신의 찢어지심을 마치 시급히 극복되고 재빨리 잊혀야 한다는 것처럼 제시하지 않으신 점을 관찰해 보십시오. 그분께서는 십자가 앞 당신을 돕는 이들에게 그분의 왕의 무기에 왕관을 새기라고, 혹은 그분의 휘날리는 깃발 위에 승리의 월계수를 수놓으라고 조언하지 않으십니다. 오히려 그 반대입니다. 당신의 왕국이 며칠 내로 영광 가운데 있을 것이며, 왕관과 월계수가 위로부터 그분에게 넘겨질 것을 알고 계시지만, 그럼에도 불구하고 십자가를 받아들이십니다. 당신 몸의 찢어지심의 기억과 피의 상실이 마지막 날까지 세상 속에서 영구적으로 기념되게 하셨습니다.

그분께서는 당신의 왕으로서의 광휘가 바로 이렇게 찢어지고 상실되기를 원하십니다. 당신 자신의 왕권과 그 왕국의 법이 오직 온전함의 상태에서만 살아갈 수 있는 지상 왕들의 신성화에 반대되는 것으로 선언하시는 것입니다. 그분은 당신의 깨어진 존재(broken existence), 깨어진 형태, 깨어진 색깔을, 찢어진(broken) 빵과 부어진 포도주의 상징을 주심으로써 선언하십니다. 자신이 곧 빌라도에게 하실 증언을, 세상을 향해 선언하시는 것입니다: 나의 왕국은 이 세상에 속한 것이 아니니라. "그러면 너는 왕이더냐?" 는 질문에 담긴 빌라도의 당혹스러움은, 사태의 본질상 성찬의 역설적인 의미로부터 촉발된 놀라움의 표현입니다. 그리스도께서는 이 방식, 곧 성스러운 음식(sacra coena)을 통해, 세속적 세상이 만든 중보자로서만 머물지 않고 자기를 스스로 높여 신적 특권을 누리고자 하는 세상의 왕권을 부인하십니다. 그렇습니다. 그분께서는 세상을 향하여, 하나님과 인간 사이의 진정한 중보자적 권한에 대한 유일한 진리를 설교하시는 것입니다.

최고로 훌륭하며 최상으로 성취한 위치에 있는 사람을 신과 중재자로 불러야 한다는 것은 이교주의의 빈곤함입니다. 왕과 황제를 신의 수준으로 격상시키는 로마의 관습이 하나의 종교적인 행위라는 이유에서 그렇습니다. 물론 격상은 언제나 사람의 자비에 의해서 일어납니다. 이것은 사람이 그 자신을 신이라고 주장하는(asserts) 또 다른 사례입니다. 사람은 중재자 권한을 자기와 신 사이에 스스로 촉발한(self-prompted) 개입으로 생각합니다. 이때 사람을 위한 개입(intervention for man)은 단순히 사람의 개입(intervention of man)이 되는 것입니다. 하지만 그리스도 예수께서는, 한 깨어진 왕의 그림을 세상의 면전에 높이 들어 올리심으로써, 중재자 권한은 사람이 스스로를 주장하고 스스로를 왕으로 높이는 데서 발견될 수 없다고 말하십니다. 오히려 사람이 (사람의 아들, 인자처럼) 부서지고, 깨어지며, 멸절되는 곳에서 발견된다는 것입니다.

이러한 것이 성찬의 전도로서의 중요성입니다. 한 왕의 이 잔치를, 한 중보자의 이 성례를, 임명된 제사장 무리가 아닌 갈릴리 어부들의 손에 맡기심으로써, 그리스도께서는 하나의 메시지를 세상을 향하여 선포하고 있습니다. 수난의 방의 은밀성으로부터 말입니다. 이것이 그 메시지입니다: '사람을 위하여 하나님의 일에 개입하는 것은 오직 하나님께서 직접 창안하신 것입니다(고전 2장)' 그 성찬은 교회에게 의미가 있는 것이고, 그러므로 세상 전체에 영향을 미칩니다.

그리고 마지막으로 성찬의 제정은 교회에 영향을 미칩니다. 성찬을 제정하시면서 그리스도께서는 교회에 대항하는(over-against) 순전한 관계의 위치 속에 당신 자신을 두십니다.

첫 번째로, 그분께서는 교회를 당신의 수난의 교통 가운데 잠기게 하십니다. 우리가 방금 논의했던 특별한 문제와 관련해서, 그분께서 어떻게 행하시는지 주목해 보십시오. 중보자로서 섬기도록 부르심 받은 왕의 왕권이 부인되고 있었습니다. 그러므로 국가는 왕이 흠 없는 영웅으로서 보좌에 앉아있을 때만 그를 영예롭게 할 것입니다. 따라서, 여러분은 초대교회의 성찬이 어떻게 국가법에 위반되었는지 보게 됩니다. 성찬은 당시 이교도의 세계가 높였던 왕의 유형과는 다른 주님과 중보자를 고백하는 것을 표상합니다. 이러한 방식으로, 성찬은 신자들을 그리스도의 고난과 교통하게 합니다. 이 시간 이후로 그리스도께서는 순교자들을 만드시는 것입니다.

그분께서는 당신이 그렇게 하고 계시다는 사실을 충분히 인식하고 계십니다.

오직 그분의 고난과의 교통 속으로 들어가는 것에 의해서만, 신자는 "그리스도의 고난의 남은 것을 채우고 또한 그 안에서 주님과 교통"할 수 있게 됩니다. 성찬의 능력이 자신 안에 불타오르기를 바랄 때마다 그분은 자신의 주님을 붙잡아야 하고, 자신의 죽으심 안에서 승리해야 합니다. 세상적인 측면에서는 모든 것을 잃어버리는 것이, 영원을 위하여 하나님과 그분의 그리스도를 얻는 것과 동일하다는 것을 고백하기 위해서, 깨어짐 가운데 계시는 그분과 함께 부활해야 하는 것입니다.

그리스도께서는 성찬 안에서 당신의 교회를 추구하고 계시는(is seeking) 것입니다. 그렇습니다, 그분께서는 이스라엘 안에 있던 제단들을 보아 오셨고 또한 지면에 성전이 세워지는 모습을 지켜보셨습니다. 하지만 제단과 성전 둘 다, 멈춰 서 있을(stood still)뿐입니다. 하나님께서 당신의 이름에 대한 하나의 기념물로 창조하신 장소들이 너무나 정적이기만 한 것은 애처로운 모습입니다. 왕국이 아무 말 없이 정체되어 있고, 세상을 향하여 밖으로 나아갈 수(go out) 없습니다.

하지만, 그리스도께서는 정적이지 않으십니다. 그분은 떡을 떼시고 잔을 부으십니다. 그분은 사람을 낚는 당신의 어부들을 세상에 내보내십니다. 남자들과 여자들을 말입니다. 훗날 그분께서는 소아시아의 골목길들과 샛길들로부터 비천한 소매상인들을 파송하십니다. 이들을 세상의 땅 끝까지 파송하시는 것입니다. 빵은 어디에서든 구할 수 있습니다. 포도주도 얻을 수 있습니다. 식탁은 더 이상 정적인 제단이 아닙니다. 그것은 어디에서든 차려질 수 있습니다. 오늘날 여러분은 구약(the Old Testament)이 이미 신약으로 편입되었다는 것을 보시게 됩니다. 옛 언약(the Old Covenant)은, 하나님께서 당신 자신을 위해 하나의 기념물을 세우신 도보 여행상의 몇몇 장소들에 대해서만 알고 있을 뿐입니다. 하지만 새 언약은 이런 기념을 어디에서든 할 수 있도록 만들 것입니다. 두세 사람이 그리스도의 이름으로 모이는 그 어떤 곳에서라도 말입니다. 우리의 것은 가지고 다닐 수 있는 식탁입니다. 이동 가능한 그릇들이며, 접을 수 있고 다시 펼쳐 놓을 수도 있는 잔입니다. 카타콤들은 어떤 제단도 세울 수 없었지만, 식탁은 가질 수 있었습니다. 그것이야말로 하나님께서 성찬의 제정 가운데서 당신의 교회에 주신 축복인 것입니다. 성막은 이동하였습니다. 성막이 이동하는 것은 가냘픈 시작이었습니다. 성전은 고정되어 있는 반석 위에 견고하게 세워졌습니다. 그것은 초라한 종착점이었습니다. 하지만 최상의 성전은 스스로를 온 세계 위에 펼칩니다. 가는 곳마다 하나님의 왕 같은 제사장을 수반하고서 말입니다.

오늘날 교회는 구세주를 구하고 있습니다(is seeking). 성령께서는 지금까지도 수난의 밤을 품고 계십니다. 그리고 인간이 되시는 그리스도의 영혼을 움직이셔서 성찬을 교회에 제공하게 하십니다. 그리스도 또한 이 목적을 위하여 능동적이십니다. 그분께서는 빵을 취하시는데, 그 빵에는 피가 들어 있지 않습니다. 그리고 포도주를 취하십니다. 포도주 또한 그 안에 피가 없습니다. 그분께서는 빵과 포도주를 취하십니다. 피가 없는 상징이지만 둘 다 그분의 표지입니다. 죽어가는 어린 양의 고통에 겨워 우는 소리가 두 번 다시 공기를 찢지 않을 것입니다. 하나님의 죽어가는 어린양의 외마디 울부짖음인 "다 이루었다"는 말씀에 의하여, 모든 고통이 잠잠해질 것입니다 단 한 번 피를 흘리심으로 모든 다른 흐름들이 효과적으로 멈춰 서게 될 것입니다.

그래서 그리스도께서는 당신의 교회를 안식하게 하십니다. 그분께서는 교회를 위하여, 피조세계의 피 없는 것들을 당신의 표지로 선택하십니다. 일상의 필요들 가운데서 가장 평범한 것, 자주 사용되는 음식과 음료로 선택하신 것입니다! 그것을 수단으로 예수님께서는 당신의 교회에게 다음과 같이 말씀하십니다: 갚아야 할 고통은 치러졌고, 당해야 할 애통함은 무한해졌도다. 나는 나의 식탁에서, 너희에게 완전한 교통 가운데 바로 나 자신을 주는 것이니라.: 취하여 먹으라, 너희의 주요, 또한 종으로서 나를 위한 하나의 영원한 기념비를 세우노라.

그래서 성찬은 사람뿐 아니라 천사를 위해서도 하나의 축제가 됩니다. 물론, 천사들은 음식의 맛을 실제적으로 맛보지 않습니다. 하지만 음식을 입으로 먹고 마시는 행위 자체가 중요한 것이 아닙니다. 진실로 우리는 그것을 먹는 것이 필요합니다. 그러나 그 동시에 필요한 것은, 우리가 공감적으로 하나님께 돌아서야 한다는 것입니다. 세상에서의 주요한 문제는 우리가 구원을 받아야 하고, 스스로를 즐길 수 있어야 하며, 우리의 신앙이 확증되어야 한다는 것이 아닙니다. 이 일의 궁극적인 원인이자 최고의 목적은 그리스도께서 스스로 하나의 기념비를 세우셨다는 것, 하나의 이름이 하늘로부터 주어져 사람들 사이에 선포되었다는 것입니다. 그렇게 해서 하나님의 이름이 기억되어지고 영광스럽게 되기 위해서였다는 것입니다. 하나님께서는 당신을 위하여 만물을 창조하셨습니다. 당신을 위하여 성찬을 준비하셨습니다. 우리가 이것을 성찬이 내재한 본질로 인식한다면, 천사들 또한 그 식탁에 참여한다는 것을 인식하게 될 것입니다. 성찬을 통해 하나님께서 신앙의 기억 속으로 들어오신다는 것, 다시 말해 당신의 피조물과 나누는 생명의 공동체 속으로 들어오신다는 것을 안다면 말입니다. 왜냐하면, 하나님을 기억하는 하나의 기념비를 세우는 것이 그들의 '음식(meat)'이며, 그것은 사랑으로 건축되고 세워지는 것이기 때문입니다.

그렇게 그리스도께서는, 영광의 왕으로서 행하시는 일들을 통해 당신께서 슬픔의 사람이심을 입증하십니다. 충성심과 육체적 봉사심이 하나의 마음에서 만나는 순간, 그리고 전자가 어떤 의미에서는 후자를 억제하지 않게 되는 순간. 그것은 고통스러운 순간입니다. 온전한 상태로 깨지지 않는 왕권에 대한 그치지 않는 야망을 느끼시던 그 순간에, 그분은 제자들에게 그 왕권을 축하하는 과제를 맡기셔야 했습니다. 세상의 마지막 날까지 당신과 같은 깨짐과 낮아짐의 형태로 수행해야 할 과제 말입니다. 필연적으로 중요했던 그분의 영혼 속 갈등은 그리스도로 하여금 너무나도 큰 고통, 말로 표현할 수 없는 긴장을 느끼게 하고 있습니다.

하지만, 그 슬픔의 사람은 이 고통을 겪으셨습니다. 주의 성찬을 자발적으로, 그리고 사랑으로 제정하시는 일을 위해서 말입니다.

그것에 의존하시며, 당신 손에 빵을 드시고 또한 잔들에 포도주를 부으시면서, 그분의 인간영혼은 결정적인 고통을 느끼셨습니다. 그분은 당신의 눈으로 자신이 십자가에 못 박히는 것을 보셨습니다. 잠시 후 사탄은 그분의 눈앞에

"십자가에 못 박힌 그리스도"라고 쓰인 현수막을 내어 걸 것입니다. 그 통렬함으로 그분의 모든 구멍에서부터 근심의 땀방울과 핏방울이 흘러나올 것입니다. 하지만, 이 수난의 밤, 이 첫 번째 성찬의 회합장소는, 그리스도께서 용감하고 확고하게 당신의 눈앞에서 스스로 십자가에 못 박히신 것으로 묘사합니다. 그분의 영혼은 하나님을 갈망함으로 떨고 계시지만, 그분의 손은 조금도 떨지 않습니다. 스스로를 죽음의 비활성상태에 맡겨 두시지만, 그분의 눈은 조금도 침울해지지 않습니다. 제자들의 심령 위에 당신을 하나의 인(印)으로 묘사하고, 또한 그 인을 치시는 중에도, 그분의 눈과 얼굴에는 은밀한 빛이 드러납니다. 그분께서 자신을 하나의 깨진 것으로 내어 주시는 그때조차, 당신의 죽음의 순간에 가능한 한 가깝게 그 죽으심의 표지를 두려고 하실 때조차도, 그 얼굴에 반짝이는 빛이 비추는 것입니다.

어떤 일이 그 상징하는 것에 더욱 가까워지고 있으므로, 성찬을 제정하시는 일은 그분을 말할 수 없는 고뇌에 빠지게 합니다. 이처럼, 그 빵과 포도주의 형태는 인간 영혼에게 더욱 웅변적으로 전달되고, 놀라게 하며, 혹은 위로하는 것입니다. 하지만, 너무나도 심오하게도 그리스도께서는 당신의 제자들을 사랑하셔서, 표지와 그 표지가 상징하는 사건이 서로 거의 접촉했음에도 불구하고, 이 성스러움의 의미를 예언하실 수 있으셨습니다. 하나의 왕으로서 제자들에게 명령하시되, 그들이 그것을 세상 마지막 날까지 행할 수 있게 하셨습니다. 또한 제사장으로서 스스로 그 표지와 결합하기 위하여 성령을 간구하셨습니다.

예수님의 눈길은 당신의 제자들 하나하나 위에 조용하게 머물러 있었습니다. 그렇습니다. 하지만, 그 눈길은 또한 먼 곳을 뚫어지게 보셨습니다. 지평선 너머 먼 곳을 말입니다. 그곳에 있는 또 다른 인물을 보셨습니다.

그 다른 인물은 바로 적그리스도입니다.

수천 명의 사람들에게 그 다른 식탁, 곧 인간을 신성화시키는 식탁, 세상의 왕들을 신으로 모시는 식탁에서 이렇게 말하도록 가르친 자가 바로 이 죄의 사람이었습니다. 그가 가르치는 말은 이것입니다: 그는 완전하고 온전하며 깨어지지 않는 이다. 그의 광휘는 언제나 그의 것일 터이다. 그의 육체는 깨지지 않을 것이며, 그의 피는 쏟아지지 않을 것이다. 그 앞에 너희 모두는 무릎을 꿇어라, 왜냐하면 그는 하나님이시고, 사람이시고, 중보자이시기 때문이다. 사람의 소리가 아니고 신의 음성이로다.

예수님은 그렇게 가장한 적그리스도를 보고 계십니다. 인간의 신성화를 위해 축제를 준비하고 있는 그를 말입니다.

그리스도께서 적그리스도를 보실 때, 그분의 사랑의 토양으로부터 진노가 일어납니다. 그 순간에, 그분의 사랑의 열정은 뜨겁게 타오릅니다. 그 사랑이 당신의 백성을 시간의 끝자락에 이르기까지 강건하게 해줄 것입니다. 성찬의 방편을 통해서 말입니다. 그러나 그 사랑 안에서 보복하시려는 의지가 뜨겁게 흘러나옵니다. 성찬상 바로 옆에 서서 당신의 입에서 나오는 검으로 적그리스도를 진멸하시기 위해서 그분께서는 그 상을 취하십니다.

우리는 그 이상으로 앞서 나아갈 수 없습니다.

그리고 앞서 나아갈 필요가 없습니다. 우리의 바로 눈앞에 사람의 아들(인자)께서 '천국(the Ancient of days)'의 현존 가운데 서 계셨습니다. 그분의 메시야 되심의 의식이 그분을 그곳으로 모셨습니다. 그래서 그분은 하나님이자 사람으로 오셨던 것입니다.

우리는 더 이상 나아갈 수 없습니다. 우리는 더 이상 아는 것이 없습니다. 하지만 우리가 아는 것과 가진 바는 충분합니다. 우리는 그분의 음성을 들었습니

다 : 하나님의 음성이자, 사람의 음성을 말입니다.

이제 우리는 성찬이 고대의 것이면서도 또한 현대의 것임을 알고 있습니다. 그것은 가장 겸손한 자를 축복하고 가장 오만한 자를 저주합니다. 그것은 사랑과 진노를 표상하고 있습니다. 부드러움과 강력함을, 반정립과 종합을 표상합니다. 만약 그리스도의 인격(Person)이, 명백한 예언, 왕적인 행위의 견고함, 그리고 제사장적인 사랑의 교통으로, 당신을 우리에게 주지 않으셨다면, 우리의 발은 음침한 산들 위, 넘어질 만한 큰 어둠 가운데 있어야 마땅했을 것입니다.

그분의 은혜가 우리에게 충분합니다. 그 표현 이상으로 우리는 넘어갈 수가 없습니다 : 은혜가 족합니다.

chapter 15
|
하나님 앞에서
사탄을 힘써 대적하시는 그리스도

"시몬아 시몬아 보라

사탄이 너희를 밀 까부르듯 하려고 요구하였으나

그러나 내가 너를 위하여

네 믿음이 떨어지지 않기를 기도하였노니……"

- 누가복음 22:31~32a -

15장.
하나님 앞에서 사탄을 힘써 대적하시는 그리스도

그리스도께서는 당신의 제자들을 성찬상에서 받아들이셨습니다. 그렇습니다, 하지만, 그보다 먼저 기도 가운데서(in prayer) 받아들이셨습니다. 진실로, 멜기세덱의 반열을 따라서 임명된 제사장께서 아론의 제단을 뒤집어 엎으셨습니다. 그러나 심장 부분에 이스라엘 열두 지파의 이름을 새긴 아론의 흉패는 남아 있었습니다. 그것이 우리의 위로가 됩니다. 그리스도께서는 제자들을 당신의 심장 안에 받아들이십니다. 그분께서는 그들이 깨닫기도 전부터 그들의 중보자이십니다.

그리스도께서는 시몬에게, 사탄이 제자들을 밀 까부르듯 하기를 원하고 그분께서 사탄의 욕망과 아버지 하나님의 오른편 사이에서 중재를 위해 개입하신다고 말씀하십니다. 이것을 들을 때, 우리는 두 가지 사실에 주목하게 됩니다.

첫 번째는, 그 말씀 가운데에서 우리가 첫 번째 감사예배라고 부를 만한 것을 발견할 수 있다는 것입니다. 성찬의 잔치 직후에 짧은 감사예배를 드리는 관습을 교회는 지금도 지니고 있습니다. 그 예배는 때때로 성찬 후 묵상(a post-communion meditation)이라고 불립니다.

그것은 어떤 의미로 우리가 지금 보고 있는, '성찬 후 감사 예배(a post-communion, a thanksgiving service)'입니다. 그것은 실제로 역사상 첫 번째 예배입니다. 누가는 그리스도께서 발을 씻기시고 성찬을 제정하신 이후에 친숙하게 말씀하신 내용을 이 장 서두의 본문에서 평이하게 제시합니다. 그리스도께서 최초의 성찬 후 묵상을 사용하신 것은 당신과 앉아 있는 자들의 영혼을 애매한 감정주의의 수동적인 기복마냥 움직이기 위해서가 아닙니다. 오히려 성찬을 통해 그들의 생각을 신비롭게 집중시키신 다음, 그 생각들을 다시금 흩어 놓으십니다. 성찬에서 종합적으로(synthetically) 누려졌던 그리스도의 궁휼하심이라는 주제가, 이제는 다시 부분별로 조각납니다. 성찬에서 그리스도께서는 당신 제자들의 영혼과 당신의 영혼을 묶으셨습니다. 그분께서는 그들의 영혼과 당신의 영혼을 강하고 친밀하게 결합하셨습니다. 하지만 이제는 성찬도 마쳤으므로, 제자들은 신앙의 정점에서부터 바닥이 없는 심연이 입을 벌린 벼랑 끝까지 인도되어야만 합니다. 천국과 지옥이 그들 앞에 열려 있습니다. -지금, 바로 첫 번째 성찬을 마친 직후에 말입니다. 그 신비의 식탁에서, 공동체로 결합된 제자들의 영혼에 하나님의 사랑이라는 주제가 인두로 지져졌습니다. 이제 그 주제가 다시금 여러 부분으로 쪼개지고 있습니다. 심령이 곧장 '확장' 되어서, 곧 심령이 확산되고 포괄적이 되어 주목하여서, 하나님의 가장 높은 곳과 사탄의 가장 깊은 곳에 심령이 집중되었습니다. 그리스도와의 신비적 교통의 순간, 강렬하고 집중된 친밀함 이후에 지옥의 모든 갈라진 틈과 천국의 모든 세력이 그들에게 계시되는 말씀의 충격이 왔습니다.

사탄이 너희를 요구하였다(Satan hath desired to have you): 그 말씀 안

에 있는 지옥의 심연을 보십시오. 그분께서는 사탄의 열망을 말로써 표현하셨습니다. 그리고 그것을 하나님의 보좌 앞에서 제자들을 구체적으로 요구하는 것으로 보았습니다. 하늘의 가장 높은 곳에서 일어나는 것으로 그 일을 보십시오.

분명히 이 감사의 설교는 중량감이 있습니다. 이 설교는 가장 심오한 곳의 깊이에까지 이르도록 우주를 넓게 열어 제칩니다. 분명히, 이 감사의 설교는 중량감이 있습니다. 우주를 넓게 열어 제치는데, 심지어는 그 가장 심오하게 무아지경으로 떨어지게 하는 그 깊이에 대해서도 열어두고 있습니다. 하지만 중보기도자, 매개인, 중보자로서의 예수 그리스도께서 그 지옥의 심원함을 이해하셨고, 가장 높은 곳에 계시는 하나님 아버지에게 사탄에 대적하는 탄원을 올리셨음을 아는 것은 하나의 위로가 됩니다. 천국과 지옥의 드라마는 이런 방식으로 예수님의 영혼 속에서 거행되었습니다. 이것으로 우리는 감사의 빚을 진 것입니다. 이 감사의 설교가 심오하고 두려울 지경이지만, 성찬의 위로를 빼앗아가지 않기 때문입니다. 실제로 이 위로는 그리스도의 말씀을 통해 무한히 강화됩니다.

이 첫 번째 감사의 설교는 위로가 될 뿐 아니라 교훈적이기도 합니다. 그리스도의 성찬식 끝부분에서, 그분과의 교제에 들어가는 것뿐 아니라 끝까지 남아있는 것도 전적으로 그분에게 빚지는 것이기 때문입니다. 시몬을 포함한 제자들은 하나님과 사탄 사이에서 갈등하다가 굴복하고 말았을 것입니다. 그리스도의 강렬한 기도가 그들을 품지 않고, 또한 그들을 하나님 앞에 내려놓지 않았다면 말입니다. 신앙의 보존(preservation) 역시 오직 은혜의 산물인 것입니다.

이것이 우리가 이 장면에서 그리스도의 말씀을 상고하면서 곧장 주목하는 첫 번째 일입니다.

두 번째 생각도 주목할 가치가 있습니다.

만약 우리가 그것을 그런 식으로 표현할 수 있다면, 우리는 그리스도의 말씀들을, 밀 까부르듯 하고자 하는 사탄의 열망과 당신의 중보기도에 대한 그 문제의 해결책(the solution of the problem)이라고 부를 수 있겠습니다.

어떤 문제에 대한 해결책이라고요?

이전에 일어났던 모든 문제들에 대한 해결책입니다.

우리는 그리스도께서 유다와 사탄을 완벽하게 진정성 있는 인격으로, 곧 그분의 주의로부터 어느 것도 빼앗지 않는 하나의 인격으로 대면하고 계신 것을 반복해서 관찰했습니다. 유다와 사탄은 자기 열망에 부합하지 않는 것이라면 영혼의 삶과 영의 복합성의 그 무엇이든 억제하려 했던 이들입니다. 반면 여러분은 기억하실 것입니다, 우리는 그리스도를 어떤 사실이라도 외면하지 않으려고 했던 진정한 인간으로 제시했습니다. 비록 고통이 당신의 심장에 눈물을 흐르게 하고, 당신의 내적 존재를 비틀어 버리더라도 말입니다.

이제 예수님께서는 사탄이 제자들에게 하고 싶어 하는 것을 미리 보았다고 말씀하십니다. 유다를 제외하고 말입니다. 유다에게는 이미 사탄이 들어가 있습니다. 예수님께서는 사탄이 지금 게으르지 않다는 것을 곧장 확신하십니다. 그리스도께서는 유다 안에서 일어났던 일을 선택과 유기의 진리에까지 되돌려 놓으셨고, 지옥에 면전에 이르기까지 추적하셨습니다. 이제 그분께서 똑같이 행하십니다. 그리스도께서는 유다를 포함시키십니다, 그렇습니다. 하지만 다른 제자들 또한 포함시키십니다. 모든 임시적인 것들을 영원한 것들에, 모든 가시적인 것들을 비가시적인 것들에, 오늘 열매 맺은 것들을 어제는 단순히 뿌리였으나 내일은 새로운 열매를 맺게 될 것들에, 그렇게 지속적으로 주목하시는 중에 여러분과 저를 포함하고 계시는 것입니다. 유다 안에서, 또한 유다에게 일어난 일에 그분은 영향을 받으셨지만, 당신 영혼의 동요 때문에 다른 양들(the other sheep)을 잊으시는 일은 없었습니다. 하나는 잃어버렸더라도, 나머지 열한 명에게는 계속 주목하시는 것입니다. 그분께서는 죽은 자들이 죽은 자들을 장사지내도록 버려두십니다. 산 자들에게 주의를 돌리시는 것입니다. 그러므로 아무것도 억제하지 않으십니다.

그분께서는 당신의 제자들과 더불어서 성찬의 잔치를 즐기십니다. 그러나 잔치 도중에 사탄을 보셨습니다. 떡을 떼십니다. 그 위를 날고 있는, 허세로 가득 찬 사탄의 모습을 보셨습니다. 잔을 높이 드셨습니다. 포도주 속에서 사탄의 쓴 맛을 맡으셨습니다. 그분은 잔을 비워 끝까지 마시셨고 수난의 모든 개개의 것 속에 있는 영원한 비밀들을 찾아내셨습니다.

지금 그분께서 그 비밀 중 세 가지를 발견하여 지목하십니다.

첫째는 성찬입니다. 성찬 안에서, 인간의 본질적인 '신비'는 신앙의 생명 가운데로 밀려들어옵니다. 그리스도와 성령에 의해서 말입니다.

둘째는, 탐욕스럽게 밀 까부르기를 원하는 사탄입니다. 그것은 사탄의 근본적인 '비밀'입니다. 어느 누구도 헤아려 알 수 없는 것입니다.

셋째는 하나님의 심령입니다. 그것은 특별히 큰 '신비'입니다. 그분(예수님)께서는 아버지에게 중보하시면서 그것(하나님의 심령)에 호소합니다. 희망 없는 자가 아니라, 오히려 확신을 가진 자로서, 아버지가 누구신지를 아는 자로서 그렇게 하십니다. 이것이 그분께서 당신의 제자들을 위해 간구하시는 방식입니다.

이 세 가지 신비 모두가 예수님 영혼의 깊은 곳에서 동시에 얻어집니다. 그분께서 말씀하시기를, 내가 너를 위하여 기도하였노라고 하셨습니다. 하나님 앞에서, 사탄에 대항하여, 성찬이 진행되는 중에 말입니다. 그것이 숭엄한 거룩하심입니다. 광휘로 빛나는 선명하심입니다. 사랑의 불길입니다. 그분은 성찬의 순간 '사탄의 슬픔'을 알고 계시며, 가장 강력한 영적 욕구로 사탄에 대적하여 싸우시는, 한 분의 그리스도이십니다. 다시금, 보십시오. 그분은 억제되지 않는 한 분으로 드러나십니다. 그분께서는 완전한 영혼의 조화 속에서 진실하고 참되신 분으로 오십니다. 그분은, 모든 사람이 사탄에 의해서 하나님에게 요구되어 왔다(required of God by Satan)는 것을 알고 계시기 때문에, 당신의 심령 속에 모든 사람을 품을 수 있는 공간이 있으십니다. 하지만 그분은 각 사람을 또한 개별적으로 취급하십니다. 시몬을 위한 기도가 특별한 방식으로 그분의 영혼 속에서 일어나고 있습니다. "시몬, 내가 너를 위하여 기도하여 왔노라!" 그분의 심령 속에서는 과거와 현재뿐만 아니라 미래 또한 한 자리를 차지하고 있습니다. 알다시피, 후에 시몬에게는 미래를 위한 과제가 주어집니다. 그리고 베드로 한 사람에게 주어진 그 사명 속에, 다시금 모든 사람들이 포함되어 보호받고 있습니다: "그리고 네가 돌아섰을 때 너의 형제들을 강하게 하라."

이러한 것이 주님께 "억제"의 죄가 전혀 없다는 것을 보여줍니다. 과거, 현재, 미래. 개인과 사회. 가장 깊은 깊음과 가장 높은 높음. 하나님과 사탄. 유다와 시몬. 사형선고에 대한 청원과 사면에 대한 청원 ― 이 모든 것들이 동시적으로, 그리고 각각 제 위치 속에서, 한 인간 예수 그리스도의 영혼 속에 함께 하고 있는 것입니다.

진실로 이런 높으신 제사장께서 우리에게 오셨고, 우리에게 적합하십니다.

이 현존하는 위엄 안에서 우리는 조심스럽게, 부끄러워하며 예수님께 다가

갑니다. 그리고는 그분께서 "시몬아, 시몬아!" 하시는 음성을 듣게 되는 것입니다. 예수님께서 누군가의 이름을 두 번씩 부르실 때는, 결정적인 일이 벌어지는 순간입니다. "마르다야, 마르다야!", "사울아, 사울아!", "시몬아, 시몬아!"

그리고 이 부르심은 무척이나 중요합니다. 시몬아, 시몬아, 사탄이 밀처럼 너를 까부르기를 무척이나 원하는구나.

우리는 네 가지를 고려해야 합니다. 첫째, 사탄이 열망한다는 사실, 둘째, 사탄이 그들 모두를 열망한다는 사실, 셋째, 사탄이 왜 그들을 그렇게도 열망하는가의 이유, 넷째, 어떤 순간에 사탄이 그렇게 열망하는가 하는 사실.

먼저, 사탄이 열망하고 있다는 점을 상고합시다. 그 누가 이것에 대한 사소한 사실이라도 말할 수 있겠습니까? 어떤 이의 열망이 타인에게 이해되는 것이 무척 어렵다면, 인간의 원함조차 진정 묘사하기 어려운 것이라면, 사탄의 깊은 열망에 대해 말하는 것이 어떻게 가능하겠습니까? 사탄의 슬픔을 말하는 것은 일종의 교만을 나타내는 것입니다.

그럼에도 불구하고, 그리스도께서 이것들에 대해서 예언하셨고 또한 당신의 지도하심에 따라서 그것에 대해 묵상하기를 우리에게 요구하셨습니다.

일반적인 방식으로 하나님을 대적하는 것들이 사탄의 존재 속에서 얼굴을 찌푸리고 있습니다. 사악한 목적, 불행한 전조를 가진 욕망, 그 적극적인 세력이 말입니다.

하지만, 그것이 다가 아닙니다. 하나님께서는 본질상 불변하시는 분이십니다. 결코 '생성'의 과정에 계시지 않습니다. 결코 '진화'하지 않으십니다. 그분은 언제나 현존하십니다.

이 영원한 거룩함의 불길을 대적하며 사탄의 가시덤불에서 연기가 일어납니다. 사탄의 증오심이 계속해서 하나님을 대항해 일어납니다 – 영원하신 하나님에 대적하여 말입니다.

하지만, 본질상 불변하시는 하나님께서는 변화무쌍한 역사들(works) 속에서도 당신을 드러내십니다. 창조에 있어서 그리고 중생에 있어서 하나님의 역사하심은 생성의 과정 속에 있고, 발전하고 있으며, 강건함에서 더욱 강건함으로 전진하고 있는 것입니다. 그분의 역사는 목적을 성취하고자 힘쓰며, 종말론적인 성격을 지니고 있습니다. 최후의 날에 있을 구속 역사의 대격변의 영광을 향하여 기울어져 있기 때문입니다.

이러한 의미에서, 하나님께서는 이중적인 성격을 가지고 계십니다. 하나님은 존재의 하나님이자 행동의 하나님이십니다. 하나님은 영원 전부터 존재하시면서 종말론적으로 일하는 분이십니다. 그분께서는 완전한 계시의 역사(history) 속에 계시는 분으로서 당신을 드러내실 것입니다. 또한, 당신의 완전한 구속 역사(work)의 위대한 추수 속에서 당신을 드러내실 것입니다. 이처럼 불변의 존재이시며 활동하시는 하나님을 대적해 싸우기를, 사탄은 점점 더 원하고 있습니다. 하나님의 존재가 하나님의 역사(work) 속에 드러나면 드러날수록, 하늘 왕국의 목적론적 영향력이 세상 속에서 분명해지면 분명해질수록, 하나님께 대항하고자 하는 사탄의 열망은 강렬해집니다. 사탄의 분노는 끝이 없습니다. 특히 그가 자신의 때가 한정되어 있음을 알게 되었을 때 말입니다(요한의 계시록).

이것이 사실이라면, 그리스도께서 배신당하신 밤은 사탄의 발뒤꿈치를 특별히 성가시게 하여 몰아가시는 자극입니다.

이 밤에 우리가 기억해야 할 것은, 하나님의 거룩하심은 스스로 얽매어 있기를 거부하거나, 사탄을 책망하는 일과 사탄에 속한 자들의 파멸 속에서만 드러나시기를 거부한다는 것입니다. 이 밤에 하나님의 거룩하심은 그 자체를 확장하실 것입니다. 하나님의 거룩하심은 그 영역의 확장을 위하여 계획된 장엄한 전투(imperial warfare)를 벌이실 것입니다. 그 전투의 목적은 죄인들의 칭의가 분명하게 드러나는 것입니다. 열두 사도들을 방편으로, 거룩 그 자체가 교회 위에 쏟아 부어지는 것을 목적으로 삼고 있습니다. 제도의 거룩함, 곧 제도 자체에서 드러나는 그 거룩함이 세상 끝날까지 지속될 그 교회에 말입니다. 하나님께서는 이 목적을 위해 오는 세대(the coming era)의 종말론적 잠재력을 발동하시는 것입니다. 이 밤에 태풍이 일어나고 허리케인이 밀려올 것입니다. 큰 소용돌이가 우주 가운데 휘몰아칠 것입니다. 그래서 이 밤이 특별히 사탄을 쑤셔대는 것입니다. 생명이여, 이것이 그대의 쏘는 것이로다.

이것이 사탄의 열망의 기원입니다.

그리스도께서 수난의 방에서 당신의 열망을 기도 속에 표현하심으로써 그 형태와 말을 제공하셨듯이, 사탄도 자기 열망을 우주 가운데 언어를 통해 표현하고 있습니다 (심지어 그 언어가 단지 영적으로만 이해된다 하더라도 말입니다). 그의 열망하는 바는, 하나님의 일을 공격하는 것입니다. 그의 뜨거운 열정은 일곱 별의 끝자락을 태우고 있습니다. 일곱 별은 일곱 교회입니다. 일곱 별은 교회의 완전성을 표상합니다. 그 일곱 별은 수난의 방에 있습니다. 왜냐하면, 사도들이 그곳의 예수님과 함께 있기 때문입니다. 이제 사탄이 교회들에 대항해 분기탱천하고 있습니다. 그가 교회들에 대항하는 것들을 열망하고 있습니다 —그는 자기의 열망을 말로 표현하고 있습니다. 그는 일곱 교회들에 대적하는 말들을 쏟아내면서 그 교회를 대심판정에 몰아넣습니다. 그는 교회를 하나님의 손으로 데려옵니다. 그래서 우주 가운데서 논쟁이 벌어집니다. 말씀(word)으로 표현되는 (변호자로서의) 예수님의 열망과, 역시 말(word)로 표현되는 (검사로서의) 사탄의 열망이 서로를 대적하는 전투입니다.

이것이 얼마나 의미심장한지 고려해 보십시오. 그리스도께서는 (당신 안에 거하시는) 성령님의 완전한 열망과 (인간으로서 당신에게 주어진) 그 순전한 영혼의 열망을 말씀으로 표현하고 계십니다. 그리고 그 말씀들, 곧 대제사장의 기도의 말씀들은 모든 영역에서 들을 수 있습니다. 왜냐하면 그것들이 전 우주를 뒤흔들고 있기 때문입니다. 또한 항상 그렇듯이, 그리스도의 그 말씀은 구름을 찢고 하나님의 심정을 움직이며 사탄을 흔들어 놓습니다. 사탄의 질투의 불길이 타오르게 하며, 그가 말로 자신의 열망을 쏟아내고 싶어 할 지경까지 그 열기에 불을 붙이시는 것입니다. 아니, 그의 말은 인간의 언어가 아닙니다. 그는 지상의 언어를 사용하지 않습니다. 그것은 불가능하기 때문입니다. 하나님께서만 육신이 되십니다. 사탄은 그럴 수 없습니다. 하지만 사탄은 최선을 다해 자신의 원하는 바를 하나님께 구체적으로 보여주려고 합니다. 그는 하나의 '기도문'을 만들어냅니다. 예수님께서는 사탄이 원하고 있다고 말씀하십니다. 사탄은 예수님의 제자들을 원하고 있는 것입니다.

바로 직전 예수님께서 대제사장으로서 기도하실 때, 예수께서는 이 제자들을 위해 기도하셨습니다. "아버지여, 내가 비옵는 것은 이 사람들만 위함이 아니요 또 그들의 말로 말미암아 나를 믿는 사람들도 위함이니…"(요 17:20). 이러한 방식으로 예수님의 기도는 전체 교회 – 일곱 교회 – 를 사도들의 생명에 연합하십니다. 이러한 방식으로 전체 교회를 기도의 날개에 태워 하나님 보좌까지 실어 올리시는 것입니다.

하지만 사탄은 이 결정적인 순간에 머뭇거리지 않습니다. 그의 열망은 예수님의 열망에 의해 창조된 것이 아닙니다. 그러나 예수님의 열망에 의하여 불이 활활 일어나도록 부채질 당하고 있습니다. 정확하게 그 사실 속에, 사탄이 이미 정복당한다는 증거가 있습니다. 예수님께서는 그보다 앞서 가셨습니다. 하나님을 열망하는 일에 있어서 맨 앞에 가시는 것입니다. 그럼에도 불구하고 사탄은 자기가 실패하든지 말든지 관계없이 예수님을 이겨보려고 시도합니다.

이것이 사탄적인 존재의 본질입니다. 불가능한 것을 갈망하는 것 말입니다. 그러므로 사탄의 열망은 그리스도의 열망에 대적하여 싸움을 걸어옵니다.

우리는 사탄이 그리스도에게 대적으로서 가지는 영적 성격에 대한 묘사를, 주파수를 발송하는 두 개의 방송국에 비유해볼 수 있겠습니다. 한 방송국은 그 방송국 고유의 주파수를 가진 방송을 합니다. 그리고 다른 방송국은 앞서 말한 방송국의 주파수를 가지고 방송을 합니다. 이처럼, 예수님의 영혼의 전파는 하나님에게로 보내집니다. 그 전파는 구속의 청원을 담고 있습니다. 아버지께서 당신에게 주신 자들을 위한 열렬한 청원 말입니다. 그런데 동시에 사탄이 세상의 다른 쪽에서부터 자기의 전파를 발송하고 있습니다. 그의 의도는 사람의 아들(예수)의 메시지가 전달되는 것을 방해하는 것입니다. 이것은 영적인 전투입니다. 종말론적인 언어로 말하자면, 공중에 있는 영적 권세들의 갈등이라고 불립니다. 그 두 세력은 두 명의 증인입니다: 한쪽은 고소하고 또 다른 한 쪽은 변호합니다. 둘 다 하나님의 한 대심판정 앞에 서 있습니다.

사탄은 갈망합니다. 그는 자신의 메시지 보내기를 멈추지 않고 있습니다. 그의 열망은 점차 더욱 거세어집니다. 그것은 결국 하나의 요구사항이 됩니다. 이 구절의 실제 의미는 이렇습니다: 제자들아, 사탄이 너희에 대한 권리를 주장하고 있노라. 그가 하나님께 너희를 자기에게 넘겨달라고 요구하고 있노라. 사탄은 자기의 주장을 쌓아가고 있고, 그 권리주장은 완벽한 최후통첩의 성격을 띠고 있습니다. 전 세계를 위하여 최후의 담판(ultima ratio)을 벌이는 때입니다. 사탄은 하나님께서 제자들을 넘겨주기를 원합니다. 그는 열망합니다. 그것을 외치기 시작합니다. 마지막으로 그들을 포기하지 않을 것을 맹세합니다. 죄가 그들 가운데 거하고 있는 것이 사실 아닌가요? 시몬이 유다와 본질적으로 다를 바가 있나요? 메시야의 왕국이 그들의 영혼 속에서 적절하게 받아들여지고 있나요? 죄의 삯은 사망입니다, 그렇지 않습니까? 그리고 사망은 보편적이지요? 그렇습니다, 그렇습니다. 사탄은 열망하면서, 요구합니다. 하나님의 망치인, 그분의 말씀의 도움을 받아 하나님에게 쐐기를 박고자 시도합니다. 그 말씀 안에 하나님께서는 사망과 죄를 함께 묶어두고 계시는 것입니다.

두 번째로 우리는, 사탄이 수난의 방에서 예수님과 함께 있는 모두에 대해 권리를 청구하는 것을 살펴보겠습니다. 사탄은 모든 이들에게 악이 발생한다고 주장합니다. 그리스도에게 속한 이들이라고 해도 말입니다(본문에서는 '너희'라고 복수로 가리킵니다).

사탄이 마치 그리스도에 대해서는 아무런 계획도 없는 것처럼 말입니다. 물론, 그는 그리스도에 대한 계획이 있습니다. 그분을 차지하는 것을 가장 원하고 있습니다.

하지만 사탄은 그리스도를 이길 수 없습니다. 그리스도께서는 견고하십니다. 그분은 우뚝 서 계십니다. 그러한 이유로 사탄은, 자신의 공격을, 미래의 사도들인 제자들에게 향하고 있습니다. 그가 그리스도를 교회에서 분리할 수 없더라도, 다른 방법이 있습니다. 교회를 그리스도로부터 분리할 수 있는 것입니다. 그러므로 그는 사도들을 지배하려고 합니다. 이들이 전체 교회를 대표하기 때문입니다. 그들의 직분을 방편으로 교회는 흥왕하고 생기를 띨 것입니다. 그러니, 만약 이들이 굴복한다면 "여인의 후손"은 파괴될 것입니다. 교회의 원천이 막혀버리는 것입니다. 그러면 예수의 허리에서 흘러나오는 피는 헛될 것입니다. 하나님의 유일한 보좌를 둘러싼 스물네 보좌 중 열 두 사도의 보좌가 영원토록 텅 비어 있을 것입니다. 그리고 –만약 이 열 두 사도의 보좌가 텅 비게 된다면, 열두 지파의 족장들도 그들의 보좌에 앉을 수 없을 것입니다. 그렇게 되면 하늘과 땅에 있는 모든 것이 혼란을 겪을 것입니다.

이것이 사탄이 그들 모두를 원하는 이유입니다.

하지만 그는 시몬을 특별히 더 원할 것입니다. 왜냐하면 시몬은 주기적으로 예수님께 하나의 '사탄' 노릇을 하였기 때문입니다. 만약 그리스도의 팔과 심장에서 이 봉인을 떼어 버릴 수 있다면, 만약 사탄이 시몬 안에 있는 '사탄적 요소'를 강화할 수 있다면, 그래서 그 안의 다른 요소들을 억제할 수 있다면, 시몬의 타락은 너무나도 불행한 일이 될 것입니다. 교회의 기초가 시몬의 돌이 놓인 바로 그 자리에서부터 무너져 나갈 것입니다.

이 점이 우리의 세 번째 고려사항 가운데 밀려들어 옵니다. 어떤 목적을 갖고, 어떤 목표를 위해 사탄이 하나님에게 예수님의 제자들에 대한 권리를 주장하는 것일까요?

사탄이 그들을 밀 까부르듯이 하려고 요구하겠다고, 합니다. 그는 그들을 까부르기(to sift)를 원합니다. 이 표현이 의미하는 바가 무엇이겠습니까?

근동의 관습을 직접 눈으로 보고 경험한 한 작가[72]는 이것이 여성이 일반적으로 하는 체질이라고 우리에게 말해줍니다. 그는 체질하는 과정을 다음과 같이 묘사합니다. 여성은 "곡식이 반쯤 채워진 체를 두 손으로 붙잡습니다. 놀라운 정도의 손재주로 오른쪽 왼쪽으로 여섯 내지 일곱 번을 열심히 흔들어 체질을 시작합니다. 자연스럽게, 지푸라기와 쭉정이들은 알곡들과 섞인 채 표면으로 드러나게 됩니다. 이것들 대부분을 손으로 집어서 바깥으로 들어냅니다. 그러고는 체의 이쪽 편을 먼저 들거나 다른 쪽 편을 조금씩 툭툭 치는 동작을 반복하여 체질하면서, 숨을 불어 그 쭉정이들이 바람에 날아가게 합니다. 이런 절차를 노련하게 반복하면 세 가지 결과가 나옵니다: 첫째, 이물질들과 쪼그라든 알곡들이 모두 체의 바닥 틈새로 땅에 떨어집니다. 둘째, 여전히 남아있는 쭉정이들이 체질이 되어 체 끝에 몰리고 바람에 날려갑니다. 셋째, 좋은 알곡

---

[72] Neil, James, 『팔레스틴과 성경』(Palestina en de Bijbel), J.W.Kok, Kempen, 제1판, pp. 77~78(2판이 이미 출간됨).

들은 체의 한 가운데 남아 쌓여 있습니다. 좀 더 무거운 돌 같은 것은 체 안쪽에 분리되어서 남아있게 됩니다. 그러면 돌이나 쓸모없는 것들을 손으로 들어내어 버릴 수 있습니다."

이런 방식으로, 밀을 까부르는 것이란 체를 앞뒤로 크게 흔들어 밀과 쭉정이를 쉽게 분리하는 일임을 알 수 있습니다. 예수님께서는 이 비유를 사용하심으로써, 그 밤의 무시무시한 중요함이 체 안에서 밀을 흔들 듯 과격하게 제자들을 흔들 것이라고 말하고 계십니다.

하지만, 그 체질의 목적은 사탄의 욕구를 만족시키는 것이 전부입니다. 그의 목적은 알곡에서 쭉정이를 가려내는 데 있지 않습니다. 오히려 쭉정이들로부터 알곡을 확보하는데 있습니다. 그는 제자들을 심하게 흔들어 두렵고 불안한 그 밤에 그들이 정신을 놓게 하려 합니다. 그러면 그들이 자기들이 무엇을 하는지도 모르는 사이에, 알곡을 불어 없애고 그 안의 좋은 것들을 날려 나쁜 것들을 작용시키기가 쉬워지기 때문입니다. 달리 말하자면, 사탄은 고난의 체질을 수단으로, 선한 것들인 알곡들보다 악한 것들인 쭉정이들이 더욱 우세하기를 원하고 있습니다. 사탄의 현존에 의해 그 수난의 밤은 악마적인 유혹의 밤이 되고 있습니다.

이러한 목적을 가지고 사탄은 성부 하나님께 인신보호영장(a writ of habeas corpus)을 청구하고 있습니다. 그는 열두 제자를 자기 손에 넘기도록 요청하고 있습니다. 제자들은 실제로 사탄의 것이 아닌가요? 아니면, 누군가 그중 열한 명의 갈릴리인을 사탄의 손아귀에서 사기 위해 충분한 보석금을 지불하였나요?

본문은 사탄이 이 밀 까부르는 것이 마치 자신의 권리인 양 요구하고 있다는 점, 그가 자신의 소유물에 대한 권리를 주장하고 있다는 점, 마치 자신이 이미 그들의 소유자가 된 것처럼 그들을 하나님에게 요구하고 있다는 점을 탁월하게 지적합니다. 근동에서 곡식의 주인이 바뀌면, 그것을 체질하는 것은 판매자보다는 구매자의 의무가 됩니다. 구매자가 알곡과 쭉정이, 곡식과 껍데기가 잘 분리되었는지를 직접 살펴보아야 합니다. 그런 의미에서 사탄은 하나님께서 당신의 곡식 창고에 모으고자 하시는 알곡에 대하여, 마치 처음부터 자신이 주인이었던 것처럼 가정하고 행동합니다. 추수는 나의 것이야, 그는 스스로 이렇게 말하고 있습니다. 하나님이 그리스도의 피값을 치른다 해서 알곡들을 소유할 권리가 있는 건 아냐. 구매자로서 자신의 방식으로 알곡에 섞인 쭉정이를 좀 취할 수 있을지는 모르겠지만 말이야. 아니야, 하나님은 결코 곡식의 구매자가 될 수 없어, 결코. 하나님이여, 그대가 스스로 보석금을 지불할 자격이 보장되지는 않는답니다. 영혼들의 밭은 악마의 소유물이라고요. 그리고 그는 자신이 원하는 방식으로 곡식과 쭉정이를 다루려고 합니다. – 이것이 하나님에 대항하는 사탄의 싸움의 근본적인 주제입니다. 그 주제는 제자들을 시험하고 입증하(여 축복하려고 체질하)는 권리에 대한 것이 아니고, 또한 그들을 유혹하(여 저주하려고 체질하)는 권리에 대한 것도 아닙니다. 핵심적인 싸움은 오히려 이것입니다: 제자들은 누구의 소유냐? 하는 것 말입니다. 그들이 실제로 세상의 밭에 악한 씨앗으로 뿌려져 왔다면, 하나님께서는 그 밭을 자신의 것으로 삼으실 수 있는 것일까요? 그들을 당신 자신에게 복종시키셔서 추수의 때에 직접 체질하실 수 있는 것일까요? 아니면, 사탄이 그 밭이 법적으로 자신의 소유인마냥 요구할 수 있는 것일까요? 그리고 그러면– 사탄이 자신의 방식으로 수확물을 체질하게 되는 것일까요?

하나님을 대적하는 사탄의 전투는 세상에 대한 소유권과, 세상 안의 교회에 대한 소유권을 차지하기 위한 것입니다.

예수님께서는 사탄이 그 소유권의 문제가 해결된 뒤에 무엇을 하려고 하는지 너무나도 잘 알고 계십니다. 만약 그 밭이 사탄의 사법권 아래에 놓이게 된다면, 사탄은 반역의 정신을 억압당하고 있는 영혼들 가운데 좋은 것은 뽑고 나쁜 것은 지키려 할 것입니다. 그것들을 통해 밭이 영원히 황폐하도록 저주하려는 것입니다. 하나님께서 친히 만드신 그 밭을 말입니다. 사탄이 알곡 같은 너희를 체질하기 위해서 너희를 소유하기를 열망하고 있는 것이니라!

네 번째로 생기는 질문은, 정확하게 어느 순간에 사탄이 이것을 열망하느냐? 하는 것입니다.

그 답변은 명백합니다: 바로 이 순간 그가 욕망하고 있다는 것입니다.

본문에 나타나는 섬세한 구분을 충분히 인식하기 위해서, 헬라어에는 구체적인 동작을 묘사하는 두 가지 방식이 있다는 점을 기억해야 합니다. 먼저 동작이 한 순간에 완결되는 형태로 제시될 때가 있습니다. 그리고 동작이 계속되는 방식으로 제시될 때도 있습니다. 헬라어에는 동작이 순간적이냐 아니면 지속적이냐 하는 것을 나타내는 방식이 있다는 것입니다.

이 본문에서, 그리스도께서 사탄의 열망을 정해진 시간에 순간적으로 발생한 동작으로 지적하신 것은 눈에 띄는 요소입니다. 그리스도께서 "사탄이 너를 소유하기를 열망하고 있다"고 하셨을 때, 그 동사의 형태는 순간적인 동작을 말하는 것이지 지속적인 것을 뜻하지 않습니다. 다른 말로 하면, 그리스도께서는 사탄의 사악한 욕구들이 지금 절정에 이르렀음을 가리키신다는 것입니다. 그 욕구들은 특별한 신랄함을 띠고 있습니다. 사탄은 시간에 제한당하지 않지만, 시간의 연쇄에 맞춰서 활동합니다. 하나님께서 당신의 역사(work)를 시간 속에서 실행하시기 때문입니다. 하나님의 구속의 역사(work)의 역사적(historical) 과정의 높낮이는 사탄의 열렬한 추구의 곡선을 묘사하고 있습니다. 구속의 우물에 가득 찬 맑은 물을 흩트려 놓으면, 그것이 지옥의 열정과 활동의 검은 물에도 반영됩니다. 자기 자신의 반역적 성질에도 불구하고, 사탄은 스스로를 하나님의 시간과 상황에 적응시켜야 합니다. 하나님께서 당신의 돌을 물속에 던지시면, 그 물의 파동은 멀리 나아가다가 마침내 악마에까지 미칠 것입니다. 사탄은 하나님의 능력의 파동의 힘을 회피할 수 없습니다.

이것이 지금 우리가 다루는 본문의 상황입니다. 먼저, 그리스도께서 기도하신 사실이 있었습니다. 그래서 반작용이 시작되지 않는 것이 불가능했습니다. 반작용은 사탄의 "기도"(prayer)입니다. 그리스도의 음성이 기도 속에 올라가고 있습니까? 그렇다면, 여러분은 사탄의 음성도 들으실 것이 분명합니다. 거친 열정으로 가득 차 있고, 반응(action)을 원하지만 결국 반작용(reaction)만이 그의 몫인, 그런 종류의 고통으로 가득 찬 음성을 말입니다. 이제 하나님의 번개가 하늘을 찢어 놓습니다. 그분의 천둥이 온 세상에 포효합니다. 그것이 사탄의 영을 이상스럽게 흥분시키고, 새로운 힘을 얻어 열망하게 합니다. 그는 자신 생각에 자신의 권리라고 여기는 것을 구하면서 자신의 음성을 더욱 높입니다.

그는 하나님 앞에서 탄원합니다. 그가 탄원하는 것은 하나님73)께서 탄원하시기 때문입니다. 그의 탄원은 반작용을 표상합니다. 하나님께서 그날의 순서, 그 순간의 일, 그날과 순간에 대해서 당신의 법적인 권리들을 주장하실 때, 사탄은 행동해야 합니다. 권리 대 권리, 한편의 주장은 다른 편의 주장을 낳습니다. 천국을 위한 모의가 일어난다면, 지옥을 위한 모의도 발끈하고 일어나야 합니다. 그리스도께서는 천국의 운동을 위한 모사이자 중보자로 이름 불리셨습니다, 그렇지요? 그리고 성령은 그분 뒤에 오시는 그분의 계승자로 불리셨습니다. 그러면 사탄도 하나님 앞에 자기 사례를 제시할 것입니다. 그는 자신의 주장을 제시합니다. 율법 대 율법, 그것도, 구속의 율법들에 영원토록 반대하도록 고안된 그 모든 율법과 전례들을 인용합니다.

---

73) 한역주 : 하나님께서 탄원한다는 것이 이상하게 여겨지지만, 하나님이시고 사람이신 그리스도께서 탄원하시는 것을 가리키는 것으로 보면 어렵지 않게 이해할 수 있겠다.

성경이 표현하는 구절을 보십시오. 이것이, 바로 이것이 욥기의 서문
(prologue)에 대한 응답으로 기록된 그리스도의 결문(epilogue)입니다. 또
한 사탄이 "형제들을 고소하는 자"로 되돌아오는 요한계시록 12장에 대한 서
문입니다.

어떤 인간의 고안물과 그럴듯한 유사 복음으로도, 이 사건에서 하나님의 복
음이 성취하는 것과 같은 심오하고 감동적인 진정성의 깊이를 성취할 수 없습
니다. 참으로 이 복음은 우리에게 사탄에 대해서, 그리고 그의 슬픔에 대해서
말해주고 있습니다. 하지만 무엇보다도 우선하여 예수 그리스도를 말해줍니
다. 그분은 바로 여기 수난의 방에 계시면서 욥기의 서문, 요한계시록, 그리고
특별히 일곱 사람의 책 속에 나오는 그 긴장과 그 숭고한 드라마를 경험하고
계십니다.

욥을 위해 우호적으로 증언해야 했던, 바로 그 고엘[74])이, 이제 우주를 뒤흔
들고 있는 영적 소송사건에 참여하기 위해 육체로 현존하시는 것입니다. 욥기
에 제시되는 그 공포, 그 두려움이 오늘 우리 귀에 성취되고 있습니다. 하지만
그 책의 위로는 두려움과 함께 오는 것입니다.

여러분은 그 메시야적 강조가 욥기에 단호하게 선언되었다는 점을 기억해야
합니다. 인간적인 형태, 곧 악한 친구들로 가장한 '마귀들'에 둘러 싸여, 어떤
면제나 위로의 소망도 없이 욥이 고소당하고 있을 때 - 그때 욥은 분연히 일어
나 스스로를 위해 말하면서, 하나님 앞에서 자신을 위해 탄원해 줄 중인에게
호소합니다. 욥은 하나님께, 그리고 사탄에게 체질을 당하고 있고, 만세반석
(Rock of a Ages) 사이에서 이리저리 던져지고 있습니다. 욥은 자신의 자아
안에서 하나님의 장엄하심을 입증하기 위하여 체 안에 놓여야 했습니다. 그리

---

74) 한역주 : 욥기 16:19, 17:3, 19:25에 나오는 단어로서, 근친, 구속자, 대속자의 뜻을 갖는다.

고, 욥이 호소했던 변호사이자 증인께서 하나님 앞에 드리는 당신의 청원 중에 불쌍한 욥의 대의를 포함하실 것입니다. 그분께서는 그곳에서 욥의 구속을 탄원하실 것입니다. 비록 욥이 절망에 굴복하고, 하나님에게 불평하며, 모든 방향감각을 상실하고 자신의 생애에 담긴 메시야적 요소들에 대항하여 불평할 때라도, 그때라도, 엘리후가 등장하여 메시야를 가리킴으로써 메시야의 복음을 위한 여지를 남겨두는 것입니다. 메시야가 오실 것이고, "일천 천사 가운데 하나"[75]로서, 욥을 위하여 고난을 당하시고 속죄하실 것입니다.

밀 까부르듯이 체질하기를 원하고 있는 한 편의 사탄과, 그 체질이 계속되게 하시면서도 간섭하셔서 욥의 신앙을 보존하고 만족을 주시는, 다른 편의 증인이자 변호사 사이의 긴장 —그 긴장이 욥기에 이미 있습니다.

그 증인이자 변호사이신 분의 위로는 이제 완벽해졌습니다.

욥기가 기록되었을 때는 아직 고엘이 나타나지 않았습니다. 욥과 엘리후는 단순히 눈을 찡그려, 멀리 희미하게나마 윤곽이 드러나는, 거리에서 사탄에게 대항하시며, 천국에서 당신의 사례를 탄원하시는 중보자의 모습을 뚫어져라 쳐다보고 있습니다. 하지만, 이제, 그 고엘, 그 증인, 그 대변자, 그 중보자께서, 육체로 나타나셨습니다. 시몬아, 시몬아! 욥이여, 욥이여! 엘리후여, 엘리후여! 보라, 내가 여기 있노라. 내가 오늘 여기에 왔노라. 내가 시몬을 위하여 기도하였고, 사탄의 고소에 대해 중보하여 반대하였노라. 보라, 너희의 구원자가 여기 있노라.

그렇게 그리스도께서는 역사의 흐름을 통해 당신의 자녀들을 위한 보증인으로서 오셨습니다. 이 위기의 순간, 세계의 위기의 순간에(요 12:31), 그분께서

---

75) 한역주 : 욥기33:23.

는 잠시 후 당신의 피로 인 치실 보증인이 되신다는 사실을 기도 속에서 미리 경험하고 계십니다. 그분께서 그들을 위해 기도해 오셨습니다. 영적 세계에서 십자가는 이미 높이 세워진 것입니다.

그분께서는 슬픔의 사람으로서 그들을 위해 기도하셨습니다. 그 행위로서 그분께서는 당신의 신앙(faith)을 드러내셨습니다. 자기 고객의 면죄를 위한 탄원을 곧 지불될 보석금에 근거하기를 원한다면, 그 지불을 분명하게 보장해야 할 것입니다.

그리스도의 은혜는 변호를 위한 당신의 탄원에 있어 특별하면서도 보편적입니다. 그분께서는 그 자리에 있는 모든 이들을 위해 기도하십니다. 왜냐하면 그분께서는 그들 모두가 하나님의 신실하심을 입증하는 문서들에 들어가기를 바라시기 때문입니다. 하지만 그분께서는 특히 베드로에 대해 민감하십니다. 왜냐하면, 수난의 역사의 초기에 사탄적으로 말하였던 시몬은, 오순절 날 하나님 영에 감동받아서, 자신의 영혼의 감동을 언어로서 표현할 첫 번째 사람이 될 것이기 때문입니다. 시몬아, 내가 너를 위하여 기도하였노라.

마지막으로, 예수님께서 기도하셨던 것은 무엇이었을까요? 체질하는 것이 멈춰지도록 기도하셨던 것일까요?

아닙니다, 그것을 위해 기도할 수 없으셨습니다. 욥은 하나님과 사탄 둘 모두에게 체질 당하였습니다. 다윗은 사탄으로부터, 그리고 하나님으로부터 행동하도록 동시에 자극을 받았습니다. 훗날의 바울도 선교여정을 실행하는 중 사탄으로부터, 그리고 성령으로부터 제어될 것입니다. 또한 사탄과 예수님으로부터 동시에 주먹질을 당할 것입니다. 이처럼, 제자들도 지금 하나님으로부터, 그리고 사탄으로부터 체질을 당하고 있는 것입니다. 시몬아, 시몬아, 아버지께서 너를 소유하시기를 원하시는도다, 그분께서 너를 밀 까부르듯 하기를 원하시는도다. 시몬아, 그렇게 되어야만 하는구나. 시몬아, 지금은 위대한 체질의 날이자, 위대한 분리의 날이로구나. 이제 쭉정이가 알곡으로부터 분리될 것이며, 지옥이 천국에서부터 완전하게 분리될 것입니다. 가라지와 곡식이 함께 자라게 하였던 혼합주의가 원리상 깨뜨려질 것입니다. 가라지와 곡식이 함께 번성하게 하는, 일반은총이라고 불리는 유예기간이 원리상 재소환되었습니다. 만약 전체 세계가 하나님과 사탄 사이의 갈등 가운데 앞뒤로 주고받지 않았더라면, 이 밤, 이 십자가, 겟세마네, 골고다, 그리고 그리스도 당신께서는 거의 완전히 헛되었을 것입니다.

아닙니다, 그리스도께서는 하나님 편에서나 사탄의 편에서 그날 주어진 주문에 따라 체질이 멈추기를 구하지 않으십니다. 그분께서 그것을 기도하셨더라면, 당신의 때를 저주하셨을 터이고, 죽음의 시간에 대하여 신성모독의 발언을 하셨을 것입니다. 소란과 태풍을 위해 예비된 그날에 그분께서 조용함과 안정을 위해 구하실 수 있었을까요? 그리스도 안에 있는 제사장께서, 당신의 사랑으로 어린아이들을 위해 탄원하시는 것은 사실입니다. 하지만, 이들 중의 하나를 사랑하는 그분의 사랑은 당신의 기도를 통해 교회 전체의 공동체를 위협하거나, 위대한 구속의 성스러운 계획을 방해하는 일은 결코 하지 않으십니다. 그러므로, 그분의 제사장적 사랑은 사탄의 체 안에서 제자들이 빠져나오기를 요구하는 것이 아닙니다. 만약 그분께서 그렇게 하셨더라면, 우리가 고백하는 대제사장께서는 당신이 그 체질에 대한 염려로부터 도피할 수 있도록 간구하셨을 것입니다. 그러면, 세상은, 그리고 우리는, 그분과 함께 멸망했을 것입니다.

그리스도께서는 아버지께 다른 것을 위해 간구하십니다. 그분은 사탄은 그 체질의 두 번째 원인에 불과하고, 하나님께서 근본적인 원인이 되신다는 것을 알고 계십니다. 그러므로 그분께서는 하나님을 향해 간구하기를 믿음이 약해지지 않기를 기도합니다 – 아버지여, 그들이 주의 손에 머물러 있게 하소서! 주께서 체질하고 계시나이다. 또한 사탄이 체질을 하나이다. 하지만 주의 방법은 사탄의 것과는 다릅니다! - 사탄은 쭉정이를 모으고 알곡은 바람에 날려가 버리기를 원합니다. 그리스도께서는 알곡을 보존하고 쭉정이를 날려 보내기를 원하십니다. 체질로써, 사탄은 선한 것을 악한 것으로 억제하기를 원합니다. 그런데 그리스도께서는 또한 체질로써, 악한 것을 선한 것으로 이겨내기를 원하십니다. 그리고 이제 - 아버지여, 주의 손에 그들의 영혼을 맡기나이다, 하시는 것입니다. 그들로 하여금 이제 밖으로 나가게 하소서. 그들의 신앙이 견고하게 하소서, 그들의 영혼의 밭을 지켜주소서. 오, 하나님, 주를 위하여, 오직 주님만을 위하여 그렇게 하소서.

그런 방식으로, 그리스도께서는 사탄에 대항해 당신의 기도를 하고 계십니다. 그분께서는 소리를 높여서 공격적으로 기도하십니다. 그분의 기도 역시 사탄의 열망처럼 지속적이지 않고 순간적인 행위로 나타납니다. 그분의 기도는 이 시간 공기를 끊으면서 외마디로 끓어오르는 외침입니다. 그 기도는 말합니다: 아버지여, 그들은 믿는 자들입니다. 하지만, 그들의 불신앙을 도와주소서…….

그 기도는 오직 한 가지 길을 인류에게 열어두고 있습니다. 예수님께서 기도하십니다. 누가 그분과 함께 기도하는 것을 거부할 수 있겠습니까?

이제 우리의 전 존재가 그분과 함께 기도하기 위해 일어나야 합니다. 우리는 그분께서 서둘러 십자가로 나아가시기를 기도해야 합니다. 왜냐하면 그것이 그분의 원하시는 바이기 때문입니다. 우리는 그분께서 기도 중에 말씀하신 대로 그분의 말씀에 따라서 그분을 받아들여야 합니다. 입술을 통하여 내시는 그분의 중보에 이제는 행위가 뒤따라야 하는 것입니다. 그리스도께서는 기도하시면서, 이제 곧 올리시게 될 당신의 희생제사에 대해, "아멘"이라고 하십니다. 그분께서 천사들, 그리고 모든 교회의 목구멍에서 "아멘"을 이끌어내시는 일을 서두르시기를 기원하나이다. 그리하여 그분께서 그것을 당신의 믿음에 근거해 하나님께서 미리 받아들이시는 사실에 대한 인장으로서 도장 찍으시기를 기원하나이다.

예수님께서 기도하셨습니다. 기도하심으로써 하나님의 손에서 당신의 십자가를 취하셨습니다. 그리고 하나님의 심령으로부터 성령을 이끌어 내셨습니다. 십자가는 당신의 용도를 위한 것이었습니다. 신앙을 보존하시는 성령은 우리의 유익을 위해서였습니다. 예수님께서 기도하셨습니다. 그 십자가를 위해, 얼마나 절박하게 기도가 필요하셨을까요!

하지만 우리는 위로받을 수 있습니다. 사탄은 여전히, 날마다 그리스도에게 대적하여 탄원하고 있습니다. 그는 여전히 진실로 확정되어 확실하게 천국에 있는 것을 불확실하다고 부르고자 힘쓰고 있습니다. 그럼에도 불구하고, 현재 그가 하는 노력들은 이전의 시도처럼 헛될 뿐입니다. 그는 불가능한 일을 시도하고 있는 것입니다.

하지만, 그 위로란, 말과 행위를 통한 그리스도의 중보 때문에 우리가 머리를 베개에 뉘고 편히 쉬는 그런 것이 아닙니다. 긴장, 위기의 순간들 – 이것들이 세상에 남아 있습니다. 우리는 압니다. 위기들이란, 체질(sifting)을 요구하는 것입니다.

사탄의 바람들이 파선시키고자 위협하면서 방주를 향하여 불어올 때, 하나님의 바람 또한 불어와 그 방주가 배신의 절벽과 산을 넘어서서 신속히 가도록 하십니다. 그분의 사랑이 방주를 들어서 위험을 넘어서게 하는 것입니다. 우리는 그것을 압니다, 그리고 그것은 확실합니다 – 하지만 두 바람은 똑같이, 견디기에 여간 힘들지 않은 바람인 것입니다.

오늘날 사탄의 질투와 증오의 파도들이 교회를 대적해 밀려오고 있습니다.

교회는 조그만 배입니다. 그리고 다시금, 우리는 하나님께서 당신의 바람을 절벽과 암석을 넘어 불어오게 하시는 것을 알고 있습니다. 그러나 다시금, 그것이 견디기 힘든 바람이라는 사실도 분명합니다. 거센 폭풍인 것입니다! 중보와 섭리는 한 점의 오류도 없이, 그 심판, 그 위기를 향하고 있습니다.

시몬에 대해서 말입니다! 그러면 우리들에 대해서는 어떠합니까? 시몬은 무엇을 해야 합니까? 그리고 우리는 무엇을 해야 하는 것일까요?

시몬은 아직 알지 못합니다. 그에게는 그를 위하여 먼저 기도하시고, 그의 눈을 열어 이 영적 갈등의 본질을 보게 하실 중보자가 필요합니다. 조금만 있으면 시몬은 그것을 이해하게 될 것입니다.

그런데, 우리도, 주님이시여, 우리도 더 나은 형편이 아닙니다. 잠시 후면, 우리도 이해하게 될 것입니다.

하지만, 우리가 알게 된 이후, 우리가 그리스도께서 우리를 위해 중보하시면서 당신의 십자가를 천국에서 매일같이 제시하셔야 하는 것을 확신한 이후로, 그로 인해 각각의 날들이 우리에게 압박감을 줍니다. 우리는 우리의 날들을 계수하는 것이 좋겠습니다. 왜냐하면 우리를 위해 중보하시는 그분께서 그날들을 대단히 중요하게 여기시기 때문입니다. 중보라는 것은 구별의 과정 없이 생각할 수 없습니다. 그것은 구별의 원리를 세상에 소개하고 있습니다. 중보는 그 일곱(the seven)[76]을 일하게 하는 것입니다.

---

76) 한역주 : 여기서 "일곱"(seven)이라고 하는 것은, 일곱 교회, 일곱 별들에서 나타나듯이 선택받은 자들, 곧 체질의 과정을 통해서 분리 혹은 차별화된 선택받은 자들을 말하는 것으로 보인다. 저자는 이런 선택된 자들이 직분을 받아서 그 직분의 직무를 행하는 문화적 사명을 받았음을 『그리스도와 문화』(손성은역, 지평서원: 2017년)에서 강조하고 있다.

하지만, 그것으로 충분합니다. 우리의 모든 생각은 최종적으로 예수님의 기도에 머뭅니다. 생각, 우리의 생각은, 최종적으로 타락 전 선택설(supralapsarianism)에 이르게 됩니다.

욥은 오직 하나님께서 그것을 기뻐하셨기 때문에 체질을 당하였습니다. 하나님께서는 욥 안에서 당신의 완전한 신실함을 입증하기를 기뻐하셨습니다. 그리고 그것을 최소한의 자격조차 없는 구경꾼에게도 논증하시기를 기뻐하셨습니다. 정확하게 같은 방식으로, 제자들과 교회공동체는 체 안으로 던져졌습니다. 곧 하나님의 명예를 입증하고 사탄의 눈앞에서 그분의 진정한 위엄을 보존하기 위한 유일한 목적을 따라서 말입니다. '체질'이라는 단어를 하나님의 영원한 진리까지 추적해 보는 사람이라면 누구라도 교회가 겸손하게 말하는 타락 전 선택설에 이르러야 합니다.

하지만, 만약 우리의 생각이 난국에 부딪힌다면, "내가 너를 위하여 기도하였노라"라는 이 타락 후 선택설적인(infralapsarian) 발언에 귀를 기울일 수 있습니다: 내가 너를 위하여 기도하였었노라. 내가 속죄의 길을 발견하였노라. 내 백성들아, 나는 너희의 필요 속으로 들어갔노라. 나는 내 영혼 속에서 너희와 함께 살았노라. 나는 너희와 함께 내 영혼의 모든 특성을 통과하여 경험하였노라. 그리고 지금 말하고 있는 나는, 모든 일에 있어서 너희와 같은 사람이니라. 하지만, 나는 또한 영원한 하나님이로다. 그래서, 하나님께서는 나를 통하여 너희에게 오늘날 타락 후 선택설적인 방식으로 말씀하셨다. 너희 영혼의 직접적인 필요 안에서, 나는 그 필요에 대해서 민감하였노라. 내가 너희들을 위하여 기도하였었노라.

이제 모든 것이 우리를 위하여 유익합니다.

제가 하나님의 편에서 본다면, 오직 타락전 선택설의 방식으로만 그 체질을 생각할 수 있습니다. 그러면, 저를 멸절시키시는 평화를 경험하시는 하나님께서는, 저를 체질하시는 것의 알파이자 모든 고난의 오메가가 되십니다. 저의 최후의 고난(저의 체질 당함의 오메가)이 당신의 결정에 있어서는 첫 번째 요소(그분의 협의(counsel)의 알파)였기 때문입니다.

하지만 제가 말씀이 육신이 되신 그리스도께서 기도하시는 것에 귀를 기울일 때, 저는 그 안에서 타락 후 선택설적인 것과 동등한 것을 듣게 됩니다. 하나님의 협의에서 알파였던 것이 예수님의 인간(human) 영혼 안에서는 하나의 오메가가 되는 것입니다. 저의 알파들(alphas)이 그분의 것이고, 저의 오메가들(omegas)이 그분의 것입니다. 그분의 입이 나의 입술과 함께 하나님의 숭고한 대본(script)을 읽는 것을 배웁니다. 어쩌면 저는 그저 미숙한 어린 아이일 뿐입니다. 아마도 저는 읽을 수가 없을 것입니다. 단지, 단순히 철자를 소리 낼 뿐일 것입니다. 하지만 그분께서는 나와 더불어 그 글자들을 소리 내어 읽어주십니다. 제가 염려하는 중에 그분께서 염려해 주십니다. 바로 지금 그리하여 그분께서는 저를 위하여 기도해 주셨습니다.

이제 저는 그분 안에서 안식하기를 원합니다. 이제 타락 전 선택설이건 타락 후 선택설이건 그것들은 임시적이면서 영원한 일치 가운데서 통합됩니다. 십자가 안에서 그리고 제가 제사장으로 고백하는 예수 그리스도의 기도 안에서 통합됩니다. 이제 저는 그분 안에서 안식하렵니다.

chapter 16
|
자신의 시편을 직접 부르시는 그리스도

"이에 그들이 찬미하고 감람산으로 나아가니라"

- 마태복음 26:30 -

16장.
자신의 시편을 직접 부르시는 그리스도

그리스도께서 유월절의 방을 떠나시서 당신의 수난의 밤으로 나아가실 때, 그분께서는 길을 걸으면서 노래를 부르십니다.

여러분과 제가 수난의 길을 걷는 그 슬픔의 사람께서 노래 부르시는 것을 상고하는 첫 번째 사람들은 아닙니다. "도살장으로 끌려가는 길에 노래 부르시는 그리스도"에 대한 묵상은 오래 전부터 많은 사람들의 감정을 사로잡았고, 어떤 사람들은 스스로 노래하기 시작했습니다. 특히 중세에는 많은 사람들이 예수님께서 죽음의 현장으로 나아가면서 부르셨던 그 시편에 대한 노래를 작곡하는 데 착수했습니다.

중세의 정신이 깃든 문헌 속 찬송들에 주목한다면, 그분을 나이팅게일에 비유하는 노래를 흔히 보게 될 것입니다. 십자가에 못 박히시면서 노래하는 그분이, 산사나무(a May-tree)에 앉아서 높은 소리를 토해내는 나이팅게일을 상징하여 표현되는 것입니다. 그로 인해 십자가의 야만성은 꽃이 활짝 핀 산사나

무의 부유한 호화로움에 제 길을 양보하고 맙니다.

 이런 예술적 묘사는, 그 슬픔의 사람의 건조한 음성으로부터 모든 참혹함을 제거해 버립니다. 그는 여러 상처들로부터 피를 흘렸으며, 그의 메마른 목구멍은 하나님을 향한 그의 거룩한 수난의 앙상한 부르짖음 외에는 어떤 소리도 낼 수 없었습니다. 그 참혹함을 대신해 전혀 다른 인상이 대체됩니다. 노래하는 것을 너무도 사랑하여 도무지 노래하지 않을 수 없었던, 매우 시적인 나이팅게일의 인상입니다. 십자가의 일곱 마디 말씀은, 일곱 가지 톤으로 구성된 나이팅게일의 소리로 상징된다고 합니다. 넘치는 사랑에 따라 노래하는 나이팅게일에 예수님을 비교함으로써, 사람들은 그분께서 말씀하시고 탄식하시며 고난당하신 수난의 밤 모든 요소에 시적인 후광을 운율적으로 장식했습니다.

 우리는 이것에 대해 반드시 언급할 것을 크게 말하는 것이 좋겠습니다. 이런 시는 수난의 복음의 내용과 거룩성에 대해 부당한 인상을 심어줍니다. 그리스도의 뒤틀어진 몸과 버림받은 영혼에 대한 야만적인 설명들을 생명과 사랑, 그리고 그것에 의해서만 심장이 뛰는 나이팅게일의 푸릇푸릇한 달콤함으로 변형시켜서는 안 됩니다. 비록 사랑과 생명의 의지가 예수님의 거룩한 심장(the Holy Heart of Jesus)을 더 빠르게 뛰게 만들었더라도, 하나님의 공의의 손가락이 그것을 멈추게 하였기 때문입니다. 그 손가락의 위협 아래에서 예수님께서는 두렵도록 고난 당하셨습니다. 그 손가락이 그분의 몸을 고통 가운데 뒤틀리게 했고, 그분의 영혼을 깨뜨린 것입니다. 그분의 외침들은 상황에 만족하는 자연스러운 사랑의 외침들이 아니었습니다. 그 외침들은 공의의 외침이었으며, 두려움으로 가득 찬 투쟁을 통과함으로써 십자가 위에서 평화를 얻게 될 은혜의 분투적 성취의 외침이었습니다.

 여기에 우리는 또 다른 고려 사항을 첨가해야 합니다. 나이팅게일의 상징이 예수님의 사랑을 표상하기 위해 사용될 때마다, 그 상징은 언제나 그 사랑을 예언으로부터 분리하게 됩니다. 시의 질적인 내용과 무관하게 말입니다.

나이팅게일은 나무 잎사귀 아래에서 노래합니다. 그 노래는 자연의 범위를 넘어서지 않습니다. 그 소리는 자연 범위의 경계를 넘어서지 못하고 되돌아오곤 합니다. 그리고 이것은 자연을 위해, 그리고 자연의 사랑을 위해 너무나도 충분합니다. 나이팅게일의 노래에는, 그리고 지상에 있는 푸른 정원의 놀라운 수려함 속에는, 분명 생명이 있고 그 생명의 두근거리는 박동이 있습니다. 하지만, 이것들 안에는 예언이 없습니다. 자연은 예언에 종속됩니다. 예언의 범위 안의 한 부분일 뿐입니다. 그래서, 자연이 예언적으로 노래한 적은 결코 없습니다. 자연은 예언의 최상의 대언자가 아닙니다. 그래서 결코 그 자체로 예언하지 않는 것입니다. 물론, 성령이 그 안에서 활동하고 계십니다. 바로 그 성령께서 자연 안에 살아있는 모든 것들에게 혀를 주시고 언어를 주셔서 그것으로 말하게 하십니다. 하지만, 성령께서는 자연 속으로 들어가 그 자연을 통해서 예언하시지는 않으십니다. 그 권리, 예언할 수 있는 권리를 오직 사람들에게만 주시는 것입니다.[77]

기억하십시오(우리는 이 점을 강조하기를 피곤해해서는 안 됩니다!). 예언하시는 이는 그리스도이신 것입니다. 그분께서 우리를 위해 하신 그 행위, 그리고 그것의 의미를 크게 외쳐 예언하십니다. 자연의 한계를 훨씬 뛰어넘는 그 행위와 그 행위의 의미심장함을 그분께서 전달하시되, 하나님이 계시는 하늘 높은 곳까지 전달하는 것은 정확하게 그분의 예언에 의해서입니다. 여러분도 아시듯이, 그분의 행위는 예언의 말씀(the Word)을 동반하는 것입니다.

---

77) 한역주 : 예언의 특권을 오직 사람에게만 제한하고자 하는 저자의 의도는 이해될 만하다. 하지만, 성경에서는 예수님께서는 돌들도 소리 지르겠노라고 하셨고, 발람이 타고 가던 노새도 말하고 있는 것이나, 특별히 시19편의 자연이 자연을 향하여 말하고 있는 바들도 언급하고 있다는 점들을 고려하면서 저자의 의도를 파악해야 할 것이다.

그래서, 예수님께서 노래하실 때 그분은 언제나 예언적으로 노래하시는 것입니다 이런 노래하심은 결코 가난한 것이 아니라, 오히려 부요하심을 나타냅니다. 자연의 아름다움이 말씀의 아름다움보다 더 아름답지 않습니다. 그렇습니다, 예수님께서는 예언적으로 노래하십니다. 하지만, 훗날에 그분께서는 또한 시적으로, 서사적으로, 교훈적으로 노래하십니다. 그러므로, 그분께서 수난의 성전 끝자락에 있는 십자가에서 부르시는 그 노래는, 여기 유월절의 방에서 그 문턱을 넘어가실 때에 부르시는 노래와 함께 예언적인(prophetic)노래입니다.

그 노래는 말씀을 붙잡고 있습니다. 그것은 말씀을 성취합니다. 그것은 말씀을 설명합니다. 이에 그들이 찬미하고 감람산으로 나아가니라. 예수님께서는 노래를 부르시며 하나님께 나아가고 계십니다.

우리는 나이팅게일의 상징을 사용할 때 중세의 시들이 갖는 수많은 불일치점에 대해 너무 강하게 지적해서는 안 됩니다. 왜냐하면, 우리는 일반적으로 그리스도께서 유월절의 방에서 부르신, 곧 각 부분이 성경에서 전적으로 인용하고 있는 찬양시편보다 성경에서 부분적으로 인용하는 십자가 위에서의 일곱 마디 말씀에 더 집중해 왔음을 인정해야 하기 때문입니다.

그렇습니다, 우리는 우리가 그분의 수난이라고 인식하는 때에 그리스도께서 말씀하시는 것, 그분께서 거칠고 또한 구슬프기만 한 음성으로, 두려움으로 가득 차 있는 고통의 순간에 말씀하시는 것에 더 많은 주의를 기울입니다. 십자가상에서 아직은 멀리 떨어져 있는 시간에 조용히 대화하며 말씀하시는 것에 비교해서 말입니다. 그리고 이렇게 우리의 주의를 분산시키는 것은, 아마도 우리가 어떠한 자들인지 보여줄 것입니다. 그것도 호의적이지 않은 방식으로 말

입니다. [78]

여러분은 그분께서 성경적인 단어들로 노래하면서 보이신 그리스도의 침착함을 우리가 지나치게 남용하고 있다고 추측하십니까? 그분께서 유월절의 방을 떠나면서 남기신 시편의 말씀들보다 십자가상에서 하신 말씀에 더욱 이끌림으로써 말입니다. 그 시편 안에 담긴 주님의 말씀을 예언적으로 적용하는 것보다, '가상칠언' 이라고 말하는 저 고통의 절규들로부터 진정 더 큰 사랑이 드러난다고 생각해야 할까요?

질문을 한다는 것은 답을 하는 것이기도 합니다.

그래서 우리는 개혁신앙적 성경해석 원리를 재검토할 때에 그것을 예수 그리스도의 영과 혼, 그리고 그분의 사역에 대한 우리의 고백에 적용하면서 해야 할 것입니다. 유월절 식사의 끝부분에서 부르신 시편찬송은 가상칠언에 조심스럽게 주의를 기울여야 하는 것과 동일한 가치가 있습니다.

처음부터 우리는, 찬송 하나를 부르는 것이 비상한 어떤 것을 분명하게 나타내지 않는다고 말해야겠습니다. 유대인의 유월절에는 수천의 사람들이 그리스도께서 이 시점에 부르신 시편을 부르는 데 합세했습니다.

찬송을 부른다는 것, 특별히 시편을 찬송하는 것은, 유월절 잔치의 공식행사 중 한 부분이었습니다.[79] 다른 말로 하자면, 찬송하는 것과 그 찬양은 평범한

---

78) 한역주 : 그렇게 분산시키지 말고, 동일한 정도로 양쪽 모두에 다 주의를 기울여야 한다는 뜻이다.
79) 할렐(시편찬양)을 부름으로써 끝이 나게 되는 식사는 당연히 유월절 식사였음을 보여준다는 우리의 결론은, 10장("유월절의 방으로 들어가시는 그리스도")의 논증뿐만 아니라 이 사실에 연관된다. 유월절식사는 이것과는 또 다른 식사임을 옹호하는 견해가 있다. 이 책의 본질은, 예수께서 실제적으로 유월절 식사에 참여하셨다는 의견을 지지하는 논거들을 늘어놓을 만한 여유가 없게 한다. 우리는 우리의 견해가 부분적으로 계시의 역사와 그 구조에서 도출된 것이며 특별히 주석적 기초에 근거한 것이라는 점만 간단히 말

일이었습니다. 시편 113편에서 118편을 고려할 때 찬양은 익숙한 일입니다. 그 시편들을 통틀어 할렐(the Hallel)이라고 부릅니다. 관습에 의하여, 유월절에 할렐은 두 배의 빠르기로 불렸습니다. 모든 유대인들이 이 관습을 따랐습니다.

아마도 그 관습이 많은 사람들이 찬양 속에서 감동적이거나 특별한 어느 것도 발견하지 못하는 이유일 것입니다. 그리하여 예수님께서 십자가에서 하신 말씀에서 더욱 심오한 것을 찾으려는 것입니다.

이러한 추론은 순전하게 어리석습니다. 예수님께서 하신 일은 다른 누군가 동일한 일을 한다는 사실로 영향을 받지 않습니다. 중요한 점은, 세상 어느 누구도 예수님과 같은 방식으로 일하는 사람이 없다는 것입니다. 전적으로 새로운 성질이 예수님의 입술로부터 터져 나오면서 할렐 속에 내재하게 됩니다. 새롭고 다른 그 성질은 예수님 이전의 세상에는 알려지지 않았습니다. 또한 반복되지도 않을 것입니다.

그 독특한 성질은 노래 부르는 음성이 아니라, 그 시인이 직접 자신의 시를 읊조리며 부르고 있다는 신비 속에 있습니다.

이것은 아름다우면서도 거룩한 일입니다.

유월절 날과 그 전후로 사람들은 거리에서, 집집마다 할렐을 불렀습니다. 하늘이 할렐에 응답했습니다. 천사들은 그것에 무척이나 관심을 가졌고 매우 기뻐했습니다.

해 두겠다. 유월절이 기념될 장소를 찾으라고 예수께서 명령하신 것과 곧 뒤이어 그들이 이 방에 (초청된 자들로서) 앉아 있게 된 것 사이에 있는 밀접한 관계가 그 해석을 그럴 듯하게 해주는 것임을 아주 일반적으로 언급될 수 있겠다.

하지만 어느 누구도 예수님처럼 부르지 않았습니다. 그분 안에서 그 시인은 자신의 노래를 부르고 있는 것입니다.

시인은 자기 시의 최상의 독자입니다. 낭송의 비밀은 성실성입니다. 그리고, 시를 이해하기 위해 우리는 그 맥락을 이해해야 합니다. 어떤 시를 온전히 감상하기 위해 독자는 시인의 마음(heart) 속에 들어가서 읽되, 시인의 감정을 따라 읽을 수 있어야 합니다. 사실, 시를 배우려는 자라면 시인의 마음을 가져야 합니다. 백 명의 사람들이 시를 낭송하는 것을 들어 보십시오. 그리고 그 시의 시인이 직접 낭송하는 것을 들어 보십시오. 그 시인이 좋은 연사이고, 감정과 생각에 적절하게 억양과 운율을 조절할 수 있다면, 단순히 그 시를 지었다는 사실로 수백 명의 낭송자보다 더 잘 읽을 수 있을 것입니다. 감정을 경험한 자는 바로 그 시인입니다. 그 감정을 가장 잘 표현할 수 있는 자도 바로 그 사람인 것입니다.

물론, 좋은 시를 짓고도 그것을 제대로 낭송하는 은사는 부족한 시인들이 있기는 합니다. 그들은 의미심장하게 정서를 표현할 수 있고 그것을 말로서 나타낼 수 있지만 낭송의 기술은 그렇게 좋지 못합니다.

예수님께서는 그런 부족함을 가진 분이 아닙니다. 예수님께서 표현하시는 말이나 노래 중 어느 형태든, 특별하고 독특한 시간의 의미를 완벽하게 포현합니다. 그 형태는, 그분의 독특한 존재하심의 요구와 관련된 순간의 요청에 가장 적절한(completely adequate) 것입니다.

여러분 스스로 결론 내려 보십시오. 유월절, 온 예루살렘에서 불리는 찬송을 하늘이 듣고 있습니다. 경건한 가정들이 자신에게 성취된 구원을 위한 노래를 부르고 또 부릅니다.

하지만, 노래하는 이들 중 한 분은 독특합니다. 그분이 예수님이십니다. 그분은 시인입니다. 그분은 당신 자신의 노래를 부르시는 것입니다.

여러분은 시편 116편을 읽어 보셨습니까? 내 음성과 내 간구를 들으시므로, 라는 구절의 의미를 숙고해 보셨습니까? 아하, 오직 하나님께서만 그렇게도 많은 음성들을 들으십니다. 창조세계 전체가 그분에게 탄식하고 있습니다. 사도의 무리가 노래하고, 교회의 찬양대가 일어서서 노래하며, 저주를 퍼붓는 악담이 찬양하는 거룩한 음성들 사이를 꿰뚫고 올라옵니다. 반역의 대포소리가 하늘을 찢습니다. 모든 소리가 하늘을 향하고 있습니다. 하나님께서는 모든 억압당하는 음성들을 들으십니다. 그럼에도 불구하고, 우리는 "여호와께서 내 음성과 내 간구를 들으셨다"고 합니다. 여호와께서는 여러 음성들 가운데서 한 음성을 구분하신다는 것입니다.

여러분, 시편 116편을 읽어보셨습니까?

예수님께서는 이 시편을 유월절 그 밤에 또한 노래하셨습니다. 예수님의 입술이 이런 노래를 부르셨습니다:

여호와께서 내 음성과 간구를 들으시므로 내가 그를 사랑하는도다.

여러분, 이 단어들이 "여호와께서 내 음성을 들으셨도다"(He hath heard My voice!)라고 말하시던 때처럼 확실하게 토해지지 않았다는 점에 동의하십니까? 그렇습니다, 이 노래가 이런 방식으로 노래된 때가 이전에는 결코 없습니다. 시인은 가장 낮은 위치에서, 가장 높은, 지엄하신 분의 보좌를 위해 자신의 시를 제사하고 있습니다.

그분은 (어떤 이들이 자신들의 '영적' 에로티시즘을 고집하면서 추측하고 있는 것 같은) 사랑의 음유시인이 아니었습니다.

예수님은 "어떻게 할지 모르겠노라"고 노래하는 나이팅게일 새가 아니었습니다.

그분은 당신의 노래를 하나님 앞에 부르시는, 이스라엘의 찬송 속에 나타내시는, 선지자이자 찬양받으실 분이었습니다.

유월절 제의는 모든 다른 '제의들'이 그렇듯 매우 중요하지만, 예수님이 지키신 것을 제외하고, 그 본질의 완전함 가운데 지켜진 적이 없습니다.

시인이 자신의 시편을 노래하고 있다는 말의 의미를 쉽게 이해하려면 다음의 내용들을 받아들여야 합니다. 먼저 시편을 찬양하는 것이 비록 율법에 규정되었더라도, 그리스도께서 일생 동안 행하신 사역의 모자이크 속으로 조화롭게 짜이는 옷감처럼 짜여 들어간다는 사실입니다. 그리고, 그럼에도 불구하고 외부의 명령으로 부과된 이 찬양이 그분 생애에 유기적으로 상호 연결되어 있으며 진정한 위치가 주어져 있다는 사실입니다.

그리스도께서는 우리 가운데 사람이 되셔서 육신으로 계시기 이전에, 이스라엘 안에서 이미 예언하셨습니다. 하나님의 영원한 말씀이자 피조되지 않은 로고스, 그리고 여호와의 사자로서 말입니다. 이것은 베드로가 그리스도의 영이 수난과 그 뒤에 따라올 영광을 미리 증거하고 예언했다고 말함으로써(벧전 1:11) 표현한 위대한 비밀입니다.

성령께서 베드로의 말을 통해, 낮아지셨다가 높아지신 중보자로서 그리스도께서는 예언의 내용(시편을 포함하는)뿐만 아니라 당신의 성령에 의해 이스라엘에 선포된 예언(다시금 시편을 포함하는)의 저자로 활동하셨음을 예언하고 계십니다.

 이스라엘에게 오신 분은 성령이셨습니다. 또한 그는 여호와의 사자이셨습니다. 영원하신 말씀, 아들, 그분께서 이스라엘에 오신 것입니다.

 이 둘(These two)은, 그 당시 나타난 대로 말하자면,[80] 한 분(one person)이십니다.

 시편 113편에서 118편 안에서 자신을 쏟아부으신 분은 그리스도(Christ)의 성령이셨습니다. 그리고 지금, 당신의 시편을 노래하도록 역사하시는 분 또한 그리스도의 성령(the Spirit)이십니다. 인간 예수의 혼(soul)속에서 그것을 노래하게 하시는 것입니다.

 이것은 어느 누구도 이해할 수 없는 심오한 비밀입니다. 한 위격(person) 안에서 연합된 하나님과 사람의 비밀입니다. 인간의 본성이 단일하고 분리되지 않는 결합으로 하나님의 본성과 완벽하게 연합되어 있는 것입니다. 어떻게 그렇게 되었는지는 하나님께서만 아실 뿐입니다.

 이 신비, 이 기적은 일반적으로 우리가 믿음으로 받아들이며 특별하게 적용된다고 믿는 것인데, 할렐을 노래하신 그날 사건 속에서 독특하게 적용됩니다. 그리스도에게 '한량없이' 부어주신 하나님의 영이 어떻게 나사렛 예수의 인간 혼에 영향을 주었는지 우리는 모릅니다. 어떻게 자주 기도하게 하시고 생각하게 하시며 발전하고 또한 노래하게 하셨는지 말입니다. 우리가 아는 바는, 단지 하나님의 영이 하나님의 모든 혼들(all of the souls of God) 속에 현존하시며 역사하시고 또한 기도하신다는 것입니다. 성령께서 말로 표현할 수 없

---

80) 한역주 : 이것은 성자와 성령의 격(person)을 혼동하는 것이 아니다. '그 당시 나타난 대로 말하자면'(as they appeared to be then)이라고 저자가 덧붙이고 있기 때문이다.

는 신음으로 우리를 위하여 중보하신다는 것을 말해주는 이 말씀들이 우리를 위해 기록하였습니다. 그러나 '말로 표현되어질 수 없다'는 점만 제외하고는 또한 그리스도를 위해서도 기록되었습니다. 그 영은 예수님의 혼 속(the soul of Jesus)에서 기도하고, 또한 예수님의 혼(Jesus' soul) 속에서 노래하십니다. 영원하신 하나님의 영이 피조물인 예수님의 혼(the soul of Jesus) 속에서 기도하고 노래하시는 것입니다.

물론 우리의 영혼들(souls)이 죄와 거짓을 그 안에 싣고 있다는 점에서, 예수님은 우리와는 다르십니다. 그래서 우리들은 어느 정도 성령에 저항하면서 기도하고 노래하는 것입니다. 성령께서도 또한 우리의 것들에 저항하여 역사하십니다. 하지만 예수님께서는 언제나 죄가 없으시고, 언제나 성령과 일치하여 기도하시며 또한 노래하십니다.

게다가, 두 번째 차이점이 우리와 예수님 사이에 존재합니다. 우리의 인간적인 한계와 제한점은 우리의 심령에 미치는 성령의 영향력과 말씀을 충분히 인식하지 못합니다. 예수 그리스도께서 의식하시는 만큼 충분하게 인식하지 못하는 것입니다.

그러나 한 가지 중요한 측면에서, 우리와 완전히 비슷하신 것이 있습니다. 주님은 당신의 위격(person)에 있어 무한하시지만, 당신의 영혼(soul)에 있어서는 제한되신 것입니다.

우리는 그것에 대해 더 이상 말할 수 없습니다. 더 말할 필요가 없는지도 모르겠습니다. 우리는 예배하고 신앙할 수 있을 뿐입니다. 아들의 무한하신 위격과 하나님의 무한하신 성령이 둘이시지만 하나이시라는 것(two-in-one), 이 하나 되신 분께서 유월절 할렐의 저자이시라는 것을 믿을 수 있을 뿐입니다. 이 둘이 나사렛 예수의 피조된 인간적 영혼(soul) 속에서 공존하시는 것입니다. 영원한 성령의 심오함과, 하나님을 향하는 완전한 인간적 의지, 로고스, 그리고 그 성령께서 예수님의 혼을 재촉하십니다. 예수님의 진정하고 참되신 혼과 그분 안에 있는 모든 것이 찬미와 감사의 찬송을 노래하도록 말입니다. 이 세 가지(한역자 : 성령, 인간적 의지, 로고스)가 그분의 혼을 재촉하시고, 그분의 모든 감각을 몰아내셔서, 찬미의 제사로서 하나님의 찬송을 부르게 하시는 것입니다. 이제 그 단어들은 이뤄 내어야 할 바를 성취하게 됩니다:

> 나의 힘이신 여호와여 내가 주를 사랑하나이다.
> 여호와는 나의 반석이시요 나의 요새시요 나를 건지시는 이시요
> 나의 하나님이시요 내가 그 안에 피할 나의 바위시요
> 나의 방패시요 나의 구원의 뿔이시요 나의 산성이라.
> 시편 18:1~2

시편의 저자께서 그날 시편들을 부르신 것입니다. 제한된 음악으로 그것들을 부르셨습니다. 물론 '적절한 때'에 부르셨습니다. 왜냐하면, 그분이 사람이셨기 때문입니다. 그럼에도 불구하고 그 시편을 지으신 이가 직접 부르신 것입니다.

우리 인간들이 그것을 들을 수 있었던 것은, 음성의 억양, 톤의 순수함, 그 찬송의 숭고함 때문이었습니다. 하지만 그 노래를 들었던 자들은 그것을 진정으로 듣지 않았습니다. 그들의 눈이 어두워져 있었기 때문입니다. 사람들은 예수님께서 노래하실 때 그 눈을 바라보지 않았습니다. 그들의 눈이 가려져 있었기 때문입니다. 그들의 귀 또한 닫혀 있었습니다. 사람들은 그 목소리에 담긴 고조된 감정의 떨림을 듣지 않았으며, 예수님께서 어떻게 당신의 동의에 따라 그 떨림을 심화하셨는지에 대해서도 듣지 않았습니다. 사람들의 심장은 부분적으로 매우 '살쪄' 있었습니다.

하지만 누가 듣는 지에 관계없이 예수님께서는 노래하셨습니다. 제자들보다 천사들이 그 노래를 더 잘 들었을 것입니다. 성탄절에 천사들이 불렀던 노래는 시인이자 왕(the Poet-King)이신 예수님의 이 노래와는 비교될 수 없었습니다.

그러나 청중들 가운데 가장 중요한 분이 계십니다. 하나님께서 주님의 음성과 탄원을 들으셨습니다. 하나님께서 귀를 기울이셨던 것입니다.

그래서 저자 되시는 분께서는 당신의 시편을 부르셨습니다. 하지만 다시금 하나님께서 육체 가운데 계시하신 일반적인 법칙, 영원한 진정성, '위대한 비밀'이 적용됩니다.

우리는 한 종의 모습으로 계신 그리스도를 인정하지 않을지도 모릅니다. 제자들의 발을 씻으시면서 허리에 종의 수건을 걸치실 때, 혹은 십자가를 지고 죽음을 향하여 걸어가실 때, 아니면 하나님께 버림을 받으셨을 때에만 종이 되셨다고 인정하면서 말입니다. 하지만, 우리는 그분을 언제나(always) 종의 옷을 입고계신 모습으로 보아야 합니다.

그분께서 할렐(the Hallel)을 부르실 때조차도, 그 시편들을 지으신 영원한 시인께서는 종의 모습으로 그렇게 하신 것입니다.

잠시, 그 시편들의 저자 되시는 예수님을 관찰해 봅시다. 그분께서 종이 몇 장위에 기록된 시편들을 읽고 계십니다. 신부가 미사를 진행하면서 책을 읽듯이, 유월절 잔치를 위해서 올라가는 유대인들이 안내지에 적힌 시편을 읽듯이, 예수님께서도 공식적인 절차로 규정된 규례들에 따라 자신의 시편을 읽으십니다. 시인은 자신을 제사장들과 랍비의 율법에 종속시키십니다. 왜냐하면, 그렇게 하심으로써 시인은 '모든 의를 이루게' '되시기' 때문입니다. 그 위대한 저자께서는 최약체의 가수가 잔치에서 노래 부르는 것처럼, 직접 자신이 작사

한 노래를 부르셔야 합니다. 이러한 관점에서 주일날 교회당에서 시편을 애달프게 부르지만, 예수님을 사랑하는 작고 늙은 여인은 그분에게 받아들여집니다. 시인들은 일반적으로 오만한 자들로 여겨지지만, 그분은 '군중들이 할 수 있는 최상의 것이라고는 시편의 아름다움에 부주의하게 잠시 손을 대는 것이기 때문에' 그 군중들을 무시하지는 않으십니다. 우리의 위대한 시인은 예언적인 시인이자 제사장적인 시인이십니다. 그분은 노래하시되, 율법 아래에 계심으로서(being under the law)노래하십니다. 이런 방식으로 노래 부르시는 것은 복종과 겸손으로 충만하신 주님의 모습을 보여줍니다. 세(침)례의 순간에 예수님께서 요한에게 말씀하시되 "이제 허락하라 이와 같이 하여 모든 의를 이루는 것이 합당하니라"고 말씀하실 때처럼 말입니다. 오, 끝이 없으신 긍휼하심이여!

시인은 다른 이들과 더불어 노래를 부릅니다. 가장 저급한 자들과 연약한 자들과 함께 합창합니다. 심지어 다윗보다도 더욱 실제적인 의미로 그들과 함께 노래 부르고 계십니다. 미갈에게 저주를! 이제 미갈은 아이를 낳지 못할 것이 확실합니다. 그녀는 땅에 엎드러져서 죽을 것입니다. 오, 끝이 없는 자비하심이여!

우리는 이 저자가 누구신지를 알고 있습니다. 그분은 마음대로 부릴 수 있는 열두 영(legions, 營)의 천사들을 데리고 있으십니다. 천사들이 하늘높이 목소리 높여 노래하게 할 수 있으십니다. 성탄절에 나타났던 것보다 더 뛰어나게 예루살렘을 매혹시키면서 말입니다. 또한 그 저자는 당신 자신이 지은 구절들을 율법 아래에서 노래하십니다. 천사들을 옆으로 제쳐 두서서 그들을 구름 뒤쪽에 머물게 하시고, 담벼락들이 흔들리지 않도록 목소리를 조절하시면서 말입니다. 또한 인내하심으로 베드로의 귀에 거슬리는 음성에 당신의 노래를 맞춰가면서 부르십니다.

그것은 정말 놀라운 일입니다, 그렇지 않습니까? 생각해 보십시오, 그분께서는 죽으실 때도 그 음성을 큰 소리로 높이실 것입니다.

우리가 10장에서 조심스럽게 제시하였던 것이 사실일 수 있을까요?[81]

예수님께서는, 어쩌면, 훗날의 바나바는, 귓가에 들려오는 노래를 들으면서 계단에 앉아 있었을까요? 만약 그랬다면 그는 자기 숙모 마리아의 집에서 노래 부르던 그분이 바로 당신의 찬양을 부르고 계셨다는 것을, 그분은 그 이름이 여호와(Lord)라 불리는 옛적의 시인이셨다는 것을 이해할 수 있기 전에 씨름하였고, 고통당하였으며, 분투적으로 기도하였음이 틀림없습니다.

반 시간 안에 시몬 베드로는 잠들 것이며, 좀 더 시간이 지난 후에는 저주하는 소리로 찬송을 듣던 천사들을 놀라게 하며 충격을 줄 것입니다. 또한 시몬 베드로는 우리가 방금 인용한 글들을 기록하기 전에, 오래도록 분투하며 씨름하고 고통 받으며 기도하게 될 것입니다. 베드로와 요한이 예수님 품에서 노래했던 할렐의 시편들을 검증하고 예언하셨던 분이 바로 그리스도의 영이셨다고 말할 수 있기 이전에 말입니다. 한 사람이, 심지어는 그리스도조차도, 시편들의 저자가 그 시인임을 언급하는 것을 배우는 것은 시간이 오래 걸리는 일입니다. 그 사실에 교회와 교리의 모든 역사가 포함되어 있습니다. 우리는 베드로를 모욕하는 어떤 말도 할 수 없습니다. 우리는 우리 스스로 그것을 이해하는 법을 배워야 했다(had to learn)는 것을 인정해야 합니다.

우리가 할 일은, 베드로에게 주의를 기울여 듣는 것입니다. 시몬 베드로는 그리스도의 성령께서 할렐을 지으셨다는 것을 배웠습니다. 또한 그것을 배웠노라고 우리에게 말하기를 원하고 있습니다. 그리고 우리에게는 - "우리에게

---

81) 우리는 또한 마가복음을 생각해 볼 수 있겠다. 26장을 보라.

는 더 확실한 예언이 있어 어두운 데를 비추는 등불과 같으니… 너희가 이것에 주의하는 것이 옳으니라" (벧후 1:19).

여러분은 그 말들을 반복해 보시겠습니까? "어두운 데를 비추는 등불"이라는 말씀 말입니다.

그 어두운 데는 유월절의 방입니다. 그곳의 어두움은 예수님의 인간의 음성, 허파의 허약함, 육체의 제한점, 그밖에 숨겨져야 할 많은 것들로 구성되어 있습니다.

그리고 빛은 예언의 영(Spirit), 로고스이면서 위대한 시인되는 분이십니다. 그 빛은 절대적이면서 독특한 시인(창조주)이십니다. [82]

신학의 전체, 하나님의 신비한 자비의 전체, 성경의 모든 가르침 – 그 말씀과 하나님의 성육신에 관한 것들까지 – 이 구절에 포함되어 있습니다: 이에 그들이 찬미하고 감람산으로 나아가니라.

첫째로 그리스도께서는 육체로 오시기 전에, 구약성경에서 예언하셨습니다. 그때도 그리스도의 영(the Spirit)께서는 시인들 속에서 노래하셨습니다. 그것이 첫 번째 순간이었습니다.

그리고 그리스도의 영(the Spirit)이 다시금 노래하셨습니다. 이때는 예수의 영(the soul) 속에서, 혀를 수단으로 하셨습니다. 두 번째 순간입니다.

---

82) 한역주 : 여기서의 '영'(Spirit)은 삼위일체의 '성령'을 말하는 것이 아니고, 2위가 되시는 성자 자신을 가리키는 표현으로 사용되고 있다. 이런 저자의 표현은 결코 2위와 3위를 혼동하는 것이 아니다. 고린도전서 15:45에 의하면 바울사도는 '마지막 아담은 살려주는 영이 되었'다고 한다. '마지막 아담'과 '성령'을 혼동하는 것이 아니라, 마지막 아담의 본질적인 면을 '영', 곧 '살려주는 영'으로서 표현하고 있는 것이다.

이 유월절의 어두운 밤 이후 수년이 지나, 그리스도의 영(the Spirit)은 시몬 베드로를 통해 우리가 방금 언급한 글을 쓰게 하셨습니다. '그리스도의 영이 미리 증언하신 것'에 대해서 말입니다. 이것이 세 번째 순간이며, 첫 번째와 두 번째를 통합합니다.

왜냐하면 성경(the Scriptures)은 하나이기 때문입니다. 또한 성령(the Spirit)도 하나이시고, 시간도 하나이며, 하나님도 하나이시기 때문입니다.

귀신들이 예수님께서 노래하시는 것을 들었습니다. 그리고 떨었습니다.

그 할렐은 두려움으로 가득 찬 노래였으며, 그것이 "전적으로 인간이 부르는 것"(altogether human)이라 하더라도, 하늘을 흔들어 놓았습니다.

예수님께서 성경으로 나아가시는 것은, 하나님의 관점으로 볼 때, 너무나도 평범한 일입니다.

우리는 간혹 '신비주의(mysticism)'라는 단어를 십자가형을 받으신 그분의 경험으로 언급하는 것을 봅니다. 많은 사람들이 그 신비적인 경험을 묵상의 주제로 선호하고 있습니다.

이 순간 예수님의 혼(soul) 속에 하나의 신비주의가 있기는 합니다. 여호와의 종으로서 주님은 이 시편들의 대상이지만, 또한 시인으로서 시편을 지으신 분이시기 때문에, 당신의 시편들과 그 예언들로 돌아오셔야 합니다. 참된 신비주의는 주체와 객체 사이에 살아있는 관계를 구성합니다. 곧 그 관계들 속에 교통(communion)이 있는 것입니다.

교통을 통해 단절되지 않은 신비적 관계가 예수님 안에서 성경과 그분의 혼

(soul) 사이에 존재합니다. 그분께서는 지속적으로 성경의 살아있는 접촉 속에 계십니다. 그분께서 그 살아있는 연합을 '당연한 것'으로 여기시지 않는 것은, 단 1초라도 도저히 불가능한 일입니다. 또 다른 면에서도 그분의 혼(soul) 전체가 성경을 붙잡고 있으십니다. 주체가 그 자체의 객체 속으로 파고들어 갑니다. 객체는 그 자체의 주체 속으로 들어갑니다.

다시 말씀드리자면, 이것이 시편의 저자 되시는 예수님의 신비적인 관계에 대해 우리가 말할 수 있는 전부입니다. 그러나 교회의 교리가 한 시인이 노래하도록 허용한다는 것을 느낄 수 없다면, 아름다운 호소력이 부족하다는 것에 대해 교회와 교리를 탓해서는 안 됩니다. 자기 자신을 탓해야 합니다.

시인이나 사상가가 아닌, 오직 신자들, 궁핍한 자들, 잃어버렸던 자들로서, 우리 모두는 예수님께서 성경을 노래하신다는 진리를 알고 경험할 필요가 있습니다. 육신이 되신 말씀이 바로 예수님이십니다. 각각의 성경(Scriptures)이 된 말씀이 할렐을 포함하는 책으로서의 성경(the Bible)입니다. 이것들이 우리의 구속(atonement)을 위하여 상호 교제의 손을 확장하고 있는 것입니다. 우리도 그렇게 해야 했습니다. 우리도 그 말씀을 위하여 낱낱의 성경들(Scriptures)에 손을 뻗쳐야 했습니다. 하지만 우리는 그렇게 하지 않았습니다. 그래서, 할렐을 노래하는 것은 자신의 시편을 노래하도록 허락된 시인의 위대한 기쁨보다 더 많은 것을 의미합니다. 더욱이, 당신의 저작을 한계 아래에서 경험하시는 비천한 구세주의 엄청난 수치보다 더 많은 것을 포함합니다. 이 노래는 또 다른 의미를 포함하고 있습니다; 곧 우리가 누릴 혜택을 위해 복종하신, 그 엄청난 복종의 의미가 있는 것입니다. 그것은 하나님이시면서 또한 사람이신 중보자의 능동적인 복종을 표상합니다. 그분은 다른 이들이 침묵하는 중에 노래하시고, 아담의 목에 걸려 나오지 않았던 그 곡조를 이제 완벽한 톤으로 노래하시는 것입니다.

마지막으로, 이것을 기억하십시오: 할렐을 노래하신 예수님께서는 우리에게 성숙한 남성의 매력적인 모습을 현시하셨다는 것입니다.

어린 아이일 때 예수님께서는 이 시편들을 노래하는 소리들을 들으셨습니다. 어린 아이셨던 주님은 그 시편을 부르는 '성인들(grown-ups)'과 합세하셨습니다. 그분이 어린아이로서 유월절 잔치에 참석하셨을 때, 성인들이 부르는 할렐 소리가 그분의 귀에 들렸습니다. 누가 알겠습니까? 열두 살 예수님께서 성전의 교사들에게 던졌던 질문은 할렐, 그리고 순례자들이 예루살렘을 들어오면서 불렀던 시편과 관련된 본문과 주제였을 것입니다. 그때, 어린아이로서 예수님께서는 그 시편들과 함께 성장하셨습니다. 완전한 사람으로서 그분은 그 시편들을 향하여(towards) 자라셨습니다. 또한 한 명의 남자로서 예수님께서는 시편과 더불어서(with) 그리고 하나님의 시선 앞에서, 이제 성숙해지신 것입니다.

하나님께서는 그 거룩한 희생양의 자질을 시험하셨습니다. 시험하시면서, 하나님께서는 그 시편들이 예수님의 혼(soul) 속에서 충분히 순수하게 노래되었는지, 예수님께서 그 시편들을 십자가에서 성취하기에 충분하도록 그 말씀에 민감하게 살아오셨는지에 대해 질문하셨습니다. 그 시편들을 이해하고 충분히 그것들에 반응해 왔던 그 시인만이, 당신의 시편을 명백하게 성취하실 수 있는 것입니다. 오, 끝이 없으신 자비하심이여! 오, 헤아릴 길 없는 신비함이여!

이 시인은 먼저 당신 자신에 대해서 노래하셨습니다. 그리고 인간으로서 당신 자신을 이해하려고 해오셨고, 자신의 중요성을 헤아려 보려고 하셨습니다. 이제, 가장 위대한 일이 남아 있습니다. 그분께서는 이제 당신 자신에 대해 증언해 오신 그것을 행하심으로써 시편들을 변호하셔야 합니다. 낮아지심과 높아지심의 자서전은 오직 예언만 되어 있습니다. 그것이 이제 행위로 성취되어야 했던 것입니다.

이제 그리스도께서는 로고스와 영의 뜻(the will of Logos and Spirit)을 행하시려고 오십니다. 시인의 인간 혼(The poet's human soul)께서 시인의 신적인 영(the Divine Spirit of the Poet)이 귀를 기울이실 때 이렇게 말씀합니다: 그렇습니다, 제가 주의 뜻을 행하기 위해서 왔나이다. 저의 책의 첫 부분에, 저에 대해 기록된 대로 행하기 위해서 말입니다. 저는 옵니다. 왔습니다. 시간이 다가오고 있나이다. 이제 되었습니다. 곧 시작됩니다. 이제 그 시인(the Poet)은 더 이상 스스로에 대해서 말하지 않고, 스스로에 대해서 말했던 것을 행하십니다. 보십시오, 이제 그분께서 밖으로 나가서 감람산에 올라가십니다. 그분께서는 낮아지심을 바라보시고, 또한 높아지심을 바라보고 계십니다. 그분께서는 자신의 시편들이 성취되도록 하십니다. 당신의 예언적 자서전에 친필서명을 적으십니다. 그렇게 하심으로써 이렇게 말씀하십니다: 이 시편이 나에게 대해서 말하였던 바는 모두 참되도다. 나는 그것을 입증하려고 나아가는도다. 하나님께서 나에게 상급을 주시기를 원하도다, 아멘. 그래서 그리스도께서는 자신의 시편들의 진리에 맹세하십니다. 이런 식으로 하늘은 스스로의 법을 실현하는 어린양을 시험하고, 그분의 완전한 전존재로서 그 법을 경험합니다. 그리고 하늘은 선언하기를 그 어린 양은 흠 없고 완전하다고 하는 것입니다.

여러분은 보십니다. 예수님께서 우리의 구원을 위하여서도 찬양의 시편을 노래하셨다는 것을 말입니다.

계속 나아갑시다. 만약 우리가 이 복음의 빛 아래에서 할렐의 내용을 검토해야 한다면, 어디에서 끝나게 될까요?

"예수께서 유월절의 방에 계시다"는 구절에 주목하고 생각하면서, 다시금 시편 113편과 114편을 읽어 보십시오. 그리고는 '대음악가(chief musician)'라는 표시가[83] 이전에도 지금과 같이 의미 있었는지를 스스로 질문해 보십시오. 하지만, 여러분은 너무나도 영광스러운 함축성들을 보기 때문에 그것들에 대하여 구체적으로 보지 못할 수가 없습니다. 유월절 밤의 그리스도라는 포괄적인 개념의 견지에서 여러분이 메시야적 의미를 감지할 때, 그 운율들의 의미에는 어떤 제한도 한계도 없습니다.

그것은 시편 113편에서 거의 직접적으로 시작합니다.

> 할렐루야, 여호와의 종들아
> 찬양하라 여호와의 이름을 찬양하라
> 이제부터 영원까지
> 여호와의 이름을 찬송할지로다
> 해 돋는 데에서부터 해 지는 데에까지
> 여호와의 이름이 찬양을 받으시리로다.

이것은 예수님께서 직접 지으신 주기도문이지 않습니까? 주의 이름이 거룩히 여김을 받으옵소서. 주의 이름이 동에서부터 서에 이르기까지, 해 뜨는 곳에서부터 해 지는 곳에까지 널리 퍼지게 되기를 원하나이다. 주의 나라가 임하옵소서. 주의 종들이 어디에 있나이까? 주의 뜻이 이루어지리이다.

여호와는 높은 곳에 앉으셨으나 스스로 낮추사 천지를 살피시고, 가난한 자를 먼지 더미에서 일으키신다는 것을 계속해서 읽으십시오. 그러한 묵상들은

---

[83] 한역주: 개역개정한글에서는 '인도자'라고 번역되어진 이 표현은 사실 시편 113,114편의 서두에는 없다. 하지만, 다른 시편들(4,~6, 8~9, 11~14, 18~22, 31, 36,39~42, 44~47, 51~62, 64~70, 75~77, 80~81, 84~85, 139~140)에 모두 52회 등장한다. 삼분의 일의 시편들에 '인도자'(chief musician)란 표현이 제목에 붙어 있는 것이다. 이것으로 보아서 저자 스킬더 목사는, '성전에 올라가는 노래'로서의 '할렐'(120~134편)부분의 시편들만이 아니라, 시편150편 전체를 '할렐'로 이해하는 것처럼 보인다.

그리스도 안에서 일어난 하나님의 자기계시의 중심적인 동기를 다시금 보여줍니다. 초월성과 내재성의 주제 말입니다. 이 둘이 십자가에서 결합되어 있습니다. 우리는 그것을 수년 동안 생각하지만, 그리스도께서는 한 순간에 경험하셨습니다.

아니면, 시편 114편을 읽으십시오. 이스라엘이 애굽에서 나오시며 – 이것은 예수님께서 어린 시절에 경험하셨던 주제입니다. 성인이 되어서 이제는 그 완전한 내용을 인식하고 계십니다. 그것은 그분이 애굽에서 부르심을 받으셨던 완전하신 아들이자, 동일한 애굽(계 11:8)[84]에서 다시금 종이 되실 아들이심을 주장하는 주제입니다.

예수님께서 하나님에 대해 노래하는 것을 들어보십시오.

> 그가 반석을 쳐서 못물이 되게 하시며
> 차돌로 샘물이 되게 하셨도다.

이것이 바로 이 밤에 성취되었습니다. 바울은 훗날 우리들에게 물이 나오는 반석이 그리스도이심을 말해줍니다. 물, 곧 그 물을 쏟아낸 반석이 바로 그리스도라고 말했습니다. 가장 심오하고 고상한 의미로, 오늘 그 반석은 십자가에서 물을 쏟아 냅니다. 오늘, 어떤 세력도 멈출 수 없는 하나의 샘물에서 은혜의 생명수가 흘러나올 것입니다. 홍해의 율법(3절)이 오늘 성취될 것입니다. 마치 '모세 안에서의' 물세례가 그리스도 안에서의 불세례 속에서 성취될 것처럼 말입니다. 모세의 노래(시 114편)는 성취될 것이며, 모세와 어린 양의 노래가 될 것입니다(계15장).

다시금, 시편 115편에 있는 예수님의 음성을 들어보십시오:

---

84) 한역주 : 예수를 십자가형으로 죽이는 '예루살렘'을 가르킴.

여호와여 영광을 우리에게 돌리지 마옵소서
우리에게 돌리지 마옵소서.

여호와의 종(Servant)이 분명히 이것을 말하고 있습니다. 그리고, 그분만이 그 의미의 충만함을 완전하게 인식할 수 있으십니다.

이 시편에서 그리스도께서는 아론의 가문을 소환하여 섬기고 찬양하게 합니다. 하지만, 그분의 혼은 그 소환 가운데 애통해 하셨음에 틀림없습니다. 진실로 아론의 가문이 그분으로 하여금 아론의 제사장들에게 찬양의 노래를 부르도록 호소하지만, 그럼에도 불구하고 아론의 집안은 십자가에서 부르시는 그분의 시편을 부당하게 대합니다. 그분께서는 끝까지 아론의 집안에게 노래하실 것입니다. 그렇게 하심으로써 그가 '그가 아론에게 모든 의를 성취하시게 될 것' 이기 때문입니다. 그러나 동시에 그분께서는 멜기세덱의 오른편에서, 그 권세 가운데서 당신을 옹호하실 것입니다. 그렇게 하심으로써, 시 115편(해마다 아론의 집안이 수고함으로 인하여 쉬지 못하게 되는 어려움을 취급하고 있는)을 멜기세덱의 단 한 번의 완전한 제사장적인 행위(히브리서10장) 안에서 성취하실 것입니다.

더 이상 나아갈 곳이 없습니다. 우리가 시편 115편을 인용한다면 한계를 넘어서게 될 것입니다. 그러니 시편 116편으로 넘어갑니다:

여호와께서 내 음성과 내 간구를 들으시므로
내가 그를 사랑하는도다(1절).

또한,
사망의 줄이 나를 두르고 스올의 고통이 내게 이르므로
내가 환난과 슬픔을 만났을 때에

내가 여호와의 이름으로 기도하기를
여호와여 주께 구하오니 내 영혼을 건지소서
하였도다(3~4절).

또 다시 인용하자면,

여호와여 나는 진실로 주의 종이요
주의 여종의 아들 곧 주의 종이라
주께서 나의 결박을 푸셨나이다(16절).

(마지막 구절에서 그리스도께서는 수난으로부터의 구원을 미리 예언하고 계십니다)

다음으로 117편이 있습니다. 117편 안에서 모든 백성이, 곧 지구상에 광범위하게 흩어져 있는 무리가 예수님의 주목을 받고 있습니다. 그 안에서 예수님께서는 당신에게 모든 왕국을 한번 보여주었던 사탄에게 직접적으로 답변하십니다. - 물론 시편을 언급하지 않으셨지만 말입니다. 여러분은 그 사건을 기억하실 것입니다. 광야에서 당하신 세 번째 시험 말입니다.

만약 우리가 예수님께서 느끼신 대로 시편 118편을 생각할 수 있다면, 이 설교는 도대체 어디에서 끝내야 할까요? 생각해 보십시오.

여호와는 내편이시라 내가 두려워하지 아니하리니
사람이 내게 어찌할까(6절)

이 구절도 생각해 보십시오:

그들이 벌들처럼 나를 에워쌌으나

가시덤불의 불같이 타 없어졌나니

내가 여호와의 이름으로 그들을 끊으리라 (12절)

또한 이 부분도요:

내가 죽지 않고 살아서

여호와께서 하시는 일을 선포하리로다 (17절)

그리고 또 다시 이 부분도 묵상해 보십시오:

건축자가 버린 돌이

집 모퉁이의 머릿돌이 되었나니 (22절)

충분합니다, 더 이상 인용할 필요가 없습니다. 모든 구절들이 예수님의 혼(soul) 속에서 하나의 단위로 존재하고 있습니다. 주님이 할렐을 인식하고 계셨다는 것은 철저하게 메시야적입니다. 이 시편들은 미래를 바라보는 예언을 대표합니다. 그 미래는 물론 예수님 안에 있었습니다. 이 할렐에는 예전적 찬양들(113,115편)이 있기는 합니다 ―하지만, 가장 위대한 예전주의자는 바로 예수님이셨습니다. 이 시편들 중 118편은 대위법적 찬송의 합창을 대표합니다. 한 그룹이 노래하면 다른 그룹이 어울려 노래하는 것 말입니다. 아마 제자들도 예수님께서 먼저 부르시는 노래에 대해서 시편을 노래했을 것입니다. 그렇다면, 풍부한 상징들을 너무나 천박하게 표현하는 것이 예수님의 순수한 영혼(soul)을 아프게 했을 것이 분명합니다. 완벽하게 노래해 오셨으며 지금도 그렇게 노래하시는 그 영혼을 말입니다. 하지만, 그분을 도와줄 이 하나 없는 그 때에, 당신 자신의 팔이 스스로 도우십니다. 어떤 합창도 적절하게 반응할 수 없을 때, 당신의 입술이 자신의 노래에 대해서 답변하여 노래를 불렀습니다. 예수님께서는 노래를 부르셨고, 또한 홀로 노래에 반응하셨습니다. 놀랄

것도 없습니다: 그 대화는 그 시인에게 독백이었던 것입니다.

그분은 '모두를 위하여(pro omnibus)' 노래하셨습니다. 예수님께서는, 우리를 위하여 기도하시고, 또한 우리를 위하여 노래하십니다! 거룩하신 아버지시여, 예수님께서 노래하시는 것을 들으소서. 그분 홀로 노래하시는 것을 들어 보소서, 그분의 손은 주의 거룩한 궁정의 문에 놓여 있나이다. 아버지시여, 그분 안에서 구원을 얻는 길 외에 그 어떤 구원도 우리를 위하여 가능하지 아니하나이다. 그는 대신하여 노래를 부르십니다. 그분은 홀로 노래하십니다. 하지만 그분 안에서 그분에게 속한 모든 자들이 또한 노래합니다: 주께서는 그들의 음성을 들으셨나이다.

한 명의 시인이 유월절의 방에 현존하고 있었다고 상상해 보십시오. 혹은 심리학자나, 극작가나, 바하, 혹은 베토벤이 그 방에 있었다고 가정해 봅시다. 그들이 더욱 더 잘 부를 수 있었을까요? 그 혼을 (심리학자로서: 한역자첨가) 더 잘 인식할 수 있었을까요? (극작가로서: 한역자첨가) 더욱 의미 있는 극을 만들 수 있었을까요? (바하나 베토벤 같은 작곡가로서: 한역자첨가) 더 나은 음악으로 그것을 표현할 수 있었을까요? 아마도 - 더 잘하고, 더 예술적일 수 있을 것입니다. 어쩌면 더욱 감동적일 수도 있을 것입니다. 그러나, 그렇다면 그 뛰어난 것은 그들의 자연적인 능력이나 외적인 것들로 인한 것이 아니고, 오히려 신앙 과 계시의 이유로 그러하였을 것입니다.

만약 그들이 믿지도 않으면서 그 자리에 있었다고 한다면, 그 장면을 실제로 듣고 보았다고 한다면, 그들은 저주받았을 것입니다. 이를 갈면서, 오르간으로 마귀적인 음조를 연주했을 것입니다.

결국, 이 기적은 천국과 지옥 사이에 있는 하나의 매개 안에서 움직입니다. 우리는 그 안에 있거나 아니면 전적으로 그 바깥에 있게 됩니다. 이것은 시인

의 혜택이 아닙니다. 오히려 그것은 신앙에 의해서, 오직 그분에 의해서만 얻는 것입니다. [85]

우리는 여기에 머무릅니다. 감히 다시금 노래하려고 해서는 안 됩니다. 완벽한 시인이자 순수한 가수이시면서, 또한 우리를 위하여 대신 노래 부르시는 그리스도의 중보자 되심을 이 장에서 강조하지 않는다면 말입니다. 하나님이여 찬양을 받으소서. 그 중보자 되심이 이 장에 포함되어 있으며 영원토록 그러할 것입니다. 그러므로 우리는 '예수님처럼 아름답게' 노래 부르려고 시도하지도 않을 것입니다(그것은 허영으로 넘쳐 있는 것입니다!). 그럼에도 불구하고, 우리는 주님의 능력과 은혜 안에서 '예수님처럼 아름답게' 노래 부르려고 할 것입니다. 우리는 주님께서 찬송을 부르실 때 그 자리에 없었습니다. 그 무대에 참석하지도 않았고, 구경꾼도 아니었습니다. 학생, 그것도 '첫 번째 급수의(of the first class)' [86] 학생도 아니었습니다. 하지만, 우리는 그곳에 있었던 제자들을 질투하지 않습니다. 시인이면서 찬송을 부르시는 분 예수님의 노래를 듣는 것은, 신앙의 문제입니다. 누구든지 내적으로 진정한 부르심을 입은 자들은 자신의 영혼(soul)으로 실제로 하나님의 음성을 듣게 됩니다. 그 자리에 있었을 뿐만 아니라 지금도 함께 하는 그 사람이 만약 주인의 음성을 듣고 그 '영적' 자유의 잔치를 노래하는 할렐을 부른다면, 그는 그리스도와 함께 신비적 연합으로 그의 노래 속에서 연합하는 것입니다. 예수님께서는 자신이 유월절 그 날에 노래한 것을 천국에서 기억하고 계십니다(히브리서 5장)[87]. 그

---

85) 한역주 : 시인의 자질과 능력에 의해서 산출된 것이 천국에 속한 것이냐 아니면 지옥에 속한 것이냐 하는 것은 그 자질이나 능력에 의해서가 아니라, 그 시인의 신앙에 의해서 결정된다는 것. 그의 '일반은총'에 대한 비판이 여기에서 이미 시작되고 있음을 보여준다.

86) 키에르케고르가 이 표현을 사용하였다

87) 한역주: 왜 이곳에 히브리서5장을 언급하고 있는지 분명치가 않다. 히브리서5장의 어느 구절이 예수께서 노래하신 것과 연관되는 지를 검토해 볼 필요가 있다. 히브리서5장에 인용된 시편은 "너는 내 아들이니 내가 오늘 너를 낳았다"(5절)는 것과 "네가 영원히 멜기세덱의 반차를 따르는 제사장이라"(6절)이 있어서 각각 시2:7과 시110:4을 인용하고 있으나, 이것은 모두 성부의 성자에 대한 발언이라고 보는 것이 옳겠기 때문에, 메시야가 "직접" 노래"하였다고 하기에는 적절치 않은 것 같다. 오히려 그리스도의 "영"이 노

분의 신적인 영(Spirit)과 그분의 인간적인 혼(soul)은 그분을 믿는 사람 각자의 심령(heart) 속으로, 어린 아이로서 또한 '기름부음 받은' 가수로서, 파고 들어가십니다.

여전히 예수님께서는 성령(the Spirit)을 통해서 우리 심령의 복도들 속에서 매일 찬양의 노래를 부르고 계십니다. 이 현상은 신비주의(mysticism)라고 불립니다. 이 용어를 엄밀하게(sparingly) 사용합시다: 예수님과 성령께서는 이 장의 모든 내용을 그렇게 사용하는 것을 지지하십니다. 이 용어를 엄밀하게 사용합시다.

하지만, 활발하게 노래합시다. 보혈로 인하여 노래합시다. 보혈에 대해서 노래합시다. 십자가로 인하여 노래합시다. 면류관에 대해서 노래합시다. 베드로여, 조용하시라, 조용히만 하시라: 우리는 '예언의 더욱 확실한 말씀을 가지고 있기' 때문입니다. 그리고 우리는 신약성경의 찬양을 가지고 있습니다. 예수님께서 할렐을 부르시며 구약으로부터 신약으로 그 할렐을 옮겨 오셨기 때문입니다.

이제 우리는 진정한 장막을 가지고 있습니다. 왜냐하면 시편들의 저자되신 분께서 직접 그것을 선창하시는 분이 되셨기 때문입니다. 그분의 성령께서 그분을 통해, 또한 그분과 함께 노래할 수 있도록 우리에게 자격을 부여해 주신 것입니다. 연약하게, 매우 불완전하게 부르지만, 그래도 원리상 완전하게 부를 수 있도록 말입니다.

이 진정한 장막 안에서 할렐은 여전히 천국을 찾아 나서고 있습니다. 그리스도와 그분의 성령은 여전히 할렐을 부르십니다. 아버지의 영광을 위하여서 당

래하였다고 하는 것이 더 낫겠다.

신 자신들에게 부르고 계십니다.

감람나무 동산은 오래 전에 버려진 바가 되었습니다. 하지만 바로 지금, 한 천사가 자바[88]로부터 올라오는 하나의 할렐을 들었습니다.

---

88) 한역주 : 저자가 이 설교집을 출간하였던 당시에 자바는 네덜란드의 통치에 속해 있었다. 그 자바에서 일어난 어떤 일로 인하여 할렐의 찬양이나 기도를 올렸을 것으로 여겨지는 사건이 있었을 것이다. 그 기도와 찬양에 응답해서 하나님께서 역사하시기를 바라는 저자의 염원이 배어있는 것 같다. 제국들의 식민지통치에 대한 저자의 관점을 검토해 볼 필요가 있다. 저자는 네덜란드인이지만, 본국의 식민지통치에 대해서 비판적인 입장을 취했을 가능성이 있다.

chapter 17
|
그리스도의 슬픔, 그 특별한 기원(1)

"이에 예수께서 제자들과 함께 겟세마네라 하는 곳에 이르러…"

- 마태복음 26:36 -

"고민하고 슬퍼하기 시작하사
(And he BEGAIN to be sorrowful and very heavy)"

- 마태복음 26:37b -

17장.
그리스도의 슬픔, 그 특별한 기원 (1)

우리는 유월절의 방을 나서는 주님의 뒤를 따르고자 합니다. 그분께서 이제 겟세마네 동산으로 들어가십니다.

겟세마네- 일반적으로, 사람들은 수난 이야기의 이 지점에 오게 되면 갑자기 목소리를 낮춥니다. 하지만, 성경은 정작 겟세마네라는 단어를 사용함으로써 우리에게 충격을 줍니다. 그것은 우리를 신비적인 땅거미 속으로 들어가게 하는 것이 아니라, 오히려 우리를 놀라게 합니다.

수난의 복음은 간단히 말해, 우리를 높은 곳에서 심연으로 떨어뜨리는 것입니다. 그 순간의 전환은 너무나도 갑작스러워 우리를 다치게까지 합니다.

예수님께서 유월절의 방에서 하신 것과 겟세마네에서 경험하실 것을 비교해 봅시다. 이 대조는 매우 날카로워 모든 사람의 주목을 충분히 끌 것이 분명합니다.

유월절의 방에서 우리는, 그리스도께서 당신의 높여진 능력과 조화로운 생애의 아름다움 속에 계시는 것을 보았습니다. 그 목소리가 얼마나 침착하셨는지요! 유다에게 말씀하실 때, 떡을 떼실 때, 시편을 찬양하실 때 말입니다. 목소리를 낮춰 속삭이기를 요구하셨을 때, 사근사근 말씀하시는 그분의 음성은 얼마나 조용하던가요! 길게 설교하실 때, 심지어 그것이 주님의 즐거움이셨을 때, 그 음성은 얼마나 낭랑하였던가요!

겟세마네의 쉼 없으심(restlessness)은 그 평정과 침착함의 그림과 너무나 대조적입니다.

예수님은 그 방을 떠나 기드론 시내를 건너십니다. 자주 방문했던 동산을 바라보고 계십니다. 우리는 그분께서 그 장소를 잘 알고 계신다는 것을 압니다. 그러므로, 쉼 없으심이 갑자기 그분에게 들어와서 그분의 영혼(soul)을 사로잡으신 것이 장소의 기이함 때문이라고 해서는 안 됩니다. 장소 자체는 그분에게 기이하지 않습니다. 상황들, 그 장소에서 일어나는 절박함이 예수님의 영혼(soul) 속에서 일어나는 혼란스러운 감정을 설명할 수 없습니다.

이로 인해 우리는 하나의 수수께끼에 직면합니다. 거의 서창(敍唱)[89]의 방식으로 말하고 있는 조용한 음성이 하나님 앞에서 잦아들었습니다. 그 음성은 유월절의 방에 있던 것입니다. 그리고 지금 여기, 겟세마네에는 짙은 그림자가 깔려 있습니다. 주님께서는 한 막(幕)에서 다른 막으로 전진해 가셨습니다. 여기서 그분께서는 동일한 막을 반복하십니다. 나아가셨다가 다시금 되돌아오십니다. 기도하고 또 기도하시는 것입니다.

유월절의 방에서는 조직화된 설교를 하셨습니다. 그 설교의 구조 속, 전체

---

89) 한역주 : '서창'(recitative)은 오페라나 오라토리오 따위에서 노래 부르기보다는 말하는 쪽에 중점을 두는 창법이나 그것에 중점을 두고 있는 작품을 말함.

와 부분 간의 예술적인 상호관계가 여전히 우리를 매료합니다. 대제사장적인 기도는 보다 일상적인 것에서 너무나도 숭고한 데까지 오르며 하나의 아름다운 상승곡선의 중요성을 강조합니다. 그것은 너무나도 예술적이었습니다! 그 기도는 하나님의 선하신 즐거움의 바탕에까지 내려가 닿았고, 하나님과의 교제에까지 올라갔습니다. 더 많은 당신 백성의 범위, 곧 먼저는 사도들, 다음으로는 거룩한 하나의 보편적인 크리스천 교회를 포함하기 위해서 바깥으로 나아갔습니다. 온화하게 발전되어가는 기도의 억제된 유창함이 얼마나 놀라운지요! 그런데, 그것과 달리 겟세마네의 기도는 동일한 단어들을 반복하면서 계속 같은 주제로 되돌아오곤 합니다. 유월절의 방에서 있었던 전향적인(progressive) 기도 대신에 겟세마네에서는 후행적인(retrogressive) 기도가 드려집니다.

그리고 이것들이 대조점의 전부가 아닙니다.

우리는 그 모든 것들을 나열할 수 없습니다. 나열할 필요도 없습니다. 왜냐하면, 그것들은 모두 동일한 원인에서부터 일어나는 것이기 때문입니다. 우리는 그 대조들을 모두 모아서 이 한 가지로 요약할 수 있을 것입니다: 유월절의 방에서 그리스도께서는 주시는(gives) 분, 당신을 당신의 소유된 자들에게 주시는 분이십니다. 높여지시고 절대적이신 그분께서 그들을 위하여 당신의 일을 수행하시는 것입니다. 그런데 겟세마네에서 그리스도께서는 가난하고 벌거벗으신 분으로서 받으시는(receives)분입니다. 그분은 어린아이이십니다. 너무나도 연약해서, 신실하게 깨어있는 몇 명의 친구를 필요로 하여 구하시는 분입니다. 한 시간이라도 깨어서 당신과 함께 기도할 수 있는 그런 친구들 말입니다.

여하튼, 이것이 무엇입니까? 물론, 수수께끼입니다, 모든 사람들의 주목을 끄는 것 말입니다. 하지만, 그 이유, 그것의 원인은 무엇입니까? 무엇이 이렇게 날카로운 대조를 발생하게 만듭니까? 어떤 보이지 않는 손이 그리스도를 내려 치고 있는 것일까요? 확신에 차고 침착한 모습에서 이토록 깊은 비참과 원상 태의 모습으로 돌아가도록 말입니다.

우리는 이 일을 조심스럽게 분별해야 할 것입니다.

문제를 이런 식으로 제기하는 사람들이 있습니다. 곧, 그들이 문제를 제시하는 그 방식이 암시하기를, 그 문제의 해결책이 아니라 그 문제가 그들과 우리 사이에 논쟁하고 있는 사안이라는 것입니다. 그 문제를 진술하는 이들의 방식은 그들의 성경관과 그리스도관이 우리와는 정반대라는 것을 드러냅니다. 그들이 보는 수수께끼는 우리를 전혀 놀라게 하거나 혼란스럽게 하지도 않습니다 – 비록 우리가 겟세마네의 밤에 대해 안다고 여기는 모든 암시들을 가늠할 수 있다고 가정하지 않더라도 말입니다.

하지만, 우리가 그리스도를 우리와 다른 방식으로 보는 모든 자들과 우리를 분리하더라도, 여전히 우리들을 바쁘게 고민하게 하면서 곤혹스럽게 하는 또 다른 수수께끼가 있습니다.

아마도 우리는 어떤 것이 수수께끼가 아닌지를 먼저 말해야 하겠습니다. 그 다음 어떤 것이 수수께끼인지를 말하는 것입니다.

우리는 겟세마네의 수수께끼가 그리스도가 죽음 앞에서 두려워하며 고통스러워하신다는 사실, 다른 말로 그분의 끔찍한 고통이라고 말하는 사람들에 반대합니다. 우리는 주님의 슬픔 자체, 곧 죽음 앞에서 그분이 애통하는 것과 같은 일이 우리의 수수께끼가 되지 않는다는 점을 고백합니다.

그리스도의 '슬픔' 때문에 더 이상 '믿을 수' 없다는 너무나도 많은 사람들을 그대로 내버려 두십시오. 우리의 믿음은 정확하게 반대방향으로 추론할 것을 가르치고 있습니다. 슬픔의 사람의 얼굴에서 흐르는 경이로운 땀방울들을 닦아 버리고, 슬픔으로 주름져 있는 얼굴의 윤곽선들을 다시금 그리며, 그분 영혼(soul)의 그 사나운 물결이 물러나고 잦아들게 해주십시오. 그러나 그러면 그리스도께서는 더 이상 우리의 구원자가 되지 않을 것입니다. 그분이 이 말로 표현할 수 없는 고뇌 속에 계시는 모습을 지워 버린다면, 우리는 그분을 따를 수 없고, 믿을 수 없으며, 또한 쳐다볼 수도 없습니다.

우리는 그리스도의 고뇌를 하나의 큰 걸림돌로 여기는 '믿음'을 가진 자들이 있음을 알고 있습니다. 만약 예수님께서 어떤 돌에서도 넘어지지 않으셨다면 그들은 기쁨으로 그분과 동행하고 그분을 따라 예배의 전당에까지 이르렀을 것이고, 종교적으로 위대한 영적 고상함의 본보기와 자신들을 일치시켰을 것입니다. 그런데 이제, 아아, 그들은 그리스도께서 그만큼 위대하지 않다고 불평합니다. 그분께서 노중에 넘어져 버리셨습니다. 그분은 두려워 떠셨습니다. 죽음 앞에서 풀죽어 계셨습니다. 결과적으로 그들은 넘어지는 그리스도에 걸려 넘어지고 만 것입니다. 자신의 평정을 유지할 수 없는 그리스도라면, 그들 자신의 위협적이지 않은 오만함을 위한 하나의 구원의 반석이기도 합니다. 하지만, 실족의 반석에 떨어지게 되는 그리스도라면, 그들에게도 실족의 반석이 될 것입니다.

그들은 이러한 태도로 자신의 본질적인 약함을 고백합니다. 그들은 또한, 비록 무의식적이라고 해도 진정으로는 그분을 존경하고 있다(honoring)는 것을 알지 못합니다.

그리스도의 슬픔이 그분에 대한 믿음을 포기하게 했다고 말하는 것은, 불신앙은 그 자체의 기초들 위에서 정당화될 수 없다고 논증하는 것입니다. 만약 그리스도께서 언제나 꼿꼿하게 서 계시면서, 먼지 속으로 기어 들어가지 않으시고도 우리의 가이드가 되실 수 있다면, 그리고 우리가 그분을 붙잡음으로써 '우리 자신을' 위로 들어 올린다면 – 그때는, 우리보다 먼저 가시는 그분의 영광이 우리의 영광보다 부족해질 것입니다. 우리가 그분과 보폭을 맞춰 걷는 것이 가능해지기 때문입니다. 이런 경우에 우리의 삶을 위한 적절성은 그분의 성실함 자체에 있는 것이 아니라 단지 그분의 성실함의 본보기에 있는 것이어서, 우리 스스로의 힘으로 모방할 수 있게 되는 것입니다. 만일 그리스도께서 수난당하시지 않는다면, 곧 하나님의 진노 아래에서 어떤 고통도 당하지 않고 받아들여지신다면, 그래서 우리가 우리 스스로를 높이 올리기 위해 자신의 능력에 의존하게 된다면 – 그분께서 실패한다고 해서, 우리의 능력이 실패할 이유가 무엇일까요? 제가 저를 영웅이라고 주장한다면, 주님의 낙담과 슬픔을 판단하거나 비난할 수 있는 용기가 있는 것처럼 교만하게 군다면 여러분은 그런 교만과 비판에 대한 권리를 내세울 근거를 기대할 것입니다. 모든 폭풍 가운데서도 완전한 평정을 누리며 서 있음으로써, 스스로를 신뢰하는 저의 입장을 입증하라고 말입니다.

그러나 – 제가 입증할 수 없다면, 다른 쪽에서 시작하는 좋은 시각을 가지고 있어야 할 것입니다: 저의 부족한 통찰력으로 그리스도를 비추려고 하는 것이 아니라, 그 반대로, 그분이 스스로 설명하시는 방식 말입니다. 또한 그분께서 당신의 슬픔 속에 계시기 때문에, 우리는 그런 방식으로 그분 앞에서 두려워 떨기를 배워야 할 것입니다.

그것이, 모든 믿음(belief)의 불합리성에 대항해서, 신앙(faith)의 합리성이 될 것입니다.[90]

---

90) 한역주: 여기서 belief을 신앙으로, faith를 '믿음'으로 번역하거나, 그 반대로 하여야 한다는 것 등은 무의미한 논쟁이다. '믿음'과 '신앙'은 순수한글(믿음)과 한자어(신앙)의 차이만 가지고 있을 뿐이기 때문이다. 오히려, 구분해 두어야 할 중요한 사실은, belief은 지적인 내용에 대한 심적인 태도에 대한 것이라면, faith는 지적인 내용을 포함하면서도, 보다 전인적이고 통전적인 심적 태도를 가리킨다는 점이다. 저자 스킬더는 지금 슬픔에 휩싸인 그리스도에 대하여 믿음을 갖지 못하는 것에 대해서 조롱하는 투로, 그것을 그

그것이 무엇이든 이것만큼은 확실합니다: 넘어지는 그리스도가 나의 실족의 원인이 된다면, 그의 추락하심이 나로 하여금 넘어지게 한다면, 그분의 위대함은 바로 그 사실에서조차도 나타나는 것입니다. 만약 제가 실제로 그렇게까지 된다면, 저의 영웅주의는 예수님의 소심함과 대조되어 더욱 두드러질 것입니다. 그분께서는 겟세마네에서 자신을 사람이 아닌 벌레라고 부르셨습니다. 저의 영웅주의적 오만함을 제가 스스로에게 허용할 수 없다면, 저는 진실해야 합니다. 그분이 비참함이 나의 오만함이 악하다는 사실을 입증하고 있노라고 하나님 앞에서 부르짖어야 합니다. - 충심으로 존경하면서, 그분을 믿노라고 (believe on Him) 말입니다.

분명하게, 이것은 선택하는 것(choosing)이거나 나누는 것(sharing)의 한 경우입니다.

그리스도를 다른 사람들과 같은 부류에 넣어서 그분의 가치를 측정하고 재어보려고 하는 시도를 하려는 모든 비교는 비참한 비유이고, 하나님의 시각에서는 어리석음입니다.

이 예술가, 저 심리학자, 저 멀리 있는 철학자, 계시의 해설자, 시인, 자신의 '예수의 생애'를 출간하는 전기 작가들 - 이들과 다른 많은 자들은, 겟세마네에 이르면, 잠시 멈추고는, 자신들의 시나 영혼분석(soul-analysis)에 있어서 중간 휴식(caesura)을 도입합니다. 겟세마네에서 그리스도께서는 의기소침해지셨고, 슬픔에 가득 차셨으며, 죽음에 사로잡혀 땀이 피가 되기까지 하셨습니다. 넘치는 문헌들에 반복되는 이런 현상을 지켜보는 것은 거의 피곤할 지경

렇게 믿음을 가지지 못하는 자들의 지적인 태도 곧 belief만을 가지고 있는 자들이 자신들의 그 지적인 기준에 의하여 판단하게 된 불합리성에 대하여 대항하고 있는 것이다. 그것을 faith의 관점에서 본다면 겟세마네 동산에서의 그리스도의 슬픔, 슬픔의 그리스도에 대하여 믿는 것은, 결코 불합리한 것이 아니고 오히려 합리적이라는 것.

입니다.

누구라도 겟세마네에 대한 '글'을 읽는다면, 소크라테스나 다른 영웅들의 정신을 그리스도와 비교해 들먹이면서 글을 이어가는 경향에 직면할 것입니다. 공포를 느끼지 않고 크게 고뇌하는 모습도 없이 죽어가는 사람들, 혹은 최소한 그리스도보다 덜 고뇌하면서 죽음에 다가서는 사람들의 예들은 쉽게 찾아볼 수 있습니다. 세계의 역사, 민족의 역사, 문화의 역사, 이미 죽은 위인들의 전시관들에는 이런 예들이 넘칩니다. 사람들은 우리들에게 그들의 이름을 거명하면서 우리의 견해는 어떠한지 질문합니다. 독약을 용감하게 들이마신 이들, 사람들이 보는 운동장 가운데 묶여 칼이나 연기로 다가오는 죽음에 침착하게 맞서는 이들, 이들은 인간 예수 그리스도보다 더 위대하지 않은가요?

우리는 이 질문에 반대질문으로 답변하고 싶습니다. "미련한 자에게는 그의 어리석음을 따라 대답"하는 것이 정당하기 때문입니다.

왜 그렇게 멀리 가시는가? 우리는 질문하겠습니다. 철학자들의 죽어가는 방들, 세계의 전쟁터들, 정치적 반역자들이 죽음에 직면하는 사형틀들은 겟세마네의 그리스도보다 더욱 침착한 태도로 죽음을 맞이하는 사람들을 충분하게 보여주는 유일한 장소들이 아닙니다. 그리스도께서 사셔서 구속하신 그분의 형제들, 그분의 하나님과의 공동상속자들은 슬픔의 사람께서 겟세마네에서 보이신 혼란, 부끄러울 정도의 비참, 부르짖음과는 너무나 다르게, 확신과 신뢰를 갖고 침착하게 순교자의 죽음을 용감하게 마주하곤 했습니다. 우리가 되묻는 바는, 예수님을 폄하하기 위해 다른 사람들, 철학자들, 군인들, 정치적 반도들에게는 호소하면서, 예수님의 순교자들의 일관적으로 흥미로운 모습들은 철저하게 살펴보지 못하느냐 하는 것입니다.

우리는 여러분이 이것들을 보기를 원치 않는다고 덧붙여야겠습니다. 여러분이 진정으로 정직하게 그 순교자의 눈을 마주하게 된다면, 그 눈에서 읽게 되는 메시지에 의하여 여러분의 전체 논증이 무너져 내릴 것이기 때문입니다. 이 크리스천 순교자들은 결코 그들이 죽음을 침착하게 맞이한 것으로 자신들이 그리스도보다 높은 위치에 있다고 주장하지 않았습니다. 그들이 말하고 시인한 한 가지는, 그리스도의 타당함, 당하신 지옥의 고통과 슬픔에 계속 고정된 그들 신앙의 눈이 그들을 견고하고 태연하게 서 있도록 했다는 것입니다. 그리스도께서 "벌레요 사람이 아닌 것"(a worm and not a man)처럼, 그들은, 인간의 기준으로, 또한 원리상으로는 하나님에 의해 판단된 바, "사람들이요 벌레가 아니"(men, not worms)었던 것입니다.

그래서 예수님의 고뇌에 대한 그 어떤 비교연구와 순수비교연구라도, 예수님을 위한 순교자들의 용기를 포함하지 않고 순전히 그 비교하는 것에만 안주한다면, 그것은 비학문적이며, 진실되지 못하고, 또한 (그리스도와 기독교에 대하여) 은밀하게 반감을 갖고 있는 것입니다.

만약 자기 나름의 용기를 가지고 있는 자가, 침착하게 죽음을 맞은 철학자들과 장군들, 정치 운동가들의 운구차들 앞에 서듯이 순교자들의 유골함 앞에 서 본다면, 그 위인들이 예수님께서 당하신 것과 같은 고뇌의 고통을 당하지는 않았음을 인정할 것입니다. 조심스럽게 마련한 질문들이 그 항아리 앞에서 사라져 버릴 것입니다. 이런저런 '학자들'이 다른 이들과 비교하여 예수님의 부족한 점을 기록해 놓은 양피지 위에 순교자들의 피가 튈 것입니다. 이 순교자들은 우리가 그리스도를 재단할 것이 아니고, 경외해야 한다는 것을 입증하는 자들입니다. 편안한 연구실에서가 아니라 유혈이 낭자한 진흙과 노예 상인들 사이에서, 화재와 전투 복판에서, 사나운 짐승들과 광란에 빠진 사람들 가운데서 말입니다. 그 순교자들은 그리스도의 인간성의 '기관'(apparatus)이 다른 인간들처럼 정확하게 기능하고 있는지 아닌지를 질문해서는 안 된다고 말합니다. 그들은 또 다른 견해도 말합니다. 그리스도께서는 한낱 '한 명의 구성원'이 아니라 '그 몸의 머리' 라는 것입니다. 이는 생의 법칙이 다른 사람들 안에서 얻어지는 것이 아니요, 오직 그분 안에 살아있다는 것입니다. 그것은 그분 안에 포함되어 있지 않은 사람들 속에서 얻을 수 있는 것이 아닙니다. 머리는 그 지체들과 필연적으로 다릅니다. 머리는 지체들이 자유와 기쁨 안에서 존재할 수 있도록 진노의 분쇄기 아래에서 깨트려져야 하는 것입니다. 더 나은 언약의 보증인이신 중보자께서 예수 안에서 다른 이들을 위하여 심판받으시고, 고난당하십니다. 그분은 그들을 위해 모든 슬픔을 당하셔야 합니다. 그분의 육신적 구성원들이 어떤 두려움도 없이 운동장과 사형틀, 사형대의 뒤편에 설치된 하나님의 심판석을 바라볼 수 있도록 무서울 만큼의 고뇌로 몸부림치셔야 합니다.

만약 대속(substitution)의 개념만이라도 논쟁의 장면에 소개된다면, 비슷한 상황에서 소크라테스가 예수님과 다르게 행동했다는 발견을 의미심장하다고 여기는 것이 얼마나 어리석은지 분명해질 것입니다.

아무리 피상적인 관찰자라도, 소크라테스와 예수님 사이에 분명한 차이가 있다는 것을 간파할 것입니다. 심지어는 그들의 삶과 죽음의 지엽적인 국면들에 관해서조차도 말입니다. 원리, 관점, 각각의 생의 비밀에 관하여 그들 사이에는 무한한 차이가 있습니다.

그렇습니다. 심지어 우연한 관찰자라도 소크라테스와 예수님의 '현상'에 있는 지엽적인 차이를 눈치 챌 것입니다. 그 차이만 보더라도 그 둘에 대한 모든 비교를 한 조각의 어리석음이라고 명명하게 됩니다.

소크라테스는 오해와 나쁜 신앙에 의해 날조된 독배를 침착하게 마셨습니다. 법의 명령과 대중이 그 잔을 자신에게 가져왔을 때, 그것을 평화롭게 받아 마신 것입니다. 하지만, 소크라테스가 자신의 죽음으로 평화롭게 들어갈 때,

그는 사랑스럽고 아름다운 많은 것을 값으로 치러야 했습니다. 소크라테스 안에서 우리는 사랑스럽고 아름다운 것을 잃어버릴 수 있지만, 감히 그리스도 안에서는 그것을 잃어버릴 수 없습니다. 재판관들과 대중에 대한 소크라테스의 조롱은 사랑을 알지 못하는 오만함과 교만을 표상하고 있습니다. 우리는 예수님을 그와 같이 보기 원하나요?

다시금 질문해 봅니다: 우리는 예수님을 아내나 자녀들이 올라서기를 바라는 수준보다 훨씬 더 높은 곳에 살고 계신 분이거나, 이런 가사의 책임들에 전혀 영향받지 않는 귀족으로 여기고 싶은가요? 그 반대로, 예수님께서는 당신의 제자들을 위해 지금 그리고 다시금, 외치고 부르짖으십니다. 당신의 모친을 제자들에게 부탁하시고, 당신의 올바른 교리에 대한 어떤 추상적 대화에도 관여하지 않으십니다. 오히려 교리를 당신의 생애로서 간직하시고 교리와 삶에 함께 매어 달리시고는, 죽음으로 그것들에 인을 치십니다.

더 이상 이 주제를 회피할 필요가 없습니다. 소크라테스는 억제의 기술에 탁월했다는 단순한 이유 때문에 두려움 없이 죽음에 직면할 수 있었습니다. 그리고 우리는 그리스도께서 어떤 것도 억제하지 않으신다는 것을 반복해서 관찰해 왔습니다. 그러므로, 소크라테스의 침착한 용기(아마도 그것에 대해서 '전설적'이라고 할 수 있는)와 '역사적'이라고 할 수 있는, 그리스도의 슬픔을 비교하는 것은 어리석은 일입니다. 소크라테스는 단지 삶의 반쪽만 삽니다(그 삶에서 그는 사망의 비통함을 억제시킵니다). 그리고 그 결과 죽음의 반쪽만 죽을 뿐입니다. 하지만, 그리스도께서는 그분 안에 있는 모든 것으로 사십니다. 그러므로, 그분은 또한 완전하게(in entirety) 죽으시는 것입니다.

게다가, 우리는 소크라테스의 생의 비밀에 대해서 단지 추측할 뿐입니다. 그렇습니다, 그의 말은 친구들에 의해서 기록되었습니다. 그러나 누가 그가 고독한 감방에 누워 있을 때 사형수, 독배, 그리고 재판관들의 마지막 끄덕임을 기다니면서 경험한 것을 말할 수 있을까요. 하지만, 그리스도께서는 자신이 느끼셨던 그 고뇌가 우리를 위해 기록되도록 허용하셨습니다. 실로, 주님께서는 성령을 통해서 당신이 경험하신 고통의 묘사를 기록하셨습니다. 제자들을 데리고 가셔서 돌 하나 던질 만한 거리를 두시고, 당신의 고뇌와 신음소리를 거룩한 복음서로서 우리에게 계시하셨습니다.

비록 지엽적이지만, 이 차이들을 볼 수 없다면 그는 눈먼 자입니다. 기독교가 심리학과 종교철학 이론들로부터 빌려온 자료들로 지지하는 '변증적' 논증들에 의한 '비교' 연구들에 반응하는 것을 그만둘 때가 되었습니다.

그리고 우리는 겟세마네에서의 예수님과, 어떤 두려움도 느끼지 않은 채 죽어갔다고 기록된 다른 인물들 사이에서 비슷한 차이들과 외적인 차이들을 발견할 수 있다는 것을 확신합니다.

하지만, 이제 이것으로 충분합니다. 우리는 가장 중요한 일을 잊어버려서는 안 됩니다. 어리석은 자에게 그 어리석음을 따라 대답해서는 안 됩니다. 이런 점은 잠언에 기록되어 있습니다. 그리고 그 경고를 기억하면서, 우리는 몇 가지의 간단한 언급으로 이런 "비교"연구들을 악마의 산물이라고 부르지 않을 수 없게 만드는 중요한 이유들을 지적해 볼까 합니다.

1) 그리스도의 과제(task)는 다른 인간들의 과제와 다릅니다. 그의 과제는 마땅히 치러야 할 죄의 형벌(penalty)을 당하는 것입니다. 그러므로, 우리 하나님 앞에서 고뇌 중에 울부짖는 것이 그분 소명의 한 부분입니다. 그 울부짖으심이 그분의 자기 사역에 관한 선언임을 우리가 받아들인다면, 무언가와 비교하는 것에 의미가 있겠습니까? 그 의미를 알기 위하여 얼마간 지옥에 있을 필요가 있다고 하는 자들은, 동산에 계신 예수님을 찢어놓는 것입니다. 영웅숭배의 어떤 주체도 대상도 지옥의 유혹과 고통의 실재에 대한 감각을 가지고

있지 않습니다. 그러므로 다른 사람들의 고통의 문제는, 그리스도의 고통의 문제와 비교할 수 있는 것이 아닙니다. 그러니 이 두 종류의 고통이 한 종류인 양 취급되어서는 결코 안 되는 것입니다.

2) 그리스도께서는 다른 이들과는 대단히 다른 방식으로 인간이십니다. 그분은 죄가 없으십니다. 죄, 저주, 고통, 사탄, 그리고 사망의 소멸이 얼마나 강렬하게, 혹은 어떤 방식으로 그분에게 영향을 끼쳤는지, 그 누가 말할 수 있겠습니까? 사진렌즈나 사진건판(photographic lens or plate)에 비춰진 빛의 효과와 요리용 철판(stove-plate)에 비춰진 빛의 효과를 비교하는 것은 어려울 것입니다. 만일 다음과 같이 이 빛의 효과들을 비교하는 것에 진지하게 만족하는 자가 있다면 우리는 그를 미쳤다고 해야 할 것입니다: 요리용 철판은 빛이 그 위에 비쳐도 성질이 변하지 않습니다. 하지만, 사진건판은 이런 상황에서 그 성질이 변화됩니다. 그러므로 나의 결론은 이것입니다. 요리용 철판은 빛이 비쳐도 그 성질을 여전히 보유하기 때문에 유용한 기구이지만, 사진건판은 소용없는 것이고, 사치품일 뿐이며, 어리석음의 작품인 것입니다. 빛을 견디지 못하기 때문입니다 - 죄 없는 자로서의 그리스도를 마치 요리용 철판과 같은 성품을 가진 것처럼 인식한다면, 외부의 영향력에 전혀 반응하지 않거나 빛과 그림자의 작용에 영향을 거의 입지 않는 자와 같이 여긴다면, 그 또한 어리석습니다. 그리스도께서는 마치 정교하게 준비된 사진건판과 같습니다. 빛과 어두움의 조그만 변화에도 민감하게 반응하시고, 하나님께서 의와 진리, 심판의 화살을 조심스럽게 겨냥해 쏘시는 것에 즉각적으로 반응하십니다. 죄에 의해서 숨이 막혀오는 인간이라면 예수님의 죄 없는 영혼(soul)에 미치는 빛과 어둠의 영향에 대해서 말하는 사치를 자신에게 허용해서는 안 됩니다. 혹은 방금 언급했던 비유를 계속 사용해 본다면, 세상에 어느 누구도 이(this) 특별한 사진건판을 '가지고 일해본 적'(worked with)이 없다고 말할 수 있겠습니다. 이런(such) 빛이 이(this) 방식으로 이런(such) 판에 이런(such) 렌즈를 통해서 떨어진 것은 이것이 첫 번째이자 유일한 때입니다. 죄 없는 상태

의 아담의 영혼(soul)의 민감한 렌즈조차도 예수님의 영혼과는 다른 반작용의 법칙을 가지고 있었습니다. 그 시점(time)이 달랐고, 특히 받아들이는 바(reception)가 달랐습니다. (아담의 때에는) 죄나 저주, 고통이나 죽음이 지구상에 하나의 위치를 점하고 있지 않았습니다. 그리고, 하나님과 사탄, 그 어떤 것도 억제하지 않으신, 그리스도의 영혼에 대해서 우리가 무슨 말을 할 수 있겠습니까! 너무나도 많은 것을 억제하는 우리들은 그분들 판단할 수 없는 것입니다. 우리는 믿거나, 침묵해야 하는 것입니다.

3) 죽음이 그리스도의 생애에 취하고 있는 방식, 그리고 결과적으로 죽음의 위협이 취하는 방식이, 다른 인간들과 비교하여 그분께는 너무나도 다릅니다. 죽음 앞에 서서 그 짐을 당당하게 짊어져야 하는 - 그러면서도 믿음은 없는 - 이들은 죽음을 그들의 사상에 종속시킵니다(위에서 언급했던 '억제'가 이곳에서도 연관됩니다). 하지만 그리스도께서는 죽음의 발굽에 '징을 박은 채'(rough-shod) 그것을 말처럼 마구 타지 않으십니다. 반대로 그분은 죽음을 정면으로 직시하셔야 합니다. 죽음을 어느 정도 지배하며 그 복합성을 이끌어 내셔야 합니다. 때가 되면 죽음을 향하는 길을 행하시고, 그 안에 자신을 연루시키실 수 있도록 말입니다.

4) 죽음을 앞에 둔 다른 사람들은 죽음에 대한 생각이 죽음 이후의 삶에 대한 생각을 이겨내기 전까지 스스로 논쟁합니다. 영원에 대한 생각이 죽음의 두려움을 이겨내기 전까지는 말입니다. 그들은 죽음 앞에 있는 삶을 희롱하면서 웃습니다. 혹은, 운명이나 신이 그들에게 생명 대신 죽음을 준다는 것을 불평합니다. 그런 경우 하늘은 그들의 불평하는 소리를 반복해서 되돌려 줍니다. 그러나 그리스도께서는 결코 삶에 대항해 죽음을 희롱하지 않으십니다. 그분은 스스로를 비틀지 않으시고, 죽음의 강을 놀라운 능력으로 뛰어넘지도 않으십니다. 만약 그분이 자신의 죽음 이후 광활한 생명의 엘리시안 들판(Elysian

fields)[91]이 펼쳐지는 장면을 노래하기를 가슴이나 머리로 원하신다면, 그렇게 될 수 있을 것입니다. 하지만 그분은 당신 안에 있는 소망의 동력을 그 소음이 자신이 영혼의 한숨과 신음소리를 완전히 제거할 정도까지 가속하지 않으실 것입니다. 그분을 위한 오직 한 가지 법이 있습니다. 오직 생명을 완전히 잃으심으로써 그것을 성취하실 수 있는 것입니다. 모든 것을 몸값으로 치르시고, 그것을 충분히 의식하면서 상실을 경험하시는 것에 의해서만 말입니다. 오는 생명(the life to come)은, 현재의 죽음에 직면하는 다른 이들에게 하나의 진정제, 안식처일 수 있습니다. 하지만 그리스도께서는 당신에게 속하신 자들을 위한 보증인이시기 때문에, 오는 생명은 그분으로 하여금 죽음에 이르도록 강요하는 또 다른 세력입니다. 죽음 자체가 그분을 집어 삼키는 동안 어떤 의미로도 아무런 보상이 되지 않는 것입니다.

5) 네 번째 것과 관계되는 또 다른 차이점이 있습니다. 우리가 죽음의 영웅들이라고 명명한 다른 이들은 몸(body)의 죽음을 정복합니다. 혼(soul)으로, 더 나은 것은 영(spirit)으로도 그것을 정복합니다. 그들의 몸은 죽습니다. 하지만, 그들의 영은 몸이 죽는 것 같이 죽지 않습니다. 실제로 영은 간혹 죽어가는 몸에서 그 몸을 자극합니다. 영은 죽음을 '맛보지' 않습니다. 영은 그 자체로서는 맛보거나 느끼지 않는 것의 지배자로 남습니다. 우리가 몸, 혼, 그리고 영의 수준들(planes)을 각각 A, B, 그리고 C라고 부르기로 가정해 봅시다.[92] 이 영웅들의 상황은 이것입니다. 그들은 단지 A(몸)수준에서만 죽음을 당하고 경험합니다. 연기가 A수준의 불이 붙은 윗면 위로 조금 더 오르면 B(혼)수준에 이릅니다. C(영)수준에서는, 강한 논증의 중화기포가 A수준에 있는 원수를 향하여 작열합니다. 이것은 그 원수를 C수준을 정복하지 못하도록 하기 위해서만 수행되고 있습니다. 자신들이 영웅임을 입증하는 국면

---

91) 한역주 : 그리스신화에 나오는, 영웅들이나 위대한 인물들의 가게 되는 최후의 안식처.
92) 이 용어들을 사용하는 것은 단지 비유일 뿐이라는 점과 이 비유로부터 사물의 심리학, 특별히 혼과 영의 문제에 대한 어떤 논의로 빠져드는 것도 거부한다고 말하는 것이 필요하지 않을 것임을 믿는다.

(곧, 영혼의 전투장인 C수준)은 A수준과는 본질적으로 다릅니다. 영은 죽음이 자신을 정복하지 못하게 하는 일에 기뻐하지 않습니다. 왜냐하면 죽음이 자신을 만지지 못하기 때문입니다. 그러나 영은 자신이 몸과 혼으로부터 멀찌감치 떨어져 있는 것에서 자위를 합니다. A수준에서 파괴하고 있는 원수를 생각하며 C수준에서 스스로 위로하는 것입니다. 이때 B수준은 자신 아래에서 진행되는 진동의 충격만을 느낍니다. 진실로, 이것은 죽음을 정복하는 것이 아닙니다. 단지 일종의 그 자체 안에 있는 성질(personality)[93]상의 승리를 표상할 뿐입니다. 여러분이 보시기에, 그것이 죽을 필요가 없음을 발견하게 된, 성질(personality)말입니다. 영의 영역에서는 실제로 피가 전혀 흐르지 않습니다. 그 안에서는 사람과 사람 사이에 어떤 갈등도 없습니다. 죽음의 순간에 죽어가는 사람에 의하여 진술되는 모든 발언들, 그리스도에게서 이끌어내는 만족에서 오지 않는 위로의 모든 발언들은, 논 오미니스 모리아르(non omnis moriar, "나는 전적으로 죽지 않으리라")는 격언에 자극을 받아온 것입니다.

그리스도께서는 전적으로 다릅니다. 주님께서는 죽음이 당신에게 다가오는 것을 보실 때, 죽음이 당신 생명의 모든 수준에 미치는 것을 보시게 됩니다. 그분의 몸이 죽어야 합니다(A수준), 그분의 혼이 죽어야 합니다(B수준). 그리고 그분의 영도 죽어야 합니다(C수준).[94]

---

93) 한역주 : personality를 '인격'이나 '성품'이 아니라, '성질'이라고 번역한 것은, 몸, 혼, 혹은 영이 어떤 인간 안에 있는 '성질'을 나타내는 것이기 때문이다. personality는 법적으로 realty(부동산)과 대조가 되는 personalty(동산)라는 단어와 대체가능한 단어이다. 그러므로 이 문장에서 personality는 '동산'이라는 말로도 번역이 가능하지만, '성질'이라고 번역하는 것이 더 낫겠다고 여겨진다.

94) 그분의 위격(person)은 아니다. 하나님의 아들의 위격(person)은 그분의 완전한 인성 가운데에서 죽어야 하고 또한 죽고자 하실 것이기(must also will to die) 때문이다. 한역주 : 저자의 각주에서의 이 말은, 만일 그리스도의 위격이 죽게 되면 그리스도의 참 사람 되심이 불가능하다는 뜻인 것 같다. 그리스도의 위격은 신적인 위격(divine person)이기 때문에 죽을 수 없는 것이다. 그리스도의 몸, 혼, 영은 죽을 수 있는데, 그 죽음은 결국 참사람으로서의 죽음인 것이다. 하지만 위격이 죽게 되면 사람되심이 끝나는 것이다. 심지어는 그분의 하나님 되심도 끝나는 것일 터이다.

그분은 죽음을 완전히 인식하고 계셔야 합니다. 그것을 완전하게 경험하셔야 하는 것입니다. 그분은 일시적 죽음(혼과 몸의 분리), 영적인 죽음(하나님께 버리심을 당한다는 의미로서 하나님과 분리되는 것을 비참하게 일시적으로 경험하게 되는 것), 그리고 영원한 죽음(영을 따라서 하나님께 버림받으심의 결과를 완전하게 인식하게 되는 것)을 아셔야 하고 또한 느끼셔야 합니다. 제발, 이제 누가 감히 그리스도를 다른 사람들과 비교할 수 있겠습니까? 그리스도께서는 A수준에서 터지는 대포소리를 억누르는 어떤 중화기도 C수준에 세울 수 없으셨습니다. B수준과 C수준에서 그 시끄러운 소음에 신경 쓰지 않을 수 없으셨던 것입니다. 사망의 독이 주님의 인간되심의 구석까지 스며들어 옵니다. 하나님께서 직접 그 죽음을 수단으로 하여 그리스도 안으로 들어오시기 때문에, 하나님께서는 그분을 완전히 무장해제 시키십니다. 그리고 그것을 그리스도께서는 아시는 것입니다. 그리스도에게 사망은 그분의 영이 지나가는 과객처럼 눈을 돌려버릴 수 있는 원수가 아닙니다. 죽음은 그분에게 닥치는 것입니다. 아니, 그분에게 강제로 닥쳐오고 있다고 해야겠습니다. 죽음은 그분 속으로 완전하게 들어옵니다. 그리고 그분의 존재 전체 가운데 들어오는 것입니다.

  6) 죽어야 하는 사람들은 스스로 죽음의 두려움과 그 압도적 영향력을 경계할 수 있습니다. 하지만, 그런 행동은 언제나 불완전할 뿐입니다.

사람은 너무나도 용감하게 행할 수 있습니다. 엄청난 독재군주인 죽음에 대항하여 용감하게 자신의 무기를 휘두를 수 있습니다. 자신이 그 상황의 지배자임을 스스로에게, 그리고 다른 이들에게 보여주는 것도 성공할 수 있을 것입니다. 그럼에도 불구하고 비밀리에, 한 가지 남은 확실한 것은 그가 그렇게 하더라도 죽음에 대해 아무 것도 할 수 없다는 것입니다. 여하튼 그 사람은 죽을 것입니다. 그의 침착한 태도는 그가 이렇게 말할 수 있을 때만 진지하게 취급될 것입니다: "나는 버릴 권세(자격)도 있고 다시 얻을 권세도 있으니(요한복음10:18)" 하지만 그는 그렇게 말할 수 없습니다. 그런 생각조차 그에게 떠오르지 않습니다. 그래서 그가 수행하는 투쟁은 결코 완전하지 않은 것입니다. 결코 그 정도까지 용감하게 행동할 수 없습니다. 그는 숲에 있는 사자의 용기를 갖지 못합니다. 단지, 동물원에 갇혀 있는 사자의 용기를 가질 뿐입니다. 자신의 몫으로 받아들여야 할 죽음과 더불어 스스로 타협할 뿐입니다. 그는 죽음에 맞서 능동적으로(actively) 자신을 옹호할 수 있을까요? 물론입니다. 하지만 그의 능동성(activity)은 수동성(passivity)의 경계 안에 머물러 있습니다. 그의 능동성(activity)은 이토록 손 쉬워서, 더 높은 힘에 의해 잠긴 방 안에서 스스로 회전하고 있습니다. 사람들이 살아 있고 만사가 잘되어가며 원하는 모든 것을 충분하게 소유하고 있는 한, 능동성과 수동성 사이의 거리는 생명(life) 만큼이나 넓습니다. 하지만, 자유와 능력에 자유롭게 접근할 수 있던 그 문이 닫히고, 결코 다시 열리지 않을 것임을 알게 되는 순간, 제한된 능동성(activity)은 점진적으로 좁아져가는 운동장처럼 좁은 범위 안에서 스스로 움직입니다. 그러면 그 혼(soul)이 스스로 달리려 했던 경기는, 생명이 여전히 여유 있을 만큼 친절한 가장 작은 코스(course)에 제한되는 것입니다.

예수 그리스도는 그런 사람이 아닙니다. 그분의 문은 그분 뒤에 잠겨있지 않았습니다. 그분의 애통하심의 참혹함은 이 관념적인 배경을 고려할 때만 적절하게 볼 수 있습니다: 나는 목숨을 버릴 권세도 있고 다시금 취할 권세도 있노라. 그분의 경주 코스는 점점 작아지지 않습니다. 그분의 책임은 결코 약화되지 않습니다. 긴장은 계속 남아 있습니다. 수동성과 능동성, 그분의 과제는 동일하게 엄격합니다. 압력은 결코 해소되지 않습니다. 그분은 당신이 '여하튼' 죽으셔야 한다는 사실 안에서 '안식'하실 수 없습니다. 그래서 결론을 내리십니다: 나의 자유의 문이 닫혔기 때문에, 나의 제한된 한계의 범위 안에서 한 번 더 자유롭게 움직이기를 원하노라. 그리스도의 수동적 순종과 능동적 순종 사이의 긴장은 끝까지 지속됩니다. 만약 그리스도께서 수난이 다가오는 것을 어느 시점에 미리 보시고, 당신의 제한된 경계 안에서 복종의 행위를 할 수 있으셨다면, 그 엄청난 긴장은 끝으로 갈수록 감소했을 것입니다. 그러나 그리스도의 경우는 그렇지 않았습니다. 수동적이면서 능동적인 순종이 그분 안에서 동시에 점점 강하게 자라고 있었습니다.

7) 예수님 외의 다른 인간 존재들은 단지 개별적인(individual)투쟁에 직면할 뿐입니다. 각각의 인간들은 죽어야 합니다. 그들은 먼저 자신의 삶을 살고 그 후에 자신의 죽음을 죽습니다. 죽음은 자신의 심판만을 표상합니다. 반면, 그리스도께서는 '한 사람(a man)'이 아닙니다. '그 사람(the man)'입니다. 그분은 당신께서 둘째 아담(the second Adam)이라는 사실, 은혜언약에 포함된 새로운 인류의 머리(the Head)라는 사실을 너무나도 분명하게 의식하며 죽으십니다. 그분의 죽음 안에서, 인류의 머리는, 인류의 산에 돌출된 반석으로부터 떨어져 나온 돌조각이 아닙니다. 그 죽음 안에서, 죽음의 충격은 그분께서 그것을 위하여 죽음 속으로 들어가시는 모든 인류의 토대 안에서, 기초 안에서, 느껴지는 것입니다. 그리스도께서는 한 명의 개인으로서가 아니라, 둘째 아담으로서, 하나님에 대항하여(against God) 외롭게 서 계시는 것입니다. 죽음이 그들을 나눠 놓습니다. 그리고 하나님께서 말씀하십니다: 받아 마시라. 인간적 기준으로 판단해 볼 때 예수님과 죽음 사이에는 단지 한 걸음만 있을 뿐입니다. 왜냐하면 그것은 다윗과 요나단, 모든 사람, 여러분과 저, 죽음에 대해서 전혀 명령할 수 없고 전혀 능력 없는 자들이 하는 말의 비극적인 내용 때문입니다. 그것은 죽음을 자신의 몫으로 감당해야 할 모든 이들의 격렬한 슬픔입니다. 하지만 그리스도께서는 죽음을 당신의 몫으로 감당할 필요가 없으십니다. 그분께서는 당신 소유의 보증인 되시기 때문입니다. 또한 그의 보증인 되심이 비록 그분을 완전히 수동적으로 만들더라도 순간순간 그분에 의해 능동적으로 열망되기(be actively desired by Him)[95] 때문에, 그리스도께

---

95) 한역주 : 이 문장이 수동태로 되어 있는 것은, 그분의 순종의 수동성을 배경으로 하여 능동적 순종을 강조하기 때문이다. 능동적이면서 수동적인 그의 순종이 be actively desired by라는 표현 속에 잘 담겨져 있다.

서는 죽음을 당신의 의로운 심판으로 받아들여야 하는 것입니다. 그러므로 그분과 죽음 사이에 한 걸음만 있다는 것은 사실이 아닙니다. 주님께서는 당신의 발걸음을 세셔야 합니다. 하지만, 각 걸음은 무한한 능력의 행위를 표상하는 것이기 때문에, 수를 헤아릴 수 없습니다. 무한함이 그분과 죽음 사이를 갈라놓고 있습니다. 비록 그 무한함이 단 한 걸음의 보폭밖에 되지 않더라도 말입니다. 그분과 죽음 사이에 있는 길은, 그분의 버림받은 영혼(soul)으로부터 엄격하고 침묵하시며 또한 비난하시는 하나님에 이르는 길만큼이나 길고 무겁습니다. 영원 전체가 그분과 죽음 사이에 있습니다. 그분께서는 자신이 둘째 아담이라는 사실을 충분히 의식하면서 죽음을 받아들이셔야 합니다. 둘째 아담은 하나님의 형상이자 하나님의 능력을 온전히 소유하신 분으로서, 모든 이들의 구원을 위해 첫째 아담으로부터 그들을 넘겨받은 자입니다. 중보자의 수난, 대신해서 당하시는 고뇌를 – 감히 누가 불신앙의 채무자(debtor)의 고통과 비교할 수 있겠습니까?

8) 또 다른 것이 마지막 사항과 연관됩니다. 다른 사람들은 죽음 가운데서도 위로를 얻거나 얻을 수 있다고 가정하며 언제나 죽음의 문제를 시간과 공간의 문제로 취급합니다. 예를 들어, 그들은 이런 예들로 스스로 위로합니다: 여기서는 잠시 고통을 당할 수밖에 없어. 하지만 그곳에서는 영원을 살게 될 거야. 아니면, 여기서 가볍게 고난을 당하지만 –그곳에는 "크고 영원한 영광의 중한 것"이 있어. 혹은, 무덤의 이편에서는 이것을 당해야 하지만, 저편에서는 그것을 즐거워하게 될 거야, 하는 식입니다. 그래서 시간이 영원에 대한 생각으로써 스스로를 위로할 때, 그것은 시간의 관점에서 이루어지며, 그런 방식으로 영원은 임시적 고난과 대조적으로 더 쉽게 밀려오는 것입니다. 이런 위로 가운데서 다가오는 영광의 무게는 언제나 고난 자체에 대한 부담보다 무겁습니다.

그런데, 그리스도는 그렇지 않습니다. 그분에게 제한된 시간과 공간은 타당한 기준점이 될 수 없습니다. 사실 제한되고 피조된 그분의 인간 영혼(soul)

에 따르면, 그분께서도 시간과 공간 안에서 고난을 당하십니다. 그분께서 지시는 짐들과 저울 양쪽에 놓고 바라보고 계신 것들은 둘 다 무한한 가치를 지닙니다. 그분께서 양쪽에 두고 대조하시는 것들은, 영원한 생명을 대면하고 있는 제한된 시간의 것들이 아니라, 영원한 생명 그 자체의 것들입니다. 영광의 더 중한 무게에 비교되는 가벼운 고난에서 비롯된 것이 아니라, 오히려 영광의 더 뛰어난 무게에 대조되는 불행의 더 중한 무게의 것입니다. 그리스도의 갈등은 그분의 바깥에서 불거진 힘에 대항하는 다른 힘의 작용에 의해 좌우되지 않습니다. 그분께서는 자신의 손에 이 두 개의 영원한 무게를 드셔야 합니다. 이 둘 모두의 무거움을 당신의 영혼(soul)에 가득 채워야 하는 것입니다. 누가 이것에 대해 말할 수 있습니까? 누가 감히 비교하려고 하는 것입니까?

9) 다른 사람들이 소유한 평온함은 그리스도의 고난의 열매이거나 아니면 구속에 대해 막연히 품고 있는 생각의 부자연스러운(unnatural) 열매입니다. 하지만 그리스도께서는 다른 사람이 심은 나무의 열매를 따실 수 없습니다. 자신의 열매들을 맺으셔야 합니다. 그것들을 산출해야 하는 것(produce)입니다. 그분은 씨 뿌리는 자의 슬픔을 당하십니다. 그래서 추수하는 이의 기쁨을 맛보게 되실 것입니다. 단 한 분의 절대적인 씨 뿌리는 이가 있습니다: 바로 그리스도이십니다. 그분께서는 절대적으로 '눈물로 씨를 뿌리는' 유일한 분이십니다.

10) 그래서 다른 이들은, 그들의 배가 항구에 도달했을 때 줄을 교각(橋脚, pier)에 묶을 것입니다. 그 교각은 진정으로 정박하려는 이로부터 물러나지 않습니다. 그들은 자신의 닻들을 던질지도 모릅니다. 이들은 하나님 안에 닻을 두려는 모든 이들을 위해 단단한 지반에 박혀 요동치 않습니다. 그리스도께서도 하나님 안에 당신의 닻을 내리기 원하십니다. 하나님의 충실과 공의의 견고한 기둥들에 당신의 배가 정박하기를 원하시는 것입니다. 하지만 하나님께서 그분으로부터 물러나신다는 것이 그분 상황의 끔찍함입니다. 하나님께서

는 이때에 그분을 버리십니다. 닻을 지지하던 견고한 지대가 물러납니다. 배를 매어둔 교각이 물러가는 것입니다. 오직 그분께서 전적으로 버림받으신 이후, 오직 그분의 배가 하나님 외의 다른 그 어떤 것도 붙잡는 것을 거절한 후, 오직 그분의 믿음이 모든 것을 포기하고 무한하게 스스로 깊어진 이후 -오직 그때 그분께서는 받아들여지실 것이고, 죽음의 권세로부터 부활하실 것입니다.

한 번 더 그리고 최종적으로 말씀드립니다, 누가 감히 '비교'하려고 하는 것입니까?

우리는 원래의 출발지로 되돌아가서 그리스도의 슬픔과 고통 받으신 사실이 전혀 수수께끼가 아니라는 점을 반복합니다.

오히려 그 반대로, 그 고뇌가 없었다면 그분께서는 우리의 중보자가 아니신 것입니다. 아담의 손을 통해서 인류가 계속 퍼뜨리는 죄들 때문에 매를 맞으신 그 '등'은 반드시 그 고통을 느껴야 합니다. [96]

그럼에도 불구하고, 그리스도의 중보자 되심을 고백하는 우리 중 어떤 이들에게는 또 다른 어려움이 있습니다. 우리에게 그 어려움은 그리스도에게 이 고뇌의 시작(a beginning)이 있었다는 사실과, 그분께서 유월절의 방에서 보여주셨던 그 평온한 확신으로부터 이러한 억압과 고뇌로 너무나도 갑작스럽게 빠져 들어가신다는 사실로부터 일어납니다. 그 고뇌가 존재한다는 사실이 아니라, 그 고뇌의 갑작스러운 시작이 우리를 곤혹스럽게 합니다. 아무리 신앙의 관점에서 보더라도 말입니다.

---

96) 이 비유는 A. 카이퍼 박사의 것이며 E Voto.에 있습니다. 한역주: E Voto.는 카이퍼 박사의 대작들 중의 하나인 E. Voto Dordraceno, Toelichting op Den Heidelbergschen Catechismus(제4판, 1892-1895)을 가리키는데, 『도르트총회의 소원을 따라: 하이델베르크 교리문답 해설』이라고 번역될 수 있겠다. 카이퍼는 이 책의 부제를 '하이델베르크 교리문답 해설'라고 하고 있으니, 결국 카이퍼신학의 핵심은 도르트총회의 정신으로 돌아가는 것이었다고 보인다.

도대체 무엇이, 그리스도의 머리를 혼란으로 뒤덮는 갑작스러운 고난의 우물의 분출을 초래했을까요?

그 답은 예수님 영혼(soul)의 삶의 본질에 있는 것일까요? 그분의 영혼은 실제로 불온하고 변덕스러울까요? 명백히 눈에 띄는 그 불일치가 그분 자아의 산물일까요? 그분께서는 당신의 탐조등을 이번에는 이쪽, 다음에는 저쪽으로 비추시며 다른 부분은 어둠 속에 내버려 두시는 것일까요?

긍정적으로 답변하는 것은 그리스도의 영혼(soul)에 부당하게 행하는 것입니다. 그분의 영혼은 결코 내부로부터 혼란을 겪지 않고 혼동하지 않으며 균형을 잃어버리지 않는 평형의 평안함과 조화로 통제된 생명의 견고함을 결합시키고 있습니다. 비록 그리스도께서, 세이렌의 미녀들 [97] 이 비명을 지르고, 귀신들도 고통스러운 소리를 내며, 평온함 가운데 갑작스럽게 폭풍이 몰아치는 지옥의 혼동에 던져졌다 하더라도, 그분의 영혼은 그곳에서 균형을 잃지 않을 것입니다. 그분이 움직이셔서 하나님과 함께 서 계시는 한 그분의 조화로움은 계속됩니다. 그리스도의 외부에 있는 생의 멈춤과 간격들이 그분 안에 일어나는 변화의 원인일 수 없는 것입니다.

그렇습니다, 유월절 식탁의 조용함에서 겟세마네의 고뇌로 갑작스럽게 퇴행하는 것은 예수님 영혼의 본질 때문이라고 할 수 없습니다. 결과적으로 그런 용어로 설명할 수 있는 것이 아닙니다.

우리는 그리스도 외부에서 그 변화의 원인을 찾아야 합니다. 어쩌면 사탄이나 사람들이 행하는 어떤 일에서 원인을 발견할 수 있지 않을까요?

---

97) 한역주 : 그리스신화에 등장하는 미녀들이면서도 아주 위험한 존재들. 지나가는 배의 선원들을 유혹해서 결국 파선하게 만드는 역할을 하는데, 영웅 오디세우스(로마식으로는 율리시즈)는 선원들의 귀를 밀납으로 막게 하여서 무사하게 그들의 유혹을 견뎌내었다고 한다.

우리는 지나치게 명백한 답변을 하는 것을 거부합니다. 믿음은 경외와 주의의 경계선을 너무 쉽게 넘어갑니다.

그럼에도 불구하고, 우리는 그 퇴행에 대해 무언가 말하고자 합니다. 우리의 어려움에 대한 해결책이 여기서 부분적으로 발견될 수 있겠습니다. 그리스도의 민감한 영혼(soul)이 유다가 접근해 오는 것을 아시고서, 당신을 사로잡고자 몽둥이와 검을 쥐고 다가오는 무리를 느끼셨습니다. 임박한 위험들, '황소와 개들(시 22편)'이 그분의 민감한 감정을 실제로 찔러댔습니다. 그분에게도 역시, 슬픔은 점차 강해집니다. 그분 바깥에서 몰아치는 폭풍의 요란함이 증가할 때, 그분 영혼 속 경험은 이를 반영하여 점차 강도를 높이게 됩니다. 예수님의 영혼은 텔레파시 능력을 가진 자들의 것보다 더 순수했습니다. 예수님의 영혼은 투시력을 가진 사람보다 분명하게 사물을 보았습니다. 그래서, 살인적인 폭도들이 행위를 통해 자신들의 의도를 강조할 때, 그 정도에 따라 예수님의 고통은 증가합니다. 그것들이 이 순간에, 그분의 기도를 방해하고 있는 것입니다. 그래서 그분은 당신의 기도 속에 혼란케 하는 힘을 즉각 포함시켜야 합니다. 예수님의 인상은 그분 바깥에서 일어난 소동에 완벽하게 반응합니다.

하지만, 그것은 예수님 영혼(soul) 속에 있는 갑작스러운 변화를 완전히 설명하지 못합니다. 왜냐하면 우리는 예수님께서 다가올 모든 것을 미리 보시기에, 이전에 겪은 그분의 수난도 대단히 강렬했다는 것을 반복적으로 살펴보았습니다. 예수님께서는 유다가 지금 이 순간 하고 있는 것을 오래전에 미리 보셨습니다. 그분은 사탄이 그분에게 경험하게 하는 것을 이전에 실제적으로 예견하셨습니다. 그분께서는 직접 당신의 수난과 죽으심의 묘사를 이미 생각 속에 그리셨고 또한 실행하고 계셨습니다: 이것이 그리스도와 십자가에 못 박히시는 그분에 대한 무시무시한 개요입니다.

그렇습니다, 위험과 죽음이 점점 다가오고 지옥과 귀신들이 살금살금 들어오는 것은 예수님의 고뇌가 점진적으로 악화되는 것을 충분히 설명할 것입니다. 하지만 이마저도 고뇌가 갑작스럽게 강렬해지는 것을 적절하게 설명하지는 않습니다. 유다와 그와 함께하는 폭도들, 지옥과 지옥의 자식들은 대단히 많은 것을 설명하지만 모든 것을 설명하지는 않습니다.

이제 우리가 기뻐서 팔짝 뛰어야 할 차례입니다. 우리가 두려워 떠는 생각들이 해결책을 찾을 수 있는 유일한 다른 방식이 있기 때문입니다.

우리는 갑작스러운 변화를 예수님의 영혼(soul) 본질의 측면에서 설명할 수 없습니다. 왜냐하면 예수님의 영혼은 그 안에서 일어나는 어떤 것에 의해서도 혼란스러워질 수 없기 때문입니다.

우리는 그것을 유다와 그 폭도들 그리고 귀신들의 측면에서도 전적으로 설명할 수 없습니다.

그러므로, 그 답을 우리 주 하나님 안에서 찾아야 할 것입니다. 우리가 제시한 것처럼, 예수님께서 심연으로 떨어져서 명명할 수 없는 슬픔의 고통을 겪으실 때, 그 고통에는 선한 이유가 있는 것입니다. 그러니 기쁨으로 뛰라는 명령도 할 수 있는 것입니다. 역설적일지 몰라도, 우리는 기쁨으로 외칠 수 있습니다. 우리가 (이 일 속에서도) 하나님을 보기 때문입니다.

하지만, 오직 하나님의 견지에서만 설명 가능한 겟세마네는, 지속적으로 당혹감을 주는 수수께끼이며, 지긋지긋한 모욕이고, 충격적인 불일치입니다. 하나님 중심으로 생각하는 사람들을 제외하고 말입니다. 하나님 중심으로 생각하는 것이야말로, 성경을 통해 얻을 수 있는 설명의 특징입니다. 그것은 곧 구속의 조화로운 계획 속에 있는 기적의 유기적인 부분이며 요소인 것입니다. 그런 종류의 겟세마네는 우리로 하여금 '심리학', 철학, 그리고 영적 해부학의 혼동으로부터 빠져나오게 해 줍니다. 겟세마네는 믿음의 법을 타협하지 않게 하며, 또한 깨지지 않게 합니다. 이 법은 곧 하나님만이 홀로 계시며, 하나님만이 예수 그리스도를 통해 자기계시에 대한 설명을 주신다는 법입니다. -저는 감사드립니다. 주여, 하늘과 땅의 주 하나님이시여, 주께서 겟세마네의 일들을 심리학에서 지혜로운 자들, 철학의 명철한 자들, 그리고 생물학의 학식있는 자들에게서 감추시고, 믿음으로 순종하는 자녀들에게 드러내셨나이다. 더욱이 그러하신 것은, 그것이 주님 보기에 좋으셨기 때문이었나이다!

오, 인생이여, 여러분의 성경으로 되돌아가십시오. 이 사건의 의미를 설명하시는 분은 하나님이십니다. 하나님께서는 그것을 하시되, 당신의 협의의 방식으로, 당신의 행위에 의하여, 혹은 심지어 당신이 행동하기를 거부하심으로써, 예수님과 더불어서 교통하시기를 스스로 거두심으로써 그렇게 하시는 것입니다.

겟세마네에 대한 성경의 설명은 우리에게 너무나도 많은 말들을 해 줍니다. 우리는 그것에 대한 설명은 오직 하나님 안에서만 찾을 수 있을 것입니다. 우리는 하나님께서 예수님을 돕기 위해 천사를 보내신다는 것을 읽습니다. 그것은 분명, 하늘이 예수님의 맥박의 진동을 규제하고 있다는 것을 의미합니다.

우리는 그 특별한 강조점을 뒷장에서 다시금 고려하기를 바랍니다.

우리는 이제 겟세마네의 천사들에게 주목하겠습니다. 그 동산의 수수께끼에 대한 설명이 유다와 귀신들의 견지에서 끝날 것이 아니라, 최종 분석에 있어 오직 하늘이 무엇을 하는가 아니면 하지 않는가의 견지에서 설명되어야 한다는 것을 보여주기 위함입니다. 하나님으로부터 예수님에게로, 하늘에서 예수님의 찢어지는 심장으로, 하나님의 삼위일체에서 사람 되신 예수 그리스도에게로 흘러오는 에너지들, 지금 보냄을 받고 다음에 다시금 부름을 받는, 그 에너지들만이 예수님의 태도의 갑작스러운 변화를 설명할 수 있는 것입니다.

그것이 우리의 배회하는 생각들이 안식할 만한 지점을 제공해 줍니다. 하나님의 광대한 우주 안에서 맹목적으로 꿈틀거리는 벌레를 보는 것은 끔찍하기 때문입니다. 하지만 그 벌레가 하늘의 견고한 궁창과 하나님의 영원한 협의를 방향의 기준으로 언급할 수 있게 되는 순간, 소망이 다시금 일어납니다. 그러면, 하나님의 영원한 즐거움의 견고한 계획은 여전히 우리 것이며, 세계는, 하나의 불쌍한 벌레가 되지 않을 것입니다. 한 사람(a Man)이 쪼그라들어서 된 한 벌레처럼 가늘어지지는 않을 것입니다. 그러면 그 패턴은 구체적인 윤곽 안에서 고정되고 견고한 것으로 우리에게 남아있게 됩니다. 그 패턴은 하나님의 신실하심, 그분의 공의, 그분의 자신의 뜻, 그분의 진노와 사랑, 의와 심판의 패턴입니다.

그래서 겟세마네의 비밀은 우리에게 발견되지 않더라도, 우리에게 드러나고 있는(is pointed out) 것입니다. 광범위한 함축성 가운데서 말입니다.

이제 우리는, 예수님의 높은 곳에서 낮은 곳으로의 갑작스러운 하강이 그토록 갑작스러웠고 날카로운 이유를 압니다. 하나님께서 그때 그분을 버리기 시작하셨기 때문입니다. 나의 하나님, 나의 하나님, 어찌하여 나를 버리기 시작하셨나이까?

그리스도의 슬픔의 시작은 하나님께서 그분으로부터 떠나기 시작하는 것과 일치합니다.

다시금 삼위일체 하나님께서 하시는 것과 하시지 않는 것에 대한 반작용은 완벽한 것입니다.

지금은 하나님께서 저버리시는 시간입니다. 이 시간에 이르기까지 예수님께서는 일하셔야(to work) 했습니다. 그분은 유월절 잔치를 섬기고 식탁을 제공하셔야 했습니다. 예언적 강화를 하셔야 했고, 유다를 혼란스럽게 하셔야 했으며, 사탄을 몰아붙이셔야 했고, (제자들의) 발을 씻으셔야 했습니다. ―주님은 제공하시되, 항상 제공하셔야 했습니다. 중보자로서 그분은 당신의 일과를 침착하게 수행하셔야 했습니다.

하지만, 하나님의 시계추가 이제 울리고 있습니다.

이제 아버지께서는 완벽한 오래 참으심의 심연으로 그분을 밀어 넣으십니다. 항상 제공하시는 중보자적인 행위의 호사에서부터 오직 도움을 구하셔야 하는, 버림 받으시는 중보자적 고통 속으로 밀어 넣으시는 것입니다.

그분에 대한 분노가 불타오르고 있습니다. 주님께서는 저주로 버림받은 무리를 대표하는 것의 의미를 아셔야 합니다. 하나님께서는 성령의 위로하심들, 도움이 넘치는 사랑의 속삭임들, 그리고 믿음의 확신을 거두십니다. 어린양께서는 버림받는 순간에마저 하나님을 바라보면서 어둠을 직시하십니다. 하나님께서는 그 직시가 분명히 드러나도록 하기 위해, 이것들을 거두시는 것입니다. 눈으로 보는 한 소리 외에 다른 음성은 전혀 없는 것, 그리고 그 음성이 두려워 떨면서 어디에 나의 하나님이 계신가? 하고 묻는 것, 선지자로서 모든 피조물의 진정한 신음소리로 신음하는 것 ―그것이 두려울 정도의 고독함 가운데 계시는 그리스도의 모습입니다.

당장은 이러한 신비들 속으로 더 이상 파고들어가지 않을 것입니다. 잠시 후, 계시가 휘장을 조심스럽게 옆으로 젖힐 때 다시 상고할 것입니다.

하지만 겟세마네를 고려하면서 생각하는 중에 쉼을 찾고자 한다면, 우리는 이런 생각 속에서 발견해야 할 것입니다: 겟세마네의 의미를 이해하려는 어떤 시도든지 전능하신 하나님 안에서 발견한 설명이 아니라면, 그것은 신성모독이고 어리석은 일입니다.

겟세마네는 우리 지성을 위한 연구영역이 아닙니다. 그곳은 우리 믿음의 성소입니다.

하나님을 통해서만 예수님의 영혼과 우리의 영혼에 알려질 수 있는 겟세마네는, 들을 수 있는 사람에게만 들리는 한 음성을 갖고 있습니다. 하나님께서 그 유일한 해석자이시기 때문에, 하늘로부터 오는 환한 빛이 그 동산의 어두운 애매모호함을 비추는 것입니다.

이제 우리의 발걸음은 영원의 반석 위에 견고하게 설 수 있습니다. 그 말씀(the Word)과 동행하면서, 우리는 그리스도의 깊은 곳에서부터 우리의 높은 곳으로 올라가게 됩니다. 그리스도의 영혼(soul)의 변화가 고통당하심에 대한 어떤 빈틈도 없다는 것을 우리는 압니다: 또한 우리의 삶을 위하여 그 통일성을 손상 없이 보존하셔야 하는 그 한 영혼 (the one soul)[98]이, 두려움으로 가득 차 있는 그 시간에 동산으로 보내지신 것에 완벽하게 반응하셨다는 것을 우리는 알고 있는 것입니다.

이때 번개가 쳤습니다. 하지만, 하나님께서 천둥을 내리셨습니다. 겟세마네는 강함의 첫 번째 시험을 보여주셨습니다. 결과는 이렇습니다: 하늘로부터 불려온 소용돌이가 그 슬픔의 사람을 밀쳐, 하나님께서 그분을 위해 그으신 선을 머리카락 하나만큼도 넘어서지 못하게 했습니다.

이 시점에서 우리의 생각은 이 책의 첫 장의 결론으로 되돌아갑니다. 그곳에서도, 우리는 하나의 소용돌이가 지옥으로부터 불어왔지만 그리스도의 균형

---

[98] 한역주 : 예수님의 영혼(soul)을 가리킨다.

에 대항할 수 없었다는 것을 관찰했습니다.

겟세마네에서는 그 소용돌이가 하늘로부터 내려와서 그분에 대항해 몰아치고 있습니다. 하지만, 비록 하나님께서 하늘로부터 그 바람의 세력을 보내셨을 때라도, 그 사람의 아들(인자)은 공의가 그를 발견할 수 있는 만큼만 떨어지는 것입니다.

우리는 겟세마네의 음침함 속으로 더 파고 들어가기 전에, 두 손을 경건하게 맞잡고 다음과 같이 말해야 합니다: 주님, 주님께 감사드립니다. 주님께서 먼저 이 거룩한 장소로 제가 들어갈 수 있는 길을 열어주셨나이다. 주님께 감사하는 것은, 주님만이 그리스도 안에서 말씀을 통해 우리에게 하나님을 해석해 주시는 것입니다. 태풍이 몰아치며, 바람이 불고, 구름이 내려오고, 죄악들이 크게 고함을 칩니다 −하지만 하나의 방주가 있나이다. 그렇습니다, 주님; 보소서, 제가 들어갑니다.

주님(the Lord)께서 내 뒤의 문을 닫으셨습니다.

사건들을 그리스도 중심으로 본다는 것은, 최종적으로 하나님을 중심으로 분석한다는 것입니다.

"우리들 모두는 한 분 하나님이 계시다는 것을 마음으로 믿고, 입술로 고백하나이다."

이것은 우리에게 하나의 경외로운, 하지만 분명한 시작입니다. 노아가 주님께서 자기 뒤의 문을 닫으신 것을 발견했을 때, 방주 안에 있는 그 누구도 방주에 필요한 환기에 대해 언급할 필요가 없었습니다. 그들은 자신들의 평화를 누렸습니다 −그곳, 문 안에서 말입니다

chapter 18
|
그리스도의 슬픔, 그 특별한 기원(2)

"아버지여 만일 아버지의 뜻이거든 이 잔을 내게서 옮기시옵소서
그러나 내 원대로 마시옵고 아버지의 원대로 되기를 원하나이다."

- 누가복음 22:42 -

ns
18장.
그리스도의 슬픔, 그 특별한 기원 (2)

앞장에서 부담을 가진 것은, 겟세마네의 그리스도를 오직 하나님의 관점에서 바라볼 필요성을 강조하는 것이었습니다. 사람들이 행하는 것이 아니고, 그리스도의 인간 혼 속에서 일어나는 것도 아니고, 오직 하나님께서 하나님 편에서 행하시거나 행하지 않는 것 – 그것을 우리가 발견한 예수님께서 겟세마네에서 느끼신 경험, 그 슬픔과 무거움의 첫 번째 원인이자 본질적인 동기입니다.

우리는 그 진리를 붙잡아야 합니다. 그 사실을 견고하게 붙잡는 사람만이 겟세마네의 그 두려움을 조금이라도 깨달을 수 있습니다.

겟세마네에서의 사건은 오직 한 번만 일어날 수 있습니다. 세상은 단 한 번 창조될 수 있었으며 단 한 번 파괴될 것입니다. 인간은 한 번 태어나고 한 번 죽습니다. 하나님께서 당신의 특별한 은혜를 통해 성취하시는 그 일은 단 '한 번' 일어납니다. 은혜에 있어서, (자연과는 구별되는) 단 하나의 봄(싹이 나는 것)이 있고, 한 번의 여름(익어감)이 있고, 한 번의 가을(추수함)이 있습니다. 이런 방식으로 겟세마네의 수난은 특별히 독특합니다. 그것은 단 한 번만 일어납니다. 결코 반복되지 않습니다. 역사 가운데서 반복되는 것이 결코 아닙니다. 그 수난은 속편이 없습니다. 역사 가운데서 속편을 가지지 않습니다. 누군가의 말처럼[99], 어느 누구도 겟세마네와 골고다가 저녁과 밤이 날에 속한 것처럼 생활의 일부분이라고 말할 수 없을 것입니다. 겟세마네는 여러 날 중에 하루로 여겨서는 안 되는 특별한 날에 발생하였다는 사실로부터 자신의 독특성을 가집니다. 겟세마네는 그날(the one day), (주님의) 날에 발생한 것입니다.

그 큰 날(the one great day)이 시간의 모든 날들을 뚫고 온 것을 기억하십시오. 그것은 바로 주(여호와)의 한 날(one day of the Lord)입니다.

선지자들은 압니다. 그들 모두가 주의 날이 바로 그날(one day)인 것을 동일하게 주장합니다. 그날은 모든 시대에 걸쳐 스스로를 확장합니다. 좀 더 정확하게 말하자면, 그날은 모든 시대에게 결정적인 하나의 단위가 되는 날입니다. 한 세기나 한 시대는 단지 '주의 날'의 보조적인 부분입니다. 한 세기가 흐릅니다. 주의 날의 시계가 메마른 째깍 소리를 유일하게 내고 있습니다. 사실, 시간을 인간적 차원에서 설계하고 기계적으로 고안한 '세기'로 나눈 것, 결과적으로 이것들이 오가는 것은 하늘의 시계와 거의 관련이 없습니다. 하나님의 날은 그 자체의 독특한 구분들이 있습니다. 그렇습니다, 시대가 있고, 과정이 있고, 한 문화가 다른 문화를 대체하고, 문화를 개혁하고 반동하면서 계속 진행되는, 성장, 성숙, 그리고 쇠퇴의 시기들이 있습니다. 하지만 그것은 그 자체의 방식으로(in its own way) 인식합니다. 교회의 역사든지, 문화의 역사든지, 세계의 한 시대가 온전히 발전할 때마다 주님의 날의 시간을 표시하는 시계는 창세기 1장 1절부터 요한계시록 22장 21절까지, 그때를 나타내는 소리

---

99) Wittig, Joseph, 『팔레스타인, 실레시안 등에서의 예수의 생애』 (Leben Jesu in Palastina, Schlesien, und anderswo), Munich, 1925,II, p.253.

를 크고 강력하게 울리고 있습니다. 주님의 그날은 하나님께서 당신의 협의하신 계획을 실행하시는 날이기 때문입니다. 그리고 이 계획은 모든 세기를 하나의 광대한 결정 가운데에 포함하시는 계획입니다. 주님의 날의 도래는 여인의 후손과 뱀의 후손에 관하여, 낙원의 약속에 표현된 대로, 그것이 구속의 지평으로 올라오는 순간, 창조 가운데서 드러납니다.[100]

그리고, 주님의 날 아침은 아브라함을 부르시는 것입니다. 요엘이 예언했던 메뚜기 떼의 날과 포로기, 포로로부터의 귀환과 예루살렘 성전이 재건된 때 - 그때는 그날의 늦은 아침에 해당합니다. 그리스도께서 세상에 오시고, 그분이 하나님의 시계소리에 재촉 당하셔서 십자가와 부활에 이르실 때 그날은 정오에 오릅니다. 그리고 오순절 성령께서 세상에 오실 때 그날의 오후가 완성됩니다. 유일하고 동일한 그날이, 뒤따라오는 수세기를 통하여 끝을 향해 가고 있습니다. 그리스도께서 무덤을 여시고, 죽은 자들을 일으키시며, 별들 위에 당신의 보좌를 펼치시고, 회복된 세상을 아버지에게 치실 때에, 그날이 성취될 것입니다.

그러므로, 겟세마네와 골고다는 저녁과 밤이 그러한 것처럼 여러 날들 중의 하나일 뿐이라고 하는 것은 어리석음 - 아니, 신성모독입니다. 이런 신성모독은 은혜의 영역 안에 수많은 유사한 날들이 있다고 주장합니다. 자연 속에서 날들이 오고가며, 태양이 뜨고 지고, 존재하는 모든 것들이 왔다가 가며, 유익함도 없이 또다시 되돌아온다고 말했던 그 설교자(한역자: 전도서의 저자)를 생각해 봅시다. 그가 은혜의 영역에서의 역사와 발전들에 대해서도 그 같은 불평을 제기할 수 있었다면 이 진술은 매우 진실한 것입니다. 그렇다면 모든 사람들이 각기 자신만의 '감람나무 동산'과 자신만의 '골고다'를 가졌다고 할 것입니다.

---

100) "주의 날"(day of the Lord)은 구속의 날임을 주목하라; "하나님의 날"(day of God)은 단지 창조의 날에만 국한된다. 타락 이후에는 "하나님의 날"이 "주의 날"이 된다.

하지만 충격적인 진리는, 하늘왕국에서는 오직 한 날, 주님의 그날만의 '야훼의 욤'[101]만 있다는 것입니다.

이것의 결론이 무엇이겠습니까? 시계는 하루에 한 번만 열두 시를 칠 수 있습니다. 그러므로 겟세마네의 시계는 세상에서 단 한 번만 울릴 수 있는 것입니다.

한 번이라는 그 단어를 하나님의 협의(counsel)의 책 제목과 목차와 본문에서 제외해 버리십시오. 그러면 기독교는 더 이상 존재하지 않을 것이고, 우리에게 믿음과 소망과 사랑을 가르치는 모든 것이 헛될 것입니다. 바울 사도는 말합니다. 만약 그리스도께서 부활하지 않으셨다면, 우리는 가장 불쌍한 사람일 것이라고 말입니다. 그 말에 우리는 다음과 같은 말을 덧붙일 수 있습니다. 이 또한 성경에 기록되어 있기 때문입니다: 만약 그리스도께서 두 번 부활하셨다면, 만약 그분께서 어떤 동일한 일을 두 번 반복하셨다면, 우리는 모든 사람 중에 가장 불쌍한 사람이 될 것입니다. 그것은 은혜가 자연의 법에 굴복하였고, 특별은총이 일반은총과 뒤섞여 버린 것을 의미할 것입니다. 그러면, 은혜의 단조로움은 자연의 단조로움 이상으로 전도서의 저자를 피곤하게 했을 것입니다. 만일 예수님이라는 이가 자신의 행동을 반복하고 그 잔을 한 번 이상 마셔야 한다면, 그 예수님이라는 이와 더불어 잔의 찌꺼기를 마시는 것이 낫겠습니다. 이런 예수님은 불행 중에 있는 우리의 친구일 수는 있을지라도 우리를 구속하시는 주님은 아니기 때문입니다. 구속의 책에서 '한번'이라는 단어를 제거해 버리십시오. 그러면, 누구든지 자신의 연구실에서 자신의 겟세마네를 경험할 수 있다는 그 작가의 주장은 정확할 것입니다.

한 번이라는 단어를 적힌 곳에 그대로 내버려 두십시오. 그러면 여러분은 겟

---

[101] 한역주: 히브리어로 יוֹם יהוה으로, 영어로 번역하면, Day of the Lord이다.

세마네로 들어가는 문 위에 새겨져 하나님의 나무들 잎으로 덮인 비밀스러운 진리를 보게 될 것입니다: "아들이 한 번 죽는 것이 정해져 있고, 그 죽으심으로 심판을 당하는 것이다." 그러면 여러분은 겟세마네가 가진 의미가 이 일이 일어나기 전이나, 혹은 후에 세상에서 획득될 수 있었을 것이라는 주장의 신성모독적 의미를 인식할 것입니다. 겟세마네는 그리스도와 그분의 특별한 사역, 그분과 하나님 사이의 특별한 관계, 그분이 중보자로서 받으신 특별한 과제, 그리고 그분의 특별한 잔과 관련하지 않으면, 의미가 없습니다. 누구든지 겟세마네 동산의 기록에서 그 특별한 특성을 떼어 버리려는 자는 아무것도 아닌 것으로, 헛됨과 공허함으로만 남을 것입니다. 겟세마네는 '한(a)' 잔의 장소인가요? 그 반대로, 이(this) 잔의 장소입니다. 바로 이것의 장소입니다.

바로 이(THIS) 잔 말입니다!

아버지여, 아버지여, 바로 이 잔입니다. 아버지여, 바로 이 독특한 잔입니다. 그것을 내어놓는 손이 영원한 언덕으로부터 나타납니다.

이(THIS) 잔.

이런 이유로 우리는 그리스도를 믿고 싶어 할(will care to believe) 것입니다. 우리가 주님을 믿기 원하고 있다(want to believe)고, 저는 말씀드리고 있습니다. '한 번'이라는 그 작은 단어가 분위기를 점화시키고 그분의 혼에 스스로를 새겨놓았다는 사실을, 우리는 입증하지도, 논증하지도, 지적하지도 않을 것입니다. 단 한 번만 발생하는 것은 우리에게 '논쟁'의 시간을 주지 않습니다. 사건이 반복적으로 재발하는 경우에만 학문과 비판적 방법들을 적용할 뿐입니다. 만약 세상에 별이 단 하나 떨어졌다면, 오직 하나의 운석만이 대기를 뚫고 떨어졌다면, 그리고 어떤 사람이 단 한 번 죽었다면, 우리는 별들, 운석들, 그리고 죽음의 현상에 대한 연구를 할 수 없고, 그것들을 묘사한 글을 쓸

수 없을 것입니다.

여러분이 만약 이 진리를 붙잡고 있다면, -그리고 이것은 우리의 기독교적 논증들이기도 합니다- 겟세마네에서의 그리스도의 슬픔을 절단하여 그럴 듯한 이유를 합리적으로 설명하고, 논증하거나 지적하는 것이 얼마나 신성모독적인지 느끼게 될 것입니다.

이런 신성모독을 물리쳐 버리십시오. 그것을 여러분에게서 멀리 쫓아버리십시오.

예수님의 영혼(soul)의 경험과 다른 이들의 영혼들(souls) 안에서 일어나는 일들을 비교하려는 기독교 사상가가 있습니다. 그는 자신의 주장을 비교로 마무리하는 것을 선호하는데, 마치 이렇게 말하는 것 같기도 합니다: 나의 심리학적 설교는 이제 마쳤습니다. 나는 여러분들이 두려움으로 떠는 것을 막을 수 있게 되었습니다. 하나님께서 여러분 영혼(soul)에 자비 베푸시기를 바랍니다. 아멘. 하지만 이런 사상가는 자신의 영혼(soul)에 부당하게 행하고 있습니다. 그는 자신의 비교를 (무언가를 일으켜 세우는) 건덕(edification)이라고 부르지만 실제로는 부서서 내려 앉혀 버리고 있습니다. 그는 하나님의 공의의 성전에서 하늘의 떡을 먹는 대신 어떤 예수(a certain Jesus)의 무덤 위에 앉아서 자기의 조그만 비스킷을 깨물고 있을 뿐입니다. 그러면서 다른 방문객들의 것 옆에 있는 나무판에 자신의 이름 석 자를 새기고 있습니다. 그 나무 기념물의 관점에서 보자면 그는 인생을 즐겁게 내려다보고 있습니다. 하지만, 그의 논점은 구속의 사건을 피상적으로, 뿐만 아니라 본질적으로 모욕하고 있는 것입니다.

아니, 아닙니다. 우리는 믿는 것을 선택합니다. 예수님께서 그 '한 번'이라는 단어의 특별한 경험을 하신 사실을 믿기로 하는 것입니다. 우리는 믿을 것입니다. 오직 그 하루를 위하여 창조된 그 시계바늘이 점차 열두 시를 향해 움직이는 것을 그분께서 얼마나 예민하게 느끼셨는지, 단순하게 믿을 것입니다.

어떤 양적인 증거도 가질 수 없는 그 믿음 안에서 -이것으로 하나님은 찬양받으실지어다! - 증거에 대하여 무감각한 것이 가장 영광스러운 특징이 되는 그 믿음 안에서, 우리는 겟세마네에서의 그리스도께서는 하나님께서 당신을 단 한 번 종속되게 하실 수 있는 그것을 그 시간에 당신에게 보내셨던 그 하나님 앞에서 두려움으로 떠셨다는 사실을 받아들입니다.

그 고뇌하심이 계시되지 않았더라면 우리는 그것을 전혀 몰랐을 것입니다. 하지만, 계시가 존재하므로 우리는 그 잔이 예비되었음을 알게 됩니다. 손이 나타나 벽에 글을 씁니다: 메네 메네 데겔 우바르신.[102]

그 보증인만이 읽을 수 있습니다. 그분만이 그것을 이해하지 못하는 일이 없을 것입니다.

그 잔.
그 손.
그 보증인.

결과적으로 우리는 심리학적 논문의 문장에 담긴 결론(이런 결론을 얻을 수 있다고 가정하면서)을 언급하는 것으로 겟세마네의 개인적이고 특징적인 성격을 설명할 수 없습니다. 우리 마음(mind)의 생명, 우리 일상생활, 우리의

---

102) 한역주 : 신바벨론 제국의 최후의 왕이 벨사살왕이 예루살렘성전에서 가져온 성전도구들을 내어놓고 큰 잔치를 벌였을 때 왕궁 벽에 한 손이 나타나 썼던 글자. 그 뜻은 '(벨사살왕의) 무게가 부족하여 둘로 나눠지게 된다'는 뜻으로 바벨론이 정복되어 둘로 나눠지게 된다는 것을 예언한 말씀이다(다니엘5장). 이것을 예수의 고난 중에 나타난 것으로 저자가 말하는 것은 예수의 고난이 하나님의 뜻에 의하여 진행되어지는 고난임을 강조하고자 하는 것이다.

경험들에 대한 발언들을 살펴도 겟세마네의 독특하고 특별한 성격을 발견할 수 없습니다.

심지어 성경조차도, 인간의 고통과 생명에서 도출된 단일한 진술을 제공하지 않습니다. 보라, 이것이 겟세마네를 이해하는 열쇠이다, 라고 말해주지 않는 것입니다.

만약 성경이 인간의 심리적 경험으로 도출된 원리들을 겟세마네의 예수 그리스도를 설명하고 그분 수난의 성격을 조사하는 등불로서 우리 손에 들려준다면, 성경은 예수 그리스도의 그 왕관과 비참함, 그리고 겟세마네를 이것들로부터 제거해 버릴 것입니다.

예를 들어서, 수많은 독자에게 겟세마네 수수께끼의 불가사의한 성격을 강조하는 성경의 표현들이 있습니다.

저는 지금 요한서신 중 하나에 있는 진술을 생각하고 있습니다: "사랑에는 두려움이 없고(요한일서 4:18)" 그 다음에 이런 말씀이 뒤따라 나오고 있습니다: "온전한 사랑이 두려움을 내쫓나니…"

많은 사람들이 그 첫 번째 구절로부터 겟세마네의 수수께끼가 생긴다고 주장합니다. "사랑에는" 다음에 "두려움이 없다"고 합니다. 그리스도께 —이것은 불가사의합니다— 사랑이 있습니다, 그것도 온전한 사랑을 지니고 계십니다. 그럼에도 불구하고 수천의 두려움도 지니고 계십니다.

게다가, 이 혼란스러운 지성들은 계속해서 말합니다: "온전한 사랑은 두려움을 내쫓나니…" 확실하고 온전한 사랑을 지니신 그리스도께서 두려움을 쫓아내실 수 없다는 말인가요? 그분께서 믿음의 행위로 두려움을 내쫓을 수 없으며, (본문에서 가리키는 대로) 순식간의 동작으로 침착과 평정의 높은 곳으로 다시금 당신 자신을 올리실 수 없다는 말인가요? 아아, 그들은 이 두 가지는 분명한 수수께끼라고 불평합니다.

첫 번째 수수께끼는 두려움이 어떻게 그리스도의 혼에 들어올 수 있는가 하는 질문입니다. 우리 안에 있는 온전한 사랑은 이전에는 불완전했습니다. 그러므로 우리의 사랑에는 두려움이 침투할 기회가 있었다고 말할 수 있습니다. 하지만 주님의 사랑은 언제나 온전했습니다. -그런데, 어떻게 두려움이 주님의 영혼에 침투할 수 있었다는 말입니까?

물론 이러한 관점에서, 그것은 첫 번째 불가사의를 이룹니다.

그리고 (첫 번째도 해결되지 않았지만 두 번째 질문으로 나아가는 용기를 가진 자들에게 있어서) 두 번째 수수께끼는, 그리스도께서 두려움을 내쫓지 못하시고, 오히려 계속해서 넘어지시고, 일어나시며, 다시금 넘어지고, 또다시 일어나시며, 갔다가 돌아오시고, 다시 나아가시며… 계속해서 말을 반복하신다는 것입니다. 이것이 분명하게 두 번째 '문제'를 표상합니다. 그들은 주장하기를, 그리스도께서 그 밧줄에 매이셔서 움찔하시지만, 그것을 믿음과 온전한 사랑의 불로 태워 끊어버리지 못한다고 말합니다. 그리스도께서 두려움과 싸우기는 하시지만, 그것을 내쫓아버리지는 못한다는 것입니다. 만약 천사 하나가 그에게 와서 도와주지 않았더라면, 두려움이 그분을 지치게 하고 완패하게 하여 납작 엎드리게 만들었을 것입니다. 그분의 혼은 천사의 개입 없이는 두려움을 내쫓을 수 없는 것입니다. 이것이 곤혹스러움의 두 번째 원인입니다.

이 관찰자들은 이러한 방식으로 겟세마네의 일부를 세분화함으로써, 다른 성경 본문과 관계 지어서 질문을 만들려고 합니다. 그 본문은 일반적인 (복수의, plural) 사람들에 대해 언급하는데, 그들은 인생의 (복수의) 날들 가운데 자신 영혼 후미진 곳에서 사랑과 두려움의 강렬한 싸움을 반복하고 있습니다.
103)

우리는 이런 고려사항이 겟세마네로부터 그 의미를 빼앗아 버린다는 것을 즉각 인식하는 것이 좋겠습니다.

사랑에는 두려움이 없다는 것과, 온전한 사랑은 두려움을 내쫓는다는 요한의 발언은 대중들과 모든 날을 위해 기록되었습니다. 그 서술은 주님의 날의 주인공 되시는 한 사람에게 연관된 것이 아닙니다.

사람의 사랑에 있어서, 온전한 사랑은 두려움을 내쫓을 수 있습니다. 두려움을 내쫓으며 사람은 자신과 자신의 모든 염려와 죄를 하나님의 팔에 스스로 던집니다. 하나님께서는 그를 맞이하실 준비가 되어 있습니다. 아, 피난처 되시는 아버지께 도망가지 않는다면 불행만이 사람의 것입니다.

하지만, 하나님께서는 그리스도를 받아들일 준비가 되어 있지 않으십니다. 하나님께서는 그분을 내쫓으십니다. 104) 우리가 앞장에서 우연히 언급한 대로.
하나님께서 사람을 이토록 완전하고 결론적으로 내쫓으시는 것, 심지어 '일반은총'의 영역으로부터도 막아 버리시는 거절은, 지상에서 결코 일어난 적이 없었습니다. 그것은 지옥의 불길이 혀를 날름거리며 겟세마네로 향하는 길에 들어서는 것을 표상합니다.

그리고 하나님의 일반은총의 바람은 사람의 아들에게 닿지 않도록 불어오는 불길을 날려버리지 않습니다. 그리고 그것이 사람의 아들의 심장에 지옥의 불

---

103) 이것은 성경의 한 구절을 다른 구절을 들어서 설명하는 잘못된 방식이다. 겟세마네의 사건은, 예를 들어서, 요한일서 4:8과 비교될 수 없다. 오히려 그것은, 예를 들어서, 히브리서 9:12, 26, 2과 10:7, 10, 12, 14, 20과 비교되어진다.

104) 우리가 앞장에서 우연히 언급한 대로.

길이 실제로 닿을 수 있는 이유입니다. 지옥 불길의 혓바닥이 예수님의 심장을 꿰뚫어 핥고 있습니다. 그리고 이것은 세상에서 이전에 결코 일어나지 않았던 일입니다.

세상이 세상인 채로 남아있는 한, 이 일은 두 번 다시 발생하지 않을 것입니다. 세상이 계속되는 한, 제약받지 않는(unhindered) 진노의 인내는 결코 없을 것이며, 제약받지 않는 저주의 탈출도 없을 것입니다.

그리스도께서는 아버지께서 당신을 받아들이지 않는다는 사실을 충분히 의식하고 계십니다. 그분의 입술의 제사가 거절당합니다. 그분 영혼의 제단의 모든 연기가 전부 땅으로 떨어져 버립니다.

그럼에도 불구하고 그분께서는 그 제단에서 잠시도 손을 떼시지 않습니다. 제사는 계속 되어야 합니다. 제사 드리려는 의지 또한 변함없이 계속되어야 합니다.

그러므로 그리스도께서는 당신께서 '잔' 이라고 부르는 것과 씨름하셔야 합니다. 더욱 특별히 '이 잔' 이라고 말씀하시는 것과 말입니다. 이 지시형용사를 주목하십시오. 우리가 얼마나 자주 이 단어를 사용하여 '이 잔' 이라고 말하였는지요! 하지만, '이' 라는 단어는 우리들의 입술에 어울리지 않는 사치스러운 단어입니다. '이 수난', '이 슬픔', '이 잔' 이라는 표현을 계속 반복한다고 한들, 우리가 실제 그 고통(the suffering as it actually is)을 진실로 본다고 확신할 수 있을까요? 간혹 수식어구의 동원은 과장을 나타냅니다. 이런 과장이, 하나님께서 고난의 잔을 준비하실 때 우리를 책망하면서 "너는 그것을 마셔라!"라고 말하고 있습니다. '이 잔' 이라는 단어들을 진정성 있고 신실하게 사용하기 위해 우리는 그 안에 담긴 것이 무엇인지 알아야 합니다; 그것에 저주가 담겨 있는지, 복이 담겨 있는지를 말입니다. 우리는 '어떤' 잔이 아니라, 하나님께서 당신의 특별한 의도로 채우신 바로 이 잔을 보아야 하는 것입니다.

우리가 그 중요성을 제대로 알지 못한 채 '이 잔'이라는 표현을 남용하는 것은 부적절합니다. 반면, 그리스도께서 당신의 기도에 이 표현을 가볍게 사용하셨다는 단서는 아무 것도 없습니다. 그분께서 '이 잔'이라고 표현하신 잔은 다른 어떤 잔과도 연관되지 않습니다. 실제적인 면에서나 가상적인 면에서도 전혀 관련이 없는 것입니다. 이 잔이 그분을 근심케 하고 있습니다. 이 특별한 것이 그분에게 결정적인 상처를 입히고 있습니다. 이 잔이 주님의 한 날, 그 특별한 시간에 그렇게 하고 있는 것입니다.

'이 잔'의 의미는, 그리스도께서 당신 아버지의 집 문이 그에게 닫혀 있음을 발견한다는 사실 외에 다른 것일 수 없습니다. 이제 그 아들은 잃어버린 아들(the lost Son)입니다.[105] 그 아들이 일어나 자신의 아버지에게로 가겠지만, 아버지는 그를 기다리지 않습니다. 하늘 처소의 문이 닫혀 버렸습니다. 재판장께서 그를 들어오지 못하게 하는 것입니다.

"사랑 안에 두려움이 없고" 사랑과 두려움, 그렇습니다. 두 개의 세계가 있습니다. 하나는 천국의 세계입니다. 그곳에서는 두려움 없이 사랑이 존재합니다. 쫓겨날지도 모른다는 두려움이 천국에서는 아무런 의미가 없습니다. 왜냐하면 천국은 그렇게 할 필요가 전혀 없는 곳이기 때문입니다.

다른 세계는 지옥의 세계입니다. 지옥에서는 두려움 안에 사랑이 전혀 없습니다. 그곳에서는 두려움이 너무 낮은 데까지 깔려 있습니다. 두려움이 사랑과 교통하는 것이 불가능합니다.

---

105) 화란에서는 탕자(the Prodigal Son)의 비유가 잃어버린 아들(the Lost Son)의 비유로 불러진다.

그리스도께서는 이 두 세계 사이를 이리 저리 이끌려 다니고 계십니다.

그분은 두려워하십니다. 그렇습니다, 그분은 몹시 두려워하십니다. 하지만, 사랑의 의지, 고통을 위한 갈망, 하나님을 향한 열망이 그분의 두려움 가운데에 내재하고 있습니다. 그러므로 그분은 지옥을 받아들이지 않습니다. 지옥도 그분을 받아들이지 않습니다. 사실 지옥은 주님을 밀 까부르듯이 희롱하기를 원합니다. 지옥이 그분을 그 깊은 곳으로 삼킨다면, 그분은 너무나 달라질 것이 분명하기 때문입니다. 그리스도는 두려워하시지만, 그분의 두려움은 사랑을 몰아내는 것에는 관심이 없습니다. 그분의 두려움은 사랑을 갈망하는 수준 아래로 잦아 들어가지는 않습니다. 그러니 이런 그리스도는 지옥과 전혀 어울리지 않는 것입니다. 지옥은 주님에게 자기를 적응시킬 수 없습니다. 그분께서는 모든 이어지는 시간 속에서 사랑을 모독하지 않으십니다. 그 사실이 마귀적인 모든 것과 양립할 수 없는 것입니다.

하지만 그 반대편에 있는 천국도 그분을 받아들이지 않습니다.

이 순간은 두려운 시간입니다. 사탄의 패배를 표상하고 있지만, 그렇다고 아직 승리자를 위한 승리의 순간은 아닙니다. 두려운 시간입니다. 지옥이 주님을 받아들이길 거부합니다. 그 사망 가운데 그분을 감싸는 것조차 거부합니다. 그리고, 그분은 천국에서도 환영받지 못하십니다. 사랑을 인식하는 두려움이 여전히 이 시간에 현존합니다. 그러나 두려움을 넘어서 일어나 호화롭게 만발하는 활짝 핀 사랑은 현존하지 않습니다. 그러므로 천국은 아직 도래하지 않았습니다. 그러므로, 천국은 그분을 받아들이지 않습니다. 그분이 친구 삼으신 천국의 사람들은 모두 어디에 있습니까? 그들은 그분이 지금 곤경에 처한 것을 볼 수 없습니까? 답변은 여전합니다 –그들은 그분을 그 영원한 장막 안에 받아들이지 않는 것입니다.

그리스도께서는 이 두 세계 사이에서 이리 저리 이끌려 다니고 계십니다. 그분은 하나의 세계도 없는 한 사람이십니다. 하지만 그분이 최소한 땅의 자손이라고는 말할 수 있는 것 아닌가요? 아닙니다, 그런 종류로 그분을 중립화시키는 것조차 불가능합니다. 땅, 그리고 땅에 속한 모든 것이 천국과 지옥이라는 세계들 중간에 존재하는 하나의 분리된 위치가 될 수는 없는 것입니다. 모든 지상의 것들은 어느 한 쪽 세계에 동조해야 합니다. 그것들은 자존하지 않습니다.

그리스도께서는 이 시간에 완전하게 고립된(perfectly isolated) 자입니다. 그것이 그 슬픔을 털어버릴 수 없는 이유입니다. 그분은 땅에서도 천국에서도 그리고 지옥에서도 얻은 적 없었던 그 한 시간을 통과하여 기도하고 계십니다. 땅에서도 천국에서도 그리고 지옥에서도 이제는 다시는 있을 수 없는 그 시간을 경험하고 계신 것입니다.

오, 두려움의 시간이여! 두려움을 내쫓는 것은 불가능합니다. 그리스도께서는 믿음의 행위로써 하나님의 보호하시는 품속으로 뛰어 들어가실 수 없습니다. 또한 하나님에 대적하여 소름끼치는 신성모독으로 하나님을 부인하실 수도 없습니다. 두려움을 쫓아내시는 하나님을 오만하게 얕보며 말을 타는 것처럼 성큼성큼 지나칠 수 없습니다. 결론적으로, 고뇌함이 남아 있는 것입니다.

전능하신 하나님께서 두려움을 예수님의 혼에 집어넣으시고, 이 가운데서, 잠시라도, 아니 영원토록, 부인되는 것을 원치 않으십니다.

그리스도의 고난이 그분 영혼의 애쓰심만큼이나 엄청나다는 것을 인식하는 것은, 우리의 믿음이 유일하게 행사될 수 있는 주제입니다.

하나님에게 대적하여 애쓰는 것은 지옥의 역사입니다. 예수님의 일은 지옥의 역사가 아닙니다. 하나님과 협력하여 애쓰는 것은 천국입니다. 하지만 이 순간 아버지께서는 그리스도를, 그분이 들을 수 있을 만큼의 최소한의 소명도 하지 않으십니다. 아버지께서는 침묵하고 계십니다.

그리스도의 고난당하심이 그렇습니다. 여기, 하나님과 함께 그리고 하나님을 위해 일하기를 열망하는 본성을 가진 분이 계십니다. 천국의 법칙이 땅에 이뤄지기를 바라시는 것입니다. 하지만 그분의 신분은, 하나님께 저항하면서 지옥의 법칙을 땅에 이루는 죄의 사람(the Man of sin)의 신분과 동일합니다. 이 긴장으로부터 그리스도의 고난당하심이 발생합니다. 그리스도 예수의 외적인 태도와 내적인 태도 사이의 분열이 그 고난을 구성합니다. 그분 안에(in) 있는 것은 사랑입니다. 그분 바깥에(outside) 있는 것은 그분을 대기로부터, 하나님으로부터, 그리고 사랑의 영역으로부터 내쫓습니다. 엄청난 분리의 심연이 그리스도의 내적 존재와 그분의 외적 사건들의 경험 사이에 고정되어 있는 것입니다.

하지만, 보십시오: 그분께서 기도하십니다. 그 기도는 적절한 때에 올려집니다. 그리고 그리스도의 기도는 굽어진 것을 올바르게 펴려는 시도 이상의 것입니다. 그 기도 자체가 올곧게 펴는 것입니다. 겟세마네에서의 그리스도의 기도는 그분께서 진정으로 받아들여지기 위한 하나의 수단이 아닙니다. 하나님께서는 아들에게 그토록 냉정하게 무시함으로써 대항하고 계십니다. 오히려 그 기도 자체가 진정으로 받아들여지는 것입니다.

그리스도의 기도 안에 있는 세 가지 요소를 관찰해 보십시오.

첫 번째 요소는 아버지의 이름입니다. 두 번째는, 아버지께서 원하신다면 이 잔을 나에게서 거두어 달라는 탄원입니다. 세 번째는, 하나님의 뜻으로 되돌아오는 것입니다. 그 되돌아옴은 영적인 추상 개념 중 하나가 아닙니다. 그것은 영혼의 구체적인 갈망을 표상하고 있습니다. 그 혼이 내적 생명을 통해 갈망하는 것이 이뤄져야 한다는 것이 아닙니다. 아버지께서 당신의 영원한 협의로 이루시려는 것이 일어나야 한다는 것입니다: 아버지의 원대로 되기를 원하나이다.

그리스도의 기도의 이 세 가지 요소가, 고난과 슬픔의 왜곡되고 뒤틀린 세상에 적절한 균형을 회복시켜 줍니다.

아버지의 이름을 사용하심으로써 그리스도께서는 하나님과 예수님 사이의 자연스러운 관계를 선언하십니다. 무엇보다도 먼저 그렇게 하십니다. 자연스러운 관계란, 예수님의 갈망과 하나님의 갈망이 하나라는 것입니다. 그것들은 결합되어 있으며 조화롭습니다. 아들이 빵을 달라고 하는데 전갈을 주는 아버지가 어디에 있겠습니까? 그리스도께서는 당신 기도의 이런 요소를 통해서, 하나님과 당신 사이에 존재하는 사랑의 본질적이고 지속적인 교통을 주요한 것으로 밝히시는 것입니다. 그분께서 기도하십니다. 하지만 믿음 안에서 그렇게 하십니다. 첫 번째 중요한 것은 믿음입니다.

그리스도는 일반적인 것(아버지와 인간 혼 사이의 사랑의 관계)에서부터 특별한 것 {그분의 영(spirit)이 이해할 수 없는 그분의 인간적 혼(soul)의 절박한 필요}으로 나아가십니다. 그분은 한 요소를 다른 요소와 날카롭게 대조하십니다.

그분은 옛적부터 아버지와 자녀 사이에 분열을 인정할 수 없는 하나의 계획을 - 주의 날(day of the Lord)을 위하여 세워진 위대한 계획으로 명명하십니다. 그리고 그런 계획을 배경으로 해서서 아버지께서는 현실이 그 계획과는 어울리지 않는 일이 지금 이 특별한 시간에 일어나도록 하셨다는 것입니다. 아버지여, 아버지여, 이제 들으시옵소서: 외양은 지금 실재가 아닙니다. 잔이, 이 잔이 쓸개즙으로 가득 차있나이다, 아버지여. 사랑이 쓸개즙일 수 있겠습니까? 어떤 아버지가 자기 자녀에게 쓸개즙을 마시라고 주겠습니까? 아버지와 아들을 하나로 묶어 주는 사랑의 법칙이 아닌 다른 것이, 이 잔을 내 앞에 놓아

두었나이다. 아버지, 아버지여!

예수님의 이 증언은 참됩니다.

정의가 주님께 이뤄져야 할 것입니다. 수난의 잔이 그분에게 주어져야 하는 것은, 아버지와 아들 사이에 존재하는 사랑의 관계 때문이 아니라, 중보자 됨의 규칙 때문입니다.

이때 중보자 되심의 경험이 예수의 혼에 무거운 슬픔으로 내려앉았습니다. 진실로 그분께서는 수년간 당신의 영 안에 그것을 인식하셨습니다. 하지만, 지금 예수님께서는 이전에는 의식하지 못했던 무언가를 발견하십니다. 버림받으시는 것입니다. 아버지여, 아버지여, 어찌하여 나를 버리시나이까? 중보자가 아버지로부터 버림받으시는 것은 그분의 직분(His office)에도 또한 영향을 미칩니다. 아버지여, 모든 일이 가능하나이다. 저는 주의 아들입니다. 그 사실이 중보자의 직분과 결합될 수 없겠습니까? 중보자의 관계가 아들의 관계를 배제하는 것입니까?

나의 아버지여!

들어보십시오, 이제 세 번째 요소가 따라옵니다: 나의 뜻대로 마옵시고 주의 뜻대로 하시옵소서!

이 청원으로 두려움에 떠는 예수님의 혼은 순종과 신앙의 다리를 건설하십니다. 이 다리는 주님의 날(the day of the Lord)의 이 한 순간의 지나가는 경험으로부터 그를 이끌고 나와, 그날의 위대한 계획으로 그분을 인도할 수 있습니다. 이제는 사랑뿐 아니라 정의(justice)도 그 위대한 계획의 한 부분입니다.

그렇습니다. 사랑과 - 정의입니다. 기도의 청원("아버지여")에서, 먼저는 사랑(love)이 아버지와 아들 간 하나됨의 기본조항으로 인정되며 견지되고 있습니다. 그리고 기도의 결론에서, 정의가 그 프로그램의 다른 기본조항으로 인정됩니다. 그리하여 그 모든 순간들 가운데 주의 날의 프로그램이 인식되는 것입니다.

사랑과 정의. 아버지의 사랑과 정의의 의지가 모두 인정됩니다. 이런 방식으로 예수님께서는 주의 날의 두 가지 근본 원리, 곧 무한한(infinite) 사랑과 무한한 정의 사이에 '이 잔'(지나가는 경험)을 끼워 넣으십니다.

그분께서는 단일한 '날' 속에 그 '순간'을 불쑥 집어넣으셨습니다. 그분께서는 사랑과 정의의 두 기둥 사이에 당신의 개인적인 투쟁을 위치시키셨습니다. 순간적인 경험을 영원히 머무는 것 속으로 집어넣으신 것입니다. 이것은 우리의 보존(our preservation)을 위한 것이었습니다.

이 기도로 그리스도께서는 영원의 관점에서 시간을 설명하셨습니다. 시간의 관점으로 영원을 설명하신 것이 아니었습니다. 그분은 그 날(the day)에 의해서 그 순간(the moment)을 설명하셨지, 그 순간으로 그 날을 설명하지 않았습니다. 그분은, 선지자의 추상적인 박학함으로서가 아니고, 특별히 이 경우에서는, 신적인 예지에 의해서는 더욱 아니며, 살아있고 생생한 인간성으로서 그 관계를 성취하셨습니다. 그분께서는 시초부터 위로 순종의 과제를 성취하셔야 했습니다. 본질적인 인간성과 한계의 깊은 곳에서부터 진행하셔야 했던, 하나의 애쓰심(labor)에 의하여 그것을 성취하신 것입니다. 그렇습니다. 그분께서는 인간적 한계, 근시(short-sighted)의 기초에서부터 진행하셔야 했습니다. 이런 용어를 사용함으로써 예수님을 다른 이들과 비교하려는 것이 아닙니다. 오히려 그분께서 사물들을 사람의 시각으로 보고 계시며 하나님의 것으로 보지 않으신다는 사실을 강조하려는 것입니다. 그분의 고통스러운 애쓰심 속에 있는 이 진정한 인간성이 우리의 구원입니다. 아들 되신 분, 하나님으로서 말씀이신 분께서 영원 전부터 하시는 그 일을 그리스도께서는 이제 사람으로서, 그리고 시간 속에서(in time) 행하시는 것입니다. 영원과 시간, 존재하는 것과 생성되고 있는 것, 정적인 것과 동적인 것, 하나님의 미덕과 모든 시간 속에서의 고뇌들 - 이 모두를 예수님께서는 하나님께 기쁨이 되는 한 가지 방법으로 결합시키고 계신 것입니다.

이 과제는 정확하게 하나님의 지원 없이 수행되어야 했습니다. 버림받으신 상태에서 하나님과의 교제 가운데 수행되었던 그것을 성취하셔야 했습니다. 그 때문에 이 과제가 표상하는 바는 - 바로 고난인 것입니다! 하지만, 두려워하지 마시기 바랍니다. 우리는 지금 예수님을 그리스도로서 바라보고 있습니다. 그렇습니다, 진노의 영원한 압력이 그분에게 부어지고 있습니다. 그러나 그분의 인간적인 혼의 완전한 힘, 또한 영원한 아들의 위격의 의지(personal will)가 그 압력에 대항하여 동시에 드러났습니다. 그리하여 그리스도로 하여금 그분을 가장 무겁게 짓누르는 그곳에서 이겨내게 하고(to be buoyed) 있습니다. 그분 안에서부터 스스로를 주장하는 힘과 외부에서부터 억압하려는 힘 사이의 대결로 일어나는 긴장이 그분의 고난인 것입니다.

그렇습니다, 그것은 '그(the)' 고난이 아니고, '그분의(His)' 고난입니다. 이 고난, 이 잔, 그리고 이 순간인 것입니다.

겟세마네에는 우리를 위한 양자택일의 기회가 없습니다. 우리는 예수님의 고난의 원인이 시간과 영원 사이, 인격과 직분 사이, 순간과 시간 사이의 갈등이라는 것을 단지 믿을 수 있을 뿐입니다. 겟세마네에서 우리는 하나님을 향한 예수님의 자연스러운(natural) 갈망과 하나님의 현존으로부터 부자연스러운(anti-natural) 거절 사이에 있는 결정적인 부조화를 목격하게 됩니다. 이런 거절은 주님의 살과 피, 혼과 몸 안에 있는, 정의의 거룩한 법을 다른 사람들의 죄에 대항하여 요구하기 때문에 반자연적입니다. 게다가 죄 자체가 반자연적이지 않습니까?

만약 그것이 겟세마네에서의 그리스도의 고뇌의 원인이라면, 겟세마네는 당연히 우리의 큰 축복의 원천입니다. 여러분이 원한다면, 예수님의 고뇌를 맥락에서 제외시켜 버리십시오. 하지만 그러면 그분께서 우리에게 가르치셨던 '구속(atonement)'은, 영원 전부터 아버지와 아들이 동의하신 하나의 계획을 냉정하게 서둘러 처리해 버린 것에 지나지 않게 됩니다.

그게 아니라는 것입니다. 영원 전에 아버지와 아들 사이에 있었던 하나님의 협의, 천국의 고요함 가운데서 이 특별한 시간을 위하여 결정하시고 고정하셨던 그것이, 이제 시간의 감각적이고 살아있는 매체 속으로 들어오는 것입니다.

아버지와 아들의 뜻이 하나님의 선택하신 자들을 구원에 이르도록 결정하신 그때는 아직 평화의 협의(the counsel of peace)의 때였습니다. 아버지와 아들은 겟세마네가 증인이 되어야 할 모든 이에게 대접할 수 있었습니다. 그것을 축복(blessedness)의 일부를 감소시키지 않으시면서 하실 수 있었습니다. 천국과 지옥, 은혜와 죄, 복과 저주, 교통과 버림당하심 – 이 모든 것을 아버지와 아들은 고려하셨고, 어떤 의미에서든 그것들의 복됨을 혼란스럽게 하지 않으셨습니다.

하지만, 이 모든 것이 시간과 공간의 매체 속으로 들어왔습니다. 그리고 우리는, 높아지신 하나님께서 하나님의 계획을 초연하고 오만한 추상적 작업 속에서 기계적으로 이루신 뒤 그 결과를 높은 곳에서 선포하시지 않는다는 것을 압니다. 오히려 우리의 인간상황 속으로 들어오셔서 축복된 상태에서 결정하셨던 고난을 지상에서 경험하시고 고통당하셨다는 사실에 우리는 우리의 구원을 돌릴 수 있습니다.

물론, 이 완전한 인간성, 시간과 공간세계를 이렇게 절대적으로 제한하신 것도 하나님의 협의의 한 부분이었습니다.

세계의 완전한 고난들(seven sufferings)과 연관해서, 하나님의 완전한 복(seven blessedness)을 완전하게(seventy times) 고려하기를 바라는 사람마다, 인간 예수님의 그 완전한(seventy times seven sufferings) 고난이 또한 하나님의 협의 속에 포함되어 있었다는 사실을 기억해야 합니다.

예수님께서 기도하실 때, 현실의 고통을 뛰어넘는 하나님의 정적인 평화와, 그리스도께서 우리 가운데 사람으로서 고통당하셨던 하나님의 생생한 분주함이 그분의 얼굴 앞에서 결합합니다.

시간과 영원 사이의 이 관계를 봄으로써만, 하나님의 절대적인 기쁨과 하나의 인간 존재로서의 그리스도의 고뇌를 동시에 봄으로써만, 예수님의 수난과 우리의 기쁨의 기적들을 순간의 번쩍임으로나마 볼 수 있습니다. 그래서 우리는 그 위대한 "경건의 비밀(딤전3:16)"을 인식하게 되는 것입니다.

chapter 19
|
그리스도의 슬픔,
그 자체의 특별한 계시의 법칙

"그들을 떠나 돌 던질 만큼 가서"

- 누가복음 22:41a -

19장.
그리스도의 슬픔,
그 자체의 특별한 계시의 법칙

우리를 압도하는 겟세마네에서의 그리스도의 고난에 대한 해석과, 우리를 자칫 그 아래 파묻을 만큼의 수많은 심오한 실재들을 고려할 때, 그리스도께서 제자들로부터 돌 던질 만큼 떨어지셨다는 사소한 서술은 거의 필요치 않아 보입니다.

복음서들은 겟세마네에서 더 깊은 고독 속으로 이끌려 가시는 그리스도에 대해, 여러 방식으로 보여주고 있습니다. 이들은 그리스도께서 유월절의 방을 떠나 열한 명의 제자들과 함께 겟세마네에 접근하신 것에 대한 정보를 제공해 줍니다. 먼저, 예수님께서는 제자들 중 여덟 명에게 그가 다시 돌아올 때까지 동산의 특정 장소에 머물러 있으라고 하셨습니다. 특별히 신뢰받는 제자 세 명은, 예수님과 함께 동산의 더 깊은 곳까지 나아가도록 허락받았습니다. – 아니면 강제적으로 그렇게 되었을까요? 마지막으로 예수님께서는 이들을 뒤로 하고 더 나아가셨습니다. 그분은 나머지 여덟보다 세 명의 제자들과 가까우셨지만, 그들로부터도 스스로를 고립시키셨습니다. 그리고 깊은 고독 속으로 들어가셨습니다. 그곳에서 그분께서는 온전히 기도에 몰두하셨습니다.

누가는 예수님과 제자들 사이의 거리가 가까웠다고 합니다. 그는 "돌 던질 만큼"이라고 계산을 합니다. 그것은 오, 육십 보쯤 되는 거리입니다.

누가가 예수님과 앞에서 언급한 세 명의 친밀한(그러면서도 자신을 고립시켰던) 제자들과의 거리를 말하는 것이 아니라는 점에 주목할 만한 가치가 있습니다; 누가가 지칭한 것은 일반적인 의미로(in a general sense) 여겨져야 하겠습니다; 더 구체화한 것이 아니라, 열한 명의 제자 집단 전체로부터의 거리를 말하는 것입니다. 요컨대, 제자 그룹 전체가 그리스도로부터 오, 육십 보쯤 되는 거리 안에 있었던 것입니다. 따라서 세 명의 친밀한 제자들은 그보다 더욱 가까웠습니다.[106]

그러므로, 다시 생각해 봅시다. 이 간단한 수치는 특별한 그 어떤 것도 가리키지 않습니다. 깊이 생각할만한 것이 거의 없습니다. 생각해볼 만한 다른 요소들이 너무 많아서, 이것에 대해서는 머물러 숙고해 볼 필요가 없을지도 모르겠습니다.

그럼에도 불구하고, 이 일에 대한 누가의 서술은 무의미할 수 없습니다. 성령께서 수난을 설명하실 때 어떤 사소한 일도 기록하시지 않습니다. 복음서는 '아무 의미도 없는 세부사항'으로 불리도록 낭비되지 않습니다. 그 안에 있는 모든 것이 하나의 의미를 가지고 있습니다. 그리고 특별히 상세한 내용을 포함한다면 그 또한 나름의 의미가 있는 것입니다.

---

106) Zahn, 『누가복음서』(Das Evangelium des Lucas), Leipizig,1913, p.688, 각주74를 비교해 보라.

분명히, 그리스도께서는 당신과 제자들 사이의 거리를 명료하게 나타내셨습니다. 그분께서는 의식적으로 당신의 제자들과 거리를 두시고 홀로 기도하시려고 무릎 꿇을 곳을 찾으셨습니다. 아무 생각도 없이 자연스럽게 밤중에 길을 나서며 무의식적으로 스스로를 제자들로부터 고립하시는 그분에 대한 개념은, 우리가 예수 그리스도에 대해 믿는 바와 일치하지 않습니다. 하지만 이 경우에는, 본문의 표현 자체가 예수님께서 침착하고 의도적으로 당신을 제자들로부터 분리시켰음을 가리킵니다.[107] 사실, 누가는 대체로 어떤 강한 영향력이 예수님을 강요하여 제자들을 떠나게 되었다는 의미를 추론할 법한 단어를 사용하고 있습니다(벌게잇역[108]에서 다소 영구적으로 구현되어진 개념). 그러나 또한 예수님께서 당신 자신의 의지에 동기화되어 제자들을 떠나신다는 것도 사실입니다. 마태와 마가가 사용한 단어는 의식적이고 의도적인 이탈을 의미하는 것으로 해석해야 합니다. 게다가, 자신에게 일어나는 일을 수동적으로 허용하는 것이 아니라, 자발적으로 떠나는 것을 가리키는 동사의 형태를 취하는 누가의 용례가 기술된 다른 역본들도 있습니다.

그러므로, 예수님께서 당신의 제자들과 떨어져 있기를 자발적으로 선택하셨다는 것에는 의문이 없습니다. 심지어 로마천주교도들조차도 그분의 나아가심이 그분 자신의 영혼(soul)의 동기, 혹은 당신의 성령(Spirit)의 영향력에 따른 행동이라고 설명합니다.[109]

---

107) 독자는 저자가 이 장의 서두에 있는 성경구절을 위하여 사용하고 있는 화란어 본문에는 수동태동사보다는 능동태동사로 기록되어 있음을 알아야 한다. 다른 말로 하자면, 저자에 의해서 선호되는 본문은 "물러나게 되어"(he was with drawn)가 아니고, "그들을 떠나서"(he with drew)이다. 한역주 : 한글번역은 이 점에 있어서 저자와 일치하고 있다.

108) Avulsus est(한역주 : 물러나셨다/withdrawn). Vulgata. 로마천주교회의 성경번역본.

109) 분명하게, 이 문제는 로마천주교인들에게 의미심장한 함축성을 지니고 있다. 그것은 그들의 교리학에 표현되어 있는 대로의 그리스도의 인성과 신성 사이에 있는 관계에 영향을 미치게 된다.

그들의 벌게잇역본에서 예수님께서 억제 당하셨으며 당신의 제자들로부터 분리를 당하였다는 식의 단어를 사용하면서도 말입니다. 로마천주교도의 견해에 따르면, 그분 자신의 내적 충동이 그분으로 하여금 그들을 떠나게 했다는 것입니다.

요컨대 그리스도께서는 그분을 사로잡은 어떤 힘에 의하여, 당신의 의지와 상관없이 제자들로부터 물러난 것이 아닙니다. 그분께서 당신의 고뇌할 장소와 제자들이 머무를 장소 사이에 일정한 거리를 확보할 것을 개인적으로 계획하셨다(willed)는 것이 확실합니다. 이것은 의문을 남깁니다: 이 일이 우리에게 어떤 중요성을 지니는가?

분명, 단순히 예수님께서 당신의 제자들에게서 얼마간 거리를 두셨다고 말하는 것은 충분하지 않습니다. 어떤 의미로 그 거리는 아주 짧았습니다. 거리가 있었다고 말할 수도 없을 지경입니다. 오, 육십 보쯤 되는 거리가 어느 정도입니까? 하지만 예수님께서는 의도적으로 그렇게 하셨을 것입니다. 너무나 짧은 거리여서, 의심할 것 없이 제자들은 영혼의 고뇌 중에서 힘들어하시는 예수님의 목소리를 들을 수 있었습니다.

바로 그런 인식이 제자들 모두가 돌 던질 만큼 예수님에게서 떨어져 있었다는 사실에 최소한 어떤 의미를 제공해 줍니다. 그렇습니다, 그 친밀한 제자들, 베드로와 야고보와 요한은 잠에 떨어져서, 깎아지른 듯한 절벽 위에 서 있으면서도 그것을 알지 못하고 있었다는 것이 사실입니다. 하지만, 그것은 다른 여덟 명을 포함한 제자들 모두가 잠에 떨어졌다고 믿어야 할 이유를 우리에게 주지는 못합니다. 만약 우리가 (히브리서 5장에 따라서) 그리스도께서 심한 통곡과 눈물로 간구를 올리셨다는 것을 기억한다면, 그분 영혼의 말할 수 없는 고뇌가 밤의 정적을 깨뜨리면서 터져 나왔을 것이며, 그 외마디 소리가 어둠을 꿰뚫어 흩었음을 기억하게 된다면, 우리는 사도들이 그분의 혼을 죽음으로 끌고 가는, 피 말리는 고통에 대해 무언가 분명히 눈치 챈 것을 알 수 있습니다.

그것이 바로 이 문제에 있어서 중요한 점입니다.

그리스도께서는 당신의 고난의 성전 가장 거룩한 곳으로 들어가시면서 어떤 소리도 들리지 않는 휘장 뒤편으로 물러나지 않으셨습니다. 오히려 그분의 억압의 이 기간 동안 함께 했던 모두가 여전히 그분과 함께 있을 수 있었습니다. 인간 예수님께서는 자신을 친구들로부터 숨기지 않으셨습니다. 중보자 예수 그리스도께서는 당신께서 친히 지명하신 직분담지자들, 사도들, 선교사들로부터 당신을 숨기지 않으신 것입니다. 그분께서는 거룩한 지성소들에 누구도 들어오지 못하도록 막는 고독한 영혼들의 무거운 휘장들 뒤에 당신 자신을 분리시키지 않으셨습니다. 물론, 그리스도께서는 얼마간의 거리를 두어 그들로부터 떨어져 있기를 원하셨습니다. 하지만, 그분께서는 단지 기도하실 때만 그렇게 하기를 원하셨습니다. 기도는 비밀스러운 일입니다. 공적인 예배에서도 이 비밀스러운 일이 있고, 또한 기도에 있어서도 그렇습니다. 하지만 역시 고독하고 내밀하며 비밀스러운, 개인적인 예배도 있습니다. 그리고 기도 안에서도 그런 것이 있습니다. 지금은 그리스도께서 홀로 개인적으로 기도하셔야 하는 때입니다. 그의 인간 혼이 그것을 필요로 하고 있습니다. 그분께서 하나님 안에서 스스로 강하게 하기를 원하십니다. 그리고 이것, 그분의 이 개인적인 예배 또한 중보자의 직분적(official, 공식적)인 섬김입니다: 그분께서는 모든 이를 위하여 기도하시는 것입니다. 그래서, 이 기도는 완전한 헌신을 요구합니다. 그리스도께서 홀로 있기 원하시는 것을 관찰하는 것은 특별한 일이 아닙니다. 그것은 처음 있는 일이 아닙니다. 홀로 계시면서 기도하셨던 때가 다른 경우에도 있었습니다. 그럼에도 불구하고, 이 경우에 그분의 기도는 개인적으로 드리시는 것이 아닙니다. 그분의 직분, 그분의 중보자 직분이 그분에게 요구하는 것입니다.

바로 이 직분적 사역(official work)의 관점에서 볼 때, 지금 그리스도의 행위가 중요해지는 것입니다. 그리스도께서는 어떠한 눈도 그분을 볼 수 없고 어떠한 귀도 그분의 음성을 들을 수 없는 고독 속으로 물러가신 것이 아닙니다. 그분은 자신에게 계속 요구되었던 가장 무거운 직분상의 의무가 계속해서 함께 있었던 모든 제자들에게 (밤이라는 조건이 허용하는 만큼) 보이도록 하십니다. 제자들 모두가 그것을 듣게 하시는 것입니다.

그리스도께서는 지성소로 들어가십니다. 그 지성소에, 실로 어느 누구도 이해할 수 없는 신비가 있는 것입니다.

하지만 그 신비란 무엇입니까? 그 신비는 아직 밝혀지지 않았습니다; 그것은 외부적으로 드러나지 않으며 수수께끼로 제안되지도 않습니다. 그 신비는 하나의 내적인 실재입니다.

그리고, 앞장에서 두려움에 떨며 살펴보았던 하나님의 신비들은 정확하게 그리스도의 직분적 사역의 본질에 포함되어 있습니다. 그러므로, 이 본질적인 신비는 어떤 신비로운 외부적 현시를 필요로 하지 않습니다. 하지만, 그 신비는 자신들의 눈으로 보게 될(would see) 진실한 연인들에게는 그 자체를 아낌없이 드러낼 것입니다. 게다가 들을 수 있게 된 귀에게는 스스로를 드러낼 것입니다. 왜냐하면 그것은 제자들의 귀에 탄식과 신음소리와 두려운 고통의 고뇌에 가득 찬 외침을 채울 것이기 때문입니다.

이러한 관심들을 그저 홀로 내버려 둔 복음서 이야기 속의 사소한 것들이라고 부르는 이는, 자기가 서있는 곳이 '거룩한 곳'임을, 성전 마당인 것을 잊은 것입니다.

우리는 이것을 '사소한 것', 무시하는 것이 더 나은 아주 작은 것이라고 부르는 것을 원치 않습니다. 이와 반대로 우리는 그 안에서 하나님의 정의와 은혜의 성전이, 광범위한 일반적인 개요뿐만 아니라 상세한 부분에 있어서도 어떻게 순수하고 뛰어난 스타일에 신실할 수 있었는지를 보기 원합니다.

건물의 단면, 부분, 보조적인 구석 등에 대하여 공부한 건축 감정가라면, 어떤 건물의 스타일과 패턴을 묘사할 수 있습니다. 그 건물을 지은 사람이 세세한 부분에서도 충분하게 자신의 스타일의 원칙을 드러내는 예술가라면 말입니다.

동물학자들이 화석화된 뼈를 발견하였을 때, 추론을 통해 화석 전체를 재구성하는 일은 흔합니다. 그들은 전체 관계가 곧 구체적인 부분들의 관계라는 원칙하에 재구성을 진행합니다. 그래서 그들은 개별적인 부분의 본질들로부터 전체적인 설계를 추론하게 됩니다.

그러면, 우리가 수난의 성전에서 이런저런 세부적인 것들을 접할 때, 그것을 사소한 것이라 부르면서 그것에 대해 말할 수 있을까요? 본질적으로 치밀하고 예술적으로 세워진 건물의 우연한 한 부분이라는 식으로 말입니다. 그렇게 말하는 것은 이 수난의 성전을 세우시는 위대한 건축가(Architect)를 모욕하는 행위가 분명합니다. 그 건축가의 이름은 주 중의 주(Lord of Lords)이십니다.

혹은, 겟세마네의 신적 설계의 보조적인 한 부분만이 우리 눈에 분명히 보일 때, 이 조그만 부분을 보고 전체의 패턴을 결정하거나 인식하는 것은 불가능한 일이야, 하고 말하며 지나가는 것이 가능할까요? 결코 그렇지 않습니다. 겟세마네의 영적 성전을 건축하시는 하나님께 모독이 되기 때문입니다. 하나님의 영적 성전은 두렵지만 그보다 무한히 아름답습니다. 그 조화로움이 동물의 골격, 식물의 구조, 그분의 별들의 운행보다 더합니다

이 경우에 여러분은 또 한 번, 믿음이 상황을 역전시키는 것을 봅니다. 이토록 특별히 '사소한(details)' 부분조차 무거운 중요성을 지녔다는 것은, 우리가 사전에 확신할 수 있는 문제임이 분명합니다.

만약 우리가 이 전제(preconception)에 근거해서, 하나님의 완벽한 건축물의 모든 세세한 부분의 건축 패턴과 계획을 발견하려고 한다면, 결과적으로 하나님의 계시의 모든 선들은 돌 던질 만큼 떨어진 그 거리에 대한 언급한 한 점으로 모일 것입니다. 그러면, 우리는 이 구체적이고 상세한 점 안에서 하나님에 의하여 그리스도의 구속 사역에 표현된 적절하고, 부요하며, 예술적인 생각들을 읽을 수 있을 것입니다.

우리가 방금 계시(revelation)라는 단어를 의도적으로 언급했습니다. 왜냐하면, 성경을 믿는 사람에게, 계시는 신비들의 드러남이며, 그것들을 노출시키는 것이기 때문입니다. 계시 속에서 하나님께서는 당신과 당신의 생각들을 아는 것을 가능하게 하십니다. 그러므로, 참된 계시는 신비들을 드러냅니다(discloses); 그 신비들은, 은혜로 발견되지 않는다면 결코 우리가 깨달을 수 없는 것들입니다. 우리 스스로 그것들을 결코 알 수 없습니다. 왜냐하면, 우리의 생명을 지불하면서 얻어야 하는 깨달음이기 때문입니다.

이제, 계시되는 것은 그 존재의 가장 깊은 본질에 있어서 영원토록 신비(mystery)의 성격을 유지하고 있습니다. 인간은 자신의 하나님을 결코 완전히 이해하지는(comprehend) 못할 것입니다. 하나님의 존재 깊이 꿰뚫고 들어갔다고 믿는 많은 신비주의자들의 꿈은 정말로 꿈일 뿐입니다. 그리고 그것은 특별히 유쾌한 꿈도 아닙니다. 왜냐하면 그 꿈은 유한은 결코 무한을 완전히 이해할 수 없다는 것을 성령에 의해 깨닫게 되어 알게 하는 모든 육체의 영광이기 때문입니다. 그래서, 우리는 그 바닥에까지 닿기 위해 하나님의 깊은 곳에까지 다림줄을 내려 보려고 해서는 안 되는 것입니다. 물론, 하나님과 우리 사이에는 언제나 간극이 있습니다. 우리의 눈은 그분의 존재의 가장 깊은 본질까지 이를 수 없습니다. 하나의 큰 간극이 그분과 우리 사이에 놓여 있습니다. 그것은 유한과 무한 사이의 거리만큼이나 넓습니다. 하늘과 땅 사이의 거리보다 더 큽니다. 동쪽과 서쪽 사이의 거리보다 더 넓습니다.

그럼에도 불구하고, 하나님께서는 당신의 편에서 자신을 우리에게 계시하십니다. 그분께서는 우리에게 오셔서 자신을 우리에게 계시하십니다. 언제나 자신을 주시고, 주님의 지식이라는 순전한 생수로 더욱 우리를 만족시켜 주시며, 또한 그분과 우리 사이의 간극을 최대한 좁히려고 하십니다. 하나님의 존재와 우리 존재의 본질에 관한 한, 그분과 우리 사이의 거리는 무한합니다. 하지만, 그 사실 다음에 하나님께서 우리에게 다가오기를 원하신다는 사실이 있습니다. 당신을 가능한 한 멀리 두면서 감추고 있던 것을 우리에게 계시하셔서, 우리로 하여금 그분을 보고 즐김으로써 시력을 유지하고, 조명된(enlightened) 상태에서 그 즐거움을 누릴 수 있게 하시는 것입니다.

우리 언어로 우리에게 말씀하시고, 우리 눈에 민감하도록 위장하신 모습으로 눈앞에 나타나시며, 우리의 귀가 이해할 수 있는 방식으로 시간과 공간의 세계 안에서 그것들을 듣게 하시는, 이러한 형태들이 하나님의 계시를 위해 선택되었습니다. 하나님과 우리 사이의 거리는, 계시 안에서의 교통을 열망하고 명령하지 않는다면 어디에서도 얻을 수 없습니다.

그런 이유로, 하나님께서는 우리와 최대한 가까운 곳에 계시를 주십니다. 하나님께서는 우리가 결코 당신의 깊이를 헤아릴 수 없음을 아십니다; 그럼에도 불구하고, 하나님께서 당신을 우리에게 알게 하시는 그 형식들을 우리와 너무나도 가까이 가져오시는 것입니다.

이 일반적인 법칙은, 예수님과 그의 제자들을 갈라놓았던 돌 하나 던질 만큼의 거리라는 비교적 사소하고 구체적인 일 안에도 작용한다고 파악될 수 있습니다.

그렇습니다. 이런 거리가 있는 것입니다. 겟세마네에서 성취되고 또한 고통을 당하고 있는 것의 본질에 따라서, 그 거리는 돌 하나 던질 만큼 멀면서도 가깝습니다. 불합리합니다! 무한하도록 멉니다! 어느 누구도 여기서 무슨 일이 벌어지는지 헤아릴 수 없습니다. 이 제자들조차도 그럴 수 없습니다. 제자들은 신비주의자들이 아닙니다. 지금 겟세마네를 통해 연기를 토하는 세상은, 너무나도 명백히 다른 질서에 속한 세상입니다. 그래서 제자들은 이 놀라운 일들이 일어나는 중에도 잠을 잘 수 있는 것입니다. 혹은, 제자들이 깨어 있는 만큼에 따라, 그들은 단지 어린아이처럼 멍하게, 마법에 걸린 듯이 서 있을 뿐입니다. 입을 크게 벌리고 놀란 눈을 크게 뜬 채, 절박한 필요 가운데 심장을 꿰뚫듯 부르짖으시는 주님의 외침에 귀를 기울일 수밖에 없습니다. 물론, 예수님과 제자들 사이를 갈라놓는 거리가 있습니다. 바로 이 밤 제자들 모두 그분 때문에 감정이 상할 것입니다. 돌 하나 던질 만큼의 거리가 제거 되어 버린다면? 여러분은 어떻게 생각하십니까? 그것은 돌 하나 던질 만큼의 거리입니다. 하지만, 무한의 거리가 제거될 것입니다. 하나님의 협의와 역사의 신비가 여기, 예수님 영혼의 갈등과 그분의 몸의 발작 속에 감춰져 있습니다. 예수님은 천국과 지옥의 두 세계 사이에서 이리저리 내던져지고 있습니다. 하지만, 어떤 구경꾼이 그것을 본 후에 눈이 멀었을까요? 제자들은 잠에 떨어졌습니다. 그 신비는 너무나도…… 이해 불가한 것이었습니다. 하지만, 예수님께서는 제자들로부터 거리를 두심으로써 그들의 기억에 인상을 새겨놓고 계십니다. 여기에 신비가 있다는 사실을 말입니다. 그 행위로 그분은 이렇게 말하는 것 같습니다. 너희가 이해할 수 없는 일이 이제 막 벌어지려고 하고 있다. 소용돌이가 불어올 것이다. 그 돌풍 가운데서 나 혼자만 머리를 처들 수 있으며, 하나님께서 보내시기로 결정하신 그것을 기다리고 있노라.

그러나 이 신비는, 다른 한편으로는 사람들을 향하고 있습니다. 어느 누구도 무한을 제약할 수 없기에 그 거리는 남아 있을 것입니다. 그럼에도 하나님께서는 가능한 최대한 가까이 당신의 백성에게 다가오십니다. 당신 계시의 형태들의 수단으로 말입니다. 그렇기 때문에 그 거리가 가능한 단축된 채 존재하는 것입니다. 생각해 보십시오! 그것은 놀라운 일이 아닙니까? 하늘로부터 단지 오육십 보만큼만 떨어져 있는 것 말입니다. 무한으로부터 단지 이십여 보만 떨어져 있는 것은 또 어떻습니까?

그것은 기적이며, 은혜를 구하는 것(seeking grace)의 경이입니다. 교제를 나누려 하시는 하나님의 의지 가운데서, 당신의 백성에게로 접근하시고 들어오시고자 하는 선택 속에서, 강력하게 우리에게 나아오시는, 계시하려고 하시는 충동의 경이입니다.

이 교통을 가능한 한 실제적으로 만들기 위해서, 그리스도께서는 당신께서 할 수 있는 한 사람들을 당신과 함께 있도록 가까이 인도하시는 것입니다. 하나님께서 우리의 섬세한 귀가 찢어지지 않는 한 최대로 들리게 하신다는 것을 보여주시기 위해서 말입니다.

지금껏 세상에 이보다 더 놀라운 일이 일어난 적 없습니다.

이것이야말로 음부(hell)에 내려가시는 것의 시작을 나타냅니다. 이렇게 말하고 있는 것입니다: 위로부터 오셨던 분께서 내려가시되, 바닥까지 내려가시는도다. 당신의 영원한 부요함 가운데 거하시는 분께서 가장 비참한 빈곤 상태 속으로 잠겨 들어가시는 것입니다. 천국에서 오신 분께서 지옥을 향하고 계십니다. 이 순간에 그 계시 자체가 가장 높은 곳에서 가장 깊은 곳을 지납니다.

하지만, 사람들은 그 자리에 함께 있는 것이 허락됩니다. 오육십 보쯤 떨어진 곳에서 말입니다. 그렇습니다. 사람들이 그 자리에 함께 있는 것이 허락됩니다. 많은 선지자와 왕이 제자들이 보는 것을 보기 원했지만, 그러지 못했습니다. 또한 지금 제자들이 듣고 있는 것을 듣기를 원했지만, 듣지 못했습니다 (눅 10:24). 하지만 예수님의 어부들은 그곳에 함께 있었으며, 보고 듣는 것이 허락되었습니다.

하나의 신비가 겟세마네의 밤을 지나가고 있습니다. 야곱이 벧엘에 이르렀을 때의 신비보다 더 위대한 신비입니다. 제자들은 이 신비가 지나가는 것을 증언할 것입니다. 야곱은 하나의 사다리를 보았습니다. 사다리 끝은 하늘에까지 닿고 있었습니다. 그리고 천사들이 그 위를 오르락내리락 하고 있었습니다. 하지만 그것은 단지 꿈이었을 뿐입니다. (하지만) 지금의 경우에는 그 사다리가 단지 하늘에서 지상으로 내려오는 것이 아니고, 지상을 지나서 지옥에까지 이릅니다. 오르락내리락하는 이들은 천사들만이 아닙니다. 귀신들도 그곳에 있습니다. 그리고 이것은 꿈이 아닙니다. 두려움으로 가득 찬, 피가 철철 흐르는, 억압적인 현실입니다.

하지만, 사람들 – 사람들이 그것을 지켜보는 것이 허락되었습니다. 하나님에게 부르심을 받은 자들은 그분의 왕궁의 내실에서 솟구치는 축복의 샘뿐만 아니라, 실제로 그 내실까지 이릅니다. 전능하신 분의 뜻이 당신의 성전을 위한 기초의 토대로 삼으시는, 심오한 관심의 대상이 되는 장소까지 이르는 것입니다.

분리됨…… 간격이 있는 거리!

그리고 교통함.

돌 하나 던질 만한 짧은 거리 – 하지만, 그 양끝은 무한에까지 이르도록 확대

됩니다. 그리고 다른 의미에서, 이 무한한 거리는 몇몇 어부들의 귀와 혼에 하나님의 갈등들(the conflicts of God)을 드러내시며 그분의 교제하시고자 하는 열망, 교통에 대한 의지로서 정복되는 거리입니다. 그것은 너무나도 작은 일입니다, 그렇지 않습니까? 또한 너무나도 위대한 일이지 않습니까?

하나님의 건축 스타일과 패턴이 이렇게 '상세'하게 표현되었습니다. 이것이 지금 여러분에게는 조금의 중요성도 전혀 주지 못합니까?

크리스천 신앙의 고결성과 진정성은 이것과 밀접하게 연결되어 있습니다. 실로, 그리스도의 수난과 죽으심의 구속하시는 능력에 대한 믿음은 이 문제들에 의존하고 있습니다.

우리는 이교도 세계의 신비와 신비주의 집단, 그리고 구속의 능력을 내용으로 하는 기독교 신앙 간의 차이점들을 여러 번 언급해 왔습니다.[110] 그 차이는 본질적인 것입니다. 하지만 그것은 오히려 구체적인 표명의 차이라고 하겠습니다. 이와 관련해서 우리는 그 차이들을 다시금 생각하게 됩니다.

기독교가 세계 속으로 들어오던 그때에, 이교의 기원과 반(semi)이교적인 기원을 가진 많은 설교자들이 있었습니다. 이들 모두가 그 고뇌의 상태에서 세상을 구하고자 하는 구세주와 구속주들, 메시야를 설교했습니다. 그리고, 이 많은 사람들 사이의 차이점들을 막론하고, 이들은 두 가지 중요한 면에서 비슷했습니다.

---

110) 본서에서 단순히 암시만 하는 것 그 이상을 넘어서는 것은 불가능하다. 본서는 대중들을 위한 것을 목적으로 삼고 있다. 그래서, 본서에는 전문적인 신학문제, 특별히 논란이 되는 문제들을 다루고 있지 않다. 단지 이곳저곳에서, 어떻게 성경에 대한 개혁신학적 견해가 신학적인 문제들과 특별히 그리스도의 수난의 문제에 영향을 미치는지와, Bousset, Reitzenstein, Heilmuller 등의 견해에 대해서 반대하는 개혁신학적 개념을 유지하는 것이 크리스천의 삶과 믿음에 구체적으로 영향을 미친다는 점을 지적하는 것만은 가능할 것이다.

첫 번째 (기독교와의) 차이점은 이것입니다: 이들의 구세주들은 "벌레"가 아니었습니다. 그들은 모두 사람, 영웅, 신의 자녀들이었습니다. 달콤한 꿀물이 그들의 머리타래로부터 흘러 떨어지고 있습니다. 그들의 머리 위에는 지혜의 둥근 원이 둘러져 있습니다. 그들은 천상의 지혜와 결합되어 있습니다. 그들은 반투명한 인간 현상, 지상의 높은 곳을 공기 속에서 자유자재로 옮겨 다니는 하나의 유쾌한 환상입니다. 그들은 육체를 가질 의무가 없는 것입니다(히 2:14). 그들은 반신이며 반인입니다. 자유자재로 하늘을 떠 들어갈 수 있습니다. 그들은 여기 묘사되는 예수님과는 너무나도 차이가 납니다. 그분께서는 육체를 입으시고 또한 피를 흘리지 않으시고는 하늘에 들어가실 수 없습니다. 필연적으로 그렇게 되셔야 하기 때문입니다.

두 번째 차이점은, 그들의 생명의 비밀과 직분의 비밀이 동일하다는 것입니다. 그들은 모두 소위 위대한 '메시야적 비밀'을 가지고 있습니다. 때때로 그들의 아주 작은 일이 사람들의 놀라워하는 눈빛 앞에서 아른거릴지는 몰라도, 그들이 높임 받는 것은 여러 겹의 휘장 뒤로 물러서는 것과 같습니다. 그 전도자들은 신비의 언어들을 이해하는 풍유주의자들일 뿐입니다. 그들 자신들이 유리하는 신화들(wondering myths)입니다. 그들의 은밀함은 아무런 친교를 바라지 않습니다. 눈에 보이거나, 귀로 들려지거나, 손으로 만져지는 것도 허용하지 않습니다(요일 1:1). 그들의 심령은 솔직하게 드러나 있지 않습니다. 그들에게 신비란 하나의 희열입니다. 신비를 통해 사람들과 깊은 교제에 들어가지 않으면서도 사람들을 지배할 수 있는 것입니다. 이들은 예수님과 얼마나 다릅니까? 예수님께서는 의심하는 도마에게 당신의 상처를 손으로 만져 보게 하심으로써 나의 주 나의 하나님이라는 고백을 이끌어 내셔야 합니다.

이러한 것이 거짓된 메시야들의 이중적이고 지배적인 인상의 특징입니다. 매혹과 은밀함 말입니다. 이 두 가지가 언제나 그들에게 있으면서 서로를 지지합니다.

우리는 그리스도께서 직접 이 사실을 지적하신 것을 기억합니다. 그분께서는 우리에게 거짓 선지자들이 와서 지상 이곳저곳에 나타날 것이라고 하셨습니다. 제사장적이면서 겸손하고 인내하면서 교제를 나누는 대신, 자신이 살아있는 기적인 양, 이리저리 돌아다니는 경이로움인 양, 세상의 높은 곳에서 높여진 채로 걸어다닐 것이라고 말입니다. 그분께서는 말씀하시기를, 오늘은 그들이 광야에 있을 것이고, 내일은 그들이 내실에 있을 것이라고 하셨습니다.

광야라고요? 그곳에서 그들이 생존할 수 있습니까? 물론 그럴 수 있습니다. 거짓 선지자들은 일반인들이 먹는 빵을 먹지도 않고, 보통의 인생처럼 상점에서 구입한 빵에 의존하지도 않습니다. 사마리아 여인에게 생명의 물을 약속하신 예수님께서도 그러하십니다. 하지만 그분께서는 동시에 제자들을 마을로 보내서 먹을 것을 얼마 구해오라고 하셨습니다. 반면 거짓 선지자들은 모두 거인들이고, 영웅입니다. 그래서 그들의 삶은 자충족적입니다. 그들은 벌레가 아니라 사람이며, 기적의 자녀들이자 반신들입니다. 그러므로 거짓 메시야에 대한 묘사들의 첫 번째 특징이 그들을 완벽하게 나타내고 있습니다.

그 거짓선지자들은 거짓 메시야들의 두 번째 특징을 충분히 구체화시키고 있습니다. 그들을 내실에서 발견할 수 있기 때문입니다. 그들은 사람들이 있는 낮은 곳까지 내려가서, 볼품없는 이들과 교제를 '나누지' 않습니다. 예수님께서 하셨던 것처럼 시장에서 무리들과 뒤섞이지 않고, 매일 성전에 앉거나, 아이들과 놀거나, 문둥이의 머리에 손을 얹지 않습니다. 그렇지 않습니다. 그렇게 하지 않습니다. 이들은 은밀한 내실의 방으로 들어갑니다. 신비의 구름이 그들을 둘러쌉니다. 그들의 공식적인 행위는 개인적인 행위와 일치합니다. 자신들을 다른 이들과 분리시키는 거리감에 의해 전혀 부담을 느끼지 않습니다. 그들은 그 거리감을 즐기고 있습니다. 그들이 육체로써 두려워하는 유일한 하나의 일은, 돌 하나 던질 만큼의 거리인 것입니다.

여러분은 왜 거짓메시야들이 사람들로부터 단지 돌 하나 던질 만큼의 거리의 친밀감을 견딜 수 없는지를 질문할 것입니다. 그자들의 본질적 빈곤 때문에 그렇습니다. 그들은 본질적으로 궁핍하기 때문에, 모양으로라도 체면을 차려야 하는 것입니다.

거짓 메시야들은 자신의 존재(being) 속에 위대한 신비를 진실로 가지고 있지 않습니다. 왜냐하면, 그들은 요한의 복음서에 기록된 대로 인간 예수님께서 하나님, 그리고 성령에 의해 충만해지신, 그 만족스러울 정도의 풍성함으로 충만하지 않기 때문입니다. 이 유사 메시야들은 완전하고 영원한 높은 곳에서 오지 않습니다. 그들은 절대적이고 주권적인 영원한 협의에 의하여 움직이지 않습니다. 그들은 본질적인 존재에 있어서 그 위대한 신비를 소유하고 있지 않기 때문에, 그것을 외부적인 것들(externals)에서 구하고 있습니다. '돌 하나 던질 만큼'의 거리를 그렇게 제거한 것 그 자체가 단순히 그들의 비위에 거슬립니다. 그들이 가진 세속적인 존재로서의 빈곤은 진정한 신비의 결핍을 감추려고 고안된, 신비로 포장한 형태를 요구하는 것입니다.

그것은 단지 하나의 암시입니다 −결코 모든 것을 말하는 것이 아닙니다− 거짓 메시야들에 대한 진실을 암시하는 것입니다. 세상의 감상적인 상상력이 그들에 대하여 감탄하는 동안, 크리스쳔 노예들과 일용노동자들은 십자가에 못박히신 자를 설교하였습니다.

우리들의 영혼들이 그분에 대해서 반응하기를. 땅에 엎드러져 슬픔의 그 사람을 경배할 수 있게 되기를!

겟세마네에서 그리스도는 참된 메시야처럼 보입니다. 그리고 그분은 자신이 그러한 자임을 입증하십니다. 특히, 소위 '사소한 것들' 가운데서 말입니다. 만약 실제로 피 흘리시는 것만이 우리가 "보라, 저곳을! 우리의 메시야! 저

곳을 보라! 할렐루야!" 하고 외치는 이유의 전부라면, 그분을 부당하게 취급하는 것입니다.

우리의 혼은 그분을 위한 보상을 많이 해야 합니다. 왜냐하면 그분께서 우리가 부주의하게 '무시해도 좋을 만큼 사소한 것들(details which could as well be ignored)'이라고 부르곤 하는 것들 속에서 그분께서 자신을 표현하신 대로, 우리는 그분을 메시야로서 보고 경외하기를 배워야 하기 때문입니다.

우리는 그리스도(참 메시야)와 유사-그리스도(유사 메시야)가 다르며, 영원토록 다르게 남아있을 것을 알아야 합니다. 예수님의 공적(official) 사역을 통해서 그 사실이 입증되었습니다. 그리고 그분께서 지금 당신의 특별한 일 - 돌 하나 던질 만큼 떨어져 계심 - 을 성취하시면서 그것을 다시금 입증하십니다.

예수 그리스도!

예수님께서는 기적으로 사시기 위해서 사막에 거주하지 않으셨습니다. 그분께서는 하늘로부터 만나를 불러 내리지 않으십니다. 빵을 구입하시고 당신이 내셔야 할 세금들을 즉각 내십니다. 그분께서는 사람의 도시에서(in the city)에 사시면서 어깨를 서로 부딪치십니다. 종일 그렇게 하십니다. 그리고 이 공통의, 진정한 인간성을 겟세마네에서도 주장하십니다. 오 교회여, 그분께서는 여러분의 참된 메시야이십니다. 그분께서는 신의 아들처럼(유사 메시야의 첫 번째 특징을 회상해 보십시오) 당신의 나약한 순간들로 인해 사람들 사이에서 불명예스러워지는 것을 개의치 않습니다. 그분께서는 제자들과 동행하십니다. 친구들을 찾고자 부르짖습니다(cries for). 그분께서는 제자들이 당신과 함께한 시간에 깨어 있기를 간구하고 호소합니다. 그분은 사랑 없이 지내는 것을 견딜 수 없어 하십니다. 그분은 자기의 신비로서 존속하는 신의 아들이 아닙니다. 당신의 마지막 순간에조차 아무 것도 감추려고 하지 않으십니다: 내가 심히 고민하여 죽게 되었으니. 그들이 그분을 볼 것입니다. 그들이 지켜보고 바라볼 것입니다. 그분께서 그곳에 엎드려져, 짓이겨지고, 벌거벗은 채, 우주 전체에 노출되어 있으신 모습을 말입니다. 그분께서는 소매 깃으로 흐느낌을 감추어서 땅의 자식들의 자신의 깨어진 모습을 지켜보는 것을 막아보고자 하지 않으셨습니다. 그렇게 하기는커녕, 오히려 그분은 자신의 울부짖음으로 대기를 가득 채웁니다: 돌 하나 던질 만큼의 거리! 돌 하나 던질 만큼의 거리에서 말입니다! 그것이야말로 진정한 인간성을 나타내는 것입니다. 그것도 황야 한 가운데서가 아니라 사람들의 무리들 - 어부들의 무리들 가운데서 말입니다.

게다가, 그분께서는 은밀한 내실 안에서 발견되지 않으십니다. 은둔생활을 기뻐하지도 않으십니다. 돌 하나 던질 만큼의 거리! 돌 하나 던질 만큼의 거리!

우리 주 예수 그리스도의 아름다움과 강함이 바로 그의 벌거벗으심에 있기 때문에, 그분께서는 갈릴리 어부들의 꿰뚫어보고자 하는 눈길에 당신의 벌거벗음을 드러내실 수 있습니다! 그분께서는 그의 존재의 실재 안에서 본질적인 신비로 완벽하게 충만하시기 때문에, 신비라는 외모에 호소할 필요가 없으신 것입니다. 그분께서는 하나님께서 감추신 모든 것을 발견하시기 위해 오셨습니다. 그 목적을 위해 그분께서는 '이때'에 겟세마네에도 오신 것입니다. 그래서 그분께서는 당신의 자녀들, 형제들을 당신과 함께 취하시되, 그들을 최대한 가까이 있게 하십니다.

이것은 우리 구원을 위한 것입니다. 하나님으로부터 우리를 분리하는 거리를 가르치시고, 그럼에도 불구하고 하나님과의 교제를 효력 있게 하시려는 의지가 계시의 모든 행위의 비밀이자 원인이며 십자가의 실제적인 동기입니다.

이 일에서 아름다운 것은, 참된 메시야께서 당신의 메시야 직분 봉사를 완전하게 수행하심으로써 우리의 영혼을 구속하시는 그 갈등의 매 순간에, 그 봉사가 필요로 하는 것을 완벽하게 또한 준비하실 수 있다는 것입니다. 누구를 위하여 이 말씀들이 기록되었을까요?: 곡식을 밟아 떠는 소에게 망을 씌우지 말라(신 25:3; 고전 9:9). 소들만을 위해서, 아니면 선교사들만을 위해서? 수고하는 일 가운데 이미 삯이 포함되어 있다는 율법이 짐승들과 사람들에 대해서만 가르쳐진 것일까요?

분명히 그렇지 않습니다! 최종적으로 분석하면, 그 율법은 그리스도를 위하여 쓰인 것이었습니다. 보십시오, 그가 어떻게 곡식을 밟아 떨어내시며, 어떻게 수고하고 땀 흘리시는지를 보십시오. 하지만, 그분에게 숨을 쉴 기회를 제공하는 것, 그분의 헐떡거리는 입에서 재갈을 벗기는 것은, 정확하게 바로 그 수고하심입니다.

잠시 동안, 불가능한 것을 상상해 보십시오. 그분께서 유사 메시야처럼 당신의 고통을 감추려고 하셨다고 상상해 보십시오. 그래서 외적인 신비의 모양에 호소하심으로써 당신의 '통전성'을 유지하셨다고 합시다.

그러면 그분의 고통은 하나님 앞에서 거짓될 것입니다. 그 거짓으로 인해, 저주받을 것입니다. 하지만, 그보다 더, 이제 그분께서는 당신의 영혼을 더 이상 표현하고자 하지 않으실 것입니다. 당신의 욕망을 좌절시키셔야 했을 것입니다.

하지만 이제 그분께서는 당신 그대로, 사람이신 그대로 당신을 제약 없이 표현하실 수 있습니다. 만약 그분께서 인간을 동료로 원하신다면, 그분께서는 그것을 구하실 수 있으십니다. 그것을 부끄러워하지 않을 것입니다. 그분께서 깨어있는 자들을, 영혼의 기도들로 새로운 힘을 당신께 쏟아 부을 수 있는 자들을 필요로 하실 때에, 어떤 거짓된 오만함이나 자부심도 다음과 같은 불

평을 막지 못합니다: 너희가 나와 함께 한 시간도 이렇게 깨어 있을 수 없더냐 (마 26:40)

이러한 것이 참 메시야의 영광입니다. 거짓 메시야는 가면 뒤에서 살아갑니다. 참된 메시야는 진정한 통전성을 지니고 있습니다. 하나님이 제약 없이 말씀하게 하는 자들은 누구라도 자유롭게 스스로 말할 수 있는 것입니다.

우리를 위하여, 그리고 다시금 이 경우에, 그리스도께서는 자비하심에 있어 부요하고 적절한 분으로 당신을 나타내십니다.

니체는 자신의 '메시야'를 차라투스트라로 그림 그렸습니다. 그는 또 다른 구속자이고, 또 다른 거짓된 메시야였습니다. 사실, 그는 유사-메시야보다는 적그리스도를 더 닮았습니다. 새로운 도덕과 새로운 철학의 창조자인 차라투스트라 또한 산속으로 들어갑니다. 그러나 그 또한 '돌 하나 던질 만큼의 거리의 법'을 믿을 수가 없습니다. 그러나 차라투스트라는 사람들을 경멸하기 때문에 그 법 믿는 것을 거부합니다. 그는 더 위대한 경멸자를 찾고 있습니다. 그는 갈릴리의 어부들, 단순한 대중들, 단순히 사물들을 받아들이고 믿는 순전한 피조물들을 경멸합니다. 그는 상한 갈대를 보호하지 못하고, 돌 하나 던질 만큼의 거리 안에 꺼져가는 심지를 두지 못합니다. 오히려 주변에 있는 모든 성장하는 것들을 짓밟아 쓰레기더미에 던져 버리고자 할 것입니다.

그리스도께서는 그렇지 않으십니다. 그분의 수난 가운데 경멸이라곤 전혀 없습니다. 누가 작은 것들의 날이라고 무시하는 것입니까? 모든 거짓 메시야들이 내가 그렇다고 답변해야 할 것입니다. 하지만 그리스도께서는 작은 것들의 날을 무시하지 않습니다. 왜냐하면, 이 날이 작은 것들을 위대한 것으로 만들기 때문입니다. 그것은 먼 거리였습니다. 돌 하나 던질 만큼은 먼 거리이지 않습니까? 무한이 그 안에 포함되어 있었습니다. 그렇습니다. 신비가 계시되었으나, 여전히 신적인 채로 남아 있습니다.

이제 우리는 모든 사람에게 질문합니다: 그 누가 짧은 거리의 날과, 작은 것들의 날을 무시한단 말입니까? 그리스도께서는, 자신의 절박한 필요 가운데서, 당신께서 수행하셔야 할 가장 중요한 과제 가운데서, 제자들이 옆에 서 있도록 허용하셨습니다. 첫째는, 계시의 법칙이 그것을 요구했고, 둘째는, 당신의 영혼이 그들과 동반하기를 갈망했기 때문입니다.

이러한 것은 분명 우리에게 당신의 비천해지심의 내용을 보여주는 하나의 위격적인 불충분함입니다. 게다가 그것은 우리로 하여금 부끄러움으로 깊이 낯을 붉히게 합니다. 엄청난 불명예가 지금 이곳에서 일어나고 있습니다. 생각해 보십시오: 그분의 영혼을 여태 흔들어 놓았던 가장 위대한 드라마가 그분을 감동시키고 있을 때, 예수님의 친밀한 제자들은 그분으로부터 돌 하나 던질 만큼의 거리에 떨어져서— 잠들어 버렸습니다. 이것은 가장 비참한 불명예입니다. 역사에 기록될 수 있는 상상 가능한 것 중에서 가장 고통스러운 낮아지심입니다.

요한, 심지어 요한조차도 잠에 떨어졌습니다. 그는 육신이 되신 말씀의 복음서 기자입니다.

그럼에도 불구하고, 우리는 감사를 느끼며 또한 감사를 드립니다. 왜냐하면 우리는 이제 그분의 복음이 그분께서 보셨던 것의 견지에서가 아니며, 사실에 대한 개인적인 관점과 중요도에 근거한 것이 아니라, 오직 하나님의 성령에 의한 그분 영혼의 추진에 의한 산물임을 알게 되었기 때문입니다.

여러분은 어떻게 이 일이 우리에게 영향을 입히는지를 여쭤보실 것입니다. 우리는 우리가 겟세마네의 가혹함으로부터, 경이로움을 일으키고 두려움을 만들어내는 근접해오는 기적으로부터 도피할 것을 잠깐이라도 상상할 필요가 없습니다. 이것은 정말 예외적인 경우로 보입니다. 다른 세상으로부터 단지 돌 하나 던질 만큼의 거리를 유지하는 것 말입니다 - 우리 보통의 사람들은 보통의 거리들에 대해서 익숙합니다. 이런 예외적인 경우들에 대해서 어떻게 해야 하는 것일까요?

사실입니다만, 그럼에도 불구하고, 동산에서의 이 상황이 여러분과 저를 위해 매일 그것을 달성하고 있다는 사실을 기억하십시오. 본성상 우리 또한 단지 영원으로부터 돌 하나 던질 만큼의 거리에 놓여져 있습니다 - 그리고 우리는 잠들어 있습니다. 우리는 그것을 깨닫지 못하고 있는 것입니다.

우리가 영원에 그토록 가깝게 있다는 사실은 우리 때문이 아니라, 그 계시 덕분이며, 또한 하늘의 왕국인 그 왕국의 도래 때문입니다.

결론적으로, 그것은 이 기사가 우리에게 가르쳐 주는 위대한 교훈입니다. 하나님의 영원한 생각들의 신비가 그리스도 수난의 외적인 상황들 가운데 포함되어 있고, 그 상황들을 통해서 드러납니다. 하지만 어느 누구도 이 진리를 발견하지 못할 것입니다. 하나님의 영에 의한 계시를 통해 비춰지는 빛 가운데, 외적인 것들의 의미를 믿음으로 보기 원하는 사람들 외에는 말입니다.

우리는 돌 하나 던질 만큼의 거리의 법칙 속에서 스스로를 드러내는 계시의 개념에 대해서, 모두가 복종하리라고 결코 확신하지 않습니다. 외형적인 것의 견지에서, 그리스도의 수난을 우선적으로, 때때로는 오직 그것만을 선호하는 신비가들, 피학대음란증 환자들, 또는 그와 비슷한 이들이 언제나 있어 왔지 않습니까? 그들은 피를 보고는 움츠리면서 뒤로 물러나고, 손과 발에 박힌 못들을 보면서 치를 떨지만, 막상 하나님의 심오하신 공의에까지, 하나님의 계시의 법칙에까지는 뚫고 들어가지를 않습니다.

이러한 것은 하나의 규칙으로서, 계시를 믿지 않는 모든 이들의 반응입니다. 불행하게도, 그것과 동일한 반응은 입술로는 계시라는 말을 사용하는, 올바른 기질을 가지고 있는 자들 가운데 현저한 예외라기보다 오히려 때때로 규칙이 되어 있습니다.

물론, 우리는 슬픔의 사람의 화살 맞은 영혼과 몸부림치는 육신에 우리의 주의를 집중해야 합니다. 그리고 어쩌면 우리는 이 인간적 고통에까지 이를 수도 - 아니, 이르러야 합니다. 돌 하나 던질 만큼의 거리처럼, 근접하게 다가서야 합니다. 하지만 동시에 우리는 기억해야 합니다. 하나의 비밀, 전적으로 감추어진 비밀이 이 안에 담겨 있다는 것과, 우리가 전혀 다른 세상, 곧 우리의 생각의 기능으로는 깨달을 수 없는 세계에 있다는 것을 말입니다. 믿음만이 그 세상을 파악할 수 있고, 믿음만이 그것을 받아들일 수 있습니다.

그리고 그 믿음이 사랑으로 작용하게 되면, 오직 단 하나의 효과만이 뒤따를 뿐입니다. 그때엔, 그 돌 하나 던질 만큼의 거리이면서도 무한한 거리의 공간에까지 미치게 되는 것을 보게 된 그가 희생물이 되게 하였던, 그 엄청난 혼동이, 오직 믿음으로, 오직 어린아이 같은 믿음으로 질서 있는 모습으로 회복될 수 있을 것입니다.

그리고 그 믿음이 사랑으로 작용하게 되면, 오직 단 하나의 효과만이 뒤따를 뿐입니다. 그때엔, 그 돌 하나 던질 만큼의 거리이면서도 무한한 거리의 공간에까지 미치게 되는 것을 보게 된 그가 희생물이 되게 하였던, 그 엄청난 혼동이, 오직 믿음으로, 오직 어린 아이같은 믿음으로 질서 있는 모습으로 회복될 수 있을 것입니다. 그는 하나님께서 당신의 말씀을 명예롭게 하신다는 사실에 믿음을 가져야 하고, 그것을 인식해야 합니다. 그는 하나님께서 우리에게 오셔서 자신을 계시하신 것을 믿어야 합니다. 다른 말로 하자면, 하나님께서는 당신과 우리 사이의 거리와 분리를 유지하면서, 그리스도 안에서 우리와 교제하시기를 구하십시오. 수난을 당하시고 죽음을 당하셨지만 이제는 살아계시고, 승리하신 그 한 분 그리스도 안에서 말입니다.

그리스도가 스스로를 높이면서도 평범한 인간 존재들에 대해서는 등을 돌리는 거짓된 메시야가 아니라, 자신의 가장 비극적인 순간에서조차도 당신의 사람들을 구하시는(seeks) 참된 메시야이시라면, 우리는 언제나 그분을 찾아 구해야 합니다. 물론 우리는 언제나 그분을 새롭게 발견하려고 해야 할 것입니다. 그분께서 거리와 분리를 유지하고 계시면서도 아버지로부터 교통의 특권을 이미 구입하셨다는 것을 우리가 알기 때문입니다. 또한 우리는 그분께서 지금도 당신 안에서(in), 당신을 통해(through) 하나님 아버지 믿을 것을 우리에게 가르치고 계신다는 것을 압니다.

최종적인 분석으로, 여러분이 보고 계시는, "돌 하나 던질 만큼의 거리"는, 영원과 시간의 법칙입니다. 그것은 나로 하여금 '아바, 아버지여, 주께로부터 능력과 권세가 나오지만 또한 주께로부터 인애가 나오는도다' 고 말하도록 가르치는 계시의 모든 것입니다.

> 여호와께서는 높이 계셔도 낮은 자를 굽어 살피시며
> 멀리서도 교만한자를 아심이니이다 (시 138:6)

이것이 돌 하나 던질 만큼의 거리에 계시는 그리스도 안에서 자신의 아버지를 발견하기를 배우게 된 신자의 고백입니다.

하지만 아버지이신 그분은 또한 우리들의 양심의 재판관으로서 계십니다. 예수님의 가장 친밀한 제자들이 그 위대한 전투장에서 단지 돌 하나 던질 만큼의 거리에서 잠들었다는 것을 잊어서는 안 될 것입니다. 심지어 천국에서도 말입니다. 그렇습니다, 그것은 설명될 수 있었습니다. 우리 안에 있는 매우 특징적인 인간성이 변명의 방식으로 논증하고자 할 것입니다. 하지만, 그것으로 충분합니다. 제자들은 모두 육체의 연약함으로 눈을 감았었다는 것을 알고는 자발적으로 다음과 같이 고백하게 될 것입니다: 신부인 교회가, 신랑이 자기에게 구혼하는 동안 잠을 자고 있었나이다. 그것은 교회에 있어 지금도 불명예이고, 또한 불명예로 계속 남아 있을 것입니다. 그럼에도 불구하고 빛이 수치의 어둠 속으로 뚫고 들어옵니다. 은혜의 법이 그곳에서 위로할 것입니다. 그리고 다음과 같이 말할 것입니다: 구원이 이미 이뤄졌도다, 우리와 함께, 우리 위에서, 우리가 없이도.

돌 하나 던질 만큼 떨어져 있어서 눈이 보지 못하던 것을, 오십 여 보의 거리에서 귀가 듣지 못하던 것을, 예수님의 씨름하는 영혼의 바로 이웃에 있으면서도 마음이 느끼지 못하였던, 바로 그것을, 하나님께서는 당신을 사랑하는 자들을 위하여 예비하셨습니다.

바로 그것이 주님을 사랑하는 자들에게 돌 하나 던질 만큼의 거리를, 신비적 연합의 형태 안에서, 극복하게 해줄 것입니다.

연합입니다, 그렇습니다. 하지만 그것은 또한 신비입니다.

chapter 20
|
그리스도의 슬픔,
그 자체의 특별한 엄격함의 법칙

"천사가 하늘로부터 예수께 나타나 힘을 더하더라."

- 누가복음 22:43 -

20장.
그리스도의 슬픔,
그 자체의 특별한 엄격함의 법칙

그리스도께서 겟세마네에서 당하신 슬픔들은 독특한 본질을 지니고 있습니다. 우리는 얼마간 그 본질을 살펴보고 있습니다. 감람산에서 당하셨던 그 애통함에는 독특한 기원과 내용, 그리고 그것들을 표현해내는 그 자체의 언어가 있습니다.

그것들은 또한 그 독특한 강도(intensity)가 있습니다 −그분의 수난 기간과 그 수난을 위해 사람의 아들(인자)을 강건하게 하려고 천사가 내려온 것을 보면서, 우리는 그렇게 결론을 내려야 하기 때문입니다.

이 천사의 등장은 위로와 수치스러움의 특별한 조합을 표상합니다. 천사가 제공해주는 위로와 그리스도의 수치 중에 어느 쪽이 더 무게가 나갔을까를 말하는 데까지 나아가지는 않겠습니다. 그분께서는 아버지의 종들 중 하나가 그 주인의 아들에게 무슨 도움이라도 필요한 것처럼 힘을 더하려고 온 것을 보면서, 분명 수치스러움을 느끼셨을 것입니다.

비유에 나오는 탕자도 엄청난 수치를 당했습니다. 하지만 최소한 종의 메시지를 받는 상황은 아니었습니다. 탕자가 아버지에게 돌아갔던 것은 스스로의 결심에 의해서였습니다. 아버지가 그를 데려오라고 종을 보내지 않았습니다. 아들이고 상속자인 그가 아버지의 종을 강제로 보게 되었다면 수치심을 느꼈을 것이 분명합니다. 돼지 무리 사이에 있는 자신의 처지를 보여주어야 했기 때문입니다.

그리고 여기서는 어떻습니까? 여기 겟세마네에 그 위대한 상실의 아들(the great Lost Son)이 있습니다. 그분께서는 당신의 비참을 너무나도 잘 알고 계십니다. 하지만 주님께서 자발적으로 아버지에게 나아가, "아버지여, 주의 손에 저의 피곤한 영을 맡기나이다"라고 말하기 전에, 천사 하나가 그분에게 다가옵니다. 다른 말로 하자면, 그 집의 종이 그분에게 다가오는 것입니다. 종이 아들을 만납니다. 매 맞고 상한, 사람이 아닌 벌레의 모습이 된 아들을 보는 것입니다.

고향으로부터 오는 모든 메시지가 여전히 아들에게 그 나름의 위로를 주는 것은 분명합니다. 하지만 아들이 종에게 당신의 벌거벗음을 보여야 하는 것 또한 소름끼치는 수치스러움을 표상합니다.

어느 쪽이 더 무게가 나가는지, 어느 쪽이 더 위대한지, 명예롭지 못한 중에 위로를 받는 것인지, 아니면 위로 중에 명예롭지 못한 것인지, 물론 우리는 알 수 없습니다.

사실 우리는 교회의 전체 역사를 통틀어 그것을 결코 알지 못했습니다. 이

기사에 대한 우리의 곤란함이 너무도 분명했기 때문에, 이 누가복음의 단 한 줄짜리 기록은 옛적 크리스천 교회에서 보수주의자들과 첫 세대의 더욱 이단적인 요소를 지닌 자들의 논점이 되어 왔습니다. 정통주의(보수주의)적 요소와 비정통적(이단적) 요소들은 이 본문을 서로 주고받으며 주장하기를, 예수 그리스도의 인간 혼과 신적 본성에 관한 신학적 기술과 그 교리적 구성이 자신들의 견해를 지지한다고 했습니다.

이것은 흥미 그 이상으로, 하나의 역사적 특별함입니다. 그것은 겟세마네에 천사가 등장한 것이 그리스도의 비참을 채색함으로써 그분의 신적인 위엄을 감추어, 그 위엄이 덜 분명하게 드러나도록 무거운 휘장을 치는 것임을 보여줍니다. 하지만 그 모든 것에도 불구하고, 이는 또 겟세마네에서조차도 아버지와 아들 사이의 어떠한 교제가 계속되고 있으며, 지고하신 위엄의 보좌와 그리스도의 깨어지심의 깊은 골짜기 사이의 연합이 힘 있게 계속되고 있다는 것을 보여줍니다

이것들은 분명히, 우리를 분주하게 만들 수 있는 대조들입니다.

이 진술에 있어서 수수께끼 같은 점이 사상가들을 유혹합니다. 그들은 어떤 때에는 이런 경로로, 다른 때에는 또 다른 경로로 생각하곤 합니다. 하지만 우리가 믿기로는, 어느 쪽이든지 '평결'을 선언하지 않는 것이 이 본문에 대한 올바른 태도입니다. 위로와 교제 경험의 의미가 날카로운 비참의 감정을 동반하는 수치스러움의 의미보다 더욱 중요한가, 아니면 수치스러움을 의식하는 것이 위로를 의식하는 것을 덮어 버리고 있는가에 대해서 말입니다.

우리는 선택할 수 없습니다.

그리고 선택하지 않아도 될 것입니다.

수치스러움의 예민한 감각, 그리고 다가오는 승귀의 확실성, 둘 모두 동일하게 강력한 의미를 지니고 있습니다. 둘은 동일하게 의미심장합니다. 아들에게 미천한 종 한 명을 보내신 아버지로부터 아들이 버림받으신 것, 그리고 그렇게 버림받으셨음에도 아버지의 집으로부터 하나의 메시지를 받게 되는 아들의 인식 둘 다 말입니다.

두 개의 진리 모두 동일하게 중요하고 강력합니다. 그래서 그리스도의 모든 수난의 놀랍고도 역설적인[111] 성격은 그 힘을 더해주는 천사에 관한 짧은 언급을 충분하게 설명하고 있습니다.

따라서 우리는 이 사건이 그리스도에게 무엇보다도 먼저 기쁨을 의미한다는 점을 인식합니다. 그분은 겟세마네 안에 계십니다. 그곳에서 그분께서는 고통과 고뇌로 인하여 무너져 내리셨습니다. 그분의 혼(Soul)의 맹렬한 탄식 가운데 하나님 안에서 피난처를 삼으셨습니다. 보십시오. 그분은 엎드려, 기도하고 계십니다. 그분은 반복해서 기도하십니다. 매번 같은 말을 반복하십니다. 기도 중에 -그 첫 번째 기도와 두 번째 기도 사이 - 그분께서는 그 기도들에 힘을 더해주는 천사 하나를 보시게 됩니다. 이 천사는 말을 하나도 하지 않고 가까이 다가옵니다. 그 천사는 성탄의 밤에서처럼 천군들에 둘러싸여 있지 않습니다. 그래서 겟세마네의 밤을 한 순간에 대낮으로 바꿀 수는 없습니다. 그럼에도 불구하고 그는 위로부터 내려옵니다.

단 한 명의 천사였습니다. 단 하나 말입니다. 하지만 그리스도에게는, 바로 그 하나가 너무나도 중요합니다. 어두운 장소에 비춰는 한 줄기 빛은 언제나 눈에 띕니다. 그 하나는, 하나의 선물이요 인사(greeting)이고, 손을 내미는 것입니다. - 그리고 그는 집으로부터 왔습니다. 그분 아버지의 집은 그분을 잊

---

111) 역설적이라는것은, 불합리하다는 의미가 아니다.

지 않았습니다. 아들은 아직 하늘이 영광스럽게 무시해 버리는 그런 하층민이 아닙니다. 아직은, 천사가 지나쳐 버리거나 십자가에서 피 흘리며 죽도록 내버려두는 건달이 아닙니다. 하늘은 여전히 직접 그분에게 관심을 갖고 있습니다. 그리고 예수님의 혼(soul)은 그 권리를 곧 받아들입니다. 그분의 혼은 하늘이 아직 자기를 끊어버리지 않은 것을 알자마자, 확신하는 신뢰의 각성에까지 이르게 됩니다.

여러분께서는 두드려 맞은 사람, 욥의 말을 기억하십니까? 그는 다음과 같이 외친 바 있습니다: "땅아 내 피를 가리지 말라 나의 부르짖음이 쉴 자리를 잡지 못하게 하라"(16:18). 이것은 하나님의 광활한 우주 가운데서 잊혀지는 것을 바라지 않는 자의 탄원입니다. 그의 피는 하나님께 보여져야 합니다. 하나님께서는 그것을 기억하셔야 합니다. 그것은 우주 전체가 그 뒤에 감탄부호를 두도록 유도하는 큰 질문부호가 되어야 합니다. 욥의 피, 그 값진 피는, 결코 잊혀지지 않을 것입니다. 우주의 화해의 노정 내내, 그 피는 잊혀질 바에야 오히려 방해물이 될 것입니다. 오, 땅이여, 욥의 피를 감추지 말라, 묻지 말라, 숨기지 말아다오. 그의 탄원, 그의 외침인가요? 그의 인생 목적인가요? 그의 특성인가요? 이것 역시, 인정해 달라는 것입니다. 욥의 탄원은 그 집의 사방으로 막힌 담 안에서 억눌러지지 않을 것입니다. 욥의 영과 혼의 외침은 우주 전체에 '쉴 자리'가 없어야 합니다. 모든 산꼭대기가 그 소리를 되돌려 주어야 한다는 것을 의미합니다. 우주는 어찌할 바를 몰라야 하고, 욥의 고뇌를 어떻게 해야 할지 몰라야 합니다. 그리고, 하나님께서 특별히 욥의 피의 외침을 들으셔야 하는 것입니다. 그의 질문하는 영의 탄식에 말입니다.

그것에 귀를 기울이소서, 예수 그리스도시여, 그것을 보소서.

욥이 갈망했던 그것이 지금 여전히 주님에게 주어지고 있나이다. 주님의 마지막 고뇌의 시간에 주님께 요구되는 피가, 오늘날까지 덮어지지 않았나이다.

그 피가 열린 유리병에 부어지고 있나이다. 그것이 하나님 앞에 올려지고 있나이다. 하늘이 주님에게 관심을 갖고 있나이다. 모두들 주님에게 주목하고 있나이다. 아마도 그것은 당신을 거부할 것입니다. 어쩌면 그것은 주님의 피를 강요할 것입니다. 하지만 주님께서는 아직 잊혀지지 않으셨습니다. 주님께서 여전히 지니고 계신 한 가지가 있습니다. 주의 피가 덮어지지 않았다는 것 말입니다. 그리고 하나님께서는 여전히 그것으로 분주하시다는 것 말입니다. 주의 피는 무시되어질 수 있는 종류의 것이 아닙니다. 보소서, 천사 하나를. 주의 모든 피가 하나님께 기억되고 있나이다.

오, 사람의 아들이시여, 그런데 주의 외치심은 어떠합니까?

주의 외치심 역시 우주 가운데서 쉴 자리가 없나이다. 제자들은 잠을 자겠고 친구들은 침묵하겠지만, 하늘은 외치심에 주목하고 있나이다. 아버지께서는 그것을 듣고 계시나이다. 보소서, 한 천사를. 하늘로부터 메시지가 왔다는 것을 의미합니다. 주의 영과 주의 혼의 외치심이 전능하신 하나님의 귀에 들리게 되었나이다. 무슨 일이 일어나든지, 공의가 주를 어떻게 도야하고 형성하는지에 관계없이, 최소한 하나님께서는 주님을 기억하고 계시나이다. 주께서는 여전히 개인적인 위엄을 지니고 계십니다.

그것은 참됩니다. 성경을 경외함으로 읽으시는 여러분, 사람의 아들(인자)께서 천사로 인하여 아버지, 그리고 집과 다시금 교제로 연결되셨을 때, 그분 안에서 기쁨이 넘쳐났다는 것이 분명하지 않은가요? 한 천사에게 주께서 자신의 피로 땀 흘리시는 것을 보게 한다는 것이 그분에게는 너무나도 고통스러운 일이었을지라도, 하늘이 아들에게 새롭게 교제를 확장시키고 있음을 아는 것은 하나의 위로였습니다.

예수님에게 그 천사의 등장은, 진실로 당신이 수행하셔야 할 과제의 첫 번째 대상이었던 백성들이 거두어 간 것을 천사가 당신에게 드렸기 때문에, 특별히 기쁨을 주었습니다. 이것은 날카롭고도 부끄러운 대조입니다: 사람은 드려야 할 것을 드리지 않았습니다. 하지만 천사들은 사람들이 빼앗아간 것을 제공했습니다. 저 사람들은 예수님과 함께 천사가 다가오는 것을 지켜볼 수 있었을 것이고, 또한 그렇게 했어야 했습니다. 그들이 지켜보았더라면, 그분의 인간 혼에 큰 도움이었을 힘을 더하여 주었을 것입니다. 하지만 사람들은 예수님에게 제공해 드릴 것이 아무것도 없습니다. 사람들의 육신은 너무 연약합니다. 그들의 영적 에너지는 흘러나와 예수님까지 이르지 않습니다. 그러므로 인간의 혼들(souls)은 예수님의 혼(soul)에 제공해 줄 것이 아무 것도 없습니다. 영들(spirits)은 하늘로부터 내려오는 것입니다. 이것들은 혼(soul)이 없습니다. 천사는 순수한 영(spirit)이어서 인간에게 있는 혼(soul)이 없습니다. 그래서 인간이신 예수님과 천사들이 교제할 때에는 언제나 무언가 결핍되어 있습니다. 이들의 교제는 혼이 혼에게 말하는 그런 교제가 아닙니다. 하지만 혼들이 침묵할 때, 영들이 다가오는 것은 기쁘게 해주는 일입니다. 예수님께서는 영들이 다가오는 것을 느끼셨고, 그 사실이 당신을 기쁘게 한다는 것을 인정하셨습니다.

그래서, 그분의 혼은 하늘로부터 오는 영에 의하여 힘이 더하여졌습니다. 사람의 아들이 다시금 용기를 내십니다. 천사의 다가옴으로 힘이 더하여지는 것이 그분의 메시야적 의식 가운데 있기 때문입니다.

예수님께서 이스라엘 안에서 당신의 일, 당신의 직분적 사역을 시작하셨을 때, 제자들의 모임에서 직접 이런 말씀을 하셨습니다: "하늘이 열리고 하나님의 사자들이 인자 위에 오르락내리락 하는 것을 보리라(요 1:51)"

그 말씀으로 예수님께서 의미하신 바는, 당신의 메시야로서의 직분과 관계된 하나님의 특별한 섭리에 대해서 너무나도 확신하셨다는 것입니다. 주님이 지상에서 직분상의 수행을 하시는 동안, 섭리가 그분께서 필요로 하는 것을 공급해 주실 것입니다. 아버지의 세계를 돌보시는 과제에 있어 메신저들로서 늘 분주한, 하나님의 천사들이 그분과 동행할 것입니다. 천사들은 그분께서 크게 상하시는 시간이 닥치기 전까지는, 모든 상함으로부터 그분의 발걸음을 지킬 것입니다. 하늘은 메시야의 고통당하는 혼의 갈등을 끊임없이, 주의 깊게 공유하고 있습니다. 예수님은 천사들의 섬김 가운데서 드러나는, 그분의 메시야적 사역을 하늘이 공감하고 있다는 사실을 완벽하게 내적으로 확신하셨습니다. 그래서 그분은 미리 예언까지 하셨습니다. 미리, 곧, 그분께서 그 손을 내밀어 역사하시기 이전에 예언하셨던 것입니다. "진실로"라는 말을 두 번이나 하시면서 당신의 맹세에 인을 치셨습니다. 그분의 메시야적 의식이 잠시라도, 당신과 하늘의 관심 사이에 살아있는 지속적 관계를 의심하지 않았던 것입니다.

그리고 이제, 그 적절한 시간에 그분의 메시야적 의식은 하나님에 의하여 다시금 힘이 더하여집니다.

진실로, 진실로, 주님께서는 하늘이 열리는 것을 보십니다. 지금 이 독특한 시간에, 주님께서는 하나님의 천사들이 여전히 사람의 아들(인자)을 위하여 오르락내리락 하는 것을 보시고, 경험하십니다. 그렇습니다. 하나님께서는 그분을 버리십니다. 사탄의 손아귀에 그분을 내어 맡기십니다. 하나님께서는 잠든 제자들에게 충격을 주어서 깨어나지 않게 하십니다. -사실, 하나님께서 직접 그들의 눈꺼풀을 덮으시는 것처럼 보입니다- 그럼에도 불구하고 하나님께서는 여전히 그곳에 계시고, 말씀하시며, 당신의 음성을 들리게 하고 계십니다. 예수님께서는 아직 우연의 손에 떨어지지 않았습니다. 예수님에게는 이 사실이, 수수께끼 같은 고통과 당신의 메시야적 과업과 소명이 관계되며, 또한 하나님의 영원하신 공의로움과 관계된다는 것의 증거인 것입니다.

물론, 이것은 위로입니다. 그분께서 가공할 정도로 광활한 우주 가운데 아직

진짜 홀로이신 것은 아닙니다. 이 순간은, 그분으로 하여금 하늘로부터 내려오는 천사 한 명을 힐끗 볼 수 있게 해주기 때문에, 가장 어두운 순간일 수는 없습니다. 어둠은 잠시 후 십자가에서 더욱 악화될 것입니다. 시몬 베드로는 바로 지금, 그렇습니다, 잠자고 있습니다. 하지만, 곧 부인하고 저주하며 또한 맹세할 것입니다. 잠자는 자는 다른 이로부터 자신의 혼을 방해합니다. 하지만, 저주하는 이는 자신의 영을 방해합니다. 여기에 천사 한 명이 있습니다. 그리고, 아무도 없을 것입니다. 곧 산헤드린이 만날 것입니다. 그리고 천사들이 그들이 만나는 것을 허용할 것입니다. 가야바와 빌라도와 헤롯이 하늘의 어떤 간섭도 보지 못할 것입니다. 그리고 마침내, 분명히, 각각의 모든 천사들이 십자가로부터 스스로 완전하게 물러날 것입니다. 그때 우주 전체를 배경으로 하여 홀로 매달리시는 그 아들의 고립은 완벽할 것입니다.

여기, 이 순간, 천사가 겟세마네에 계신 그분을 만나러 오는 것은, 아직은 그 완전한 고통이 아닙니다. 약간의 빛이 어둠 가운데서 뛰놀고 있습니다. 천상의 불길이 지옥의 구름 사이에 여전히 불타고 있는 것입니다. 하나님을 구하고 있는 자는 여전히 살아갈 수 있습니다.

그래서 예수님에게 힘을 더해주는 천사는 위로의 선물입니다. 비천한 자들을 위로하시는 하나님께서 이 무명의 천사를 사용하셔서 예수님을 위로하시는 것입니다.

여러분은 말하실 것입니다. 그 천사는 단지 잠시 머무를 것이 아니냐고요.

그렇습니다. 하지만, 예수님께서는 한 순간이라도, 기쁨의 한 순간, 신앙의 힘을 더해주는 한 순간이라도 무시하지 않는 분이 아니십니까? 그분께서 하나님이 당신을 버리시는, 동시에 그 진노의 시간을 깨뜨리는 순간을 무시하시겠습니까? 천사의 등장은 분명, 단지 한 조각의 빛에 지나지 않습니다. 그 빛은

20장. 그리스도의 슬픔, 그 자체의 특별한 엄격함의 법칙 | 485

새벽의 여명이 아니었습니다. 단지 잠깐의 위로였지, 계속되는 위로가 아니었습니다. 하지만, 누가 작은 것들의 날들을 무시하고 있습니까? 누가 어두운 밤에 비추는 한 조각 빛을 무시하고 있습니까? 까만 휘장에 찍혀 있는 하얀 한 점을 그 누가 보지 못하겠습니까?

예수님께서는 그 천사를 보셨습니다. 그리고 하나님 안에서 기뻐 뛰셨습니다.

그렇습니다, 그분께서는 다시금 엎드러지셨습니다. 그리고, 그분의 넘어짐은 이전보다 더욱 심하였습니다.

그럼에도 불구하고 그분께서는 기뻐 뛰셨습니다.

그분의 기쁨은 덮이지 않는 피에 의하여 야기된 기쁨이었고, 그분의 높여지신 성령의 방해받지 않는 외침이었습니다.

하지만, 그 일의 다른 면이 있습니다. 천사가 온 일은 수난 기록의 보조적인 부분이고 그렇게 남아 있을 것입니다.

이름 붙일 수 없는 고통이 천사의 강림에 수반됩니다. 천사가 그리스도를 위한 고통만을 표상하는 것이 아닙니다. 고통이 가중되는 것까지도 표상하고 있습니다.

우리는, 아버지로부터 직접 소식을 듣지 않고 종으로부터 메시지를 전달받은 탕자를 언급하면서 그 고통의 본질을 이미 지적하였습니다. 종이 전적으로 수치스러운 상태에 있는 자기 주인의 아들을 만나는 것을 생각하는 것은, 그 고통에 대해 충분히 생생한 개념을 우리에게 제공해 줍니다. 우리는 그 그림에 더할 필요가 없습니다. 바로 그렇게, 천사들의 섬김이 수치 가운데 있는 그 아들에게 온 것입니다. 예수님께서는 당신의 생애에 한 번 천사들의 섬김을 경험하신 적이 있습니다. 광야에서, 그 시험받으신 일 이후였습니다. 이 섬김은 그분에게 앞으로 오게 될 영광을 미리 맛보게 해주었습니다. 예수님께서 승리하셨을 때 하늘이 직접 그분을 향해 열렸습니다. 천사들이 그분을 섬겼던 것입니다. 광야에서의 이 섬김은 위협적인 죽음에 대한 또 다른 공격을 표상한 것이 아닙니다. 오히려 하나의 잔치, 그분 자신의 강한 생명을 예언하시는 것에 결합된 축하였습니다. 또한 영원부터 영원까지 존재할 천사들의 앞으로의 섬김들을 미리 맛보게 하는 것이었습니다. 그 섬김이 필요해서가 아니라, 부요하시고 강하시며 영웅적이신 그분께서 그 안에서 영광을 받으시기 때문입니다.

겟세마네에서의 상황은 얼마나 다른가요! 이곳에 계신 그리스도께서는, 아직 갈등으로부터 성공적으로 벗어나지 못하셨습니다. 아직은 승리를 말할 때가 아닙니다. 그분께서는 그 일을 혼자 성취하실 수 없습니다. 하늘 그 자체가 그분에게 힘을 더하시지 않는다면 −그분은 거의 파멸할 지경입니다. 이때에 예수님의 생애를 축하하기 위해서가 아니라, 죽음을 내쫓기 위해서, 예수님의 헛된, 때 아닌 죽음을 회피시키기 위해서 천사가 다가옵니다.

이 천사는 자신의 연주곡 목록에 쥬빌라토 데오(Juliato Deo/주를 찬양하라)와 같은 아름다운 노래를 담고 있지 않습니다. 천사는 사람의 아들(인자)의 조그마함과 연약함을 공적으로 인정하고 있음을 표상합니다. 그러므로 그는, 단지 공간을 통해 낭랑하게 노래되고 있는 미제레레(miserere/자비,시61편의 별명)를 확대할 수 있을 뿐입니다. 오늘 그는 왕을 명예롭게 하기 위해서가 아니라, 종을 지원하기 위해서 온 것입니다.

이것은 그분에게 너무나도 큰 슬픔입니다. 그리고 피할 수가 없는 슬픔입니다. 이 슬픔은 다음과 같이 선포하고 있는 하늘 왕국의 법칙으로부터 오는 것입니다: "무릇 있는 자는 받아 넉넉하게 되되 없는 자는 그 있는 것도 빼앗기리라(마13:12)".

그리스도께서 광야에서 사탄을 무찌르시고, 그렇게 승리자의 영광을 쟁취하셨을 때, 그때는 무언가가 그분에게 주어졌을 것입니다. 그러면 천사들은 자기들의 부요함을 그분에게 더하기 위해서 올 것입니다. 정복한 강한 자, 그러므로 아무 것도 필요로 하지 않는 강한 자를 강하게 하러 올 것입니다. 그들은 부요한 자를 부요하게 하고 그분을 명예롭게 하기 위해 올 것입니다. 이미 모든 것을 가지신 그분에게, 더 많이 주어져야 했습니다.

하지만, 어둠의 시간, 그리스도께서 연약하실 때, 그분께서 하나의 노예이실 때, 부끄러움을 당하실 그 어둠의 때에, 그분께서는 "아무것도 가지고 있지 않으셨"습니다. 그렇게 아무것도 없으신 그분은 가지고 계신 것조차도 빼앗기셔야 합니다. 그분께서는 무언가를 주시지만, 그 천사는 또한 그리스도로부터 무언가를 취합니다. 천사의 섬김으로 푹 적셔져 있을 그분에게 또 다른 사치품을 더하는 것이 아니라, 그 대신, 그것 없이는 굴복하게 될 자에게 도움을 제공하는 것입니다. 그때가 오기 전에 굴복하지 않도록 하기 위해서 말입니다. 그때를 위하여 천사는 아들을 '남겨두고(saving)' 있습니다. 그래서 천사는 아들에게 무척이나 상처를 주고 있습니다. 예수님의 가난함이 그렇게도 생생하게 묘사된 적이 없고, 누구도 부인할 수 없는 사실로서 확증된 적이 없었습니다. 오, 비참한 위로받음이여! 그분께서 악한 때를 위하여 또한 '남겨진'(saved) ' 범죄자 취급을 당하고 있는 것입니다.

이것이 교회가 그리스도의 수치 당하심(혹은 비하)의 상태(state)라고 부르는 것입니다. 적절하게 부르는 것입니다. 왜냐하면 영이 지금 '감옥에 갇혀 있는' 상태이기 때문입니다. 감옥은 번복할 수 없이 선고된 형을 받기 위해 갇혀 있는 장소입니다.

게다가, 예수님의 실제적인 수난의 상태(condition)는 천사가 제공해 주는 이 "힘을 더하는 것"으로 인해 특별히 악화되고 있습니다.

그리스도의 수난이 힘을 더해주는 천사에 의해서 더욱 악화되었다는 것은 우리가 성경의 모든 구절들로부터 배울 수 있는 하나의 사실입니다. 원어로 사용되는 단어와 우리 본문에 힘을 더해준다(strengthening)고 번역된 이 단어는 그 천사들의 궁극적인 목표가 예수님을 격려하고 위로하는 것이 아니며, 오직 그분의 인내할 수 있는 능력을 보존하고 유지하는 것임을 가리킵니다. 그분의 인간 본성의 용기는 -지금 위로부터 힘이 더해지고 있는 것인데- 그것은 하늘의 후원이 없으면 분명 굴복하고 말 것이기 때문입니다. 다시금 수난을 당하기 위해서 힘이 더해지는 것입니다.

아닙니다, 그 천사가 온 것은 예수님의 수난에 있어서 어떤 간주곡도 아니고, 일시적인 중지도 아닙니다. 두 세력이 수난의 모든 장면 속에서 활동하고 있습니다. 외부적으로 억압하는 세력과 그것에 대항하여 안으로부터 일어나는 두 세력입니다. 고난당하는 사람은 풍금과도 같습니다. 바람이 그 안에 들어가서 확장되었다가 건반과 연결된 부분의 무게가 그 공기를 압박하면서 소리를 냅니다. 바람이 악기 안으로 불어넣어져야 하는 것입니다.

그래서, 우리 인간 존재들 가운데서, 고통이란 언제나 변화하는 상태입니다. 그것은 회복이나 건강에 이르게 합니다. 바람이 들어가는 곳에 무거운 추가 눌리면 소리가 나듯, 승리를 얻게 됩니다. 이것은 죽음을 의미합니다. 혹은, 안으로부터 나오는 세력이 머리 위로부터 내려 누르는 힘을 이겨내게 됩니다. 이것은 건강, 정상, 생명을 의미합니다. 지상에서의 고통은 언제나 이 두 개의 기둥 사이에서 작용하고 있습니다. 고통은 결코 게으르지 않습니다. 그것은 더 나빠지거나 더 좋아집니다. 고통의 긴장은 어쩔 수 없이 다가옵니다. 지상에서의 고통은 언제나 '과정(becoming)'의 문제이지, 결코 '존재'의 문제가 아닌 것입니다.

이제 하나님의 그리스도에 대해 생각해 보십시오. 그분 안에 거하는 힘은 최대한으로 확장되었습니다. 하지만, 그분을 저주하는 세력, 그분을 무겁게 누르는 그 세력이 그분을 정복하려고 위협합니다. 그분의 몸은 단지 제한된 능력만 있을 뿐입니다. 심지어는 그분의 혼조차도 그 압력을 영원토록 견뎌낼 수 없습니다. 이 부담은 너무나도 큽니다. 인간성으로 인한 능력은 압력에 맞서 견뎌낼 수 없습니다.

그것이 전부라면 얼마나 좋았겠습니까! 하지만, 외부적인 압력이 증가되는 바로 그 순간에, 내적인 힘이 약화되어가고 있습니다. 하나님께서 그분을 버리셨습니다. 사탄에 대항하고, 위협하는 사망에 대항하려는 그 세력은 잠시 쉬어야 합니다. 마치 엘리사가 하나님을 위하여 나아만에게 한 명의 종을 보낸 것처럼, 한 명의 종만을 보내실 수 있는 하나님께서, 그분을 버리고 계시는 것입니다.

그래서, 하늘이 개입하지 않았더라면, 외부적 압력의 증가와, 내적인 반응의 감소가 서로 교차되지 않았더라면, 그리스도께서는 정해진 시간이 되기 전에 굴복하셨을 것입니다. 그러면 그 혼이 하나님의 영원한 진노를 감당할 수 있게 되기 이전에 항복해 버렸을 것입니다. 그분은 약해지고 기절하며 패배해 버렸을 것입니다. 그러면 그 고통은, 사망을 전혀 느끼지 못하게 하거나, 생명의 기쁨이 터지기보다는 오히려 무의식의 나른함에 빠져 버리게 될 것입니다. "다 이루었다"고 선포하실 수 있는 그 시간에 이르기 전에, 모든 것이 끝나버릴 것입니다.

우리의 생명을 위한 것은 아니었을지라도 당신 자신을 위해서는 그럴 수 있을 것입니다. 만약 슬픔의 사람이 영원한 죽음이 닥치기 이전에 굴복해 버렸더라면, 우리는 십자가가 그분의 어깨에 놓이게 되었다고 말할 수는 있겠지만, 그분께서 그것을 담당하셨다(had taken)고 말할 수는 없을 것입니다. 그 저주가 그분께 닥쳤을 것입니다. 그리고 우리는 거룩한 성찬의 형식[112]에 이 값진 선언을 결코 포함할 수 없었을 것입니다: "(그분께서는) 우리를 당신의 복으로 만족시키기 위해서 스스로 저주를 담당하셨습니다."

"다 이루었다"고 말씀하신 이후에야 그리스도께서는 숨을 거두십니다. 혹은 당신의 육신을 안식하게 하거나, 활동하지 않으신 채로 딱딱하게 굳어지셨습니다. 그때에 이르기까지 그분은 쉼 없이, 간극 없이, 계속 가셔야 합니다.

그 관점에서부터 볼 때 천사는 얼마나 두려운 존재가 되는지요! 그는 압력을 더 강하게 만듭니다. 그것도 더욱 고통이 심해지는 방향으로 그렇게 합니다. 천사는 죽음을 향하여 역사하고 있습니다. 그는 예수님의 모공들로부터 피를 뽑아냅니다. 그분이 그렇게 합니다 –그 천사가 그렇게 합니다. 이전에는 그렇지 않았는데, 정확하게 그 천사가 오고 난 뒤에, 예수님께서는 당신의 피를 땀처럼 흘리기 시작하셨습니다. 그분의 천사가 그렇게 되게 하였습니다. 그 천사는 사람의 아들(인자)이 다시금 사자의 힘을 회복하게 합니다. 그러한 방식으로만 그분께서는 어린 양의 죽음을 당하실 수 있는 것입니다. 만약 사람의 아들이 어린양처럼 무방비 상태가 된다면, 그분께서 또한 어린 양처럼 죽으시는 것이 무슨 유익이 있겠습니까? 무슨 보상이 그분에게 주어지겠습니까? 어린 양들은 꼭 그렇게 죽지 않습니까? 하지만, 만약 그분께서 당신의 갈기를 흔들 수 있는 사자라면, 누가 그분을 옹호하기 위해 일어날 수 있겠습니까? 피가 혈관을 통하여 왕성하게 솟구치고, 숨은 삼손이 되살아나시는 분이신데 말입니다. 그러나 만약 그분께서 어린 양처럼 아무 말씀도 하지 않으시면서 당신을 죽음에 내맡기신다면, 우리는 그 중보자의 능력과 중보자가 받으실 보상에 대해서 말할 수 있는 것입니다. 이 천사는 능동적인 순종과 수동적인 순종의 보조를 맞추시려고, 당신의 능동성을 무의식 속으로 후퇴하게 위협하셨던, 그 사

---

112) 개혁교회들의 고백서들 속에 담겨져 있는 대로. 한역주 : Form은 고백서들을 가리키는 말인데, 신조의 내용 속에 성찬에 대한 고백이 담겨 있다.

람 예수님의 활동을 강화시켰습니다. 예수님의 수난은 결코 그것이 그분의 운명이 되도록 허락되지 않습니다. 수난은 언제나 당신의 행위로 남아 있는 것입니다.

그러면, 그 천사는 얼마나 두렵습니까?

시험을 받으셨던 광야에서 그리스도께서는 사탄에게 말씀하셨습니다. 그 말씀은 다시금 당신의 메시야적 의식이었습니다 - 하나님께서 그리스도 당신을 보호하사, 어느 때라도 그의 발이 돌에 떨어져 부서지지 않도록 당신을 위한 천사들을 보내실 수 있다고 말입니다. 하지만, 이 말씀은 예수님과 그의 천사들에 대한 진리의 절반에 해당합니다. 왜냐하면 이 천사는 예수님의 발을 다치지 않게 하려고 온 것이 아니라, 그 반대로, 그분께서 통증 없이 무언가에 부딪히시는 것을 막기 위해서 온 것입니다. 그분께서는 계속해서 스스로를 깨트리는 활동을 하셔야 하는 것입니다. 거친 반석이 그분을 가로막고 있기 때문입니다. 넘어짐의 시간을 알리는 종소리가 울렸습니다. 그리스도께서 바산(Bashan)에 의하여 깎여진 반석 위에 넘어지지 않게 하기 위해서, 천사는 그분의 눈을 뜨게 합니다. 그 천사는 그분을 온전히 깨어있게 합니다. 그분의 느려지는 의식의 흐름을 다시금 빠르게 작동하도록 하는 주사를 놓습니다. 피가 다시금 흐르고, 그분이 하나님께서 당신의 앞에 두신 길을 분명히 보게 될 때, 그때 질문이 일어납니다: 그대는 여전히 원하고 있는가? 그대는 하나님께서 가리키신 그 길을 계속 가려는가? 그대는 준비되어 있는가?

우리는 이런 고통의 강도를 절반도 깨달을 수 없습니다. 이런 수난은 우리에게 알려진 그 어떤 비교기준으로도 측정될 수 없습니다. 우리는 기껏해야 우리가 사용할 수 있는 가장 강력한 단어를 사용해서, 이렇게 말할 수 있을 뿐입니다: 영원한 죽음이 그 문들을 활짝 열어 제치고 있도다!

하지만, 그 고통이 우리를 구원에 이르게 하는 능력이 되는 것은 바로 이런 길 안에서입니다. 모든 것이 완수되기 이전에 그 길이 변경되었더라면, 혹은 그리스도께서 도중에 굴복하고야 말았더라면, 그분께서는 결코 우리들의 중보자가 되실 수 없었을 것입니다. 하지만, 예수님의 고통들이 곧 우리가 들어가야 하는 길이기 때문에, 천사들은 그 길이 사전에 제거되지 않도록, 그 길을 걸으신 그분이 일을 성취하시기도 전에 걷는 것을 그치지 않도록 힘을 더해주는 것입니다.

> 힘 있게 몰아가시는 분의 막대기가
> 그분을 매몰차게도 몰아 가시는도다;
> 그분께서 걸으시면서 마침내 너무 지쳐,
> 달려왔지만 이젠 더 이상 갈 수 없을 것 같네.
>
> 힘 있게 몰아가시는 분의 막대기가
> 예수를 계속 몰아가는구나, 그분의 가시는 길에;
> 그분을 내려치시며 모시는 그분은 바로 하나님
>
> 하나님께서 그분을 몰아가시며 진노 중에 내려치시는구나.

하나님께서 우리의 구원을 위해 그분을 내려치십니다.

그리스도께서 자신의 공생애 사역을 시작하면서 인자를 위하여 오르락내리락하게 될 천사들에 대해 말씀하신 것과, 그분께서 지금 당하시는 고난의 절대적인 고독과 순전한 불행 사이에는 조화롭지 못할 것이 아무 것도 없습니다. 그때와 지금이 그분에게 동시에 존재하는 것입니다. 먼저는 당신의 시간이 다가오기 전에 그 어떤 것도 예수님의 경로를 방해하지 않도록, 천사들이 그분의 길에서 그분을 수종 들었습니다. 이제는 하나님의 동일한 섭리가 그 길 위에서 그분이 굴복하지 않도록 하십시오. 그분은 끝까지, 절반이라도 무의식 상태로 넘어가셔서는 안 됩니다. 그곳까지 성큼성큼 걸어가셔야 하고, 하나님의 눈을 직시하시면서, 이렇게 말씀하셔야 합니다: 보소서, 내가 여기 있나이다!

자, 이 하늘로부터의 보강은, 그 슬픈 목적을 달성했습니다.

우리는 천사의 얼굴이 첫 번째 기도와 두 번째 기도 사이에 나타났다는 사실을 이미 언급하였습니다. 지금 그 본문의 용어들에 주목하십시오. 첫 번째 기도하시는 동안 예수님께서는 땅에 엎드리셨습니다(막 14:35; 마태 26:39). 당신의 얼굴을 땅에 대시고 눈은 지면을 향하셨습니다. 하지만 두 번째 기도를 하실 때 그분의 기도는 더욱 무겁고 큰 긴장감으로 가득하였습니다. 하지만, 그때는 당신의 얼굴을 땅에 떨어뜨리지 않으십니다. 무릎 꿇으시는 자세를 유지하셔서, 당장이라도 떠나실 수 있는 당신 스스로를 지배하시는 모습이셨습니다(마14:39; 마26:42). 그러한 이유로 그분께서는 잠시 후 그 역설적이면서도 무척이나 엄하신 말씀, "이제 자라"는 말씀을 제자들에게 하실 수 있게 되신 것입니다. 이러한 방식으로, 다가오는 살인자들의 무리를 대면하여 "너희가 누구를 찾느냐? 내가 그로다"라고 인사할 수 있게 하는 능력이 그분 안에서 점점 강해지고 있습니다. 그래서 그분께서는 다시금 확신을 가지셨고, 그들에게 매임을 당하시기 전에, 그들을 땅에 넘어지게 하실 수 있게 되신 것입니다.

그분은 먼저 그렇게 하셔야 합니다(must). 그 다음에, 그렇게 하시고자 하십니다(will). 그리고, 그러므로, 그분은 하실 수 있는 것입니다(can).

겟세마네, 겟세마네 그리스도의 슬픔이여! 이 슬픔들은 그것 자체의 비밀, 그것 자체의 시작, 그것 자체의 강도가 있습니다. 하늘과 땅이 협력하고 있습니다. 위로부터 주어지는 능력들과 아래로부터의 능력들이 협력합니다. 천사들이 공헌하고 있습니다. 사람들은 잠에 빠집니다. 그리고, 그 잠자는 자들 가

운데 있는 우리들, 그 육신이 너무나도 연약한 우리들, 우리들은 경외심으로 두려워 떨며 이렇게 말합니다:

하늘과 땅의 주님이시여, 우리가 주님께 감사드리는 것은, 주님께서 사람의 아들(인자)를 야곱의 사다리의 아랫부분, 가장 아랫부분에까지 인도하신 것입니다. 천사들이 내려왔고, 또 올라갔나이다. 야곱의 위대한 아들, 그 작은 자, 비천해지신 자께서, 비참해지신 중에 말입니다. 땅에서부터 내쫓김을 당하여진 자, 하나님의 유랑자가 누워 있을 때 말입니다. 주여, 그분의 천사가 하늘에 계신 그분의 아버지의 얼굴을 뵈옵게 된 것을 감사드리나이다. 주여, 한 가지 일로 우리는 주께 감사를 드리나이다. 접촉(contact)으로 말입니다. 교통하심이 있었나이다. 오 하나님, 그것이 얼마나 위대한 일입니까! 그 하나의 위대한 일로 인하여 우리는 주께 감사드리나이다. 야곱은 말하기를, 주께서 여기에 계시는 것을 나는 분명히 몰랐도다, 라고 하였지만 사람은 아들은 주께서 그분의 장소에 계신 것을 발견하셨고, 또한 그것을 알게 되셨음에 감사드립니다. 주님, 그분은 천사를 보셨나이다. 그분이 어떻게 계속해서, 나에게 아버지를 보여달라, 고 요구할 수 있으시겠습니까? 천사를 보신 그분이 아버지를 다시금 믿게 되었나이다. 믿는 것은 보는 것이니이다. 아버지여, 우리가 주께 감사드리는 것은, 야곱은 단순히 꿈을 꾸었을 뿐이지만, 야곱의 위대한 아들은 순전한 현실 속에서 그것을 지켜보셨다는 것입니다.

하나님을 통하여 지켜보셨나이다.

하나님을 위하여 지켜보셨나이다.

우리가 잠들었을 때 그분께서는 지켜보셨나이다.

우리를 대신하신 중보자로서 그분께서는 지켜보셨나이다.

진실로 여기는 하나님의 집입니다. 겟세마네는 벧엘입니다. 아니, 그곳은 그 이상입니다. 그것은 벧엘의 성취입니다. 벧엘은 많은 천사들의 장소였습니다. 겟세마네는 낮은 천사를 보시고 만족하셨던 그 위대한 천사(the Great Angel, 한역주 : 예수)의 장소입니다. 더 낮은 천사에 의하여 불쾌해하지 않으시는 더 위대한 천사께 복이 있습니다.

주여, 주님 안에서 모든 사람들이 불쾌하게 될지라도, 주님께서는 영원토록 상처를 입지 않으실 것입니다.

겟세마네, 겟세마네여, 그리스도의 고뇌하심이여!

chapter 21
|
그리스도의 슬픔,
그 자체의 특별한 희생제사의 법칙

"…땀이 땅에 떨어지는 핏방울같이 되더라"

- 누가복음 22:44b -

21장.
그리스도의 슬픔,
그 자체의 특별한 희생제사의 법칙

그리스도의 땀, 혹은 혹자들이 좋아하는 잘못된 표현대로 말하자면, 하나님의 땀[113]은 교회의 영보다는 그 혼에 더욱 강한 인상을 주었습니다.

이것은 쉽게 설명될 수는 있겠습니다만 쉽게 정당화될 수는 없습니다.

진실로, 땀이란 그것이 수난의 땀이라는 것이 입증되는 순간 혼의 관심사항이 됩니다. 하지만, 그 이후 혼은 또한 영에도 관심을 가져야 합니다. 땀은 수

---

113) Giovanni Papini, L'Histoire du Christ, Payot, Paris, p.323. Dieu est couvert de seuer, comme s'il venait d'accomplirquelque extenuant. 한역주 : 지오바니 파피니(1881~1956년)는 이탈리아 피렌체출신의 소설가이며 평론가이다. 저자가 인용하고 있는 프랑스어 소설 '그리스도의 역사'는 지오바니 자신이 어떻게 예수님을 생생하게 만나게 되어 회심하게 되었는지를 보여주는 자전적 소설인데, 예수님의 모습을 생생하게 묘사하고 있는 것으로 유명하다. 인용된 글귀는, "하나님께서는 어느 정도 금방 일을 마치신 것처럼 땀으로 덮여 계십니다"라는 뜻이다.

난이 그러한 것이기 때문에 영에 관심을 가지는 것입니다.

그리고 그리스도의 땀은 특별히 인간 영의 관심이 될 것이며, 특히 교회의 생각하는 영(thinking spirit)의 관심사항이 될 것입니다. 그리스도의 땀 속에서, 교회는 그 신랑이 신부를 위해 지불했던 값의 형태(본질이 아니라)를 인식하게 됩니다.

게다가, 그리스도의 땀은 피입니다. 교회와 교회 바깥의 많은 이들이 관심을 갖고 집필한 책의 주제이자, 신비주의가 절대순종의 주제로 받아들인 것은 그분의 피에 관한 것입니다. 그러므로, 겟세마네 동산에서 흘리신 예수님의 수난의 땀방울에 대해서, 교회가 관심을 더 가져야 한다고 말할 만한 이유는 많이 있습니다.

여기에 더하여, 피를 땀처럼 흘리시는 사람, 예수님께서 영원한 생명에 계신 바로 그 하나님과 완전하게 연합하신 분임을 마지막으로 묵상해 봅시다. 우리는 교회의 영이 이 점에 무관심하다는 것을 변명의 여지없이 알게 될 것입니다.

교회의 생각하는 영은 땀인 피와 피인 땀에 대해서 자발적으로 간절한 관심을 가졌어야 했습니다. 말하자면, 땀 흘리는 신랑의 문제를 숙고하면서 간절하게 땀 흘리는 것이 더 좋았을 것입니다.

하지만, 실제로 교회의 영은 이 문제에 대해 교회의 혼보다도 더 적은 관심을 기울여 왔습니다.

그렇습니다. 혼, 그 믿고 있는 혼은 땀 흘리는 피의 문제에 빠져 바빴습니다. 예를 들어, 신비주의를 생각해 보십시오. 앗시시의 프란시스를. 그를 둘러싼 신비주의의 작은 별들을 생각해 보십시오. 이들 모두는 그리스도의 땀이 그들의 땀구멍에서 솟아 나오기를 원했습니다. 물론, 그들 중 몇몇은 피를 땀처럼 흘리는 일에 성공하였습니다.

하지만, 이런 신비주의는 영의 일이라기보다는 혼의 수고라고 이름 붙여야 하겠습니다.

그리고 다른 사람들은 크게 동요해서, 떨리는 목소리로 겟세마네의 피땀에 대해서 말하기도 했습니다. 그들은 피로부터 땀을 이끌어내고, 땀구멍에서 피를 땀처럼 흐르게 하는 그 고난이 얼마나 두려운 것이었을지 묵상하였습니다. 그들은 사람들 가운데서는 어떻게도 이름붙일 수 없는 너무나도 심한 그 괴로움 앞에서 치를 떨었습니다. 두려움 가운데 반은 눈을 감은 채 과학자들에게 귀를 기울였습니다. 과학자들은 말로 표현할 수 없는 고뇌가 땀구멍에서 피를 땀처럼 쥐어짤 수 있다고 하였습니다. 과학자들이 그들에게 확신시켜주기를, 땀방울이 엄청나게 크면 핏덩어리처럼 보이게 되는 과도한 발한상태 같은 것이 있다는 것입니다.[114] 사실이라는 것입니다. 그래서 이 사람들은 그 고통을 말로 할 수 없을 정도로 참을 수 없는 것으로 간주하였습니다. 그렇게 간주하고 싶었던 그들의 혼들은, 과학자들의 지지를 얻는 순간 너무나도 기뻐했습니다. 과학자들은 신앙의 수호자로서, 누가가 본문에 사용하고 있는 표현이 과장이 아니며 실제사실의 기술이라고 앞장서서 옹호했던 것입니다. 그들은 서둘러 질문하기를- 왜 여러분은 의사였던 누가가 이 문제를 분별하기 위해 애쓰지 않았을 것이라고 가정하느냐? 고 하였습니다. 주목할 만하지 않습니까? 그리스도께서 피를 땀처럼 흘리심을 강조한 인물이 다름 아닌 누가라는 것 말입니다.

사람들은 그렇게 연구하고 숙고했습니다. 하지만, 연구가 핵심에 이를 때에,

---

114) Groenen,op.cit., 1,1.

사람들이 이 끔찍한 수난에 계속해서 주목하기를 바란 것은 언제나 그 혼이었습니다. 교회의 혼이 과학자들의 영에 하나의 과제를 위임했습니다. 그 영이 피를 땀처럼 흘리시는 그리스도의 끔찍한 묘사를 훌륭하게 간직할 가능성을 지지하는 한에서만 말입니다. 그러는 동안 피를 땀처럼 흘리시는 그리스도의 본질적인 신비는 교회의 영의 관심을 너무나도 적게 끌었습니다.

예수님의 땀구멍에서 핏방울이 너무 심하게 흘러나와 땅에 떨어질 정도였다는 누가의 기록을 두고, 우리가 이것이 과장이 아닌 사실이라는 것을 확증할 필요는 없습니다. 피를 땀처럼 흘리는 현상이 혼의 깊은 고뇌에 수반되는 것으로 알려져 있다는 과학자들의 특별 연구는, 우리가 확신하는 것보다 더 많은 것을 말해줄 수는 없습니다. 우리는 단지 누가의 말을 그대로 받아들이겠습니다. 겟세마네는 스스로를 설명할 수 있는 장소이고, 그렇게 남아 있을 것입니다. 결론적으로 우리는 누가의 설명을 그리스도의 혼에 무게를 가하는 끔찍한 압박에 대한 증거로 받아들입니다. 우리는 땅에 떨어지는 핏방울 하나하나에 떨고 있습니다. 우리가 왜 떨고 있냐고 물으셨습니까? 땀이 핏방울 되어 떨어지는 그 모습에서, 우리는 피를 뽑아내는 천사의 힘을 보기 때문입니다. 심장이 멎을 정도로 위태로울 때에, 예수님에게 힘을 더하여 그리스도의 심장과 혼의 동력을 다시금 활성화시켜주는 그 천사의 힘을 말입니다.

그러면, 그것이 우리를 위해서 충분한가요? 과학자들이 -연약한 자들을 확신시켜 주듯이- 누가가 '당연히' 옳다는 것을 친절하게 확신시켜주는 순간, 우리는 만족할 수 있을까요? 그리고는 신비적 명상을 위하여 준비된 구석으로 물러날 수 있을까요? 겟세마네에서의 그리스도의 고뇌는 가장 특별한 것이 분명하다는 것을 확신하면서 말입니다.

마치 우리가 그것을 이전에는 결코 몰랐던 것처럼 말입니다! 그것을 반복해서 우리에게 말해주시지 않으셨다는 듯이 말입니다.

물론, 우리는 그리스도의 고뇌가 매우 심각했음을 항상 알고 있습니다. 사실, 피를 땀처럼 흘리는 것은 그 고뇌를 우리에게 말해줄 수조차 없습니다. 그리스도의 수난이 비상하다는 진리를 우리를 위하여 보존할 수조차 없습니다. 왜냐하면, 만약 다른 사람들이 끔찍한 고통의 압박 아래에서 피를 땀처럼 흘릴 수 있는 것이 사실이라면, 그 현상은 인간적 범위의 가능성들에 포함되는 것입니다. 그것은 우리의 중산계층 수준의 인간성을 넘어설 수 있어도, '그' 인간의 수준을 넘어서는 것은 아닙니다.

상황을 이렇게 보고 표현하는 것이 우리에게 좋겠습니다.

그리스도의 슬픔들 가운데 우리의 능력을 넘어서는 고통은, 그분의 슬픔이 취하고 있는 형태들(forms)에서 감지할 수 있는 것이 아닙니다. 그것은 우리가 볼 수 없는 것 안에 내재되어 있는 어떤 것입니다. 그것은 그분의 영(spirit)의 수난 속에 있는 혼(soul)의 갈등에 독점적으로 내재되어 있습니다. 그 갈등 안에 예수님의 고통 중 초인적인 것(the extra-human)이 포함되어 있습니다. 그 갈등 안에서 그리고 그분의 신성 안에서, 혹은 인간적 가능성의 경계선 주변에서나 알려질 수 있는 것이지만, 피를 땀처럼 흘리시는 것은 인간적 한계 안에서 발생하는 일입니다. 그러므로, 그리스도께서 사람들에게 알려진 것과는 다른 법칙들과 다른 세력으로 인해 고통을 당하셨다는 진리는, 그분의 땀처럼 흘리신 피가 아니라 말씀에 근거하여 믿게 되는 진리입니다. 우리는 그것을 믿습니다. 피를 땀처럼 흘린다는 것으로부터 사소한 증거를 이끌어내지 않고도 말입니다.

그래서, 우리는, 피를 땀처럼 흘리심이 믿음을 가진 영에 큰 관심이 되어야 한다고 주장합니다. 또한 성경에 기록된 이 자료가 우리를 개인명상의 독방과 감정적인 정서의 고독한 구석으로부터 끌어내어, 우리 영이 배움을 얻을 수 있는 지혜의 강의실로 돌아오게 해야 한다고 주장합니다. 그리고 우리는, 이 주장에 호의를 보이는 강력한 논증을 교회 역사에 가지고 있습니다. 교회 역사 자체가 혼만 아니라 영도 예수님의 피를 땀같이 흘리시는 일에 적극적이어야 했다는 요구를 지지하고 있습니다

생각해 보십시오: 지금껏 교회는 골고다에서 그리스도로부터 흘러나온 피를 상고하느라 얼마나 오래도록 바빴습니까? 수많은 책이 쓰였습니다. 모든 성경 주해의 주제는 백부장의 창이 시신을 찔렀을 때 예수님 옆구리에서 흘러나온 피와 물에 대한 논문들의 주제와 같았습니다. 로마 가톨릭의 신비주의는 십자가에서의 그리스도의 상처에 대해 그 혼이 활동하도록 만들었습니다. 영 또한 활동하게 하여, 천사들이 그리스도의 옆구리에서 피가 흘러나올 때 그 피를 그릇에 담아 이후 모든 혼들 위에 부을 수 있도록, 심지어는 연옥에 있는 자들에게조차 부을 수 있도록 했습니다. 로마 가톨릭이 아닌 사람들 또한, 그리스도께서 돌아가실 때 그분으로부터 흘러나오는 피가 크리스천의 묵상(thinking)을 위한 중요한 주제라고 생각하곤 하였습니다.

그런데 그와 비교하여, 겟세마네의 잎사귀와 잔디로부터 대지가 흡수한 핏방울에 관하여 교회 안의 탐구하는 영은 무엇을 하였습니까?

그리스도의 땀처럼 흐르는 피가 교회의 탐구하는 영에 갖는 의미에 비해, 우리 신앙의 영과 마음이 그것에 매우 적은 관심을 들였다는 점을 확실하게 고백해야 합니다.

한 사건은 그토록 강조하면서 다른 사건은 무시해 버리는 우리는 누구입니까? 무엇 하나를 주제로 삼고 다른 것은 제외시켜 버릴 수 있는 권리를 누가 우리에게 주었습니까? 그리스도의 피에 대한 설명을 움직임과 분출의 설명, 그 두 가지로 끝낼 수 있도록 그 누가 허용해 주었습니까? 성스러운 페이지 중 하나는 생각해볼 수 있도록 영에게 제공하나, 또 다른 것은 혼적인 기질이 있는

것들만을 위하여 보존함으로써 두려움으로 떨게 하는 자는 누구입니까?

그리스도 전체가 혼과 영 모두에 관심을 가져야 합니다. 만일 영이 동시적으로 들으려고 한다면, 그분의 피의 각각의 모든 움직임들은 그 혼에게도 동일한 언어를 말하게 됩니다.

그래서, 그리스도가 피를 땀같이 흘리신 일은 우리에게 영적으로도 중요한 주제입니다. 그것은 계시의 문제입니다. 십자가상에서 고난을 당하시는 일들 중 어떤 부분에 비교해도 작은 일이 아닙니다. 슬픔의 사람이 겪으신 모든 슬픔과 시험 중 어떤 것에 비교하더라도 그렇습니다.

우리가 피를 흘리시는 일에서 계시의 요소를 조금이라도 이해하려고 한다면, 겟세마네에서 피를 땀처럼 흘리시는 것과 골고다에서 죽으실 때에 엄청난 피를 쏟으신 것 사이에 대조를 시도하는 것이 마땅히 따를 경로일 것입니다.

이 각각의 사건은 일종의 양 끝 지점을 구성하고 있습니다. 그리스도의 피는 두 번 쏟아졌습니다. 첫 번째는 겟세마네에서요 두 번째는 골고다에서입니다.

첫 번째인 겟세마네에서는 그 피가 안에서부터 쥐어짜 나왔습니다. 땀처럼 쥐어짜진 것입니다. 두 번째인 골고다에서는 외적으로 상해를 입은 상처로부터 쏟아져 나왔습니다. 가시가 예수님의 이마를 내리 눌렀습니다. 채찍들이 그분의 어깨 위를 내리쳤습니다. 못들이 그분의 양손과 양발을 꿰뚫었습니다. 모든 것은 백부장의 창으로 허리를 찌르는 일로 절정에 이르렀습니다. 그것이 예수님의 상처 입은 허리로부터 피와 물이 흘러나오게 하였습니다.

그리스도의 피는 그분의 능동적인 생명의 흐름입니다. 그러므로 두 가지 방식으로 쏟아져 나올 수 있습니다. 혼의 내적인 고뇌의 방식과, 외적으로 물리적 상해를 입는 방식입니다.

겟세마네에서의 피 흘리심은 첫 번째 방식의 절정과 요약입니다. 골고다에서 피와 물이 쏟아져 나온 것은 다른 방식의 절정이며 요약입니다.

겟세마네에서는 그 피가 유기적으로 쥐어짜서 나오게 됩니다. 골고다에서는 물리적 수단에 의하여 흘러나오게 됩니다.

예수님께서 겟세마네에서 피를 땀같이 흘리시지만 그것이 흘러나오게 된 것은 인간적 무기 때문이 아니었습니다. 그분은 하나님의 눈앞에서 피를 흘리십니다. 하나님과 사탄 —하지만 하나님의 빛에서만 보인 사탄— 이 그 피를 그분의 몸에서부터 흘러나오게 합니다.

골고다에서는 그 반대로 세상의(earthly) 무기들이 그리스도의 피를 강요해서 피가 밖으로 흘러나오게 합니다.

그것들을 함께 보면, 이 두 가지의 최종적이고 중요한 점은 그리스도의 피가 우주의 전체 체계에 의해 요구되는 것을 보여주는 것입니다. 하늘은 그 피를 이끌어내고(draws out) 지옥은 그것을 강제로라도 끌어냅니다(drives out). 그리고 땅은 그것을 강제적으로 뽑아냅니다(forces out). 모든 측면에서 생명을 담지하고 있는 그리스도의 피가 그분에게 요구되고 있습니다.

그분의 편에서 보더라도 피를 흘리는 두 사건 사이에는 하나의 대조가 있습니다. 진실로, 겟세마네와 골고다에서의 수난은 그리스도 전체에, 그분의 몸과 혼에 영향을 미칩니다; 그럼에도 불구하고 이 둘 사이에는 하나의 차이가 있습니다.

겟세마네에서는 하나님 한 분 외에는 어느 누구도 그리스도를 만질 수 없었습니다. 그래서 겟세마네에서는 그분의 혼이 스스로 하나님께 희생제사를 드렸습니다. 그분은 그곳에서 하나님, 피를 뽑아내시는 하나님과, 평화를 발견했습니다. 그리스도께서는 피의 대징발자(the Chief Requisitioner)에게, 그렇습니다, 라고 말씀하셨습니다. 그분께서는 당신의 모든 힘들을 동원하여서, 그렇습니다, 라고 말씀하십니다. 당신으로 하여금 피를 땀처럼 흘리게 하신 하나님께 충성의 맹세를 하셨습니다. 그분께서는 한 방울의 피도 아끼지 않으셨고, 단 한 방울의 피도 돌려받기를 원치 않으셨습니다. 그러므로, 그 피를 하나의 제물로 삼아 희생 제사를 드렸다는 것, 그것이 진리입니다. 그분께서 피를 드리셨습니다. 그것을 진심으로 드리셨습니다. 그리스도의 혼의 슬픔들이 겟세마네에서 그 피를 쥐어짜 나오게 하였습니다. 그 슬픔 가운데서 그분은 하나님을 온전히 의롭게 하셨습니다. 그분을 정신 차리게 했던 그 천사, 그분으로 하여금 희생의 피의 가능성을 떠오르게 했던 그 천사는, 열정적으로 솟구치는 그분의 피를 나오지 않도록 막아 주지도 않았습니다. 심지어 그리스도의 영이 그 천사의 무거운 요구를 이해하였을 때조차도 막아주지 않았습니다. 그 사자는 울부짖지 않았습니다. 겟세마네에서 당신의 피를 흘리시면서, 그분께서는 당신의 혼을 올려드리고 있습니다. 겟세마네에서 그분은 당신의 혼을 하나의 희생제물로 드리셨습니다. 그리고 골고다에서는 당신의 몸을 희생제물로 드리셨습니다.

겟세마네에서는 누구도 그 이름을 알 수 없는 힘에 의해 피가 짜여 나왔습니다. 하지만 골고다에서는 우리에게 또한 상처를 입힐 수 있는 그런 무기에 의해 짜여 나왔습니다.

그러므로 겟세마네는 그리스도의 혼이 비가시적 세계를 직면하면서 드리는 피-혼(blood-soul)[115]의 희생제사입니다. 그리고 골고다는 그 혼이 가시적

---

115) 구약성경에 나오는 희생제사에 관한 진술, 혼은 피고 피는 혼이다, 라는 진술에 기초한 언어유희.
한역주 : 이 구절은 신명기12:23에 나오는데, 여러 영어번역본이나 한글성경에서는 '혼' 대신에

인 세계를 바라보면서 드리는 그리스도의 혼-피(soul-blood)[116]의 희생제사입니다.

하지만, 이 절정에 이른 최종적 사건 각각의 신비는 동일하게 위대합니다. 혼이 몸보다 앞서 자신을 바친 겟세마네와, 혼 이후에 몸이 자신을 바친 골고다는, 성령의 보이지 않는 활동으로서 연합됩니다. 그리스도께서는 영원한 성령에 의해 자신을 비난받을 바 없으신 하나님께 올려드렸습니다.

사람들이 그분의 피를 골고다에서 요구했을 때, 그분은 그들이 취하는 것을 허용하십니다. 왜냐하면 그분께서는 자신을 그들을 섬기는 데 내어놓으셨기 때문입니다.

하지만, 그분께서는 인류가 당신의 피를 취하기 전에 그 특권을 먼저 하나님께 드립니다. 겟세마네에서 말입니다. 최종적으로, 감람동산에서 땀구멍으로부터 그리스도의 피가 나오게 하신 이는 오직 하나님뿐이십니다. 하나님께서 영적 세력들 간에 일으키신 갈등[117]이 예수님의 생애에 있어서 이 극단적인 위기를 조성했고, 사람의 아들의 생명이 흐르는 관 속에 사망의 바이러스를 주입시켰습니다.

이것은 아름다운 신비입니다. 겟세마네는 그 나름의 독특한 희생제사의 법칙이 있는 것입니다. 희생제사의 때는 욕심 많은 인간의 손에 의해서 결정되는 것이 아닙니다. 그것은 하나님의 때에, 아버지와 아들에 의하여 결정되었습니다.

'생명'이라고 번역하고 있다. 히브리 원어로는 '네페쉬'여서 '혼'이라고 저자와 같이 번역하는 것이 오히려 정당하다.

116) 한역주: 저자는 각주 3과 각주 4를 동일한 내용으로 처리하고 있다. 곧 여기에도 3)에 나오는 내용이 적용된다.

117) 17장에서 강조한, 그리스도의 슬픔들에는 그 고유한 기원이 있다는 것과 비교해 보라.

그래서, 내적인 방식으로 피를 흘리시는 이 마지막 절정의 순간은 우리에게 그리스도의 사랑을 지고한 형태로 보여줍니다. 겟세마네에서의 이 순간은 골고다에서의 다른 순간만큼이나 사랑으로 고루 스며들어 있습니다.

사람의 피는 성경에서 생명(life)[118]을 담고 있는 것으로 기술되지 않습니까? 혼은 피에 있느니라. 게다가 그것은 그리스도의 피와 그분의 혼이 강제로 취하여졌을 뿐만 아니라, 또한 그분 자신의 수고로써 그분에게서 흘러나오는 것임을 의미합니다.

만약 그리스도의 피가 단순히 인간의 압박 때문에 흘러나오는 것에 지나지 않았다면, 그분의 혼은 피와 함께 몸 바깥으로 나왔겠지만, 하나의 희생제물로 드려지지는 않았을 것입니다.

하지만, 그분께서 직접 당신의 혼을 방편으로 피를 흘러나오게 하시면서 그 혼은 하나의 희생제물이 됩니다. 그러면 그분의 혼은, 그분의 피처럼, 당신의 전체 인간본성의 압력에 의하여 움직이는 것입니다.

이 경우에 그 제사장의 행위는 완벽합니다. 그 단어가 가진 최상의 의미로, 그리스도께서는 당신의 생명을 잃습니다. 바로 여기 겟세마네에서 말입니다. 그분께서는 그것을 하나님께 드림으로써 잃어버리셨습니다. 그래서 그분께서는 또한 하나님께로부터 그것을 다시 얻으실 수 있습니다. 당신의 생명을 잃으신 그분께서 다시금 생명을 얻으실 것입니다.

당신의 혼을 하나님에게 잃으신 바 되었기 때문에, 그리고 피의 분출 가운데서 그 잃어버리심의 표와 인을 드러내셨기 때문에, 그분께서는 생명인 그 혼을

---

[118] 한역주 : 저자는 히브리어의 '네페쉬'를 '혼'으로 번역하면서 그것에 기초하여 논의해 오다가, 여기서는 '생명'으로 이해하는 것이 가능한 것으로 번역하고 있음을 보여준다.

하나님께로부터 되돌려 받으시는 것입니다. 그분께서는 일어나셔서 당신 자신의 주인이 되실 수 있습니다. 제자들을 일으켜 올리시며, 살인자들의 무리를 만나시고, 당신을 붙잡는 이들에게 손을 내밀어 붙잡아 주실 수 있습니다. 하나님에 의하여, 혼과 영이 그분에게 되돌아옵니다. 그것들을 하나님께 희생제물로 드리기 위해서 말입니다. 하지만, 지금 이 순간에는 인류를 위해서 그렇게 합니다.

그리스도께서 처음 하나님께 드렸던 그 생명과 그 피-혼을 위해, 그분께서는 지금 사람들로 하여금 자신들을 위한 하나의 증언을 취할 수 있도록 하십니다. 그들이 믿는다면, 완전한 구원을 취하도록 하실 수 있는 것입니다.

겟세마네에서의 그리스도 수난의 이 절정의 순간은, 우리에게 그분의 애통함의 장엄함(majesty)을 보여줍니다.

그리스도에게 있어, 비가시적인 세계로 인한 고통이 가시적인 세계 때문에 당하시는 수난보다 덜 심각하지는 않았음이 확실합니다. 겟세마네에서 주님은 그분을 공격했던 영적 세계에서 오는 비가시적 세력들의 실재(actuality)로부터 고통당하셨습니다. 하지만 그때 그분께서는, 골고다에서 당신에게 내려올 수난에 대하여, 온전히 기대하고 민감하게 예상하면서도 고통당하셨습니다. 실재로 인해 고통 받으신 만큼, 생각으로서도 고통 받으신 것입니다.

이제 이 구세주께서 인류를 짊질 수 있으십니다. 그분께서는 보이지 않는 투쟁 가운데 그것들을 버티셨고 이겨내셨습니다. 그 투쟁이 실재화되어 당신을 발작적으로 신음하게 만들기 전, 그것들을 생각 속에서 견뎌내셨습니다.

그분께서는 지금 그분에 대항해 움직이는 미쳐가는 모든 사람들을 미리 보셨습니다. 하나님의 현존 가운데 그분은 그들을 보셨습니다. 그분께서는 그들 모두에게 지금 저항하실 수 있습니다. 왜냐하면 그분의 혼의 수고로움 가운데서 이미 그들 모두를 다루셨기 때문입니다.

이 사실에 그리스도의 수난의 장엄함이 내재되어 있습니다. 하나님만이 당신의 아들을 상하게 하실 수 있는 유일하신 분이라는 것이 분명해집니다. 사람들은 그렇게 할 수 없습니다. 왜냐하면, 하나님만이 유일한 관중인 경기장에서 그리스도께서는 그들 모두를 이미 패배시키셨기 때문입니다.

후에 십자가에서 몸이 부서지는 것은 그것은 사람들에게 어리석은 것이며 또한 걸림돌입니다. 하나님께서 그 부서지심 가운데 활동하시는 한에 있어서만, 그리스도의 애통하심의 본질은 십자가상에서의 수난의 외적인 면이나 겟세마네의 고통의 외적인 면이 아닙니다. 그 내부에 표상되어 있는 영적인 갈등이 피를 땀같이 흘리시는 것으로 표현된 그 애통하심의 본질입니다.

그럼에도 불구하고, 십자가에 못 박히신 그리스도뿐만 아니라 피를 땀같이 흘리시는 그리스도 안에도 어리석음과 걸림돌이 있습니다.

사도 바울은 말하기를, 특히 유대인들과 헬라인에게 십자가에 못 박히신 그리스도는 거치는 것이고 어리석은 것으로 받아들여집니다.

왜냐하면 이들이 십자가를 (외적인 눈으로만) 볼 수 있기 때문입니다. 그들은 한낱 살인자들이, 자신을 세상을 구속하시는 이로 선언하시는 그분을 이길 수 있다는 사실에 견딜 수 없는 것입니다. 보통의 군인들이 십자가에 못 박아 죽일 수 있는 분이 어떻게 세상의 짐을 지는 분일 수 있겠습니까? 외형적인 것들이 유대인들과 헬라인들을 성가시게 합니다. 그러므로 십자가가 그들을 성가시게 하는 것입니다. 사람들, 골고다에서 활동하는 사람들이 너무도 많습니다. 그들은 너무나 분주하여, 유대인들과 헬라인에게서 중보자 예수님의 비전을 빼앗아 버립니다.

하지만 우리는 여전히, 하나님 앞에서 전적으로 홀로 피를 땀같이 흘리시는 그리스도를 볼 때에 더욱 심오하게 그 문제를 느낍니다.

이 경우에 그 걸림돌은 외적인 것이 아니고 내적인 것입니다. 그리스도께서는 홀로 하나님 앞에 엎드려 계셨습니다. 사건의 수수께끼는 사람들이 그들의 구세주에게 승리했다는 점이 아니고, 오히려 하나님께 매 맞으시는 그분이 하나님으로부터 큰 칭찬을 받으신다는 점입니다. 누구든지 그리스도의 피가 하나님에 의해서 그 땀구멍에서 흘러나오는 것을 본다면 이런 구세주의 복음은 거치는 것이고 어리석은 것이라고 생각해야 합니다. 인간들의 손에 들린 못과 망치가 예수님의 피를 흘리게 하는 한, 우리는 주먹을 쥐면서 그렇게 십자가형을 집행하는 이들에게 대항할 수 있습니다. 그것이 많은 사람들에게 그들이 탐하지 않는 신앙의 묵인을 대신하는 것으로 환영 받는 행동입니다. 그러나 하나님께서, 그리고 성령께서, 또한 모든 천사들이 겟세마네의 예수님에게서 피를 쏟아내게 하시는 것을 볼 때, 저는 헛되게 주먹을 꽉 쥡니다. 그때 제가 할 수 있는 것은 믿는 것(to believe)입니다. 그것을 본다면, 제 안에 있는 모든 것은 반역으로 대항하여 일어나거나, 믿음으로(in faith) 엎드리게 됩니다.

묶인 양손이나 가시관으로부터 큰 어려움이 발생하는 것은 아닙니다. 이것들로부터 비난받는 것은 오직 사람이기 때문입니다.

큰 어려움은 그분의 피가 땀이 되도록 흐르는 것(blood-sweat)입니다. 이는 하나님께서 하시는 일입니다. 이는 자신의 아들을 죽이려 했던 아브라함의 수수께끼였습니다. 하지만 그것은 구름 속으로 사라지는 수수께끼요, 완전한 지식의 심연으로 들어가는 수수께끼입니다. 왜냐하면, 아브라함의 아들, 이삭은 아무 것도 모른 채 희생의 언덕으로 올라가고 있기 때문입니다. "아버지여," 그는 별 의식 없이 묻기를, "제사드릴 어린 양은 어디에 있나이까?"라고 합니다. 이삭은 한 방울의 피도 흘리지 않습니다. 하지만 그리스도께서는 모든 것을 알고 계십니다. 그 지고의 지혜(the Highest Wisdom)께서 지금 내려가시는 심연은, 아들로 하여금 순진한 이삭이 되게 하지 않습니다. 그러므로, 그분께서는 피를 땀처럼 흘리십니다: "아버지여, 제가 어린 양이나이다."

사람들이 그분 때리는 것을 허락받기 직전 마지막 순간, 하나님께서 당신의 아들을 이렇게 취급할 수 있으셨다는 것. 아버지와 아들의 이별이, 사람들이 그들의 일을 하러 오기 전에 그분의 피땀을 요구했다는 것- 제 심령에 있어 그것은 여러분(thy)의 잘못입니다. 여러분의 일이요, 여러분의 죄입니다.

그렇지 않다면, 이 말을 믿는다는 것은, 불경한 일이요 불경건한 일입니다.

그러므로 지금, 모든 믿는 이들을 위하여 인내하라는 경고 가운데에서, 보다 깊은 음조가 울려퍼집니다: 여러분은 피를 땀처럼 흘릴 정도로 (to the point of something) 수고하지 않았습니다! 왜냐하면, 그분 외에 어느 누구의 피도 그분의 피처럼 흘러나오지 않기 때문입니다. 오직 예수님의 피만이 외부의 세력에 의해 흘려졌으며, 보이지 않는 힘에 의해 내부로부터 계속 눌러 짜이고 있는 것입니다.

충만하고 완전한 의미에서, 예수님만이 피를 땀처럼 흘릴 만큼 힘쓰셨습니다. 그분의 싸움은 안에서 바깥으로 진행되었습니다. 또한 바깥에서 안으로 진행되었습니다. 그러는 중에 그 싸움은 우리의 보증인이자 중보자이신 그분의 독특하고 고결한 피를 요구했고, 또한 취하셨습니다.

만약 그리스도께서 단지 고난을 당하신 것뿐이라면, 그리스도의 고뇌가 그분을 우리 앞에 단지 수동적이고 고통 받으시는 분으로만 제시해 주었다면, 지금껏 우리가 기록한 모든 것은, 어리석은 것이 될 것입니다. 하지만, 그리스도께서는 그런 방식으로만 고통당하신 것이 아닙니다.

우리는 예수께서 눈물을 흘리시더라(요 11:35) 라는 기록을 읽습니다. 그분께서는 나사로 묘지 앞에서 눈물을 흘리셨습니다. 하지만, 그분께서 눈물 흘리신 것은, "심령에 비통히 여기시고 (groaned in the spirit) 불쌍히 여기(요 11:33)"셨기 때문입니다. 여러분은 그분께서 겟세마네에서 '영의 비통히 여기심'이 없이 눈물 흘리셨다고 여기십니까?

하나님께서는 겟세마네에서 그분의 피를 취하셨습니다(took). 그러나 하나님께서 그것을 취하시는 중에, 그리고 취하시는 것을 통하여, 예수님께서 그것을 직접 드리셨습니다(gave).

그분의 피가 취하여졌고 그분의 피가 드려졌습니다: 주님의 이름이 찬양 받으실지로다.

그분의 혼이 취하여졌고 그분의 혼이 드려졌습니다: 주님의 이름이 찬양 받으실지로다.

chapter 22
|
그리스도의 슬픔,
그 자체의 독특한 결말

"이에 제자들에게 오사 이르시되

이제는 자고 쉬라 보라 때가 가까이 왔으니

인자가 죄인의 손에 팔리느니라

일어나라 함께 가자 보라 나를 파는 자가 가까이 왔느니라"

- 마태복음 26:45~46 -

22장.
그리스도의 슬픔,
그 자체의 독특한 결말

겟세마네에서 그리스도께서 하신 고뇌들에는 그 자체의 독특한 기원과 내력이 있습니다. 아울러 자연스럽게, 그 자체의 독특한 승리가 있습니다.

그리고 그것들은 그 자체의 유일한 방식으로 승리를 드러냅니다.

겟세마네에서 수난 당하시는 분의 이 독특하고 유일한 승리뿐 아니라 그 승리의 유일한 선포에 우리는 지금 주목해야 합니다. 왜냐하면 그것이, 죽은 자들로부터 일어나신 예수님께서 제자들을 그들의 손으로 일으키신 말씀, 곧 "이제는 자고 쉬라 보라 때가 가까이 왔으니 인자가 죄인의 손에 팔리느니라 일어나라 함께 가자 보라 나를 파는 자가 가까이 왔느니라"의 메시지이기 때문입니다.

당연히, 이 진술은 승리의 외침을 발하고 있습니다.

이 승리는 우리가 이전에 살핀 구절들에서 들었던 기도의 갈등 속에서 이미 성취되었습니다. 그분의 혼을 혼란스럽게 했던 갈등의 심화가 예수님의 기도 속으로 들어왔다는 것을 살폈습니다. 그러다 갈등이 심화되는 것과 비례하여 해방의 가능성이 자랐습니다. 상호 대립하는 두 군대가 만나 싸우다가 어느 한 편이 패배해야만 다른 편이 이기는 전투가 벌어지는, 그런 전투장에 예수님의 혼을 비교하는 것은 불가능합니다. 그 반대입니다. 예수 그리스도께서 승리를 확보하고자 하신다면, 그분께서는 혼의 생명 속에서 활동하는 양편의 세력과 힘에 충분하고 정교한 주의를 기울이셔야 하는 것입니다. 그분은 당신 혼의 전투장 안에서 분리되어 있는 것들을 하나님 안에서 연합시킴으로써, 승리에 이르셔야 합니다. 시간과 영원, 욕구와 필요, 본성과 영, 사랑의 열망과 율법의 요구, 인간의 경험과 하나님의 작정 – 그분께서는 이 모든 것들을 하나님 안에서 모두 결합시키실 것입니다.

그렇게, 그리스도께서 겟세마네에서 하신 기도가 승리를 쟁취합니다.

이 반복되는 기도가 우리에게 묘사되는 형식은, 예수님께서 당신의 승리에 점점 더 가까이 다가서시는 것을 보여줍니다. 그분의 첫 번째 청원은, 이 잔을 내게서 지나가게 해 달라는 것이었습니다. 그 표현에 따르면, 그것은 주절입니다. 진실로 그것은 다음 문장, 곧 "그럼에도 불구하고 저의 뜻대로 마옵시고 주의 뜻대로 하옵소서" 라는 문장에 의해 조정되고 있습니다. 이 마지막 문장은 예수님의 혼이 그분을 이끄는 진리에 따라 안식에 이르게 하고, 그분의 신앙과 사랑이 원리상 견고하게 나타나는 표현이 될 수 있겠지만, 그럼에도 이 조정하는 구절은 주절이 아닙니다.

하지만, 예수님께서 마지막 청원으로 기도하실 때에 그분께서는 이런 말씀으로 당신의 소원을 표현하십니다: "오 나의 아버지시여, 만약 이 잔이 내게서 지나갈 수 없거든, 내가 그것을 마시겠나이다. 주의 뜻이 이뤄지소서." 이 경우 내용이나 표현 모두 "주의 뜻이 이뤄지소서"라는 말이 주절을 구성한다는 것을 가리킵니다. 예수님께서 하나님의 뜻에 단순히 가까이 가시는 것이 아니라, 하나님의 한 뜻 안에서 당신의 입장을 취하시는 것입니다.

예수님께서는 그것을 온전히 믿음으로 행하십니다. 그분의 인간적 지성과 지상의 인식의 방편만으로는 하나님께서 하시는 일을 온전하게 이해할 수 없습니다. 그분께서는 여전히 문제에 직면해 계십니다: 만약 이 잔이 내게서 지나갈 수 없거든, 이라고 말씀하시는 것입니다.

하지만, 그것이 분명하지 않다는 사실과는 관계없이, 그분께서는 하나님과 뜻과 결정 위에 당신의 입장을 분명하게 취하셨습니다. 그리고 이것이 승리를 거둔 이유입니다. 그분께서는 승리를 이런 식으로 선포하셨습니다. 그리스도께서는 다가오는 일을 기다리며 계속 땅에 엎드려 계시지 않고, 오히려 일어나 제자들을 깨우십니다. 겟세마네에서 살인자들을 맞이할 준비를 하시는 것입니다.

그분의 승리자로서의 안식이 충만한 절대적인 특성은, 제자들에게 하신 또 다른 말씀 속에도 스스로를 드러내고 있습니다: 이제는 (계속해서) 자고 쉬라 (Sleep on now, and rest).

우리는 이 말들이 처음에는 이상한 인상을 남긴다는 것을 부인할 수 없습니다. 사실, 너무 이상해서, 이 말들은 지금 우리가 사용하는 것과 자주 다른 의미로 번역되곤 했습니다. 어떤 이들은 부사 '계속해서(on)'을 다음과 같은 의미로 번역합니다: "나중에(later on) 자거라", 혹은 "잠시 후에(after a while) 자거라"(하지만 지금은 너희들이 일어나야 할 때다). 다른 사람들은 그 문장에 질문의 뜻을 담아서 번역합니다: "뭐라고? 너희들이 여태 잠자면서 쉬고 있느냐?" 또 어떤 이들은 본래의 표현을 그대로 사용하면서도, 그것을 명령의 뜻이 아니라 실증적인 선언의 뜻으로 이해합니다: 너희들은 자면서 쉬고 있도다.

우리는 개인적으로 개정번역(the Revised Version)에서 제공하는 번역과 뜻이 정확한 것으로 보존되어야 한다고 믿습니다: 이제는 (계속해서) 자고 쉬라(Sleep on now, and rest).

물론, 이제 질문이 생깁니다: 이 진술로서 예수님께서 의미하시는 바가 무엇이냐?

이것이 예수님께서 제자들에게 진지하게 쉼을 허용하시는 것을 의미한다고 보아서는 안 됩니다. 왜냐하면 그 서술 뒤에 자신을 파는 자들이 가까웠으니 일어나라는 명령이 따르기 때문입니다.

그렇기 때문에 우리에게 남은 유일한 해석은 그 말들을 역설(irony)로 받아들이는 것입니다. 화란어 성경 여백에 난하주를 기록한 사람들은 그것의 진리를 어느 정도 느꼈을 것이 분명합니다. 왜냐하면 그들은, "이전에도 여러 번 헛되게 경고하였음에 불구하고, 이제는 더 이상 막을 수 없는 어떤 일을 허용하며 사용되는 책망의 어조로 예수님께서는 이것을 말씀하신다."라고 기록했기 때문입니다. 그리스도의 말씀에 대한 이런 설명은 아주 오래된 것으로, 이 구절 이전에도 역설적으로 여겨지는 말씀들이 자주 있었습니다. 다시금 이 경우에도 그러하다는 생각의 여지를 남겨두는 것입니다. 예수님의 말씀의 의미는 이러합니다: 지금 그대로 하라, 너희들은 지금까지 그렇게 오래도록, 그렇게 깊이 잠들어 있었으니, 그대로 잠들어 있는 것이 낫겠구나. 내가 필요로 하는 시간에 너희로 하여금 깨어 있으라고 했던 내 말은 너희를 깨어있게 하지 못하였구나. 그러니, 너희들은 계속 잠을 자고 있는 게 낫겠구나. 여기는 조용하고, 동산 전체가 너무나도 조용하기 그지없구나.

그것은 역설입니다, 애통함이 뒤섞인 역설입니다.

하지만, 그 진술은 또한 평화의 상태를 회복한 혼의 표현이기도 합니다. 그것에 대해 지금 언급하고자 합니다.

하지만, 먼저 다른 것부터 살펴봅시다. 우리가 받아들이는 이 설명을 다른 사람들은 반대하고 있기 때문입니다. 그들 중 한 명이 그리스도께서 이 말씀들을 역설적으로 말씀하셨다는 개념에 반대하며 말하기를, "이러한 역설적 굴곡은 – 언제 어느 때라도 예수와 연관시키기 힘들지만- 특별히 동산에서 비참한 수난을 당하시는, 너무나도 비극적인 순간에는 어울리지 않는다. 그뿐 아니라, 이런 역설적인 공격은 사도들에게 마땅하지 않은 비통한 모멸이 될 수도 있다. 제자들이 잠든 것이 무관심이나 냉담함에서 비롯된 것이 아니고, 수반되는 상황들 때문이라고 할 때 더욱 그렇다. 그들이 예수의 슬픔을 공유하였다는 점이 무시되어서는 안 된다: '기도 후에 일어나 제자들에게 가서 슬픔으로 인하여 잠든 것을 보시고(눅 22:45)' 역설이라는 문제가 어떤 이들에게는 조금의 냉소조차 배제하는 방향으로 해석된다 하더라도, 그 역설이 이 상황에 어울리지 않는 것은 여전할 것이다. 유월절의 방과 동산에서의 마지막 시간 동안, 그분의 모든 말씀과 행동에서 계시되는 그분의 개인적인 태도의 관점에서 보아도 그렇다. 그분의 가공할만한 염려를 정복하신 직후에, 게다가 그의 원수들이 동산의 문에 서있을 때에, 예수께서 당신의 '잠을 자고 쉬라'는 말씀으로 제자들이 지닌 일종의 냉담함에 대해서 비난할 수 있었다는 것은 믿기 어렵다."[119]

---

119) Groenen,P.G.,op. cit., p.198

우리가 전체적으로 인용한 이 반론은, 자연스럽게 이해될 수 있고, 우리의 완전하고도 존경스러운 시선을 받을 만합니다.

하지만, 이런 반론이 변호할 만한 것이라고 믿는 것은 아닙니다.

사실, 우리는 그 논증을 뒤집어 보려고 합니다. 이 분은 지금 주어진 상황에 역설이 어울리지 않는다고 하는 반면, 우리는 그것이 여기에 특별히 적절하다고 믿습니다. 우리는 예수님의 기도 중의 승리의 능력은, 그분이 일어나서서 스스로를 옹호하시고, 이 고양된 역설(exalted irony)의 발언 속에서도 자신을 옹호하신다고 볼 때에만 올바르게 이해될 수 있다고 믿습니다.

우리는 예수님께서 여러 번 역설적인 진술들을 하셨다는 일반적인 사실을 간과해서는 안 됩니다. 복음서들은 그것에 대해서 분명합니다. 이 점에 있어서 그리스도께서는 당신의 선지자들과 사도들과 같습니다. 그렇습니다, 그분의 선지자들과 같습니다. 역설의 형태는 구약성경에 반복해서 등장합니다. 또한 사도들과도 같습니다. 바울 역시 거룩한 여러 순간에 역설적인 음조를 채택하였습니다. 그리스도께서 다른 경우들에서 역설적으로 말씀하실 수 있다면, 지금 그렇게 말씀하시는 것이 불가능해야만 하는 이유가 있을까요? 우리는 그리스도의 '진지함'이 다른 경우보다 특정한 때에 더욱 철저하다는 생각을 받아들일 필요가 없는 것입니다.

게다가, 우리는 역설(irony)과 냉소(sarcasm) 사이에 본질적인 차이가 있다는 점을 기억해야 합니다. 우리 가운데서 냉소가 일으키는 반감은 역설의 경우에는 정당한 것이 아닙니다.

마지막으로, 역설은 진정으로 숭고함의 선물임을 마음속에 간직해야 합니다. 역설은 우리에게 쏟아 부어 주시는 하나님 자신의 축복을 힐끗 보여주는 것입니다. 하나님께서는 언제나 복되십니다. 그것이 우리에게 이해되지 않는다 할지라도, 하나님께서는 세상의 비참한 가운데서라도 그렇게 복되신 분입니다. 하나님의 인식 안에서 서로 대조되는 것들이 계속해서 동시적으로 현존합니다: 빛과 어둠, 찬양과 저주, 회개와 심령의 완고해짐, 그분 앞에 무릎을 꿇는 자의 겸손과 그분에게 주먹을 불끈 쥐는 자의 어리석은 오만함. 그리고 동일한 방식으로, 사람 역시 때때로 서로 정반대인 것들을 한눈에 볼 수 있으며 그것으로 인해 갑작스러운 충격을 받을 수 있습니다.

이러한 때에 인간의 혼은 강렬하게 안심되는 느낌을 받습니다. 왜냐하면 인간의 혼은 하나님이 아니기 때문입니다. 인간의 혼은 한계가 있어서, 서로 대조되는 것들을 구체적으로 조화시킬 수 없습니다.

하지만, 그 슬픔과 함께, 인간의 혼은 신적인 안식을 희미하게, 흘깃이라도 보게 됩니다. 혼은 고통당하지만, 고통 중에 사라지지는 않습니다. 그것은 다시금 평정의 상태를 취하게 됩니다. 그렇습니다. 물론 – 대조들, 곧 반대되는 것들을 동시에 주목하는 인간 존재는 고통을 느낍니다. 그러나 이런 방식으로, 그 대조되는 것들은 사람을 삼켜버리는 대신 그의 지성을 분주하게 해서 평화로운 평형상태를 유지하게 만듭니다. 사실은, 그 대조가 그의 사상들에 심오함을 부여하는 것입니다. 비록 피조물의 능력 가운데서 제한되어 있지만, 그래도 분별을 제공해 줍니다. 그래서 복되고 신적인 통찰력을 맛보게 해주는 것입니다.

역설은 사람 안에 있는 하나님 형상의 한 부분입니다.

우리는 하나님에 대해 말해 왔습니다. 그 높여지신 하나님에 대하여, 우리는 성경에서 읽습니다. 하늘에 계신 그분께서는 웃으십니다(시 2편). 그것 또한 역설의 한 표현입니다. 그런데 그 역설은, 신적인 사랑, 신적인 정의, 신적인 거룩, 신적인 진노의 언어들로 둘러싸여 있습니다.

하나님의 지혜에 대항하는 인간의 어리석음과 하나님을 공격하는 데 있어 결코 승리할 수 없는 불가능성, 그리고 전능하신 분을 이겨보려고 반복해서 애처롭게 힘을 쏟는 인간과 귀신들의 어리석도록 열띤 활동들을, 하나님께서는 계속해서 보고, 웃으십니다. 이처럼, 인간 존재가 신적인 통찰의 일부를 순간적으로나마 받아서 공유하고 경험할 수 있습니다. 그 인간 존재의 얼굴에 떠오르는 미소는 하나님 안에서 영원하고 지속적인 것의 희미한 일순간의 그림자입니다.

이런 미소는 죄악된 것이 아닙니다.

그것은 안식, 평정, 평형을 표상하고 있습니다.

주님께서는 하나님으로서도 당신의 완전한 복되심의 평화와 고요 속에 존재하시며, 타락한 세상과 더불어 사랑 가운데서 교제하고자 하십니다. 그렇습니다. 주님께서는 사람 되신 예수 그리스도 안에서 하나님으로서도 눈물 흘리시고, 겟세마네 동산에 계시던 바로 그 시간에 당신의 신적인 존재하심의 복된 평정 가운데서 웃으십니다. 그것처럼, 사람 또한 세상의 왜곡됨을 보면서도 동시에 안타까움을 갖는 그 역설로 비난받을 수 없는 것입니다. 반대로 그 역설을, 죄가 얼마나 어리석은 것인가를, 하나님이 보실 때 그 난쟁이들이 얼마나 익살스럽도록 고집스러운지를, 그 지옥의 열광 속의 활동들이 얼마나 우스운 짓들인가를 보는 사람만이 – 그 사람만이 자기제어의 상태에서 세상으로 나아갈 수 있을 것입니다. 그래서 그 난쟁이들을 아무것도 아닌 것 속으로 밀어 넣어 일망타진하거나, 그들을 모두 세워놓고 그들의 키 높이를 정상적인 크기로 늘려줄 수 있을 것입니다. 오직 그 사람만이 숭엄한 웃음으로써 하나님의 거룩하신 궁전 문턱 앞에서 놀고 있는, 그곳과는 어울리지 않는 바보들을 파괴하거나, 그들에게 생의 진지함을 가르쳐 줄 수 있습니다. 역설은 평형에 대한 숭엄한 공감의 한 표현입니다. 동시에 깊은 동정심, 무거운 슬픔 혹은 고통에 대한 민감한 애정을 결코 제외하지 않습니다.

인간의 혼은, 바로 그것이 인간이기 때문에, 이런 역설이 가능한 것입니다.

이런 능력에 의해, 인간의 혼은 그것이 하나님과 사탄 사이에 서 있다는 입장을 논증합니다.

우리는 방금 하나님에 대해 들었습니다. 하나님께서 당신의 천국에서 웃으신다는 것을 말입니다. 그분의 웃음은, 평형(the equilirium), 곧, 세상의 삶에 나타나는 대조들에 대해서 끊임없이 주목하시는 하나님의 복되심의 한 표현입니다.

세상의 다른 쪽에는 사탄이 있습니다. 사탄에 대해 우리는 그가 두려워서 떤다(약 2:9)는 것을 듣습니다. 사탄이 두려워 떠는 것은 하나님의 웃음에 대한 완전한 반정립(antithesis)입니다. 사탄 역시 볼 수 있습니다. 그는 시력이 좋은 눈을 가지고 있고, 하나님께서 보고 계시는 그 동일한 대조들의 존재에 대해서 극도로 민감하게 주목하고 있습니다. 사탄은 자신의 눈으로, 하나님의 두려울 정도로 장엄한 무한한 문에 대적하면서 뛰어오르려는 자신의 난쟁이 같은 모습을 봅니다. 하나님처럼 사탄도 두 가지 일을 동시에 깨닫고 있습니다. 자신의 존재하는 매 순간 하나님을 이기는 것은 불가능하다는 것과, 하나님을 공격해 대는 자신의 쉼 없는 의지의 고집을 충분하게 인식합니다. 하지만 사탄은 이 대조를 웃으시는 하나님의 평형과 복되심의 관점에서 바라보지 않습니다. 오히려 그 반대로, 사탄과 지옥의 전적 비참의 관점에서 봅니다. 그리하여 떠는 것입니다. 그의 떠는 것은 하나님의 웃으심에 대한 완벽한 반정립(antithesis)입니다.

대개, 우리 인간들은 우리의 복잡다단한 삶의 날카로운 대조들을 눈치채지 못합니다. 우리는 대조되는 다른 면을 동시에 관찰하지 않는 것입니다. 계곡 아래에 있는 한 사람이 산의 한 면을 바라보면서 다른 쪽 산은 볼 수 없는 것처럼 말입니다. 한 면에 대한 인상이 다른 면을 흐릿하게 만듭니다. 하나의 관점이 다른 관점 보는 것을 방해합니다. 그래서 둘 중 어느 하나도 중심에 있지 않습니다. 그래서, 숭고한 사람의 경우에 역설이, 평범한 사람의 경우에 냉소가 흔하지 않고, 언제나 예외적입니다. 하나님께서는 언제나 대조들을 보시는 분으로서 계속해서 웃으시지만, 사람은 간헐적인 순간에만 역설적으로 자기 자신을 표현할 수 있습니다. 사탄은 계속해서 떱니다. 하지만 냉소적인 사람은 단지 잠시의 간격 동안만 자신의 냉소에서 벗어날 뿐입니다. 현실에 존재하는 대조적인 두 요소를 동시에 볼 수 있는 경우는 예외적입니다.

하지만, 만약 어떤 인간 존재가 대조되는 두 요소를 한 번에 보게 되면, 그리고 만약 그가 하나님의 형상을 드러내는 자라면, 그 순간 그는 말로 역설을 표현할 것입니다. 그의 미소는 하나님의 숭엄하신 웃음의 인상을 희미하게 보여줍니다. 반대로 사탄과 비슷한 영을 가지고 악과 동맹을 맺은 자라면, 자신이 관찰하는 대조를 냉소적으로 표현할 것입니다. 이 냉소 또한 그 사악한 자(Evil One)의 거친 분노이자 약화되지 않는 쉼 없음, 자기를 불태우는 열정의 반영일 것입니다.

이제 우리는 이 일반법칙이 겟세마네에서의 인간적인 세력과 사탄적인 세력, 그리고 신적인 세력이 합류하는 곳에서 가장 특별하도록, 가능한 적용을 해 보아야 하겠습니다. 여기 예수님께서 그분의… 잠자는 자들을 위하여, 그리고 그들에 의해서 피를 흘리고 계십니다. 여기 마귀들이 하나님에게 대적하면서 행진 대형으로 진군하고 있습니다. 여기 유대인 당국자들이 길게 늘어뜨린 거만한 어휘와 전례의 형식들을 몽치와 검으로 만들고자 합니다.[120] 여기

---

120) 한역주 : 마가복음14장48절에 보면, 자신을 잡으러 온 사람들에게 예수님께서 하신 말씀이 연상된다:'……너희가 강도를 잡는 것 같이 검과 몽치를 가지고 나를 잡으러 나왔느냐…'

에는 대조들이 너무도 많으며, 매우 날카롭게 대립하고 있습니다. 영혼이 평형의 상태에 있는 관찰자라면 그 누구든지, 역설로 스스로를 분명하게 표현했을 것이 틀림없습니다.

여기 완전한 균형의 상태에 있는 한 영혼이 있습니다. 이 영혼은 바로 그 영혼, 위대하고 한 분이신 거룩한 예수님의 영혼입니다. 그 영혼은 기도로써 균형을 성취하였습니다. 기도가 그 평정함을 앞섰습니다.

이 경우에 존재하는 대조들은, 그 영혼이 쉼 없는 상태에 놓여 있을 때 먼저 두려움과 떨림으로 경험되었습니다. 이 대조들은 지옥의 고통의 깊이에 이를 만큼 고통스러웠지만, 그분에게 죄는 없었습니다. 그러므로, 모든 고뇌와 떨림이 날카로운 대조들에 의해 그리스도 안에서 기도로 인도되었습니다. 그는 떠섰습니다. 하지만 죄 없는 자로서 떠신 것입니다.

그리고 지금은 어떻습니까? 지금 이 동일한 대조가 다시금 예수님의 혼과 영 앞에 다가옵니다. 하지만 지금 그분께서는 당신의 평정과 균형을 되찾으셨습니다. 다시금 죄가 없으신 채로 말입니다. 그분께서는 지금 숭엄하게 웃으실 수 있습니다. 그분께서는 기도하셨고, 그래서 지금 높은 곳 위를 걷고 계십니다. "내가 사망의 골짜기를 다닌다 할지라도 악을 두려워하지 아니할 지로다." 하지만 계속해서 나의(My) [121] 높은 곳을 밟고 걸으십니다.

그러니까 이 역설은 방금 경험하신 지옥의 유혹의 시간에서 가장 쉼 없으셨던 최악의 순간과 대조하여, 예수님의 안식과 평정의 정점을 표상합니다. 그분은 두 개의 시간을 동일한 대조로 보십니다만, 서로 다른 관점에서 보십니다. 첫째는 심한 괴로움의 고통스러운 고뇌의 관점에서 보십니다. 그러나 둘째는

---

121) 한역주 : 여기서 대문자 My를 사용한 것은, 저자나 독자가 아니라, 예수 그리스도 입장에서 그분께서 그분의 높은 곳을 걸으시는 것을 강조하기 위한 것으로 보인다.

하나님의 능력으로 정복하시는 둘째 아담의 우월한 침착성의 관점에서, 하나님의 형상을 담지하시는 분의 균형 잡힌 평정의 관점에서, 하나님의 웃으시는 자족하심이 표현된 형상의 관점에서, 하나님의 높여지신 영광의 반영의 관점에서 보시는 것입니다.

마지막 요점을 더욱 특별하게 고려하는 것이 좋겠습니다. 우리는 예수님의 역설이 그분의 기도의 깊이와 조화를 이룬다고 말했습니다. 진실로, 그리스도께서 기도하신 것은, 그분의 공적인(official, 직분상의) 삶과 인간으로서의 생애를 부수고 들어온 날카로운 대조들과 싸우시는 것이었습니다. 산의 꼭대기들이 있었습니다. 그들은 엄청나게 높은 정상들이 대체로 그렇듯이, 서로 마주보고 있었습니다. 이 중의 하나는 그분의 아버지와의 교제의 최정상이었습니다. 다른 꼭대기는 아버지로부터 거절당하시는 것이었습니다. 그렇습니다. 그런 꼭대기들이 있었습니다. 하나는 그분의 생명에 대한 인간애의 꼭대기였고, 다른 하나는 당신의 죽으심을 위하여 수족들을 준비해야 하는 공적(official, 직분상) 의무의 꼭대기였습니다.

그리스도께서는 기도하시면서, 믿음으로 그 꼭대기를 정복하셔야 했습니다. 또한 믿음으로 두 꼭대기가 본질적으로 하나임을 보셔야 했습니다. 그래서 그토록 힘쓰고 수고하셔야 했던 것입니다. 그분께서는 이것을 관념적인 추측과 신적으로 분리된 위엄이 아닌, 믿음이라는 인간적인 애씀의 방편을 통해서 하셔야 했습니다. 그 애씀 안에서 그분께서는 당신 백성의 모든 고난을 당하셔야 했습니다. 그분은 믿는 것을 배우셔야 했고, 산꼭대기들의 일체를 보는 것을 배우셔야 했으며, 나머지, 그 위대한 나머지 것들은 당신의 하나님이시기도한 그 하나님께 맡기기를 배우셔야 했습니다.

그 기도의 애쓰심 가운데서 그리스도께서는 순전히 인간이셨습니다. 하나님으로서 시편 2편의 숭엄한 웃으심을 표현하신 그분께서 이제 사람으로서 비참하게 버림받으신, 낮아지신 상태로 엎드려 계셨습니다. 그분께서는 대조들을 보셨지만, 그것들이 하나된 것을 발견할 수는 없었습니다. 그분께서는 고통당하셨고, 땀 흘리셨고, 신음하셨습니다. 아버지여, 아버지여! 그분께서는 무겁게 눌림을 받으셨습니다. 왜냐하면 엄청난 틈이, 시간과 영원, 욕망과 운명의 두 꼭대기를 갈라놓고 있기 때문입니다. 그분께서는 높은 곳에서도 그 대조들을 조화시킬 수 없었습니다. 왜냐하면 그분께서는 낮아지심의 비참한 영멸의 깊은 골짜기 아래에 엎드려 계셨기 때문입니다. 그분의 기도는 두 개로 본 것을 하나로 보시려는 다툼이었습니다. 그분의 다툼은 지성(mind)의 다툼이 아니라, 믿음(faith)의 다툼이었습니다.

그분께서는 당신께서 어떻게 보아도 함께 그려볼 수 없는 두 꼭대기가 어떻게 하나님의 생각들 속에서 실제로 하나인지를, 새의 관점으로 보시기 위해 하늘 높은 곳에서 지상으로 내려오시는 것이 아닙니다. 아닙니다, 그런 것이 아닙니다. 그분께서는 한 분의 웃으시는 하나님으로서(as a laughing God) 완강히 반항하는 두 꼭대기들을 함께 그리기 위해서 그 높은 곳에서부터 내려오시는 것이 아닙니다. 아닙니다, 그런 것이 아닙니다. 주여, 깊음 가운데에서 내가 주께 부르짖나이다. 우리의 깊음, 인간의 깊음으로부터, 우리의 단견 그 깊은 틈 사이로부터, 오, 우리의 동료이신 그분께서는 위를 향해 애쓰셔야 했습니다. 또한 그분께서는 당신의 발을, 시간과 영원, 욕망과 운명, 살고자 하는 기도와 죽으라고 하시는 명령 사이에 돌출해 있는 암벽들의 끝점에 두고 계셔야 했습니다. 믿음으로써 말입니다.

그리스도께서는 이 승리를 사람으로서 그리고 믿음으로 이겨내셨던 것입니다.

그리스도께서 이것을 이루셨기 때문에, 우리는 그분의 역설을 쉼 없으심과 대조되는 쉼과 평형의 상태라고 부를 수 있겠습니다. 왜냐하면, 그리스도께서는 두 꼭대기 위에서 두 발을 양 편 모두에 견고하게 두시고 양발로 서 계시기 때문입니다. 그리고 그분께서는 시간과 영원, 욕망과 운명, 사랑과 정의를 믿음으로 화해시켜 그들을 하나로 보셨습니다. 그리하여 조금 전에는 당신을 죽음에 이를 정도로 쉼 없게 했던 그 대조들을 이제 쉼의 관점에서 보시는 것입니다. 그 난쟁이 같은 사도들이 자신들의 연약함의 모든 비애 가운데서, 그들의 피로로 인한 무관심 가운데 있음을 보는 것은, 이제 그분의 역설입니다. 그분께서는 지옥이 천국에 대적해 경고음을 울리는 중에, 천국에서 보낸 소리들을 온 천지에 반복해서 울리는 그 종소리 가운데 잠을 잘 수 있는 이들을 역설적으로 바라보십니다. 예수님은 그것을 지금 인내하고 계십니다. 고통이 없으신 것은 아니지만, 오히려 완벽하게 침착하시면서, 전혀 동요가 없으십니다. 그분께서는 이제 아십니다. 왜냐하면 이렇게 죽으실 것이기 때문입니다. 그분은 자신의 죽음이 우정을 위한 우정의 헛된 희생이 아닐 것을 알고 계십니다. 사랑을 통해 공의의 요구를 성취하시려는 완벽한 뜻 가운데서 태어나 죽으시는 것입니다. 그분께서는 겟세마네와 골고다의 무서운 숭고함을 이제 아십니다. 신랑은 줄 수 있는 것이 아무것도 없고, 받을 수밖에 없는 신부에게만 자기 자신을 줄 수 있기 때문입니다. 그분께서는 천상의 역설이 있다는 것을 아십니다. 저 잠자고 있는 제자들을 보실 때에 그것을 알고 계십니다. 모든 각각의 언약처럼, 은혜의 언약에는 두 당사자가 있습니다. 하지만, 어떤 의미에서는 단 하나의 당사자만 있습니다. 왜냐하면 교회는 신랑이 오시는 시간에 깨어있을 수조차 없는 잠자는 미녀이기 때문입니다. 이제 그분은 당신께서 당신의 신부를 사실 신랑이라는 것을 아십니다. 하지만 오직 값으로 사셔야만 그녀를 당신의 신부로 만드실 수 있다는 것 또한 아십니다.

이제 자고 쉬어라…….

이 표현은 하나님의 이름을 두려워하는 것 때문에 오는 욕구들의 통일성을 드러내고 있습니다. 그것은 사람이 이전에는 결코 힘쓰지 않았던 만큼의 기도의 수고를 하신, 그 완전한 사람의 편에서 오는 유일한 승리를 드러내고 있습니다. 이 말씀들로 깊음 가운데서 파멸되셨던 그분께서, 다시금 당신의 높음에 이르기까지 성큼 걸으시는 것입니다.

이런 방식으로 그리스도께서는 당신의 쉼, 당신의 평정, 당신의 균형을 획득하셨습니다.

그것은 또 다른 표현방식입니다: 곧, 그분의 수난이 이제 더욱 심해질 것입니다.

왜냐하면, 당신의 수난과 저주를 초래한 대조들을 직면하시면서, 그분께서는 날카로운 슬픔의 순간들을 지나 수난의 만성적인 상태로 들어가시기 때문입니다.

그러므로, 겟세마네는 수난 이야기에서 독특한 위치를 차지하고 있습니다. 그것은 그리스도를, 지성과 의지가 손을 움직일 수 없는 수난의 깊음에서부터, 그로 하여금 다시금 균형을 찾고 그 수난과 원인들에 지속적으로 주목하게끔 하는 수난의 높은 고지까지 올려주는 것입니다.

그분께서 기도의 또 다른 면에서 터뜨리신 그 역설적인 진술은, 그분 심연에서 높은 고지까지 전이되는 것을 선명하게 요약하고 있습니다. 진실로 그리스도께서는 평정을 이루고 균형을 성취한 자로서 그 진술을 하셨습니다만, 그 상태에서 당신의 고통을 제거하신 것은 결코 아닙니다. 오히려 정확하게 그것을 지속하는(continues it) 자로서 그렇게 하셨습니다. 그리스도께서는 균형의 상태를 성취하셨습니다. 침착함의 고지에 오르셨습니다. 하지만, 그분께서는 아직 하나님께서 웃으시는 것처럼 웃을 수 있는 그 높이까지는 오르지 못하셨습니다. 그분의 경로는 지상에서 계속 구불구불할 것입니다. 이제 그분께서는 계속해서 만나실 대조들의 날카로움과 인생의 모습을 그대로 보십니다. 또한 계속해서 보십니다. 그것들이 그분을 계속해서 근심케 할 것입니다.

그러므로, 겟세마네에서의 슬픔의 끝은 수난의 두 번째 단계로의 전이입니다. 그 안, 겟세마네에서는 침묵할 수 없으셨던 그리스도께서, 가야바 앞에서, 빌라도 앞에서, 그리고 헤롯 앞에서는 침묵하실 수 있습니다. 그리고 이 두 번째 단계에서 그분은 이후에 하나님께 말씀하실 수 있으시고, 그것을 당신의 힘으로 하실 수 있으십니다. 그분께서는 살인자들을 위해 중보하실 수 있고, 잃어버린 영혼을 위해 천국 문을 여실 수 있고, 당신의 슬픔에 젖어있는 어머니에게 하나의 가정을 할당하실 수 있습니다.

그 역설적 진술, "이제 일어나 쉬어라"는 것은, 첫 번째 단계에서 두 번째 단계의 수난으로 전이되는 것을 표시합니다.

그렇습니다. 쉼이 그분께 닥쳤습니다. 그러나 그것은 그분의 고통을 증가시켰습니다.

예수님의 고통은 이제 만성적 고통이 됩니다. 그것은 처음부터 끝까지 의식적이고 의도적인 행위이자, 그분께서 언제나 민감하게 충분히 의식하시는 것 중 하나가 될 것입니다. 태연하신 하나님의 행위가 아니라, 순전한 믿음으로 태연함과 침착함을 갖는 인간의 행위인 것입니다.

정확하게 그분의 균형 때문에, 예수님의 고통의 인간적 부분은 앞서 그러했던 것보다 더욱 이질적인 것이 될 것입니다. 그것은 지금부터 순간순간 힘과 숭고함을 증대해 갈 것입니다. 그 앞에서 우리는 두려워하고, 아무 것도 아님을 느끼며, 부끄러워 할 것입니다. 하지만 그분께서는 우리를 당신의 제사장적 팔로 안으셔서 당신의 높은 곳에 올리십니다. 하나님의 지옥의 불길 바로 옆에서 잠자는 제자들의 '값비싼 어리석음'을 견뎌낼 수 있으시고, 그러면서도 그들을 위하여 죽임 당하실 수 있는 구세주께서는, 최상의 제사장이신 것입니다.

이 역설적으로 고통당하시는 분이 유일한 보증인(the Surety)이십니다. 그분께서는 역설을 사용하시는 중에도, 고통당하십니다.

이제 잠을 자고 쉬어라.

그 굴욕적인 말씀에 의하여 예수님께서는 당신의 입술로 눈앞에 진리를 두면서 표현하십니다. 그 진리란, 주님의 인간 혼이 당신께서 고난당하시는 중에 제자들로부터 아무런 도움을 받지 않으셨다는 것입니다. "제자들은 자신들이 그분의 고난당하심에 있어서 예수님와 함께 할 수 없는 이들임을 입증하였다. 그들은 그것에 아무런 가치를 두지 않는다. 어떤 능력도 그들에게서 나오지 않는다. 그들은 잠을 자고 쉰다. 예수님께서는 그들로부터 아무런 도움을 얻지 않는다."[122] 이 시간 제자들은 죽은 자들과 같았습니다. 자신들의 죽은 자들을 장사 지내기에 충분한 죽은 자들처럼 말입니다. 그러나 그들은 생명을 위한 싸움에 있어서 어떤 적극적인 부분이든지 행사할 수 있도록 충분히 강하다는 것을 입증하지 않았습니다.

예수님께서는 아버지께서 당신에게 주신 자들의 대표자들 중 가장 나은 자들이며 첫 번째 되는 이들로부터 아무런 도움을 받지 않았다는 것을 당신의 혼의 투쟁 안에서 아시고, 또한 선포하십니다. 그분께서는 그들이 자신을 너무나도 홀로 남겨두었으며, 그들이 단지 비참의 파편들이기 때문에 결코 그를 부요케 할 수 없다는 점을 알고 계십니다. 그리고 지금, 그분께서는 그것을 충분히 인식하면서, 그들을 위하여 십자가를 지려고 나아가십니다. 그들이 당신에게 아무 것도 줄 것이 없다는 것을 아시면서, 그들에게 자신을 주시는 것입니다!

---

122) 인용문과 마태복음 8:22을 강력하게 연상시키는 언급은 Dr.F.W.Grosheide, 『마태복음주석』(Kommentaar op Mattheus), p.324에서 취한 것이다.

그것이 중보자의 열정(passion)[123]이며, 최상으로 완전함 가운데서 성취하시려는 의지입니다.

죽은 자들로 하여금 죽은 자들을 장사지내게 하라 – 그것은 심각한 발언입니다. 왜냐하면 그 자신 안에서 '죽지 않은' 자가 누구이겠습니까?

하지만 죽은 자들을 그들의 무덤 파는 이들에게 맡겨 두시는 그리스도께서는 생명을 쟁취하시기 위해 앞으로 계속 나아가십니다. 그리고 잠시 후에 그 생명을 죽은 자들의 부패한 영들 앞에 올려놓으십니다. 관을 지고 가는 많은 사람들의 발걸음으로 잘 닦여진 그 길은 하나님께서 생명과 빛으로 부르신 그들의 놀이터가 됩니다.

이런 역설적인 발언을 하실 수 있는 보증인은 완전한 보증인이십니다. 이것의 의미를 성경의 말씀, (그리스도 안에서 지금 이 순간에도) 풍성하게 주시면서도 전혀 책망하지 않으시는 하나님에 대한 그 위로의 말씀을 얼마나 향상시키고 있는 것인가요!

이런 식으로 그리스도의 슬픔들은 끝이 났습니다. 그것들 자체의 특별한 결말이 난 것입니다. 세상 전체의 어떤 다른 장소에서라도 이 순간에 역설이 일어나지는 않았을 것입니다.

그러므로, 슬픔의 사람에게 모두 스스로 복종할 수 있기를 바랍니다. 사람을 심판하시기 위하여, 완벽하게 역설을 언표하시는 그분을 모든 이가 받아들일 수 있기를, 어느 누구도 자기편에서 그리스도를 판단하는 일이 없기를 바랍니다.

---

[123] 한역주 : 문맥상 본서 전체의 주제가 되는 '수난'으로도 번역될 수 있겠다. 하지만 이 맥락에서는 당신 자신을 제자들과 우리들을 위하여 내어놓으시는 그리스도의 '열정'을 강조하고 싶다. passion이란 단어에는 이 두 가지 뜻이 모두 담겨 있다.

하나님의 은혜에 의하여 이 역설의 사람(Ironicus)은 너무나 고상하시고 숭엄하십니다. 이런 위대한 인간성에 직면하게 되면 아무리 대담한 용어를 사용한다 하더라도 그것을 묘사하기에는 턱없이 부족하기만 합니다. 우리는 단지 듣고 믿을 수 있을 뿐입니다.

하지만 우리가 믿을 때 우리는 그곳에 서 계시는 그분을 보게 됩니다. 그곳에서 당신의 길을 가시는 그분을 보게 됩니다. 그분께서는 죽임을 당하러 가십니다, 고요함과 평화로움을 지니고 계시는, 고통의 그 역설적인 분께서 말입니다. 천상의 안식의 숭엄함이 그분의 얼굴을 밝힙니다. 그럼에도 불구하고, 그분께서는 삭막한 죽음의 곰팡내로 그 광휘를 덮어버리고 계십니다. 십자가는 그분의 신적인 위엄과 안식만 아니라 인간적인 것도 덮어버립니다.

그분은 웃으셨습니다. 하지만 슬픈 미소로만 웃으셨습니다. 이제 잠자고 쉬어라. 하지만, 그 미소를 담았던 얼굴은 지금 우리에게 더 귀중합니다. 왜냐하면 그것이 눈물로 뒤덮인 것을 우리가 보기 때문입니다.

인간 예수님 - 그것이 의미하는 바에 대하여 더 많은 것을 제시하실 수 있으신 분. 그분께서는 사람의 자녀들보다 더욱 아름답습니다. 그분은 사람들에게 월계수를 받는, 가장 재능이 넘치는 시인보다 더욱 아름답습니다. 그분 역설은 계관시인의 것과도 다른 질서, 더 높은 성격에 속해있습니다. 그것은 거룩하기 때문입니다. 게다가, 그분 자신에게는 전적으로 죄가 없으십니다.

그분은 또한 너무나도 비참하십니다.

왜냐하면 그 입술로 시인의 입술보다 더욱 정교한 어휘를 뿜어내고, 가장 진정한 시인의 혼보다 더욱 부요한 영을 가지신 그분께서는, 그 진정한 혼들과 칭찬받는 예술가들이 세상을 구속할 수 없다는 것을 우리에게 가르쳐주셨기 때문입니다. 그렇기 때문에, 하나님께서 월계수로 관을 씌우신 그 시인(the Poet)은 가시 면류관을 쓰신 보증인이 되십니다. 그분의 영은 가장 섬세한 미식가의 것보다 더욱 인간적이고 미세하며, 사람들의 아이들 가운데 어떤 영들보다도 더욱 아름답고 더욱 예술적이라는 것이 입증됩니다. 하지만 희생제사 없이는, 그 순수한 혼이 우리를 구속할 수 없습니다. 그분께서는 우리를 매혹할 수 있는 모든 것을 지니고 계십니다. '문화적 섬세함'이라는 표현이 예수님의 혼을 특징 짓는다면 그것은 우스꽝스럽도록 적절하지 못할 것입니다. 그것은 예수 그리스도의 순전하게 조직화된 완벽한 조화에 대해서 너무 적게 말하고 있는 셈입니다. 가장 민감하게 구성되어진 사람이 이런 역설을 증언하면서 호흡하고 있는 것입니다.

그래서, 오, 사람의 아들이시여, 어떤 인간다움이나 문화도 아닌, 오직 희생제사(sacrifice)만이 우리를 정화할 수 있고, 우리로 하여금 믿음으로 회개하게 할 수 있습니다. 오직 희생제사만이 우리를 하나님께로 이끌 수 있는 것입니다.

그리스도께서 당신이 포로 되는 것에 굴복하셨음을 아셨기 때문입니다.

그 역설을 완전하게 공명하는 소리로 선언하셨던 그 입술이, 우리로 하여금 침묵하게 하면서, 잠시 후 닫힙니다.

잠자고 있는 자들을 부드럽게 일으켜 세울 수 있는 그 손이 스스로 묶이시게 됩니다.

그러므로 그분께서는 우리에게 사랑스러운 분입니다.

만약 그분께서 이런 분이 아니셨더라면 우리가 사로잡힘 당했을 것입니다.

그러면 우리는 천국의 역설 대신에 사탄의 냉소를 들어야만 했을 것입니다.

그분은 역설을 말하시고 매임을 당하셨기에 우리에게 사랑스러운 분이십니다.

이 역설은 무엇보다도 그 자체가 복됨을 선언합니다. 그것은 말하기를, 마음이 청결하여 아름답게 웃으신 자는 복 되도다, 왜냐하면 그가 하나님을 보았기 때문이니라, 고 합니다. 그 역설은 또한 우리가 복되다고 선언합니다. 그것은 우리의 평화를 값으로 삽니다. 그것은, 비록 우리가 지금은 부르짖고 있지만, 언젠가 순전하고, 거룩하고, 숭엄한 웃음으로서 웃을 수 있도록, 우리, 바로 우리도 준비시키고 있습니다. 지금 울고 있는 자는 복이 있도다. 왜냐하면 그들은 위로를 받을 것이기 때문이다. 자거라. 그리고 쉬어라.

chapter 23
—
불경스럽게 된 조화 :
완벽한 원형이 부서짐

"말씀하실 때에 한 무리가 오는데 열둘 중의 하나인 유다라 하는 자가
그들을 앞장서 와서 예수님을 입을 맞추려고 가까이 하는지라
예수님께서 이르시되 '유다야 네가 입맞춤으로 인자를 파느냐'하시니..."

- 누가복음22:47~48 -

23장.
불경스럽게 된 조화:
완벽한 원형이 부서짐

그리스도께서는 이제 사람들을 맞이하실 준비가 되셨습니다. 그분께서는 당신의 하나님과의 싸움을 싸우셨습니다. 어느 누구에게도 허용되지 않았던 하나님의 법정에 그 희생제사가 놓였습니다. 이제 그리스도의 영혼이 그 제단에 놓였으므로, 공적으로 제물을 바칠 수 있게 되었습니다.

이제 사람들이 가까이 올 수 있게 되었습니다. 그리스도께서는 당신을 대적하는 권위자들과 권세들의 공개적인 구경거리가 되실 것입니다. 그리고는 그들을 이기실 것입니다. 먼저 그분께서는 은밀한 곳에서 그들을 비밀하게 이기셨습니다. 이제 엄청나게 많은 대중적인 공개 장면이 뒤따릅니다: 하나님께서 하늘에 앉으시고, 천둥이 칩니다. 사람들이 이제는 가까이 나올 수 있는 것입니다.

그리고 그들이 이미 오고 있습니다.

마침내 나사렛의 선지자를 사로잡으려고 무장하여 몽치와 검을 들고 옵니다. 그들은 길을 안내해 줄 누군가를 발견하였습니다. 그는 바로 유다입니다.

열둘 중의 하나인 유다라. 물론 우리는 그것을 알고 있습니다. 그러나 복음서 기자들은, 수많은 말로 그것을 다시 한 번 말하려고 애썼습니다. 그들의 독자들도 그것을 알고 있었습니다. 앞 본문에 이미 그 점이 기록되어 있기 때문입니다. 그럼에도 불구하고 복음서 기자들은 그것을 반복하고 있습니다. 유다는 열둘 중의 하나라고 말입니다. 이 특별한 사실은 이 연결점에서 중요한 것입니다. 나그네들 중의 하나, 친지들 중의 하나가 아니라, 열둘 중의 하나, 곧 친밀한 친구로 특별하게 불러 모았던 집단 중의 하나가 예수님을 검과 몽치를 든 사람들 손에 건네주었던 것입니다.

이야기의 나머지는 잘 알려져 있습니다. 우리는 사건들의 정확한 진행과정들을 설명하지 않겠고(우리가 그 진행과정을 완벽하게 설명할 수 없다는 것은 절대적으로 확실합니다), 복음서 기자들이 분명하게 기록한 것들로 만족해야겠습니다. 유다와 무리는 도중에 예수님이 누구인지를 어떻게 표시할 것인가에 동의했고, 유다가 그들을 예수님께서 늘상 머무시는 곳으로 안내하였습니다. 물론, 그분께서 잡히기를 원치 않으셨다면, 이 지역에 대해서 부분적으로 문외한들인 군인 무리가 예수님을 사로잡기는 어려웠을 것입니다. 게다가 대혼란이 일어난다면 그 나사렛 사람은 쉽게 도망칠 것입니다. 이전에 그런 일이 있었습니다. 군인들은 예수님께서 자신을 포기하지 않으시는 '때(an hour)'가 있고, 당신을 잡고자 하는 자들의 손에 자신을 넘기시는 '때'가 있다는 사실을 조금도 추측해 보지 못했을 것입니다. 하지만, 성공적으로 체포할 수 있을 것인가 아니면 없을 것인가에 대한 불확실성은 유다에 의해 최소화됩니다. 유다가 무리에게 약속하기를, 자신이, 여상하게, 아무 일도 없었던 것 마냥, 예수님에게 나아가서 그분의 뺨에 입을 맞추겠다고 합니다. 근동에서는 학생들이 랍비들에게 그렇게 인사한다는 것을 우리는 알고 있습니다.

그 입맞춤은 인정의 표시입니다. 그가 입을 맞출 것입니다. 그러면 그들이 그를 잡을 것입니다.

지나가면서, 우리는 일부 사람들의 주장대로 유다가 반복적으로 예수님에게 입을 맞추었다는 진술은 정확하지 않다는 것을 말해야 하겠습니다. 원본에서 채택되는 동사의 형태는 이런 해석을 보장해주지 않습니다. 마음을 담은 입맞춤이라고 말할 수는 있겠지만, 반복적인 입맞춤이었다고는 할 수 없습니다.[124]

유다의 입맞춤이 예수님에게 심한 상처를 입혔을 것이라는 주장에는 전혀 반대가 없을 것입니다. 그것은 그분의 얼굴이 보여주었던 것보다 더욱 심하게, 그분의 혼과 영을 벌겋게 달구었을 것입니다. 우리가 예수님을 이런 자극에 일반적인 반응을 보이는 사람으로 여기더라도, 그 입맞춤은 그분에게 상처를 입혔을 것입니다.

하지만, 우리는 오직 그분을 이 맥락에서 하나의 중보자로서 볼 때에만 유다의 입맞춤으로 당하시는 그리스도의 고통을 이해할 수 있습니다. 예수님께서는 직접 우리의 생각들을 이런 방향으로 지적하셨습니다. 그분의 질문은 "네가 입맞춤으로써 친구를 배신하느냐"가 아니라 "네가 입맞춤으로써 인자(the Son of man)를 배신하느냐"였습니다. '인자(Son of man)'라는 명칭 자체만으로는 "예수님께서는 사람으로 태어나셨고 그래서 사람들 중의 한 사람이었다"는 것을 가리킵니다. 이 표현은 아무런 메시야적인 내용을 갖고 있지 않

---

[124] Dr.F.W.Grosheide의 마태복음26:49에 대한 주석을 참고하라. 여기서 사용된 헬라어(φιλῆσαι)는 또한 70인역에서도 사용되고 있는데, 70인역의 원본인 히브리어(נשק)에서는 단순동사인 입맞추다(to kiss)이다.

고 단지 그분을 사람으로서 언급하고 있습니다. 하지만 예수님께서는 그것에 정관사를 붙여서 3인칭으로서 당신을 가리키시는 때에, 사람의 아들이지만 특별한 한 아들, 다니엘 7장 13절에 언급된 그 아들로서의 당신을 계시하십니다. 예수님께서는 특별히 그 이름을 당신의 수난과 그것이 함축하는 바를 언급하실 때 사용하십니다. 이것이 메시야의 자질이기 때문입니다. 예수님께서는 사람들의 주의를 다니엘 7장 13절로 이끌기 위해서 이 표현을 사용하십니다. 그분께서는 그 계시에 거의 가까워지고 계시고, 그렇게 함으로써 또한 그들에게 당신께서 메시야이심을 가르쳐주실 수 있으십니다.[125]

만약 우리가 이 사실을 마음에 간직하고 있다면, 예수님께서 말씀하실 때에 사람의 아들(인자)를 언급하심으로써 그분께서 유다의 배신의 핵심과 당신의 고뇌의 본질을 강조하신다는 것을 알게 됩니다. 우리는 이 사건을 고려할 때에 친구 관계, 교사와 학생의 관계, 교양 있는 사람과 교양 없는 사람의 관계, 이상을 품고 있는 자와 다른 이상의 열광적인 지지자의 관계, 세상을 개선시키는 데 헌신하는 사람과 쇼비니스트의 관계, 새로운 교리의 교사와 분파적 "정통주의"를 대표하는 사람의 관계에 우리 자신을 국한시켜서는 안 됩니다.

여기에서 살펴보게 되는 관계는 바로 이것입니다: 한편에는 사람의 아들(인자)가 있고, 다른 한편에는 열둘 중의 하나가 있습니다.

이 두 당사자 안에서 그 대조는 절정에 이르게 됩니다. 당사자들만이 그 대조를 정확하게 정의하고 있습니다. 물론 다른 것들도 그 당사자들과 약간의 연관성이 있기는 합니다. 그렇습니다. 하지만, 그들은 핵심과 관계치 않습니다.

당사자들이 누구냐 하는 것을 정의함으로써 도출되는 것은, 우리가 역사상

---

125) Grosheide, Dr.F.W., 『마태복음주석』 (Kommentaar op Mattheus), pp.387 와 388.

의 문헌들, 심지어는 성경 속의 사건과 이 사건을 결합시키는 일에는 관심이 없다는 점입니다. 예를 들어 배신적인 행위로 속임을 당하고 죽임 당하는 '다른' 친구들의 예 같은 것 말입니다. 그런 것은 성경에서조차도 비슷한 경우들을 발견할 수 있습니다. 이런 것들이 상세하게 언급되어 왔습니다. 사람들은 요압과 아마사의 경우도 지적했습니다. 이런 비슷한 경우들은 실제로 아무런 관련이 없습니다. 이런 비교들은 직선에서의 이탈만을 나타낼 뿐입니다. 정통적인 사고방식에 있어서 위험한 것입니다. 왜냐하면 이런 비교들은 이 사건 속에서 한 친구와 다른 친구의 관계만을 보는 사람들의 태도 속에서 만들어지기 때문입니다.

문제는 더욱 심오합니다. 그것은 열두 명 중의 하나와 관계되어 있는 인자(사람의 아들)에 관심을 가집니다. 메시야의 직분이 그것에 연관됩니다. 그 직분을 가진 그분은, 사람의 아들(인자)로서, 당신의 예표를 나타내었던 모든 역사들을 당신 안에서 성취하고 완성시키는 분이십니다. 그러므로 우정에 대한 오래된 것들과 더 새로운 것들 안에서 하나의 '유비'를 찾아내려고 하는 대신, 오랜 세월 존재해 왔으며 이제 유다의 입맞춤에서 표현되는 그 갈등의 완성과 성취를 찾기 위해서 이 사건을 바라보아야 하는 것입니다. 그것은 사람의 아들(인자)의 영적 직분과 그 직분을 믿지도 않고 사랑하지도 않는 자에 의한 육신의 왜곡 사이의 갈등입니다.[126]

만약 우리가 그 갈등을 생각한다면, 사람의 아들(인자)의 고통이 비참한 것임을 알게 됩니다. 사람의 아들(인자)로서 그분은 배신자의 입맞춤의 매개를 통해서 살인자의 손에 떨어지는 것이기 때문입니다.

---

126) (입맞춤이 이것들을 위한 비유에 포함되어 있다 하더라도) 아합과 아마사의 관계에 대해서보다도 (입맞춤의 특별한 요소가 전혀 연관되어 있지는 않지만) 아히도벨의 다윗에 대한 관계를 언급하는 것이 개혁신앙적 성경해석에 더욱 조화로울 것이다.

인자(사람의 아들)라는 칭호는 그분의 중보자 직분이 주님의 참된 인간성, 곧 진정하고 완전하게 사람이심을 약화하거나 무시하지 않았음을 선포하고 있습니다.

그리스도를 지상에 보내심으로써 하나님께서는 당신을 사람의 모양으로 계시하셨습니다. 신적인 모든 것, 그분의 신적인 요구, 그분의 신적인 아들, 그 모든 것을 하나님께서는 한 사람 안에 표현하셨습니다. 그리고 그 사람이 사람의 아들(인자)인 것입니다. 그분은 사람들 가운데서 신뢰받을 수 없는, 이방인이 아닙니다. 그분은 자기가 특별한 예외인 것처럼, 자기 외의 모든 사람들을 무의식적으로 모독하면서, 점잔을 빼고 뒷짐을 진 채 돌아다니지 않으십니다. 그분은 단순히 어둠을 더욱 선명하게 만들기 위해 밤의 어둠을 꿰뚫고 지나가는 섬광이 아닙니다. 아닙니다, 결코 그렇지 않습니다. 그분께서는 인자(사람의 아들)이십니다. 인간적인 어떤 것도 그분에게 낯설지 않습니다. 사실 그것을 부정적으로 묘사하기보다는, 긍정적으로 표현하여, 본질적으로 인간적인 모든 것이 그분의 것이라고 우리는 말할 수 있겠습니다.

이 경우 유다가 그의 입맞춤을 수단으로 하나님으로서의 하나님이 아니라 사람의 아들의 모습에 계시는 하나님 그분을 팔아 넘겼다는 데 고통의 본질이 있습니다. 그 두려울 만큼 큰 비참함은, 그 시간에 유다가 배신하고 있다는 사실 속에 내재해 있습니다. 하나님께서 사람의 아들(인자) 속에 표현하신 대로, 그분의 영광스러운 존재를 부분적으로 감추었지만, 거짓 없이 감추신, 사람들이 신뢰할 수 있는 사람의 아들(인자)로서 자신을 제공하신 바로 그 시간 말입니다.

하지만 그리스도의 인간성만이 유다의 입맞춤에 의해 모욕당하고 불경해진 유일한 부분이 아닙니다.

인자(사람의 아들)는 직분을 가지신 분입니다. 그래서 유다는 또한 그분의 직분을 더럽혔습니다. 이 순간에 이르기까지 유다의 입맞춤은 예수님의 공생애에 있어서 십자가입니다. 십자가처럼 그 입맞춤도 예수님 그리스도의 메시야로서의 공생애에 있어서 어리석은 것이요 거치는 것입니다.

예수님을 고통스럽게 했던 대조의 가장 날카로운 점은 유다가 아버지로부터 그분에게 주어진 자들 중 하나였다는 것이고, 그럼에도 불구하고 유다가 그분을 배신했다는 것입니다. "내게 주신… 그들을 보전하고 지키었나이다. 그 중의 하나도 멸망하지 않고 다만 멸망의 자식뿐이오니… (요17:12)"

이것은 예수님께서 그 한 명을 잃고 대신 열한 명을 소유할 수 있었다는 면에서 위로를 주는 방식입니다. 분명 구세주께서는 그 한 명의 상실에 대한 의문을 인간적인 편에서 지켜보십니다. 아버지께서 주신 선물에 대해서, 하나님의 협의의 관점에서가 아니고, 시간 속에서 활동하시는 하나의 인간으로서 인식하는 관점에서 말씀하시는 것입니다. 하지만 인간적 관점에서 볼 때에 그 사실은 예수님에게 문제가 됩니다. 아버지께서 당신에게 '주셨던' 자들 중의 하나가 멸망하게 되는 것입니다. 그분께서 그것을 내내 알고 계셨다는 것은 사실입니다. 하지만 유다의 입맞춤은 그 사실에 인을 칩니다. 그리고 그리스도의 고통은 이 상실에 대한 그분의 인식 속에 내재하고 있습니다.

그분의 마음속에 어려운 문제들이 다시금 맴돌기 시작합니다: 시간의 변화무쌍한 요동 속에서 그분은 저 멀리 하나님의 영원 속 저 멀리 존재하는, 변하지 않는 믿음과 견고한 협의를 믿어야 합니다. 그분께서는 이 둘 사이의 관계를 믿을 수 있으시지만, 그것을 보실 수는 없습니다. 예수님께서는 열두 제자를 부르시기 전에 기도하셨습니다. 그것을 이전에 지적했습니다. 그리고 이 기도에 대한 응답으로서 당신에게 나아온 열둘 중의 한 명이, 이제 당신에게서 잃어버린 바 됩니다. 그 상실이 주님에게 고통스러운 문제가 되는 것입니다.

오, 그렇습니다. 우리는 아버지의 주심(giving)에 대해서 말하면서 '좁은' 의미와 '넓은 의미'의 주심을 구분함으로써, 그분에게 있었을 문제를 재빠르게 해결할 수 있습니다. 그것은 쉬운, 때로는 너무 쉬운 해결책입니다. 우리는 예수님께서 더 협소한 의미로는 당신에게 '주어진' 자들 중 누구도 실제로 잃어버리지 않으셨다고 주장할 수 있습니다. 우리는 영원 전의 선택과 시간 속에서의 중생 사이의 관계를 설정할 수 있겠습니다. 이 두 개의 요소가 발견되는 곳에서만 우리는 아버지의 주심을 말할 수 있겠습니다. 결국, 이들 중의 어느 누구도 인자(사람의 아들)께서는 잃은 바 없는 것입니다.

우리는 이런 구분들을 할 수 있습니다. 우리는 그런 구분을 해야 합니다. 최소한 그런 방향으로 나아가야 합니다. 그러면서도 우리는 이 진술을 조심스럽게 상고하기 전까지는 만족할 수 없을 것입니다. 왜냐하면 우리는 지금 사람들의 발견들을 다루고 있는 것이 아니라, 하나님의 계시를 다루고 있기 때문입니다.

하지만, 바로 지금 우리의 관심사는 그리스도의 고통당하시는 영혼(soul)입니다. 그리고 그분께서는 당신 눈앞에서 당신의 손을 미끄러지듯 빠져나가는 것을 하나의 교의적이고 예언적인 관점에서 단순히 합리화하지 않으셨습니다. 그 반대로, 주님께서는 이 상실로 고통을 당하셨고, 그것을 날카롭게 느끼셨으며 경험하셨습니다. 당신의 인간으로서의 인식 수단에 의하여 말입니다. 그분의 투쟁의 한 부분은 그날의 지나가는 사건들로부터 영원한 말씀에 이르는 다리를 던져 만드시는 것이었습니다. 우리는 교의적 설명과 개인적 경험 사이에 이것과 다른 것을, 어떤 반정립을 고정시키기를 원하지 않습니다. 우리는 이것들을 구분하기를 원합니다. 그래서, 아버지께서 당신에게 주셨던 그들 중 하나가 잃어버린 것이 입증되었을 때 예수님의 인간으로서의 혼이 엄청난 고통을 당하셨다고 말하는 것이 정확한 것입니다.

이 문제는 그리스도의 직분과 관련해서 특별히 중요합니다. 사람으로뿐만 아니라, 특별히 하나님의 중보자로서, 그리스도께서는 조화를 좋아하십니다. 그분께서는 균형이 잘 잡히고, 완전하며, 아름답고, 조화로운 것을 좋아하십니다.

하지만, 주님께서는 파편들을 보시고, 깨져 버린 작품을 보시면서 결론을 내리셔야 합니다. 겟세마네의 기도 가운데서 하나님과 씨름하시면서, 그분께서는 시간의 왜곡된 일들과 하나님의 영원의 곧은 직선들 사이에 조화로움을 느끼셨습니다. 하지만 그분께서 열두 명이 열한 명으로 줄어듦으로써 그 선이 깨지고 균형이 혼란스러워졌다는 것을 확신하며 겟세마네를 떠나야 할 때, 유다의 입맞춤은 그분을 질문 앞에 세웁니다. 그는 어떻게 조화를 믿을 수 있는가 하는 질문입니다.

우리는 방금 한 마지막 주장에 잠시 머물러야겠습니다. 그리스도께서는 우리 모두가 잘 알듯이, 열두 명의 사도들을 뽑으셨는데, 그 숫자는 우연한 것이 아니고 정확하게 의도적인 것이었습니다. 그 특별한 숫자는 목적을 가지고 선택되었습니다. 그것은 이스라엘의 열두 지파와 열두 족장들을 상기시켰습니다.[127] 우리가 그분의 메시야 사역에 주의를 기울이는 순간, 그 열둘이라는 숫자는 우발적인 것이 아니며 그분 메시야의 사역의 거룩한 질서에 있어 필연적이었음이 명백해집니다. 열두 사도를 부르실 때, 당신께서는 새로운 젊은 이스라엘의 아버지시라는 메시야로서의 분명한 자기확신의 의식 가운데 있었음이 확실합니다. 아버지 야곱과 그의 열두 아들, 곧 열두 족장이 늙은 옛 이스라엘, 육신의 이스라엘의 아버지임이 확실한 것처럼 말입니다. 예수님께서 열두 명을 선택하실 때, 그분께서는 이스라엘의 생명에서부터 또 다른 생명을 찢어내서서 그것을 해방시키십니다. 그것이 당신의 특권이기 때문입니다. 그분께서는 당신 주변에 새로운 이스라엘을 불러 모으시고, 당신의 의지의 태에서 그것을 출산하십니다. 그 젊은 이스라엘, 영의 이스라엘은 외형적이지 않고, 그 아

---

127) Grosheide, op.cit., p.122.

름다움이 내부에 거합니다. 그분은 당신의 힘을 그 열두 족장의 혈통상의 조상으로부터가 아니라, 열두 사도의 토대에 기초한 영적 건물로부터 이끌어 냅니다. 그래서 예수님은 은혜언약의 이스라엘 백성의 경륜의 시작인 열두 족장을, 신약의 은혜언약의 경륜의 시작으로서 열두 사도의 배경으로 설정하십니다. 열둘을 부르신 것은, 선조 야곱의 세대들로 되돌아가는 것에 대한 언급이었습니다. 그것은 하늘왕국에서 일어난 지진을 표상하였습니다. 예수 그리스도께서는 당신에게 주어진 자격들 덕분에, 그리고 메시야로서의 의식으로 충만하여, 열두 사도들을 하나의 터로서 – 여러분은 '사도들과 선지자들의 터'라는 말씀을 기억하실 것입니다 – 선택하셔서, 그 위에 새 언약의 모든 공동체를 세우시게 될 것입니다. 그렇습니다. 예수님께서 야곱, 이스라엘, 그리고 그 육신의 열두 자녀를 언급하신 것은, 야곱과 후손들을 배경으로 하여 열두 명의 영적 이름을 가진 자들을 소유하신 분으로 당신을 세우시기 위함입니다. 하지만, 그분께서는 또한 전능하신 분의 보좌를 우러러 보시면서 말씀하시기를, 아버지여, 제가 하겠나이다, 제가 하겠나이다, 아버지여, 하십니다. 저의 강한 의지는 새 언약의 열두 보좌를 주의 보좌 주변에 있는 옛 언약의 보좌의 바로 옆에 있게 하는 것입니다. 제가 하겠나이다, 아버지여, 제가 하겠나이다. 저의 메시야로서의 의지는, 이제 이스라엘의 열두 지파 옆에 새 언약의 인침을 받은, 열두 지파의 일만 이천 배가 되는, 십사만 사천 명을 세우는 것입니다.[128] 열두 족장의 이름이 선조(father) 야곱의 성읍의 터, 지상에 있는 시온의 집 위에 기록되어 있습니다. 그리고 새 언약의 선조(the Father)로서, 저는 새 예루살렘의 터 위에 저의 열두 사도의 이름들을 새겨야겠습니다.

분명히, 그 열둘을 선택하신 것은 메시야의 강력하신 행위였고, 사법상의 행위였고, 또한 강력한 믿음의 행위였습니다.

---

128) 계시록 14장.

그렇습니다. 그것은 또한 강력한 믿음의 행동이었습니다. 이 열둘은 하나의 반복을, 그러면서도 또한 하나의 확장을 표상하고 있습니다. 구약성경은 열두 명의 족장을 갖고 있습니다. 예수님께서는 열두 사도를 가지고 있습니다. 그것은 반복입니다.

하지만, 예수님의 열두 명에는 하나의 제국주의적인(imperialistic)[129] 경향, 확장을 위한 하나의 열정이 있습니다. 열둘이라고요? 그것은 셋에 넷을 곱한 것입니다. 셋은 하나님의 숫자이고 넷은 세상의 숫자입니다. 당신의 열두 명을 방편으로 삼아 그리스도께서는 하나님을 세상과의 관계 속으로 모셔 들이기를 바라고 있습니다.[130] 그분께서는 세상으로 파고들어가기를 원하십니다. 그들 열두 명의 사도들로 인하여, 그분께서는 당신 자신을 통하여 하나님을 위한 세상을 얻으실 것입니다.

그것은 강력한 믿음입니다, 그렇지 않습니까? 이 믿음 안에서 메시야께서는 육신 왕국의 확장에 대한 열망에 대항하여 영적인 왕국을 확장하고자 하시는 것입니다. 옛 이스라엘도 세상을 정복하기 위해서 열심이었습니다. 그것은 지금도 여전히 그러합니다. 하지만, 그분 편에서, 그리스도께서는 그것에 대항하여 당신의 왕국의 사명, 세계적인 사명을 세우십니다. 열두 명을 임명하심으로써 그렇게 하시는 것입니다.

그분의 모든 혼, 그분의 강력한 영의 모든 것이 그들 열두 명과 그들의 숫자에 애착하고 있습니다. 그분의 메시야로서의 주장은 그들 열두 명, 열둘이라는 숫자에 따라서 서기도 하고 넘어지기도 해야 합니다. 그분의 의지의 강하고 견

---

129) 한역주 : '제국주의'라는 단어가 피식민 경험이 있었던 우리에게는 굉장히 부정적인 어감을 갖고 있지만, 원래는 그런 뜻이 아니었음을 보여준다.

130) Grosheide,op.cit., p.122.

고하며 의식적인 권리침해(usurping)[131]는 그 열두 명을 선택하는 데 드러나고 있습니다. 그분의 의지는 이스라엘의 아버지, 열두 족장의 그 아버지보다 수천 배나 더 강합니다. 열두 명의 아들이 그에게서 태어났지만, 그는 이들을 간혹 불법적인 수단들을 통해 얻었습니다. 게다가, 그것은 실상 그의 뜻이 아니고, 그들을 태어나게 하신 하나님의 뜻이었습니다. 그리고 그는 이 열두 명의 아들이 세상에서 무엇을 의미할 것인지에 대해서 스스로 충분히 인식하지 못했습니다. 하지만 그리스도께서 오실 때, 그분께서는 당신의 뜻으로 직접 이 열둘을 잉태하셨습니다. 그들을 당신에게로 이끌고 취하십니다. 단번에 그들을 압박하십니다. 그러므로, 이 열둘을 택하시는 것은, 그분의 메시야로서의 과제의 화려한 정점 중 하나였습니다. 그분은 그 열둘을 떼어놓을 수 없습니다. 그분은 그들을 필요로 하십니다. 그의 직분, 그의 왕국, 그의 예언, 그의 신약으로 구약을 채우시는 것은 그분의 아름다운 상징입니다. 그러므로, 반드시 불변해야 하는 그 열둘의 보존과 함께 일어서거나 무너져야 하는 것입니다.

이런 상징주의가 임의적이라거나, 예수님께서 느끼시는 고통이 그 숫자가 깨져 버린 사실과는 아무런 관계가 없다고 생각하는 이들은, 마태복음 1장에 기록된 예수님 그리스도의 족보를 다시금 읽어야 합니다.

그곳에도 역시, 메시야가 세상에 나타나시기 전 일련의 이름들(모두가 아닌)이 구약의 족보들에서 선택되어 배열되어 있습니다. 숫자들의 상징주의를 통하여 예언을 할 때 사용하는 방식으로 말입니다. 우리가 아는 바대로, 본문은 역사 전체를 특유의 방식으로 제시하고 있습니다. 그 장을 기록한 이가 구약역사에 대한 예언에 기초하여 기록하는 방식으로, 이름들이 선택되고 숫자들이 작성되었습니다. 그 역사를 통해서 예수님이 법적으로 출생한 것입니다.

---

131) 한역주 : 여기서 'usurping'이라는 단어는 특별히 왕의 권력을 강탈하는 경우에 사용되는 단어인데, 그리스도께서 사탄의 왕국이 갖고 있는 권력과 권세를 강탈하는데 적용된다.

그는 시간을 세 부분으로 구분하고 있습니다. 아브라함에서 다윗까지, 다윗에서 포로기까지, 그리고 포로기에서 그리스도의 탄생까지입니다. 이 각각의 시기들은 열네 대로 구성되어 있습니다. 그러므로, 3 곱하기 14는, 아브라함으로부터 그리스도에 이르는 역사를 상징하는 숫자입니다.

물론, 14라는 숫자는 14의 절반이 되는 숫자 7을 암시합니다. 그리고 7은 거룩한 숫자로서 완전을 표상하는 숫자인데, 또한 하나님과 세상의 교제를 표상하고 있습니다. 3과 4의 결과인 12를 배경으로 해서, 3과 4의 합이 되는 숫자 7이 놓여 있습니다. 그러므로, 이스라엘 안에서 하나님과 세상은 결합되어 있습니다.[132] 숫자 7은 하나님(3)과 세상(4)을 표상합니다. 그래서 임마누엘의 법칙이 이스라엘 안에서 발견될 수 있는 것입니다. 왜냐하면 임마누엘은 하나님께서 우리와 함께 계신다는 것을 의미하기 때문입니다. 그러므로 3 더하기 4입니다. 이 안에 예언이 포함되어 있습니다. 이스라엘의 역사는 참되신 임마누엘이 되시는 예수 그리스도 안에서 시작됩니다. 그분이 당신의 위격과 사역에 있어서 이스라엘의 왕관이 되기 때문입니다. 예수 그리스도께서 하나님의 왕국의 비밀이 되는 완전한 조화에 대한 숫자 상징주의의 성취이며 또한 해석이십니다.

하지만 마태복음 첫 장은 그것보다 더 나아갑니다.

이스라엘 역사의 각 구분에 있어서 숫자 7은 두 번 나타납니다. 구분된 각각 부분은 2 곱하기 7 세대로 이루어져 있습니다. 임마누엘의 법칙은 결과적으로 그 완성(두 번)에서 나타납니다. 이것은 다시금 예수 그리스도 안에 있는 한

---

132) 한역주 : 3 곱하기 4는 12, 3 더하기 4는 7이다. 이것을 하나님과 세상의 결합의 상징으로 제시하는 저자의 설명을 듣고, 그 결합이 곱하기와 더하기가 각각 어떤 결합의 방식을 상징하는가 하고 의문을 갖게 된다. 성경의 상징주의에 보다 설득력을 더하기 위해서는 이런 결합의 방식까지도 설명되어야 하는 것이 아닐까?

점에서 시작되고 또한 그 점으로 줄어듭니다. 그분께서 그 극단의 완성을 조화롭게 하십니다.

그것조차도 숫자 - 상징주의를 다 말한 것이 아닙니다. 3 곱하기 14세대에 대해서 들었습니다. 그것은 6 곱하기 7세대들을 의미합니다. 여섯 번째 7세대가 지나고 나면, 일곱 번째 7세대가 시작될 것입니다. 그것은 예수 그리스도의 위격 안에서 올 것입니다. 이스라엘의 역사에 있어서, 시간의 여섯 번째 단위 다음에 일곱 번째 단위가 안식의 기간으로서 다가오는 것처럼, 안식의 쉼이 새 언약과 더불어 완벽하게 시작됩니다. 그리스도께서 세상에 들어오심은 가난한 자들이 부요하게 되는 것을 표상할 것입니다. 여섯 번의 일곱 해가 지나면 일곱 번째의 일곱 해, 곧 희년의 해, 노예 해방의 해, 가난한 자들이 복을 누리는 해가 도달하는 것처럼 말입니다. 이들에게 좋은 것들이 주어질 것이기 때문입니다. 그 해에 역시 노예들이 해방되며, 착취와 짓밟힘을 당하던 이들이 복을 받을 것입니다.

예수님께서 행동과 안식의 원천의 첫 번째 규칙으로 가리키시는 숫자 - 상징주의에 대해서, 이 일들이 어떻게 설명하는지 보십시오.

이 진리들은, 이름 붙이는 방법으로서 숫자 - 상징주의를 표상하는 것 외에도, 마태복음 첫 장에 나오는 이름들의 순서(3 곱하기 14)를 고려함으로써 더욱 강화됩니다. 히브리어 알파벳 하나하나는 숫자로 읽힐 수 있습니다. 여러분이 해당하는 알파벳의 숫자를 따라서 다윗 왕의 이름을 읽게 되면, 그 숫자들의 합이 14입니다. 그래서 14는 다윗을 의미합니다. 그래서 3 곱하기 14세대는, 3 곱하기 다윗의 영광을 의미합니다.

첫 번째 부분, 아브라함에서 다윗에 이르는 기간은 다윗의 일어남을 표상합니다. 두 번째 부분, 다윗의 가문의 왕들로부터 포로기까지의 기간은 다윗의 흥왕하는 기간을 표상합니다. 그 후, 세 번째 부분, 포로기에서 그리스도에게 이르는 기간은 이새의 가지로서의 다윗을 표상합니다.

그리고는 모든 것의 왕관이신 그리스도께서 오실 것입니다. 그분은 이새의 줄기로부터 나오는 가지이고, 다윗의 성취이며, 다윗의 가문에 평화를 가져오실 것이고, 그분의 영광스러운 존재의 아름다우심을 드러내실 것입니다.

이런 생각은 합법적이지 못한 거짓된 숫자놀음의 산물이 아닙니다. 성경을 믿는 이들[133]의 과학적인 연구들이 마태복음 첫 장에 나오는 이름들을 나누어 보는 것과 그 이름들을 마태복음 첫 장에서 선택된 숫자에 제한시키는 것의 함축적 의미를 확증해 줍니다.[134]

그러면, 그리스도께서는 출생 이전에 그분 안에서 하늘왕국의 율법이 안식을 발견하게 될 자로서 세상에 선포되셨다는 것이 확실합니다. 특별히 우리는, 그리스도께서 당신의 직분상(공식적)의 사역을 수단으로 당신의 족보를 해석하시기 위해서 오실 때, 임의적으로 하신 것이 아니라 목적을 가지고 열둘을 선택하신다는 것을 알게 됩니다. 만약 우리가 마태복음에 기록된 계보들의 숫자-상징주의가 임의적인 것이 아니라 예언적인 것임을 기억한다면 말입니다. 그분의 메시야 사역 시작 때에 그분께서는 그 열둘을 선택하셨고, 족보의 의미를 스스로 이해하고 계시는 것을 입증하셨습니다. 그리고 동일한 방식으로 당신께서 진정으로 평화와 안식을 주실 자이심을 입증하셨습니다. 예수님께서는 임마누엘로서, 이스라엘에게 진정한 안식일의 쉼을 주시려고 나타나셨던

---

133) 특별히 Dr.F.W.Grosheide(『마태복음주석』(Kommentaar op Mattheus))는 그 대표적인 인물인데, 숫자 – 상징주의의 이 해석을 지지하고 있다.
134) 이 장은 조상들과 선조들의 이름을 모두 다 포함시키고 있는 것으로 여겨져서는 안 된다. 그렇게 의도된 것이 아니다. 맨 서두에 '예수 그리스도의 계보'라는 글이 있다. 이 장은 새 언약의 시작이다. 그것은 예언의 영이 예수 그리스도의 계보의 역사 안에 있는 영적인 법칙들을 발견한 그대로 하나님의 조화의 영적 법칙들을 계시하고 있다.

것입니다.

이제 유다가 하고 있는 그 입맞춤을 회상해 보십시오. 여러분은 분명, 그 입맞춤이 야기하는 짐승 같은 고통을 느끼실 것입니다. 그리고 그 수수께끼가 자신을 드러냅니다. 그 입맞춤이 열둘이라는 숫자의 완벽한 원을 깨뜨리는 것입니다. 이것은 그 조화를 흩어 놓습니다. 유다의 입맞춤은 원의 영역을 꿰뚫고 자기의 길을 내었습니다. 조롱의 웃음소리가 하나님의 우주 어디선가 메아리를 내고 있습니다. 너무나도 큰 웃음소리여서 만물이 그것 때문에 흔들릴 정도입니다. 그 웃음은 성경 전체에 있는 그 숫자-상징주의에 대해서, 그리고 예수 그리스도 그분에 대해 조롱하는 것입니다. 유다는 예수님의 값진 숫자의 조화에 단순히 하나의 선을 긋고 있습니다. 살인자들과 검을 들고 있는 자들을 위하여, 그리고 귀신들 앞에서 그렇게 하는 것입니다. 그는 열둘을 열하나로 축소시킵니다. 완전함의 숫자가 어리석음을 찬양하는 노래를 부르는 것 같은 어리석음의 숫자가 됩니다.

예수님은 지금 그 파편이 되어버린 숫자, 그 '줄기'를 바라보면서 죽으셔야 합니다.[135)]

숫자 열하나는 골고다에서 세 시간 동안 그분의 눈앞에서 위 아래로 춤을 췄습니다. 열하나! 열하나 - 깨져 버린 조화여! 이것이 다윗이란 말인가? 마태복음 1장의 그 다윗인가? 줄기가 또다시 이새로부터 부러지지 않았는가? 거룩하고 완전한 숫자를 갈망하였던 그가, 자신 안에서 자신의 메시야의 영을 표현하였던 그가, 유다 위에 넘어져 버리고 있도다, 그렇지 않은가? 구약 전체가 그 유다 위에 엎드러지고 있구나. 크리스천의 모든 설교가 그러하도다. 이것은 예수님의 메시야로서의 의식을 공격하고 넘어지게 하는 것이 아닌가? 열하나 -

---

135) 이사야11:1의 "이새의 줄기"를 비교하라.

오직 열하나 – 그 완전한 수가 깨어졌도다!

 진실로, 이것은 고통스러운 것입니다. 이것이 얼마나 나에게 상처를 주는지, 위에 계신 아버지시여, 완전한 숫자들의 아버지시여! (주께서는 아시나이다!) 예수님의 고통은 아브라함이 마침내 발견한 조화를 단칼에 내리쳐 잘라 버리도록 부름 받았을 때의 고통만큼 극심합니다. 예수님의 고통은 더 심했습니다. 그것은 '줄기' 입니다. 줄기는 실패를 표상하고 있습니다. 모든 외양에 있어서 실패를 표상합니다. 유다의 입맞춤이 희년의 해에 의문을 제시했습니다. 계시록 전체와 기독론의 모든 체계는 그 배신자의 입맞춤과 너무나도 밀접하게 연결되어 있습니다. 그리고 그것은 그리스도가 왕, 곧 위대한 다윗(3 곱하기 14)으로서만 실패한 것이 아니라, 제사장으로서도 실패한 것처럼 보이게 합니다. 적어도 아론은 그 보배로운 열두 개의 돌을 단 흉패를 오염하지 않은 채로 죽을 수 있습니다. 하지만 그리스도께서는 죽으실 때, 아버지께서 당신에게 주셨던 열두 개의 돌들 중의 하나가 부족한 채로 죽게 됩니다.

 오, 그렇습니다. 유다의 입맞춤은 한 친구가 다른 친구에게 범하는 그 어떤 배신의 사악한 행위 그 이상입니다.

 이것을 말하기 위해서, 우리는 소위 종교사학파들의 어리석은 자기확신에 동의할 필요가 없습니다. 그들은 별들로부터 볼 수 있는 법칙 속에 있는 패턴과 거룩하고 우주적인 질서의 개념들이 열두 사도 속에 상징적으로 계시되었다고 보고 있습니다. 이 학파의 사람들은 그 열 둘의 선택은, 세상의 빛이 그렇게도 많은 주인들 가운데에 그 지배력을 분산시켰기 때문이라고 주장합니다. 이 숫자들은 자연스럽게도 세상의 중심으로서의 그리스도 주변에 둘러 서있는 황도대의 열 두 별자리와 열 두 사도들이 일치한다고 하는 것입니다. 그럴 듯하지도 않고, 전혀 보장되지도 않는 이런 추측으로부터 벗어나기 위해 최대한 열심을 내어야 하듯이, 우리는 성경 자체에서 열두 사도에게 적용되는 것과 같은 그 숫자 - 상징주의의 예언적 목적에 매달리고자 열심을 냅니다.

마지막 고려사항은 그 문제를 우리에게 더욱 어렵게 만듭니다. 방금 언급한 종교사학파는 수세기가 지난 후에, 이런 상징적인 설명들이 점차 크리스천들에게 생겨났다고 믿음으로써 앞서 요약한 주장을 표현합니다.

그런데, 이들은 역사상 유다가 열둘의 원을 벗어났는지 아닌지에 대해서는 전혀 신경 쓰지 않습니다. 왜냐하면 - 그들의 논란은 계속되기를- 열둘의 사람이라는 필요조건이, 맛디아나 바울이라는 인물이 그 그룹 안에 들어옴으로서 어쨌든 그 숫자가 회복되었기 때문입니다. 그리스도께서 그 인물들보다 이전에 살았다는 것이 무슨 소용이 있습니까? 왜냐하면, 이교도와 히브리적 요소들이 합해진 '기독교'는, 그 거룩한 책들 속에 나름의 독특한 방식으로 이런 신화들을 모두 끌어 모았기 때문입니다. 별들에 대한 - 황도대의 별자리에 대한 - 개념이 훗날 사도가 된 열두 명의 어부들로부터 구체화되었다고 상상하면서 말입니다. 그리고 이러한 해석자들에게 있어서 유다가 열두 명의 그룹에서 떨어져 나온 것과, 예수님께서 깨어진 숫자에 당신의 시선을 고정하면서, 죽으셔야 했다는 것은 결코 재난이 아닌 것입니다.

하지만 성경을 믿되, 역사적 기록으로서 믿는 우리에게 있어서, 이 모든 일은 대단히 심각한 것입니다. 우리가 유다를 그리스도의 빛 속에서 보고, 유다가 그 그룹에서 떨어져 나오는 것을 예수님께서 의도적이면서 상징적으로 선택하신 열둘 숫자의 예언의 빛 속에서 보게 되는 순간, 유다의 입맞춤은 목마르게 하는 수수께끼가 됩니다. 우리는 예수님께서 실제로 사셨다는 것을 압니다. 열두 사도에 대한 개념은 첫 번째 크리스천들의 이교도-유대적 환상의 산물이 아니고, 오히려 예수님의 혼과 영 속에 존재하던 것입니다. 열둘이라는 숫자의 조화의 개념은 예수님의 죽으심 이후 교회의 마음속에 일어났던 것이 아니라, 당신의 메시야로서의 과제를 성취하기 위한 시작에서부터 그분의 혼에 존재하였습니다. 열두 명을 부르신 것과 열둘이라는 숫자의 완성은 오순절 이후에 시작되었던 것이 아닙니다. 열두 제자를 사도의 직분에 공식적으로 지명하여 세우는 것은 마태복음 10장 1절에 기록되어 있습니다.[136]

그렇다면 분명한 사실은, 그리스도께서 불경해진 조화에 시선을 고정하신 채로 죽으셔야 했다는 것입니다. 그 사실은 유다의 입맞춤이 야기한 고통에 대한 우리의 감각을 향상시켜줍니다.

하나님께서 당신의 아들을 얼마나 심각하게 시험(tries)하시는지를 바라보십시오.

사탄이 그분을 어떻게 유혹(tempts)하는지를 보십시오.

그분께서는 열둘로 시작하셨습니다. 그분께서 그만큼으로 끝내실 수 있을까요? 그분께서는 당신이 메시야임을 느끼셨습니다. 그분께서 당신이 그런 메시야의식을 계속 유지하실 수 있을까요? 유다의 입맞춤과 그 깨어진 원은 예수님의 영과 우리의 영에 고통스럽고, 또한 수수께끼 같습니다. 그분의 살에 못이나 가시면류관이 눌리는 것처럼 말입니다. 그분은 '이새의 줄기'의 법칙을 완전한 무게로 짐 지셔야 합니다. 외형적인 화려함에 있어서 다윗의 가문은 무너져 버립니다. 그리스도의 사역의 결과, 그 효과는 외형적으로 말해- 역시 무너져 버렸습니다. 당신의 인간적 본성 속에 계시는 그리스도뿐 아니라, 열둘로 상징되는 그리스도의 사역도 이 밤에 모독을 당합니다. 이 중보자는 "사실이야, 나는 오늘 무너져 내리겠지만, 최소한 나의 일만은 그들이 보게 될 것이야"라고 말함으로써 영광에 대한 보상을 취하지 않으십니다. 왜냐하면, 만약 그분의 일과 그의 개인적인 영광이 더럽혀진다면, 그때 그분께서는 이런 방식

---

[136] Grosheide, 『마태복음주석』 (Kommentaar op Mattheus), pp.121~122.

으로도 당신의 죽으심을 보상받을 수 없으시기 때문입니다.

이것은 예수님에 대한 날카로운 시험입니다. 이제 그분께서는 하나님을 믿는지, 믿지 않는지를 드러내셔야 할 것입니다. 그분께서 이제 택하실 수 있는 길은, 오직 하나, 모든 신자들의 아버지인 아브라함의 길입니다. 왜냐하면, 아브라함이 자신의 독자를 죽여야 할 때, 자신의 나무를 찍어 '그루터기'만 남도록 넘어뜨려야만 할 때, 그는 하나님께서는 죽음 가운데서도 다시 살리실 수 있으시다는 것을 알면서, 하나님으로부터 위로를 이끌어내기 때문입니다.

하나님께서는 지금, 그분께서 유다로 하여금 예수님에게 입 맞추게 하시는 때에, 동일한 질문을 당신의 아들에게 던지십니다. 하나님께서 그분의 조화를 더럽히시고, 그분의 멋지게 완성되어 있는 숫자를 혼란스럽게 하시며, 그분의 값진 모자이크를 쓰레기더미 위에 던져버리십니다. 그 입맞춤은 얼마나 뜨겁게 불타오르는가요! 하지만, 그대는 지금 믿고 있는가? 그대, 사람의 아들이여, 하나님께서 그대를 죽은 자들 가운데서 불러일으키실 수 있으심을 믿고 있는가? 라고 질문하는 것은 바로 하나님의 음성입니다. 그대는 그대에게 미래가 있다는 것을, 비록 지금 그대의 죽음으로 인해 그대의 열둘이 더럽혀지는 것을 보아야 할지라도, 그 열두 보좌가 구약의 열둘을 배경으로 하여 서 있되, 계속해서 서 있으며, 하나님과 어린 양의 그 한 보좌를 둘러서 있을 것임을 믿는가? 오, 사람이여, 하나님을 믿을지라!

그렇습니다, 아버지여, 그분께서는 주를 믿었나이다. 새 언약의 위대한 다윗은 믿음을 가졌습니다. 은혜언약의 머리와 중보자께서는 믿음을 가졌습니다. 그분께서는 당신의 양손이 매임을 당하도록 내어놓으시나이다. 그분은 당신의 열둘이 완전하게 회복되기 이전에 죽음에 이르도록 스스로를 내어놓으십니다. 그분의 과제에 있어서 십자가가 멈춤이 아님을 믿으시고 또한 그것을 우리에게 입증하러 오십니다. 십자가 뒤에 부활, 승천, 그리고 오순절이 따라올 것입니다. 그리스도께서는 오순절의 영으로 지상에 되돌아 올 것입니다. 그리고 당신의 성령의 지명에 의하여, 그분께서는 그분의 열둘을 완전한 숫자로 회복하실 것입니다. 그것을 완전하게 하셔서 하나님과 세상에 내어놓으실 것입니다.

그리스도께서는 당신의 완전한 조화가 그것의 때에 전문적인 조각품을 완성할 것임을 알기 때문에, 손발이 잘린 몸통에 당신의 시선을 고정시키신 채 죽으실 수 있습니다.

그리스도께서 가지고 계시는 이 믿음 때문에, 그분은 우리에게 거치는 돌, 넘어지게 하는 돌이 아닙니다. 오히려 하나님의 능력과 지혜입니다. 오직 이런 믿음만이 억압받는 세계 속에서 유다의 입맞춤을 물리칠 수 있는 것입니다.

믿음은 우리가 그리스도를 아론보다 더 위대한 자로서 보는 것을 가르쳐 줍니다. 비록 조금 전에는 더 작은 자처럼 보였지만 말입니다. 아론은 열두 보석이 박혀있는 자신의 흉패를 자신의 아들에게 물려줄 수 있지만, 자기 자신의 힘으로 그 돌들 중 하나를 보존할 수는 없습니다. 하지만, 그리스도의 죽으심은 거짓된 돌들과 참된 것들을 구분시켜 줍니다. 그리스도께서는 당신의 죽으심을 통과하시면서 참된 돌들을 완벽하게 둥글게 만드셨습니다. 그리고 이것을 하나님의 마음에 내놓으셨습니다.

믿음은 우리에게 그리스도께서 성공하지 못한 왕이 아님을 가르쳐 줍니다. 이새의 줄기로부터 자라난 그 줄기처럼 실패한 하나의 막대기가 아님을 가르쳐 줍니다. 반대로 믿음은 우리에게 유다의 입맞춤을 견뎌내심으로써 당신의 힘으로 그것의 공격을 이기시는 그리스도를 보는 법을 알려줍니다. 이제 그분은 당신의 사역이 십자가상에서 완성될 수 없지만, 부활과 영광 가운데서 완벽하게 될 것과 그것이 성령의 위격 가운데서 돌아올 것을 입증하실 것입니다.

모든 사람은 유다의 입맞춤으로 심판받을 것입니다. 유다의 입술 때문이 아니라 예수 그리스도 때문입니다. 신앙과 불신앙의 모든 질문이 유다의 입술과 예수님의 얼굴사이에 놓여 있습니다. 이 일에 있어서 사람들은 돌이킬 수 없는 반대 방향의 길들로 갑니다.

오직 한 가지 결론만이 가능합니다.

그리스도의 왕국이 이 세계에 속한다고 말해 봅시다. 열둘의 선택이 메시야로서의 능력의 행위가 아니라 단지 과도한 상상력의 결과였다고 말해봅시다. 또한 그분의 죽음으로 사태가 끝나고, 기독교는 열둘이라는 깨져버린 원형을 뜬눈으로 보면서 죽음에 내버려졌으나, 다시금 살아나서서 완전에 이르신 역사적인 예수님 덕분에 존재하는 것이 아니라고 말해봅시다.

그러면 유다는 물론 반역자의 영향력을 지닌 사람이겠지만, 그게 전부일 것입니다. 그는 그 이상으로 더 사악하지 않습니다. 그러면 예수님은 그분의 우정에 있어서 '불행하였고' 그래서 '성공하지 못한' 선지자일 것입니다. 그러면 유다의 입맞춤은 하나님의 세계, 하늘왕국의 세계와 같은 다른 세계에 대항하는 배신의 행위가 아닐 것입니다.

그러면 우리는 유다의 입맞춤을 불쾌하면서도 아름답지 못하고 거부감이 드는 것이라고 부를 수 있겠지만, 본질적으로 그가 옳았다고 인정해야 하겠습니다. 스스로 메시야라고 칭하시는 예수님께서는 자신의 열둘, 메시야로서의 완성을 나타내는 숫자와 함께 일어서고 넘어지셔야 합니다. 그리고 그 예수님이 자신의 열둘을 보존할 수 없는 자라면 유다의 입맞춤이 실제로 마땅합니다. 거친 표현이긴 합니다만, 어둠의 밤에 진리의 왕국에서 왜 말을 꾸미겠습니까? 만약 그분의 메시야 의식이 열둘에 좌우된다면, 모든 것은 유다의 입맞춤에 좌우됩니다. 만약 예수님이 메시야가 아니라면, 유다는 예수님만큼이나 위대합니다. 그렇다면 유다는 역사의 바둑판에 있어서 사탄(실제로 메피스토의)의 또 다른 한 수일 것입니다. -하나님께서 예수님 안에서 만드셨던 그 불행한 자에 대한 한 수로서 말입니다. 그러면 유다는 그 나사렛 사람의 환상의 풍선을 터뜨려 버렸을 것입니다- 그리고 우리가 속지 않도록 지켜 주었을 것입니다.

하지만 다른 경우라면 어떻게 될까요? 곧, 그것이 유일한 경우일까요?

예수님은 진실로 그리스도이십니다. 그리스도께서는 불경한 조화에 눈을 고정시킨 채 죽임을 당하셔야 했습니다. 왜냐하면 그것이 그분 왕국의 법칙이기 때문입니다. 그분의 왕국은 아무런 외형적인 호소를 하지 않습니다. 그분께서는 당신의 깨어진 몸과 그분의 깨어진 조화의 불명예를 견뎌내십니다. 이것이 십자가의 법칙입니다. 그리고 계속해서 그러할 것입니다.

이것만이 부활과 영광에 이르는 예비된 길입니다. 이것만이 하늘의 왕국과 승리를 향하여 뚫고 나아갈 수 있는 가능성을 제공해 줍니다.

정확하게 죽으심으로써, 정확하게 죽음 안에서 다스리심으로써, 예수님께서는 외적인 부르심이 내적인 부르심을 발견하고 그것을 그 존재로서 유지하는 더 나은 왕국을 세우셨습니다. 그 영역에서 선택은 시간 안에서의 부르심의 기초가 됩니다. 그리고 중생케 하시는 성령에 의한 내적인 부르심이 그리스도에 의한 은혜의 선물로서 성취됩니다. 이것은 조화 가운데에서 통일되고 모여든, 그분 교회의 부르심에 항구적인 것을 제공하는 은혜의 큰 선물이 됩니다. 교회가 그러하듯이 말입니다. 예수님의 지상 사역뿐만 아니라 그분의 모든 일에 의해서, 그분께서는 권리를 성취하셨습니다. 이 권리는 하나님의 호의의 선택과, 예수님의 십사만 사천을 불러 모으시는 것 사이의 관계를, 성령의 방편으로 세우실 것입니다.

머지않아, 성령의 성취는 그분의 죽으심으로 완수될 것입니다. 그리스도께서는 하나님의 영의 주님도 되실 것입니다. 그러면 그 왕국은 유다의 입맞춤이 기본적으로 불가능한 영역에 도달하게 될 것입니다. 그 영역에서는 내적으로 부르심을 입은 자들이 결코 은혜로부터 떨어질 수 없게 되기 때문입니다. 그러면 – 중생의 영적 왕국과 내적 부르심의 조화가 이뤄지게 되고, 참된 신앙의 범위 안에서 예수님을 배신하는 것이 불가능해질 것입니다. 그 왕국은 그 아들과 함께 순종과 믿음만으로 입 맞출 수 있는 진정한 신자들의 공동체를 모으게 될 것입니다. 그리스도의 영으로 살아가는 어느 누구도 그분을 영원히 배신할 수 없는 것입니다.

유다의 입술의 문제를 도르트레히트에 가져와야 하겠습니다.[137] 왜냐하면 그리스도의 부활의 관점으로부터, 택함 받은 성도들의 견인 교리가 예수님의 죽으심에 있어 열둘이라는 숫자가 더럽힘을 당하게 된 문제에 대해 답변을 제공하기 때문입니다.

하지만 – 그리고 이것은 더욱 중요하기조차 한데 – 유다의 입맞춤의 문제는 새 예루살렘이라고 부르는 다른 도시의 문에서 해결되어야 합니다. 그 도시에서 하나님께서 모으시고 부르시는 그들의 숫자가 확인될 것입니다. 그리고 그 숫자는 파편적이거나 흠이 있는 전체가 아니라, 완벽하게 된 전체일 것입니다. 요한의 계시록은 유다의 입맞춤의 거치는 것과 열둘이라는 숫자가 깨져버린 원의 침체된 복음에 대한 수려한 마무리입니다. 그 소리에 귀를 기울여 보십시오: 일만 이천 척, 열두 대문, 열두 보석, 그 도시의 대문의 기초석에 새겨진 사도의 수만큼의 열두 이름, 하나의 보좌를 둘러싸고 있는 두 배의 열두 보좌, 두 배의 열두 장로, 열두 배의 열두 규빗, 열두 배의 일만 이천 성도들. 예수 그리

---

[137] 네덜란드에 있는한 도시, 도르트레히트에 있었던 큰 회의.1618~19에 유명한 다섯 개의 칼빈주의 교리의 신경이 아르미니우스에 의해서 제기된 다섯 가지 요점에 대항하여 작성되었다 (H.Beets). 한역주: 영역자의 서문에 의하면 Henry Beets라는 이가 화란어 원고를 정리하였다.

스도께서 여기에 계시고, 또한 그분의 열둘이 여기에 있습니다. 그리고 이들은 사면에서 천상의 찬양소리로 그분의 더럽혀지지 않은 조화에 대해 그분을 찬양하고 있습니다. 그분께서는 말씀하십니다. "아버지여, 주께서 영원 전에 성령과의 교제 속에서 저에게 주셨던 그들을 이제 아무도 잃어버리지 않았나이다. 저에게 실제로 주셨던 자들 중에서 지옥의 자식은 아무도 없나이다."

그렇게 예수님께서는 죽으셨습니다. 그분의 양손은 묶였습니다. 그분의 사역은 파편이 되어버렸습니다. 몽둥이가 공중에 휘둘려지고 있습니다. 그분의 뺨은 (그 입맞춤으로) 불태워졌습니다.

하지만 멀리서 그분의 눈은 열두 대문을 가진 새로운 예루살렘을 보셨습니다. 그분의 거룩하신 열망과 강한 믿음이 대문들 위에 열두 이름의 인을 쳤습니다. 묶여 있으신 이 그리스도께서는 영광스러운 분이십니다. 사실, 아무 것도 더럽혀지지 않았습니다. 그분께서 직접 유다를 쫓아내 버리셨습니다.

우리는, 유다의 입맞춤의 배후에 있었던 예수님의 진술을 잊지 말아야 합니다. 유월절의 방에 네가 하는 것을 속히 하라, 하셨던 그 재촉하시는 말씀 말입니다. 만약 예수님의 그 말씀이 예수님께서 심으셨던 나무로부터 죽은 가지를 잘라내어 버리듯 유다를 잘라내는 것이었다면, 그 나무는 상처를 입은 것이 아닙니다. 오히려 그 나무는 그렇게 잘라내 버림으로 보존됩니다. 이제 그것은 서 있을 수 있고, 무성하되, 계속해서 무성할 수 있는 것입니다.

예수님을 이 믿음 안에서 보기 원하는 그 누구라도, 겟세마네를 떠나면서 오직 이런 기도만을 할 수 있습니다: 자신이 그 완전한 숫자 십사만 사천에, 열둘의 열두 배가 되는 숫자로 드러나는 그 회중에, 곧 우리의 부요한 삶과 우리의 숨이 멎을 만큼 영광스럽게 번성하게 될 다양한 형태(일천)에서 열둘 곱하기 열둘이 되는 그 숫자의 공동체에 속하게 되기를 바라는 기도 말입니다.

이런 사람이라면 감히 회심하기를 거부하려 하지 않습니다. 자신의 개인적인 시각으로부터 - 하나님의 것으로부터가 아닌 - 이러한 거부는 유다의 입맞춤만큼이나 범죄적인 것으로 인식됩니다. 그것은 열둘의 조화를 깨뜨리는 것은 아니어도 그 열두 배인 일만 이천의 조화를 깨뜨리려는 노력인 것입니다. 그가 거부한다면, 그는 반드시 저주의 선고를 받을 것입니다.

왜냐하면 그리스도께서 유다에게 헛되이 입맞춤을 당하신 것이 아니기 때문입니다.

chapter 24
|
비하의 상태에서 베푸신 마지막 기적:
종의 상태에서 종들을 해방시키시는 분

"그 중의 한 사람이 대제사장의 종을 쳐 그 오른쪽 귀를 떨어뜨린지라

예수님께서 일러 이르시되

이것까지 참으라 하시고 그 귀를 만져 낫게 하시더라"

- 누가복음 22:50~51 -

24장.
비하의 상태에서 베푸신 마지막 기적: 종의 상태에서 종들을 해방시키시는 분

우리는 앞장에서 복음서의 숫자 - 상징주의에 따라서, 역사상 위대한 상징적인 '희년'이 그리스도와 함께 시작되었다는 것과, 그것이 오직 그분의 능력에 의해 세상과 충돌한다는 것을 관찰했습니다.

희년은 종들을 위한 해입니다. 희년은 노예들의 해방을 표상하고 있습니다. 먼저 (예표로서 봉사하고 있는 이스라엘의 경우에는) 문자적으로, 그리고 그 후 (신약의 경우에는) 비유적으로 말입니다. 괴로움과 감옥의 어두움 속에 있는 자들이 그 해에 억압으로부터 해방되었습니다. 자유의 태양이 메시야의 들녘에 떠올라야 합니다. 모든 사람들을 위하여 그 위에 비춰야 합니다. 노예제도는 메시야 왕국과 근본적으로 어울리지 않습니다. 그 영역은 특별히 완전한 자유(Perfect Freedom)의 왕국입니다.

우리는 그리스도에 대한 이 예언을 상기해 봅니다. 이것은 구약 전체의 역사를 통해 일어나는데, 지금 그리스도께서 제사장의 종의 귀를 조심스럽게 고치시는 것을 보는 바와도 같습니다. 그리스도께서는 대단히 부드럽게 그렇게 하십니다. 유대인 수비대가 고함을 내지르고 로마 당국이 냉혹한 원한을 드러낼 때, 그리스도께서는 하나님의 종들 중 하나에게 온전한 공평을 보여주시기 위해 섬세하게 주의를 기울이십니다. 그 안에서 그분은 경건하게 희년의 율법, 종들의 권리에 대한 율법에 순종하십니다. 물론, 그리스도께서는 구약 속에서 당신의 형상을 드러내는 예표들을 십자가에서 성취하셨습니다. 하지만, 그분은 또한 이 그림자들, 이 상징들을, 이스라엘의 제사장 제도 하에 있는 종들 중 하나의 귀에 손을 얹으심으로써 성취하고 계십니다.

이 사건이 일어나는 상황에 대해서는 우리가 너무나 잘 압니다. 그 밤의 죽은듯한 광막함 가운데서, 한 무리의 유대인과 로마인들이 정원에 머무르고 있는 나사렛 사람을 잡아 포로 삼기 위해서 움직여 왔습니다. 그들은 강한 저항을 예상했지만, 잘못된 생각이었습니다. 왜냐하면 스스로 싸워 하나님과 화평의 상태에 이르신 그리스도께서는 죽음에 당신을 자원하여 넘길 수 있게 되셨기 때문입니다. 부름을 받지 않았지만, 그분께서는 그들에게 한 발 앞서 나아오셔서 너희들이 누구를 찾느냐고 하셨습니다. 꺼림칙하도록 붉게 타오르는 횃불에 비추이며 서 계시는 그분의 침착하고 태연하신 위엄의 모습이 너무나도 놀라워서 유대인 성전수비대의 망나니들과 용맹스런 로마군인들이 두려움에 휩싸여 넘어져 버렸습니다.

그렇게 그리스도의 위엄은 그 자체를 즉각적으로 드러냅니다. 그분께서는 자신을 숨기시지 않습니다. 죄의식이나 두려움을 모르시기 때문입니다. 그분은 자신을 사람의 아들로 옹호하시면서, 당신을 반대하는 사람들 안에 두려움을 불러일으키십니다. 그래서 겟세마네는 그분께서 사로잡히시는 순간에 다른 시간, 곧 그분께서 왕으로서 나타나실 때, 그리고 그분을 감히 대항했던 모든 일이 닫힐 때를 드러내고 있습니다.

하지만 이 측면의 일은 실제로 우리의 주의를 요구하지 않습니다. 우리는 예수님께서 그 대제사장의 종을 위해 하신 일을 말하고 싶은 것입니다.

그 나사렛 사람을 잡으라고 보내어진 사람들 중 하나는 가야바의 시종으로, 사복(personal servant)으로 일하던 사람이었다고 합니다. 이 사람은 분명히 힘든 삶을 살았을 것입니다. 노예제도는 언제나 종에게 힘듭니다. 특별히 그 퇴폐의 시대에는 더욱 그러했을 것입니다. 사실을 말하자면, 이 사람 –그 이름은 말고라고 합니다 – 은 너무나도 비극적인 인생을 살았습니다. 옛 언약으로 자리를 얻은 마지막 대제사장의 그림자 안에서 매일을 걸어야 했습니다.

하나의 인간이자 직분자로서, 대제사장이신 하나님의 뜻은 이스라엘의 복음적(evangelical) 존재의 빛을 그의 종들에게 비춰는 것입니다. 그렇게 하는 것이 제사장의 일입니다. 그는 세상과 죄에 대한 저주를 만져볼 수 있게 하는, 또한 노예제도의 수립 가운데서도 만져볼 수 있게 하는, 그 심판 위에 하나의 습격을 가함으로써, 신적이면서 그리스도적인 은혜가 영화롭게 되게 해야 합니다. 그 은혜가 희년에 대해서 기대해 왔던 바였던 것입니다.

가야바가 마땅히 그렇게 되어야 하는 종류의 제사장이었다면, 그는 당신의 그리스도를 보내시는 이스라엘의 하나님의 사랑을 이 종에게 나타냈을 것입니다. 그는 자신의 개인적인 종에게도 '하나님의 자비로우신 얼굴'의 복음적인 빛을 수단으로 해서 노예제도의 비참함을 완화시켜주는 사랑을 나타냈을 것입니다.

특별히 가야바는 자기 종에게 사랑을 나타내야 할 좋은 이유들이 있었습니다. 그는 신적 지명에 따른 제사장, 하나님의 은혜로 말미암은 제사장이었습니다. 게다가 노예제도에 대한 의문이 가야바의 시대에 실제적인 문제가 되기 시작했습니다. 당시 유대인들의 분파 중 에세네파라는 무리가 있었습니다. 이 분파의 사회적 행동을 지배했던 여러 규례들 중 하나는 노예제도 폐지였습니다. 그 규례는 윤리적 연구의 결과였습니다. 에세네파는 주장하기를, 사랑은 사람들이 자발적으로 서로 섬기도록 하기 때문에, 노예제도는 폐지되어야 한다고 했습니다. 이 에세네파 사람들은 하나의 이념을 붙잡아 확고한 규칙으로 삼았습니다. 어떤 의미로 그 이념은 옛 언약의 가르침을 순전하게 적용하는 것이었습니다. 다른 의미로 보자면, 그것은 새 언약의 빛이 떠오르는 것이었습니다. 그 빛은, 노예제도가 그 단어의 완전한 의미로 모두 함께 사라져버려야 할 때, 그리스도 안에서 세상을 밝혀주는 것이었습니다.

이런 윤리가 이스라엘 경내에서 가르쳐지고 있었다는 사실은 제사장에게 분명히 영향을 끼쳐야 했고, 특별히 이스라엘의 대제사장이라면 더욱 그러했습니다. 가야바는 에세네파가 자신의 지배영역 안에서 활동하고 있는 것을 눈치채고 있습니다. 그들은 노예제도에 대하여 이런 입장을 자신들의 이론 중의 하나로 가지고 있는 것입니다. 이런 인식은 성경을 스스로 상고하게 하고, 그 안에서 자기가 자신의 종을 어떻게 대하고 있는가에 대한 질문을 제기해야 합니다. 에세네파의 윤리에 대해서 제사장적으로 어떻게 답변하고 반응해야 할 것인지, 가야바는 스스로 질문해야 합니다. 대제사장으로서, 그리고 율법의 교사로서 에세네파가 발전시켰던 자유의 개념을 어떻게 자신의 방식으로 계시할 수 있는가? 어떻게 예표 - 종들에게 희년의 해를 약속하였던 예언- 와 일치하는 방식으로 그렇게 할 수 있겠는가? 하는 질문 말입니다.

하지만, 가야바는 이런 일은 전혀 생각조차 하지 않았습니다. 어쩌면 그는 너무나 오만해서, 자신은 매우 계몽되어 있으며 넓은 마음을 가지고 있기에 에세네파의 사소한 이론들에 어떤 의미도 제공해줄 수 없다고 여겼는지 모릅니다. 그래서, 가야바는 자신의 종들을 데리고 있습니다. 그리고 - 우리는 그에게 공정해야 합니다 - 이 측면에서 그가 당시의 다른 사람들보다 더 많은 죄를 지었던 것은 아닙니다. 우리는 단지 에세네파의 너무나도 실제적인 질문, 그 성경적인 질문, 곧 노예제도에 관한 질문에 대해 가야바가 어떻게 하고 있느냐를 묻는 것입니다.

아아! 비극적인 무언가가 가야바와 그의 종들 사이에 개입하고 있습니다. 가야바는 자신의 하인들에게, 복음적인 빛, 메시야적인 빛, 희년의 해의 빛을 제공할 수 없습니다. 그 자신이 그 빛에 대해 눈이 감겨 있습니다. 그는 메시야 바로 옆에 있으면서도 그분을 보지 못합니다. 그러므로 가야바는 완성된 희년을 도입하고 알려주실 그분을 지목할 수 없습니다. 그 완성이 하나님의 노예들이 갇혀 있는 그 감옥문을 활짝 열어줄 것임에도 말입니다.

그래서, 일이 벌어진 것입니다 - 이러한 것이 몰아붙이는 사실과 죄의 논리입니다 - 가야바가 한 종으로 하여금 종들의 해방자이신 예수님을 사로잡으려 하는 그 무리를 따르게 한 것입니다.

이 그림이 얼마나 어둡습니까!

여기 유대인들이 로마인들의 도움을 받아 자신들의 메시야를 사로잡으려고 합니다. 가야바는 메시야를 죽음에 몰아넣기 위해 로마인들의 도움을 구함으로써 메시야의 해인 희년의 기초를 파괴하고 있습니다. 왜냐하면 이런 방식으로 유대인들은 이교도들의 종들이 되었기 때문입니다. 모든 매임으로부터, 특별히 저주와 사망의 매임으로부터 해방되는 자유를 약속하시는 메시야를 인정하기는커녕, 그들은 로마로부터 와서 자신들에게 폭정을 행사하고 있는 이들의 지팡이에 입을 맞춥니다. 이 어두움, 이 짙은 어두움!

아, 하지만 그 저주는 무서운 방식으로 전개됩니다. 위대한 가야바와 그의 백성들은 로마의 검 뒤에 숨으면서 슬그머니 노예의 상태로 빠져들어 갑니다. 대제사장이 종을 보내어서, 그 평화의 왕, 자유의 영웅, 위대한 해방자를 사로잡아, 그분을 죽음에 몰아넣는 일이, 이스라엘의 노예 상태에 빠진 정신 속에 있습니다. 모든 이스라엘, -제사장과 그 제사장의 종들, 높은 자와 낮은 자들, 형식상으로나마 자유하고 형식적으로나마 매여 있는 자들 -모든 이스라엘이 자기 목을 이미 감고 있는 노끈을 스스로 더욱 졸라매고 있습니다.

제사장의 종 하나가 희년의 왕자를 결박하려고 오는 무리들 중에 있습니다. 이것은 노예제도와 사망의 어두침침한 기간에 있어서 하나의 적절하고 적합한 순간입니다. 그것은 무서운 역설을 표상하고 있습니다. 제사장과 그의 종이 평화의 왕국의 왕자에 대항해 폭군인 로마의 지원을 요청하는 것입니다. 종이 종들의 해방자를 사로잡고자 합니다.

하지만, 가야바의 종, 말고는 오늘 빛을 볼 운명입니다. 대제사장의 종이 큰 빛을 보게 될 것입니다. 진실로, 그는 촛대로부터 불빛을 취하기 위해서 옵니다. 종이 주인과 함께 자신의 해방을 반대하는 것은 자신의 주인을 위해 해야 할 노예상태에서의 한 부분이기 때문입니다. 하지만, 그리스도의 빛의 광선이 그의 두 눈에 비춰지고 희년의 율법이 그에게 계시될 것입니다. 다가오는 새 언약의 날의 산고에 의하여 야기된 그 떨림이 옛 언약의 말라비틀어진 후손을 사로잡을 것입니다. 그가 원하든 원하지 않든 말입니다. 말고는 오늘 이상한 밤을 보낼 것입니다. 하늘왕국의 바람, 메시야의 왕국의 그 바람이 그를 스쳐 지나갈 것입니다. 그는 그 소리를 들을 것입니다. 하지만 그 바람이 도대체 어디서 와서 어디로 가는지 알지 못할 것입니다.

그 종이 실제로 듣기 전까지는 말입니다.

우리는 빛과 자유에 대하여 말했습니다. 태초에 그 중의 어떤 것도 없었다는 것이 사실입니다. 무리가 예수님을 잡으려고 위협했을 때, 제자들의 냉혹한 복수심이 불타올랐고, 그 밤에 칼날의 빛이 희번덕거렸습니다. 베드로는 자신의 검, 혹은 단칼을 휘두르기 시작했습니다 —어떤 것인지 우리는 알지 못합니다. 예수님께서 유월절의 방에서 주셨던 권면에도 불구하고, 제자들은 외적인 힘을 외적인 힘으로 대항했습니다.

하지만 베드로의 흥분으로 말고가 한쪽 귀가 떨어져 나갈 만큼 심각한 상처를 입자, 예수님께서 개입하십니다. 그분께서는 제자들에게 칼을 거두라고, 옆으로 치워두라고 하십니다. 자신의 힘으로 검을 쓰는 자들은 그 검으로 망하게 될 것이라고 하셨습니다. 정의와 관계없이 휘두른 칼은 그것을 휘두르는 사람에게 상처를 입히고 또한 죽일 것입니다. 그리스도께서는 제자들에게 아버지의 뜻으로 정하신 아들을 위한 시간이 다가오니 무리들이 하고 싶은 대로 내버려 두라고 책망으로서 말씀하십니다.

이 정도로 예수님께서는 당신의 말씀을 나타내십니다.

인간의 기준으로 판단할 때, 그것은 예수님께 충분했습니다. 만약 그분께서 말로 책망하시고 말고가 당한 사고를 내버려 둔다 하더라도, 어느 누구도 그분을 '공식적으로' 비난할 수 없었을 것입니다.

하지만 예수님께서는 인간의 기준으로 볼 때 그분께서 필요로 하시는 것의 최소한마저도 물어보지 않으십니다. 그분에게 있어 신적인 정의는 무엇이 의롭고 옳은가를 결정하는 것입니다. 그리고 신적인 정의는 언제나 그 행위와 말씀을 결합시킵니다. 신적인 정의에 따르자면, 베드로에게 말로 책망한 것으로는 충분하지 않습니다. 당신의 제자의 행위에 대한 주인(Master)의 책임감은 그분으로 하여금 행위를 의무적으로 행하시도록 합니다. 겟세마네의 그 깊은 밤 시간은 위대한 보상(pay-off)의 시간입니다. 우주의 시계가 치고 있습니다. 그 종소리들이 말하고 있습니다: 보상하라, 보상하라. 하나님을 찬양합니다! 빚을 지불하는 그 위대한 순간에 그리스도께서는 보수의 법칙에 너무나도 깊이 물들어 계셔서 직접 상실에 대한 보상을 하십니다. 그저 종일뿐인 자가 연루되어 있지만, 그분께서는 그 종이 제자들의 손으로 당한 손실을 보상해 주시는 것입니다.

지금 빛이 그 노예 말고의 눈에 엄습합니다.

말고는 두 제사장 사이에 서 있습니다. 공식적으로 제사장이라고 여겨지는 가야바와 또 다른 제사장의 사이에 말입니다. 그 다른 제사장은, 모든 권리들을 부인당하면서도 제사장의 봉사를 수행하고 있습니다. 모두가 그분을 저주하지만 축복하시고, 사람들이 그분을 때리고 위협하지만 치료하시며, 악당들이 당신의 피를 뽑아내고 있지만 한 노예의 피를 존경하고 있으신 것입니다. 가야바는 이런 종류의 일을 한 적이 있었던가요? 아닙니다, 지금까지 말고가 그를 섬겨온 세월 동안, 가야바는 자기의 종에게 빛을 비춰줄 수 없었습니다. 그런데 이 그리스도, 이 왕관을 쓰지 않은 제사장이 말고를 만나시자마자, 말고는 메시야의 태양의 완전한 빛 가운데 서있게 되었습니다. 그가 엄청난 열심으로 나사렛 사람을 대적하여 장애물을 집어 던질 때, 그 태양이 그를 위해 떠올랐습니다.

나사렛 예수께서는 "이 사람은 단지 종일 뿐이고, 그것은 단지 귀일 뿐이다"라고 말하지 않습니다. 그분은 작은 상처들이 무엇인지 알지 못하십니다. 중요하지 않은 사람이 무엇인지 알지 못하시는 것입니다. 그분은 말고에게 다가서서 당신의 능력을 집중하시고, 그분의 마음을 당신의 아버지에게 고정시키시며, 하늘 왕국의 에너지를 힘입어 행하시고, 그에게 기적을 행하십니다. 그를 만지사 낫게 하셨습니다.

이제 우리는 이 기적을 세상의 눈으로 보아서는 안 됩니다. 우리도 이 경이로운 일을 예수님께서 행하신 이적 가운데 덜 중요한 것으로 여기는 경향이 있습니다. 이러한 것이 사실임을 지난 세기의 경건문서들이 입증할 것입니다. 우리의 첫 번째 인상 또한 돌아서서 가야바의 논리를 사용해 말합니다. "그는 단지 종일 뿐이고, 그리고 그것은 귀일 뿐이야". 예수님의 다른 기적들에 대해 설교하고 말하며 쓰는 횟수와 이 특별한 경이로움에 특별히 주목하는 횟수를 비교하는 것은 가치 있는 일이겠지요. 말고에게 행하신 기적이 다른 기적들에 비해 훨씬 덜 주목을 받고 있다는 것을 발견하게 될 것입니다.

그럼에도 불구하고, 이런 종류의 평가는 세상적입니다. 그것은 내적인 가치를 외적인 드러남에 따라서, 숨겨진 의미를 시각적인 형태의 견지에서 판단합니다.

우리는 이런 평가의 기준들을 조장해서는 안 됩니다.

그리스도께서 행하시는 기적은 언제나 기적입니다. 산을 바다로 옮기시거나, 귀 한쪽을 고쳐주시거나, 강을 막아 댐을 만드시거나, 혈관을 막으시거나, 그 기적의 질과는 상관없이 영향력이 있습니다. 그 힘, 그 에너지, 그 의지의 집중, 그 믿음, 각각의 경우에 그 자체를 실행하고 있는 영적 권세는 모두 동일합니다. 집을 무너뜨리는 바람이 쓰레기통에 담긴 종이조각을 공중에 날려 보낼 때보다 격렬하지 않은가요? 기적을 행하시는 예수님의 능력이, 죽은 자를 무덤에서 불러낼 때가 광풍을 잠잠하게 하던 때보다 덜 강력한가요? 그리스도의 믿음은 믿음이고 그렇게 계속 믿음으로 남아 있습니다. 그리스도의 능력은 능력이며 그렇게 계속 능력으로 남아 있습니다. 그분께서는 중보자로서 능력이 자신으로부터 흘러나오게 하실 때 자신의 모든 혼을 아버지에게 집중시키셔야 합니다. 그분께서 능력을 행사하는 대상과 무관하게 말입니다.

게다가, 우리는 이 기적이 예수님께서 당신의 비천하심의 상태에서 행하셨던 마지막 기적임을 기억해야 합니다. 이 시간 이후로 사람들은 그분께서 당신의 영을 보내실 때까지 그분의 기적을 볼 수 없을 것입니다. 그런데도 우리는 이 마지막 기적의 가치를 잊어버리거나 축소시켜야 할까요? 그렇게 하면 '덕을 세우는 것'이 될까요? 그것이 그리스도 생애의 드라마라는 개념을 우리가 파악했다고 입증해 줄까요? 그리스도의 삶의 고양된 스타일과 신적인 조화에 대해서 무언가를 느껴본 사람은 분명히 더 잘 알고 있습니다. 이 마지막 기적은 그분의 예언적 가르침과 자기계시의 절정이며 마지막을 표상합니다. 당신의 말씀에 더하시는 이 마지막 표적은 그날 밤 무리의 명령 하달서에 기술되어 있었던 것보다도 더 정확하게 우리 마음에 믿음으로 새겨져 있어야 합니다. 우리는, 특별히 우리는, "그는 단지 종일 뿐이고 그것은 단지 귀일 뿐이야"라고 말해서는 안 됩니다. 우리는 "여기에 왕이 계시며, 이것은 능력입니다. 다가오는 세계의 왕과 권세가 여기에서 계시되고 있습니다. 아멘!"이라고 고백해야 합니다.

우리가 이 관점에서 이 사건을 바라본다면, 천상의 많은 빛줄기가 믿음의 프리즘을 통해 예수님의 이 값진 행위 위에 비춰지게 됩니다. 이 빛들은 말고의 섬세하신 그 의사의 손길 위에 떨어지고 있습니다. 그와 우리가 믿는다면, 우리의 형제가 되시는 그분의 손길 위에 말입니다.

첫째로, 이 기적은 가인의 표적에 대한 율법의 완성을 표상하고 있습니다. 가인은 아벨을 죽였습니다. 뱀의 후손이 여인의 후손을 핍박했습니다. 가인의 육체가 아벨의 영(the Spirit)에 대항하여 말했습니다. 그날 하나님께서는 가인을 쳐 죽이심으로 복수하지 않으셨고, 그가 자유롭게 되었다고 선언하지도 않으셨습니다. 대신 하나님께서는 사람들이 가인에게 임의로 상해를 입히는 것으로부터 가인을 보호해 주셨습니다. "주께서 가인에게 표를 주사 그를 만나는 누구든지 그를 죽이지 못하게 하셨더라." 어떤 이들은 이 표를 가인의 신체에 실제로 보이는 무언가로 생각합니다. 다른 이들은 가인이 하나님의 약속하신 보호를 확신할 수 있는 어떤 표를 보았다고 생각합니다. 하지만, 어떤 견해가 옳은지와 관계없이, 분명한 것은, 가인에게 주신 표는 모든 검, 특별히 그날 흥분한 베드로의 검들에 대해서조차도 그를 분명하게 그리고 확실하게 보호해 주었다는 것입니다. 아벨의 피는 검으로 복수한 것이 아닙니다. 왜냐하면 그 피는 목소리를 가지고 있기 때문입니다. 그것은 목소리가 있습니다. 그리고 그것이 의미하는 바는, 그 일이 영적인 것이며 칼날을 휘두른다고 해서 해결되는 문제가 아니라는 것입니다. 아벨의 피보다 더 잘 말해주는 피 흘리시는 분이 오시기까지는 그 피도 그 목소리도 안식에 이를 수 없습니다. 그분의 피도 하나의 목소리를 구체화시킬 것입니다. 또한 그 목소리가 들려질 수 있게 하는 힘과 권리를 가지실 것입니다. 그분은 가인에 대항해 크게 소리 지를 수 있을 뿐만 아니라, 가인을 위하여서도 소리를 높이 지르실 것입니다. 가인의 임의적인 모습과 달리, 이분은 무엇보다도 세상에 정의를 다시금 세우실 것입니다.

이제 그분이 오셨습니다. 그리스도께서는 겟세마네에서 가인의 표지의 율법을 적용하시고 성취하기 위해 힘쓰십니다.

그리스도께서는 그 율법을 적용하십니다. 겟세마네 역시 가인의 능력을 증거해야 합니다. 여인의 후손, 그 어휘가 지닌 가장 특수한 의미로서 말하는 저 위대한 아벨에 대항해 힘쓰고자 할 때, 뱀의 후손, 물리적 세력의 힘을 증거해야 하는 것입니다. 그리스도께서는 가인의 영을 표상하는 무리를 무찌르기 위해 천군천사를 부르실 수 있지만, 그럼에도 불구하고 그분께서는 그에게 표적을 주십니다. 그들 모두가 볼 수 있는 표적입니다. 수많은 가인의 무리들, 그 측근들 모두에게 적용되는 표지입니다. 그 표적은 그리스도께서는 가인과 그의 무리에게 임의적이고 충동적인 전투를 벌이시는 것이 아니라는 증거입니다. 그분께서는 정의의 문을 여시는 권리를 스스로 보존하시며, 그곳에서 그 권리에 따라 가인의 영과 행위들을 심판하십니다. 그러므로 예수님의 이 행위는 그리스도의 능동적 순종의 또 다른 드러남입니다. 아벨보다 더 크신 분으로서, 그분께서는 하나님으로부터 하나의 재판석에 앉으실 수 있는 특권을 획득하셨습니다. 부분적으로는 무리에 대항하여 혼란을 거부하심과 그곳에 거룩한 정의를 만족시키시는, 바로 이 행위로 말미암아 이 특권을 성취하신 것입니다. 말고의 귀를 고치심으로써 그리스도께서는 구름 위에 당신의 심판석을 세우실 수 있는 권리를 입증하셨습니다. 겟세마네 그림자 가운데서 일어난 어떤 일도 중요하지 않은 것이 없습니다. 그곳에서의 시간은 영원이 되고 있습니다.

둘째로, 그리스도께서는 또한 가인의 표적의 율법을 성취하십니다. 첫 번째 아벨은 스스로 가인을 보호하지 않았습니다. 결코 그렇게 하지 않았습니다. 아벨은 단순히 자신의 피가 가인에 대항하여 부르짖게 하였습니다. 가인에게 보호의 표지를 주셨던 분은 하나님이셨습니다. 하지만, 더 위대한 아벨의 피가 하나님을 향해 부르짖었습니다. 지금도 탄원하고 있는 겟세마네로부터- 겟세마네로부터 하나님께서 스스로 물러나고 계십니다(withdraws Himself). 그분께서는 그 위대한 아벨이 가인의 키들이 있는 곳에서 스스로를 위하여 방향을 바꾸게 하십니다. 왜냐하면 지금은 아벨보다 더 뛰어나신 분이 당신 자신의 힘으로 손을 쓰셔야 할 때이기 때문입니다. 사실, 그분께서는 그것을 하실 수 있습니다. 이 위대한 아벨은 하나님께 전적으로 버림받으십니다. 그럼에도 불구하고, 하나님께서 일반은총의 법칙의 범위 안에 그 '가인'을 포함시키시는 한, 그분께서는 냉수 잔들을 '가인'에게 계속 내어놓으실 것입니다. 비록, '가인의 것'인, 그리스도의 입술이 목마름으로 탈지라도, 그의 육신의 진액이 모두 빠져버린다 할지라도, 그분은 계속해서 물을 가인에게 제공하십니다. 그분께서는 아벨보다 더 크신 이십니다. 보십시오, 한 위격 안에 하나님이시면서 사람이신 분이 직접 말고의 귀를 고치시고, 그리스도의 원수인 가인의 부대의 병기 든 자에게 당신의 표적을 붙여주십니다. 그분께서는 가인이 그를 발견한 자로부터 결코 상하지 않게 하시려고 이 일을 하십니다. 그러므로 아벨이 흘린 피의 복수로부터 가인을 보호하시는 이가 하나님이실 뿐 아니라, 또한 '아벨'

이 직접 가인을 보호하는 것입니다. 가인이여, 그대는 지금 두려움으로 떠는 것이 좋겠도다. 하나님의 때에, 아벨이 너에게 피난처를 제공해주시는 때에, 그대는 그분의 손에 떨어지는도다. 두려움으로 떠는 것이 당연하도다: 말고를 고쳐주신 것은 그 마지막 날의 시작입니다! 디이즈 이래, 디이즈 일라(진노의 날, 그 날)[138]

지금 여기서 벌어지는 일은 매우 중요합니다. 그리스도께서 말고의 귀에 표적을 붙이시는 순간은 하나님께서 가인에게 한번 주셨던 것보다 더욱 위대한 순간입니다. 그것은 세상에 대한 하나님의 오래 참으심을 선포하고 있습니다. 더 위대한 아벨의 위대한 복수의 날까지 가인이 보존되도록 (이것은 성경적인 개념입니다) 남은 날 동안에 그를 보존하시는 오래 참으심입니다. 말고의 귀에 놓인 표적은 일반은총의 법칙을 선포했습니다. 그 일반은총은, 예수 그리스도의 날까지, 말고의 능력을 새롭게 하고 그의 맥박을 규제하면서, 말고와 그의 동료들에게 할당된 것입니다.

땀을 흘리고 있는 노예 위에 비춰지는 종말론적 현상 가운데, 태양빛의 광선. 실로, 은혜가 언제 책임감 없이 오던가요? 언제 예수님의 친절하심이 심판이 아닌 때가 있던가요? "디이즈 이래, 디이스 일라(진노의 날, 그 날)"

그렇습니다, 은혜가 언제 심판 없이 오나요? 그 선은 가인으로부터 시작해서 말고를 지나 '죽을 정도로 상처를 입었다가 다시 살아난' 짐승인 적그리스도에까지 이르게 됩니다. 이것 안에서, 말고의 귀의 법칙은 성취가 됩니다. "디이스 이래, 디이스 일라(진노의 날, 그 날)"

이 사건의 한 가지 다른 요소는 우리에게 그리스도의 영광을 선포하는 것입

---

138) 한역주 : Dies irae, dies illa는 "진노의 날, 그 날"의 뜻을 가지고 있는데, 진혼곡, 혹은 위령곡의 첫 구절로 유명하다.

니다. 그리스도께서는 그분의 손이 묶임 당하기 전에 행하신 이 마지막 기적에서, 당신의 거룩하심과 당신의 이적들의 메시야적인 특성을 사람들 가운데 드러내십니다. 말고에게 있었던 기적은 계시의 기적입니다. 그것은 육체에 대해 어리석은 것이며 또한 거치는 것입니다. 그분의 의도대로, 성경에서 우리에게 계시되는 대로, 그리스도께서 행하시는 기적은 사람들이 고안한 다른 기적들과는 너무도 다릅니다. 그것은 사람들이 고안하고, 불투명한(그러면서 '경건한') 환상 속에서 그리스도께서 행하신 것이라고 말들을 하는 기적들과는 본질상, 그리고 효과면에서 언제나 다릅니다.

진실로, 사람들은 자기들의 방식으로, 기적의 법칙을 상고해 왔습니다. 예를 들면, 외경의 복음서들, 소위 복음서라고들 불리는 것들은 사람에 의해 기록되었고 성령의 영감 없이 고안되었습니다. 또한 그것들을 기록한 자들이 그리스도의 기적들을 상고하고 예수님의 외경적 인상을 고양시키기 위해 여러 경이로운 것과 표적들을 고안했음을 나타내고 있습니다. 이 외경의 복음서들을 읽는 자들은 누구든지 인간의 상상력이 지닌 특별한 오만함으로 기적들을 해석하는 것에 반복해서 고통스럽게 부딪히게 됩니다. 왜냐하면 이 인간의 창조물 가운데 기록되어 있는, 예수님께서 행하셨다고 하는 기적들은 구속(redemption)을 목적으로 삼지도 않고, 얽매여 있는 자들을 해방하는 역할도 하지 않기 때문입니다. 이 기적들은 인간적으로 꾸며진 메시야가 하나의 마술사로서 오만하게 맹세하며 자신의 능력으로 기적을 행하는 현란한 과시일 뿐입니다. 이 기적들은 언제나 그 자체의 목적만을 가지고 있을 뿐이고, 그 자체로서 끝날 뿐입니다. 외경의 복음서들의 기적들은 하나의 목적(a purpose)에 봉사하지 않습니다. 그것들은 예언하지 않습니다. 그것들은 열렬한 사랑의 본능을 가지고 있지 않고, 복음적 목적에 흠뻑 젖어 있지 않습니다. 그것들을 행하는 이는 단순히 마술사 중의 우두머리일 뿐입니다. 그것들은 그저 입들이 떡 벌어지게 만들기 위해서 고안된 것입니다. 실제로 그 기적들은 기적을 행하는 예수님이 하나의 귀족(a aristocrat)임을 보여주고자 계획되어 있습니다.

그의 눈이 팽 돌게 하는 기적은 너무나도 현란하고, 독재적이고, 임의적이어서, 누구도 도와주지 않습니다. 비천한 자들이 그것으로 복을 받지 못하는 것입니다.

　이제 그리스도께서 말고에게 하시는 것을 보십시오. 그분은 정경의 복음서들에 기록된 그리스도이십니다. 그분의 마지막 기적은 당연합니다. 이것이 그분의 마지막 기적입니다. 그 사실의 관점에서 볼 때 외경의 복음서들은 예수님의 기적이 불꽃 제조술처럼 휘황찬란하게 끝을 마무리해야 한다고 말할 것입니다. 하지만, 예수님께서는, 그 정경의 복음서들 속에 기록되신 예수께서는, 그 일을 '폭죽들'을 터트리는 방식으로 마무리하지 않으십니다. 5천 명의 무리가 그것을 증거하든지, 아니면 한 명의 종이 증거하든지와 관계없이, 그분께서는 하나님의 보이지 않는 힘을 작용하게 하십니다. 그리하여 당신의 죽어가는 거지 무리 중의 버려진 이에게 정의를 행사하시고, 사랑의 섬김과 심판의 섬김을 완성하시는 것입니다. 이 기적이 그것을 완성하고 있습니다. 기적은 하나님과 사람을 동시에 섬깁니다. 기적은 그 자체로 목적이 아닙니다. 하나의 수단입니다. 그것은 사람들에게 예언을 합니다. 검을 버려야 하는 친구들에게, 그리고 그 검이 세상을 파괴하는 자가 아니라 치료하시는 분을 때려서 죽음에 이르게 하고 있음을 배워야 하는 원수들에게도 예언을 하고 있는 것입니다. 이 기적은 하나의 목적에 봉사하고 있습니다. 겟세마네의 의사께서는 하나님의 전례학자(Liturgist)이십니다. 그분께서는 놀라워하고 있는 한 종에게 천상의 긍휼과 초인간적인 위엄의 깊이를 드러내 보여주고 계십니다. 그분의 기적은 불꽃놀이의 한 장면이 아닙니다. 그것은 따스한 온기를 제공해 주는 불이며, 길을 가리켜 발견하게 하는 빛입니다. 그것은 불경건한 자들을 불태우는 불이며, 하나님의 원수들의 눈을 어둡게 하는 빛입니다. 그것은 야훼의 종의 완전한 복종으로 구성되어 있습니다. 모든 이들의 종으로서 그분께서는 이날 한 종의 모습을 취하고 계십니다. 그분께서는 어떤 곳에 있는 종이라 하더라도 그에게 "나는 너를 모른다"고 하지 않으십니다. 완전한 구세주께서 말고에게 행하신 이 행위 속에서 당신 자신을 계시하고 계십니다. 그리고 그 계시는 하나의 축복이면서 또한 하나의 심판으로서 자신을 드러내고 있습니다. 이 치료는 말고의 생애에 있어서 위기를 표상하고 있지만, 그것이 전부는 아닙니다.

마지막으로, 세 번째 강조로, 우리는 그리스도께서 마지막 기적의 절정으로서 섬기시는 표적들과 적그리스도의 기적들을 대조해 보기를 원합니다. 적그리스도에 대해서 우리는 그도 기적을 행하고 표적을 보여줄 것이라는 기록들을 읽습니다. 적그리스도의 이적들은 세 가지를 의도하고 있습니다. 세상을 미혹하고, 세상의 모든 난쟁이들 위에서 지배하는 최고의 통치자임을 스스로 입증하며, 적그리스도의 진정한 성격을 눈에 보이지 않게 감추려고 하는 의도입니다. 바울이 이 기적들을 '거짓 기적' [139] 이라고 부르기 때문입니다. 그것들은 엄청난 가장무도회가 될 것입니다. 적그리스도는 죄악의 혼돈을 표면상의 우주('장식') 아래에 감출 것입니다. 빠르게 소멸되어가는 땅에 이것들로 인을 칠 것입니다. 그는 눈을 휘둥그러지게 하는 표적들의 거짓된 번쩍임 아래에 자신의 거짓말을 감추고, 권위와 진리에 대한 자신의 주장들이 참된 것인 양 입증하려고 할 것입니다. 그는 아버지와 목자의 친절하심을 늑대 같은 성격 위에 가장하여 가볍게 걸치고 있습니다. 적그리스도의 기적들은 적그리스도의 계시의 엄청난 부재(ap-ousia)입니다. [140]

적그리스도는 이런 거짓 이적들과 기만적인 출현들을 방편으로 하여 지상에서의 자기 활동들을 끝낼 것입니다.

이것들과 그리스도께서 지상에서 공식적으로 행하신 마지막 기적을 대조해

---

139) 한역주: lying wonders. 살후 2:9.
140) 계시록13장과 데살로니가후서2장을 읽으라. ap-susia는 부재를 의미하며 par-ousia(재림) 혹은 분명한 현존과는 대조되는 것으로 사용된다. (그리스도와 관련해서)par-ousia라는 이름은 그분의 영광스러운 귀환을 계속 가리키고 있다. 하지만 par-ousia는 또한 단순하게 '나타나심'을 의미할 수있다.

보십시오. 그것은 감추시는 것이 아닙니다. 그것은 부재가 아니라 오히려 나타나심입니다.[141] 그분께서는 당신의 행위의 요점이십니다. 그 행위 속에 당신이 어떤 분이신지 있는 그대로 계시하시는 것입니다. 그분께서 주저 없이 행하시면서도, 직면하게 되는 상황에 대해서 자발적으로 반응하는 것은 ―이 두 가지가 이렇게 수렴되는 것을 우리는 얼마나 자주 보아 왔던가요― 또한 그분의 완전한 복종의 과정의 대칭적인[142] 완성에 들어서는 것입니다. 말고의 귀를 치료하시는, 그리스도께서는, 당신을 있으신 그대로 계시하시며, 또한 당신의 행위로서, 오는 세상과 마지막 날의 신성불가침한 특권들의 세력들을 끌어당기십니다. 이것이 아버지와 아들과 성령의 이름으로 내리시는 그분의 결론입니다. 아멘.

그리스도께서 매임을 당하시기 직전에 당신의 공생애 사역을 끝내시는 기적은, 사람들을 미혹하지 않고 오히려 그들을 불러 회개하게 합니다. 게다가, 이 행위는, 그분의 고귀한 귀족 계급의 눈부신 휘장이 아닙니다. 그 휘장으로 사람들의 눈을 가리는 그런 것이 아닙니다. 진실로, 그분께서는 로마와 예루살렘의 권세자들을 치셨습니다. 그들이 그분 앞에 엎드려졌기 때문입니다. 하지만, 이 특별한 순간에, 그분은 (사랑으로) 눈이 멀고 마셨습니다: 말고의 얼굴로부터 너무나도 조심스럽게 피를 닦아 주신 것입니다. 그 기적은 진리에 따라서 그리스도의 모든 특성을 소리 높여 선포합니다. 죄의 이 밤에 사람들이 혼란(부조화)을 전면에 끌고 온다면, 그리스도께서는 하나님의 조화(우주)를 한 종에게 계시하십니다. 사람은 거짓 위에 넘어지지만, 그리스도께서는 전체 진리를 가르치십니다. 그분의 마지막 표적은 수반하는 말씀에 의하여 순종하는 것으로 선포됩니다.

적그리스도는 부패해가는 세상을 낙원으로 변화시키기 위해 최후의 순간까

---

141) 한역주 : 140)을 참고.
142) 한역주 : 그리스도의 복종의 과정을 '대칭적'(symmetrical)인 것으로 표현하는 이유는, 구약의 예표를 신약에서 성취하시는 것으로서, 그리스도의 순종을 보기 때문인 것 같다.

지 노력할지도 모릅니다. 그리스도께서는 당신의 마지막 이적을 행하시면서 저주에 찌든 당신의 죽음을 향하여, 그리고 지옥의 고통의 사막을 향하여 움직이고 계십니다. 하지만 그분께서는 다가오는 낙원의 언어와 표적을 종에게 섬겨주십니다.

적그리스도의 표적들은 미혹할지도 모릅니다. 하지만, 그리스도의 표적들은 설교의 말씀으로 그것들의 의미를 드러냅니다.

최종적으로, 그리스도께서는 친절한 접근을 가장해서 늑대의 특성을 숨기시는 원수가 아닙니다. 그분께서는 참 대제사장이시며, 거짓 제사장의 종의 귀에 이 메시지를 속삭이십니다: "나는 사망의 종노릇으로부터, 영원한 노예제도의 멍에로부터 너를 해방시켜 주려는 이가 아니더냐? 들어라, 내 아들아. 들어보거라, 말고야. 나는 종들을 주인들로 바꾸기 위해서 종이 되고자 하였던 제사장이니라."

적그리스도와 그리스도는 둘입니다. 그들은 지상에 행한 자신들의 결정적인 표적들과 이적들에 의하여 둘임을 입증하고 있습니다.

이 기적에 한 줄기 빛이 더 비춰지고 있습니다. 그리하여 한 가지 더 중요한 의미를 발견하게 됩니다.

우리는 이 사건을 상고하며 예수님의 왕권과 다윗의 아들로서의 그리스도에 대하여 생각해야 합니다.

역사를 형성하시는 하나님께서는 언젠가, 멀리서 볼 때 겟세마네에서의 이 사건을 닮은 드라마를 연출하셨습니다. 왜냐하면 이 경우에도 다윗 가문의 참된 왕이 큰 위기에 놓여 있기 때문입니다. 하나님께서 그분을 한 종 앞에 세우

시고 말씀하십니다: 이 종에게 정의를 행하라. 그로 하여금 메시야의 빛을 보게 하라. 그로 하여금 그 빛이 어떤 방해도 받지 않는 것을 보게 하라.

그런 일이 이전에도 일어났었고, 지금, 도움을 필요로 하는 이 시점에도 일어나고 있습니다. 또한 위기에 처했을 때에 그랬습니다. 이 일이 일어나기 수 세기 전에, 계시의 역사의 하나님께서는 다윗의 가문에 존경받을 수 있는 노예를 세우셔서 가문을 시험하셨습니다.

이런 시험이 다윗의 가문에 적절했다는 것을 잊지 마십시오. 그 집안은 사울의 가문과는 달라야 했습니다. 사울은 독재를 행하고 교만함을 드러냄으로써 왕국을 황폐케 하였습니다. 그는 자기 자신의 이익을 구하였고 자기 백성을 이용해서 자신을 부요케 하였습니다. 그러자, 하나님께서 그에게서 왕국을 빼앗으셨습니다. 왜냐하면 이스라엘은 더 약한 자가 더 강한 자에 의해 섬김을 받아야 하는 신정국가이기 때문입니다. 결론적으로 그 안에서는 왕이 노예를 부려서는 안되었던 것입니다. 그 반대로, 왕은 노예에게 메시야적인 메시지로서 기능해야 합니다. 왕권은 그러한 방식으로 그리스도를 보여주는 형상이 되어야 하기 때문입니다. 그 그리스도는 희년의 다가오는 대표자이시며, 노예들의 첫 번째요 가장 위대한 해방자인 것입니다.

역사 속에서 사울이 신정적 메시야의 율법을 발아래에 짓밟아 버리고 있을 때, 복음적 은혜의 행위가 그 탐욕적인 지배자를 왕좌에서 쫓아냈습니다. 그리고 다윗을 받아들여 그에게 사울 가문의 열쇠를 주었습니다.

다윗의 가문은 처음에는 용납될 만하였습니다. 다윗은 자기의 종들과 함께 주의 언약궤 앞에서 춤을 춥니다. 종들이 자신의 생명을 희생하면서까지 떠온 물을 마시지도 않습니다. 그러므로, 처음에 다윗의 왕권은 이스라엘의 신정적 존재로서의 메시야적인 목적과 조화를 이루고 있습니다. 그 목적은 노예들을 포함한 모든 사람에게 자유를 약속하는 것입니다. 그것은 희년의 율법이 성취될 수 있게 합니다.

하지만, 다윗의 왕권에도 점점 부패함이 들어옵니다. 그 부패함은 증가하여 마침내 다윗의 가문이 황폐하기까지 위협합니다. 그리고 다윗 가문의 마지막 왕, 시드기야왕은 노예들에게 행한 부당함 때문에 하나님에 의해서 결국 제거됩니다. 그것은 우발적인 사건이 아닙니다. 특별계시의 역사에 있어서 의미심장한 순간입니다.

예언의 빛이 두 측면에서 시드기야의 몰락에 비취고 있습니다. 첫 번째 에스겔서 17장에서, 그리고 예레미야서 34장에서 비춰오고 있습니다. 두 장 모두, 시드기야가 맹세를 깨뜨렸기 때문에 하나님께서 진노하심을 선포하고 있습니다. 그는 맹세의 율법들을 짓밟으며, 자기 백성들 가운데 있는 작은 자들뿐만 아니라 땅 위에서 큰 자들에 관하여도 모독하고 있습니다. 그런데 그의 백성이 바로 하나님의 백성인 것입니다.

시드기야는 먼저 바벨론의 왕을 대하는 데 있어서 그 맹세를 범하였습니다. 그것은 하나의 죄였습니다. 만약 다윗의 왕가가 시드기야의 인격 안에서, 바벨론, 곧 그 큰 원수, 가인, 적그리스도의 능력에 관계해서 그 맹세를 모독하기 위해서 선택되어졌다면, 바로 그 바벨론이 다윗의 가문을 멸망시키기 위해서 오게 될 것입니다. 시드기야는 바벨론과의 관계 속에서 맺은 맹세를 깨뜨렸기 때문에, 그 자신이 바벨론에서 죽을 것입니다(겔 17:16, 18과 19). 그것은 시드기야에게 선언되었던 선고, 곧 다윗의 가문에 읽혔던 평결의 한 조항이었습니다.

그리고 그 평결은 충분히 엄격한 것이지만, 우리는 그 잔혹감을 더 첨가하고 싶을 것입니다. 게다가, 사람들에 관한 한, 이것은 다윗 가문 몰락의 주요원인이었습니다. 그것이 사람들이 지니고 있는 기록에 남겨진 모든 것입니다. 시드기야는 지상에 있는 위대한 자들을 다루면서 자신의 맹세를 깨뜨렸습니다. 바벨론이 그들 중의 하나입니다. 그러므로, 그는 무너졌습니다.

하지만 역사에 대한 신적인 기록이 있는데, 이것의 내용은 큰 자들에게 대항하여 범하였던 불의만이 아니라 지상의 비천한 자들에게 나타내었던 불의와 신실하지 못하였던 것들을 포함하고 있습니다. 하나님의 눈앞에서, 시드기야는 바벨론과 가인의 큰 자들과 관계하여 맺은 맹세를 깨뜨렸을 때 심각한 죄를 범했습니다. 하지만, 그는 야곱의 작은 자들, 곧 아벨의 작은 자들을 대할 때에 더욱 나쁘게 맹세를 더럽혔습니다. 우리는 그것을 예레미야 34장에서 읽게 됩니다. 선지자는 시드기야 왕이 다가오는 전쟁에 절망하며 종들을 해방시켜 주기로 결정했다는 사실을 언급하고 있습니다. 율법에 의하여 제정되었던, 그리고 경제적인 이유로 자신의 몸을 팔아야 했던 종들에게 일정한 시간이 지나면 그들의 자유를 되돌려 주도록 했던, 희년의 경외할 만한 옛 제도가 오래도록 잊혀져 있었습니다. 다윗 왕가는 종들의 차꼬와 노예들의 삶을 잡아당겼다 늘려주었다 하며 가지고 놀았습니다. 그러나 느부갓네살이 위협했을 때, 시드기야 왕은 마지막 방법으로 노예들을 해방시켜주기로 결정하였습니다. 포고문이 발표되고, "예루살렘에 있는 모든 백성과 한 가지로 하나님 앞에서 계약을 맺고 자유를 선포한 후에… 그 계약은 사람마다 각기 히브리 남녀 노비를 자유롭게 하고 그의 동족 유다인을 종으로 삼지 못하게"(렘 34:8~9) 하였습니다.

그렇습니다. 위험이 닥치게 되자, 노예들이 자유롭게 놓아졌습니다. 양심의 소리가 말하였던 것입니다. 종들의 특권이 하나님의 율법에 의해 지지되고 있었다는 것이 분명하게 알려집니다. 하지만, 그 위협이 물러나자마자, 그 갈대아 군대가 담벼락에서 물러서자마자, 노예를 해방시킨 그 언약은 깨뜨려지고 말았습니다. 다윗 가문의 마지막 왕의 허락으로, 백성들은 그 맹세를 깨뜨렸고 노예들은 다시 묶임을 당하였습니다.

이것은 사소한 일인가요? 그리고 우리는 어쩌면 관계없는 일들을 서로 섞어 놓고 있는 것일까요?

그렇게 생각하는 자가 있다면 어리석은 자입니다.

예레미야 선지자는 직접 17절에서 주장합니다. 제사장들의 종들을 포함한 종들에 대한 배신행위, 포로로 잡혀가기 직전의 날에 부패한 예루살렘에서 일어났던 믿음의 배신행위가 주께서 당신의 백성과 다윗의 왕가, 그리고 제사장들을 지상의 왕국들의 손에 넘겨주었던 주요한 이유라고 말입니다. 다윗의 몰락은 바벨론과 가인의 막강한 권세들에 의하여 보내어진 전차들로 넘어진 것이 아니라, 종들의 삶 위에 걸려 넘어진 것으로 야기되었습니다.

이러한 믿음을 배신한 행위가 원인이어야 한다는 것은 놀라운 일이 아닙니다. 하나님께서 희년의 율법을 소개하셨던 것은, 그 안에서 메시야의 빛이 이스라엘에게 비추고 그로 인하여 당신의 백성이 원리상 자유라는 것이 선포되어야 했기 때문입니다. 다윗 왕가가 노예들에게서, 그리스도 안에서 언젠가 도래하게 될 자유의 빛을 빼앗아 버렸을 때, 다윗 왕가는 사울의 집처럼 되어버렸습니다. 그것은 신정정치를 더럽혔고, 하나님의 상속자들에게서 그들의 자유를 빼앗아버렸으며, 하나님의 '작은 자들'에게 상처를 입혔고, 해 아래에서 하나의 위치를 점할 권리를 빼앗아 버렸습니다. 3백 년 이상이 지난 후 여기 세 무리가 다시금 그 사건을 증거하고 있습니다: 제사장의 한 종, 로마인(가인 계열의) 무리들, 그리고 다윗왕가의 무관의 왕, 예수 그리스도 말입니다.

로마인이 여전히 가야바의 집안과 다윗의 가문을 통치하고 있습니다. 그는 예레미야가 34장에서 선포했던 심판받아야 하는 바로 그 이유에 근거해서 다스리고 있습니다. 하나님께서는 로마인의 채찍을 사용해서서 종들의 자유의 길을 가로막는, 노예를 부리는 믿음 없는 자들을 내려치고 계십니다. 로마의 채찍은 바벨론의 채찍의 확장일 뿐입니다. 예레미야는 그것이 예루살렘의 큰 자들에게 내리쳐지는 것을 보았습니다. 가야바의 선조들 곧 노예를 부리는 자들의 등 위에 말입니다. 이것이 비극의 한 편입니다. 그리고 또 다른 편이 있습니다. 여기에서는 그것을 보는 이가 아무도 없다는 것입니다. 가야바는 그것에 주의하지 않습니다. 말고도 그렇습니다. 그들은 예수님을 죽이기 위해서 로마의 채찍에 오히려 입을 맞추고 있는 것입니다. 게다가 -호모 호미니 루푸스(사람은 사람에게 늑대입니다): 제사장 자신이 노예를 부리는 자인 것입니다. 어떤 죄를 더 지을 수 있겠습니까?

여기에 로마의 노예를 부리는 자들이 있습니다. 그들은 바벨론의 노예를 부리는 자들과 유기체적으로 연결되어 있습니다. 사실, 그들은 짐승의 도시에 새로운 바벨론을 세우고 있습니다. 여기 노예를 부리는 자들이 있습니다. 성경이 거의 적그리스도, 위대한 가인의 형상으로 묘사하는 자입니다. 그리고 가야바와 그의 종이 있습니다. 그들은 다시금 둘 다 모두 로마의 노예들입니다. 그리고 그들 사이에 그리스도 예수님이 서 계십니다. 다윗의 참된 아들로서, 그분께서는 제사장의 종을 부드럽게 굽어보십니다. 그분께서는 당신의 제자들에게 종된 자들의 권리를 침해하지 못하게 하십니다. 이 왕께서는 당신의 종들로 하여금 아브라함의 한 노예에게 자발적으로 상처를 입히지 못하게 하십니다. 게다가 아브라함 안에서 그의 특권인 그 자유을 적극적으로 이 종에게 제공해 주십니다. 그분께서는 로마와 불신의 이스라엘이 당신을 내리쳐 때리고자 준비하는 바로 그 순간에 그렇게 하십니다. 이것에 주의하십시오. 그분께서는 당신의 교회에, 그리고 무엇보다도 당신 자신에게 말씀하시기를, 너희는 이 작은 자들 중의 하나에게도 상처를 입히지 말라고 하시는 것입니다. 말고가 이스라엘의 공동체에 통합되는 한, 언약과 맹세에 의해서, 그는 이스라엘의 작은 자들 중의 하나입니다. 시드기야가 그러했던 것처럼, 너희는 이들 중의 하나도 무시하지 않도록 주의할 것이니라. 왜냐하면 내가 너희에게 말하노니, 하늘에서 그들의 천사들이 하늘에 계신 내 아버지의 얼굴을 항상 뵈옵고 있기 때문이니라. 그렇습니다, 주님- 오직 주님께서 주의 아버지와 그분의 종들을 계속 보고 계시는 위대한 천사이십니다. 주께서는 하나님과 종들을 동시에 보고 계시나이다.

우리는 경외함으로 우리의 머리를 조아립니다. 말고의 귀를 고쳐주심은 최후의 날의 도래와 같이 숭엄합니다. 이 순간 다윗의 가문은 예수 그리스도 안에서 그 최후의 범죄함으로부터 되돌아옵니다. 그리스도께서는 예레미야 34장과 에스겔 17장의 저주를 막으셨습니다. 왜냐하면 그분께서 당신의 노예와의 맹세를 지키셨고 이 세상의 권세에 대처하시는 일에 있어서 신실하셨기 때문입니다. 그분께서는 로마의 천부장을 정의롭게 대하셨습니다. 당신의 그 위대한 순종 가운데서 말고에게도 정의롭게 대하셨습니다. 이 치유는 일반은총을 선포하고 또한 특별은총을 선포하고 있습니다. 그것은 세상과 당신의 교회에 대한 그리스도의 의로운 관계를 우리에게 생생하게 보여주고 있습니다. 그리스도께서 말고에게 보여주신 은혜로 인하여, 이전에는 끊겨져 있던 다윗의 가문이 계속되는 것으로 회복되고 있습니다. 복음의 모든 주제들, 최후의 심판의 모든 궁극적인 것들이 이 치료 속에서 우리들 앞에 벌거벗은 채 놓여 있습니다. 이 사건을 진지하게 설교하는 것은 불가피한 일입니다. 하나님의 정의와 은혜의 물결이 격렬하게 휘몰아치는 것, 다가오는 심판과 현재의 은혜를 탄원하는 천둥소리- 이 모든 것들이 말고의 귀에 진동하고 있습니다.

물론, 그리스도께서 숭엄하지 않으신 때가, 놀랍게 하지 않으시는 때가 있으시던가요? 그분께서 언제 희년의 해를 무시하시던가요? 당신의 작은 자들로부터 가장 위대한 보상을 거두어 버리시던가요?

진실로, 이러하신 왕이 우리에게 적합하십니다. 왜냐하면 그분께서는 자비로우시고, 부드러우시며, 의로우시고, 또한 아버지와 아들을 한꺼번에 보고 계시며 하늘과 땅을 동시에 보고 계시기 때문입니다.

오, 레 미라빌리스: 살루타트 도미넘 파우퍼 세르부스 에뜨 휴밀리스.[143]
(오, 기적 같은 일이여: 주님을, 가난한 자들이, 종들이, 그리고 비천한 자들이 높이도다)

이 왕에게 경배하지 않을 종이 진정 누구입니까? 그분께서 매어있는 자들을 치유하십니다. 이런 것이 신정정치이기 때문입니다. 더 큰 자가 더 낮은 자에 의해서 섬김을 받았습니다. (하지만 이제) 사울은 위대한 다윗에 의하여, 영원토록 대체되어 버렸습니다.

어둠에 앉아 있던 사람들이 이제 위대한 빛을 보게 된 것입니다.

---

143) 한역주 : O res mirabilis: salutat Dominum pauper servus et humilis. 이것은 토마스 아퀴나스가 '천사들의 음식(Panis Angelicus)'이란 제목의 미사곡에서 Mandutat(그가 먹는도다)를 salutat(그가 높이도다)로 바꾼 것이다.

chapter 25
—
매임 당하신 그리스도

"이제는 너희 때요 어둠의 권세로다 하시더라."

- 누가복음22:53 -

"이에 군대와 천부장과 유대인의 아랫사람들이 예수님을 잡아 결박하여…"

- 요한복음18:12 -

25장.
매임 당하신 그리스도

그리스도께서 당신의 마지막 이적을 베푸셨습니다. 그분의 양손이 할 일을 다 했습니다. 이제 세상 무엇이 그분의 손을 묶이지 않게 할 수 있을까요? 그분이 세상에 오신 것은 묶이시기 위함이었습니다. 그분의 양손에 해야 할 일들을 주셨던 부르심만이 그 차꼬들을 밀쳐 두실 수 있었습니다. 하지만 이제 일련의 이적들이 성취되었습니다. 그리고 지금, 그리스도께서 묶이셔야 할 시간의 종이 칩니다. 아무런 방해도 받지 않고 당신의 도시와 세계를 걸을 수 있는 특권이 그분에게서 제거되었습니다. 포도원의 주님께서 매임 당하셔야 합니다. 그분께서 그 믿음 없이 포도원을 지키는 자들의 손과 차꼬에 넘겨지십니다. 다른 말로 하자면, 그분께서 맹세를 더럽혔던 자들의 손에 주어지는 것입니다. 노예들을 대우하시는 데 있어 왕의 맹세를 지키신 그분께서, 왕과의 관계 속에서 맺은 맹세를 깨뜨린 노예들의 손에 굴복하시는 것입니다.

아하, 하나님이시여, 주께서 그 양손을 묶으시는 것 외에 다른 일을 하실 수 없는 손으로 무엇을 하시겠나이까? 아아, 예수님께서 말고에 대한 당신의 의무를 다하신 뒤에 버림을 당하시는도다. 이것이 그분의 비극입니다.

그리스도께서 묶임을 당하십니다.

하지만, 저는 그분께서 말씀하시는 것을 들을 수 있습니다. 하나님의 말씀은 매이지 않기 때문입니다.

저는 그분께서 말씀하시는 것을 듣습니다. 그분의 말씀은 두려움으로 가득 차 있지만 또한 위로가 넘칩니다. 그리스도께서는 사망의 줄로 당신을 붙잡는 로마인과 유대인들에게 말씀하십니다: "이제는 너희 때요 어둠의 권세로다."

우리는 이 말씀이 두려운 말 중 하나라고 언급했습니다. 왜냐하면 누군가의 주장처럼, 이 말씀은 그들이 계획한 일을 하기에 그 밤이 적절했다는 이유로, 단순히 예수님께서 그들이 어둠 속에서 자신에게 나아온 것을 지적하는 것이 아니기 때문입니다. 이 설명에 따르면, 예수님께서는 그들에게 이렇게 말씀하시는 셈입니다: "나는 언제든지 환한 대낮에 활동했다. 이 마지막 주간에도 그러하였다. 나는 누구라도 볼 수 있는 성전에서 공적으로 그리고 공개적으로 나의 제자들을 가르쳐 왔다. 하지만, 지금은 어두워졌다. 이제 너희들은 나를 사로잡으려고 나섰구나. 나는 놀라지 않는다. 너희에게는 밤의 어둠이 적절한 시간이로다." 이 해석에 따르면, 예수님께서는 자신의 숨김없는 활동과 원수들의 은밀한 음모 사이의 대조를 지적하는 것 이상의 그 어떤 것도 고려하지 않으셨다는 것입니다.

우리는 예수님 말씀에 대한 이러한 해석에 반대합니다.

첫 번째, 이 해석에 기초한다면, 예수님께서 어둠의 권세(the power of darkness)라는 표현으로 무엇을 의미하시는지 알아내기가 불가능합니다. 원어로 하자면 실제로 어둠의 권위(authority)를 의미합니다.[144] 그래서 어떤 이들은 예수님께서 이 단어로서, 우리가 지금 서 있는 이 특별한 지점이 어둠의 영역임을 말씀하신 것이라고 생각합니다. 이런 입장에 따르면, 어둠의 때(대낮이 아닌 지금 이 밤)와 어둠의 장소(성전이 아닌, 겟세마네에 국한된 동산)가 있을 것입니다. 다른 이들은 예수님께서 어둠의 권세를 말씀하신 것은 사탄의 권세(the powers of Satan)를 언급하신 것이라고 주장합니다. 그러므로, 이 해석자들은 "이제는 너희 때요"라는 말을 문자적으로 받아들이면서, 두 번째 부분에 언급하신 것을 말씀의 핵심으로 파악하고 있습니다.

이 각각의 이론들이 가진 불확실성은 우리로 하여금 대단히 주의할 것을 요구하고 있습니다. 왜냐하면 만약 우리가 그리스도의 이 말씀을 마태복음 26:55~56, 그리고 마가복음 14:48~49의 아주 비슷한 말씀과 비교해 보면, "이제는 너희 때요 어둠의 권세로다"는 말씀이 "이렇게 된 것은 다 선지자들의 글(성경)을 이루려 함이니라"는 예수님의 말씀으로 대체된 것을 발견하게 되기 때문입니다. 그리스도께서 이 두 번째 진술에서 가리키시는 바는 명백합니다. 그 순간의 사건 속에서 영원 전부터 선포되어 왔던 것의 성취를 보시는 것입니다. 그분께서 잡히시는 때는 거룩하고 주권적인 계획표에 따라서 일어나고 있습니다. 단 한 순간조차도 우발적으로 일어나는 것이 아닙니다. 필연성이 이 사건들을 지배하고 있습니다. 그것들은 일어나야만 하는 것입니다. 하나님께서는 당신의 선지자들을 통해 영원 전부터 이 모든 것을 선포해 오셨습니다. 성경의 선포 뒤에는 지금 여기서 일어나고 있는 것을 영원 전부터 작정하시고 이루시고자 하셨던 하나님의 협의가 깔려 있었습니다.

마태복음과 마가복음의 말씀을 우리가 누가복음에서 읽는 말씀과 비교해 보면, 사람들이 주님을 사로잡아 묶는 때가 하나님의 협의에 의해 결정되어

---

144) 한역주 : 원어로는 ἐξουσία 이다.

있었다는 것을 알게 될 것입니다. 왜 그들이 지금 그분을 사로잡을 수 있을까요? 이제 그들의 시간이기 때문입니다. 주권적 하나님의 역사 이전 작정의 구조 속에서, 이 특별한 순간의 시간은 하나님의 위대하신 적극적인 허용(active permission)의 시간으로 정해져 있었습니다. 하나님께서 영원 전부터 그렇게 하기로 하셨기 때문에, 그분께서는 원수들을 위해 그 영역을 보존하실 것입니다. 그들에게 충분한 시간의 분량을 주실 것입니다. 하나님께서는 이전 시대의 모든 것들, 세월 속에 뒤엉킨 모든 것들, 창세기 1장 1절부터 지금 이 순간에 이르기까지의 모든 사건들을 조정해 오셨습니다 —조정하시고, 주형하시고, 그것들을 이 시간, 당신의 아들이 묶이시는 이 시간을 위한 여지가 있게 하시는 방식으로 수렴되게 하셨습니다. 하나님께서는 그러한 방식으로, 민족들의 역사를, 그것들이 일어서고 쇠하는 것을 형성하셔야 했습니다. 하나님께서는 위에 있거나 아래에 있는 그 어떤 세력에게도 역사의 시계에 간섭하도록 허용하지 않으셨습니다. 그분께서는 시저들의 전쟁, 왕들의 전투, 민족의 이동들, 세계적인 전쟁들, 별과 해와 달의 경로, 시대의 변화, 그리고 세상 만물들의 복잡한 운행들을 이 시간이 오도록, 그리고 이 시간이 와야만 하는 방식으로 관장하셨습니다. 하나님께서 사탄을 위하여 이 시간을 보존하셨습니다. 사탄은 어둠의 왕자입니다. 그래서 지금은 '그의' 때입니다. 하나님의 협의는 그것을 사탄의 때로서 고정시키셨습니다.

그래서 이 구절에 언급된 어둠은 죄의 권세 외에 다른 어떤 것도 아닙니다. 지옥을 구성하고 있는 모든 것들, 귀신들과 마귀 모두가 엉켜있는 것을 언급하는 것입니다. 그것이 감람동산의 공기를 독으로 물들이고 있습니다. 사치로운 잎사귀들 사이로, 감람동산의 두꺼운 나뭇잎들 사이로 독을 뿜어내고 있는 것입니다.

물론, 그것은 마귀의 성격과, 또한 그 밤에 활동하기 위해 선택된 마귀의 졸개들의 성격과 너무나도 일치합니다.

하지만 그 밤에 진행되는 활동을 위해 밤의 무대가 적절했다는 사실만이 예수님께서 그 진술에서 의미하신 모든 것이라고 말한다면, 그 말씀의 심오한 의미를 놓치는 것입니다.

게다가, 그 진술에 대한 우리의 해석은 그리스도께서 겟세마네에서 하신 말씀과 그의 때가 아직 오지 않았다고 하셨던 성경의 다른 구절들 사이의 유사함에 의하여 확증됩니다.

다시금 말씀드립니다: 이 말씀이 얼마나 두려운가요! 이 말씀이 의미하는 바는, 그때가 왔다는 것입니다. 어둠의 때가 왔습니다. 하나님께서 사탄에게 이 영역에서의 자유를 허용하십니다. 두려움으로 떠는 천사들이, 세상 속에서 하나님이 공의를 열심히 수종 들며 날개를 예민하게 퍼득거리지만, 그것에 대해서 아무 일도 할 수 없습니다. 그들은 물러서 있어야 합니다. 하나님의 의지가 그리스도에게 이 모든 것이 일어나도록 허락하신 것입니다. 그렇습니다, 그분의 권세가 미치는 한, 그분께서는 열두 영(營)보다 더 많은 천사들을 불러내실 수 있습니다. 그리스도께서 직접 말씀하셨던 것처럼 말입니다. 하지만, 그분께서 무엇을 하실 수 있느냐(can)보다 더욱 중요한 것은, 그분께서 무엇을 하실 것인가(wills)이며, 하나님의 공의를 따라서 무엇을 하셔도 괜찮은가(may) 하는 것입니다. 그리고 그 정의에 따라 그분께서는 열두 영의 천사들을 불러 내리지 않을 수 있고, 그들을 소환하려고 고집하지 않을 수 있으신 것입니다. 만약 그분의 음성이 아버지로 하여금 천사들을 보내달라고 탄원하는 음성이었다면, 만약 그분의 강한 영(spirit)이 천사들을 하늘로부터 내려오게 하였더라면, 그분께서는 당신의 아버지께서 영원 전에 작정하여 이루려고 하셨던 그때와는 다른 때의 충만을 요구하는 것이 되었을 것입니다. 하지만, 하나님의 계획하심은 살아있는 모든 것들을 위하여 절대적으로 지엄한 것입니다. 그 계획들은 지금 이 순간까지도 모든 때와 장소에 실행되고 있습니다. 어

떻게 전도자(Koheleth)¹⁴⁵⁾가 하나님에 대항하여 다른 일을 이루고자 할 수 있겠습니까? 그래서 천사들은 날개를 접고 뒤로 물러서 조용히 있어야합니다. 고립의 법, 아들이 지금 복종하고 있는 그 법이 우주를 꿰뚫고 죄어들고 있습니다. 무엇보다도 먼저 하나님의 천사들이 그 법에 복종해야 하고, 송가(the magnificat)¹⁴⁶⁾를 노래해야 하는 것입니다. 지금은 귀신들의 때로다. 천사장 미카엘은 그의 검을 거두어야 합니다. 가브리엘은 자기 검을 끄집어내어서는 안 됩니다. 이 둘 모두 사탄에 대항하여 움직여서는 안 됩니다. 악한 천사들의 폭풍이 불어제치기 시작하던 어둠의 때가 하늘 자체에서 한 번 있었듯이, 지금 여기에도 "어둠의 때와 밤"이 있는 것입니다. 모든 귀신들이 겟세마네와 골고다에 자유롭게 다가올 수 있도록 천사들은 물러서 있어야 합니다.

귀신들이 오고 있습니다. 그들은 엄청난 파도의 밀려오는 압박으로 그분을 대항하고 있습니다. 그들은 지금이 시간의 불길 가운데서 절정으로 하얗게 타오르는 때임을 민감하게 깨닫고 있습니다. 그들이 오고 있습니다. 지금은 그들의 때입니다. 한편으로, 그들의 이 때는 저 다른 때, 곧 원래의 어둠의 때와 연관되어 있습니다. 그 어둠의 때에 천사들의 세계에 죄가 맨처음 그 자체를 드러내었었고, 하나님의 보좌를 흔들어 보고자하는 노력의 일환으로 첫 공격을 하였습니다. 다른 한편으로, 이 어둠의 때는 세상의 그 마지막 때와 연결되어 있습니다. 하나님의 교회가 완성이 된 그 '천 년'이 지났을 때(곧 교회가 최절정에 이르게 되었을 때), 그 마지막 때에 귀신들이 그 묶였던 상태에서 마지막

---

145) 전도서(Ecclesiastes)를 보라. 코헬렛이라는 단어는, 하나님의 뜻 때문에 일어나는 엄격한 불가피함이라는 뜻이다. 한역주 : Koheleth는 히브리어 קֹהֶלֶת 의 영어음역이고, 라틴어로는 Ecclesiastes라고 한다. 히브리어 'קָהַל'(qahal: 부르다, 불러 모으다)에서 온 것이어서 그 뜻은 일반적으로 전도자 혹은 설교자라고 하는데, 본서의 저자 스킬더가 이 단어의 뜻이 '하나님의 뜻 때문에 일어나는 엄격한 불가피함(strict inevitability)'라고 한 것은 이 전도자가 외친 해 아래의 일들의 허무한 양상을 언급하는 것이라고 보는 것이 좋겠다.

146) 한역주 : 마리아가 천사 가브리엘의 방문을 받고는 불렀던 찬양을 일반적으로 the magnificat 라 하고, '마리아의 송가'라고 번역하는데, 여기에서는 내용이 다른 것이기 때문에, 단순히 '송가'라고만 번역한다.

으로 자유롭게 풀려나게 되어 세상에서 사악한 일들을 행하게 될 것입니다.

겟세마네의 때는 귀신들이 풀려나는 때입니다! 그들이 오고 있습니다. 이제 올 수 있도록 허용되었기 때문입니다. 물론, 그들의 특권은 하나님의 공의를 기뻐할 수 있도록 적용되는 것이 아니고, 오히려 그분의 허락을 받아 오는 것일 뿐입니다. 이제 우주적으로 중요한 날의 최절정의 순간이 시작됩니다. 그들이 옵니다. 그들은 자신들의 때를 가집니다. 그들의 권세를 부릴 수 있는 것입니다. 하나님께서 그들이 오는 것을 허용하십니다. 왜냐하면 그들이 사람의 아들(인자)에 대적해 싸움을 시작해야 하기 때문입니다. 그리고 그들이 죄를 짐지고 있는, 그분을 발견했습니다. 그러므로 그분에게 심판이 퍼부어지는 것이 허용된 것입니다. 하나님께서 당신의 아들을 저주가 되게 하셨기 때문에, 심판의 불길을 당신의 아들을 향하여 불고 계십니다. 하나님의 우주 안에서 용광로에 부채질 할 수 있는 자들에게, 자신들의 기술을 총동원하여 불길을 세게 불어 더 하얗게 타오르게 하고, 영원하신 분의 진노의 열기를 예수님의 심장에까지 오르게 하는 것이 허용되었습니다. 지금은 그들의 때이고 이곳은 그들의 영역입니다. 하나님의 허용은 절대적입니다. 그 허용 속에 표상되는 하나님의 활동도 또한 절대적입니다. 하나님 당신께서 지옥의 죄수들의 문을 활짝 열어 제치십니다. 그리고 모든 불행한 전조의 귀신들이 그것으로부터 기어 올라와 예수님에게로 달려듭니다. 야유하며 찌르고 쑤셔 그분을 죽음에 이르게 하는 것입니다.

요한계시록 8장 1절에서 우리는 하늘에 반시간 정도 침묵이 있었다는 것을 읽게 됩니다. 그것은 마지막 일곱 번째 인이 떼어지는 긴장 속에서 벌어졌습니다. 그때에도 하나님의 천사들은 침묵해야 했습니다. 왜냐하면 하나님께서 그들을 잠시 동안 전혀 활동하지 못하게 하셨기 때문입니다.

요한계시록은 세계의 역사가 일곱 번째 완전케 하는 인 가운데서 대단원에 이르게 될 때에, 하나님께서 먼저 천사들을 침묵하게 하신다는 것을 우리에게 말하고자 합니다. 왜냐하면 전세계가 마땅히 알아야 할 것은, 가장 파국적인 심판조차도 하늘의 군대가 심판 속에 외부적인 요소가 개입하는 것처럼 하늘 군대의 침략으로 도래하지 않는다는 것입니다. 오히려, 세계 자체 내에 적극적으로 내재하여 활동하는 세력들이 그 심판과 다가오는 "때"를 야기할 것입니다.

겟세마네에서의 이 독특한 때에서도 꼭 그렇습니다. 하나님께서 흘깃 눈짓만 하셔도 천사들은 자신들의 날개를 접습니다. 그 파국이 이제 다가옵니다. 하늘에 있는 그들은 하나님의 특별 회의실로 물러날 수 있게 됩니다.

침묵의 반시간은 하늘에 무거운 짐을 느끼게 합니다. 천상의 귀들이 천사들의 날개 아래에서 들리는 한숨 소리를 탐지할 수 있습니다. 그 천사들은 자신들의 요동을 자신들 안에 감추고 있습니다. 하늘에는 지금과 같은 완전한 침묵이 없었습니다. 오직 한 시간[147] 만이 엄격한 침묵 속에서 이 때를 대신할 것입니다. 그리고 그 시간이 신속하게 오고 있습니다. 아들이 버림당하시고, 매달리셔서 어둠 속에서 피 흘리실 때가 곧 올 것입니다.

예루살렘이 잠자고 있는 중에, 그리고 바닷가의 저지대들에서 바타비안족들과 다른 부족들이 자신들의 사냥용 칼로 사냥물들을 뒤쫓고 있을 때, 그리고 작은 세계가 역사의 과정들을 가볍게 거치고 있는 중에, 하나의 위기가 영적 세계 속에서 실현되고 있습니다. 귀신들이 다가서고 있는데, 천사들은 뒤로 물러서 있습니다. 귀신들 각각이 지옥의 권능에 주어진 것들입니다. 지금부터 지구라는 땅은 두려움으로 가득 찬 소명의 무거운 짐을 회피하지 못할 것입니다. 영적인 의미로, 우주의 중심이 되는 짐 말입니다.

---

147) 한역주 : 여기서 '한 시간'(one hour)란, 시계상의 시간을 가리키기보다는, 앞에서 언급한 '반시간'의 침묵의 기간을 대체하는 것으로서 앞으로 올 사건들을 총체적으로 가리킨다고 하겠다.

왜냐하면 지금은 어둠의 때이고 권능이 역사하기 때문입니다.

하지만 하늘 왕국에서는 가장 두려움으로 가득 찬 일과 가장 위로로 가득 찬 일들이 서로 교차하고 있습니다. 지금이 어둠의 때라는 사실은 은혜와 중요한 위로가 크게 드러나는 때라고 불릴 수 있겠습니다. 물론, 하나님께서 이 때를 정하셨다는 사실을 기억할 수만 있다면 말입니다.

그때는 귀신들에게 일어나고 있습니다. 하지만 그것을 그들에게 보내신 분께서 살아 계십니다. 그분께서는 하나님이십니다.

지옥이 만사를 결정한다면, 지옥은 그 자신의 때를 선택했을 터이고, 또한 자기 자신의 뜻에 따라 그 권위를 결정했을 것입니다. 사탄적인 열망은 바로 이런 신조를 원하고 있습니다: 사탄 스스로 주인이 된 사탄. 하지만 하나님께서 대신 이렇게 쓰십니다: 하나님 덕분에 종이 된 사탄. 하나님께서는 사탄이 할 수 있는 때를 지정하셨습니다. 그 시간 안에서 지옥이 행하는 모든 것은, 하나님께서 허용하신 것만을 할 수 있다는 사실을 전제하는 것입니다.

그래서, 이 특별한 공간의 시간은 한 편으로는 사탄의 때이고 또 다른 한편으로는 그리스도의 때라고 불릴 수 있습니다. 이것은 모순이 아닙니다. 단순히 동일한 것을 다른 두 방향에서 보는 것입니다. 이 때는 하늘의 것입니다. 또한 빛의 권세에 의해서 일어나는 것입니다. 왜 하늘이 사탄에게 자유를 제공해 주는 것일까요? 그것은 사탄이 자신의 모든 독을 사람의 아들(인자)의 몸과 혼에 퍼붓고 난 후에, 그분께서 사탄을 진멸하시기 위함이 분명합니다. 천사들이 죄의 화산의 꼭대기에 하나님의 축복과 장자의 총회를 위해 즐거움의 정원들을 심기 전에, 그 화산은 남은 것 없이 완전히 폭발해 버려야 하는 것입니다. 그것이 어둠의 때가 또한 빛의 때인 이유입니다. 그리고 땅이 더 이상 그 영광스러운 소명의 부담으로부터 도망칠 수 없고 오히려 그 영원한 택하심을 따라서 영적인 의미로서 우주의 중심이 되어야 하는 이유입니다.

따라서 우리의 구원은 그리스도의 진술에 포함되어 있습니다. 그분께서 그 것을 표현하셨다는 사실과 그것이 실제로 그분 혼(soul)속에 살아있었다는 사실이 또한 우리의 구원인 것입니다.

예수님께서는 지금이 큰 위기의 때이며, 하나님의 허용은 하나의 비밀이자 하나의 계시의 순간이라는 사실을 완벽하게 의식하고 계십니다. 그 사실을 의 식하는 그분의 의식 속에서 우리는 그분의 메시야로서의 의식의 고백을 관찰 할 수 있습니다.

만약 그리스도께서 지금이 위대한 때임을 의심하셨더라면, 그분께서 침묵 가운데서 참으신 것이 계속해서 의심하고 회의하는 종류의 것이었다면, 그분 께서는 당신을 그 침묵하는 천사들에게 예외적인 존재가 되게 하셨을 것입니 다. 천사들의 잠잠히 있을 수 있는 능력은 하나님에게 조심스럽게 주목하는 것 과, 하나님 뜻에 대한 민감한 지식에서 나오는 것입니다. 그러면 예수님께서 는 당신의 때의 결정적인 중요성을 의심하게 되었을 것입니다. 그러면 지금 일 어나고 있는 모든 것에 대해 그분의 마음은 하늘에 계신 아버지의 협의와 지식 으로부터 충분한 가르침을 받지 못할 것입니다. 그러면 이 모든 것은 불확실 성과 우유부단함의 단순한 놀이에 그칠 것입니다. 그러면 그리스도께서는 하 나님의 협의가 가장 확고한 기초들을 발견하여 그분의 섭리가 가장 분명한 확 실성을 논증하는 바로 그 순간에, 그 협의와 섭리의 견고함에 대한 당신의 믿 음을 잃어버리게 될 것입니다. 만약, 이런 태도 가운데서, 그분께서 당신의 양 손을 죽음에 양도했다면, 그리고 사람들에게 사로잡히는 것을 허용했다면, 그 분은 하나님의 협의의 위대한 성취자로서가 아니라, 무섭도록 패배한 자로서- 하나님의 우주에 엄청난 오점으로서 그렇게 하셨을 것입니다. 거부하지 않으 심으로써, 그분께서는 단지 이 시간에 양 뺨을 때리기 원하시는 하나님으로부터 눈을 돌리기 위해 원수에게 양 뺨을 내어놓으시는 겁쟁이로 입증되셨을 것입니다. 물론, 그분의 태도가 이러했다면, 산상보훈을 설교하신 분께서는 스스로 하신 말씀에 모순되셨을 것입니다.

그분께서는 산상보훈에서 원수가 오른쪽 뺨을 치면 왼쪽 뺨도 내어놓으라고 말씀하십니다. 그분의 말씀이 함축하는 바는, 원수에게 양쪽 뺨을 내어놓으면서 우리는 우리의 눈을 하나님께 고정해야 한다는 것입니다. 저의 눈을 그렇게 고정하지 않는다면, 제가 저항하지 않는 것은 순전히 부정적인 태도에 그칠 뿐입니다. 하지만 제 뺨을 하나님 앞에서(코람데오) 원수에게 돌린다면, 곧 저의 존재 전체로 하나님을 똑바로 바라본다면, 저의 무저항은 성격상 적극적인 것이 됩니다. 그러면 저의 태도는 나의 원수가 가지고 있는 적대감에 대해서 할 수 있는 최대한의 격렬한 저항인 것입니다. 이런 저항은 악을 선으로 이기는 것, 일상 속에서 일어나는 모든 구체적인 것에 영원한 것을 연관시켜 가며 생활하는 것을 표상합니다. 예수님께서 산상에서 하셨던 말씀은 단순한 무저항과 침묵을 지키는 것 그 이상을 요구합니다. 모든 것은 먼저 우리가 우리 자신을 영원의 분위기속에 들어가도록 허용하느냐 그렇지 않느냐에 달려 있습니다. 왜냐하면 그리스도께서는 그분의 산상보훈에서 모든 것을 하나의 영원한 빛 가운데 놓으셨기 때문입니다. 그분께서는 그 설교 안에서 천국의 시민들에게 생명을 바쳐 지켜야 할 위대한 명령을 주셨습니다. 시간 속에서 일어나는 모든 것을 천국 법률의 빛 가운데서 볼 수 있도록 말입니다. 우리의 인간 생활에 작동하는 모든 동력기는 사용될 수 있기 이전에 영원하신 하나님에 의하여 힘이 제공되어야 하는 것입니다.

이제 불가능한 것을 상상해 보십시오. 그리스도께서 이 충격적으로 부당한 시간이 하나님께서 그분에게 보내신 시간이었다는 진리를 알지 못하셨거나, 그것을 민감하게 인식하시는 것을 무시하는 경우를 상상해 보십시오. 그러면 그분의 침묵은 비열했을 것이고, 또한 그분의 굴종이요 불복종의 행위였을 것입니다. 그분께서는 산상보훈, 곧 그분 당신께서 저자이셨던 가르침의 분위기와 가능성들에서 한 걸음 벗어나셨을 것입니다. 방금 기적을 행하셨던 친절한 손을 유대인과 로마인의 수갑에 자발적으로 내어놓으신 것은 그저 한 피곤한 사람의 행위였을 것입니다 -우리가 그것을 존경하는 마음으로 말하는 바- 하나님의 대양의 바닷물이 하나님의 밭에 넘쳐흐르게 하셨던 사람인데도 말입니다.

다시금, 모든 것이 단 하나의 단어에 의존합니다. 만약 그리스도의 굴복이 처음부터 메시야의 행위여야 한다면, 그분께서는 이 순간의 순간적 가치를 완벽하게 성경에 일치하도록 결정하실 수 있어야 합니다.

그러므로, 우리를 위로하시기 위하여 이 순간에 당신의 메시야로서의 의식 안에서 표현하신 그리스도께 감사를 드립니다. 그분께서 당신의 눈을 아버지에게 견고하게 고정하고 계시기 때문에, 그분께서는 당신의 원수들에게 양쪽 뺨을 실제적으로 돌리실 수 있는 것입니다. 그분에게 -이사야 선지자의 스타일을 사용해서 말하자면- 앗수르의 채찍은 하나님의 막대기입니다. 그분의 메시야로서의 자의식은 하나님을 기뻐하시는 그 아름다운 순간들 안에서 당신의 기쁨을 심화하고 있습니다. 그 자의식은 또한 죽음의 대음악장(the Chief Musician) 앞에서 당신을 더욱 강렬하게 두려워 떨게 만듭니다. 그래서, 그분의 무저항은 있을 수 있는 가장 강렬한 저항입니다. 이 영웅은 사탄이 밭에 들어와서 자기의 무기들을 날카롭게 만들고 그 상황을 고려할 시간을 가지게 될 때까지 당신의 힘을 사용하는 것을 유보하고 계십니다. 하지만 이 둘은 곧 삶과 죽음의 투쟁 가운데서 만나게 될 것입니다.

지금은 너의 때요 어둠의 권세로다.

거인들이 다가오고 있습니다.

그래서, 우리들은 바하의 마태수난곡의 유명한 구절처럼, "어디에 천둥이 머무르며, 번개가 있나이까?" 라는 식으로 질문하지 않을 것입니다. 왜냐하면 천사들로 행동하지 못하게 하신 하나님께서는 당신 자신의 손으로 번개를 내려치지 않으시기 때문입니다. 하나님께서는 그렇게 하지 않으려고 애쓰십니다. 우리는 사람의 방식을 따라서 이렇게 말하고 있습니다: 하나님께서는 우리에게 그렇게 하실 권리가 있으신 것입니다. 만약 하나님께서 당신의 번갯불을 이때에 내리치셨더라면, 그분께서는 당신 자신에게 신실하지 못했을 것입니다. 그분의 정의는 하나의 임의적인 기분 풀이가 되었을 것입니다. 그래서 결코 임의적으로 번갯불을 던지지 않으시는 성경적인 하나님께서, 탐욕스럽게 번개를 가지고 노는 헬라와 제우스의 형상이 되어버렸을 것입니다. 높은 올림푸스 산정의 귀족적인 신들에 그리스인들이 상상력으로 부가하는 활동들은, 하나의 탐욕으로 인해 하늘의 불을 야만적이고 임의적으로 처리하는 것이 분명합니다. 도대체, 어떤 헬라의 영웅이 그것에 관련해서 어둠의 때와 권세를 말할 수 있겠습니까? 하지만 우리들의 복음서는 하나님과 인간 사이에 계시는 중보자의 개념 속에 올림푸스 산 위에서 얻게 되는 전체적으로 신성모독적이면서 귀족적인 건들거림을 불태워 버리는 거룩하신 하나님을 우리들에게 제시하고 있습니다.

그것이 어떤 번개도 이 장소에 떨어지지 않을 수 있었던 이유입니다. 바하는 충분하게 신학적이지 못합니다.

번갯불로 얻을 수 있는 것이 무엇이겠습니까? 예수님께서 고치셨던 말고를 쳐 죽이겠습니까? 지금 말고에게 내리쳐진 한 방의 번개는 예수님의 심장을 내리쳤을 것입니다. 이 순간 예수님께서 죽으신다면 시의적절하지 못했을 것입니다. 세상은 그것에 의하여 구속되지 않았을 것입니다. 만약 하나님께서 지금 사탄에게 강제적으로 간섭하셨다면 그분께서 사탄에게 부당하게 행하시는 것이 되었을 것입니다. 왜냐하면 하나님께서는 지옥을 위하여 이 시간을 유보하셨기 때문입니다. 그래서, 만약 천국이 번개의 수단으로 저항했더라면, 그 번개는 유대인들과 로마인들, 그리고 귀신들과 지옥에서 지켜보는 이들뿐 아니라, 구주의 신실한 혼(soul)과 (지금 다시금 합당하지 않은 식으로 말씀드리는 바이지만) 하나님의 너무나도 신실한 심장을 내리쳤을 것입니다. 왜냐하면 이제 허용하신다는 말씀이 이미 주어졌고, 세상의 운명이 제사장의 해방된 노예와 전혀 놀라지 않는 유대인 무리에게 달려 있기 때문입니다. 만약 이들에게 어둠의 '때'에 자유롭게 행사할 수 있는 권한이 주어지지 않았다면, 예수님께서 당신의 백성에게 "평안히 돌아갈지어다"[148] 하시면서 축복하시려 손을 올리셨던 것이 쓸데없는 것이었을 터입니다.

그러므로, 예수님께서 위기의 때에 도달하셨을 뿐만 아니라 그것이 위기의 때임을 아셨다는 사실로 인하여 하나님께 감사드립니다. "분명히 그분께서는 이 장소에 계시고 또한 그것을 잘 알고 계십니다." 그분께서는 당신께서 행하시는 모든 행위 하나하나가 의식적인 메시야로서의 행위의 맛이 나게 한다는 것을 민감하게 의식하시는 것입니다. 그분께서는 당신의 일에 구속의 능력을 부여하십니다. 희생에까지 이어지는 그 최고의 사랑을 의식하시면서, 그리고 그 의미를 잘 아시면서 그렇게 하시는 것입니다. 수동적인 순종뿐 아니라 능동적인 순종을 열정적으로 수행하시는, 민감하게 의식하시는 바가 그분의 사로잡힘을 오히려 자유로 전환시킵니다.

이런 태도로 나의 왕께서 사로잡히셨습니다. 그렇게 여러분의 왕이신 그리스도께서 묶이십니다. 세상의 주님께서, 그 세상에서 더 이상 자유로운 길을 갖지 못하신 것은, 자유롭게 움직이실 수 있는 그 특권을 밤의 귀신들에게 주셨기 때문입니다. 억압당하는 모든 자들을 위해 몸값을 지불하시고 희년을 회

---

148) 한역주 : 성경 어느 곳에도 예수님께서 이런 말씀을 하신 적이 없다. 일반적으로 축복의 말로 사용하는 이 구절을 예수께서도 하실 수 있으시겠다는 전제에서 예수께서 하신 말씀으로 표현하고 있다. 저자의 수사적 기법이라고 이해된다.

복하신 그분께서 스스로 다른 이들의 종이 되십니다. 말고가 회복되자마자, 하나님께서는 이 영역 안에서 예수님을 이방인으로 선포하셨습니다. 그리고 하나님께서는 더 이상 출입을 허용치 않으실 것입니다.

이것은 그리스도에게 전혀 새로운 경험을 표상하고 있습니다. 지금까지는 당신께서 원하는 대로 가실 수 있으셨습니다. 당신이 선택하시는 대로 원수의 함정으로부터 벗어나실 수 있으셨습니다. 하지만, 이제, 어둠의 때에, 그분께서는 묶임 당하고 계십니다.

이 마지막 강조점을 기억하는 누구라도 다음과 같은 어리석은 질문을 제기하지 않을 것입니다: "하지만 예수님께서는 묶이신 것을 끊어 버리실 수 없으신가요?" 왜냐하면 우리는 즉각적으로 답변하기를, "아니요, 그분께서는 그렇게 하실 수 없으십니다."라고 해야 할 것이기 때문입니다.

그 진술을 하나님의 전능하심에서 무언가를 제거하거나 예수님의 인간 본성의 엄청난 능력을 경시하는 것으로 간주하지 마십시오. 오, 그렇습니다, 일반적으로 말해서, 하나님께서는 모든 묶임을 깨뜨려버릴 수 있으십니다. 그리고 다시금 일반적으로 말해서, 예수님의 인간으로서의 의지는 모든 차꼬를 풀어 버릴 수 있습니다.

하지만, 이런 지식은 활력이 없고 열매를 맺지 못합니다. 그것은 잘못된 방식으로 말하는 것입니다. 전혀 관련이 없는 가능성을 그저 일반적으로 말하는 것일 뿐입니다.

죽을 수밖에 없는 존재들인 여러분, 이런 초라한 반대를 다시금 제기하지 마시기 바랍니다. 일반적으로 말하자면, 겟세마네조차도 존재해서는 안 되기 때문입니다. 기독교 신학과 철학이 '일반적인' 어떤 것을 말하는 것은 치명적입니다. '일반적으로' 일어나는 것은 아무 것도 없습니다. 모든 각각의 것은 특별한 의미(bearing)가 있습니다. 겟세마네에서 발생하는 모든 각각의 것은 독특합니다. 하늘 아래 땅 위에서 그것은 한 번 발생하고 단 한 번만 발생합니다. 여기에서 일어나는 일들은 모두 특수합니다. 그것들은 모두 특별합니다. 모두 독특한 것입니다. 그리고 바로 그 사실이 예수님의 묶임이 어떤 불길에서도 태워지지 않을 것이라고 우리가 감히 말하는 이유입니다. 그것이 아무리 강력하고 놀라운 정도라고 하더라도, 하나님의 불태워버리는 불길이나 예수님의 인간으로서의 혼의 불길들 속에서 녹아내리지 않는 것입니다.

우리는 두 개의 능력(powers), 하나님의 능력과 인간 예수님의 능력들을 언급해 왔습니다.

하나님의 전능하심을 고백하면서도 그것을 그분의 다른 속성들과는 독립적인 어떤 것으로 생각하는 자들은 누구라도 하나님을 모독하는 것입니다. 하나님의 전능하심은 당신께서 하시려는 모든 것을 하실 수 있다는 사실에 내재해 있습니다. 하지만 하나님의 의지는 완전한 공의의 의지이며, 하나님의 공의는 그분의 모든 속성들 중 중요한 한 부분입니다. 그러므로, 만약 하나님의 공의, 하나님의 사랑, 하나님의 진리, 하나님의 계시, 그리고 하나님이 포함하시는 모든 속성이 예수님을 묶기로 이때를 규정했다면, 하나님께서는 그 묶인 것을 깨뜨릴 수 없으십니다. 당신의 번개 치심에 대해서 어떤 사법권도 없으신 하나님께서는, 아무리 작은 밧줄이라 하더라도 불에 그을리게 하실 수 없으십니다. 그것에 불을 붙일 수 있는 유일한 당신의 수단은 번개입니다. 전능하신 분의 위엄이 그 불길을 일으키기 때문입니다. 오, 고통스러운 기적이여! 예루살렘 거리에서 나뒹굴어 다니던 꼬인 매듭이 지금 그분의 손목을 묶는데 사용되었고, 하늘의 모든 권능으로도 깨뜨릴 수 없게 되었습니다. 하나님의 전존재의 흡인력이 그 손목을 꽉 조여 이끌고 있습니다. 전능하신 분의 의지가 그 밧줄을 묶었습니다. 이 특별한 밧줄의 끈들을 짤 때에, 위에 있는 능력이 아래에 있는 능력과 결합되었습니다. 그 능력의 혼들은 간단히 제거될 수 없습니다. 나사렛인이시여, 예, 라고 말하십시오. 그대의 예를 예라고 말하며, 아니오를 아니오라고 하십시오. 그보다 더 지나친 무엇이든 악에서 나온 것이기 때문입니다. 더 많이 말하는 것은, 예루살렘의 밧줄 만드는 사람의 베틀을 그대가 하나님으로부터 받아 말하였던 산상설교의 바깥에 위치시키는 것이 될 것이니이다. 그저 밧줄로서도 충분합니다. 그대, 산상의 설교자시여. 그것에 지나치는 것이라면 무엇이라도 악에서 나오는 것이니이다.

인간 예수님의 능력에 대해 말하자면, 그 역시 이 묶인 것을 끊어버릴 수 없습니다. 단지 예수님께서 당신이 하시려는 모든 일을 능히 하신다고 말하는 것은 어리석습니다. 예수님께서 당신의 아버지의 의지와 계획에 일치되는 것만을 하고자 하신다는 것을 첨가하지 않는다면 말입니다. 인간 예수님은 당신의 모든 기적을, 믿음으로, 하나님을 견고하게 바라보심으로써, 고양된 자기확신으로, 하나님의 능력을 당신의 인간으로서의 능력에 연결시키심으로써, 행하셨습니다. 그분의 믿음을 제거해 보십시오. 그러면 여러분은 기적을 행하실 수 있는 그분의 능력을 제거하게 될 것입니다. 그 일에 '믿음'이 전혀 없다는 것이 확실해지는 순간, 그것을 행할 수 있느냐 아니면 없느냐 하는 질문은 전혀 의미가 없어집니다.

이제 우리는 그분의 말씀으로 되돌아옵니다: 이제는 너희 때요 어둠의 권세로다. 예수님께서는 이것이 참되다는 것을 아십니다. 그것을 완벽하게 확신하십니다. 그러므로, 그분께서 그 밧줄을 끊어버릴 능력을 하나님께서 자신에게 주실 것을 믿는 것은 너무나도 불가능합니다. 당신 아버지께서 당신의 손을 묶고 계시다는 사실을 확실하게 느끼시기 때문에, 그분의 인간으로서의 능력이 최소한 이 밧줄들에 관해서는 약화되어집니다.

그리하여 예수님께서는 이런 태도로 묶임을 당하십니다. 하나님께서는 힘

있는 장수 삼손을 결박하시는 것입니다. 예수님의 머리카락 한 올도 건드리지 않으시고, 그분의 눈을 영원히 찌르시지 않는다고 할지라도 말입니다. 이제 예수님께서는 당신에게 주어진 모든 블레셋인을 자유롭게 해 주어야 합니다. 비록 이들이 먼저 이 다곤 신전 안에서 엎드러져야 한다고 할지라도 말입니다. 그 다곤 신전은 죄의 연자맷돌이자 그분의 감금장소로 사용되고 있습니다. 지금은 - 바로 지금이 - 너희의 때인 것입니다.

예수님이 묶임 당하고 계십니다. 그런데 이 셋이 하나가 되어 그 매듭을 매고 있습니다: 마귀, 사람, 그리고 하나님. 개인적인 표현으로 말하자면, 그것을 행하는 그 셋은 바로 저 자신과 마귀, 그리고 하나님입니다. 하지만 그분을 묶으셨던 그 밧줄에 제 자신을 함께 묶기 전에는, 그것을 제 자신의 것이라고 개인적으로 표현할 수 없을 것입니다. 묶임을 당하신 그리스도께서는 오직 영적인 사람에게만 아름다우신 왕이십니다. 육신에 속한 사람들에게 예수님을 묶은 밧줄은, 십자가나 그분의 버림받으심만큼이나 '거치는 것'이며 '어리석은 것'입니다. 하지만 성령의 혜택을 입은 관점을 가지며, '분별하는 법'을 배운 사람에게는, 당신 아버지의 때를 아셨고, 그러므로 아버지의 대적자 폭군 사탄의 때를 아셨던 예수님께서 묶임 당하셨다는 것 때문에 그가 사랑스러운 것입니다. 그분 안에서 그들은 자신들의 하나님을 우러러보게 됩니다. 당신의 번개들을 탐욕스럽게 휘두르지 않으시고, 또한 귀신들의 권리들을 부당하게 취급하시지 않으시는 것으로, 성경의 하나님께서는 세상의 신과는 다른 분이심을 입증하셨습니다. 헬라와 이교도들의 신들로 하여금 자신의 변덕스런 기분에 따라 차려입게 하십시오. 양들의 목자, 우리들의 위대한 목자가 되시는 하나님 아버지께서는, 그분의 아들과 함께 공의와 진리의 엄격한 잣대에 묶임을 당하신 채로 등장하십니다. 심지어 귀신들이 풀려나는 바로 그 순간에도 말입니다.

그러므로 믿는 자들에게 예수님의 묶임 당하심은 하나님의 능력이요 지혜입니다. 예수님의 팔목을 단단하게 고정시켰던 밧줄들은 하나님께서 당신 자신에 의하여 묶임을 당하시게 되는 그 밧줄의 가시적인 표현입니다. 묶임 당하심은, 곧 그분의 공의, 전능하심, 그리고 사랑을 포함한 모든 속성과 함께 당신의 무한성을 제한하신 것을 나타냅니다. 우리에게 예수님의 묶임 당하심은 하나님의 통일성과 삼위일체의 상징입니다. 왜냐하면 하나님께서 당신 자신을 당신 자신의 존재에 제한하신, 그 기뻐하신 제한은 당신의 아들을 죽음의 밧줄에 묶으셨던 억제이기 때문입니다. 이것은 평화의 협정 가운데 서로를 제한하시던, 아버지, 아들, 그리고 성령께서, 세상의 평화를 위하여 함께 힘쓰고자 행하신 것이었습니다. 함께 하신 것을 기억하십시오. "그분께서 우리를 자유롭게 하시기 위하여 묶임을 당하셨던" 그날 밤에 말입니다. 이 밧줄은 평화의 협정을 유지시키는 것입니다.

이제는 너희 때요 어둠의 권세로다.

우리 인간들은 믿음으로 하는 것이 아니라면 이 말을 반복할 수 없을 것입니다. 하나님의 통일성에 대한 믿음이 없는 사람에게 묶임을 당하신 그리스도보다 더 크게 거치게 하는 것이 없을 것입니다. 하지만 믿음을 가지고 있는 자들에게, 예수님을 묶은 그 밧줄은 "풍부한 말을 쏟아 내게"[149] 하며 또한 풍부한 지식을 쏟아낼 것입니다.

우리가 현재에 있는 한, 미래에 무슨 일이 일어날지는 알 수 없습니다. 그래서 우리는 다가오는 때에 대해서 아무 것도 말할 수 없습니다. 지금이 온전히 어둠이 지배하는 독특한 때라고 할 수 없는 것입니다. 사탄을 묶으시는 것은 하나님께 기쁨이 되셨습니다-그리고 우리는 이것을 또한 일반은총(common grace)이라고 부릅니다-. 우리가 앞서 관찰하였던 바대로, 오직 하나님께만 아시는 때에 사탄은 다시금 풀려나게 될 것입니다.

---

149) 한역주 : 영역으로는 "utter abundant speech"인데, 저자가 인용부호를 붙인 것은, 로마서 8장 26절에 보면 "우리가 마땅히 빌 바를 알지 못하나"하는 구절과 대조가 된다는 인상을 갖게 한다.

그래서, 우리는 십자가의 능력 안에서, 사탄적인 것을 거부할 수 있고 또한 거부해야 합니다. 그리고 적그리스도의 날이 이르기까지 거부 가운데서 인내해야 합니다. 왜냐하면 마지막 날의 결정적인 위기의 순간이 어느 때에 도래할지 정확하게 확신할 수 없기 때문입니다.

어떻게 죽을 수밖에 없는 우리가 하나님의 독특한 때의 그 시간을 결정하겠습니까? 우리는 단지 세상의 역사를 인간의 관점에서만 볼 수 있을 뿐입니다.

그것이 우리가 하나님의 그리스도 안에서 안식을 취하기를 바라는 이유입니다. 그리스도께서는 당신께서 묶임을 당하셨을 때 하나님의 때를 아셨고, 지금도 여전히 알고 계십니다. 왜냐하면 그리스도께서 인간으로서 역사를 경험하셨고, 그리고 다시금 인간으로서 하나님을 믿는 당신의 강한 믿음으로, 아버지와의 교통으로써, 그것을 설명해 주셨기 때문입니다. 그래서 그분께서는 중생하지 못한 마음에는 하나의 역설을 보여주십니다. 예수님께서 묶임 당하신 것은 인간들이 임의적으로 고안해 낸 것과 동시에 하나님의 전지하신 협의로 확정된 시스템의 산물이라는 것입니다.

예수님께서 묶임을 당하십니다. 그분께서는 협의에 있어서는 놀랍고 행위에 있어서는 위대하십니다.

그분께서는 당신의 묶임 당하심 가운데서 하나님을 보셨습니다. 그러므로, 그분께서는 하나님께서 당신을 버리시는 중에 무엇이 일어나고 있는지를 충분히 알고 계십니다.

예수님께서 묶임 당하고 계셨을 때, 천사들은 잠시 침묵을 지켰습니다. 이 시간은 어둠의 때요 어둠의 영역이었기 때문이었습니다.

족장 아브라함이여, 그대는 기뻐하며 말하였도다.

지옥과 낙원이 너무나도 멀리 떨어져 있었음을,

그리고 구속 받은 죄인이 그것에서 멀리 떨어져 방황하지 않을 것임을.

하지만 이것은 우리들의 생각을 넘어서는 이적이로다,

천국이 심연에 너무나도 가까워지게 되었도다.

우리에게 예수님께서 행하신 그 위대한 인내를 보여주기 위하여.[150]

---

150) Heiman Dullaert(H. Beets의 영어번역).

chapter 26
—
고립되시는 그리스도

"제자들이 다 예수님을 버리고 도망하니라
한 청년이 벗은 몸에 베 홑이불을 두르고 예수님을 따라 오다가
무리에게 잡히매 베 홑이불을 버리고 벗은 몸으로 도망하니라."

- 마가복음 14:50~52 -

26장.
고립되시는 그리스도

우리는 예수님이 체포되신 일에 수반하는 한 가지 부가적인 사건을 주목할 필요가 있습니다. 제자들이 도망친 후에 이름이 알려지지 않은 청년이 사로잡히신 예수님을 따라오다가 무리에게 잡혀 매 맞고 도망쳤다는 사건입니다.

질문이 떠오를 것입니다. 왜 제자들이 도망간 것을 고려해야 하는 것일까요? 그것은 '너무나도 인간적인 특성을 보여주는' 것이었습니다. 그리고 무명의 한 청년이 멀찍이 사건을 지켜보며 따라오다가 군인들과 맞부딪쳐 싸운 것 때문에 도망쳐야만 했다는 사실이 별도로 구분해서 고려할 만큼 중요한 것일까요?

많은 사람들이 만장일치로 부정적인 답변을 합니다.

사건의 진행과정에 있어서 이 마지막 사건은 특별한 중요성을 지니고 있지 않으며, 그것이 그분의 고통당하심과 전혀 무관하다는 견해를 유지하는 것입

니다.[151]

우리는 이 해석에 만족할 수 없습니다. 예수님의 광범위하고 민감한 심령은 당신의 생애 중 그에 대해서 일어나는 모든 영향력에 대해서 예민했습니다. 그분께서는 모든 자극에 직접적으로 반응하십니다. 게다가, 복음은 성경의 종합적인 전체와 무관한 어떤 것도 말하지 않습니다.

그러므로 우리는 제자들이 도망하는 것과 예수님의 혼으로부터 야만스럽게 비틀어 떨어지는 그 젊은 청년에 대해 개별적으로 주목해야 할 권리 -그리고 의무- 를 갖습니다. 우리가 이것들을 고려하며 더욱 그렇게 해야 하는 까닭은, 우리가 그들에 대해서 관심을 갖기 때문이 아니라, 오히려 그리스도에게 관심을 갖기 때문입니다.

우리는 제자들과 그 젊은이가 도망친 것이 그리스도에게 수난이 된다는 것을 단번에 알아야 합니다. 이 사건을 사소하며 색깔 없는 것이라고 불러서는 안 되는 것입니다. 그 반대로, 전체 성경과 모든 예언이 그것들과 관계하고 있습니다. 예언이 언제나 그리스도의 영을 충분히 말하고 있기에, 그분께서는 이 고립을 직접 암시할 수 있으셨던 것입니다. 그분께서는 당신의 모든 제자들이 당신 때문에 실족할 것이며, 그들이 그분을 버리는 것은 스가랴의 예언이 성취되는 것임을 미리 말씀하셨습니다. "(내가) 목자를 치면 양이 흩어지려니와…(슥 12:7)" 전형적으로 인간적이며 예측하기 쉬운 제자들의 도망이 예언의 넓은 맥락 가운데 포함됨으로써, 작은 사건이 큰 사건이 되는 것입니다. 이 맥락 속에서 그 작은 사건은 엄청나게 중요한 사건이 됩니다. 이것은 어떤 어슬렁거리는 사람이 복음의 커다란 화폭에 조그만 붓질을 첨가한 정도의 사례가 아닙니다. 예언이 그 안에 담겨 있습니다. 예언의 물줄기 속에 들어가는 모

---

151) Dr.J.A.C.Van Leeuwen, 『마가복음, 짧은 진술』(Het Evangelie Naar Markus, Korte Verklaring).

든 것, 영원한 성령에 의해 떠올라서 흘러가는 모든 것은, 그 나름의 중요성을 갖습니다. 제자들이 도망친 것도 수난의 역사에 있어서 그 기능이 있는 것입니다.

양들이 흩어지는 것은 하나님께서 당신 백성의 불신앙을 징계하시려는 심판으로서, 본래 의도되었던 것입니다. 우리는 스가랴를 통해 이것을 쉽게 추론할 수 있습니다.

이전에 그리스도의 수난을 다루면서 스가랴의 예언에 주목한 적이 있습니다. 그때 우리는 이 선지자가 이스라엘을 목자의 선한 지도를 받아들이기 거부한 양떼에 비유했음을 관찰했습니다. 이스라엘은 이상적인 선한 목자에 대한 자신만의 그림을 가질 영적 특권을 사사로이 남용하기를 원했습니다. 하나님께서 선택하신 목자가 백성이 형성한 그 이미지에 부합되지 않았기 때문에, 이 백성들은 그 목자의 보살핌을 받지 않으려고 합니다. 그래서 스가랴는 결론내리기를, 하나님께서 당신이 목자를 제거하시고 그 양떼들을 흩으시리라는 것입니다. 그러면, 양떼들이 흩어지는 것은, 명백하게 그들의 '불신앙'의 죄 때문에 그 백성에게 '임하게 된' 형벌입니다. 양떼들이 하나님의 목자를 밀쳐내고 있습니까? 그러면 하나님께서는 당신께서 선택하신 목자, 그 양떼들을 함께 모으시는 것이 가능한 유일하신 분을 제거하실 것입니다.

이 점에서 우리의 어려움이 시작됩니다.

만약 제자들의 도망이 예수님께서 사로잡히신 것의 자연적인 효과 이상의 아무 것도 아니었다면, 그 사건은 수난의 역사에 있어서 어떤 새로운 요소도 도입하지 않을 것입니다.

하지만, 이제 우리는 제자들이 이렇게 흩어지는 것에서 하나의 천벌(a visitation)을 관찰할 것이 요구된다는 점에 주목합니다. 그리고 그 변화가 중요합니다. 그것이 상황을 너무나도 고통스럽게 만들고 있습니다. 스가랴가 그 불신앙의 백성들에게 선포했던 심판의 예언이 예수님의 제자들에게 성취되며 적용되고 있습니다. 스가랴가 선포한 심판이 제자들 집단에 일어나야 함을 생각하는 것이 얼마나 충격적입니까? 겟세마네 문턱에서 하나님께서는 스가랴의 예언으로부터 이 우울한 구절을 뽑으시고, 종이에 그것을 적으셔서 불신앙의 한 백성 – 곧 예수님의 신실한 열한 제자에게 이 위협을 전달하시는 것입니다. 다시 말해, 하나님께서는 예수님에게 여전히 남아있는 마지막 제자들에게 그것을 전달하십니다. 당신의 왕국을 확장하고 지지하게 될 직분 담지자들에게 말입니다.

이 사실 속에 그리스도의 엄청난 고통이 내재되어 있습니다. 그분께서는 열둘이라는 당신의 완전한 원이 유다의 배신으로 깨져 버렸을 때 고통당하셨습니다. 하지만 지금 그분의 고통도 너무나 큽니다. 왜냐하면 여전히 당신의 것인 그 열한 명이, 목자를 무시하였던 자들에게 스가랴가 선포했던 심판에 의해 흩어지고 있기 때문입니다.

그분께서는 소용돌이치는 폭포수로부터 교회라는 작은 껍데기를 구조하고 싶어 하십니다. 그분께서 그 물결 속으로 뛰어들자 거대한 파도가 배를 덮치며 산산조각 나도록 내리치고 있습니다. 여기 난파선이 있고, 심판의 분노하는 폭풍이 휘몰아치고 있습니다!

그것을 피할 길이 없습니다. 우리는 사태의 외적인 현상의 이면을 들여다보아야 할 것입니다. 죄가 그곳에 숨어 있는 것을 믿어야 할 것입니다. 왜냐하면 죄가 머무는 곳에만 심판이 임하기 때문입니다.

제자들의 흩어짐은 제자들에게 임하는 진실로 하나의 '천벌(a visitation)'입니다. 그들의 죄가 그리스도께서 그것을 선포하시는 태도로부터 당장에 분명해지기 때문입니다. 그분께서는 '실족'이라는 단어를 사용하십니다: 너희 모두가 나 때문에 실족하게 될 것이니라.[152] 이 말씀으로 그분께서는 제자들이 넘어지게 될 것이고 그렇게 넘어짐으로써 죄 가운데로 떨어질 것임을 의미하셨습니다.

무엇이 그 죄였습니까? 우리는 질문하고 싶습니다. 제자들이 도망가는 것은 자연스러운 일이 아니었던가요? 그들이 해야 할 일이 남아 있었나요? 다른 말로 표현하자면, 만약 그들이 그 위험 앞에서 오만하게 대적했더라면 하나님을 시험하는 것이 되지 않았을까요? 사실, 예수님께서는 직접 말씀하시기를, "나를 찾거든 이 사람들이 가는 것을 용납하라(요 18:8)"고 하셨습니다. 그렇다면 어떻게 제자들이 떠나는 것을 죄라고 할 수 있단 말입니까? 예수님께서 스스로 그들이 가는 것을 원하셨습니다.

여러분은 질문들이 많이 있음을 보시게 됩니다.

하지만 이런 질문을 하는 자라면 누구든, 제자들이 예수님께서 그들에게 요구하셨던 것과는 너무나도 다른 일을 행했음을 잊고 있는 것입니다. 예수님께서는 "이 사람들이 가는 것을 용납하라"고 말씀하셨습니다. 하지만 '자신의 길을 가는 것'과 '도망하는 것'은 결코 동일하지 않습니다. 물론 사람들은 침착하게 신뢰하면서, 평화롭게, '자신의 길을 갈' 수 있습니다. 하지만 또한 차분하지 않게, 염려하면서, 신경 쓰면서 갈 수도 있습니다. 그리고 가고 있는 제자들 중 누구도 자신의 스승을 특징짓는 견고한 자세와 강한 믿음을 보여주지 않습니다. 그들은 도망쳤습니다.

예수님께서는 그들에게 어디든 원하는 대로 갈 수 있는 특권을 주셨습니다.

---

152) 한역주 : 마태복음 26장 31절. 한글개정개역에서는 '다 나를 버리리라'고 번역되어있지만, 난하주에 '나를 인하여 실족하리라'고 되어 있다. 영역자는 KJV을 인용하여 번역하고 있는 셈이다.

그러므로, 그들은 여전히 예수님을 따르기를 선택할 수 있었습니다. 비록 묶임을 당하셨지만 여전히 그분을 당신의 목적을 의식하시며, 선한 안내자이고 보호자이자 목자이신 분으로 고백하기를 선택할 수 있었던 것입니다. 하지만 그들은 도망갔습니다. 그들은 무리가 예수님을 끌고 간 방향만을 제외하고 사방으로 흩어져 버렸습니다.

도망하는 것, 순전히 도망가는 것은 결코 신앙적인 행위가 아닙니다.[153] 그것은 언제나 신앙과 반대되는 것입니다. 오직 연약함으로 인해 도망치는 사람의 도망은 하나님의 뜻을 적절하게 표현하는 것이 분명 아닙니다. 이처럼 단순히 도망하는 것은 성경 속에서 그리고 역사 속에서, 우리에게 그 자체를 드러내시는 하나님의 말씀에 믿음이 제공하는 반응이 결코 아닙니다.

물론 "날아가는 것(계12장)"이라고 부를 수 있는 그런 종류의 '도망'이 있습니다. 이것은 하나님의 능력 안에서 믿음으로, 그리고 그분의 영광을 위하여 수행되는 (일시적인) 후퇴입니다. 따라서 '도망(flee)'이라는 단어도 역시 하이델베르크 문답에 포함되어 있습니다. 하지만 그것이 사용되는 맥락을 외면한 채 비틀어 사용하면 안 됩니다. 여러분이 기억하시는 대로, 그 용어는 33번째 주일문답(88~91문답)에서 사용됩니다. 33번째 주일문답은 참된 회개에 대해 말하고 있습니다. 그곳에서는 '도망한다(fleeing)'라는 불편한 감정이, 율법을 지키고자 열망하는 새사람의 깨어남 안에서의 기쁨과 대조되고 있습니다. 약속에 의지하여 그렇게 하는 것입니다.

하지만 그것은 이 맥락에서 사용되는 단어의 의미가 아닙니다. 제자들의 도

---

153) 한역주 : 저자는 이 설교문을 작성한 이후에 일어났던 자신의 조국 화란에 나치가 침공해 들어오고 그 영향력이 행사되던 중에도 신앙의 지조를 잃어버리지 않고 당당하게 맞선 설교하고 글을 발표한 것 때문에 투옥된 경험도 있는 점을 고려한다면 좋겠다. 뒤에서 설명되는 '도망'과 '날아감'을 구별하고 있는 것도 그 투옥 이후에 나치의 경찰의 눈을 피해서 숨어서 지냈던 것을 불신앙의 행위로 보지 않았던 것임을 알 수 있게 한다. 이런 일들은, 설교한 대로 살았던 저자의 철저한 신앙관을 유추할 수 있게 한다.

망은 그들의 눈을 하나님이 아닌 원수에게 단단히 고정시켰기 때문에 벌어진 것입니다. 그래서 그들의 도망은 믿음 없이 일어났습니다. 그리스도께서는 그들을 위해 당당하게 걷는(walking) 특권을 획득하시려고, 죽으실 것입니다. 하지만 그분에게는 그들의 도망간(fleeing) 죄를 먼저 속죄할 것이 요구됩니다. 제자들은 자신들의 특권을 활용하지 않았습니다. 그분께서 그들을 위해 그 특권을 획득하신 이후에도 그렇게 하지 않았습니다. 그들이 그분을 신뢰해야 하지 않았을까요? 그들이 가는 것이 그리스도의 능력에 대한 그들의 신뢰를 보여주는 기회가 되어야 하지 않았을까요? 물론, 만약 제자들의 그분 말씀의 위엄 앞에서, 그분의 뜻의 능력 앞에서, 그분의 모습 앞에서 두려워 떨었다면, 그들은 그분의 명령이 그들을 위한 길을 환하게 내어준다는 것을 알아챘을 것입니다. 그 명령으로서 홍해를 걸을 수 있게 된 것처럼 말입니다. 하지만 그들은 두려워 떨지 않았습니다. 그들은 모세의 세례 받은 자들에게 속해 있을 뿐, 그리스도 안에서 세례 받지 않습니다. 그들은 자신들의 홍해를 건너지 않습니다. 오, 모세여! 하나님의 어린 양이시여! 그대는 홍해를 홀로 건너야 할 것이니이다.

제자들은 폭풍을 머무르게 하며 사람들을 잠잠케 하실 수 있는 자요, 그분의 뜻이 곧 법이신 분으로서 그분을 오랫동안 경험해 왔습니다. 하지만 그 경험이 지금 그들을 도와주지 않습니다. 이 무리가 들고 있는 검과 몽치는 때때로 나타난 별들보다 더 강합니다, 그렇지 않습니까? 사람들의 밧줄과 차꼬들이 말씀(the Word)보다 더 강합니다. 예수님께서는 묶임을 당하셨습니다, 그렇지 않습니까? 그렇다면 똑같은 일이 자신들에게 벌어질 수도 있습니다. 그래서 그들의 영혼들(souls)은, 그들이 그리스도께서 묶임 당하신 것의 독특한 의미에 대한 무지를 입증하고 있습니다. 세상의 자유를 값으로 사시기 위하여, 그분께서 당신 스스로를 묶고 계시는 것을 제자들은 상상할 수 없습니다. 그들의 영(spirit)이 사태를 지각하고 있는 대로라면, 겟세마네는 여전히 예언의 영역 바깥에 서 있을 뿐이고, 구속 계획의 압력에 전혀 무관한 채로 있습니다. 그들이 이 밤에 일어나는 일을 지켜보는 관점은 세상적이기만 합니다. 그러므로 그들은 선하신 목자께서 자신을 위하여 엄청난 희생 제사를 드리고 계시는 바로 그 밤을, 그분께서 지키고 계시는 것을 무시하고 있습니다.

스가랴에 의해 기록된 예언적 심판의 서신이 제자들에게 이르는 것은 이런 불신앙과 불경건의 죄악 때문입니다. 하나님께서 이 수단을 취해서 그들에게 그들이 사랑의 범위 바깥에 있었음을 말하기 원하셨다는 것이 아닙니다. 오히려 하나님께서 그것에 대해 불평하고 계셨으며, 또한 그것 때문에 지상에서 비통하게 울고 계셨다는 것을 의미합니다. 양떼들의 위대한 목자께서는 당신의 부르심 안에서 완벽하게 고립되셨고, 양떼들을 보살피시는 최고의 행위를 수행하셨습니다. 그 행위는 다른 모든 행위를 설명하고 타당하게 만들어야 하는 행위였습니다. 그리고, 그 양떼들이 그것을 인식조차 하지 않았기 때문에, 세상은 너무나도 경악했습니다. 검들이 희번덕거리고 예수님의 손목 주변에서 수갑인 찰랑거릴 때, 그분의 모든 말씀을 완전히 신뢰해야 했던 것입니다.

그러면 제자들이 도망친 것이 예수님에게 고통을 주었는가 아닌가에 대해서 더 이상 물어볼 필요가 없습니다. 아아, 성경을 성취하는 일이 계속해서 일어납니다! 여러분은 그리스도께서 당신의 기도의 경험이나 감사의 경험이 헛되지 않도록, 제자들을 위한 길을 트시고 그들이 자유롭게 갈 수 있도록 강력하게 요청하셨다는 것을 보셨습니까? 겟세마네의 어둠이 당신을 집어삼키기 전에, 그분께서는 아버지의 문을 두드리시면서 아버지에게 이 특별한 찬양을 드렸습니다: 아버지께서 내게 주신 그들 중에서 하나도 잃지 아니하였습니다 (요 17:12). 아버지여, 아버지여, 주께서는 저를 고립시키지 않으셨나이다! 군병들, 검들, 짐승같은 인간들이 있나이다! 하늘이여, 아들의 기도를 구원하소서—

그것에 귀를 기울이십시오, 그리고 그리스도께서 당신의 영광송을 보존하기 위해 어떻게 싸우시는지에 주목하십시오. 그분께서 그것을 말씀하시고, 탄원하시며, 또한 명하십니다. 그분께서 그들로 하여금 가게 하라고 말씀하십니다. 나는 나 자신을 잃어버리고자 하노라, 하지만 나의 양은 잃어버릴 수 없노라. 그리고 기도하십니다. 아버지께서 내게 주신 그들 중에서 하나도 잃지 아니하였습니다, 하신 말씀을 응하게 하기 위해서 말입니다 (요 18:9).

이제 그 간극(chasm)이 스스로 열리고 있습니다. 예수님의 영광송보다 더 헛되고 허망한 것이 어디에도 없기 때문입니다. 유월절의 방에서 그분은 기도하셨습니다. 하나님께 감사드렸고 새로운 찬송을 부르셨습니다. 당신께서 당신의 양떼와 분리되지 않을 것이기 때문입니다. 하지만, 오늘 하나의 옛 노래 - 스가랴의 찬양 - 가 당신의 새 노래와 부딪히고 있습니다. 아아, 주님, 그분이 분리되고 계시나이다! 양떼들이 도망을 치고 있는 것입니다! 제자들은 스가랴 선지자에 의해서 들었던 고립의 포고령에 종속되어 있습니다. 주님, 나의 하나님이시여, 주께서는 모든 것을 허락하시나이까? 그러하시다면, 나사렛 예수의 기도와 감사를 구원하시겠나이까?

성경을 읽으시는 여러분, 여러분께서는 첫 번째 경우와 "응하게 하기 위해서"라는 말씀이 기록된 두 번째 경우 사이에 존재하는 마찰을 보십니까? 그리스도의 말씀이 성취되었습니까? 오히려 스가랴의 것이 성취되었습니다! 그리고 그것은, 갉아 들어가며, 화나게 하는, 고통스러운 진리입니다! 양떼들이 보존되었습니까? 아닙니다, 그들은 이리저리 흩어져 버렸습니다... 믿음의 영역 바깥으로 벗어나 버린 것입니다! 나의 구주시여, 주께서는 기도하시는 중에 하나님에게 무슨 잘못된 일을 하셨길래 하나님께서 당신에게 이렇게 많은 슬픔을 주십니까?

주께서는 무슨 일을 하셨길래, 전능하신 분께서 스가랴의 예언을 수단으로 하여 당신으로 하여금 당신 자신의 영광송에 대해서 의심하게 하시나요? 주께서는 모든 것, 심연의 저 깊은 곳으로부터 올라오는…… 말 그대로 모든 것을 당하서야 하시나요? 하나님께서는 주께로부터 올려지는 적절한 찬양조차도 받아들이지 않으려고 하시나요? 주께서는 찬양의 특권을 위하여서도 싸우셔야 하시나요? 주여, 주께서는 그렇게도 근본적으로 홀로이시나이까?

그렇습니다, 너무나도 절대적으로, 너무나도 엄격하게도 그리스도께서는 홀로이십니다. 그분께서 올리셔야 하는 최상의 제물은 기도의 제물입니다. 하지만, 그분의 희생의 향기가 거절되고 있습니다. 가인과 같이 말입니다. 그분의 이름은 아벨보다 더 위대한 이인데도 말입니다.

우리는 그리스도께서 두 가지 면에서 고립 상태에 이르시는 것을 봅니다. 하나님 편에서, 그리고 당신의 신뢰했던 자들의 편에서 말입니다.

하나님께서 그분을 고립시킨다는 사실이, 목자를 치라(smite the shepherd)는 표현을 볼 때 분명해집니다. 하나님께서 지명하셨던 그 목자에 대적하여 하나님께서 직접 검을 불러들이고 계시는 것입니다. 예수님을 묶이게 하시고, 양떼로부터 떨어지게 하시며, 그분으로 하여금 양떼들이 흩어지게 되는 것이 곧 당신의 기도가 흩어지는 것임을 느끼게 하시는 분은 바로 하나님이십니다. 가인이여, 오 가인이여! 그럼에도 불구하고, 그분의 이름은- 아벨보다 더 크신 이입니다.

만약 양들이 그분을 끝까지 따를 수만 있었다면, 그들이 단순히 '그들의 길을 가되', 침착하게, 신앙의 절정에 이른 모습으로 그러했다면, 용사들로서, 비록 육신의 권세에 의해서는 패배할지라도, 그들의 대장이 그들을 위해 협상으로 획득한 특권에 감사하고 신뢰하며 활용하는 용사들로서 그럴 수 있었다면! 오, 만약 이렇게 양떼들이 흩어지는 것이 목자 되시는 그리스도를 그들로부터 취하신 하나님의 행위의 결과이기만 했더라면! 그러면 그 양떼들의 흩어

짐이 하나님께서 그분에게 야기하시는 슬픔에 어떤 것을 더하지는 않았을 것입니다. 하지만 그들의 불신앙이 목자로부터 양떼들을 분리시키고 있습니다. 나의 양떼여, 내가 너희에게 도대체 무엇을 했길래 이렇게 불충함을 받아야 마땅하단 말이냐?

그러면 두 가지, 하나님의 공의와 양떼의 불충함이 대목자(the Shepherd)를 양떼로부터 분리하고, 그분을 고립시키고 있는 것입니다. 이 목자가 할 수 있는 일이 무엇이겠습니까? 양떼의 소유주께서는 침묵하고 계십니다. 아니, 그분께서는 목자를 양떼로부터 떼어내고 계십니다. 나의 하나님, 나의 하나님, 어찌하여 주께서는 그분에게서 그분의 삯을 빼앗아 버리시나이까? 주의 양떼에 대한 그분의 사명을 내려놓으실 방법이 그분께 전혀 없다는 말인가요? 이 큰 일꾼(the Laborer)께서 그분의 일을 그저 맹목적으로 하셔야 하는 것인가요? 그분께서 뒤를 돌아보자 양떼들이 자신을 떠나고 있는 것을 보게 되십니다. 양떼 역시 그분을 고립시키고 있습니다. 하나님의 초장의 양떼들이여, 왜 그대들은 그분에 대한 신뢰를 거두어들이고 있나요? 주의 영이시여, 왜 그들의 마음을 완고하게 하시고, 몇몇이라도 그분에게 도움의 손길을 내밀도록 하지 않으시나이까? 성삼위께서는 왜 그분의 기도, 곧 내가 아버지께 감사하옵는 것은 나는 그들 중 아무도 잃지 않았나이다, 라는 그 기도의 향기를 멀리 흩어지도록 불어 버리셔야 하나요? 가인이여, 지독한 가인이여! 하지만 그분께서는 아벨의 성취라고 불리십니다, 그렇지 않습니까? 하나의 음성이 요단 지역을 가로질러 들리고 있었습니다. 이 세례 받은 자의 머리 위에 임하셨던 성령께서 지금 어디에 거하십니까? 그 비둘기는 오래전에 멀리 날아가 버렸습니다. 이 음성은 귀신들의 외마디 소리들입니다. 누가 그분에게 이스라엘의 찬송시를 가르치고 계신가요? 하나님께서 그들 가운데 계십니다. 그리고 그분의 혼이 아침에 하나님을 갈구하고 있습니다.

고립되시는 그리스도!

양떼의 주인 되시는 분과 양떼 그 자체. 이들 모두가 그분을 밀어붙이고 있습니다. 그리고 그대, 나의 영혼이여, 그대가 그분을 특별하게 밀어붙이고 있구나. 그리고, 대목자장께서는 당신의 생명을 양떼를 위해 내어 주셔야 합니다. 그 고립되신 중에 말입니다. 요한복음 10장의 부드러움, 선한 목자의 찬양의 부드러움은 지금 이 지독한 순간만큼 두렵게 들리지 않습니다. 이 순간 바울이 훗날 주일마다 반복할 말을 낳고 있기 때문입니다: 모든 사람들이 나를 버렸도다. 내가 하나님께 기도하노니 그것을 그들에게 돌리지 마시옵소서.

그리고 지금, 그 마지막 결과를 성취하기 위하여, 그 고립을 정화(to purge)하기 위하여, 목자께서는 자신을 고립시키는 이들의 행위와, 죄의 값이 되는 분리의 짐을 스스로 지우십니다. 그래서 그분께서는 양떼들이 심판을 당하지 않게 하시며, 그들의 교통의 초원으로 인도하시는 것입니다. 유월절 기도와 희생제사의 향기를 흩어버리는 그들의 둔감한 혼란과 민감한 활동을 감당하시는 노력 가운데서, 그분께서는 이빨을 꽉 깨무십니다. 왜냐하면 당신의 기도들의 제사가 가인의 제사를 닮기 시작할 때까지 그들이 그렇게 하고 있기 때문입니다. 그분께서 모든 것을, 모든 것을…… 감당하시고, 견디시는 것입니다. 아멘. 아벨보다 더 크신 이가 여기에 계십니다. 그분께서는 당신의 제자들 안에 옛 사람의 남은 것들, 가인의 남은 것들이 있는 것을 보십니다. 하지만, 또한 그들 안에 있는 새 사람을 무시하지도 거부하지도 않으십니다. 그분께서는 모든 것에도 불구하고 그들을 위하여 죽으실 것입니다. 그분의 피의음성이 아벨의 피보다 더 크게 외칠 것입니다.

하지만, 이것이 그분에게 고통을 야기시킬 것인지 아닌지에 대해서는 다시금 질문하지 마십시오. 고립이란 언제나 고통스러운 것입니다. 왜냐하면, 인간 존재란 본능적으로 함께 할 수 있는 동료를 구하기 때문입니다. 주변 사람들이 자기를 버릴 때 동물들을 데리고 위로를 삼는 외로운 영혼들이 있습니다. 그들이 이렇게 하는 이유는, 소통을 나누거나 교제를 하는 것 없이는 생존할 수 없기 때문입니다. 여기, 개를 데리고 사는 자녀 없는 남편과 아내가 있습니다. 저기에는 죽어가는 병사가 자신의 어머니를 허망하게 찾다가 대신에 간호사의 손을 붙잡고 있습니다. 저 멀리서 불쌍한 노파가 새장 속의 카나리아와 함께 앉아 있습니다. 이 모든 사람들 위에 숨은 비극이 떠돌고 있습니다. 그들은 우정을 갈망하면서 눈물을 닦고는, 다시금 숨을 죽여 흐느끼고 있습니다.

혹시 여러분은 그리스도께서는 이렇지 않았을 것이라고 추측하십니까? 아닙니다. 그분의 민감한 심령은 정확하게, 친구를 갈망하였습니다. 이해와 공감, 당신의 체험을 공유하는 사람, 당신의 영혼(soul)을 충분하게 이해해주는 누군가를 열망하였습니다. 하지만, 예수님께서는 그들이 한 명 한 명 떠나는 것을 지켜봐야 합니다. 보십시오, 저기 베드로가 갑니다. 이제 요한입니다. 야고보 역시 떠나고 있습니다. 한 명씩 한 명씩 그들은 자신을 예수님의 영혼(soul)으로부터 떼어내고 있습니다. 그리고 그분의 혼은 가장 민감한 정신감응 현상보다 더욱 예민하게 반응합니다. 애정 어린 생각과, 당신을 우정과 믿음으로 껴안으며 당신을 향하는 심령의 열정이 존재하느냐, 아니면 존재하지 않으냐 하는 것에 그분의 혼은 매우 예민한 것입니다.

그런데, 이것은 고독하신 그리스도에게 있어서 비극적인 갈등의 첫 번째 공격입니다. 그분께서는 침묵하는 하늘의 모든 요소뿐 아니라, 열두 명의 믿을 만한 친구들에 의해서도 외롭게 남겨지시는 것입니다.

그럼에도 불구하고, 잠시 그분에게 새로운 빛이 비춰지는 것 같습니다. 진실로, 오랫동안 스승에게 신실했던 열한 명이 그분을 떠나고 있습니다. 하지만, 다른 한 명이 모습을 드러내고 있습니다. 비록 수줍은 듯이 얼굴을 붉히면서 오고 있지만, 슬픔의 사람의 인간으로서의 혼을 자신이 나서는 것으로써 위로하고 강화시키기 위해서 오는 것입니다. 그것은 위대하면서 값진 인간적 선입니다.

그 신입자는 겟세마네 동산에서 이름이 밝혀지지 않은 청년입니다.

그것은 하나의 약속과도 같습니다. 열두 명의 거인이 전투에서 넘어져 버릴 때 한 명의 난장이가 등장하여 그 거인들을 대신해 싸우려는 것은 분명 고무적이라고 할 수 있겠습니다. 열한 개의 거대한 상수리나무가 숲 속에서 넘어져 버렸을 때, 조그만 꽃 하나가 부끄럽게도 잔디 사이에서 머리를 내미는 모습을 보는 것은 아름다운 발견일 수 있습니다. 바로 그렇게, 그 무명의 젊은이는 열한 명이 구주를 저버리고 있는 그 길가에 피어 있는 하나의 사랑스러운 꽃입니다. 사랑으로, 용기 있게 예수님을 따랐던 이 알려지지 않은 청년이 그 고립의 포고령을 깨뜨리고자 오고 있다는 것이 가능한 일일까요? 하늘에 계신 아버지시여, 주께서 이 작은 자를 보내고 계시는 것입니까? 주께서 예수님의 손을 그 작은 자에게 내밀어서 풀어달라고 하게 하시겠습니까? 그분께서는 아버지께서 그분에게 주셨던 자들 모두를 잃어버렸나이다. 그래서 주께서 다른 자들을 주려고 하시는 것입니까? 그런데, 그분께서 이 사람을 지킬 수 있을까요? 주께서는 제자들을 거두어들이십니다. 이 수줍어하는 신입자를 그분에게 허락하시는 것일까요? 첫 번째 등급의 학생들이 격퇴 당하였습니다. 아들께서는 당신의 외로운 영혼(soul)이 '두 번째 등급의 학생' 한 명과 동반할 것을 알게 되시는 것일까요? 하늘에 계신 아버지시여, 주께서 이 순간에 은혜를 제공하시는 것입니까?

이 질문은 의미심장한 것입니다. 그것은 그리스도의 수난에 직접적으로 닿고 있습니다. 그리고, 앞서 발생했던 것과 관련해서 그것은 또한 예언에 닿고 있습니다.

이 젊은이를 보내심으로 인하여 하나님께서 도대체 무엇을 계획하고 계시는 것일까요? 그리고 이 젊은이는 도대체 누구인가요?

사실, 우리는 그가 누구인지를 모릅니다. 그의 이름은 우리에게 감춰져 있습니다. 그가 자기 집을 서둘러 떠나 왔다는 것은 분명합니다. 미리 잠자리에 들었던 것이 틀림없습니다. 왜냐하면 벌거벗은 몸에 베 홑이불을 걸치고 있기 때문입니다. 그럼에도 불구하고 그는 자신의 침실에서 나와 예수님을 조심스럽게 따릅니다. 그는 분명 일어난 일을 보았고, 사랑과 공감의 심정으로[154] 감동을 받아 예수님을 따라 나섰던 것입니다. 게다가 그는 인내하면서 뒤따랐습니다. 이 점은 헬라어 본문에 의하면 너무나도 분명합니다 – 제자들이 도망을 모두 가 버린 뒤에도 계속 뒤따랐던 것입니다. 원수의 첫 번째 공격은 그를 멈추기에 충분하지 못했습니다. 그는 계속 뒤를 따랐습니다. 그리고 그가 뒤따를 때 예수님이 그것을 눈치 채셨습니다. 나다나엘이 무화과나무 아래 앉아 있는 것을 감지하셨고, 또한 혈루증으로 고통당하는 한 여인의 신앙이 그분의 옷깃을 만짐으로써 자신의 생명을 구하고자 했을 때 감지하셨던, 바로 그 민감한 감각이 지금도 활동하고 있습니다. 예수님의 영혼(soul)은 이 젊은이의 사랑의 맛을 느끼면서 힘을 얻었습니다. 그것이 그분에게 영향을 미치고 그분을 강화시켰습니다. 그가 등장한 것은 예수님을 향한 하나님의 선물이었습니다. 그것은 그 고립을 깨뜨리기 위해 고안된 것처럼 보였습니다.

여러분은 다시금 질문하실 것입니다, 이 젊은이는 누구였나요? 예수님께서는 아셨습니다만 우리는 모르고 있습니다. 어떤 이들은 그 이름들을 제시해 보려고 시도하였습니다. 예를 든다면, 요한이나 야고보, 그리고 사울이라고도 합니다. 이 중 임의적이지 않은 하나의 해석에 주목할 필요가 있습니다. 곧 마가복음을 기록한 마가의 이름과 이 젊은 청년을 연결시키는 해석입니다. 이 관점을 지지하기 위해 많은 것을 말할 수 있겠습니다. 10장에서 우리는 마가가 예수님께서 유월절을 지켰던 바로 그 집에서 살고 있었을 가능성을 논의했습니다. 그리고 우리는 마가가 예수님과 제자들이 식탁에 앉았던 그 방에서 일어난

---

154) 이것은 몇몇 필사본에 포함되어 있는 원문에 있는 표현을 보면 분명해진다. P.L.Groenen, op.cit., p.221을 비교해 보라. 또한 마가복음 5:37과 누가복음 23:40을 비교하라.

모든 일들을 주의 깊게 살피고 있었다고 용감하게 제시했습니다.

예수님의 친구들의 집단에 속한 아버지(혹은 어머니)를 두었던 마가가 예수님의 거룩하심에 강한 인상을 받았다면, 자석이 이끄는 힘보다도 더 강력한 힘이 그로 하여금 예수님을 따르게 했다고 이해하기가 쉬울 것입니다. 이것은 아마 첫 번째 성만찬이 바깥 세상에 알리는 첫 번째 축복 중 하나일 것입니다. 어떤 주석가들은 다음과 같이 생각하는 것을 선호합니다: 유다의 인도를 받은 한 무리의 군인들이 먼저 유월절이 지켜졌던 그 집으로 와서는 예수님이 그곳에 여전히 있는지 없는지를 확인했을 것입니다. 그 젊은이가 군인들이 소란스럽게 고함치는 소리들에 깨어나서는 직감적인 염려와 사랑의 감정에 사로잡혀 곧장 일어나 그들을 따라 나섰을 가능성이 있습니다. 그는 베 홑이불을 입었다고 하는데, 그것은 값비싼 인도산 옷감이거나 아니면 양모로 되었을 가능성이 있습니다. 이 사실은 그가 부유층에 속했다는 것을 우리에게 말해줍니다. 그리고 이 특성은 우리가 마가에 대해서 알고 있는 구조에 적절하게 맞아 떨어집니다.

다른 자료들을 전혀 말하지 않고 이 특수한 것들만 언급해도 마가가 그 무명의 젊은이라는 가설은 너무나도 그럴 듯합니다. 이런 관점에서 볼 때, 예를 들어, 복음서를 기록할 때 왜 마가 혼자만이 사건을 언급하고 있는지, 그리고 왜 젊은이의 이름이 우리에게서 수줍은 듯이 감춰져 있는지를 쉽게 이해할 수 있습니다.

하지만, 왜 이 젊은이의 정체성을 더욱 구체적으로 밝힐 만한 자료를 찾는 데 정성을 기울여야 하나요? 그것이 특별하게 의미있는 발견일 수 있겠습니까?

물론 그렇지 않습니다. 그의 정체에 대한 질문은 흥미로울 수 있겠지만, 그 사건의 중심적인 의미에는 영향을 미치지 않습니다. 그리고 우리는 그 사람이 누군지에 대해 어떤 확신도 가지고 있지 않다는 점을 분명하게 밝히고 싶습니다.

오히려 확신하지 않는 것이 필요합니다.

중요한 사실은 이것입니다: 이 개종자의 동반이 예수님에게서 재빨리 자취를 감춘다는 것입니다. 군인들은 그 젊은이가 예수님을 추종하는 자임을 인지하고, 또한 이렇게 대담하게 따라오는 것에 신경이 거슬렸습니다. 그래서 그들은 젊은이를 위협했습니다. 난투극이 뒤따르고, 싸움의 소란 속에서 젊은이는 자기 베 홑이불을 군인들의 손에 맡긴 채 벌거벗은 채로 자기 집으로 도망가 버립니다.

그리스도에게 있어서, 이 사건은 당신의 절대적인 고립을 확증하고 또한 그것의 적용을 강화하는 데 봉사합니다.

우리는 그리스도와의 관계에서 그 젊은이의 상황은 열한 명의 제자들의 상황과 다르다는 것을 잊지 말아야 합니다. 그는 결코 제자들의 내밀한 집단에 속한 적이 없습니다. 복음서 기자들은 이들 모두가 도망쳤다는 것을 분명하게 기록하고 있습니다. 이 정도까지, 그러니까 그는 예수님께서 그 열한 명을 위하여 획득하신, 그가 원하는 곳 어디든 갈 수 있는 그 자유를 공유하지 않았습니다. 그럼에도 불구하고 그가 과감히 예수님을 뒤따라오면서 무슨 일이 생기게 될지를 보려고 했다는 사실은, 의심할 바 없이 용기가 있었음을 보여줍니다. 한 마디 약속을 얻지 않았고, 보호자가 없는데도, 그는 예수님을 뒤따랐던 것입니다.

그의 용기는 예수님의 말씀의 보호를 분명하게 받았던 제자들의 두려움을 부끄럽게 했습니다. 이 젊은이는 베드로와 요한이 훗날 무릅쓰려고 했던 것보다 더 가까이서 그 무리를 따랐고, 예수님에게 더 가까이까지 다가서고 있었습니다. 이 행위를 예수님 편에서 보자면, 처음엔 새로운 소망이자 새로운 시작인 것처럼 보였습니다. 나사렛 사람이요 참된 사람이신 예수님의 기대의 정원에서 새로운 싹이 솟구쳐 오르고 있는 것입니다.

하지만 하나님께서는, 예수님을 사로잡히게 하신 하나님께서는 너무나 혹독하시고 거치셔서, 예수님의 꺾인 희망의 줄기로부터 솟아오르는 새 가지를 강하게 베어버리십니다. 하나님께서 군인들의 검을 허용하셔서 이 젊은이 또한 쫓아버리시는 것입니다. 왜냐하면 그 밤의 어둠이 사람의 아들(인자)을 사면에서 압도해야 하기 때문입니다. 옛날의 교제뿐 아니라 이 새로운 교제의 희미한 시작조차도, 이 순간 아들로부터 강탈되어야 합니다. 제자들과 도제들, 예수님의 학교의 고급반 학생들과 신입생, 과거의 열두 명과 미래의 오순절에 첫 번째로 태어난 자들, 새로운 족장들과 수줍어하는 개종자들, 옛 언약의 남은 자들과 새 언약의 신입자들 – 이 모든 이들이 예수님에게서 제외되어야 합니다. 예, 그렇습니다, 아버지시여, 이것이 주님의 선하신 뜻이기 때문이니이다. 그 고립 당하심은 절대적인 것이어야 합니다!

수줍어하는 신입자들의 혼에서 싹이 돋았던, 예수님을 위한 사랑의 더욱 연한 봉오리가 훗날 만개하고 열매를 맺어 그리스도에게 영광을 돌린 것이 사실입니다. 또한 이 젊은이가 마가라고 가정한다면, 이 새로 온 사람의 넘치는 사랑이, 훗날 그 융성기에 풍성하고 강력하며 또한 예언적이었음이 입증된 것 또한 사실입니다. 하지만, 그럼에도 불구하고, 이 순간 하나님께서는 그분에게서 모든 것을 빼앗으십니다: 오래된 것과 새로운 것, 친밀한 제자들과 익숙하지 않은 신입자들, 지혜로 만족하는 자들과 영혼들을 사로잡으시는 경이로운 선지자로부터 한 마디라도 듣고자 하는 자들 모두를 빼앗아 가십니다. 모든 자들, 식탁에 초청된 손님들과 멀리서 바라보고 있는 구경꾼들 모두가 예수님에게서 떨어져 나가야합니다. 너 하늘이여, 잠잠하라. 그리고 예수님을 구하는 어떤 심령 위에든 가짜의 영이 스스로 옹호하는 것을 금지하라. 너 사랑의 바람이여, 뒤로 물러서 있으라. 그리고 너희 젊은 가슴들에 떠오르는 아침 구름들이여, 너희의 이슬을 거두라: 너희 얼굴을 나사렛 사람 예수님에게 대적하여 굳게 하라. 오 땅이여, 그분에게 자상하고 동정적인 미소를 던지지 말지어다. 이런 방식으로 그분께서는 '얼굴을 부싯돌처럼 굳게 하는' 기술을 배워야 하느니라. 촛대들을 들고 있는 너희들, 오 천사들이여, 냉정하게 계산하고 분별해서, 그분을 깊은 심연의 고독 가운데로 밀어 넣으라. 모든 하늘들이 그 잔인한 비밀을 알게 하라: 그리스도께서 고립되어 있도다, 이것이 심판이기 때문에.

여러분께서는 이 심판을 맛보시기를 원하십니까? 그러기 위해서는 지옥에서 살아야 할 것입니다. 고립은 지옥에서만 완벽하고 완전합니다.

궁극적으로 두 개의 세계가 존재합니다.

무엇보다도 먼저 천국의 세계가 있습니다. 천국에서는 혼들(souls)이 자신들의 개별성을 잃어버리지 않으면서도 서로가 서로 속에서 녹아듭니다. 그곳에서는 어떤 사람의 심령 속에서 태어나 아직 표현되지 않은 찬양이 즉각 다른 사람들의 심령 속에도 전달되어서 입술로 표현됩니다. 천국은 완전한 교제의 장소이며, 생각과 사상의 완벽히 조화되는 장소입니다.

하지만, 성경은 이 그림과는 반대되는 위치에 지옥의 다른 그림을 두고 있습니다. 지옥에서는 어떤 사람이 다른 사람과 더불어서 교제를 하는 것을 전혀 원하지 않습니다. 어떤 사람의 영혼 속의 표현은 다른 사람에게는 단검으로 찌르는 것과도 같습니다. 생각들과 욕망들이 지옥에서는 서로에게 상처를 입히는 칼끝입니다.

묶임을 당하신 그리스도께서 이 두 개의 세계들 사이를 지금 지나가고 계십니다.

제자들의 불신앙이 그분을 갈라놓습니다. 그들이 그분을 고립시킵니다. 아하, 어떻게 그들의 생각이 그분의 심장을 칼처럼 찌르고 있단 말인가!

그리고 여기 겸손한 젊은이가 있습니다. 그는 함께 나아가기를 원하고 있습니다. 사랑이 그를 몰아갑니다; 그 젊은이, 그 무명의 사람, 오직 하나님께만 알려진 그 사람은 미래에 정당하게 판단될 바를 따라서 예수를 따르고 있습니다. 그는 크리스천 교제라고 할 수 있는 것의 꽃이고 또한 희망입니다. 하지만 그도 역시 예수님으로부터 찢어져 나옵니다. 하나님께서 그분을 고립시키고 계십니다. 아, 그분을 찔러 대는 하나님의 생각들이 어찌나 검과 같은지! 하늘과 땅의 재판관께서, 바로 그분의 마음과 거룩한 성찬의 형태에 영감을 주게 될 이 밤에, 떠올리는 모든 것은 예수님에게 양날을 가진 검과도 같습니다. 하나님의 검이 그 목자를 치려고 들려지고 있습니다. 그것은 심지어 선한 목자에게서 떨어져 나와, 넘어지고 뒤쳐져 양떼 뒤에서 두려워 떠는 어린양을 몰아가고 있습니다. 오, 이 검은 얼마나 많은 것을 태워버리며, 얼마나 무섭도록 삼켜버리는지요!

우리는 수난의 이야기에 포함된 어떤 것이라도, 예수님께 실제적인 고통을 주는 것과는 무관하다는 식으로 말하지 않아야 할 것입니다. 목자로서의 직분을 완성하신 우리의 보증인 되시는 분에게 우리의 눈을 고정시킨 채로 겟세마네를 떠날 수 있기를 바랍니다. 그분께서는 양떼가 당신의 시야에서 완전히 제거된 때라도, 하나님의 요구와 말로 표현할 수 없는 사랑으로 감동 받으셔서 그 직분을 완성하셨기 때문입니다. 양떼를 볼 수도 없으신 목자께서 그들을 대신해 당신의 영혼(soul)을 두려움으로 떨면서 하나님 앞에 두셨습니다. 당신께서 값으로 사셔야 했던 양떼들과 함께 당신 자신을 아버지의 손에 드리셨습니다. 왜냐하면 그분께서는 당신의 마음속에서 목자와 양떼의 개념(idea)을 숙고하셨기 때문입니다(pondered). 그분께서 그 개념을 실제로 파악하셨을 때, 그분의 목자의 심령이 보이는 것들이 아니라 믿음에 의해서 감동받았을 때, 그때 그분께서는 실재(reality)를 정복하셨습니다. 창조적으로, 그리고 전능하심으로 말입니다. 개념을 가진 사람만이 실재를 갖게 됩니다.

그러므로 나의 예수님께서는 교회의 왕이자 양떼의 대목자장이라 불릴 자격이 있으십니다. 그분께서는 모든 것이 그 개념을 조롱하는 때라고 할지라도 자신의 마음속에 교회라는 개념을 가지셨습니다.

기억하십시오, 두 힘이 그분을 그분 자신의 백성으로부터 떼어내고 있습니다.

첫 번째, 안에서 바깥으로 작동하는 힘이 있었습니다. 이 힘은 제자들의 불신앙과 두려움이었습니다. 그들은 산산조각이 났습니다. 그들은 자신 안에서 교제와 교통[155]을 이룰 수가 없었습니다.

게다가, 바깥에서 안으로 진행되는 힘이 있었습니다. 하나님께서 그들을 그분에게서 밀어내셨습니다. 그리고 귀신들이 그들을, 그리고 사람들을 몰았습니다. 그들을 함께 끌어 모을 수 있는, 그들을 강제하고, 그들을 붙들며, 그들을 함께 모으게 되는[156], 현존하는 외적 힘이 없었습니다.

그리고 상황이 너무나 황폐해져, 어떤 힘도 유기적 통로를 통하여 안에서 바깥으로 나아갈 수 없고, 어떤 힘조차 기계적인 수단으로 외부로부터 안으로 들어오는 예수님과의 교통으로 신자들을 연합시킬 수 없을 때, 그때, 그분께서 직접 그것을 성취하셨습니다. 그분께서 당신의 교회를 창조하셨습니다. 그분께서 전능하신 행위로서, 엄청난 뜻으로, 그것을 행하셨습니다. 창조주가 고립되신 것 외에 다른 상태를 상상해 볼 수 있겠습니까? 창조하시는 하나님께서는 필연적으로 홀로 계십니다. 오 그리스도시여, 교회의 왕좌이시며, 교회의

---

155) Coetus : 안에서부터 바깥으로 나아가는 교통.
156) Congregatio : 외적으로 실현되어진 교통.

아버지시여.[157] 나의 주 나의 하나님! 주께서는 주의 계획 가운데서 교회를 두셨기에, 그것을 실재 속에서 획득하시는 것입니다.

어떤 이들은 마가가 자신의 복음서에 무명의 젊은이를 포함시킨 것을, 화가가 자신이 그림을 그렸다는 것을 표시하기 위해서 자신의 이름의 첫 글자를 새겨놓은 것에 비유하기도 합니다.

아마도 이 비유는 사실에 가까울 것입니다.

그게 사실이라면 너무 많은 것이 확실해집니다. 하나님의 자녀들 각각이 자신의 하나님과의 교제에 대하여 기록하는 개인적인 간증에 있어서, 자신이 예수님을 버렸던 것을 말하는 부분은 분명히 그가 자신의 회심과 그리스도와의 교제에 관한 설명을 자기 자신의 개인적인 경험으로 입증할 수 있는 가장 개인적인 고백입니다.

여러분의 심령을 고립 당하신 그리스도에게 집중하고 그분에게 말씀드리십시오: 그렇습니다, 내가 주를 버렸었나이다. 나의 구주, 나의 신랑이시여, 내가 주를 버렸었나이다. 나로부터 군병들이 옷을 취하였고, 내가 신랑을 찾았을 때 그들이 나를 괴롭혔나이다. 그럼에도 불구하고 그 신랑을 나의 불신앙으로 내가 버렸었나이다(아가서 5장).

내가, 내가 그렇게 하였나이다.

이제 침묵하면서 그분에게 주의하여 들으십시오. 이제 그분께서 버림받은

---

157) Coetus(능동적)와 congregatio(수동적) : 네덜란드 신앙고백에 나오는 교회(the Church)에 대한 명칭. 한역주 : '교회'의 명칭이라기 보다는 '그리스도'의 명칭이라고 하는 것이 문맥상 더 정확할 것 같다.

자로서만 아니고, 또한 버리는 자로서 여러분을 받아들이셨다는 것을 직접 선언하실 것입니다. 이런 분이 나의 사랑입니다. 오, 예루살렘의 딸들이여.

왜냐하면 우리가 여전히 버리는 자들이었을 때 그분의 아들의 죽으심으로 인하여 하나님과 화해하였고, 더욱이 그분과의 교제 속에서 태어난 후에는 그분의 생명으로 인하여 구원받을 것이기 때문입니다. 만약 우리가 죄악으로 그리스도를 고립시키면서도 그럼에도 불구하고 그분에게 받아들여진다면, 구속은 완전합니다. 그분께서는 고립되시는 가운데서도 당신의 생명의 저항할 수 없는 능력으로 우리를 당신에게로 이끄시는 것입니다. 영혼이 고립되지 않은 그리스도에 대한 환상을 조장하는 만큼이나 자주 영혼 속에 기어들어오는 모든 의심과 불확실성들은, 우리가 이 말로 표현할 수 없는 경이에 대한 개혁신학적 관점으로 돌아오자마자 사라질 것입니다. 그 관점은, 그리스도께서 오직 주권적인 은혜로서 고립을 깨뜨리셨고, 그분께서 값으로 사신 자들과 하나님의 교통을 설립하셨다는 것입니다.

물론, 요한이 하나님의 말씀을 자신의 눈으로 직접 보고 손으로 만지기도 했다고 기록했을 때, 그는 그 안에 그리스도의 눈에 보이는 모습과 만질 수 있는 비참을 포함했습니다. 요한에 의해서도 고립되신 그 모습을 말입니다. 그래서 다음의 말 속에는 은혜가 솟아오르는 것입니다: 우리가 보고 들은 바를 너희에게도 전함은 너희로 우리와 사귐이 있게 하려 함이니, 우리의 사귐은 아버지와 그의 아들 예수 그리스도와 더불어 누림이라 우리가 이것을 씀은 우리의 기쁨이 충만하게 하려 함이라(요한일서 1:3~4). 물론 삼중의 사귐은 그리스도의 삼중의 고립에 의하여 배가 되는 것입니다! 그리고 기쁨은 그분의 심오한 슬픔에 의하여 성취됩니다. 제발 저에게 주님의 거룩한 식사를 위한 그 형태를 다시금 주시기 바랍니다.

우리는 이제 우리의 눈을 고립 당하신 그리스도에게 주목하면서 겟세마네를 떠납니다. 우리는 하나님 안에서 그리고 영원하고 선하신 즐거우심 안에서 우리의 구속이 확실하다는 것을 알고 있습니다. 왜냐하면 사람은 아무 것도 제공할 수 없기 때문입니다. 심지어는 인간 영혼들 안에서 두려움으로 떠셨던 그리스도를 위한 열정적인 갈망의 포부조차도, 그로 하여금 희생제사를 위한 자격을 갖추게 할 수 없습니다. 그분께서 홀로 당신의 모든 향불에 불을 붙이셨습니다. 당신의 절대적인 고립 가운데 머무셨습니다. 그리고 그분의 불꽃만이 하늘까지 올랐습니다. 그분 자신의 팔만이 구원을 획득하였습니다.

모세여, 모세여! 그대는 홍해 위에 그대의 지팡이를 올렸도다. 그리고 그대의 믿음은 그 넓은 영역의 바다를 향하여 명령하였도다. 그대의 뒤에는 간절히 사모하는 백성이 서 있었도다. 그들은 지금까지 함께 걸어왔고 강을 건너야 했도다. 그리고 건너려고 하였도다. 아론은 그대를 염려하면서 지켜보았도다. 미리암은 그대를 위하여 간절히 기도하고 있었도다. 모든 힘을 짜내어서 모세 그대를 위하여 기도하고 있었도다. 이들 모든 것이 그대의 지팡이, 바다를 갈랐던 그 지팡이를 든 팔을 지지해주고 있었도다. 그렇도다, 그렇도다, 그것은 그대의 믿음이었지만, 그대는 신실하였고, 믿음을 가지고 있었지만, 구름 떼같은 증인들 가운데서 그렇게 하였도다. 그대는 고립되어지지 않았도다.

하지만, 그리스도께서는 -

그분께서는 홍해 앞에 서서 주변을 둘러보았지만, 어느 누구도, 세상의 어떤 시민도 당신과 함께 하지 않고 있음을 보셨습니다. 이스라엘은 흩어졌습니다. 그 밤은 어두웠습니다. 아, 백성들이 눈에 보이지 않는다면, 바다의 물결을 가르고 나아가는 것이 얼마나 어려운 것일까! 하지만, 그분은 아무도 없이 고립되어 계셨음에도, 홍해에 들어가셨습니다. 그분만큼 외로우셨던 분이 아무도 없었습니다.

왕국의 율법이 그렇게 성취되어야 했습니다. 모든 세상에 다른 대안은 전혀 없었습니다.

하지만, 나의 영혼(soul)이 어느 날 모세와 어린양의 노래(계시록 15장)를 부르게 된다면, 그 어린 양은 모세보다는 나에게 더욱 중요할 것입니다. 그리고 그것 또한 왕국의 율법에 일치할 것입니다.

그분의 고립 당하심에 나의 모든 힘이 포함되어 있습니다. 오래지 않아서 나는 큰 무리 가운데 한 명으로서 그분을 찬양할 것입니다. 그 무리는 그분으로부터 도망을 쳤던 모두를 불러 모으신 무리일 것입니다.

클라스 스킬더 설교집 1
수난 당하시는 그리스도

초판 1쇄 발행 2020년 12월 1일
초판 2쇄 발행 2021년 5월 1일

저자 클라스 스킬더
역자 손성은

펴낸이 정영오
펴낸곳 크리스천 르네상스
주소 경기도 안산시 단원구 와동로 5길 301호 (와동, 대명하이빌)
등록 2019년 1월 31일
신고번호 2019-000004

표지디자인 디자인집(02-521-1474)
내지디자인 주지연

ISBN 979-11-966212-3-0 94230
ISBN 979-11-966212-2-3 (세트)
값 34,000원

Copyright 2020. 크리스천 르네상스. All rights reserved.